Abb. 1: Topographische Karte von Mexiko

Gerhard Sommerhoff / Christian Weber

Mexiko

Wissenschaftliche Länderkunden

Herausgegeben von
Dr. Werner Storkebaum
(† 3. Mai 1998)

Wissenschaftliche Buchgesellschaft
Darmstadt

Mexiko

von Gerhard Sommerhoff
und Christian Weber

Mit 95 Abbildungen,
55 Tabellen und 77 Bildern

Wissenschaftliche Buchgesellschaft
Darmstadt

Die Deutsche Bibliothek – CIP-Einheitsaufnahme

Sommerhoff, Gerhard:
Mexiko: mit 55 Tabellen / von Gerhard Sommerhoff und
Christian Weber. – Darmstadt: Wiss. Buchges., 1999
  (Wissenschaftliche Länderkunden)
  ISBN 3-534-02860-0

Bestellnummer 02860-0

1999 by Wissenschaftliche Buchgesellschaft, Darmstadt
Gedruckt auf säurefreiem und alterungsbeständigem Bilderdruckpapier
Layout, Satz und Prepress: Schreiber VIS, Seeheim
Gesamtfertigung: Wissenschaftliche Buchgesellschaft
Printed in Germany
Schrift: Trade

ISSN 0174-0725
ISBN 3-534-02860-0

Inhaltsverzeichnis

Verzeichnis der Abbildungen

Verzeichnis der Bilder

**Einblicke:
Innenansichten eines Landes**

Abgesehen von den nachfolgend aufgelisteten Aufnahmen stammen alle Bilder von Gerhard Sommerhoff.

Umschlag: Pyramide von Palenque
Christoph Reger

Bild 15, 18, 70: Christoph Reger

Bild 74: Lino Santacruz, Mexikanische Botschaft, Bonn

Bild 75, 76: Javier Velásquez, Mexikanisches Fremdenverkehrsamt, Frankfurt/M.

Bild 77: Volker Albrecht, Universität Frankfurt/M.

Verzeichnis der Tabellen

Vorwort

Seit Alexander von Humboldt 1803 das Vizekönigreich Neuspanien bereist und die erste wissenschaftliche Landeskunde über Mexiko verfaßt hat, hat dieses aufregende Land nichts von seiner Faszination für Forschungsreisende, Intellektuelle und Touristen verloren. Zwischen immergrünem Regenwald und vollariden Wüsten, zwischen Palmenstränden und vergletscherten Vulkankegeln bietet Mexiko die ganze Fülle tropischer Naturlandschaften. Die Zeugnisse der präkolumbianischen Hochkulturen zählen zu den bedeutendsten archäologischen Monumenten der Welt, und viele kolonialspanische Stadtensembles wurden zum Weltkulturerbe erklärt. Kunsthandwerk, Volkskunst und Folklore gehören ebenso zu den Attraktionen wie die farbenfrohen Fiestas.

An der Schwelle zum 21. Jahrhundert steht Mexiko vor großen Herausforderungen. Nach Jahrzehnten einer binnenmarktorientierten Entwicklung haben die weltwirtschaftliche Öffnung und der Beitritt zur Nordamerikanischen Freihandelszone (NAFTA) einen dramatischen Strukturwandel ausgelöst. Schafft Mexiko den Sprung von einem aufstrebenden Schwellenland zu einem modernen Industrieland? Gelingt der Aufbruch in die Moderne oder kommt es zu einem Rückfall in Krisen und Konflikte?

In Mexiko verdichten sich in besonderer Weise die Probleme der globalisierten Welt, zumal am Río Grande Erste und Dritte Welt unmittelbar aufeinandertreffen. Mexiko steht vor der schwierigen Aufgabe, Anschluß an die industrialisierte Welt zu gewinnen und gleichzeitig die innere Integration voranzutreiben. Diese Herausforderung ist um so gewaltiger, als sich Mexiko aufgrund der Größe des Raumes, seiner naturräumlichen Vielfalt und seiner wechselvollen Geschichte durch eine große regionale und kulturelle Heterogenität auszeichnet.

Relief und Klima bestimmen maßgeblich Grenzen und Möglichkeiten wirtschaftlicher Aktivitäten. Die Dimensionen des Raumes erschweren die Erschließung und behindern die wirtschaftliche Integration. In weiten Bereichen Mexikos reichen die Niederschläge für einen Regenfeldbau nicht aus, so daß die Landwirtschaft auf künstliche Bewässerung angewiesen ist. Wasser ist einer der entscheidenden ökologischen und ökonomischen Minimumfaktoren. Nicht unerhebliche Risiken gehen darüber hinaus von Erdbeben und Vulkanausbrüchen sowie tropischen Wirbelstürmen aus.

Der Blick in die Zukunft setzt den Blick zurück in die Geschichte voraus. Die epochalen Erschütterungen der spanischen Eroberung, der Unabhängigkeitskriege und der Mexikanischen Revolution haben tiefe Spuren und Narben hinterlassen. Der Zusammenprall der Kulturen und die schmerzhafte Geburt des mexikanischen Mestizenvolkes geben immer wieder Anlaß, nach der eigenen Identität zu suchen. Weil Mexiko wiederholt Opfer ausländischer Mächte geworden ist, reagiert das Land in Fragen der nationalen Souveränität besonders sensibel. Seit der Unabhängigkeit ringt Mexiko um einen Ausgleich zwischen den hohen Ansprüchen der Verfassung und der gesellschaftlichen Wirklichkeit.

Das heutige politische System ist das Ergebnis der Mexikanischen Revolution und ihrer institutionalisierten Gegenwart. Die „mexikanische Mischung" aus einem starken Zentralstaat, einem mächtigen Präsidenten und dem korporatistischen Gefüge der Partei der Institutionellen Revolution (PRI) hat bisher durch einen Interessenausgleich von oben politische Stabilität und bis in die 1970er Jahre auch ein beachtliches Wirtschaftswachstum gewährleistet. Mit dem Wandel der Gesellschaft und der wirtschaftlichen Öffnung gewinnen inzwischen politische Partizipation und demokratischer Wettbewerb zunehmend an Bedeutung. Wird Mexiko angesichts krasser sozialer und regionaler Gegensätze der Übergang zu einer politisch engagierten und auf Konsens bedachten Bürgergesellschaft mit einer breiten Mittelschicht gelingen?

Eine Folge des politischen und ökonomischen Zentralismus sind die Überkonzentration von Macht und Ressourcen in der Hauptstadt sowie ausgeprägte regionale Disparitäten. Die Ungleichheit der Lebens- und Arbeitsbedingungen im Lande fördert die Migration und hat zur Entleerung peripherer Regionen und zum explosionsartigen Wachstum der Städte geführt. Gleichzeitig stellt das rasante Bevölkerungswachstum eine große Herausforderung dar: Für die junge Generation sind Ausbildungs- und Arbeitsplätze sowie Wohnraum mit entsprechender Infrastruktur zu schaffen. Wenn Mexiko seine Jugend in den Entwicklungsprozeß einzubinden vermag, liegt gerade im Humankapital dieses jungen und dynamischen Volkes eine seiner großen Zukunftschancen. Weil das Angebot fester Arbeitsplätze und der Ausbau der Infrastruktur mit der Bevölkerungszunahme der großen Städte nicht schritthalten können, fokussieren sich in den Metropolen die sozialen, ökonomischen und ökologischen Probleme. Angesichts der katastrophalen Umweltbelastung von Mexiko-Stadt stellt sich die Frage, ob die mexikanischen Großstädte bei weiterem Wachstum an ihren Problemen zu ersticken drohen.

Die angespannte Lage in den Städten läßt sich nur entschärfen, wenn durch Dezentralisierung und Verbesserung der Lebens- und Arbeitsbedingungen im ländlichen Raum der Zustrom der Migranten gebremst werden kann. Trotz der Agrarreform ist der ländliche Raum nach wie vor Mexikos Armenhaus, geprägt durch den Gegensatz zwischen Großgrundbesitz und Kleinstbesitz, zwischen gewerblicher Landwirtschaft und Subsistenzwirtschaft. Die Einbeziehung der mexikanischen Landwirtschaft in die NAFTA dürfte zwar zu einer Produktionssteigerung der marktorientierten Betriebe beitragen, aber auch mit gravierenden sozialen und ökologischen Folgen verbunden sein. Wie das Beispiel Chiapas zeigt, führt die Expansion der kommerziellen Landwirtschaft zu einer Verdrängung von Kleinbauern und zu einer Zerstörung bisher nur extensiv genutzter tropischer Regenwälder und Bergregionen. Soll sich der Agrarsektor in Zukunft vorwiegend an den Vorgaben des Weltmarktes orientieren oder auch weiterhin die Ernährung der mexikanischen Bevölkerung sicherstellen? Welche wirtschaftlichen, sozialen und ökologischen Folgen wird die Freisetzung landwirtschaftlicher Arbeitskräfte haben?

Aufgrund seiner reichen und vielfältigen Bodenschätze gehört Mexiko zu den bedeutendsten Erdöl- und Bergbauländern der Welt. Die exportorientierte Industrie und der internationale Tourismus zählen zu den dynamischsten Sektoren der mexikanischen Wirtschaft. Trotz struktureller Defizite und einer rasant wachsenden Bevölkerung konnte Mexiko Entwicklungsrückstände aufholen. Kapitalmangel, technologische Abhängigkeit und eine unzureichende wirtschaftliche Integration bilden die gravierendsten Entwicklungshemmnisse. Die jüngste Finanz- und Wirtschaftskrise hat das ungelöste Problem der Auslandsverschuldung und die Abhängigkeit vom internationalen Kapitalmarkt drastisch verdeutlicht. Kann Mexiko im Rahmen der wirtschaftlichen Neuorientierung von seiner geostrategischen Brückenfunktion zwischen atlantischem und pazifischem Raum, zwischen Nord- und Südamerika profitieren? Kann Mexiko darüber hinaus die Aufgabe und Chance als Mittler zwischen Erster und Dritter Welt sowie zwischen den Kulturen Lateinamerikas und Angloamerikas nutzen?

„Wie die Geschichte ist auch die Geographie eines Volkes symbolträchtig... Ebenen, Täler, Berge: der vielgestaltige Boden wird bedeutsam, sobald er Geschichte wird. Die Landschaft ist voller Historie. Sie ist Chiffre und Hieroglyphe" (Paz 1969, S. 216). Ihre Entschlüsselung kann Außenstehenden nur in Ansätzen und als Übersetzung einer Übersetzung gelingen. Bei dem Versuch, die differenzierte Wirklichkeit eines kontrastreichen Landes zu verstehen und dabei die Einheit in der Vielfalt nicht zu übersehen, waren die Autoren auf die Hilfe vieler angewiesen. Auf mehreren Forschungs- und Studienreisen konnten nicht nur eigene Beobachtungen vor Ort und Untersuchungen im Gelände durchgeführt, sondern auch umfangreiches Datenmaterial bei Universitätsinstituten, amtlichen Stellen und Behörden gesammelt werden. Für die freundliche Unterstützung haben wir vielen zu danken. Namentlich erwähnt werden sollen nur die Familien Reinking und Böhme, die verstreut in ganz Mexiko zwischen Tijuana, Cuernavaca und Cozumel leben. Ein besonderer Dank gilt unserem Freund Walter Böhme, Toluca, der uns auf mehreren Reisen begleitet und dank seiner guten Beziehungen den Zugang zu vielen amtlichen Stellen und Behörden ermöglicht hat. Zu Dank verpflichtet sind wir Susanne Sommerhoff für ihre Unterstützung bei Recherchen in Mexiko, Kilian Popp für Mitarbeit bei Seminaren und Exkursionen, Anita Baumann für die Erstellung von Register, Literaturverzeichnis sowie die kritische Überprüfung der Tabellen und Abbildun-

gen, Joachim Schreiber für die graphische Bearbeitung der Tabellen und Abbildungen sowie Harald Vogel von der WBG für Anregungen und geduldige Rücksichtnahme auf die Interessen der Autoren. Das Mexiko-Werk sei dem Herausgeber der Wissenschaftlichen Länderkunden, Werner Storkebaum, gewidmet, der den Fortgang der Arbeiten mit Interesse verfolgt, den Abschluß aber leider nicht mehr miterlebt hat.

Ammerland und Freising im März 1999
Gerhard Sommerhoff und Christian Weber

MEXIKO: EIN LAND MIT VIELEN GESICHTERN

Bild 1: Über 3000 Jahre alter olmekischer Kolossalkopf im modernen Ambiente des Museums von Jalapa (Veracruz): Die große Vielfalt des Landes und unterschiedliche Perspektiven lassen mitunter überraschende Mexiko-Bilder entstehen.

Überblick

- Der Versuch, Mexiko in einer Landeskunde zu porträtieren, ist nicht ganz einfach: Mexiko hat viele Gesichter, die je nach Perspektive des Betrachters in einem unterschiedlichen Licht erscheinen.

- Mexiko ist schon seit langem Gegenstand deutschen Forschungsinteresses, und die Beziehungen zwischen Deutschland und Mexiko auf wirtschaftlichem, kulturellem und sozialem Gebiet reichen weit ins 19. Jh. zurück.

- Trotz dieser Verbindungen und zahlreicher Urlaubsreisen bleibt Mexiko doch für viele Deutsche ein exotisches Land: Das Mexiko-Bild ist vielfach von Klischees und einer punktuellen Wahrnehmung geprägt.

- Mexiko, das ist eine komplexe Einheit der Vielfalt, wo in einem sehr differenzierten Naturraum unterschiedliche Kulturen und Entwicklungszustände miteinander oder nebeneinander bestehen. Bei außenstehenden Betrachtern erweckt dies mitunter die Vorstellung eines widersprüchlichen und zerrissenen Landes.

- Auf der Grundlage einer umfassenden Datenanalyse, von Forschungsreisen und der Auswertung umfänglicher Fachliteratur wird in dieser Landeskunde versucht, die Gesichter Mexikos zu beleuchten und zu durchleuchten.

- Die verständliche Darstellung eines komplexen Gegenstandes zwingt stets zur Vereinfachung, Generalisierung und Strukturierung. Deshalb geht die diesem Buch zugrundeliegende Regionalisierung Mexikos von einer Dreiteilung in Nordmexiko, Zentralmexiko und Südmexiko aus.

Deutsches Interesse an Mexiko

Die vielschichtigen Beziehungen

Bei allem Interesse, das viele Deutsche Mexiko entgegenbringen, ist in der breiten Öffentlichkeit doch weitgehend unbekannt, wie eng und vielschichtig die Beziehungen zwischen beiden Ländern sind (Rall D./Rall M. 1992). Neben den intensiven und gut organisierten offiziellen zwischenstaatlichen Kontakten sind es vor allem auch nicht-staatliche und private Verbindungen auf wirtschaftlichem, kulturellem und sozialem Gebiet, die heute ein beachtliches Netzwerk zwischen Deutschland und Mexiko bilden: Deutsche Betriebe engagieren sich in Mexiko, im Bereich der Wissenschaft gibt es Austauschprogramme und gemeinsame Vorhaben, es bestehen Patenschaften zwischen deutschen und mexikanischen Schulen, kirchliche und caritative Organisationen aus Deutschland unterstützen Projekte in Mexiko. Die seit 1972 bestehende Deutsch-Mexikanische Gesellschaft (DMG) verfolgt die Pflege der Freundschaft und die Vertiefung der Beziehungen zwischen Mexiko und Deutschland insbesondere auf kulturellem und wirtschaftlichem Gebiet.

Auch die Parlamente, einzelne Bundesstaaten und Städte sind an den deutsch-mexikanischen Beziehungen beteiligt. Jenseits solch institutionell faßbarer Kontakte verbindet außerdem ein reges gegenseitiges Interesse an der Kultur des jeweiligen „Gegenüber" das deutsche und das mexikanische Volk. Ausstellungen und Veranstaltungen über die mexikanische Geschichte, Kunst und Kultur finden in Deutschland großen Zuspruch. Zunehmender Beliebtheit erfreuen sich hierzulande Lateinamerika-Wochen, lateinamerikanische Kulturtage und ähnliche Aktionen, in die Mexiko in der Regel einbezogen ist. Einen Höhepunkt erlebte die Thematisierung Mexikos in der deutschen Öffentlichkeit, als die Frankfurter Buchmesse 1992 „Mexiko" zum Schwerpunkt hatte.

Leichter als die vielfältigen „privaten" deutsch-mexikanischen Verbindungen lassen sich die offiziellen „staatlichen" Beziehungen zwischen Mexiko und Deutschland fassen, weil man sich hier an diplomatischen Kontakten und internationalen Abkommen orientieren kann. Wenn auch nicht als wichtigster Partner in der Welt, so „nimmt Mexiko für Deutschland doch einen herausragenden Platz in seinen Beziehungen mit Lateinamerika ein" (Kommission Mexiko-Deutschland 1994, S. 2; im folg. abgek. KomMex 1994). Umgekehrt rangiert auch Deutschland in den Außenbeziehungen Mexikos weit hinter dem übermächtigen Nachbarn USA, doch ist Deutschland einer der bedeutendsten Partner in Europa. Ohne Zweifel ist Mexiko ein „Schwerpunkt für die bilaterale Kooperationspolitik der Bundesrepublik Deutschland" (Rall D./Rall M. 1992, S. 761), wobei auf deutscher wie auf mexikanischer Seite wirtschaftliche Fragen gegenüber politischen und kulturellen Belangen im Vordergrund stehen. Die Intensität der deutsch-mexikanischen Beziehungen äußert sich in einer großen Zahl bilateraler Abkommen und Vereinbarungen, von denen in Tab. 1 einige beispielhaft aufgeführt werden.

Eine lange Tradition

Gute deutsch-mexikanische Beziehungen erfreuen sich einer langen Tradition. Während in der Kolonialzeit nur sporadische Kontakte mit Neuspanien bestanden hatten, erfuhr nach der Reise Alexander von Humboldts im Jahre 1803 das deutsche Interesse am nachmaligen Mexiko einen regen Aufschwung (Bild 2). Die Reise- und Forschungsberichte des Gelehrten lockten nicht nur deutsche Bildungsreisende in das südliche Nachbarland der USA. Auch deutsche Kaufleute und Gewerbetreibende waren von den Berichten aus Neuspanien fasziniert. So mancher von ihnen wanderte nach der Unabhängigkeit Mexikos dorthin aus und engagierte sich erfolgreich auf wirtschaftlichem Gebiet, insbesondere in der gewerblichen Landwirtschaft.

In der ersten Hälfte des 19. Jh.s unterhielten einzelne deutsche Staaten, darunter die Hansestädte Hamburg, Bremen und Lübeck sowie die Königreiche Bayern, Preußen und Württemberg, offizielle Kontakte mit Mexiko. Nach der Reichsgründung nahm Deutschland diplomatische Beziehungen auf. Trotz wichtiger Wirtschaftskontakte war die Bedeutung Deutschlands weit geringer als die der USA, Englands und

Bild 2: Die Casa Humboldt in Taxco (Guerrero): *Seit der Neuspanien-Reise Alexander von Humboldts im Jahre 1803 ist das deutsche Interesse an Mexiko nicht mehr erloschen.*

Frankreichs, wenngleich von deutscher Seite vor dem Ersten Weltkrieg große Anstrengungen unternommen wurden, die Präsenz in Mexiko zu verstärken. Auf dem Gebiet der Exporte gelang es, 1905 mit England gleichzuziehen.

Die Bemühungen Deutschlands, das neutrale Mexiko im Ersten Weltkrieg als Bündnispartner gegen die USA zu gewinnen, scheiterten nach der Entschlüsselung eines diesbezüglichen Telegramms des Reichsaußenministers Zimmermann durch den englischen Geheimdienst am 19. Januar 1917 endgültig. Dies änderte nichts daran, daß auch nach dem Ersten Weltkrieg das Klima zwischen beiden Ländern sehr gut blieb und die Deutschen in Mexiko hohe Sympathien genossen, wenn auch ihr Einfluß auf Mexiko nur sehr gering war.

Nach der Machtergreifung Hitlers bemühte sich die NS-Regierung, Mexiko als strategischen Partner zu gewinnen. Doch spätestens als Mexikos Präsident Lázaro Cárdenas die Einmischung deutscher Truppen in den Spanischen Bürgerkrieg verurteilt hatte, verschlechterten sich die offiziellen Beziehungen zwischen beiden Län-

dern zusehends. Mexiko wandte sich gemäß seiner außenpolitischen Doktrin entschieden gegen den Anschluß Österreichs, die Annexion der Tschechei und die Verletzung der Neutralität Norwegens und der Benelux-Staaten, was mehr und mehr eine Reduzierung der offiziellen Kontakte zum Deutschen Reich mit sich brachte. Nach dem Angriff auf Pearl Harbor (7.12.1941) waren am 11. Dezember 1941 die diplomatischen Beziehungen mit Deutschland, Italien und Japan abgebrochen worden, und nach der Torpedierung mexikanischer Handelsschiffe durch deutsche U-Boote erklärte Mexiko am 22. Mai 1942 dem Dritten Reich den Krieg.

In der Zeit der NS-Diktatur fanden rund 3000 deutschsprachige Emigranten in Mexiko eine Zuflucht. Rein zahlenmäßig rangiert das Land damit weit hinter anderen lateinamerikanischen Staaten wie Argentinien, Brasilien oder Chile.

Eine wesentliche Voraussetzung hierfür war sicher die liberale mexikanische Asylpolitik gegenüber den spanischen Republikanern, die nach dem Sieg Francos ihr Land verlassen mußten. Sie kam in ihrer

Vertrag	über Urheberrechte an Werken der Tonkunst (1954)
Rahmenabkommen	über wissenschaftliche und technologische Zusammenarbeit (1974)
Abkommen	über den Verzicht auf die Visumpflicht für deutsche und mexikanische Touristen (1959) über den Luftverkehr (1967) über kulturelle Zusammenarbeit (1974) über den Austausch junger deutscher und mexikanischer Techniker und Wissenschaftler (1977) zur Vermeidung der Doppelbesteuerung (1993)
Vereinbarungen	über die gegenseitige Leistung von Rechtshilfe in Strafsachen (1956)

Tab. 1: Offizielle Beziehungen zwischen Deutschland und Mexiko

Quelle: Bundesgesetzblatt. Bonn, 1998.

Konsequenz auch den nichtspanischen Antifaschisten zugute und machte Mexiko insbesondere für linksgerichtete deutsche Emigranten zu einer wichtigen Zufluchtstätte. Die deutschen Funktionäre, Wissenschaftler und Schriftsteller entfalteten in ihrem mexikanischen Exil ein reges intellektuelles Leben und erfreuten sich nicht selten guter Kontakte zu mexikanischen Regierungskreisen. Zu den bekannteren Namen zählen Schriftsteller wie Egon Erwin Kisch, Gustav Regler, Ludwig Renn, Anna Seghers und Bodo Uhse, KPD-Funktionäre wie Alexander Abusch, Otto Katz und Paul Merker, andere linke Politiker wie Max Diamant und Augustin Souchy (Pohle 1992).

Nach dem Zweiten Weltkrieg wurden 1952 die diplomatischen Beziehungen zwischen Mexiko und der Bundesrepublik Deutschland wiederhergestellt. Mit der Aufnahme diplomatischer Beziehungen zur DDR wartete Mexiko so lange, bis im Jahre 1973 mit Inkrafttreten des Grundlagenvertrages zwischen der Bundesrepublik Deutschland und der DDR die Hallstein-Doktrin endgültig aufgehoben worden war. Danach unterhielt die Bundesrepublik Deutschland mit keinem Staat diplomatische Beziehungen, der seinerseits in diplomatischen Beziehungen mit der DDR stand oder solche einging. Bereits in diesem Vorgehen Mexikos zeigt sich eine Präferenz für die Bundesrepublik, zu der bis zur Wiedervereinigung die Kontakte stets enger waren als zur DDR.

Die guten Beziehungen zwischen der Bundesrepublik Deutschland und Mexiko dokumentieren sich äußerlich in den regelmäßigen gegenseitigen Staatsbesuchen mexikanischer Präsidenten und deutscher Staatsoberhäupter und Regierungschefs. Beide Länder haben zudem zahlreiche Abkommen und Vereinbarungen geschlossen (Tab. 1), die zur Einsetzung bilateraler Kommissionen für wirtschaftliche, kulturelle und wissenschaftlich-technische Zusammenarbeit geführt haben. Seit 1991 finden regelmäßige Konsultationen zwischen den Außenministern beider Länder statt. Im Juli 1991 haben der mexikanische Staatspräsident Carlos Salinas de Gortari und der deutsche Bundeskanzler Helmut Kohl auch die Einrichtung der „Kommission Mexiko – Deutschland 2000" vereinbart. Mit dieser regierungsunabhängigen Beratergruppe ist von den beiden Ländern ein „neuartiges bilaterales Instrument für die Analyse und den Gedankenaustausch" geschaffen worden (KomMex 1994, Vorw. d. mexik. Außenministers). Die Kommission hat im Mai 1992 ihre Arbeit aufgenommen und sie im Dezember 1993 abgeschlossen. Ihr gehörten namhafte Vertreter der Regierungen, der Privatwirtschaft und der Wissenschaft beider Länder an. Der 1994 veröffentlichte Abschlußbericht enthält nicht nur eine umfassende Bestandsaufnahme der zwischenstaatlichen Beziehungen, sondern es werden auch Perspektiven für das künftige Miteinander aufgezeigt.

Das Reiseland Mexiko

Mexiko war schon im 19. Jh. Ziel von Bildungs- und Forschungsreisenden aus Deutschland und erfreut sich heute auch als Urlaubsland zunehmender Beliebtheit.

Die Olympischen Spiele von 1968 und die Fußballweltmeisterschaften der Jahre 1970 und 1986 lockten nicht nur viele Schlachtenbummler ins Land, sondern machten den Gastgeber Mexiko auch einer breiten Öffentlichkeit bekannt. Von den 328 000 europäischen Gästen, die 1991 Mexiko besuchten, kamen 128 000 (39 %) aus Deutschland (Statistisches Bundesamt 1995; KomMex 1994). Gemessen an den 5 346 000 US-Amerikanern, die 1991 den Rio Grande als Touristen überschritten haben, ist dies eine verschwindend geringe Zahl. Aus deutscher Sicht gilt Mexiko eher als exklusives Reiseland. Insbesondere die Bemühungen der mexikanischen Regierung und des Fremdenverkehrsamtes in Frankfurt am Main, die als reisefreudig bekannten Deutschen als zusätzliche Gäste zu gewinnen – dazu zählt unter anderem eine 1,25 Mio. US-$ teure Sonderwerbekampagne für den deutschsprachigen Raum in den Jahren 1991 und 1992 –, scheinen jedoch durchaus erfolgreich zu sein (KomMex 1994, S. 93). So erfreuen sich Reisen in das Land der Azteken und Maya in den letzten Jahren zunehmender Beliebtheit, und es ist zu vermuten, daß in diesem Bereich weitere Potentiale vorhanden sind. Vor allem die Zeugnisse der indianischen Hochkulturen locken viele Deutsche in das Land der Pyramiden. Inzwischen haben alle großen deutschen Reiseveranstalter Mexiko-Touren in ihren Programmen. Vielfach werden dabei Rundreisen zu kulturellen und landschaftlichen Sehenswürdigkeiten kombiniert mit einem Badeurlaub an einem der pazifischen oder karibischen „Traumstrände" angeboten. Auch bieten alle bedeutenden Fluggesellschaften Direktflüge von Deutschland nach Mexiko an, sei es nun nach Mexiko-Stadt oder direkt zu einem der großen Seebäder.

Mit dem verstärkten touristischen Interesse an Mexiko steigt in Deutschland auch die Begeisterung für die mexikanische Küche. So gibt es inzwischen vielerorts mexikanische Restaurants, und auch die Nachfrage nach typisch mexikanischen Lebensmitteln erhöht sich.

Der Wirtschaftspartner Mexiko

Die wirtschaftlichen Verbindungen zwischen Deutschland und Mexiko reichen bis ins

Ziel bzw. Herkunft	Warenwert in Millionen US-$ Mexikanische	
	Ausfuhren	Einfuhren
Amerika	73 300	57 348
davon USA	66 303	53 868
Asien	1 988	7 468
davon Japan	954	3 625
Europa	4 055	7 250
davon Deutschland	477	2 683
davon Frankreich	477	1 015
davon Spanien	795	725

Tab. 2: Handelsbeziehungen Mexikos 1995

Quelle: Banco de México, 1996.

späte 19. Jh. zurück, seit dort die ersten deutschen Firmen Niederlassungen errichtet hatten. Seit Ende des Zweiten Weltkrieges haben sich die wirtschaftlichen Beziehungen zwischen beiden Ländern ausgeweitet und durch die Öffnung der mexikanischen Wirtschaft seit den 1980er Jahren einen bedeutenden Schub erfahren. Die Deutsch-Mexikanische Handelskammer leistet in diesem Zusammenhang wertvolle Hilfen bei der Herstellung von Geschäftsbeziehungen.

Für Mexiko ist die Bundesrepublik Deutschland der wichtigste Wirtschaftspartner in Europa. Nach den USA, die unangefochten und mit weitem Abstand an der Spitze stehen, und Japan nimmt Deutschland mit einem Anteil von 0,6 % der Exporte und von 3,7 % der Importe in den außenwirtschaftlichen Verflechtungen Mexikos den dritten Rang ein (Tab. 2). Umgekehrt rangiert Mexiko, auf das weniger als 1 % der deutschen Exporte entfallen, zwar derzeit weit hinter anderen Ländern, ist aber neben Brasilien der wichtigste Partner Deutschlands in Lateinamerika.

Den größten Anteil des Handels zwischen den beiden Ländern haben Erzeugnisse der Elektrotechnik sowie des Maschinen- und Fahrzeugbaus. Von deutscher Seite werden vor allem Investitionsgüter nach Mexiko geliefert, während Deutschland aus Mexiko vor allem Fahrzeuge und Fahrzeugteile bezieht. So wird beispielsweise der 1998 vorgestellte „neue Käfer" im VW-Werk in Puebla produziert. Im Bereich der Lebensmittel liefert Mexiko an Deutschland vorwiegend Honig und Kaffee, die Mexikaner decken demgegenüber einen erheblichen

| | Warenwert in 1000 US-$ im Jahre 1993 | | | |
| | mexikanische Ausfuhren nach Deutschland | | mexikanische Einfuhren aus Deutschland | |
	Betrag	Anteil	Betrag	Anteil
Nahrungsmittel	39 532	8,2 %	63 507	2,4 %
Rohstoffe	24 459	5,0 %		0,0 %
Öl und Brennstoffe	17 536	3,6 %		0,0 %
Chemische Erzeugnisse	37 593	7,8 %	299 073	11,5 %
Bearbeitete Waren	40 178	8,3 %	411 132	15,8 %
Maschinenbau, Elektrotechnik, Fahrzeuge	223 496	46,3 %	1 561 251	60,0 %
Fertigwaren	59 864	12,4 %	209 108	8,0 %
Sonstige Waren	40 342	8,4 %	58 929	2,3 %
gesamt	**483 000**	**100 %**	**2 603 000**	**100 %**

Tab. 3: Zusammensetzung des deutsch-mexikanischen Handels

Daten: Statistisches Bundesamt 1995

Teil ihres Bedarfs an Milchprodukten aus der Bundesrepublik (Tab. 3).

Deutlich größer als das Exportvolumen zwischen Deutschland und Mexiko ist der Umfang der Produktion deutscher Firmen in Mexiko, deren Wert Anfang der 1990er Jahre auf rund 8 Mrd. US-$ jährlich geschätzt wurde (KomMex 1994). Während die mittelständische Wirtschaft unter den mehr als 300 Tochtergesellschaften deutscher Unternehmen kaum vertreten ist, engagiert sich die Industrie verschiedenster Branchen in Mexiko und nimmt in den Bereichen Automobilherstellung (VW, Mercedes-Benz), Chemie und Pharmazie (Bayer, BASF, Hoechst, Henkel), Elektrotechnik (Siemens, Bosch) und Metallverarbeitung eine bedeutende Stellung ein (KomMex 1994). Seit rund 35 Jahren ist auch die deutsche Versicherungswirtschaft mit Niederlassungen der Rückversicherungsunternehmen Münchner Rück, Kölnische Rück, Gerling, Globale, Frankona, Deutsche Rück und Hannover Rück in Mexiko nicht nur präsent, sondern zusammen mit englischen Gesellschaften sogar Marktführer (KomMex 1994).

Die deutschen Direktinvestitionen in Mexiko sind von 896 Mio. DM im Jahr 1986 auf 3,134 Mrd. DM im Jahr 1991 angestiegen: 1991 flossen somit rund 8 % der insgesamt 39,3 Mrd. DM Auslandsinvestitionen deutscher Firmen nach Mexiko (KomMex 1994).

Weil mit der dynamisch wachsenden Bevölkerung gleichzeitig die Nachfrage nach Gütern und Dienstleistungen steigt und auch im Bereich der Infrastruktur großer Nachholbedarf besteht, ist Mexiko auch wegen seines Binnenmarktes für die deutsche Wirtschaft ein interessanter und wichtiger Partner. Insbesondere die Freihandelsabkommen, die Mexiko geschlossen hat, machen den Standort Mexiko zudem zu einem wichtigen Brückenkopf in der Neuen Welt. So fallen beispielsweise Produkte, die zu mindestens 60 % in Mexiko gefertigt worden sind, unter das Nordamerikanische Freihandelsabkommen NAFTA und können zollfrei in die USA oder nach Kanada exportiert werden. Mexiko öffnet für die deutsche Wirtschaft dadurch sowohl ein Tor nach Lateinamerika als auch nach Nordamerika.

Das Forschungsfeld Mexiko

Seit Alexander von Humboldts Mexiko-Reise (1803) und seinem berühmten Werk zur Geographie Neuspaniens (1811), das 1991 von H. Beck neu herausgegeben und kommentiert wurde, ist Mexiko auch Gegenstand deutschen Interesses auf wissenschaftlichem und kulturellem Gebiet.

Eine ganze Reihe bedeutender Wissenschaftler setzt seither die Tradition der deutschen Mexiko-Forschung fort. Paul Kirchhoff, der 1937 nach Mexiko emigriert ist, gilt als einer der Begründer der mexikanischen Anthropologie. Auf ihn geht die grundlegende Einteilung der mexikanischen Kulturareale zurück.

In Mexiko wurde das bisher größte von der DFG geförderte Auslandsforschungsvorhaben durchgeführt. Dieses Mexiko-Projekt der Deutschen Forschungsgemeinschaft (1962–1978) stellt ein interdisziplinäres deutsch-mexikanisches Gemeinschaftsunternehmen dar. Entsprechend dem Leitthema des Projektes „Mensch und Umwelt im Wandel der Zeit" waren vorwiegend historische und raumbezogene Disziplinen beteiligt, von deutscher Seite vor allem Geographen und von mexikanischer Seite Archäologen. Hauptpartner in Mexiko waren das „Instituto Nacional de Antropología e Historia" (INAH) und Wissenschaftler der „Universidad Autónoma de México" (UNAM) und des „Colegio de México". Angeregt wurde das Mexiko-Projekt von Paul Kirchhoff und Franz Termer. Nach dem Tode von Termer übernahm Lauer die Leitung des Projektes. In der von Seele (1988) herausgegebenen Bibliographie des Mexiko-Projektes sind alle zwischen 1964 und 1988 erschienenen Arbeiten, insgesamt über 900 Titel und rund 200 Autoren, zusammengefaßt. Die vorliegende Länderkunde profitiert von den wissenschaftlichen Ergebnissen dieses interdisziplinären Forschungsprojektes. Auf physisch-geographischem Gebiet sind insbesondere die Arbeiten von Lauer und Mitarbeitern (Heine, Klaus, Klink, Jáuregui) hervorzuheben, auf kulturgeographischem Gebiet die Arbeiten von Tichy und Mitarbeitern (Popp, Schneider, Tyrakowski) sowie von Gormsen, Nickel, Sander, Seele und Trautmann. Auf mexikanischer Seite verdienen die archäologischen Arbeiten der INAH unter Leitung von García Cook besondere Erwähnung.

1992 war Mexiko als Schwerpunktthema der 44. Frankfurter Buchmesse mit einer Ausstellung von 1200 Büchern und Zeitschriften vertreten. Alleine die beiden Bibliographien des Mexiko-Projektes und der Buchmesse spiegeln den großen Anteil deutscher Wissenschaftler und Geographen an der Erforschung Mexikos wider. Eine Reihe von Forschungsgebieten stellt für die deutsche Wissenschaft ein bevorzugtes Betätigungsfeld dar.

Die sogenannte Entwicklungsländerforschung hat schon seit langem ein besonderes Interesse an Lateinamerika und damit auch an Mexiko. Schließlich können die Staaten Lateinamerikas nach fast 200 Jahren Unabhängigkeit umfangreiche Erfahrungen mit Entwicklungskonzepten und -strategien vorweisen, wozu auch Rückschläge und ungelöste Probleme zählen (Buisson/Mols 1983). Die theoretischen und politischen Beiträge zur Entwicklungsproblematik sind sehr reichhaltig, so daß man Lateinamerika mit Recht als Vordenker und Vorkämpfer der Dritten Welt bezeichnen kann (Buisson/Mols 1983). Zu nennen sind hier Überlegungen zu den „terms of trade", die „Charta der ökonomischen Rechte und Pflichten der Staaten" bis hin zu umfassenden Vorstellungen für eine neue Weltwirtschaftsordnung. Auch die Dependenztheorie hat von Lateinamerika ihren Ausgang genommen. Des weiteren ist es kein Zufall, daß das „Konzept der Grundbedürfnisse" auf der Konferenz von Cocoyoc in Mexiko verabschiedet wurde, ebenso wie der Gedanke der „nachhaltigen Entwicklung" und der AGENDA 21 mit der Konferenz von Rio verbunden wird. Besonderes Interesse erhält Mexiko für die Entwicklungsländerforschung dadurch, daß mit den USA und Mexiko ein Land der sogenannten Ersten Welt und ein Land der sogenannten Dritten Welt unmittelbar aneinandergrenzen. Diese Nachbarschaft hat seit 1994 durch die Kooperation im Rahmen des Nordamerikanischen Freihandelsabkommens NAFTA eine neue Dimension erhalten, die seither ebenfalls im Mittelpunkt des Forschungsinteresses steht.

In Mexiko ereignete sich zwischen 1910 und 1920 die erste große Revolution des 20. Jh.s. Die Mexikanische Revolution und die aus ihr hervorgegangenen politischen Strukturen haben deutsche Historiker, Politologen und Soziologen nicht mehr losgelassen. Der Mainzer Politologe Mols widmet sich schon lange diesem Fragenkreis. Der Zürcher Historiker Tobler hat 1984 eine vielbeachtete Monographie über die Mexikanische Revolution vorgelegt, die 1992 in einer neuen Auflage erschienen ist. Die Entwicklung der Hacienda seit der spanischen Eroberung bis in unser Jahrhundert wurde vor allem am Beispiel Mexikos untersucht. Hier verdienen die Beiträge von Nickel besondere Erwähnung. Mit den Fragen der kulturellen Identität vor dem Hintergrund einer Mischung aus indianischen, spanisch-arabischen und amerikanisch-europäischen Elementen beschäftigen sich der Nürnberger Kultursoziologe Steger sowie seine Schüler und Kollegen. Auch die Archäologie und Geschichte der indianischen Hochkulturen zählen zu den Arbeitsschwerpunkten deutscher Wissenschaftler. Besonders zu nennen sind hier die Bonner Ethnologen Prem und Riese.

Schlagzeilen und Klischees

Punktuelle Berichterstattung

Obwohl Mexiko-Stadt Sitz vieler Lateinamerika-Korrespondenten ist, bildet „Mexiko für deutsche Zeitungen keinen ständigen Interessenschwerpunkt". „Meldungen über Mexiko [werden nur gebracht], wenn ihnen eine internationale Bedeutung beigemessen wird" (KomMex 1994, S. 137 ff.). Berichtet wird vorzugsweise über Umweltprobleme, Naturkatastrophen und ausgewählte Themen aus Wirtschaft, Politik und Gesellschaft. So bestimmten folgende „spektakuläre" Meldungen in den letzten Jahren die Schlagzeilen: „Erdbeben in Mexiko-Stadt", „Erdbeben in Manzanillo", „Vulkan Popocatépetl wieder aktiv", „Wirbelstürme", „Überschwemmungen in Acapulco", „Gasexplosion in Guadalajara", „Präsidentschafts- und Parlamentswahlen", „Unruhen in Chiapas", „Ausschreitungen in Guerrero und Oaxaca", „Präsidentschaftskandidat Colosio ermordet", „politische Morde", „Wirtschaftskrisen", „Korruptionsvorwürfe gegen den Ex-Präsidenten Carlos Salinas und weitere prominente Politiker", „Drogenkriminalität und Differenzen mit den USA", „massenhafte Migration von Mexikanern in die USA" usw.

Schon diese unvollständige Aufzählung veranschaulicht, daß sich die allgemeine „Vorliebe" der Medien für negative Schlagzeilen besonders verhängnisvoll auswirkt, wenn wegen einer lediglich punktuellen Berichterstattung solche Informationen vorenthalten werden, die diese Eindrücke relativieren könnten. Der aufmerksame Mexiko-Reisende wird jedoch rasch feststellen, daß die geläufigen Schlagzeilen-Klischees, meist mit einer stark negativen Verzerrung, nur einen kleinen Teil der mexikanischen Wirklichkeit wiedergeben.

Vorurteile und Stereotypen

Bei der deutschen Bevölkerung dominiert nach wie vor ein stereotypes Mexikobild: Die Vorstellungen sind auf der einen Seite vom idyllischen Reiseland mit seinen archäologischen Schätzen (Bilder 3 u. 4), einer reichen Folklore und Literatur sowie großartigen Landschafts- und Stadtansichten (Bild 5) geprägt, auf der anderen Seite verbindet man mit Mexiko Umweltverschmutzung, Drogenhandel, Korruption, Chaos, Katastrophen und extreme Armut (KomMex 1994). Für D. und M. Rall (1992, S. 773) stellt „der schnauzbärtige Macho mit Sombrero, unter einem Kaktus Siesta haltend, daneben die rassige Dolores" ein weitverbreitetes deutsches Mexiko-Klischee dar, das immer wieder für Maskeraden und Dekorationen herhalten muß. Dieses „Sombrero- und Kaktusklischee" ist mitunter auch ein Produkt des in Deutschland weit verbreiteten US-amerikanischen Films, zumal des typischen Western, in dem Mexiko vielfach durch die einseitige Brille der USA betrachtet wird.

Gewiß sind Vorurteile und Klischees aber nicht nur ein Problem derjenigen, die sich nicht vertieft mit Mexiko auseinandersetzen können oder wollen, sondern gerade auch Wissenschaftler, die sich eingehender mit dem Land befassen, sind dagegen keineswegs gefeit. Der mexikanische Politikwissenschaftler Piñeiro merkt hierzu kritisch an: „Der deutsche Akademiker, Student, Doktorand oder Professor, vor allem im Bereich der Sozialwissenschaften, kommt oft nur für kurze Zeit in ein Gastland und publiziert dann nach seiner Rückkehr Bücher und Artikel über spezifische Probleme dieses Landes, ohne die Problematik im Grunde zu verstehen, voll ideologischer Vorurteile und mit der Vorstellung von kultureller Universalität" (zit. in Rall D./Rall M. 1992, S. 763). Zu solchen akademischen Stereotypen gehören etwa die Einstufung Mexikos als Entwicklungsland oder als Musterland für Dependenz und Abhängigkeit oder die pauschale Kritik am politischen System Mexikos (KomMex 1994).

Bild 3 und Bild 4: Seebad Acapulco (Guerrero) und Pyramide von Tula (Hidalgo): Zeugnisse der indianischen Hochkulturen und Traumstrände an Pazifik und Karibik machen Mexiko auch für deutsche Touristen zu einem attraktiven Reiseziel.

Nicht selten dienen die Befunde aus Mexiko nur als nachträglicher Beleg für ein theoretisches oder gar ideologisches Vorurteil. Mitunter verbirgt sich hinter der Kritik an den „mexikanischen Verhältnissen" auch nur eine Nabelschau des „Westens", obwohl inzwischen das Selbstbild vermeintlicher Überlegenheit angesichts aktueller Krisen und Korruptionsfälle relativiert werden muß.

Bild 5: Ansicht von Taxco (Guerrero): Die Bergbaustadt verstrahlt ein mediterranes Flair. Besonders in Zentralmexiko hat die spanische Herrschaft unübersehbare Spuren hinterlassen.

Auch den Autoren dieser Länderkunde ist bewußt, daß sie alleine durch den Hinweis auf die Voreingenommenheit anderer nicht davor geschützt sind, ebenfalls gelegentlich in Klischees zu verfallen. Ihr Vorsatz, ein möglichst objektives Bild Mexikos zu vermitteln, kann daher die aufmerksamen und kritischen Leserinnen und Leser nicht ersetzen.

Widersprüchliche Bilder

Mexiko gibt auch immer wieder Anlaß zur Begeisterung und zu hohen Erwartungen. So galt das Wirtschaftswunderland Mexiko, das Land des „Milagro Méxicano", als Beispiel für eine erfolgreiche Entwicklung und vielerorts wurde das Schwellenland Mexiko vor dem Take-off in die „Erste Welt" gesehen. Als Gastgeber der Olympischen Spiele (1968), von Fußballweltmeisterschaften (1970 und 1986) sowie mehrerer internationaler Konferenzen zeigte Mexiko der Welt seine moderne Seite. Seit Mitte der 1980er Jahre wurde Mexiko als Musterland neoliberaler Reformen und der damit verbundenen Strukturanpassung gepriesen,

die auch beispielhaft für die Länder des ehemaligen Ostblocks sein könnten. Die Politik der wirtschaftlichen Öffnung nach außen und der politischen Öffnung im Inneren gab Anlaß zu größten Hoffnungen.

Angesichts derartiger Erwartungen war die Enttäuschung sehr groß, als es zu Rückschlägen kam. Kurz vor Eröffnung der Olympischen Spiele, die aller Welt ein unbeschwertes, offenes und lebensfrohes Mexiko vor Augen führen sollten, schossen im Oktober 1968 mexikanische Streitkräfte auf dem Platz der Drei Kulturen in der Hauptstadt Demonstranten nieder. Dieses Massaker von Tlatelolco, dem zwischen 300 und 1000 Menschen zum Opfer gefallen sind, ließ in die finsteren Abgründe eines Mexiko der Unterdrückung, der Gewalt und des Todes blicken. Dem Wirtschaftsaufschwung des „Milagro Mexicano" folgte trotz des Ölbooms der 1970er Jahre die Schuldenkrise. Als das Land 1982 seinen internationalen Gläubigern erklärte, daß Mexiko keine Zahlungen mehr leisten könne, wurde der sogenannte „Mexiko-Schock" zum geflügelten Wort für die Zahlungsunfähigkeit von Ländern der „Dritten Welt". Kaum hatte man angesichts einer ökonomischen Konsolidierung sowie wirtschaftlichen und politischen Öffnung Mexiko und seinen Präsidenten Salinas (1988–1994) zu Musterschülern erklärt, schlug die Meldung vom Ausbruch der Unruhen in Chiapas (Januar 1994) und von der Ermordung des Präsidentschaftskandidaten Colosio (März 1994) wie eine Bombe ein. Unmittelbar nachdem sich die Lage im Land nach der Präsidentschaftswahl (August 1994) wieder beruhigt hatte, erlebte Mexiko im Januar 1995 den schwersten Wirtschaftseinbruch der vorangegangenen 60 Jahre. Der Sturz des Peso erschütterte die internationalen Finanzmärkte. In Mexiko wurde der ehemalige Präsident Carlos Salinas (1988–1994) für die Misere verantwortlich gemacht. Dieser hatte nach Korruptionsvorwürfen das Image des „Saubermanns" verloren und sich vor dem Zugriff der Justiz ins Ausland abgesetzt. Auch die neueren Entwicklungen sehen viele Beobachter mit Besorgnis, wenngleich Mexiko in der Amtszeit von Präsident Ernesto Zedillo (1994–2000) allem Anschein nach die wirtschaftliche Talsohle im wesentlichen durchschritten hat.

Keine einfachen Erklärungen
Diese und viele andere Aspekte für sich alleine betrachtet werden der komplexen mexikanischen Wirklichkeit nicht gerecht, und in der Zusammenschau entsteht für Europäer und Nordamerikaner zwangsläu-

fig der Eindruck unversöhnlicher Widersprüche und Brüche. Dies zeigt, daß Klischees keineswegs ausreichen und ebensowenig geeignet sind, um die mexikanische Wirklichkeit zu fassen. Deutlich wird auch, daß der Versuch einer allzu einfachen, monokausalen und unilinearen Erklärung der komplexen mexikanischen Wirklichkeit zum Scheitern verurteilt sein muß. Nicht ohne Grund räumen bei gesellschaftlichen, politischen und wirtschaftlichen Analysen selbst die Anhänger der großen gesellschaftstheoretischen Konzepte ein, daß sich das eigenwillige Land in keinen der gängigen Bezugsrahmen so recht einordnen läßt (Eckstein 1977; Brachet-Marquez 1992).

So überrascht es folglich nicht, wenn auch bei der Bewertung jüngster Entwicklungen weitgehend Uneinigkeit herrscht. Bei einem Rückgriff auf gängige Modelle, die allesamt ihren Ursprung in Europa bzw. Nordamerika haben, ist die Gefahr groß, daß am Ende gerade das typisch Mexikanische durch einen zu groben theoretischen Raster fällt. Es ist daher notwendig, in einer theoretisch offenen Strategie verschiedene Perspektiven miteinander in Beziehung zu setzen, um den komplexen „Gegenstand" Mexiko auf nachvollziehbare Weise zu beschreiben und zu erklären. Wer Mexiko gerecht werden will, muß von Grund auf die Einheit in der Vielfalt akzeptieren, welche so typisch für dieses Land ist und welche, wie in dieser Länderkunde gezeigt werden soll, vielschichtige Gründe hat.

Eine Einheit in der Vielfalt

Mexiko als Brücke
Geologisch zählen die Gebiete nördlich der Landenge von Tehuantepec und damit der größte Teil Mexikos zu Nordamerika. Das historische Kulturareal Mesoamerika wiederum umfaßt die Gebiete Mexikos, die südlich des Río Lerma und des Río Panuco liegen und bis nach Mittelamerika reichen. Mexiko als Ganzes wird zu Lateinamerika gerechnet als Abgrenzung zu Angloamerika, zu dem die USA und Kanada gehören. Schon diese unterschiedlichen Einordnungen stellen die Brückenfunktion Mexikos

heraus, die das Land in mehrfacher Hinsicht einnimmt (Abb. 2). Mexiko bildet zudem eine Brücke zwischen dem Atlantik und dem Pazifik.

Als Brücke zwischen Angloamerika und Lateinamerika ist Mexiko zugleich Mittler zwischen der „Ersten Welt" und der „Dritten Welt". Vor diesem Hintergrund verschwimmt die Schärfe der Grenze zwischen den USA und Mexiko, aber auch zwischen Mexiko und Guatemala. So manche „Frontlinie", die man voreilig am Río Grande (von den Mexikanern Río Bravo genannt) veror-

Abb. 2: Ausdehnung und Lage Mexikos: *Mexiko erstreckt sich als Landbrücke zwischen Nord-amerika und Mittelamerika, zwischen Pazifik und Atlantik, zwischen Tropen und Außertropen. Die große Ausdehnung des Landes ist ein Grund für seine außerordentliche Vielfalt.*

Quelle: Atlas Nacional de México 1990. Bearbeitung: Gerd Sommerhoff 1998.

tet, verläuft genaugenommen mitten durch Mexiko hindurch, mitten durch das Land und mitten durch die mexikanische Gesellschaft. Auch im Süden der USA finden sich ähnliche Verwerfungen. Und je mehr der Austausch zwischen beiden Staaten zunimmt, desto weiter verlagern sich diese Bruchlinien von der Grenze ins Innere der beiden Länder.

Ein Land der Extreme

Die große Ausdehnung Mexikos, besonders die Nord-Süd-Erstreckung bringt eine große ökologische Vielfalt mit sich. Hinzu kommen gewaltige Höhenunterschiede zwischen den Sierren, den Hochebenen und dem Küstentiefland.

Die Größe Mexikos bedeutet erhebliche Raumwiderstände bei der Erschließung des Landes und den damit verbundenen Bemühungen um die wirtschaftliche und politische Integration der verschiedenen Landesteile. Weiter erschwert wird diese durch das Relief. Die großräumige Gliederung in Küstenebenen, Sierren und Hochländer sowie eine kleinräumige Zerteilung in Becken

und Gebirgszüge begünstigen eine ausgesprochene regionale Vielfalt. Nicht ohne Grund zählt Tannenbaum in seinem 1951 erschienenen Buch „Mexiko, Gesicht eines Landes" den Regionalismus neben der Katastrophe zu den beiden Konstanten in der mexikanischen Geschichte.

Auch in sozialer Hinsicht ist Mexiko ein Land der Gegensätze: Extremer Armut steht extremer Reichtum gegenüber; auch für lateinamerikanische Verhältnisse sind Einkommen und Vermögen in Mexiko äußerst ungleich verteilt.

Die Gleichzeitigkeit des Ungleichzeitigen

Ein weiterer Grund für die große Vielfalt Mexikos liegt in der Überlagerung mehrerer historischer Schichten und verschiedener kultureller Einflüsse. Mit anderen lateinamerikanischen Ländern teilt Mexiko das Phänomen, daß Einstellungen, Ideen und Strukturen aus verschiedenen Epochen nebeneinander existieren (Werz 1992), weil fast nie die radikale Ablösung eines Phänomens, einer Mode oder einer Struktur durch eine andere stattfindet. Vielmehr werden alte Momente übernommen und von neuen überlagert (Boris 1991). Alba kennzeichnet dies treffend mit folgenden Worten: „In Lateinamerika bildet die Vergangenheit einen Teil des Jetzt. Diese Gleichzeitigkeit des Ungleichzeitigen hat zu gebrochenen politischen Systemen und gespaltenen Gesellschaften geführt, in denen ein traditional gestriges Lateinamerika in einem vitalen Widerspruch steht zu strukturell modernen politischen und sozioökonomischen Entwicklungen" (zit. n. Mols 1987a, S. 192).

Eine schwierige Synthese

Diese Gleichzeitigkeit des Ungleichzeitigen darf man sich nicht nur als ein Nebeneinander oder als Gegensatzpaar im Rahmen eines einfachen Dualismus vorstellen. Hinter der oft bemühten „strukturellen Heterogenität" verbirgt sich vielmehr eine Interdependenz zwischen den „modernen" und den „traditionellen" Sektoren (Krause 1996).

Die mexikanische Gesellschaft ist eine komplexe Einheit aus mitunter gegensätzlichen Elementen verschiedener Perioden und Kulturen, die auf unterschiedliche Weise miteinander verbunden sind, voneinander abhängen oder sich bedingen.

Die Vielschichtigkeit konfrontiert die Lateinamerikaner, und insbesondere die Mexikaner, mit Fragen nach ihren Wurzeln. Obwohl man sich nach außen stolz und selbstbewußt zur mexikanischen Nation bekennt, befindet sich die Nation auf einer ständigen Suche nach sich selbst und ihrer Identität (Paz 1969).

Angesichts dieses Ringens um die mexikanische Identität zwischen indianischem Erbe, kolonialer Tradition und der Zugehörigkeit zu Nordamerika ist es nur zu verständlich, wenn der außenstehende Betrachter große Schwierigkeiten mit einer Einordnung hat oder aber der Einfachheit halber in Klischees verfällt.

Landeskunde Mexiko – Ein gewagter Versuch

Die Tradition der Landeskunde Mexiko

Dem Wagnis einer Darstellung des vielschichtigen und zuweilen widersprüchlich erscheinenden Landes im Rahmen einer „Länderkunde Mexiko" haben sich schon mehrere namhafte deutsche Mexiko-Kenner gestellt. An länderkundlichen Gesamtdarstellungen sind nach Alexander von Humboldts grundlegendem Werk (1811) die Landeskunden von Mühlenpfordt (1844), Sapper (1928), Hagen (1934), Schmieder (1943, 1962), Gierloff-Emden (1970) und Gormsen (1995) zu nennen. Allein in der Länderkunde von Gierloff-Emden sind 1420 Literatur-Titel aufgeführt. Neben diesen länderkundlichen Gesamtdarstellungen sind eine Vielzahl regionaler Monographien deutscher Geographen erschienen. Zu erwähnen wären hier insbesondere die Beiträge über Chiapas von Waibel (1933) und Helbig (1961 und 1962), über die Halbinsel Yucatán von Termer (1954), über Mittelmexiko/Michoacán von Gerstenhauer (1961), über das nordöstliche Mexiko von Staub (1923), über das nordwestliche Mexiko von Pfeifer (1939) und über Baja California von Gierloff-Emden (1965).

In über 40 Einzelbeiträgen verschiedener Mexiko-Experten wird in dem 1992 von Briesemeister und Zimmermann herausgegebenen Sammelband „Mexiko heute" versucht, ein Gesamtbild von Mexiko zu zeichnen. 1993 hat der Romanist Biermann eine zusammenfassende Darstellung über Mexiko vorgelegt.

Neben der deutschsprachigen Literatur gibt es eine Fülle US-amerikanischer Darstellungen über den südlichen Nachbarn. Seitdem Tannenbaum 1951 seinen Klassiker publiziert hat, der seit 1967 in der deutscher Übersetzung „Mexiko, Gesicht eines Landes" vorliegt, sind in den USA zahlreiche Darstellungen über Mexiko erschienen. Aus der Reihe mexikanischer Länderkunden seien an dieser Stelle nur beispielhaft die Werke von Tamayo (1985) und von Batalla (1986) erwähnt.

Grundlagen der vorliegenden Landeskunde

Die Autoren des vorliegenden Buches stützen sich bei ihrem Bemühen, Mexiko zu porträtieren, auf eine Fülle von kartographischem und statistischem Material, eine umfangreiche Mexikoliteratur sowie auf eigene Studien- und Forschungsreisen.

Eine wesentliche Grundlage bildet der vom Instituto de Geografía der UNAM (Universidad Nacional Autónoma de México) 1990 herausgegebene dreibändige Atlas Nacional de México. Unverzichtbar sind auch die Volkszählungs- und andere Daten des Instituto Nacional de Estadística, Geografía e Informática (INEGI), obwohl eine länderkundliche Analyse und Darstellung natürlich mehr ist als eine Sammlung und Auswertung statistischer Informationen. Nur durch authentische Erfahrungen, Beobachtungen und Untersuchungen im Lande ist eine richtige Einordnung und Bewertung der Informationen möglich, die bei der Auswertung von statistischem Material und aus der Literatur gewonnen werden können.

Neue Medien – neue Möglichkeiten

Neue Datenträger mit einer Fülle von Daten in hoher räumlicher Auflösung und der Rückgriff auf aktuelle Informationen aus dem Internet erschließen riesige Datenmengen auf eine bisher nicht dagewesene Weise als Informationsquelle. Die Verarbeitung und Präsentation umfangreicher digitalisierter Sach- und Geometriedaten mittels der elektronischen Datenverarbeitung ermöglicht eine moderne Synthese länderkundlicher Informationen: Statistisch faßbare Sachverhalte können anschaulich dargestellt, Zusammenhänge überprüft und hergestellt werden. Freilich wäre es naiv zu glauben, dank der modernen Technik könne eine Länderanalyse gewissermaßen auf Knopfdruck hergestellt werden. Schon die sorgfältige und kritische Aufbereitung der Informationen erfordert einen erheblichen Aufwand, der gleichzeitig auch inhaltlich gewinnbringend ist: Längere historische Datenreihen erlauben eine zeitliche Tiefe, welche für die Erfassung langfristiger Prozesse und Trends notwendig ist. Die Feinheit der räumlichen Auflösung – von Bundesstaaten über Municipios und Localidades bis hin zu Stadtvierteln – ermöglicht einen Maßstabswechsel, der Unterscheidungen zwischen Struktur- und Umwelteffekten zuläßt. Die schnelle kartographische Darstellung unterschiedlicher thematischer Sachverhalte verdeutlicht räumliche Verteilungs- und Verbreitungsmuster.

Weil die Verwendung amtlicher Daten eine flächendeckende, zeit- und maßstabsübergreifende Analyse und Darstellung gestattet, die bei eigenen Erhebungen niemals möglich wären, wollten und konnten die Autoren auf diese vorhandene Informations-Dienstleistung nicht verzichten. Ihnen ist durchaus bewußt, daß ein solcher Rückgriff auf Daten der amtlichen Statistik in der deutschen Hochschulgeographie mitunter auf Vorbehalte stößt, die durch die geläufige Vorstellung vom „Entwicklungsland" Mexiko noch verstärkt werden. Die Autoren teilen diese Vorbehalte nicht, gehen gleichwohl an die Statistiken ebenso kritisch heran wie an alle anderen Quellen.

Amtliche Daten – schlechte Daten?

Im Jahr 1895 wurde in Mexiko zum ersten Mal eine Volkszählung als Totalerhebung der Wohnbevölkerung durchgeführt. Seit 1930 findet im Abstand von 10 Jahren regelmäßig ein Zensus statt, bei dem neben der Bevölkerungszahl auch eine Reihe von Strukturmerkmalen, darunter auch zu den Erwerbs- und Wohnverhältnissen, erhoben werden. Die Organisation und die Datenstruktur der amtlichen mexikanischen Statistik orientieren sich an internationalen Vorgaben. Demnach wird eine Reihe von Variablen ausgewiesen, die weltweit als „Entwicklungsindikatoren" gelten. Die Zahlen der Volkszählung erlauben Aussagen darüber, in welchem Maße in unterschiedlichen Teilräumen des Landes das Entwicklungsziel „moderne Industriegesellschaft" erreicht ist. Der Zensus dient der mexikanischen Regierung als Instrument zur Erfolgskontrolle und zur Planung. Unverkennbar sind daher auch stark zentralistische Tendenzen und eine Orientierung am nationalen Maßstab, wenn etwa auch im innerstädtischen Bereich nur diejenigen Zuwanderer als solche ausgewiesen werden, die aus einem anderen Bundesstaat zugezogen sind.

Die Erhebungskategorien sind so ergänzt, daß sie auch die „Schattenseiten" der mexikanischen Wirklichkeit erfassen. Mit Blick auf die Datenerhebung jedenfalls ist in der mexikanischen Statistik keine gezielte Ausblendung von Sachverhalten erkennbar, die nicht zum Bild vom „Milagro Méxicano" passen. Sonst würde kaum jede

Hütte am Straßenrand als „Localidad" erfaßt werden. Die Selektivität der Wahrnehmung äußert sich auf andere Weise: Eine Wohnung wird zum Beispiel ohne Rücksicht auf die Herkunft des Stromes als elektrifiziert eingestuft. So wird auch die illegale Abzweigung von Elektrizität in der Statistik zu einem Erschließungserfolg. Vorsicht ist also weniger bei den Zensusdaten als solchen geboten, als vielmehr bei deren Interpretation. Die große Zahl der Bezugseinheiten, für die Daten zur Verfügung stehen, darf nicht zu pauschalen Vergleichen verleiten. Von Mal zu Mal muß der Kontext, in dem die Variable steht, genau reflektiert werden.

Eine gezielte Manipulation der Daten wäre sehr aufwendig. Und warum sollten die Technokraten der Planungsbürokratie ihr Herrschaftswissen mutwillig beschädigen? Die minutiöse Planung und Umsetzung (CODICE 90) des Zensus deuten auf eine korrekte und sachgerechte Ausführung hin. Ungenauigkeiten treten noch am ehesten in den peripheren Regionen auf, halten sich aber auch dort in Grenzen. Datenausfälle gibt es in den Räumen, die sich der tatsächlichen Kontrolle durch den Staat entziehen. Dies ist in den Unruhegebieten in Chiapas der Fall, wo für 1995 für bestimmte Municipios keine Daten vorliegen.

Ein Vergleich lokalisierbarer Daten mit Kartenmaterial, Publikationen und eigenen Beobachtungen in Mexiko hat die Stimmigkeit der neueren Zensusdaten weitgehend bestätigt. Etwas größere Zweifel sind bei den Angaben über Geburten und Sterbefälle angebracht (Krause 1996), aber auch beim Agrarzensus (Gormsen 1995), insbesondere was Strukturdaten und die räumliche Auflösung der Informationen betrifft.

Regionalisierung – Eine notwendige Vereinfachung

Probleme der Vereinfachung
Die verständliche Darstellung eines komplexen Gegenstandes zwingt stets zur Generalisierung und Strukturierung. Deshalb wird auch in diesem Buch eine Regionalisierung vorgenommen. Bei der Abgrenzung nach demographischen, sozialen und ökonomischen Sachverhalten muß auf die Basiseinheiten der amtlichen Statistik zurückgegriffen werden (Tab. 4 und 5). Bis zur Ebene der Municipios folgt die Statistik der dreistufigen Verwaltungsgliederung in Nationalstaat (Estados Unidos Mexicanos), Bundesstaaten (Estados) und Municipios. Der Einfachheit und Klarheit halber werden bei der Darstellung zahlreicher Sachverhalte Bundesstaaten verwendet. Dies führt teilweise zu Sprüngen, weil zum Beispiel der Küstenstaat Veracruz, der zu Südmexiko gerechnet wird, relativ weit nach Norden ragt.

Das dreigeteilte Mexiko
Die räumliche Gliederung Mexikos baut auf eine Dreiteilung des Landes in Nordmexiko, Zentralmexiko und Südmexiko auf (Abb. 3). Begründen läßt sich diese Einteilung mit dem Entwicklungsstand, Migrationsverflechtungen, den historischen Prägungen sowie kulturellen, gesellschaftlichen und politischen Tendenzen in der Gegenwart.

Zentralmexiko ist der Kernraum der spanischen Herrschaft in Neuspanien. Dort ist es zu einer Überlagerung und Absorption der indianischen Hochkulturvölker durch die Eroberer gekommen. In diesem „Schmelztiegel" entstand die für Mexiko vielfach als typisch angesehene mestizische Mischlingsbevölkerung, deren Kultur in der spanischen Sprache und spanischen Formen ihren äußeren Ausdruck findet. Noch heute konzentriert sich in Zentralmexiko die politische Macht, ein Großteil des wirtschaftlichen Potentials und der Bevölkerung Mexikos. Die administrative, wirtschaftliche und kulturelle Durchdringung Neuspaniens und des späteren Mexiko nahm von Zentralmexiko ihren Ausgang. So gesehen liegen sowohl Nord- als auch Südmexiko an der Peripherie, was zugleich auch bedeutet, daß sich beide Räume in gewisser Hinsicht der Kontrolle und dem Einfluß des Zentrums entziehen.

In Südmexiko konnte sich die Grundbevölkerung der indianischen Kulturen zu

Strukturdaten nach dem Mikrozensus 1995 in %	Bevölkerung indigener Sprache	Analphabeten von über 15 Jahren	Wohnungen ohne jegliche Erschließung	Erwerbstätige in fester Anstellung	mit weniger als Mindestlohn
Mexiko	**6,84**	**10,57**	**4,35**	**52,11**	**30,92**
Nordmexiko	2,16	6,32	3,94	58,48	21,56
Nördliche Grenzstaaten	1,17	4,76	2,76	65,09	16,63
Nordwestl. Grenzstaaten	2,20	4,80	3,29	62,58	15,83
Nordöstl. Grenzstaaten	0,27	4,72	2,29	67,47	17,38
Nördliche Pazifikküste	1,96	8,75	3,14	46,96	21,74
Zentraler Norden	5,42	9,95	8,17	43,91	38,36
Zentralmexiko	3,63	9,13	2,04	55,31	27,45
Westliche Zentralregion	0,38	7,27	1,63	57,72	24,04
Mittlere Zentralregion	1,61	14,27	3,20	47,62	34,72
Hauptstadtregion	5,08	8,01	1,76	56,96	26,18
Randzone	13,22	15,54	4,54	38,54	46,70
Kernzone	2,27	5,58	0,78	63,09	19,35
Distrito Federal	1,31	2,97	0,02	70,94	12,88
Südmexiko	19,29	18,98	9,85	37,18	50,02
Golfküste	9,10	15,19	10,66	40,80	46,64
Karibikküste	35,52	13,35	2,90	51,64	42,09
Südliche Pazifikküste	25,21	24,22	10,71	29,75	55,48

Tab. 4: Sozialstruktur nach Großräumen und Regionen

Quelle: INEGI 1997

einem erheblichen Teil behaupten und ging weniger stark in der mestizischen Mischbevölkerung auf. Der Anteil der Bevölkerung mit indigenen Sprachkenntnissen liegt in Südmexiko noch heute bei rund 20 %. Pauschal gesehen kann der Süden als Rückzugsgebiet der Indiobevölkerung (Bild 6) bezeichnet werden, wenngleich dieser Raum bei einer näheren Betrachtung in Rückzugsgebiete und moderne Entwicklungspole zerfällt.

Nordmexiko gleicht in der Erschließung und Besiedlung Mexikos dem Westen der USA, nämlich als „frontier-land", das erst allmählich in Besitz genommen wurde. Da in diesem Raum eine seßhafte Indiobevölkerung weitgehend fehlte und die nomadischen Stämme nach langen Kämpfen schließlich ausgerottet wurden, dominiert hier eine weiße Bevölkerung spanischer Abstammung. Je weiter man in Mexiko nach Norden kommt, desto stärker wird auch der wirtschaftliche und kulturelle Einfluß der USA.

Nordmexiko

Innerhalb Nordmexikos profitieren die nördlichen Grenzstaaten spürbar von der unmittelbaren Nachbarschaft zu den USA. Entlang der rund 3200 km langen Grenze zieht sich inzwischen ein immer breiter werdender Streifen mit Betrieben, die von den Verflechtungen mit dem nördlichen Nachbarn leben. Um die traditionelle Industriemetropole Monterrey herum ist im Nordosten in den Bundesstaaten Coahuila, Nuevo León und Tamaulipas ein dynamischer Wirtschaftsraum entstanden. Im Nordwesten bilden gleich mehrere Städte, insbesondere die Grenzstädte Tijuana und Ciudad Juárez, bedeutende Entwicklungspole. Weitere Impulse gehen vom Fremdenverkehr auf der Halbinsel Baja California aus.

Die beiden Staaten Sinaloa und Nayarit an der nördlichen Pazifikküste sind ausgesprochene Agrarstaaten, wenn auch Sinaloa mit Mazatlán über ein bedeutendes

	Erwerbs-tätige 1990	Anteil der Erwerbstätigen in % in der			
		Landwirt-schaft	verarbeiten-des Gewerbe	Ölwirt-schaft	Gastro-nomie
Mexiko	**23 403 413**	**22,65**	**19,20**	**0,69**	**3,28**
Nordmexiko	**6 348 673**	**20,38**	**20,24**	**0,50**	**3,50**
Nördliche Grenzstaaten	4 284 019	13,57	23,70	0,67	3,71
Nordwestliche Grenzstaaten	2 003 720	16,81	21,68	0,14	4,30
Baja California del Norte	565 471	10,36	23,19	0,11	5,82
Baja California del Sur	102 763	18,31	8,71	0,11	7,43
Sonora	562 386	22,74	16,08	0,19	3,57
Chihuahua	773 100	17,02	26,38	0,13	3,31
Nordöstliche Grenzstaaten	2 280 299	10,72	25,47	1,13	3,18
Coahuila	586 165	12,14	25,64	0,16	2,78
Nuevo León	1 009 584	6,12	29,77	0,55	2,97
Tamaulipas	684 550	16,27	18,96	2,83	3,84
Nördliche Pazifikküste	893 905	37,12	10,46	0,14	3,85
Sinaloa	660 905	36,72	10,63	0,17	3,78
Nayarit	233 000	38,23	9,97	0,04	4,05
Zentraler Norden	1 170 749	32,55	15,08	0,15	2,46
Durango	347 275	28,57	16,97	0,06	2,32
Zacatecas	294 458	39,80	8,83	0,06	2,55
San Luis Potosí	529 016	31,13	17,31	0,27	2,50
Zentralmexiko	**11 978 448**	**15,59**	**22,58**	**0,39**	**3,19**
Westliche Zentralregion	1 899 041	15,68	23,08	0,11	4,27
Colima	133 474	23,98	9,93	0,31	5,87
Jalisco	1 553 202	15,07	23,98	0,09	4,30
Aguascalientes	212 365	14,96	24,72	0,09	3,06
Mittlere Zentralregion	2 211 027	26,76	21,10	0,42	2,64
Michoacán	891 873	34,00	15,24	0,08	2,52
Guanajuato	1 030 160	22,98	24,97	0,79	2,60
Querétaro	288 994	17,91	25,37	0,13	3,12
Hauptstadtregion	7 868 380	12,42	22,88	0,45	3,08
Randzone	1 774 240	36,03	17,97	0,39	1,66
Hidalgo	493 315	37,03	15,41	0,78	1,47
Puebla	1 084 316	36,92	17,76	0,26	1,77
Tlaxcala	196 609	28,56	25,49	0,09	1,56
Kernzone	6 094 140	5,55	24,31	0,47	3,50
Estado de México	2 860 976	8,67	28,36	0,36	3,08
Morelos	348 357	20,35	16,18	0,09	3,94
Distrito Federal	2 884 807	0,66	21,27	0,62	3,86
Südmexiko	**5 076 292**	**42,14**	**9,91**	**1,63**	**3,21**
Golfküste	2 285 546	38,38	10,81	3,18	2,51
Veracruz	1 742 129	39,36	11,49	2,78	2,53
Tabasco	393 434	35,61	8,43	5,23	2,30
Campeche	149 983	34,30	9,22	2,44	2,92
Karibikküste	570 527	24,90	12,84	0,10	6,52
Yucatán	407 337	27,02	15,46	0,13	3,34
Quintana Roo	163 190	19,62	6,30	0,03	14,48
Südliche Pazifikküste	2 220 219	50,44	8,24	0,43	3,07
Guerrero	611 755	36,40	9,21	0,04	6,78
Oaxaca	754 305	52,88	10,07	0,97	1,89
Chiapas	854 159	58,34	5,93	0,22	1,46

Tab. 5: Regionale Wirtschaftsstruktur im Spiegel des Zensus 1990

Quelle: INEGI 1997

Großraum	Region	Subregion		Estados (Hauptstadt)
Nordmexiko	Nördliche Grenzstaaten	Nordwestliche Grenzstaaten		1: Baja California del Norte (Mexicali) 2: Baja California del Sur (La Paz) 3: Sonora (Hermosillo) 4: Chihuahua (Chihuahua)
		Nordöstliche Grenzstaaten		5: Coahuila (Saltillo) 6: Nuevo León (Monterrey) 7: Tamaulipas (Ciudad Victoria)
	Nördliche Pazifikküste			8: Sinaloa (Culiacán) 9: Nayarit (Tepic)
	Zentraler Norden			10: Durango (Durango) 11: Zacatecas (Zacatecas) 12: San Luis Potosi (San Luis Potosí)
Zentral-mexiko	Westl. Zentralregion			13: Colima (Colima) 14: Jalisco (Guadalajara) 15: Aguascalientes (Aguascalientes)
	Mittlere Zentralregion			16: Michoacán (Morelia) 17: Guanajuato (Guanajuato) 18: Querétaro (Tlaxcala)
	Hauptstadtregion	Randzone		19: Hidalgo (Pachuca) 20: Puebla (Puebla) 21: Tlaxcala (Tlaxcala)
		Kernzone		22: Estado de México (Toluca)· 23: Morelos (Cuernavaca)
				24: Distrito Federal
Südmexiko	Golfküste			25: Veracruz (Jalapa) 26: Tabasco (Villahermosa) 27: Campeche (Campeche)
	Karibikküste			28: Yucatán (Mérida) 29: Quintana Roo (Chetumal)
	Südliche Pazifikküste			30: Guerrero (Chilpancingo) 31: Oaxaca (Oaxaca de Juárez) 32: Chiapas (Tuxtla Gutiérrez)

Abb. 3: Regionale Gliederung: *Mexiko läßt sich grob in drei Großräume einteilen. Die Gliederung in Nordmexiko, Zentralmexiko und Südmexiko läßt sich anhand verschiedener Kriterien ableiten und wird auch durch aktuelle Entwicklungen bestätigt.*

Entwurf: Christian H. Weber 1998

Bild 6: Traditioneller Indianermarkt in San Cristóbal (Chiapas): *In Südmexiko ist das indianische Erbe in der Bevölkerung, Kultur und Wirtschaft noch deutlich präsent.*

Touristenzentrum verfügt. In Sinaloa findet sich ein räumlicher Schwerpunkt der Bewässerungslandwirtschaft.

Neben diesen dynamischen Räumen umfaßt Nordmexiko aber auch eine strukturschwache Region mit einer hohen Abwanderung. Die Bundesstaaten des zentralen Nordens erlebten nach dem Bedeutungsverlust der traditionellen Bergbauzentren, wie Zacatecas, einen wirtschaftlichen Niedergang, der erst allmählich wieder aufgefangen wird. Die Abgrenzung dieser Krisenregion anhand der Bundesstaaten ist nicht ganz scharf und müßte bei einer feineren Auflösung auf die südlichen Gebiete von Chihuahua und Coahuila ausgedehnt werden.

Zentralmexiko

Als das alles überragende Zentrum des Landes nimmt innerhalb Zentralmexikos die Hauptstadt Mexiko-Stadt mit ihrem großen Einzugsgebiet, der Hauptstadtregion, eine besondere Stellung ein. Als Machtzentrum und Tor zur Welt ist Mexiko-Stadt eine kosmopolitische Metropole. Der weitere Einflußbereich der Hauptstadt reicht in die Bundesstaaten Puebla und Hidalgo.

Mexiko-Stadt hat längst die Grenzen des Bundesdistrikts, des Distrito Federal (DF), gesprengt. Von der Suburbanisierung sind weite Teile des Estado de México und von Morelos erfaßt. Bei einer feineren Auflösung müßten die westlichen Teile von Puebla und Tlaxcala dieser Zone hinzugerechnet werden.

Die in der mittleren Zentralregion zusammengefaßten Bundesstaaten Querétaro, Guanajuato und Michoacán bilden in mehrfacher Hinsicht eine Übergangszone zwischen der Hauptstadtregion und der westlichen Zentralregion mit dem Zentrum Guadalajara. In den östlichen Teilen dieser Region entstehen wichtige Entlastungszentren für die Hauptstadt. Durch die Region zieht sich die Entwicklungsachse zwischen Mexiko-Stadt und Guadalajara, die durch bedeutende Städte der Kolonialzeit und Eisenbahnlinien vorgezeichnet ist.

In der westlichen Zentralregion liegt die zweitgrößte Stadt Mexikos, Guadalajara. Der Nordwesten Zentralmexikos hat in besonderer Weise von der Verlagerung von Einrichtungen aus Mexiko-Stadt profitiert. An der Pazifikküste finden sich bedeutende Zentren des Badetourismus wie Manzanillo und Puerto Vallarta.

Südmexiko

Die Bundesstaaten an der Golfküste haben starke wirtschaftliche Impulse durch die Erdölförderung erhalten, deren Standorte sich vom nördlichen Veracruz über Tabasco bis nach Campeche erstrecken. Eine feinere Abgrenzung müßte diese Ölzone noch um einen schmalen Streifen im nördlichen Chiapas ergänzen. Neben der Ölwirtschaft liegen in dieser Region wichtige Standorte der tropischen Land- und Viehwirtschaft.

Unter dem Begriff Karibikküste werden Quintana Roo und Yucatán zusammengefaßt, weil beide Staaten in starkem Maße von der Entwicklung des Fremdenverkehrs profitieren, die im Tourismuszentrum Cancún in Quintana Roo ihren Ausgang genommen hat. Neben den karibischen Traumstränden sind es die Zeugnisse der Maya-Kultur, die diesen Raum für den Fremdenverkehr besonders attraktiv machen. Diese Region deckt sich zum Großteil mit der Halbinsel Yucatán, zu der allerdings auch noch der Bundesstaat Campeche zählt, der stärker von der Ölwirtschaft geprägt wird. Wegen ihrer abgeschiedenen und schwer zugänglichen Lage war die Halbinsel Yucatán über lange Zeit mit dem übrigen Neuspanien bzw. Mexiko nur lose verbunden.

Die drei zur südlichen Pazifikküste zusammengefaßten Bundesstaaten Guerrero, Oaxaca und Chiapas bilden rein statistisch gesehen das Armenhaus Mexikos. Dort ist die Analphabetenrate besonders hoch, die Erschließung ist mangelhaft und die Einkommen sind sehr gering. Allerdings gibt es einzelne Zentren mit günstigeren Lebens- und Erwerbsbedingungen, darunter die Hauptstädte oder Touristenzentren wie Acapulco. Die extreme Armut in Chiapas ist nicht nur Folge eines Erschließungs-, sondern auch eines Verteilungsproblems. Die Region der südlichen Pazifikküste hat zugleich den höchsten Anteil indianischer Bevölkerung.

NATURRAUM:
LAND ZWISCHEN REGENWALD UND WÜSTE

Bild 7: Blick auf den Popocatépetl: *Die ausgeprägte Höhengliederung ist ein wichtiger Grund für die große naturräumliche Vielfalt Mexikos. Es finden sich alle thermischen Höhenstufen von den warmen Tropen der Küsten bis zu den Gletschern der Vulkankegel in 5000 m Höhe.*

Überblick

■ Mexiko ist Teil des zirkumpazifischen Feuergürtels mit Vulkanismus und Erdbeben an der Subduktionszone des Acapulco-Grabens, wo die ozeanische Kruste der Rivera-Cocos-Platte unter das mexikanische Festland abtaucht.

■ Als randtropisch-subtropisches Land – der nördliche Wendekreis verläuft mitten durch Mexiko – liegt Mexiko im Einflußbereich der maritimen Nordostpassate.

■ Als relativ schmale Landbrücke zwischen zwei tropisch warmen Meeren ist Mexiko auf atlantischer und pazifischer Seite tropischen Wirbelstürmen ausgesetzt.

■ Aufgrund der großen meridionalen Erstreckung hat Mexiko Anteil an den feuchten und trockenen Tropen, aufgrund seiner Höhenerstreckung Anteil an den warmen und kalten Tropen.

■ Der Wechsel zwischen sommerlicher Regenzeit und winterlicher Trockenzeit bestimmt den Lebensrhythmus von Mensch und Natur.

■ Die Brückenlage zwischen Nord- und Südamerika hat zu einer Überlagerung borealer und tropischer Florenelemente geführt.

■ Die Vegetationszonen reichen vom immergrünen tropischen Regenwald im Südosten bis zu den Wüsten- und Halbwüstengebieten im Norden und Nordwesten, von den warmtropischen Tieflandwäldern bis zu den borealen Eichen- und Nadelwäldern des Hochlandes.

Geologisch-geomorphologische Großgliederung

Mexiko ist ein randtropisch-subtropisches Gebirgsland mit einem zentralen Hochland und vorgelagerten Küstenebenen im Einflußbereich des maritim geprägten Nordostpassats.

Zwischen den langgestreckten NNW-SSE streichenden Randgebirgen der Sierra Madre Occidental und Oriental erstreckt sich ein von N nach S von 1000 auf 2500 m ansteigender Hochlandblock (Altiplano oder Meseta). Im Süden begrenzt das W-E-verlaufende transmexikanische Vulkangebirge (Sierra Neovolcánica Transversal) das Hochland (Abb. 4 und 5).

Die an einer W-E-verlaufenden Störungszone angelegte Río-Balsas-Senke (Gran Valle del Sur) trennt das nördliche Hochland mit seinen Randgebirgen von der Sierra Madre del Sur mit dem Bergland von Guerrero und Oaxaca. Der Isthmus von Tehuantepec bildet die Grenze zwischen der Sierra Madre del Sur und dem Bergland von Chiapas.

Geologisch gesehen gehört Mexiko bis zur Landenge von Tehuantepec zum nordamerikanischen Festlandsblock. Die Sierren und Hochebenen stellen Fortsetzungen der nordamerikanischen Kordilleren und Hochplateaus dar. Das Bergland von Chiapas ist bereits Teil der mittelamerikanischen Landbrücke. Den mexikanischen Randgebirgen sind am Pazifik und Atlantik mehr oder weniger breite Küstenebenen vorgelagert.

Das mexikanische Hochland (Meseta, Mesa oder Altiplano)

Der im Umriß rautenförmige Hochlandsockel bildet das Rückgrat Mexikos. Durch die Transversalketten der Sierra Madre Oriental zwischen Monterrey und Torreón wird

Quelle: Atlas Nacional de México 1990.

Abb. 4: Geomorphologische Großgliederung: *Küstentiefländer an Atlantik und Pazifik, zentrale Hochebenen mit Randgebirgen und Bergländer mit Gebirgsketten bilden die geomorphologischen Großstrukturen Mexikos. (Legende auf nächster Seite)*

das mexikanische Hochland in einen nördlichen und südlichen Teil gegliedert. Zusammen mit dem südlichen Randgebirge der Sierra Neovolcánica bildet das zentralmexikanische Hochland (Meseta oder Mesa Central) den demographischen und wirtschaftlichen Kernraum Mexikos, während das unter Dürre leidende nördliche Hochland zu den bevölkerungsärmsten Gebieten Mexikos zählt.

Das mexikanische Hochland wird von mesozoischen marinen Sedimenten, vorwiegend von Kalken der Jura- und Kreidezeit aufgebaut, die im Rahmen der tertiären Gebirgsbildung herausgehoben und gefaltet wurden. Auf diese tektonischen Prozesse sind die geomorphologischen Großstrukturen der NW-SE-verlaufenden Gebirgsketten und der von ihnen eingerahmten Hochbecken und -täler zurückzu-

I Gebirge (Sierren)	**7. Zentralmexikanisches Hochland (Mesa oder Meseta Central)**
1. Halbinsel Niederkalifornien	7.1 Hochflächen und Faltengebirgszüge mit Bolsón von San Luis Potosí
1.1 Nördliches Kristallingebirge: Gebirgsketten von Nord-Niederkalifornien	7.2 Hochebenen und Vulkanketten (mit Bajío von Guanajuato)
1.2 Südliches Vulkangebirge: Sierra La Gigante	7.3 Faltengebirgszüge und intramontane Hochtäler
1.3 Südliches Kristallingebirge: Sierra La Victoria	**8. Zentralmexikanisches Vulkangebirge**
1.4 Westliches Küstentiefland: Magdalena-Ebene und Vizcaíno-Wüste	Sierra Neovolcánica Transversal oder Meseta Neovolcánica

2. Westliche Sierra Madre (Sierra Madre Occidental)
zerschnittenes Vulkanplateau (Meseta Volcánica)
2.1 Vulkanketten und Täler des Nordens (NE-Sonora)
2.2 Vulkanplateaus u. Canyons von Chihuahua u. Durango
2.3 Vulkanketten und Täler des Südens (Zacatecas – Jalisco)
2.4 Gebirgsfuß: Küstenabdachung mit Vorbergzone

3. Östliche Sierra Madre (Sierra Madre Oriental)
Faltengebirge aus Jura- und Kreidekalken mit langgestreckten Antiklinal-Synklinal-Strukturen
3.1 Hohe Sierra (Sierra Madre Oriental i.e.S.)
3.2 Transversal-Ketten (W-E verlaufend)
3.3 Gebirgsketten und Bolsone von Coahuila
3.4 Gebirgsketten u. Hochtäler von NE-Chihuahua

4. Südliche Sierra Madre (Sierra Madre del Sur)
Blockschollen- u. Faltengebirge aus mesozoischen Sedimenten, metamorphen Gesteinen u. Intrusiva
4.1. Küstengebirge von Jalisco u. Colima (Intrusiva)
4.2 Küstenabdachung
4.3 Küstengebirge von Colima – Oaxaca
4.4 Zentrales Bergland und Hochplateau von Oaxaca
4.5 Östliche Gebirgsketten von Oaxaca

5. Bergland von Chiapas
Blockschollen- u. Faltengebirge aus Kreidekalken, metamorphen Gesteinen und Intrusiva
5.1 Nördliche Gebirgsketten und Hochebene von Chiapas (aus gefalteten Kreidekalken)
5.2 Zentralsenke von Chiapas (tektonische Anlage und fluviale Ausformung)
5.3 Südliche Gebirgsketten von Chiapas (kristallines Blockschollengebirge)
5.4 Pazifische Küstenebene von Chiapas

II. Hochebenen (Altiplanos oder Mesetas)

6. Nordmexikanisches Hochland (Meseta del Norte)
(Basin- und Range-Strukturen: tektonisch bedingte Strukturen parallel verlaufender Gebirgsketten und intramontaner Hochbecken/-täler)
6.1 Hochebene von NW-Chihuahua und Dünenlandschaft von NE-Sonora
6.2 Bolsón von Mapimí (abflußloses Hochbecken)
6.3 Hochebenen und Vulkanketten von Chihuahua und Coahuila
6.4 Hochebenen und Gebirgsketten von Durango

8.1 Guadalajara-Chapala-Becken, tektonischer Graben mit Seebildung
8.2 Sayula-Becken, tektonischer Graben mit Seebildung
8.3 Vulkanfeld von Michoacán, rezenter Vulkanismus mit Paricutín
8.4 Zentrale Vulkanketten und Hochbecken: Seen u. Vulkane von Anáhuac (Hochbecken von Morelia, Toluca, Mexiko-Stadt, Puebla und Schichtvulkane: Nevado de Toluca, Popocatépetl, Malinche und Pico de Orizaba)
8.5 Ostabfall zur Golfküste

III. Küstentiefländer

9. Nordwestpazifische Küstenregion
9.1 Wüste Sonora (Gran Desierto)
9.2 Küstentiefland von Sonora
9.3 Inselberglandschaft von Sonora

10. Küstenebene von Sonora und Sinaloa
(fluviale Schwemmlandküste mit Deltas und Lagunen)

11. Golfküsten-Tiefland
(aus tertiären und quartären Sedimenten)
11.1 Küstenebene von N-Tamaulipas (mit Río-Grande-Delta und Laguna Madre)
11.2 Küstenebene und Hügelland von Tamaulipas und N-Veracruz
11.3 Küstenebene von S-Veracruz
11.4 Küstenebene von Tabasco und Campeche (fluviale Schwemmlandküste mit Deltas des Río Papaloapán, Grijalva und Usumacinta)

12. Río-Grande-Hügel- und -Flachland

13. Kalktafel der Halbinsel Yucatán
13.1 Kalktafel von Yucatán und Quintana Roo (vorwiegend jungtertiäre Kalke)
13.2 Kalktafel und Hügellandschaft von Campeche (alttertiäre Kalke)
13.3 Küstentiefland des südöstlichen Quintana Roo

IV. Intramontane Senke des Río-Balsas-Beckens

14. Gran Valle del Sur (tektonische Anlage und fluviale Gestaltung)
14.1 Tal des Río Balsas und Río Tepalcatepec
14.2 Abdachung des zentralmexikanischen Vulkangebirges
14.3 Gebirgsketten und Täler von Morelos, Guerrero und S-Puebla

Legende zu Abb. 4: Geomorphologische Großgliederung

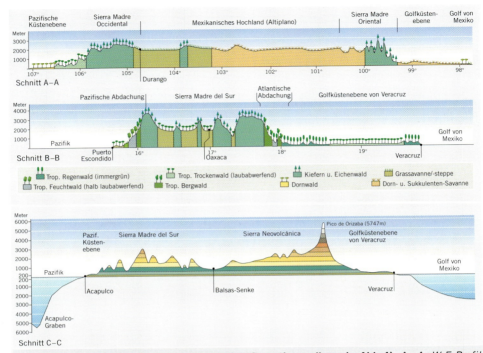

Abb. 5: Topographische Profile mit Vegetationsformationen (Lage in Abb.4): *A – A: W-E-Profil entlang dem 24. Breitenkreis, B – B: N-S-Profil zwischen Veracruz und Puerto Escondido, C-C: SW-NE-Profil zwischen Acapulco und Veracruz.*

Das mexikanische Hochland mit seinen Randgebirgen fällt ebenso wie das Bergland von Oaxaca steil zu den Küstenebenen an Pazifik und Atlantik ab. Im Pico de Orizaba in der Sierra Neovolcanica erreicht Mexiko mit 5747 Metern seine höchste Erhebung, im Acapulco-Tiefseegraben mit über 5000 Metern seine größte Tiefe. Neben der Höhe bestimmt die Lage der Sierren und Hochbecken zu den regenbringenden Winden die Verteilung der Niederschläge und damit die räumliche Anordnung der Vegetationsformationen.

Quelle: Atlas Nacional de México 1990.

führen (Basin- und Range-Strukturen). Die Anordnung der Gebirge und Täler orientiert sich an der mexikanischen NW-SE-Streichrichtung tektonischer Strukturen wie Antiklinalen (Faltensättel) und Synklinalen (Faltenmulden), Horste (Bruchschollen) und Verwerfungen (Abb. 6).

An den Störungslinien der Spalten und Verwerfungen sind seit dem frühen Tertiär bis zur Gegenwart gewaltige Magmamassen nach oben gequollen und haben sich über die gefalteten mesozoischen Sedimente ergossen. Im mexikanischen Hochland finden die vulkanischen Ergußgesteine ihre größte Verbreitung zwischen 20° und 22° nördlicher Breite, wo sie sich in W-E-Richtung quer durch die Staaten von Durango, Zacatecas und San Luis Potosí erstrecken.

Hochland von Nordmexiko (Meseta del Norte):
Neben der endlosen Weite der Hochflächen sind Dürre (Aridität) und Abflußlosigkeit das entscheidende naturräumliche Kennzeichen des nordmexikanischen Hochlandes. Die landschaftsökologische Grenze zwischen dem nord- und zentralmexikanischen Hochland ist im Bereich der Wasserscheide zwischen der endorrheischen (binnenländischen) Entwässerung in das weite abflußlose Becken des Bolsón von San Luis Potosí (Valle de Salado) und der exorrheischen (meerwärtigen) Entwässerung der großen Flußsysteme des Río Lerma und des Río Panuco anzusetzen. Diese Grenze verläuft ungefähr zwischen den Städten Zacatecas und San Luis Potosí und damit weit südlicher als die in der

Bild 8: Altiplano zwischen San Tiburcio (Zacatecas) und Saltillo (Coahuila): Hochbecken und Sierren bilden die geomorphologischen Großstrukturen Mexikos.

Karte der geomorphologischen Gliederung herangezogene geologische Grenze der Transversalketten der Sierra Madre Oriental. Aufgrund der nach Norden zunehmenden Aridität ist dieser Raum als Übergangsbereich zwischen dem Hochland von Nordmexiko und der Mesa Central auszugliedern. Mit dem trockenen und abflußlosen Hochland von Nordmexiko teilt er Aridität und Abflußlosigkeit (Bild 8).

Eine wesentliche geomorphologische Konsequenz der Aridität und Abflußlosigkeit ist die Anhäufung des Verwitterungsmaterials in den großen Becken der Bolsone. Durch die flächenhafte Abtragung schichtflutartig abfließender Starkregen sind die Gebirgshänge stark zurückverlegt worden, und an ihrem Fuße haben sich dadurch großflächige Abtragungsebenen, sogenannte Felsfußflächen oder Pedimente, gebildet. Zu den abflußlosen Becken hin gehen diese Abtragungsflächen in weite Aufschüttungsebenen (Salztonebenen oder Bolsone) über, wo das abtransportierte Feinmaterial zur Ablagerung kommt. Dieser tertiäre und quartäre Abtragungsschutt bedeckt in großer Mächtigkeit die abflußlosen Becken des nordmexikanischen Hochlandes ungefähr bis zur Grenze Zacatecas –

San Luis Potosí. Da die Flüsse im aridem Klima allmählich versiegen, finden sie nicht den Weg zum Meer, sondern verlieren sich in den großen Becken, wo sie während der kurzen sommerlichen Regenzeit in Endseen, wie z. B. in der Laguna von Torreón, münden. Der gesamte Verwitterungs- und Abtragungsschutt kommt letztendlich in diesen abflußlosen Hohlformen, insbesondere des Bolsón de Mapimí und des Bolsón von San Luis Potosí, zur Ablagerung. Der Bolsón von San Luis Potosí, der den Nordosten von Zacatecas und den Norden von San Luis Potosí einnimmt, erstreckt sich als weite abflußlose und schutterfüllte Beckenlandschaft zwischen der Sierra von Zacatecas im Südwesten und der Sierra Madre Oriental im Osten. Durch die Transversalketten von Torreón wird sie im Norden gegen den Bolsón von Mapimí abgegrenzt. Wegen der Salzablagerungen wird sie auch als Valle de Salado bezeichnet.

Der Bolsón von Mapimí nimmt den zentralen und tiefstgelegenen Teil des abflußlosen nordmexikanischen Hochlandes ein und umfaßt damit weite Bereiche der Staaten Chihuahua, Coahuila und Durango. Diese weiträumige Hochebene mit wüstenhaftem Charakter setzt sich aus mehreren

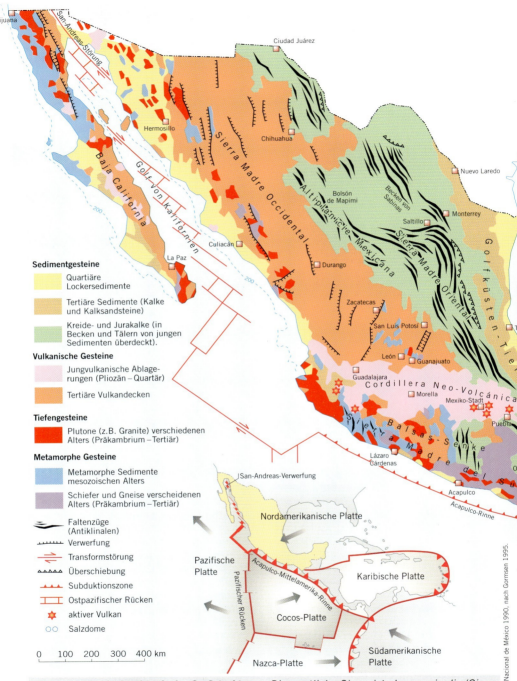

Sedimentgesteine

Quartäre Lockersedimente

Tertiäre Sedimente (Kalke und Kalksandsteine)

Kreide- und Jurakalke (in Becken und Tälern von jungen Sedimenten überdeckt).

Vulkanische Gesteine

Jungvulkanische Ablagerungen (Pliozän – Quartär)

Tertiäre Vulkandecken

Tiefengesteine

Plutone (z.B. Granite) verschiedenen Alters (Präkambrium – Tertiär)

Metamorphe Gesteine

Metamorphe Sedimente mesozoischen Alters

Schiefer und Gneise verschiedenen Alters (Präkambrium – Tertiär)

Faltenzüge (Antiklinalen)

Verwerfung

Transformstörung

Überschiebung

Subduktionszone

Ostpazifischer Rücken

aktiver Vulkan

Salzdome

0 100 200 300 400 km

Quelle: Atlas Nacional de México 1990, nach Gormsen 1995.

Abb. 6: Geologisch-tektonische Großstrukturen: Die westliche Sierra ist ebenso wie die 'Sierra Neovolcánica' aus vulkanischen Gesteinen aufgebaut. Die östliche Sierra stellt dagegen ein Faltengebirge aus mesozoischen Sedimenten (Kalke, Sandsteine) dar.

abflußlosen und schutterfüllten Becken zusammen, in denen sich zur Regenzeit größere Wasserflächen bilden. Die einzelnen Aufschüttungsebenen der Bolsone werden durch NW-SE-streichende, bis zu 500 m hohe Bergketten voneinander getrennt.

Von den feuchteren Randgebirgen der Sierra Madre Occidental strömen dem Hochbecken zwei größere Flüsse zu: von Süden der Río Aguanaval aus der Sierra von Zacatecas und von Westen der Río Nazas aus der Sierra Madre Occidental. Endeten die Flüsse ursprünglich in weiten, flachen Seen (Laguna), so wird ihre gesamte Wasserführung heute für die intensive Bewässerungslandwirtschaft der Laguna von Torreón (Comarca Lagunera) verwendet. Die Flüsse führen nur während der kurzen sommerlichen Regenzeit Wasser, liegen aber von November bis Juli weitgehend trocken. Mit den sommerlichen Hochwässern wird zusätzlich feiner Schlamm über die Felder verteilt, der wegen seines Nährstoffreichtums als natürliche Düngung dient. Da die Niederschläge in diesem ariden Klimabereich von Jahr zu Jahr stark schwanken, ist auch die Wasserführung starken Schwankungen unterworfen. Da in Dürrejahren die Wasserzufuhr für die Bewässerung der landwirtschaftlichen Kulturen nicht ausreicht, ist das Ernterisiko groß.

Zur westlichen Sierra Madre steigt das Niveau des nordmexikanischen Hochlandes von rd. 1100–1200 m im Bolsón von Mapimí allmählich auf über 1800–2000 m an. Diese Übergangszone zur Sierra Madre Occidental ist durch eine Zunahme der Niederschläge von unter 200 auf 400–500 mm im Jahr gekennzeichnet. An die Stelle der Wüstensteppe (Matorral) treten die weiten Grasländer der Trockensteppe mit günstigen Bedingungen für die Viehzucht.

Das Hochland von Zentralmexiko:

Der Südteil des mexikanischen Hochlandes wird als Mesa Central (Meseta Central) oder Mesa de Anáhuac bezeichnet. In geologischer Hinsicht wird er durch die Transversalkette der Sierra Madre Oriental zwischen Monterrey und Torreón von dem nordmexikanischen Hochland abgetrennt.

Als Mesa Central im engeren Sinne wird der semihumide bis semiaride zentralmexikanische Kernraum südlich einer Linie zwischen Zacatecas und San Luis Potosí, die sich in etwa mit dem 22. Breitenkreis deckt, abgegrenzt. Die Grenze nach Süden bildet der Steilabfall zur Río-Balsas-Senke. Es ist der Bereich, der durch einen jungen, miozänen bis rezenten Vulkanismus in seinen Oberflächenformen und seinem Gesteinsaufbau geprägt ist. Als Meseta Neovolcánica gehört auch das transmexikanische Vulkangebirge (Sierra Neovolcánica Transversal) zur Mesa Central. Die mesozoischen Sedimentgesteine des nordmexikanischen Hochlandes liegen hier unter mächtigen Basalt- und Aschendecken begraben. Aus dem vulkanischen Hochland mit Höhen zwischen 1800 und 2300 m erheben sich wohlgeformte Vulkankegel bis in die Stufe ewigen Eises oberhalb 5000 m Höhe, wie der Pico de Orizaba, mit gut 5700 m der höchste Berg Mexikos. Durch die Lavaströme wurden Täler abgedämmt, so daß abflußlose Seebecken, wie der Pátzcuaro-See, entstanden sind (Bild 9). Der Seenreichtum der Sierra Neovolcánica ist auf solche Abdämmungsseen zurückzuführen. In diese Becken sind vulkanische Schlammströme aus vulkanischen Aschen (Lahar) niedergegangen und haben zusammen mit flächenhaften Abtragungsprozessen zur schnellen Verlandung vieler Seebecken beigetragen, wie z. B. im Becken von Puebla und Atlixco.

Nicht ohne Grund ist die Mesa Central das demographische und wirtschaftliche Zentrum Mexikos: Dieser Raum ist klima-

Bild 9: Der Pátzcuaro-See (Michoacán): *Anáhuac, dort, wo es Wasser gibt, nannten die Nahua-völker die Becken im zentralen Hochland von Mexiko. Die Ufer der dort einst zahlreichen Seen waren für die Nomadenvölker des trockenen Nordens ein gelobtes Land.*

tisch und edaphisch begünstigt: Thermisch ist es die Höhenstufe zwischen der tierra templada und der tierra fría mit vielfältigen Anbaubedingungen. Hygrisch ist es die semihumide Zone mit sechsmonatiger Regenzeit und Niederschlagshöhen bis 1000 mm, die für einen großflächigen Regenfeldbau (cultura de temporal) ausreichen. Edaphisch gehören die vulkanischen Böden dank ihres Nährstoffreichtums und ihrer leichten Bearbeitbarkeit zu den fruchtbarsten in ganz Mexiko. In Steillagen sind sie jedoch verstärkter Bodenerosion ausgesetzt (Barranca-Bildung an den Vulkankegeln).

Mit zunehmender Trockenheit nach Norden verschlechtern sich die Anbaubedingungen für die Landwirtschaft. Die Erträge im Regenfeldbau gehen zurück; bei künstlicher Bewässerung (cultura de riego) sind jedoch mehrere Ernten im Jahr möglich.

Die Hochbecken und Hochtäler der Mesa Central sind zu Zentren indianischer Hochkulturen mit großer Bevölkerungsdichte erblüht. Heute haben die größten und bedeutendsten Städte Mexikos ihren Standort in diesem naturräumlichen Gunstraum der Mesa Central.

Im *Hochbecken von Mexiko (Valle de México)* hat sich auf den Ruinen des Aztekenreiches die Hauptstadt des Vizekönig-reiches Neuspanien und der heutigen Republik Mexiko entwickelt. In dem abflußlosen Becken lagen zur Zeit der Azteken fünf miteinander zusammenhängende flache Seen. Auf einer Insel im Texcoco-See gründeten die Azteken Tenochtitlán, die Hauptstadt ihres Reiches. Durch künstliche Entwässerung nach Norden zum Río Panuco, mit der bereits 1607/8 begonnen wurde, sind die Seen bis auf kleine Restseen, wie den Xochimilco- und Texcoco-See, weitgehend ausgetrocknet. Die wachsende Stadt konnte dadurch einerseits zwar gegen die regenzeitlichen Überschwemmungen gesichert werden, andererseits aber liefern die im Winter trockengefallenen Seeböden den von Abwässern verschmutzten Feinstaub, der von den Staubstürmen (tolvaneras) über die ganze Stadt verbreitet wird.

Eine Hinterlassenschaft der ehemaligen Seen sind auch die Seesedimente, die in Wechsellagerung mit vulkanischen Aschen in großer Mächtigkeit zur Ablagerung gekommen sind. In diesen weichen Sedimenten sind die Bauten der Kolonialzeit, wie die Kathedrale und die Paläste der Oberschicht, um mehrere Meter eingesunken. Die dadurch entstandenen Bauschäden wurden durch die häufigen Erdbeben noch verstärkt, so daß z. B. die mächtige Kathedrale nur noch durch ein das ganze Kirchenschiff einnehmendes Stahlgerüst vor einem Einsturz gesichert werden kann.

Aus der Aufschüttungsebene ragt eine Vielzahl kleiner und größerer Vulkane heraus. Der schönste und größte unter ihnen ist der Popocatépetl, der mit seiner Höhe von 5452 m ca. 400–500 m über die klimatische Schneegrenze aufragt und von einer Haube aus Schnee und Eis gekrönt wird. Der „Rauchende Berg", so sein aztekischer Name, ist ein junger noch aktiver Stratovulkan (Schichtvulkan) von regelmäßiger Kegelform und einem rd. 1 km breiten und 500 m tiefen Krater, aus dem zuletzt 1998 gewaltige Rauch- und Aschewolken ausgestoßen wurden. Zusammen mit dem erloschenen Lavavulkan Iztaccíhuatl („Weiße Frau") bildet er die imposante Vulkankette der Sierra Nevada, die das Becken von Mexiko von dem Hochtal von Puebla trennt.

Das *Tal von Puebla*, das im Nordosten von dem Schichtvulkan der Malinche (4461 m) überragt wird, erhält mehr Niederschläge als das im Regenschatten der Sierra Nevada liegende Becken von Mexiko. Über den Río Atoyac entwässert es zur Río-Balsas-Senke und damit zum Pazifischen Ozean. In dieser klimatisch begünstigten, fruchtbaren Landschaft am Übergang der tierra fría zur tierra templada hat sich Mexikos viertgrößte Stadt Puebla in rd. 2100 m Höhe entwickelt. Das nahegelegene Cholula mit der größten Tempelpyramide Mexikos – heute von einer kolonialspanischen Kirche gekrönt – zeugt von der vorspanischen Bedeutung dieses Siedlungsraumes.

Im Westen von Mexiko-Stadt, getrennt durch eine Vulkankette, liegt in 2680 m Höhe das *Becken von Toluca*, überragt von dem Nevado de Toluca (4578 m). Der Río Lerma, einer der größten Flüsse Mexikos und von großer Bedeutung für die Trinkwasserversorgung der Hauptstadt, entspringt in dem Becken von Toluca.

Am Río Lerma und seinen Nebenflüssen liegen die fruchtbarsten Landschaften Mexikos: nördlich des Río Lerma das Bajío von Guanajuato und im Süden Nordmichoacán mit dem Cuítzeo- und Pátzcuaro-See. Unter dem Bajío versteht man das „Tiefland" in 1700–1800 m Höhe zwischen der 3000 m hohen Sierra von Guanajuato im Norden und den Vulkanbergen von Michoa-

cán im Süden. Die von einzelnen vulkanischen Hügeln durchsetzte Ebene des Bajío wird aus fruchtbarem vulkanischem Verwitterungsmaterial aufgebaut, das in einem ehemaligen Seebecken abgelagert worden ist.

Zur Fruchtbarkeit des Bajío tragen neben der thermischen Gunstlage in der tierra templada die Sommermonsune bei, die vom Pazifik die für einen Regenfeldbau notwendigen Niederschläge liefern. Zudem bietet der Río Lerma mit seinen zahlreichen Nebenflüssen ausreichend Wasser für eine intensive Bewässerungslandwirtschaft. So sind in einem Klima des „ewigen Frühlings" mehrere Ernten im Jahr möglich, so daß sich das Bajío schon in kolonialspanischer Zeit zur Kornkammer Mexikos entwickeln konnte.

Westlich des Bajío mündet der Río Lerma in den *Chapala-See*, der in einem W-E-streichenden tektonischen Graben in 1573 m Höhe liegt. Mit einer Fläche von 1685 km^2 ist er der größte See Mexikos, rd. dreimal so groß wie der Bodensee. Ursprünglich entwässerte der Chapala-See über den Río Ameca zum Pazifik. Nachdem dieser Abfluß durch jungvulkanische Ablagerungen versperrt wurde, läuft die Entwässerung über den Río Grande de Santiago, der in einem Durchbruchstal die Sierra Madre Occidental durchschneidet. Durch dieses in nordwestlicher Richtung verlaufende Tal öffnet sich Nordost-Jalisco den pazifischen Nordwestwinden, deren reichliche Niederschläge zur Fruchtbarkeit der Region beitragen. Inmitten dieser blühenden Agrarlandschaft konnte sich Guadalajara als bedeutsames Handels- und Kulturzentrum zur zweitgrößten Stadt Mexikos entwickeln. Der Río Lerma stellt mit dem Río Grande de Santiago, seinem Unterlauf, eines der bedeutendsten Flußsysteme Mexikos dar.

Die Randgebirge
des mexikanischen Hochlandes

Im Westen und Osten wird das mexikanische Hochland von Randgebirgen begrenzt, die mit einem Steilabfall zu ihren Küstenvorländern abdachen: die Sierra Madre Occidental und die Sierra Madre Oriental. Beide Gebirge unterscheiden sich in Relief und Geologie deutlich voneinander: Die westliche Sierra Madre ist ein breites vulkanisches Plateaugebirge, wohingegen die östliche Sierra Madre ein Faltengebirge aus mesozoischen marinen Sedimenten darstellt (Abb. 6).

Sierra Madre Occidental

Die NW-SE-streichende westliche Sierra Madre Occidental erreicht eine Länge von 1200 km und eine Breite von 250 km. Nach Osten zu geht das von Verwerfungen und Gräben durchzogene Vulkanplateau fast unmerklich über eine langsam absteigende Gebirgsflanke in das mexikanische Hochland über (Abb. 5, S. 24).

Nach Westen dagegen fällt die Sierra an einer gewaltigen Bruchstufe zum nordwestpazifischen Küstentiefland ab. Der Höhenunterschied zwischen der Plateaufläche, die in Durango in durchschnittlich 2600 m Höhe liegt, wobei die höchsten Kuppen 3000–3500 m erreichen, und dem Küstentiefland beträgt über 2000 m auf wenige Zehnerkilometer Horizontalentfernung. Dank dieser Reliefenergie ist der vielfach mit scharfer Kante fast senkrecht abbrechende Steilabfall durch Canyons („Barrancas" oder „Quebradas") tief zerschnitten. Wegen der auflandigen Winde des pazifischen Sommermonsums sind die Westflanken der Sierra Madre Occidental gut beregnet, was sich auch in den zahlreichen ins trockene Vorland strömenden Flüssen dokumentiert, Voraussetzung für die intensive Bewässerungslandwirtschaft der nordwestpazifischen Küstenebenen.

Die Canyons sind an tektonischen Störungslinien angelegt, wobei die Haupttäler den Steilabfall mehr oder weniger senkrecht durchschneiden, während die Seitentäler Verwerfungen folgen, die parallel zur Bruchstufe des Steilabfalles verlaufen. Erst durch die Zertalung sind die Vulkanplateaus in ein Plateaugebirge umgestaltet worden.

In den Erosionsschluchten der Canyons ist der geologische Bau des Gebirges vielfach in durchgehenden Profilen von über 1000 m aufgeschlossen, wie z. B. in den Talschluchten des Río Yaquí und Río Mayo. Über einen Sockel gefalteter Kreidekalke, der in Chihuahua bis auf 1800 m reicht, haben sich über 1000 m mächtige Decken vulkanischer Ergußgesteine ausgebreitet. Nach Morán-Zenteno (1985) sind zwei bedeutende vulkanische Sequenzen zu unterscheiden: ein unterer Komplex aus andesitischen Pyroklastika und ein oberer Komplex aus Ignimbriten von gewaltiger Ausdehnung (1200 km lang und 250 km breit). Im Süden tauchen die Ignimbrit-Decken unter die mehr basischen Ergußgesteine der Sierra Neovolcánica Transversal unter. Vereinzelt sind in den mesozoischen Sockel samt überlagernden Deckenergüssen Granit-Intrusionen eingedrungen. An diese sind vielfach Erzlagerstätten gebunden, die von großer wirtschaftlicher Bedeutung sind.

Aufgrund seiner tiefen Zertalung und seines mauerartigen Steilabfalles zur pazifischen Küstenebene stellt die Sierra Madre Occidental bis heute ein großes Verkehrshindernis dar, das nur von einer Autostraße von Durango nach Mazatlán und einer Eisenbahnlinie (Ferrocarril de Chihuahua al Pacífico) von Chihuahua entlang der Barranca del Cobre (Río Fuerte) nach Los Mochis und Topolobampo am Pazifischen Ozean gequert wird. Wegen seiner Unwegsamkeit ist die Sierra Madre nur dünn besiedelt und stellt ein Rückzugsgebiet von Indianerstämmen, z. B. der Tarahumaras, dar.

Die Hochplateaus sind mit hochstämmigen Fichten- und Kiefernwäldern bestanden, an die sich nach unten Eichenwälder anschließen. Die Kiefern- und Eichenwälder der Sierra Madre Occidental stellen die wichtigste Holzressource für Mexikos Holz- und Zelluloseindustrie dar. Durch Raubbau und fehlende Wiederaufforstung sind die Wälder in den zugänglichen Bereichen übernutzt und degradiert.

Sierra Madre Oriental:

Die Sierra Madre Oriental erstreckt sich über 1200 km vom Río Grande del Norte bis südlich Jalapa, wo sie mit dem transmexikanischen Vulkangebirge zusammentrifft. Ihre größten Höhen erreicht sie in ihrem Mittelabschnitt zwischen Monterrey und Ciudad Victoria, wo sie in der Peña Nevada 3864 m aufragt (Sierra Alta).

Die Sierra ist aus stark gefalteten Jura- und Kreidekalken aufgebaut. Die parallel verlaufenden Antiklinal- und Synklinalstrukturen (Faltensättel und Faltenmulden) verleihen ihr einen ausgesprochenen Kettengebirgscharakter (Abb. 6).

Bild 10: Pediment von Cuernavaca (Morelos): Tief zerschnittene Gebirgsfußflächen (Pedimente) vermitteln den Übergang von den Sierren in die Ebenen der Becken.

Bei Monterrey zweigt ein Ast quer zum mexikanischen Hochland als Transversalkette in Richtung Torreón ab, während die weiter nach Nordwesten ziehenden Ketten in Coahuila ihren Kettengebirgscharakter allmählich verlieren und in die Becken- und Rückenstrukturen (valles y sierras) des nordmexikanischen Hochlandes ausklingen. Im Südabschnitt südlich des Río Panuco überragt die Sierra nicht mehr das mexikanische Hochland, so daß ihre geologischen Strukturen aus Faltensätteln und Mulden geomorphologisch nicht mehr zum Tragen kommen. An die Stelle der Parallelketten tritt eine durch fluviale Erosion zerschnittene Randstufe der atlantischen Abdachung des zentralmexikanischen Hochlandes.

Río-Balsas-Senke
Zwischen der Sierra Neovolcánica im Norden und der Sierra Madre del Sur im Südwesten erstreckt sich eine breite und tiefe Senke, das „Große Tal des Südens" (Gran Valle del Sur). Diese Eintiefung wird vom Río Balsas und dem ihm von Nordwesten zuströmenden Río Tecalcatepec durchflossen und daher auch als Río-Balsas-Senke bezeichnet. Das Einzugsgebiet des Río Balsas reicht über den Río Atoyac bis in das Hochtal von Puebla und Tlaxcala hinauf. Die Río-Balsas-Senke ist tektonisch

angelegt und durch fluviale Tiefen- und Seitenerosion ausgeräumt und vertieft worden. In einem canyonartig eingetieften Durchbruchstal durchschneidet der Río Balsas die Sierra Madre del Sur. Heute ist hier ein Stausee (Presa de Infiernillo) zur Elektrizitätsgewinnung u. a. für das Stahlwerk Lázaro Cárdenas an der Pazifikküste angelegt.

Die Südabdachung der Sierra Neovolcánica führt von der tierra fría über die tierra templada bis in die tierra caliente der Río-Balsas-Senke hinab. Die tierra templada mit ihrem Klima des „ewigen Frühlings", ausreichenden Niederschlägen und vulkanischen Böden gehört zu den fruchtbarsten Landschaften Mexikos (Bild 10). Das trifft für den Oberlauf des Río Balsas, dem Río Atoyac mit dem Becken von Atlixco ebenso zu wie für Morelos mit seiner Hauptstadt Cuernavaca und für Michoacán und Jalisco. Die Sommermonsume führen feuchte pazifische Luftmassen heran, die sich an den Gebirgsflanken abregnen. Zahlreiche Flüsse, die in der Nadelwaldstufe der tierra fría entspringen, fließen von hier aus zur Río-Balsas-Senke hinab und haben den Südabfall des Hochlandes tief zerschnitten und in Rücken und Riedel zerlegt.

Gegenüber den feuchten Abdachungen der umrahmenden Sierren stellt die gegen regenbringende Winde abgeschirmte Tiefenzone ein ausgesprochenes Trockengebiet mit Niederschlägen weit unter 400 mm dar.

Sierra Madre del Sur

Unter der Sierra Madre del Sur wird das südmexikanische Gebirgsland südlich der Sierra Neovolcánica und der Río-Balsas-Senke bis zum Isthmus von Tehuantepec zusammengefaßt, wobei zwei große naturräumliche Einheiten zu unterscheiden sind: das Küstengebirge und das Bergland von Oaxaca.

Das Küstengebirge, das sich von Jalisco über Colima, Guerrero und Oaxaca bis zum Isthmus von Tehuantepec über mehr als 1000 km erstreckt, ist ein tief zertaltes Kettengebirge mit Höhen bis zu 3700 m. Es wird von Mexikos ältesten Gesteinen aufgebaut, präkambrischen bis paläozoischen Gneisen und kristallinen Schiefern, in die Granite verschiedenen Alters eingedrungen sind. Das alte kristalline Grundgebirge wird zum Teil von gefalteten mesozoischen Sedimenten, vorwiegend Kreidekalken, überlagert. Der Kordillere ist nur ein schmaler Küstenstreifen mit marinen Terrassen vorgelagert. Bis zur Küste reichende Gebirgssporne gliedern das Küstenvorland und bieten mit ihrem Felsumrahmungen geschützte Buchten für die Anlage von Häfen und Tourismuszentren. Aufgrund seines guten Naturhafens war Acapulco während der Kolonialzeit der wichtigste Umschlagsplatz an der pazifischen Küste, über den der gesamte Warenverkehr zwischen Spanien und den Philippinen lief. Heute hat der Hafen an Bedeutung verloren; dagegen hat die landschaftliche Schönheit der Bucht den internationalen Tourismus angelockt (Bild 3, S. 9).

Ist das Küstengebirge durch die Río-Balsas-Senke vom zentralmexikanischen Hochland getrennt, so reicht das Bergland von Oaxaca weit nach Norden und tritt über die das Tehuacán-Tal begleitenden Gebirgsketten in Verbindung mit der Meseta Neovolcánica. Wie das Küstengebirge wird das Bergland von einem kristallinen Sockel paläozoischer-präkambrischer Gneise und Schiefer und einem Deckgebirge aus gefalteten Kreidekalken aufgebaut. Durch Erosion ist das Bergland tief zerschnitten und in ein Labyrinth von Bergketten und Taleintiefungen aufgelöst. Im Zentrum, umgeben von Randgebirgen, liegt das klimatisch begünstigte Hochtal von Oaxaca mit dem Monte Albán, eines der bedeutsamsten Zentren präkolumbianischer Hochkultur.

Bergland von Chiapas (Sierra Madre und Mesa Central von Chiapas)

Der Isthmus von Tehuantepec trennt die Sierra Madre del Sur vom Bergland von Chiapas, das geologisch bereits der mittelamerikanischen Landbrücke angehört. Von Süden nach Norden lassen sich drei küstenparallele geologisch-geomorphologische Einheiten unterscheiden: die Sierra Madre de Chiapas, die Zentralsenke und die Mesa Central de Chiapas.

Die Sierra Madre de Chiapas erhebt sich mit einem gewaltigen, mauergleichen Steilabfall aus der 20–30 km breiten pazifischen Küstenebene bis zu Höhen von 1500 m im Nordwesten und rd. 3000 m im Südosten. Die küstenparallel verlaufende Gebirgskette wird von Graniten vorwiegend paläozoischen Alters aufgebaut. Zur Zentralsenke hin wird das kristalline Grundgebirge von mesozoischen Deckschichten überlagert. An der Grenze zu Guatemala erhebt sich der aufgesetzte Vulkan Tacaná über 4000 m. In der vorgelagerten Küstenebene ist der fluvial abtransportierte Verwitterungsschutt der Sierra zur Ablagerung gekommen. Erst im jüngeren Tertiär wurde die Sierra Madre von Chiapas als Pultscholle mit steiler Bruchstufe zum Pazifik und sanfter Abdachung zur Zentralsenke herausgehoben. Die Zentralsenke, die vom Río Grijalva durchflossen wird, ist eine langgestreckte Großmulde in 500–700 m Höhe, zu der die Deckschichten der Sierra Madre und die Kreidekalke der Mesa Central flexurartig abbiegen (Abb. 6).

Die Mesa Central oder das Hochland von San Cristóbal ist ein Plateaugebirge mit mittleren Höhen zwischen 2000 und 2500 m, das aus flach liegenden und zur Verkarstung neigenden Kreidekalken aufgebaut wird. Nach Norden geht das Hochland in ein Bergland aus W-NW-streichenden parallelen Ketten aus gefalteten tertiären Sedimentgesteinen über. Reste pliozäner Meeresablagerungen bis in Höhen von 2400 m dokumentieren sehr junge Hebungsvorgänge.

Nordwestpazifisches Küstentiefland

Am Fuß des 2000–3000 m hohen Steilabfalls der Sierra Madre Occidental breitet sich ein Küstentiefland aus, das sich über 1500 km erstreckt und sich dabei von Norden nach Süden keilförmig verschmälert, von 400 km in Nord-Sonora über 90 km bei Mazatlán, um schließlich bei Tepic in Nayarit zu enden. Hier stoßen die NW-SE-verlaufende Küste und die Sierra Madre Occidental in einem spitzen Winkel aufeinander. Während das Hochland von Süden nach Norden abfällt, verliert das pazifische Küstentiefland von Norden nach Süden an Höhe. Damit nehmen die Höhenunterschiede zwischen Küstentiefland und Hochland nach Süden hin zu und die Mauer der Sierra Madre hebt sich mit 2000–3000 m hohen Steilabfällen um so gewaltiger und steiler heraus.

Die Küstenebene ist nicht so eintönig und ungegliedert, wie es die kleinmaßstäbige Atlaskarte (Abb. 1) vermuten läßt. Zwischen Küstenlinie und Steilabfall der Sierra Madre lassen sich mehrere geomorphologische Einheiten unterscheiden: An die fluviale Schwemmlandebene mit den Mündungsdeltas der großen Flüsse und Strandwällen und Lagunen schließen sich landeinwärts marine Abrasionsterrassen bis zu 100–250 m Höhe an. Entlang der Flüsse greifen die Abtragungsebenen trichterförmig in das Landesinnere ein, wo sie von NW-SE-streichenden Bergketten mit zwischengeschalteten Beckenlandschaften überragt werden. Zu einem Berg- und Hügelland zerschnittene Felsfußebenen (Pedimente) leiten zu dem Steilabfall der Sierra Madre Occidental über. Die Schwemmlandküste ist hafenfeindlich und erschwert die Schiffahrt. Nur wo einzelne Gebirgszüge bis an die Küsten herantreten, wie bei Mazatlán, Los Mochis und Guaymas, finden sich günstige natürliche Bedingungen für die Anlage von Häfen.

Im nördlichen Sonora, wo Lagunenküste und marine Abrasionsterrassen fehlen, verlaufen über weite Strecken hin hohe Gebirgsketten entlang der Küste, nur unterbrochen durch die Deltaablagerungen der großen Flüsse. Landeinwärts erhebt sich eine Serie von Bergketten über zwischengeschaltete langgestreckte Aufschüttungsebenen. Diese Inselberglandschaft von Sonora (Waibel 1928) bildet eine Fortsetzung der nordamerikanischen „Basin and Range"-Strukturen. Die langgestreckten parallelen Rücken werden als an Verwerfungen herausgehobene Horste oder Keilschollen gedeutet. Durch flächenhafte Abtragung wurden die Hänge stark zurückverlegt, und an ihrem Fuß haben sich flach geneigte Felsfußebenen (Pedimente) entwickelt, die gegen Beckenmitte in weite Schwemmfächer (Aufschüttungsglacis) übergehen.

Im ariden Westsonora versiegen die Flüsse in den flachen Talbecken, bevor sie das Meer erreichen, und lagern dabei mächtige Beckenfüllungen aus feinem Material ab (Salztonebenen oder Bolsone). Im feuchteren Mittel- und Ostsonora haben sich die perennierenden Flüsse dagegen terrassenförmig in die Ebenen eingeschnitten. Diese Zerschneidung zeigt, daß die Pedimente nicht mehr weitergebildet werden.

Golfküsten-Tiefland

Zwischen dem Fuß der Sierra Madre Oriental und der Golfküste breitet sich ein Tiefland aus tertiären und quartären Sedimenten vorwiegend mariner Entstehung aus. Die Küste ist eine hafenfeindliche Ausgleichsküste mit langgestreckten Nehrungen und Lagunen. In Nord-Tamaulipas hat der Río Grande del Norte bei Matamoros ein gewaltiges Delta aufgeschüttet. Südlich davon trennt eine über 150 km lange Nehrung die Laguna Madre vom offenen Meer. Die Nehrung der Laguna Tamiahua südlich der Mündung des Río Panuco bei Tampico erreicht ähnliche Ausmaße. Aus dem zur Sierra Madre Oriental ansteigenden Küstentiefland ragen isolierte Gebirgsketten heraus: Die größte unter ihnen ist die Sierra Tamaulipas mit einer Höhe von 1520 m. Bei diesen Küsten-Sierren handelt es sich um der Sierra Madre Oriental vorgelagerte Faltenketten mit Granit-Intrusionen, die durch breite Synklinalen (Faltenmulden) von der Sierra Madre abgetrennt sind. In einer dieser langgestreckten Senken verläuft die wichtige Nord-Süd-Bahnlinie von Tampico über Ciudad Victoria, der Hauptstadt von Tamaulipas, nach Monterrey und weiter an die Grenzstadt Nuevo Laredo.

Bei von S nach N abnehmenden Niederschlägen bedeckt ein Mezquite-Buschwald die semiaride Landschaft nördlich des Río Panuco, während sich südlich mit zunehmenden Niederschlägen Feuchtsavannen und Feuchtwälder ausdehnen. So konnte sich in der Huasteca zwischen Río Panuco und Río Tuxpán schon in vorspanischer Zeit eine dichte Bevölkerung aus Huasteken und Totonaken ansiedeln.

Östlich von Jalapa, der Hauptstadt des Staates Veracruz, stößt die Sierra Madre Oriental bis zur Golfküste vor. Halbkreisförmig erstreckt sich das südliche Golfküstentiefland von hier an um den Golf von Campeche, landeinwärts begrenzt durch die Golfabdachung der Sierra Neovolcánica, der Sierra von Oaxaca und der nördlichen Sierra von Chiapas (Sierra de las Lacandones). Ein Ausläufer des transmexikanischen Vulkangebirges erhebt sich in der Vulkangruppe von Tuxtla mit 1550 m aus dem Küstentiefland von Veracruz.

Das südliche Küstenvorland ist aus marinen Sedimenten des Miozäns und Pliozäns und fluvialen Ablagerungen des Quartärs aufgebaut. Im Unterlauf des Río Grijalva und Río Usumacinta in Tabasco breitet sich eine versumpfte Schwemmlandebene mit alljährlichen Überschwemmungen während der sommerlichen Regenzeit aus. Die schwebstoffreichen Flüsse aus dem Bergland von Chiapas bilden durch verstärkte Sedimentation in Ufernähe Dammufer, die aus dem überfluteten Schwemmland herausragen und daher als Siedlungsplätze bevorzugt werden. Darüber hinaus düngt der nährstoffreiche Schlamm die tropischen Böden und macht damit Tabasco zu einem landwirtschaftlichen Vorzugsgebiet in den immerfeuchten Tropen mit vielfältigem tropischem Anbau und intensiver Viehwirtschaft.

Die Halbinsel Yucatán
Die Halbinsel Yucatán ragt als 350 km breite trapezförmige Tafel über 400 km weit nach Norden in den Golf von Mexiko und trennt diesen damit von der Karibik. Die Halbinsel wird von flach lagernden Kalken miozänen und pliozänen Alters aufgebaut, die erst während des Quartärs über den Meeresspiegel gehoben wurden. Untermeerisch setzt sich die Kalktafel in der flachen Campeche-Bank noch 200 km nach Norden fort. Die höchste Erhebung erreichte

die Kalktafel mit 300 m in der Kalkkette La Sierrita. Von dort senkt sie sich als tischebene Platte leicht nach Norden hin ab. Das Maya-Zentrum Chichén Itzá liegt nur 27 m hoch. Da in der Kalktafel alle Niederschläge versickern, fehlt jede oberirdische Entwässerung. Dafür hat sich in 10 – 20 m Tiefe ein unterirdischer Karstwasserstrom gebildet, der im Bereich von Lösungs- oder Einsturzdolinen in brunnenartigen Schächten (Cenotes) zutage tritt. Wegen der Bedeutung der Cenotes mit ihren Süßwasseraustritten für das Leben der Mayas wurden sie zu Kultstätten auserkoren. So entwickelte sich um einen der größten Cenotes Yucatáns die Tempelstadt Chichén Itzá (Brunnen der Itzá).

Fehlen solche natürlichen Süßwasseraustritte, so müssen künstliche Brunnen angelegt werden. Heute wird mit Windrädern und Motorpumpen auch das Grundwasser des tieferen Stockwerkes für die Trinkwasserversorgung der Bevölkerung und die Bewässerung der landwirtschaftlichen Kulturen nach oben gefördert. Die Bewässerungslandwirtschaft im trockenen Norden der Halbinsel hat aber mit hohem Wasserverlust durch Versickerung in den porösen Kalken zu kämpfen.

Die Halbinsel Niederkalifornien
Der Golf von Kalifornien trennt die 1300 km lange Halbinsel Niederkalifornien (Baja California) vom mexikanischen Festland. Der Golf von Kalifornien gehört zur pazifischen Störungszone, die sich nach Norden in der San-Andreas-Verwerfung und im Großen Tal von Kalifornien fortsetzt. Die Halbinsel Niederkalifornien ist aus einem Gneis-Granit-Kern aufgebaut, der vor allem im Norden in der Sierra Juárez und San Pedro Mártir und im Süden in der Sierra de la Victoria zutage tritt, während er im Mittelabschnitt unter mesozoischen Deckschichten und vulkanischen Ablagerungen begraben ist (Abb. 6).

Das nördliche Kristallingebirge, das in der Sierra Juárez bis 1825 m und in der Sierra San Pedro Mártir bis 3030 m aufragt, wird aus Graniten, Gneisen und kristallinen Schiefern aufgebaut. An W-NW-streichenden Bruchlinien brechen die Sierren mit einem 1000 – 2000 m hohen Steilabfall in Richtung Golf ab, während sie in Richtung Pazifik in ein Berg- und Hügelland aus mesozoischen Sedimenten übergehen.

Im mittleren Abschnitt ist das kristalline Grundgebirge mit seinen mesozoischen Deckschichten unter ausgedehnten vulkanischen Ablagerungen verborgen. Die in der Sierra del Gigante zwischen 1000 und 1500 m hoch gelegenen Basaltplateaus senken sich zum Pazifik hin in sanft geneigte Tafelländer ab, die durch Canyons tief zerschnitten sind. Zum Golf hin fällt die Sierra wie die Gebirge im Norden an Bruchstufen steil ab.

Südlich der Bucht von La Paz bilden die Granitberge der bis 2140 m aufragenden Sierra de la Victoria das Südende der Halbinsel. Diese südliche Sierra ist durch die an einer Verwerfung angelegte Tiefenzone in Verlängerung der La-Paz-Bucht von den nördlichen Sierren getrennt.

Erdbeben, Tsunamis und Vulkane

Plattentektonik

Im System der Plattentektonik ist Mexiko Teil der nordamerikanischen Platte, die im Golf von Kalifornien mit der pazifischen Platte und im Mittelamerika-Graben mit der Cocos- und Rivera-Platte zusammentrifft (Abb. 6).

Am ostpazifischen Rücken, der die pazifische Platte, zu der auch die Halbinsel Niederkalifornien gehört, von der Cocos- und Rivera-Platte trennt, kommt es durch aufsteigende Magmamassen und seitliche Konvektionsströme zur Ausdehnung des Meeresbodens (Sea-floor spreading). An zahlreichen Verwerfungen (Transformstörungen) ist der ostpazifische Rücken quer zu seiner Längsachse verschoben. Im Golf von Kalifornien ist der Rücken in eine Vielzahl von Einzelsegmenten (Spreading Center) zerlegt, die durch lang durchziehende Transformstörungen gegeneinander versetzt sind.

Parallel zur pazifischen Küste Mexikos verläuft der Mittelamerika-Graben mit Meerestiefen von 5000 – 6000 m. Von Nord nach Süd gliedert er sich in den Rivera-, Acapulco-, Oaxaca- und Tehuantepec-Graben.

Während am ostpazifischen Rücken durch das Auseinanderdriften neuer Ozeanboden entsteht, taucht im Mittelamerika-Graben die dichtere ozeanische Kruste der Rivera- und Cocos-Platte unter die leichtere kontinentale Kruste des mexikanischen Festlandes. Die Subduktion im Bereich des Tiefseegrabens ist mit Erdbeben und Vulkanismus verbunden (Abb. 7).

Erdbeben

Die Erdbebenherde weisen eine regelhafte Anordnung mit flachen Bebenzentren (bis 50 km Tiefe) in Küstennähe und zunehmender Herdtiefe landeinwärts auf. Die seismisch aktive Zone (Benioff-Zone), die als schiefe Ebene zum mexikanischen Festland hin einfällt, entspricht der Subduktionszone der ozeanischen Lithosphärenplatte unter die kontinentale Platte.

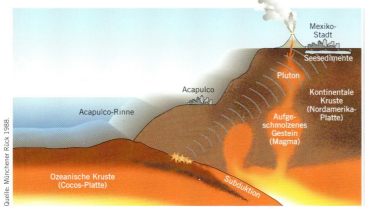

Mexiko-Stadt
Seesedimente
Pluton
Acapulco
Kontinentale Kruste (Nordamerika-Platte)
Acapulco-Rinne
Aufgeschmolzenes Gestein (Magma)
Ozeanische Kruste (Cocos-Platte)
Subduktion

Abb. 7: Vulkanismus und Erdbeben im Bereich des Acapulco-Grabens: Mexikos Lage an der Grenze zwischen Pazifik-Platte und nordamerikanischer Platte bestimmt Geologie und Tektonik und ist Ursache für Vulkanismus und Erdbeben.

Quelle: Münchener Rück 1988.

Alle größeren Erdbeben Mexikos ereignen sich an dieser Subduktionszone. Die Bewegungen der Platten zueinander mit einer Geschwindigkeit von etwa 6 cm pro Jahr führen zum Aufbau von Spannungen und seismischer Energie. Durch ruckartigen Spannungsabbau kommt es zu Erdbeben. Je länger sich Spannungen aufbauen, um so schwerer wird voraussichtlich das nächste Beben. Ein solches Gebiet mit langer seismischer Ruhe (seismic gap) liegt zum Beispiel zwischen Acapulco und Zihuantanejo, das „Guerrero Gap", wo seit 1911 kein großes Erdbeben für Entspannung gesorgt hat. Hier ist daher mit einem stärkeren Beben zu rechnen, mit katastrophalen Auswirkungen für Mexiko-Stadt (Münchener Rück 1986). Drei weitere Gebiete mit langer seismischer Ruhe werden an der Pazifikküste vor Jalisco-Colima, Oaxaca und Tehuantepec registriert. Im Herbst 1995 richtete ein Erdbeben erheblichen Schaden im Touristenzentrum Manzanillo an der Küste von Colima an.

Das Erdbeben von 1985
Eine der größten Erdbebenkatastrophen Mexikos ereignete sich am 19. und 20. September 1985 mit den höchsten versicherten Erdbebenschäden seit Tokio 1923 und San Francisco 1906. Der Erdbebenherd lag im „Michoacán Gap", im Grenzbereich zwischen Michoacán und Guerrero, rd. 350 km von Mexiko-Stadt entfernt. Der in 18 km Tiefe einsetzende Bruch erstreckte sich über eine Länge von 170 km parallel zur Küste und 70 km senkrecht zur Küste. Mit einer Magnitude über 8 auf der logarithmischen Richterskala übertraf das Beben das von 1957 mit einer Magnitude von über 7 und setzte eine rund 10mal größere Energie frei. In der Nähe des Epizentrums an der Küste führte das Beben zu größeren Schäden an Gebäuden (Stufe IX auf der modifizierten Mercalli-Skala). Obwohl die Erdbebenwirkungen landeinwärts rasch abnahmen, kam es in 350 km entfernten Mexiko-Stadt zu einer Katastrophe gewaltigen Ausmaßes: „Wie auf einem Schütteltisch schaukelte die ganze Stadt hin und her, und mit jeder neuen Welle verstärkten sich die Schwingungen der Gebäude, bis deren Tragfähigkeit endgültig überschritten war und sie wie Kartenhäuser

zusammenfielen" (Münchener Rück 1986, S. 34).

Diese Steigerung der Erdbebenintensität in Mexiko-Stadt ist seit dem Beben von 1957 als „Mexiko-City-Effekt" bekannt und auf die enorme Verstärkung der Bodenbewegungen durch Resonanzschwingungen der weichen Seesedimente des ehemaligen Texcoco-Sees, auf denen die Stadt erbaut ist, zurückzuführen. Durch die Eigenschwingungen der Seesedimente wurde „ein großer Teil der Stadt fast eine Minute lange im 1- bis 2-Sekunden-Takt um 10 – 40 Zentimeter hin- und hergeschoben" (Münchener Rück 1986, S. 34). Die dadurch ausgelösten Eigenschwingungen der Gebäude führten bei den 8 – 16stöckigen Hochhäusern in den obersten Stockwerken zu Ausschlägen bis zu einem Meter. Durch die doppelte Resonanzkopplung zwischen Erdbeben und Seesediment sowie zwischen Seesediment und Gebäuden konnte sich die Erdbebenwelle aufschaukeln.

Wie beim Erdbeben von 1957 konzentrierten sich daher die Schäden auf die Innenstadt mit weichem Untergrund, während in den Außenbereichen auf festem Gestein nur geringe Schäden zu verzeichnen waren. Am stärksten betroffen waren Hochhäuser mit mehr als 8 Stockwerken, deren Eigenschwingungen mit den Frequenzen der Bodenschwingungen zusammenfielen. Dagegen waren die Schäden bei den meisten kolonialzeitlichen Gebäuden der Innenstadt mit nur wenigen Stockwerken gering. Insgesamt wurden durch das Erdbeben 7400 Gebäude beschädigt, davon 4965 leicht, 1665 schwer und 770 total zerstört (Münchener Rück 1986, S. 35). Größere Schäden an Straßen, Brücken und U-Bahnen traten nicht auf. Der volkswirtschaftliche Gesamtschaden wird auf rund 4 Mrd. US-$ geschätzt. Über 10 000 Tote waren zu beklagen, die Zahl der Verletzten wird mit ca. 50 000, die der Obdachlosen mit ca. 250 000 angegeben. Die große Zahl der Obdachlosen und die Zerstörung des Wasserleitungssystems stellten hohe Anforderungen an die Koordination der Hilfsmaßnahmen.

Zu größeren Schäden in Mexiko-Stadt führten auch die Erdbeben von 1911, 1941 und 1957 und im letzten Jahrhundert die Beben von 1845 und 1858. Insge-

Aktive Vulkane
1. Volcán de las Vírgenes
2. Barcena
3. Socorro
4. Ceboruco
5. Sanganguey
6. Volcán de Colima
7. Paricutín
8. Jorullo
9. Valle de Santiago
10. Volcán anónimo
11. Xitli
12. Popocatépetl
13. Pico de Orizaba
14. Volcán de San Martín
15. El Chichón
16. Tacana

Erdbeben

Höchste wahrscheinliche Stärke (MM*) <V in 50 Jahren	
Höchste wahrscheinliche Stärke (MM*) VI in 50 Jahren	
Höchste wahrscheinliche Stärke (MM*) VII in 50 Jahren	
Höchste wahrscheinliche Stärke (MM*) VIII in 50 Jahren	
Höchste wahrscheinliche Stärke (MM*) >IX in 50 Jahren	

0 100 200 300 400 500 km

Tsunamis

━━ Durch seismische Flutwellen gefährdete Küstenbereiche

* MM = modifizierte Mercalli-Skala

Quelle: Münchener Rück 1985.

Abb. 8: Gefährdung Mexikos durch Erdbeben, Vulkane und Tsunamis: *Erdbeben, Vulkanismus und Flutwellen infolge von Seebeben (Tsunamis) bilden in weiten Teilen Mexikos unkalkulierbare Risiken für die Menschen und die Entwicklung des Landes.*

samt wurden in Zentralmexiko im 20. Jh. 34 große Erdbeben mit einer Magnitude über 7,0 auf der Richter-Skala und einer Herdtiefe von weniger als 65 km verzeichnet. Diese Häufung der Erdbeben in einer Entfernung von weniger als 650 km von Mexiko-Stadt verdeutlicht die enorme Gefährdung dieser größten Metropole der Welt durch seismische Naturgefahren (Abb. 8).

Tsunamis

Mit der unruhigen Erde im Bereich des zirkumpazifischen Erdbebengürtels hängen auch die ozeanweiten seismischen Flutwellen (Tsunamis) zusammen. Durch das Erdbeben von 1985 wurde an der Pazifikküste eine 2–3 m hohe Flutwelle ausgelöst, die zu Schäden im unmittelbaren Küstenbereich geführt hat. Tsunamis können nicht nur durch untermeerische Erdbeben, sondern auch durch submarine Vulkanausbrüche oder Rutschungen am Kontinentalabhang ausgelöst werden. Durch diese plötzlichen Veränderungen des Meeresbodens werden lange Wellen mit einer Länge von Hunderten von Kilometern und großer Fortpflanzungsgeschwindigkeit hervorgerufen. Mit abnehmender Wassertiefe in Küstennähe türmen sich die auf dem offenen Ozean nur dezimeterhohen Wellen zu meterhohen Wellenbergen auf und bedrohen insbesondere Häfen an Flußmündungen und in engeren Buchten. In Mexiko gefährden Tsunamis vor allem die südliche Pazifikküste im Bereich der Subduktionszone des Mittelamerika-Grabens, wo die Küsten unmittelbar an tiefes Wasser grenzen.

Liegen die Bebenherde nicht vor der mexikanischen Pazifikküste, sondern an entfernteren Stellen des zirkumpazifischen Bebengürtels, so kann im Rahmen des pazifischen Tsunami-Warndienstes rechtzeitig Alarm gegeben werden. Bei ausreichender Vorwarnzeit ist eine Evakuierung der Bevölkerung aus den gefährdeten Küstenbereichen möglich, und die Schiffe können Sicherheit auf dem offenen Meer suchen.

Vulkanismus
Neben Erdbeben und Tsunamis ist Mexiko von Vulkanausbrüchen bedroht. Der Popocatépetl (Nahuatl: Rauchender Berg) macht immer wieder durch Ausstoß von Rauch und Asche auf sich aufmerksam, so 1519 beim Marsch der spanischen Eroberer unter Cortés auf die Hauptstadt des Aztekenreiches, Tenochtitlán, und zuletzt 1998 durch eine spektakuläre Eruption mit einer hochreichenden Aschenwolke. 1982 hat der Vulkanausbruch des Chichón bei Villahermosa am südöstlichen Ende der mexikanischen Vulkanzone etwa 2000 Tote gefordert (Abb. 8).

Mexiko ist Teil des zirkumpazifischen Feuergürtels, dessen Vulkanismus an konvergierende Plattengrenzen gebunden ist. Durch das Abtauchen der ozeanischen Kruste der Rivera-Cocos-Platte bis in den Erdmantel unter dem mexikanischen Festland kommt es durch die hohen Temperaturen zum Aufschmelzen von Krustenteilen. Das neu gebildete Magma steigt unter konvektivem Auftrieb nach oben und verändert sich auf dem Weg durch die kontinentale Kruste durch Anreicherung mit Kieselsäure (SiO_2). Die kieselsäurereichen Magmen der Sierra Madre Occidental, die intrusiv als Granite und extrusiv als Rhyolithe auftreten, werden auf die partielle Schmelze der Unterkruste zurückgeführt. Die zwischen 1000° und 1500° heiße Gesteinsschmelze kann als Intrusivkörper in der Tiefe der Erdkruste steckenbleiben und zu einem Tiefengestein oder Pluton (z.B. Granit) erstarren. In diesem Fall spricht man von

einem verborgenen Vulkanismus oder Kryptovulkanismus (Abb. 7). Durchbricht das heiße Magma aber die Erdkruste bis zur Erdoberfläche, so kann es entweder als Lavastrom ausfließen (effusiver Vulkanismus) oder explosionsartig herausgeschleudert werden (explosiver Vulkanismus).

Als Folge der Subduktion ozeanischer Kruste unter dem mexikanischen Festland sind im Tertiär die gewaltigen Basalt- und Ignimbritdecken der Sierra Madre Occidental gefördert worden. Basalte und Ignimbrite sind die wichtigsten plateaubildenden Gesteine der Sierra Madre Occidental. Die großflächigen Basaltdecken sind das Ergebnis des Ausfließens dünnflüssiger basischer Lava an langgestreckten Linearspalten, die bis in den oberen Erdmantel, die Asthenosphäre, hinabreichen (Flutbasalte). Die Ignimbritdecken (lt. ignis = Feuer, imber = Regen) sind dagegen Ablagerungen von sauren Vulkaniten (Rhyolithen), die als Glutwolken unter heftigen Explosionen aus tiefreichenden Spalten geschleudert wurden und sich als Glutlawinen oder Ascheströme (pyroklastische Ströme) über Zehntausende von Quadratkilometern ausgebreitet haben. Die Ignimbrite verschweißen nach der Ablagerung zu äußerst kompakten und harten Gesteinen, in denen die fluviale Erosion steilwandige Canyons eingeschnitten hat.

Die Ignimbritdecken der Sierra Madre Occidental gehören mit einer Fläche von Hunderttausenden von Quadratkilometern zu den größten zusammenhängenden Ignimbritdecken der Welt. Mit Mächtigkeiten von 1000 m und mehr bedecken sie das Grundgebirge, das nur vereinzelt in den tiefen Einschnitten der Canyons zutage tritt.

Neben den Basalt- und Ignimbritdecken stellen magmatische Intrusivkörper (Plutone) aus Granit, Granodiorit oder Quarzdiorit ein wesentliches geologisches Element der Sierra Madre Occidental dar. Erst durch die Abtragung der sie überlagernden Gesteinsschichten sind diese Tiefengesteine oder Batholithe an die Oberfläche getreten.

Wurden die Basalt- und Ignimbritdecken im frühen bis mittleren Tertiär gefördert, so ist die Entstehung der Sierra Neovolcánica Transversal auf einen jungen Vulkanismus an der Grenze Pliozän/Pleistozän zurückzuführen. Diese Zone des jungen Vulkanismus verläuft quer zur Subduktionszone des Mittelamerikagrabens von der pazifischen bis zur atlantischen Küste Mexikos und ist an einer markanten Störungszone in Verlängerung der untermeerischen Claríon-Verwerfung angelegt. Diese Störungszone hängt also eng mit der Subduktion der Rivera-Cocos-Platte mit ihren durchziehenden Transform-Verwerfungen zusammen. Morphologisch tritt diese Störungszone in dem Steilabfall des mexikanischen Hochlandes zur Río-Balsas-Senke in Erscheinung. In Staffelbrüchen fällt hier das Hochland zum tektonischen Graben des Gran Valle del Sur ab. Die 50–70 km breite Sierra Neovolcánica wird aus Lavadecken (Andesite, Rhyolithe), vulkanischen Aschen und Schichtvulkanen aufgebaut. Im Westen überlagern die jungvulkanischen Sedimente die Rhyolith-Andesit-Formationen der Sierra Madre Occidental, im Osten die gefalteten Kreidekalke der Sierra Madre Oriental. Der pazifische Bereich der Vulkankette ist durch ein System von tektonischen Gräben und Verwerfungen gekennzeichnet (Abb. 6).

Heute hat der junge Vulkanismus in Mexiko seinen Höhepunkt überschritten. Er lag im ausgehenden Tertiär und beginnenden Quartär. Der rezente Vulkanismus beschränkt sich im wesentlichen auf das transmexikanische Vulkangebirge mit insgesamt 14 von 16 noch aktiven Vulkanen. Unter aktiven oder tätigen Vulkanen versteht man Vulkane mit Ausbrüchen in historischer Zeit. Zu diesen aktiven Vulkanen zählen u. a. der Vulkan von Colima am westlichen Rand der Vulkankette, der „Rauchende Berg" des Popocatépetl, der rund 2500 m über dem Hochbecken von Mexiko-Stadt thront, der Pico de Orizaba, mit rund 5700 m der höchste Berg Mexikos, am östlichen Rand der zentralmexikanischen Hochebene und der Vulkan von San Martín direkt am Golf von Mexiko (Abb. 8).

Vulkankatastrophen

Die aktiven Vulkane stellen ebenso wie die schlafenden auch heute noch eine große Gefahr dar, da sie Mexiko jederzeit mit Ausbrüchen heimsuchen können. Im 20. Jh. sind drei größere Vulkanausbrüche mit katastrophalen Folgen zu verzeichnen. Am 20. Januar 1913 ist der Vulkan von Colima im Norden des Staates Colima ausgebrochen. Über seine nordwestlichen und südlichen Flanken breiteten sich pyroklastische Ströme (Glutlawinen) mit Temperaturen über 500° C aus, die sich in Barrancas über eine Strecke von 15 km talwärts ausdehnten (Talignimbrite). Menschenleben waren in dem dünnbesiedelten und waldreichen Gebiet nicht zu beklagen. Jedoch wurden großflächig Kiefernwälder zerstört.

Dagegen kamen bei der Geburt des Vulkans Paricutín im Lavafeld von Michoacán und seinen Ausbrüchen zwischen 1943 und 1952 etwa 1000 Menschen ums Leben (Münchener Rück 1983). Rund 12 km^3 Magmamassen wurden ausgestoßen. Innerhalb von 24 Stunden hatte sich ein kleiner Vulkankegel von 50 m Höhe gebildet, der nach 14 Tagen auf 150 m und nach weiterer 2 Wochen auf über 400 m angewachsen war. Große Flächen wurden von andesitisch-basaltischen Lavaströmen überflossen, von denen einer die Ortschaft Parangaricútiro zerstörte und bis zum Altar der Kirche vordrang (Bild 11).

Am 28. März 1982 explodierte der Vulkan El Chichón im Norden von Chiapas, wobei die bewaldete Vulkankuppe wie zwei Jahre zuvor beim Mount St. Helens/USA weggesprengt wurde. Über dem Krater stieg eine gewaltige Eruptionswolke bis in die Stratosphäre in 20–30 km Höhe auf. Bei der explosiven Eruption wurden rd. 2,5 km^3 Magma und etwa 13 Megatonnen Schwefeldioxid (SO_2) ausgeworfen. Der hohe Schwefelgehalt der aufsteigenden Eruptionswolke hat zu einer Aerosolwolke aus Tröpfchen schwefelhaltiger Säure geführt. Diese umrundete in der Stratosphäre in 20–30 km Höhe in 20 Tagen den Globus von Ost nach West und kreiste über 2 Jahre lang mehrmals um die Erde.

Katastrophale Auswirkungen hatten die Glutlawinen der pyroklastischen Ströme, die mit Temperaturen von über 800° C die Vulkanhänge hinabstürzten. Etwa 2000 Menschen kamen ums Leben und mehr als 20 000 wurden verletzt. Eine Vielzahl von Orten war betroffen, eine Fläche von 45 000 km^2 von einer Aschenschicht von mindestens 1 cm bedeckt. Große Gebiete tropischer Kulturen wurden zerstört: 60 000 ha Kaffee, 20 000 ha Kakao, 12 000 ha Bananen (Atlas Nacional 1990).

Bild 11: Kirchenruine in den Lavafeldern des Paricutín (Michoacán): *Der in den 1940er Jahren ausgebrochene Vulkan Paricutín verdeutlicht den aktiven Vulkanismus in der Sierra Neovolcánica. Bei seinen Ausbrüchen wurde die Ortschaft Parangaricútiro bis auf den Kirchturm völlig zerstört.*

Das Beispiel des Chichón zeigt, daß die Hauptgefahren weniger von den langsam ausfließenden Lavaströmen als vielmehr von den heißen Glutwolken und Glutlawinen explosiver Vulkanausbrüche ausgehen. Wegen ihrer Schnelligkeit, ihrer hohen Temperaturen und der ihnen vorauseilenden heißen Druckwolke besitzen die pyroklastischen Ströme (Aschenströme) eine große Zerstörungskraft und stellen eine kaum berechenbare Gefahr bei allen aktiven und schlafenden Vulkanen des transmexikanischen Vulkangürtels dar. Da die kleinvolumigen Aschenströme sich an den Tiefenlinien des Reliefs orientieren, sind die Täler besonders gefährdet und als Gefahrenzonen auszuweisen.

Eine nicht zu vernachlässigende Gefahr stellen auch die Schutt- und Schlammströme aus vulkanischem Lockermaterial (Lahar) dar. Bei einem Vulkanausbruch können sie durch das plötzliche Abschmelzen der Schnee- und Eiskappen der über die Schneegrenze aufragenden Vulkankegel ausgelöst werden. Durch tropische Starkregen können nicht verfestigte frische Aschendecken als Muren in Bewegung gesetzt werden. Auch in diesem Fall sind die Taleinschnitte der Vulkankegel besonders gefährdet.

Vulkanismus und Ressourcen

Der Vulkanismus bedeutet für Mexiko nicht nur Risiken und Gefahren, sondern ist auch Quelle bedeutender Rohstoffe und Ressourcen. Der Reichtum Mexikos an Erzlagerstätten hängt eng mit dem Vulkanismus zusammen. Die meisten Lagerstätten haben sich aus erzhaltigen hydrothermalen Lösungen im Bereich von Magmaintrusionen gebildet. Die Erze wie Kupfer, Eisen, Zink, Blei, Gold und Silber können dabei aus den magmatischen Restlösungen selbst stammen oder wurden von den aufsteigenden sauren Lösungen aus dem Kontaktgestein herausgelöst. Entlang von Rissen und Klüften sind hydrothermale Lösungen nach oben gestiegen und haben sich entlang von Gängen, Störungszonen und Schichtflächen verteilt. Bei der Abkühlung wurden die Erze durch Kristallisation aus der Lösung ausgeschieden (Abb. 7, S. 35).

Neben den Erzlagerstätten verdankt Mexiko dem Vulkanismus auch seinen Reichtum an Mineral- und Thermalquellen. Auf ihnen basieren die vielen Heilbäder in Zentralmexiko, die Grundlage eines wachsenden innermexikanischen Kurtourismus sind. Von besonderer Bedeutung sind die Heilbäder im Staate Morelos in der Nähe von Cuernavaca. Die Schwefelquellen des Badeortes Cuautla wurden schon von den Azteken benutzt. Heute lockt das elegante Heilbad die reichen Hauptstädter nicht nur zum Kuren, sondern auch zur Errichtung von Zweitwohnungen an. Die Thermalbäder von Oaxtepec sind zu einem vielbenutzten Volksbad ausgebaut worden. Die reichen Mineralwasservorkommen des Tehuacán-Tales südöstlich von Puebla sind Grundlage einer florierenden Mineralwasserindustrie, die ganz Mexiko und insbesondere die Hauptstadtregion mit Mineralwasser versorgt.

Die jungvulkanischen Böden gelten als die fruchtbarsten Mexikos. Vulkanische Ablagerungen enthalten alle wichtigen Pflanzennährstoffe, insbesondere zeichnen sie sich durch ihren Phosphor- und Kaligehalt aus. Wegen ihrer Porosität verwittern vulkanische Gesteine sehr schnell, wobei ihre Nährstoffe für die Pflanzen freigesetzt werden. Die feinkörnigen vulkanischen Aschen des rezenten Vulkanismus dienen gleichsam als natürlicher Dünger. Außer dem Nährstoffreichtum zeichnen sich vulkanische Böden durch gute Wasserspeicherung

aus, was in den wechselfeuchten semiariden bis semihumiden Gebieten Mexikos von besonderer Bedeutung ist. Zudem sind die lockeren vulkanischen Böden leicht zu bearbeiten und daher für den Ackerbau besonders geeignet. Der Hochland-Kaffee an der atlantischen Abdachung des zentralmexikanischen Hochlandes um Orizaba und Córdoba verdankt den vulkanischen Böden sein besonderes Aroma.

Vulkanische Gesteine waren in indianischer und spanischer Zeit wegen ihrer Porosität und leichten Bearbeitbarkeit als Baumaterial für Tempel und Paläste geschätzt. Nach heute prägen die lebhaften Farben des dunkelroten Tezontle die Fassaden vieler sakraler und profaner Kolonialbauten.

Passate, Nortes und Hurrikane

Mexiko erstreckt sich zwischen 32° 43' und 14° 32' nördlicher Breite über gut 18 Breitengrade oder rd. 2000 km in meridionaler Richtung. Der nördliche Wendekreis verläuft mitten durch Mexiko. Strahlungsklimatisch trennt er das tropische vom subtropischen Mexiko (Abb. 2, S.12).

Aufgrund seiner randtropisch-subtropischen Lage werden die Witterung und das Klima Mexikos durch die tropische Passatzirkulation und die außertropische Westwindzirkulation gesteuert.

Passatzirkulation

Aktionszentren der atmosphärischen Zirkulation über Mexiko sind die randtropisch-subtropischen Hochdruckgebiete über dem Nordatlantik (Nordatlantische Antizyklone oder Azoren-Bermuda-Hoch) und dem Nordpazifik (Nordpazifischer Antizyklone) sowie die im Sommer weit nach Norden bis vor die südpazifische Küste Mexikos reichende Innertropische Konvergenzzone (ITCZ) (Abb. 9).

Die Antizyklonen sind durch absinkende Luftmassen, Wolkenauflösung und Trockenheit und die ITCZ durch aufsteigende Luftmassen, Wolkenbildung und Starkniederschläge gekennzeichnet. Zwischen den Hochdruckzentren und der Tiefdruckrinne der ITCZ besteht ein Luftdruckgefälle äquatorwärts, aus dem unter Berücksichtigung

der Corioliskraft der Erdrotation (Rechtsablenkung auf der Nordhalbkugel) eine großräumige Strömung von Ost nach West, die tropische Ostströmung des Urpassats resultiert. Diese bis zu 10 km mächtige Ostströmung wird aufgrund der Bodenreibung in der bis zu 2,5 km mächtigen bodennahen Grundschicht zum Nordostpassat umgelenkt. Diese Passatströmung überquert die mexikanische Landbrücke bis zum Pazifischen Ozean.

Mit dem jahreszeitlichen Wechsel des Höchststandes der Sonne (Zenitstand) geht mit einer zeitlichen Verzögerung von 1 – 2 Monaten auch eine Verschiebung der Luftdruck- und Zirkulationsgürtel einher. Im Sommer verlagert sich der randtropisch-subtropische Hochdruckgürtel nach Norden, so daß die Hochdruckachse etwa in 30° N am nördlichen Rand von Mexiko verläuft. Der Hochdruckgürtel ist durch ein Hitzetief über Nordmexiko/Arizona (Mexiko-Tief) unterbrochen, und die ITCZ verschiebt sich bis vor die Südwestküste Mexikos. Damit gerät das tropische Mexiko in den Einflußbereich tropisch-konvektiver Niederschläge (Zenitalregen), die dem Sonnenstand im Abstand von 1 – 2 Monate folgen.

Im Winter verlagern sich die Luftdruckgürtel äquatorwärts – die Hochdruckachse verläuft nun nahe dem Wendekreis mitten

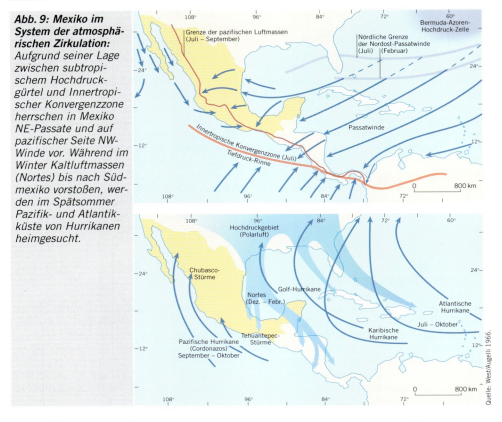

Abb. 9: Mexiko im System der atmosphärischen Zirkulation: *Aufgrund seiner Lage zwischen subtropischem Hochdruckgürtel und Innertropischer Konvergenzzone herrschen in Mexiko NE-Passate und auf pazifischer Seite NW-Winde vor. Während im Winter Kaltluftmassen (Nortes) bis nach Südmexiko vorstoßen, werden im Spätsommer Pazifik- und Atlantikküste von Hurrikanen heimgesucht.*

Quelle: West/Augelli 1966.

durch Mexiko –, und Mexiko gerät zunehmend unter den Einfluß des randtropisch-subtropischen Hochdruckgürtels, in dem absteigende Luftbewegung zu wolkenlosem Wetter und großer Trockenheit führt.

Auch die Passatströmung ist mit einer Absinktendenz verbunden, da sich die Luftmassen wegen der Divergenz der Meridiane äquatorwärts auf eine größere Fläche verteilen müssen. Im Wurzelbereich der Passate an den Hochdruckzellen ist die Absinktendenz stärker als in der Auslaufzone im Bereich der ITCZ. Die Absinkbewegung reicht aber nicht bis zum Boden, sondern betrifft nur die Oberschicht der Passatströmung.

In der bis zu 2,5 km mächtigen Grundschicht der Atmosphäre herrscht dagegen eine konvektive Aufwärtsbewegung, bedingt durch die Aufheizung der Erdoberfläche. Das Aufsteigen der Luftmassen in der Grundschicht und Absteigen in der Oberschicht führen in der Passatströmung

zu einer Inversion, die feuchte Luft unten von wärmerer und trockener Luft oben trennt. Diese Passatinversion verhindert eine höher reichende Konvektion mit kräftiger Wolkenbildung und führt zu einer stabilen Luftschichtung mit Wolken- und Niederschlagsarmut. Erst mit Annäherung an die ITCZ steigt die Inversionsschicht an und vergrößert sich der Konvektionsraum. Damit gewinnen im Süden Mexikos konvektive Prozesse mit Wolken- und Niederschlagsbildung gegenüber den antizyklonalen und passatischen Absinkbewegungen im Norden Mexikos an Bedeutung. Als klimaökologische Konsequenz ergibt sich daraus, daß der Norden Mexikos trockener und der Süden feuchter ist.

Dieses tropisch-konvektive Niederschlagsmuster wird überlagert von einem passatisch-advektiven Verteilungsmuster. Wegen der Passatinversion sind die Passatzonen in der Regel Trockengebiete. Insbesondere im Winter, wenn die nordatlantische Hochdruckzelle bis in den Golf von Mexiko und die nördliche Karibik reicht, wird die Passatinversion durch die antizyklonale Absinkbewegung verstärkt. Das bedeutet für Mexiko eine stabil geschichtete Passatströmung mit einer Konvektionssperre (Passatinversion) in rd. 2 km Höhe und damit Wolken- und Niederschlagsarmut.

Mit der Nordverlagerung des atlantischen Hochs im Sommer geht der antizyklonale Einfluß zurück, die thermische Aufheizung und Wellenstörungen (easterly waves) führen zu einer Labilisierung der Passatströmung. Insbesondere Passatstörungen aus Luftmassen unterschiedlicher Herkunft mit markanten Konvergenzen führen zu einer Auflösung der Passatinversionen und zu hochreichender Konvektions- und Wolkenbildung (Cumulonimbus). Beim Auftreffen dieser feuchtlabilen maritimen Luftmassen auf die Ostabdachung Mexikos werden diese konvektiven Vorgänge noch durch den orographisch erzwungenen Aufstieg verstärkt und führen zu kräftigen und langanhaltenden Stauniederschlägen.

Im Windschatten der Gebirgsketten verursachen dagegen absteigende Luftbewegungen Föhneffekte mit Erwärmung und Wolkenauflösung. Nicht nur die Küstengebirge, sondern auch die Sierren des mexikanischen Hochlandes erhalten durch die Nordostpassate auf ihren Luvseiten sommerliche Niederschläge. So sorgen die Passate mit ihren Wellenstörungen für einen ökologisch bedeutsamen Wasserdampftransport vom tropisch warmen Golfmeer ins Landesinnere.

Als klimaökologische Konsequenz ergibt sich aus den passatisch-advektiven Vorgängen folgendes Niederschlagsmuster:

1) Die atlantische Abdachung Mexikos ist feuchter als die pazifische.
2) Die Randgebirge der Sierra Madre Oriental und Occidental sind feuchter als die Hochländer, die Gebirgsketten im Landesinneren feuchter als die Becken.
3) Die Luvseiten der Sierren sind feuchter als die Leeseiten (Westseiten) im Passatschatten.

Während die Nordostpassate die Zirkulation auf der atlantischen Seite Mexikos beherrschen, wird die aus der pazifischen Hochdruckzelle ausströmende Luft auf der

pazifischen Seite Mexikos nicht in Form einer Ostströmung, sondern als Nordwestströmung wirksam. Im Winter reicht der antizyklonale Einfluß mit Absinktendenz, Passatinversion und Wolkenauflösung bis an die Südküste Mexikos. Die stabile, küstenparallele bis ablandige Passatströmung mit ihrer stabilen Schichtung (Passatinversion) ist Ursache einer lang anhaltenden winterlichen Trockenzeit im gesamten pazifischen Raum.

Im Sommer beschränkt sich der Einfluß der pazifischen Antizyklone auf den nordwestpazifischen Bereich. Dafür rückt ein Ausläufer der ITCZ weit nach Norden bis vor die SW-Küste Mexikos. Unter der starken sommerlichen Einstrahlung entwickelt sich über dem Hochland von Nord-Mexiko und Arizona/Neumexiko ein Hitzetief (Mexiko-Tief) mit monsunalen Effekten. Die im Winter ablandige Passatströmung erhält im Sommer eine auflandige Komponente und führt an der pazifischen Abdachung der Randgebirge der Sierra Madre del Sur und Occidental zu kräftigen Stauniederschlägen. Überlagert wird dieser monsunale Effekt durch eine tagesperiodische Land-Seewind- und Berg-Talwind-Zirkulation. Die durch diese monsunalen Effekte angesaugten pazifischen Luftmassen reichen bis zu den Kammlinien der Randgebirge und konvergieren mit der passatischen Ostströmung. Das Ergebnis ist eine Verstärkung der Konvektion mit erhöhter Niederschlagsbildung.

Nortes (Kaltluftvorstöße)

Durch die Südverlagerung der atlantischen und pazifischen Hochdruckzelle im Winter macht sich im subtropischen Nordmexiko die außertropische Westwindzone bemerkbar. An die Stelle sommerlicher Passate tritt das zyklonale Westwindregime mit Winterregen im nördlichen Baja California. Auf der atlantischen Seite reicht der Einfluß außertropischer Wetterlagen weiter nach Süden. Hier können insbesondere außertropische Kaltluftmassen aus dem nordamerikanischen Kontinent entlang der Golfküste bis nach Yucatán und Mittelamerika vorstoßen (Abb. 9).

Von den Kaltluftvorstößen abgesehen, macht sich die außertropische Westwindzirkulation nur in der Höhe oberhalb der 700-mb-Fläche bemerkbar, während die

Ostwinde auf die untere Troposphäre beschränkt bleiben. Mit der sommerlichen Nordverlagerung der Höhenwestwinde können sich die tropischen Ostwinde wieder bis in die obere Troposphäre ausdehnen (Klaus 1975). Bis zu dem nördlichen Wendekreis dominieren auch in der oberen Troposphäre tropische Ostwetterlagen. Damit gehört Mexiko bis zum Wendekreis auch witterungsklimatisch zu den Tropen.

Von großer Wetterwirksamkeit sind die winterlichen Kaltluftvorstöße (Nortes) an der atlantischen Seite Mexikos, die an der Golfküste in Tampico alle 6 – 7 Tage und in Yucatán (Progreso) alle 8 – 9 Tage auftreten. Sie werden auf einen quasistationären Höhentrog, der sich vom Süden der USA bis in den Golf von Mexiko erstreckt, zurückgeführt. Verantwortlich ist auch ein Kältehoch, das sich im Winter über dem mexikanischen Hochland und den Hochflächen im Südwesten der USA herausbildet. Der Höhentrog über dem Osten Nordamerikas wird durch orographisch bedingte Mäanderschwingungen der Westwinddrift über den Rocky Mountains hervorgerufen.

Nach Lauer (1973) können zwei Witterungstypen von Nortes unterschieden werden: feucht-kühle und trocken-kalte Nortes.

Die feucht-kühlen Nortes sind an der atlantischen Abdachung zwischen 1800 und 3000 m Höhe mit starker Wolkenbildung verbunden. Die Wolkenfelder können auf das Hochland übergreifen und sich an den Vulkankegeln stauen. An den Ostabhängen führen die Nortes zwischen Oktober und März zu stärkeren Regenfällen, so daß der Anteil der Winterniederschläge hier bis zu 25 % am Gesamtjahresniederschlag beträgt. Im zentralen Hochland nehmen die Winterniederschläge auf unter 6 % der Jahresniederschläge ab, während an den Hochland-Vulkanen eine Erhöhung bis auf 9 % festzustellen ist.

Die trocken-kalten Nortes führen an der Ostabdachung zu einer Hochnebeldecke zwischen 1800 und 2700 m, aus der leichter Nieselregen (Chipichipi) fallen kann, während es auf der zentralmexikanischen Meseta bei wolkenlosem Himmel zu starker nächtlicher Abkühlung mit Bildung von Kaltluftseen und Bodenfrost kommt.

Die Nortes führen nicht nur zu einer Unterkühlung der Ostabdachung mit negativen Temperatur-Anomalien bis zu 4° C, sondern auch zu Temperaturstürzen bis zu 5° C und mehr. Die mittlere absolute Frostgrenze liegt nach Lauer (1978) an der Ostabdachung in ca. 1300 m und damit um 500 m tiefer als im Binnenland mit ca. 1800 m. Damit werden Fröste an der Ostabdachung in der tierra semicaliente wirksam.

Hurrikane

Sowohl die Atlantik- als auch die Pazifikküste Mexikos werden von tropischen Wirbelstürmen (Hurrikanen) heimgesucht (Abb. 10). Sie entstehen über den warmen tropischen Meeren im Spätsommer und Herbst, wenn die Wassertemperaturen über 26 – 27°C liegen.

Aus tropischen Gewitterzellen und Tiefdrucksystemen können sich tropische Wirbelstürme mit Orkanstärke entwickeln. Die Mexiko umgebenden warmen Meere sorgen mit ihrer hohen Verdunstung für die notwendige Zufuhr latenter Wärmeenergie.

Die Hurrikane sind großräumige zyklonale Wirbel, die wegen der ablenkenden Kraft der Erdrotation (Corioliskraft) auf der Nordhalbkugel gegen den Uhrzeigersinn rotieren. Die in den rotierenden Wirbel spiralförmig einströmende Luft steigt unter heftiger Vertikalbewegung nach oben, wobei sich hochaufschießende Cumulonimbus-Wolken bilden, die sich in konzentrischen Wolkenringen um das wolkenlose und windstille „Auge" des Wirbels mit absteigender Luftbewegung anordnen.

Die atlantischen Hurrikane wandern mit Geschwindigkeiten bis zu 50 km/h mit der Passatströmung von Westen nach Osten über die Karibik und den Golf von Mexiko, um früher oder später auf parabelförmiger Bahn nach Nordwesten abzubiegen.

Die pazifischen Hurrikane ziehen dagegen mit den Monsunwinden von Südosten nach Nordwesten parallel zur mexikanischen Pazifikküste. Nur etwa jeder dritte Hurrikan schert auf seinem Weg nach Norden zur mexikanischen Küste hin ab oder streift zumindest die Küste (Jáuregui 1983). Wegen der geringen Ausdehnung warmer Wassermassen im Nordostpazifik, bedingt durch den kalten Kalifornienstrom, sind die pazifischen Hurrikane von geringerer Ausdehnung und Stärke als die atlantischen Wirbelstürme.

Quelle: Atlas Nacional de México 1990.

Abb. 10: Gefährdung Mexikos durch tropische Wirbelstürme (Hurrikane): *Aufgrund seiner Lage zwischen zwei tropisch-warmen Meeren ist Mexiko an der atlantischen und an der pazifischen Küste tropischen Wirbelstürmen ausgesetzt.*

Allerdings wird die Pazifikküste Mexikos von mehr Wirbelstürmen heimgesucht als die Golfküste. Nach Jáuregui (1983) ist das Risiko, von einer tropischen Zyklone getroffen zu werden, an der Pazifikküste etwa doppelt so hoch wie an der Golfküste. Besonders gefährdet sind der südliche Teil der Halbinsel Niederkalifornien, Sinaloa und die Küste von Jalisco, Colima und Guerrero.

Die tropischen Wirbelstürme wirken in vielfacher Weise zerstörerisch: Durch die hohen Windgeschwindigkeiten werden Gebäude zerstört. Der extreme Unterdruck im Zentrum des Wirbels läßt Gebäude gleichsam explodieren. An der Küste führen die Wirbelstürme zu gefährlichen Sturmfluten. Die extrem hohen Niederschläge verursachen verheerende Überschwemmungen. Betroffen von den Hurrikanen sind nicht nur Siedlungen und Infrastrukturen, sondern auch die Landwirtschaft, wo durch Sturm, Hagel und Überschwemmungen die Ernte eines ganzen Jahres vernichtet werden kann.

Die wachsende Besiedlung gefährdeter Küstenregionen im Rahmen der touristischen Erschließung und industriellen Entwicklung haben am Pazifik und am Atlantik zu einer Zunahme der Schäden durch Stürme, Sturmfluten und Überschwemmungen geführt. So entstanden 1988 beim Durchzug des Hurrikans „Gilbert" über Yucatán enorme Schäden in den Seebädern von Cozumel und Cancún. Bei der Überquerung von Yucatán hatte der Hurrikan, abgeschnitten von der Energiequelle des Karibischen Meeres, zwar an Kraft verloren, konnte aber über den Golf von Mexiko wieder Energie aufnehmen, die sich bei der erneuten Anlandung in Nordost-Mexiko südlich von Matamoros verheerend auswirkte. Beim Auftreffen auf die Sierra Madre Oriental im Bereich von Monterrey führten die extremen Niederschläge zu katastrophalen Überschwemmungen.

Durch die hurrikanbedingten Niederschläge wurden in den Sierren des trockenen Nordens vielfach die mittleren Jahresniederschläge übertroffen; so wurden beim Durchzug der Zyklone „Liza" 1976 bei La Paz in der Sierra de la Victoria im südlichen Niederkalifornien 425 mm Niederschlag in 24 Stunden registriert bei einem mittleren Jahresniederschlag von 317 mm (Jáuregui 1983).

Nach Untersuchungen von Jáuregui (1995) besteht ein Zusammenhang zwischen tropischen Wirbelstürmen, Niederschlagsschwankungen und El-Niño-Ereignissen.

Niederschlagstypen

Aufgrund der atmosphärischen Zirkulation über Mexiko lassen sich vier genetische Niederschlagstypen unterscheiden:

1) tropisch-konvektive Niederschläge während des Zenitstandes der Sonne (Zenitalregen): Sommerniederschläge mit von Süden nach Norden abnehmender Niederschlagshöhe und Regenzeitdauer;
2) passatisch-advektive Niederschläge der Ostabdachungen: Sommerniederschläge mit Stau- und Föhneffekten und von Osten nach Westen abnehmenden Niederschlagshöhen;
3) monsunal-advektive Niederschläge der pazifischen Abdachung mit Stau- und Föhneffekten;
4) außertropisch-advektive Niederschläge:
   a) subtropische Winterregen im äußersten Nordwesten Mexikos;
   b) Winterregen aus Kaltluftvorstößen mit Luv- und Lee-Effekten vorwiegend an der atlantischen Abdachung.

Hygrothermische Klimagliederung

Anstelle der uns bekannten thermischen Jahreszeiten mit einem Wechsel von Sommer und Winter herrschen in Mexiko hygrische Jahreszeiten mit einem Wechsel von Regenzeit und Trockenzeit. Das tropische Mexiko zeichnet sich durch ein Tageszeitenklima aus, d. h., die Jahresschwankung der Temperatur ist geringer als die Tagesschwankung (Abb. 11).

Die Jahresamplitude nimmt von Süden nach Norden zu mit Werten unter 5° C im tropischen Südmexiko (Südpazifik- und Karibikküste), auf über 18 – 20° C im tropischen Nordmexiko.

Die Jahresamplitude von 10 – 12° C, die als thermische Grenze der Tropen gilt, wird im Bereich des nördlichen Wendekreises erreicht. Damit gehören Süd- und Zentral-

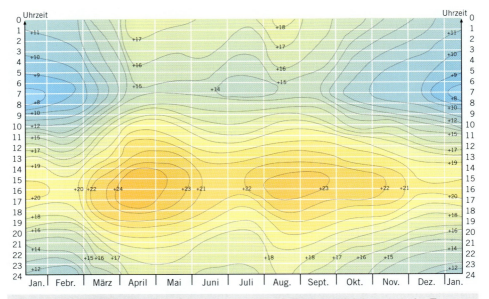

Abb. 11: Thermo-Isoplethen-Diagramm von Puebla mit Tages- und Jahresgang der Temperatur: *Bei ganzjährig hohen Temperaturen hat das tropische Mexiko ein Tageszeitenklima: Die Tagesschwankungen der Temperatur sind größer als die Jahresschwankungen. Anstelle unseres Jahreszeitenklimas mit Sommer und Winter bestimmt der Wechsel zwischen Regenzeit und Trockenzeit den Jahresrhythmus von Mensch und Natur.*

Nach Gaeb 1976.

Abb. 12: Niederschlagsverteilung: *Die mittleren jährlichen Niederschlagshöhen variieren zwischen wenigen Millimetern im Nordwesten und über 4000 Millimetern im Südosten. Die Randgebirge sind feuchter als die Hochflächen.*

Quelle: Atlas Nacional de México 1990.

mexiko nicht nur strahlungs- und witterungsklimatisch, sondern auch thermisch zu den Tropen. Sie sind durch eine weitgehende Isothermie der Jahreszeiten geprägt, die für alle Höhenstufen gilt. Erst nördlich des Wendekreises übertrifft die Jahresschwankung der Temperatur die Tagesschwankung. Nordmexiko gehört daher unter thermischen Gesichtspunkten bereits zu den Subtropen.

Der Wechsel von hygrischen Jahreszeiten, von Regenzeit und Trockenzeit, ist der alles beherrschende Jahresrhythmus im Leben von Mensch und Natur. Neben der Höhe der Niederschläge ist ihre jahreszeitliche Verteilung und die Dauer von Regenzeit und Trockenzeit der wichtigste klimaökologische Faktor für Natur- und Kulturlandschaft. Regenzeit und Trockenzeit entscheiden über Ruhe- und Wachstumsphasen der Vegetation und über Säen und Ernten in der Landwirtschaft.

Niederschlagsverteilung

Im Landesdurchschnitt fallen in Mexiko gut 700 mm Jahresniederschlag. Diese Menge ist aber extrem ungleich über das Land verteilt. Die höchsten Niederschläge fallen im Süden Mexikos in den Küstenabdachungen der Randgebirge der Sierra Madre Oriental und der Sierra Madre von Oaxaca mit Niederschlagshöhen über 4000 mm. So werden an der Ostabdachung der zentralmexikanischen Meseta in Cuetzalán in 980 m Höhe 4452 mm Niederschläge im Jahr gemessen. Ähnliche Werte zwischen 4000 und 5000 mm werden an den luvseitigen Hängen der Sierra Madre von Chiapas erreicht. Die geringsten Niederschläge fallen im Norden Mexikos im Bereich des Golfs von Kalifornien und im nordmexikanischen Hochland. Auf der Halbinsel Baja California und in Sonora fallen weniger als 200 mm, ja sogar in weiten Bereichen des Küstentieflandes unter 50 mm Jahresniederschlag. Auch das Hochland von Nordmexiko gehört zu den trockensten Regionen (Abb. 12).

Ein Vergleich der Niederschlagskarte mit der orographischen Großgliederung Mexikos (Abb. 1) verdeutlicht den engen Zusammenhang zwischen Niederschlagsverteilung und Reliefgestaltung: Das räumliche Verteilungsmuster der Niederschläge wird in auffallender Weise von den Großstrukturen des Reliefs und ihrer Lage im Strömungsfeld der Passate, Monsune und Nortes mitbestimmt, so sehr, daß sich in der Niederschlagskarte das Großrelief durchzupausen scheint. Aus dem Zusammenspiel zwischen atmosphärischer Zirkulation und orographischer Großgliederung läßt sich ein regelhafter hygrischer Formenwandel ableiten, der von vier sich überlagernden Kategorien bestimmt wird:

1) Nord-Süd- oder meridionaler Wandel: Danach nehmen die Niederschläge vom tropischen Süden zum randtropisch-subtropischen Norden hin ab.
2) Peripher-zentraler oder Luv-Lee-Wandel: Die Randgebirge samt Küstenabdachungen und vorgelagerten Tiefländern sind feuchter als das Hochland im Regenschatten der Gebirgsmauern.
3) West-Ost- oder atlantisch-pazifischer Wandel:
   Die auf der Luvseite der Nordostpassate und der Nortes liegende atlantische Seite Mexikos ist feuchter als die im Lee der Passate und Nortes liegende pazifische Seite.
4) Hypsometrischer Wandel:
   Die Niederschlagsverteilung weist eine auffallende Höhenabhängigkeit auf, wobei sich zwei Höhenstockwerke maximaler Niederschläge abzeichnen.

Die Interferenz dieser Formenwandelkategorien bestimmt das regelhafte Verteilungsmuster der mittleren Jahresniederschläge, dessen Grundstrukturen im folgenden anhand der Niederschlagskarte kurz erläutert werden sollen (Abb. 12).

Die U-förmige Gestalt der das mexikanische Hochland einrahmenden Randgebirge (Sierra Madre Occidental, Oriental und Neovolcánica) spiegelt sich in der Karte der mittleren Jahresniederschläge deutlich wieder. Als langgestreckte Gebiete mit hohen Niederschlägen umrahmen sie das in ihrem Regenschatten liegende, extrem trockene Hochland. Den feuchten Gebirgsketten und Tiefländern im Luv der Passate und Nortes an der Golfküste und im Luv der Monsune an der pazifischen Abdachung stehen die trockenen Hochflächen und Becken im Regenschatten der Gebirgsbarrieren gegenüber. So fallen in der nördlichen Golfküstenebene bei Tampico über 1000 mm (Tampico 1252 mm), im zentralen Hochland bei San Luis Potosí unter 400 mm und an der Pazifikküste bei Tuxpán in gleicher Breitenlage (22° N) über

1000 mm Niederschlag. Das Relief verstärkt die Konvektion: die Gebirgsketten zwingen die feuchtheißen Luftmassen des Nordostpassats und Südwestmonsums ebenso wie die feuchtkühlen Luftmassen der Nortes zum Aufsteigen und damit verbunden zur Abkühlung, Kondensation und Niederschlagsbildung. Im Regenschatten der Gebirgsmauern kommt es dagegen zu absteigenden Luftbewegungen mit föhnartiger Erwärmung, Wolkenauflösung und Niederschlagsarmut.

Überlagert wird dieser reliefbedingte peripher-zentrale Formenwandel von einem meridionalen Wandel. Mit Annäherung an den randtropisch-subtropischen Hochdruckgürtel nehmen sowohl die Niederschläge des Hochlandes als auch der Randgebirge und des Tieflandes von Süden nach Norden hin ab. An der Golfküste gehen die Niederschläge nordwärts auf 400–800 mm, an der Pazifikküste und im Hochland von Nordmexiko auf unter 200 mm zurück. Nach Süden in Richtung Sierra Neovolcánica steigen die Niederschläge des zentralmexikanischen Hochlandes deutlich auf 400 bis 800 mm, an der Pazifikküste bei Puerto Vallarta auf über 1000 mm an, während an der Ostabdachung der Sierra Madre Oriental Niederschlagshöhen über 4000 mm erreicht werden.

Der durch Luv- und Lee-Effekte bestimmte peripher-zentrale Formenwandel zeigt sich nicht nur bei den orographischen Großstrukturen, sondern auch bei den Gebirgsketten- und Beckenstrukturen des Binnenlandes. Als ausgesprochene Trockeninseln geben sich so z. B. die Río-Balsas-Senke, das Tal von Tehuacán und die Hochtäler von Oaxaca im Regenschatten der feuchten Sierra von Oaxaca, aber auch die Hochtäler und Becken von Mexiko-Stadt, Puebla und Toluca zu erkennen. Als feuchte Inseln ragen die Sierren im Landesinneren mit Niederschlägen über 1000 mm aus den trockeneren Hochflächen heraus, wie z. B. die Sierra Nevada mit Popocatépetl und Iztaccíhuatl oder die Sierra zwischen Mexiko-Stadt und Toluca mit dem Vulkankegel des Nevado de Toluca. Auch im Vulkanfeld von Michoacán werden Niederschlagshöhen über 1000 m (Pátzcuaro: 1110 mm) registriert. Insgesamt hebt sich das transmexikanische Vulkangebirge mit Niederschlägen

Bild 12 und Bild 13:
Dorn- und Sukkulenten-
savanne in der Regen-
zeit im Tehuacán-Tal
(Puebla) und in der
Trockenzeit bei Acatlán
(Puebla): *Der Wechsel*
zwischen Regenzeit
und Trockenzeit prägt
in Mexiko das jahres-
zeitliche Bild von
Natur- und Kulturland-
schaft.

über 1000 mm aus dem trockenen Hochland im Norden und der trockenen Río-Balsas-Senke im Süden heraus.

In den trockenen Senken, Becken und Hochtälern gehen die Niederschläge auf unter 600 mm zurück. So liegen die Niederschläge in Mexiko-Stadt bei 588 mm, im Becken von Oriental im unmittelbaren Regenschatten der Sierra Oriental bei 437 mm, während Puebla am Fuß der Sierra Nevada noch über 800 mm (832 mm) Jahresniederschlag erhält.

Die vertikale Niederschlagsverteilung ist durch zwei Höhenstufen maximaler Niederschläge gekennzeichnet. Ein unteres Stockwerk ist an der Ostabdachung der Sierra Madre Oriental zwischen 800 und 1400 m mit Niederschlagshöhen um 3000 bis 3500 mm ausgebildet (Lauer 1973). Nach oben hin nehmen die Niederschläge auf Werte zwischen 1200 und 1000 mm ab. Ein sekundäres Maximum zeigt sich an den Gebirgsketten und Vulkankegeln des Hochlandes in rd. 800 bis 1000 m über der Hochfläche. So werden an den Abhängen der Sierra Nevada in 3000 bis 3300 m Höhe Niederschlagsmengen von 1100 bis 1200 mm erreicht, gegenüber gut 800 mm in Puebla (832 mm). Nach oben hin nehmen die Niederschläge auf unter 800 mm in rd. 4000 m Höhe ab.

Diese zwei Stufen maximaler Niederschläge sind an zwei Kondensationsniveaus gebunden, von denen das erste über dem Tiefland und das zweite über dem Hoch-

land ausgebildet ist. Tiefland und Hochland bilden zwei eigenständige Konvektionszellen mit Heizflächen im Küstentiefland und im Hochland aus. Wegen des geringeren Wasserdampfgehaltes der Luft über dem Hochland liegen die Niederschläge des sekundären Höhenmaximums rd. 2000 mm unter dem Wert des ersten Stockwerks maximaler Niederschläge.

Regenzeit und Trockenzeit
Neben der Höhe der Niederschläge ist ihre jahreszeitliche Verteilung von klimaökologischer Bedeutung. Aufgrund seiner Lage in den äußeren Tropen ist Mexiko ein ausgesprochenes Sommerregengebiet mit einer scharfen Trennung zwischen sommerlicher Regenzeit und winterlicher Trockenzeit

(Bilder 12 u. 13). Nur im äußersten Nordwesten Mexikos, auf der Halbinsel Niederkalifornien, findet sich ein Ausläufer des kalifornischen Winterregengebietes mit sommerlicher Trockenzeit. Zu Winterregen kommt es auch im Einflußbereich der Nortes und passatischer Stauniederschläge an der atlantischen Abdachung Mexikos. Sie führen zu einem ständig feuchten Regenklima mit bis zu 12 humiden Monaten an der Ostabdachung der Sierra Madre Oriental und der Sierra Madre von Oaxaca sowie an der Nordabdachung des Hochlandes von Chiapas.

Gemäß den die Niederschlagsverteilung beherrschenden Kategorien nimmt die Länge der Regenzeit von Süden nach Norden, vom Atlantik zum Pazifik, von den Randgebirgen zum Landesinneren hin ab. Gegen den randtropisch-subtropischen Trockengürtel hin wird die Regenzeit immer kürzer und unsicherer. Die Regenzeit tritt nicht mehr periodisch jedes Jahr auf, sondern nur noch episodisch mit einer hohen Variabilität und Unsicherheit der Niederschläge. Dürrejahre sind die Folge.

Die Regenzeit ist durch aufschießende Quellbewölkung am späten Vormittag und kräftige Regenschauer am späten Nachmittag oder Abend gekennzeichnet. Mit nachlassender Sonneneinstrahlung und Thermik (Konvektion) gegen Abend lösen sich die Konvektionswolken auf. Mit großer Regelmäßigkeit wiederholt sich dieser Witterungsablauf mit Konvektion, Wolkenbildung, Schauerregen und Wolkenauflösung Tag für Tag.

Die winterliche Trockenzeit zeichnet sich bei wolkenlosem Himmel durch intensive Einstrahlung am Tage und starke Ausstrahlung in der Nacht aus. Die täglichen Temperaturschwankungen erreichen daher in der Trockenzeit ihre höchsten Werte. Im Hochland führt die nächtliche Ausstrahlung zu einer starken Abkühlung mit häufigen Nachtfrösten. Der Winter wird daher im Hochland durchaus als eine kalte Jahreszeit, als ein thermischer Winter empfunden.

Hygrische Klimazonen

Mexiko hat Anteil an allen hygrischen Klimazonen der Tropen. Die Anzahl der humiden (feuchten) und ariden (trockenen) Monate bildet die wesentliche Grundlage für die Klima- und Vegetationsgliederung Mexikos und die Anordnung der Landnutzungszonen. Humidität und Aridität bestimmen Erscheinungsbild und Ökologie von Natur- und Kulturraum, prägen Wasserhaushalt, Vegetationsformationen und Anbaubedingungen.

Humid sind Monate, in denen der Niederschlag größer als die potentielle Verdunstung des Systems Boden – Pflanze bei hinreichender Wasserversorgung ist. Wo sich Niederschlag und Verdunstung die Waage halten, liegt die Trockengrenze oder Wassermangelgrenze. Sie trennt die feuchten Tropen von den trockenen Tropen.

Zwischen den feuchten und den trockenen Tropen liegen die wechselfeuchten Tropen. Die feuchten lassen sich noch in vollhumid und subhumid, die trockenen in vollarid und subarid und die wechselfeuchten in semihumid und semiarid unterteilen.

In der Karte der hygrischen Klimazonen werden sechs Stufen der Humidität und Aridität unterschieden (Abb. 13):

■ Vollhumides Klima: 11–12 humide Monate, immerfeuchte tropische Regenklimate mit ganzjährigen Niederschlägen ohne Unterbrechung der Regenzeit
■ Subhumides Klima: 9–10 humide Monate, tropische Feuchtklimate mit kurzer Unterbrechung der Regenzeit
■ Semihumides Klima: 7–8 humide Monate, Feuchtklimate mit längerer Unterbrechung der Regenzeit
■ Semiarides Klima: 4–6 humide Monate, Trockenklimate mit kurzer Regenzeit
■ Subarides Klima: 2–4 humide Monate, Trockenklimate mit sehr kurzer Regenzeit (2–4 Monate) und ausgeprägter Trockenzeit (8–10 Monate)
■ Arides Klima: 0–2 humide Monate, Halbwüsten- und Wüstenklimate mit weniger als 2 humiden Monaten.

Die Karte der hygrischen Klimazonen zeigt ein kontrastreiches Bild mit markanten klimatischen Unterschieden: Dem ständig feuchten Regenklima mit bis zu 12 humiden Monaten im Südosten Mexikos stehen die Wüsten- und Halbwüstenklimate mit weniger als 2 humiden Monaten im Nordwesten am Golf von Kalifornien und im nördlichen Binnenland als Extreme gegen-

Quelle: Atlas Nacional de México 1990.

Abb. 13: Klimazonen Mexikos: *Aufgrund seiner großen Nord-Süd-Erstreckung hat Mexiko Anteil an den feuchten (humiden), den wechselfeuchten (semihumiden) und den trockenen (ariden) Tropen.*

über. Der überwiegende Teil Mexikos ist aber durch ein wechselfeuchtes semihumides bis semiarides Klima mit 4 – 8 humiden Monaten gekennzeichnet.

Die atlantische Abdachung des zentralmexikanischen Hochlandes, des Berglandes von Oaxaca und Chiapas zeichnet sich durch vollhumide Klimaverhältnisse mit ganzjähriger Humidität aus. Die für die äußeren Tropen charakteristische winterliche Unterbrechung der Regenzeit wird durch die advektiven Niederschläge der Nortes und Passatstörungen im Winter unterbunden.

In der Höhenstufe maximaler Niederschläge zwischen 1000 und 2000 m erreicht die Humidität mit 11 – 12 humiden Monaten ihre höchsten Werte. Zur Küste hin nimmt die Anzahl der humiden Monate auf 9 – 10 in Tabasco, Chiapas und Campeche ab. Während in der südlichen Golfküstenebene subhumide Verhältnisse herrschen, ist das Klima im südlichen Veracruz

im Regenschatten der bis zur Küste vorstoßenden Sierra Madre Oriental mit nur 7 – 8 humiden Monaten als semihumid zu charakterisieren.

Auch an der pazifischen Küste nimmt die Zahl der humiden Monate von der Küste zum Gebirge hin zu. So steigt die Humidität in Chiapas von 7 – 8 humiden Monaten in der pazifischen Küstenebene (semihumide Region) auf 11 – 12 humide Monate in der Höhenstufe maximaler Niederschläge in 800 m NN (vollhumide Region) an, um auf dem Hochland von Chiapas wieder auf 7 – 8 humide Monate (semihumide Region) zurückzugehen. An der nordwestpazifischen Küste von Sinaloa und Süd-Sonora folgen von der Küste zur Sierra Madre Occidental hin dicht gestaffelt hintereinander vier küstenparallele hygrische Klimazonen von ariden über subaride und semiaride bis zu semihumiden Verhältnissen.

Im Regenschatten der Gebirgsketten geht die Zahl der humiden Monate bis auf unter 4 zurück. So erstreckt sich im Lee der Sierra Madre Oriental und der Sierra

*Bild 14: Abflußloses Becken des Bolsón von Oriental (Puebla): In den Leelagen von Gebirgs-
ketten herrscht auch in Zentralmexiko extreme Trockenheit. Das stark gegliederte Relief führt
so zu einem kleinräumigen Wechsel zwischen Humidität und Aridität.*

von Oaxaca eine langgestreckte Trocken-
achse, die sich als Fortsetzung des nord-
und zentralmexikanischen Trockengebietes
über das Becken von San Luis Potosí und
Oriental über das Tal von Tehuacán bis in
das Hochtal von Oaxaca erstreckt (subaride
Klimaregion) (Bild 14).

Die Gebirgsketten ragen als feuchte Inseln mit 7 – 8 humiden Monaten (semihumide Region) aus dem im Regenschatten
liegenden Trockengebiet des zentralmexikanischen Hochlandes heraus. Das trifft
für die östliche und westliche Sierra Madre
ebenso zu wie für die Sierra Neovolcánica.
In dem zweiten Höhenstockwerk maximaler
Niederschläge zwischen 2700 und 3200
werden sogar 9 – 10 humide Monate erreicht, wie z. B. am Pico de Orizaba, der
Malinche und der Sierra Nevada (Lauer/
Frankenberg 1978).

Abgesehen von der Meseta Neovolcánica gehört das zentralmexikanische Hochland bereits zu dem Trockengebiet jenseits
der klimatischen Trockengrenze mit weniger als 6 humiden Monaten. Die Anzahl der
humiden Monate nimmt von Süden nach
Norden von 6 auf 3 – 4 humide Monate ab
(subaride Klimaregion).

Das nordmexikanische Hochland weist
in seinem zentralen kontinentalen Bereich
bereits vollaride Verhältnisse mit weniger

als 2 humiden Monaten auf (Halbwüsten-
und Wüstenklima). Zu den Rändern hin im
Übergang zu der westlichen und östlichen
Sierra Madre herrschen subaride Verhältnisse mit 2 – 4 humiden Monaten (Steppen-
klima).

Zu den trockensten Gebieten Mexikos
zählt die Halbinsel Niederkalifornien mit
Ausnahme des mediterran geprägten Winterregengebietes im Norden. In weiten Bereichen bestimmt ein vollarides Klima mit
Wüsten, Halbwüsten und Wüstensteppen
den Landschaftscharakter.

Die ariden Zonen mit weniger als 2
humiden Monaten nehmen große Bereiche
des nördlichen Mexiko ein, aus denen nur
die Sierren als feuchtere Inseln aufragen.

Die Trockengebiete Nordmexikos gehören zu den Wendekreiswüsten im Bereich
des randtropischen-subtropischen Hochdruckgürtels. Ihre Aridität wird durch ihre
Lage im Regenschatten von Gebirgen noch
verstärkt.

Die extreme Trockenheit der Halbinsel
Niederkalifornien ist neben der Wirksam-
keit der pazifischen Hochdruckzelle auf
den kalten Kalifornienstrom zurückzufüh-
ren. Über dem Kaltwasserstrom kühlt die
Luft unter den Taupunkt ab, so daß sich
Nebel bilden, die mit dem Wind bis an die
Küste getrieben werden (Küstennebel).

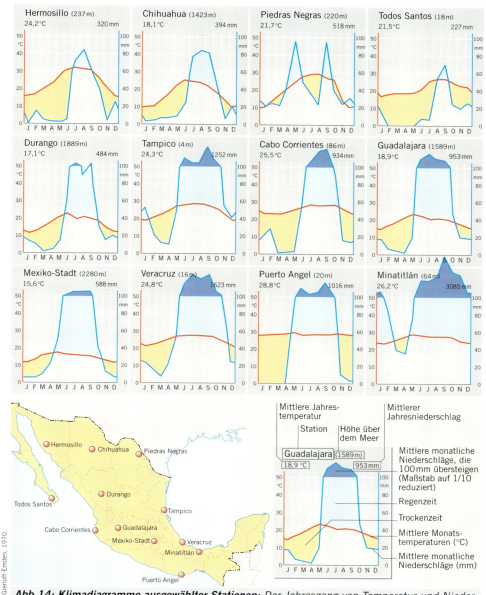

Abb 14: Klimadiagramme ausgewählter Stationen: *Der Jahresgang von Temperatur und Nieder-schlag verdeutlicht die Dauer von Regenzeit und Trockenzeit in den verschiedenen Klimazonen.*

Quelle: Gierloff-Emden, 1970.

Beim Übertritt der kühlen Meeresluft auf das stark erhitzte Land führt die starke Erwärmung zu Nebelauflösung und großer Trockenheit (Küstenwüste).

Die Kleinkammerung des Reliefs in Süd- und Zentralmexiko, vor allem im Bergland von Oaxaca und der Sierra Neovolcánica hat zu einer kleinräumigen hygrischen Differenzierung geführt, die in der klein-maßstäblichen Karte der Klimazonen nicht mehr darstellbar ist. Die Vielfalt der hygro-thermischen Klimatypen verdeutlichen die Klimadiagramme ausgewählter Klimasta-tionen (Abb. 14).

Thermische Klimastufen

Die regelhafte Abnahme der Temperatur mit der Höhe führt zu ausgeprägten thermischen Höhenstufen, die sich in entsprechenden Vegetations- und Anbaustufen manifestieren. Aufgrund seiner großen Höhenerstreckung hat Mexiko Anteil an allen thermischen Stockwerken der Tropen: von den Warmtropen des Tieflandes bis zu den Kalttropen des Hochlandes. Die Grenze zwischen Warm- und Kalttropen bildet die mittlere absolute Frostgrenze, an der im Mittel die ersten Fröste auftreten. Sie deckt sich in etwa mit der 19° C-Isotherme der mittleren Jahrestemperatur. Die Warmtropengrenze ist die pflanzen- und agrarökologisch wichtigste Höhengrenze. Die Warmtropen sind Gebiete ganzjährigen Wachstums ohne eine durch Wärmemangel bedingte Wachstumsruhe. An der Ostabdachung der zentralmexikanischen Meseta liegt die mittlere Frostgrenze in 1300 m Höhe und damit 500 m niedriger als auf dem Hochland, wo sie erst in 1800 m auftritt (Abb. 15).

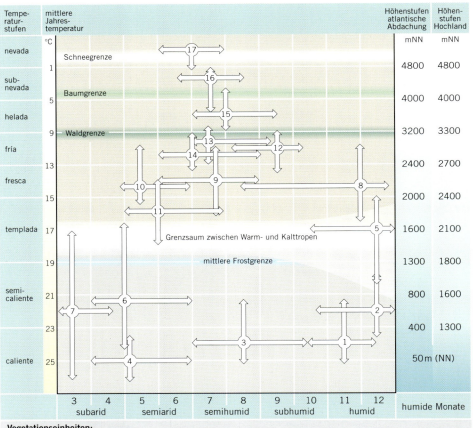

Abb. 15: Hygrothermische Klimagliederung und Vegetationsgebiete: *Die Überlagerung hygrischer Klimazonen und thermischer Höhenstufen bedingt eine außergewöhnliche Vielfalt hygrothermischer Klima- und Vegetationsgebiete.*

Vegetationseinheiten:
1 = Regenwald, (halb)immergrün
2 = Regenwald, lauraceenreich
3 = Feuchtwald/-savanne, regengrün
4 = Trockenwald/-savanne, regengrün
5 = Bergwald, humid
6 = Berg-Dornwald/-savanne
7 = Dorn- u. Sukkulentensavanne
8 = Eichen-Kiefern-Nebelwald
9 = Kiefern-Eichen-Mischwald, semihumid
10 = Kiefern-Eichen-Mischwald, semiarid
11 = Eichen-Mischwald, laubwerfend
12 = Nadel-Nebel-Höhenwald
13 = Kiefern-Tannenwald,
14 = Kiefern-Mischwald
15 = Hochgebirgs-Kiefernwald
16 = Hochgebirgs-Grasland (Zacatonales)
17 = Vegetation der Periglazialstufe

Quelle: Lauer/Frankenberg 1978.

Der Hochlandsockel stellt eine wichtige Heiz- und Energieumsatzfläche in großer Höhe über dem Tieflandstockwerk dar. Diese große Massenerhebung führt zu einer Aufwölbung der Isothermenflächen und der thermischen Höhengrenzen und Höhenstufen. Die Lufttemperatur über dem zentralen Hochland liegt um rd. 5° C höher als in gleicher Höhe in der freien Atmosphäre über dem Golfküsten-Tiefland (Lauer 1973). Zu dem Höhenunterschied der thermischen Stockwerke im Hochland und an der feuchten Ostabdachung tragen auch die Kaltluftvorstöße der Nortes bei.

Die Warmtropen lassen sich in halber Höhe (in 400 m an der Ostabdachung) in eine untere Stufe, die tierra caliente (heißes Land) mit Jahresmitteltemperaturen zwischen 23° und 26° C, und eine obere Stufe, die tierra semicaliente oder subtemplada (warmes Land) mit Temperaturen zwischen 19° und 23° C, untergliedern. In der oberen Stufe können bereits vereinzelte Fröste auftreten.

Die gemäßigte Stufe der tierra templada (gemäßigtes Land) zwischen 1800 und 2400 m im zentralen Hochland und 1300 – 2000 m an der atlantischen Abdachung stellt eine Übergangszone zwischen Warm- und Kalttropen dar.

Eine wichtige Höhengrenze bildet auch die 13° C-Isotherme, die im zentralmexikanischen Hochland bei 2700 m liegt. An ihr

geht die tierra fresca (frisches Land) in die kühle Zone der tierra fría (kühles Land) mit häufigem winterlichen Frostwechsel über (115 – 200 Frostwechseltage). Die tropisch-montane Baumvegetation wird durch die häufigen Fröste fast völlig zurückgedrängt (Lauer 1973).

In 3200 bis 3300 m wird bei einer mittleren Jahrestemperatur von ca. 9° C die Waldgrenze erreicht. Sie trennt die tierra fría von der tierra helada, die in 4000 m Höhe an der Baumgrenze (5° C-Isotherme) endet. Darüber folgt bis zur klimatischen Schneegrenze in ca. 4950 m an der Sierra Nevada die subnivale Stufe, die tierra subnevada, mit den tropischen Grasfluren der Zacatonales. Darüber schließt sich bei einer Temperaturgrenze nahe dem Gefrierpunkt die nivale Stufe, die tierra nevada, der vergletscherten Vulkangipfel der Sierra Neovolcánica an.

Die Temperatur-Höhenstufen bestimmen in auffallender Regelhaftigkeit die vertikale Anordnung der Vegetations- und Anbaustufen.

Die Überlagerung hygrischer Klimazonen und thermischer Klimastufen bedingt eine außergewöhnliche Vielfalt hypothermischer Klima- und Vegetationsgebiete, deren dreidimensionale Anordnung in Abb. 15 für das zentralmexikanische Hochland und seine atlantische Abdachung schematisch dargestellt ist.

Die natürliche Vegetation und ihre räumliche Anordnung

Aufgrund der komplexen hygrothermischen Klimagliederung zeichnet sich die natürliche Vegetation Mexikos durch eine weltweit einmalige Vielfalt an Pflanzenformationen (Troll 1955) aus. Hinzu kommt, daß sich aufgrund der Brückenlage zwischen Nord- und Südamerika, zwischen den Tropen und Außertropen, und der Höhenerstreckung zwischen Warm- und Kalttropen neotropische und holarktische Florenelemente überlagern (Bild 15 und 16). Die neotropischen Elemente dominieren in den Tiefländern, die holarktischen herrschen im Hochland und in den Gebirgen vor. In der Übergangszone wachsen neotropische und holarktische Arten eng verzahnt mit-

und nebeneinander. Nach Süden zu schwächt sich der Anteil holarktischer Pflanzen auch in den Gebirgen ab.

Viele holarktische Arten wie Kiefern (Pinus), Eichen (Quercus), Tanne (Abies) und Wacholder (Juniperus) sind vermutlich während der pleistozänen Kaltzeiten entlang den nordamerikanischen Kordilleren nach Mexiko eingewandert. Umgekehrt dürften in den Warmzeiten südhemisphärische (neotropische) Gattungen weit nach Norden vorgestoßen sein. Da die Gebirge Nord- und Mittelamerikas vorwiegend in meridionaler Richtung streichen, bilden sie keine Hindernisse für Nord-Süd-Wanderungen. Die Überlagerung und Verzahnung

Bild 15 und Bild 16: Immergrüner tropischer Regenwald (Chiapas) und Hochgebirgskiefernwald (Popocatépetl): *Die Spannweite der Wälder reicht in Mexiko vom immergrünen tropischen Regenwald im Tiefland von Chiapas bis zu den Hochgebirgskiefernwäldern im Bereich der Baumgrenze am Popocatépetl.*

borealer und tropischer Florenbereiche ist ein charakteristisches Kennzeichen der natürlichen Vegetation in Mexiko.

Die dreidimensionale räumliche Anordnung der natürlichen Vegetation ist das Ergebnis des Zusammenspiels hygrischer und thermischer Klimafaktoren (Abb. 15). Die horizontale Verteilung der Vegetationszonen wird vorwiegend von der Höhe der Niederschläge und der Dauer von Regenzeit und Trockenzeit geprägt. Die Anzahl der humiden und ariden Monate bestimmt die regelhafte Abfolge der Vegetationszonen von den immerfeuchten Tropen Südostmexikos über die wechselfeuchten Tropen Zentralmexikos bis zu den trockenen Tropen Nordmexikos. Eine starke Differenzierung erhält diese Abfolge durch die Gebirgsketten mit ihren Luv- und Leelagen zu den regenbringenden Winden. Die vertikale Anordnung ist durch die Temperatur-Höhestufen vorgezeichnet. Zu- und abnehmende

Niederschläge mit der Höhe führen zu leichten hygrischen Variationen der thermischen Höhenstufen.

Vegetationszonen

Die zonale Anordnung der Vegetation wird von hygrischen Kriterien bestimmt: von der Höhe der Niederschläge, der Dauer von Regenzeit und Trockenzeit, von Humidität und Aridität.

Die Skala dieser hygrisch geprägten Pflanzenformationen reicht vom überfeuchten Regenwald bis zur wasserlosen Wüste. Die „grüne Hölle" der feuchtheißen Regenwälder kontrastiert mit der Weite und Monotonie der Dornsavannen und Wüstensteppen.

Aufgrund hygrischer Kriterien lassen sich folgende Vegetationseinheiten unterscheiden:

- Immergrüne Regenwälder
- Halbimmergrüne Regenwälder
- Laubwerfende Feucht- und Trockenwälder
- Dorn- und Sukkulentenwälder
- Trockensteppen/-savannen
- Dorn- und Sukkulentensteppen/-savannen (Matorral)
- Halbwüsten und Wüsten.

An die Stelle der tropischen Wälder können auch baumdurchsetzte Feucht-, Trocken- und Dornsavannen treten.

Die räumliche Anordnung der großen Vegetationseinheiten (Abb. 16) gibt nur das großräumige, stark generalisierte Verteilungsmuster der natürlichen Vegetation wieder, wobei reliefbedingte und edaphische Differenzierungen nicht berücksichtigt werden können. Vor allem Luv- und Leelagen zu den regenbringenden Passat- und Monsumwinden und den Nortes bedingen ein kleinräumiges und komplexes Vegetationsmuster. Ferner ist zu beachten, daß die potentielle oder natürliche Vegetation dargestellt ist, die unter dem Einfluß des Menschen stark verändert und zerstört wurde und daher vielfach nur noch in Relikten vorhanden ist.

Immergrüne Regenwälder

Immergrüne tropische Tiefland-Regenwälder mit vorwiegend neotropischer Vegetation nehmen die tierra caliente der südlichen Golfküste ein: Im Küstentiefland und an den unteren Gebirgshängen von Tabas-

co, Chiapas, Campeche und Süd-Yucatán erreichen sie bei vollhumidem Klima ohne ausgeprägte Trockenzeit und ganzjährig hohen Temperaturen um 26° C ihre vollkommenste Ausprägung: Stockwerkbau, Artenreichtum, Lianengewirr und eine reiche Epiphytenflora aus Orchideen, Bromeliaceen, Farnen, Moosen und Flechten sind ihre charakteristischen Kennzeichen. Urwaldriesen mit bis zu 50 m Höhe überragen das geschlossene Kronendach der mittleren Baumschicht in 30 – 40 m Höhe, die ein unteres Stockwerk schattenliebender Arten überdeckt. Bei Niederschlägen zwischen 2000 und 4000 mm und mehr stehen die randtropischen Regenwälder Mexikos den Urwäldern der inneren Tropen an Reichtum und Üppigkeit in nichts nach. Artenärmer und einförmiger sind aber bereits die Regenwälder etwas weiter nördlich in Veracruz entwickelt, bedingt durch eine kurze Trockenzeit von 2 – 3 Monaten. Bei hohen Niederschlägen reicht aber die im Boden gespeicherte Feuchtigkeit aus, um die Bäume mit Wasser zu versorgen.

Ein schmaler Streifen immergrüner Regenwälder erstreckt sich auch am Hangfuß der pazifischen Abdachung der Sierra Madre von Chiapas zwischen 100 und 800 m NN. Sie sind in Abb. 16 wegen des kleinen Maßstabs nicht mehr dargestellt. Zur Küste hin gehen sie in halbimmergrüne Feuchtwälder über (Richter 1986).

Aufgrund jahrhundertelanger Nutzung sind die Tiefland-Regenwälder in Baumsavannen (Weideland), Ackerland oder Fruchthaine umgewandelt, oder Sekundärwälder ersetzen die Urwälder, die nur noch in Restbeständen vorkommen.

In Mexiko wird zwischen Bosque und Selva unterschieden: Unter Selva wird der Wald im Sinne von Naturwald und unter Bosque der Forst im Sinne von Wirtschaftswald verstanden. Die Verwendung des Begriffes „Bosque tropical perennifolio" für den immergrünen tropischen Regenwald deutet bereits auf die starke anthropogene Überformung der tropischen Wälder hin.

Die Regenwälder der tierra caliente des Golfküsten-Tieflandes gehen mit zunehmender Höhe und absinkenden Temperaturen in einen immergrünen Bergregenwald der tierra templada über. In der oberen Baumschicht überwiegen bereits boreale

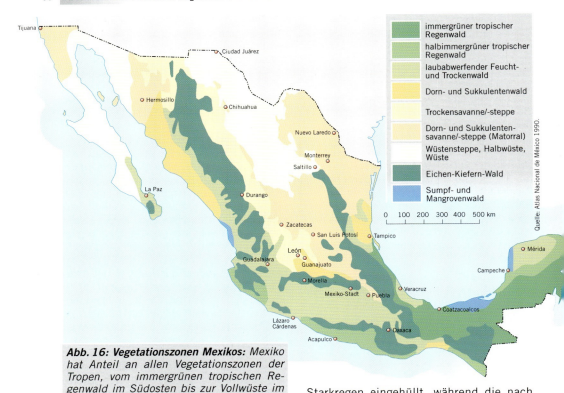

immergrüner tropischer Regenwald

halbimmergrüner tropischer Regenwald

laubabwerfender Feucht- und Trockenwald

Dorn- und Sukkulentenwald

Trockensavanne/-steppe

Dorn- und Sukkulenten-savanne/-steppe (Matorral)

Wüstensteppe, Halbwüste, Wüste

Eichen-Kiefern-Wald

Sumpf- und Mangrovenwald

Quelle: Atlas Nacional de México 1990.

0 100 200 300 400 500 km

Abb. 16: Vegetationszonen Mexikos: *Mexiko hat Anteil an allen Vegetationszonen der Tropen, vom immergrünen tropischen Regenwald im Südosten bis zur Vollwüste im Nordwesten.*

Arten wie immergrüne Eichen, zum Teil auch Buchen und Linden und der Amberbaum (Liquidambar) mit ahornähnlichen Blättern, während in der Strauch- und Krautschicht vorwiegend tropische Arten zu finden sind.

Die montanen Regenwälder nehmen an der atlantischen Abdachung des zentral-mexikanischen Hochlandes, des Berglandes von Oaxaca und der Meseta von Chiapas die Höhen zwischen 1000 und 2000 m ein. Von Norden nach Süden, von Veracruz nach Chiapas nehmen auch in der Baumschicht tropische Arten zu.

Im Kondensationsniveau der aufsteigenden Passate und Nortes zwischen 1000 und 1500 m haben sich feuchte Wolken- und Nebelwälder mit Baumfarnen und dichtem Epiphytenbewuchs entwickelt. Die Äste der immergrünen Eichen sind von Farnen, Moosen und Flechten, von Bromeliaceen und Orchideen dicht verschleiert.

Die Wolkenwälder werden das ganze Jahr über von dichten Wolken mit häufigen Starkregen eingehüllt, während die nach oben anschließenden Nebelwälder ihre Feuchtigkeit durch Nebelnässen aus den Nebelbänken und weniger durch Schauerregen erhalten.

Halbimmergrüne Regenwälder
Wo die Trockenzeit 3 Monate übersteigt, gehen die immergrünen Regenwälder in halbimmergrüne Wälder über, die ihr Laub während der Trockenzeit zum Teil abwerfen. Sie setzen sich aus immergrünen und laubwerfenden Arten zusammen. Mit der Länge der Trockenzeit und dem Rückgang der Niederschläge nimmt der Anteil laubwerfender Bäume zu. Daneben gibt es Arten, die ihr Laub in Abhängigkeit von den hygrischen Verhältnissen sowohl abwerfen als auch behalten können. Vielfach verliert nur die obere Baumschicht ihr Laub in der kurzen Trockenzeit, während in der unteren Baumschicht vorwiegend immergrüne Arten zu finden sind. Solche halblaubwerfenden Regenwälder schließen sich auf der Halbinsel Yucatán in einem breiten SW–NE verlaufenden Streifen nördlich des im-

mergrünen Regenwaldes an. An der südpazifischen Küste nehmen sie weite Bereiche der unteren Küstenabdachung der Sierra Madra von Chiapas und der Sierra Madre del Sur im Einflußbereich der SW-Monsune ein. Während der winterlichen Trockenzeit sorgen die täglich auftretenden Seewinde für die nowendige Feuchtigkeitszufuhr vom Pazifik.

Laubwerfende Feucht- und Trockenwälder

Im wechselfeuchten Klima mit ausgeprägter Trockenzeit von 4 – 7 Monaten treten laubwerfende Feucht- und Trockenwälder auf. Es sind regengrüne und trockenkahle Wälder, deren Physiognomie und Ökologie vom halbjährlichen Wechsel zwischen Regenzeit und Trockenzeit bestimmt wird. Im semihumiden Klima mit 4 – 5 ariden Monaten und mittleren Jahresniederschlägen unter 1500 mm finden sich regengrüne Feuchtwälder. Sie erreichen eine Wuchshöhe von 25 – 35 m. Im semiariden Klima mit einer Trockenzeit von 5 – 7 Monaten und mittleren Niederschlägen unter 1000 mm herrschen Trockenwälder mit einer Wuchshöhe von 15 – 25 m vor. Die laubwerfenden Wälder sind in Mexiko weit verbreitet, wobei die trockenere Variante vorherrscht, so an der pazifischen Abdachung der Sierra Madre Oriental, in den Becken des zentralmexikanischen Hochlandes, in der Río-Balsas-Senke und im nördlichen Yucatán.

Unter dem Einfluß des Menschen sind die Feucht- und Trockenwälder zu Sekundärwäldern oder Baumsavannen umgewandelt und im Rahmen von Desertifikationsprozessen zu Dornbusch- oder Dornsavannen degradiert.

Dorn- und Sukkulentenwälder

Mit zunehmender Trockenheit geht der Trockenwald bei 8 – 9 ariden Monaten in einen Dorn- und Sukkulentenwald über. Er nimmt weite Bereiche der nordwestpazifischen Küstenebenen von Sinaloa und Sonora ein. Großflächig verbreitet ist er auch an der nördlichen Golfküste in Tamaulipas, in den Trockengebieten des zentralmexikanischen Hochlandes und der Río-Balsas-Senke.

Der artenarme und niederwüchsige Dornwald wird von kleinblättrigen Schirmakazien und Mimosenarten beherrscht. Mit zunehmender Trockenheit nehmen die be-

dornten Arten zu. Aus den Dornwäldern ragen hochwüchsige Säulenkakteen und baumförmige Kandelaberkakteen heraus. Sie nehmen die trockensten Standorte ein. Schirmkronen, Kleinblättrigkeit und die Fähigkeit zur Wasserspeicherung (Sukkulenz) sind die xerophytischen Merkmale dieser Vegetationsformation (Bild 12, 13, S. 49).

Trockensteppen/-savannen

Unter Steppen werden Grasländer des subtropischen Mexikos und unter Savannen Grasländer des tropischen Mexiko verstanden. Es sind offene Grasfluren, durchsetzt mit niedrigem Busch und vereinzelten Baumgruppen. Sie kommen in einem subariden „Steppen"-Klima mit nur kurzer Regenzeit von 3 – 4 Monaten und mittleren Jahresniederschlägen unter 400 mm vor. Auf der Ostseite der Sierra Madre Occidental nehmen sie einen breiten Streifen im Übergangsbereich zu den Hochebenen des nördlichen und mittleren Mexikos ein. Die Rasengesellschaften sind nach Knapp (1965) mit den nordamerikanischen Prärien verwandt.

Durch Überweidung und dadurch ausgelöste Bodenerosion haben sich Dornsträucher auf Kosten des Graslandes ausgebreitet. Während Gräser mit ihren flachen Wurzel feinkörnigen Boden bevorzugen, haben Dornsträucher mit ihren tiefreichenden Wurzeln auf grobkörnigem Substrat Standortvorteile.

Dorn- und Sukkulentensteppen/-savannen

Mit abnehmenden Niederschlägen und zunehmender Trockenheit gehen die Grasfluren in die Dorn- und Sukkulentenformationen des nord- und zentralmexikanischen Hochlandes über (Bild 8, S. 25).

Die Dorn- und Sukkulentensteppen Nordmexikos werden von teilweise laubwerfenden und teilweise immergrünen Dorngehölzen wie Akazien und Mezquite und wasserspeichernden Sukkulenten wie Kakteen, Agaven und Opuntien sowie von Schopfbäumen (Yucca) aufgebaut. Die Dorngehölze können mit ihrem tiefreichenden Wurzelsystem auch tieferliegende Grundwasserhorizonte erreichen.

Akaziensteppen haben ihr Hauptverbreitungsgebiet im Hügelland von Südsonora und im nordöstlichen Mexiko. Die Mezquite-Steppe findet sich dagegen vorwiegend im nordwestpazifischen Trockengebiet. Den Dornstrauchsteppen sind vielfach große Säulen- und Kandelaberkakteen beigemischt. In weiten Bereichen bestimmen Kakteensteppen und -wüsten das Gesicht des subariden und ariden Mexiko, das für seinen Reichtum an Kakteen- und Agavenarten bekannt ist. In den Trockengebieten der Halbinsel Niederkalifornien und der nordwestpazifischen Küste spielen Kakteensteppen neben Dornstrauchsteppen eine wesentliche Rolle.

Im Regenschatten der Sierra Madre Oriental und der östlichen Sierra von Oaxaca setzen sich die Dorn- und Sukkulentenformationen Nordmexikos fingerförmig bis nach Südmexiko (Oaxaca) fort. Die Dorn- und Sukkulentensavannen Südmexikos zeichnen sich durch ihren besonderen Reichtum an Kakteen aus.

Viele Sukkulenten werden als Kulturpflanzen angebaut. So dient der Feigenkaktus mit seinen eßbaren Früchten als Hecke zur Abgrenzung von Parzellen. Der Nopalkaktus (Nopal: mexikanisch für Opuntie) bildet die Grundlage der Cochenille-Zucht. Aus der Cochenille-Laus (Scharlachschildlaus), die auf dem Nopalkaktus lebt, wird durch Auspressen der karminrote Naturfarbstoff zum Färben von Textilien und für die Kosmetikindustrie gewonnen. In der Kolonialzeit bildete die Cochenille nach den Edelmetallen eines der wichtigsten Ausfuhrprodukte Mexikos (Ratzel 1878). Der Saft der Maguey-Agave wird zu Pulque (Agavenbier) und Tequila (Agavenschnaps) verarbeitet. Aus der Sisalagave (Henequen) werden Textil-Fasern gewonnen.

Wüstensteppen, Halbwüsten und Wüsten

Die Dorn- und Sukkulentenformationen gehen ohne scharfen Übergang über die Wüstensteppe in die Halbwüsten und Wüsten Nordmexikos über. In den Wüstensteppen wird die Vegetation dürftiger und schütterer. Weit voneinander stehende Dornsträucher, Schopfbäume, Kakteen und Agaven bestimmen das Landschaftsbild. In den Halbwüsten ist der Boden bereits weitgehend nackt und vegetationslos.

Das beckenförmige Kerngebiet des nordmexikanischen Hochlandes (Bolsón von Mapimí) mit Niederschlägen unter 200 mm und einer kurzen Regenzeit von 1 – 2 Monaten hat bereits Halbwüstencharakter. Das gleiche trifft auch für den Bolsón von San Luis Potosí zu. Die abflußlosen Senken der Bolsone mit ihren salzhaltigen und tonigen Böden sind gänzlich vegetationsfrei (Bild 14, S. 52). Am Rande der Salztonebenen stellen sich bei abnehmender Bodenversalzung salzresistente Pflanzengesellschaften (Halophyten-Vegetation) ein.

Im Einflußbereich des randtropisch-subtropischen Hochdruckgürtels erstreckt sich das Halbwüstengebiet des nordmexikanischen Hochlandes großflächig über die Staaten Chihuahua, Coahuila, Nuevo León und San Luis Potosí („Chihuahua-Wüste" nach Knapp 1965).

Weite Bereiche von Sonora werden ebenfalls von Halbwüsten und Wüstensteppen eingenommen. Sie erstrecken sich vom Río Colorado über die Küstenebenen und Inselberglandschaften von Sonora („Sonora-Wüste").

Gehen die mittleren Jahresniederschläge auf 50 mm zurück und treten Regenzeiten nur noch episodisch auf, bestimmen Vollwüsten den Landschaftscharakter. Solche extremen Wüsten haben sich insbesondere auf der Halbinsel Niederkalifornien im Einflußbereich des kalten Kalifornienstromes entwickelt, wie z. B. die Küstenwüsten von Vizcaíno und Magdalena.

Die anthropogene Umgestaltung der Halbwüsten und Wüsten ist gering. Die Wüstensteppen dienen einer extensiven Viehzucht und sind durch Übernutzung zum Teil stark degradiert. Desertifikation setzt ein. Die reichlichen Niederschläge in der westlichen Sierra Madre bilden die Grundlage von Bewässerungskulturen in den Wüsten- und Halbwüstengebieten des Binnenlandes und der nordwestpazifischen Küstenebene. Versalzung der Böden bei unsachgemäßer Bewässerung ist die Folge.

Gebirgsnadelwälder

Die Gebirgsketten ragen als kalte und feuchte Inseln mit borealen Eichen- und Kiefernwäldern aus einem warmtropischen Umland mit tropischer Vegetation heraus. Die Randgebirge der westlichen, östlichen und südlichen Sierra Madre werden ebenso wie die Sierra Neovolcánica und die Bergländer von Oaxaca und Chiapas von Eichen-Kiefern-Wäldern eingenommen.

Mit nach Norden zunehmender Trockenheit gehen die Feucht-Coniferen-Wälder des südlichen und mittleren Mexiko in die Trocken-Coniferen des nördlichen Mexiko über. In den Trockengebieten bildet sich eine untere durch Wassermangel bedingte Baumgrenze aus. Sie trennt die Gebirgs-Wälder von den Gras-, Strauch- und Sukkulentensteppen des Hochlandes. So schließen sich in der westlichen Sierra Madre mit zunehmenden Niederschlägen (350–700 mm) trockenresistente Kiefern-Eichenwälder an die Grassteppen Chihuahuas und Durangos an. Es sind lichte Bestände aus kleinwüchsigen Eichen-, Kiefern- und Wacholder-Arten. Mit zunehmender Höhe und Feuchtigkeit werden die Eichen-Kiefern-Trockenwälder dichter und hochwüchsiger und von hochmontanen Nadelwäldern abgelöst.

Im feuchteren Süd- und Mittelmexiko erheben sich die Gebirgsnadelwälder aus den tropischen Bergwäldern unterschiedlicher hygrischer Prägung.

Höhenstufen der Vegetation

Großräumig lassen sich zwei Höhenstufen der Vegetation unterscheiden: die warmtropische des Tieflandes und die kalttropische (boreal-holoarktische) des Hochlandes (Abb. 15, S. 54). Die mittlere Frostgrenze trennt die warmtropische Vegetation der tierra caliente und semicaliente von den vorwiegend holarktisch geprägten Vegetationselementen der Kalttropen. An der Warmtropengrenze vollzieht sich der Übergang zwischen der tropischen und borealen Vegetation. Während in den Warmtropen tropische Wälder und Savannen unterschiedlichster hygrischer Ausprägung vorherrschen, werden die Kalttropen von borealen Eichen- und Kiefernwäldern beherrscht. In Abhängigkeit von den hygrischen Bedingungen reicht das Spektrum der warmtropischen Vegetation vom immergrünen Regenwald der feuchten Tropen bis zum Dorn- und Sukkulentenwald der trockenen Tropen. Gegenüber den Eichen- und Kiefernwäldern der Kalttropen zeichnen sich die tropischen Pflanzenformationen durch einen großen Artenreichtum aus.

Warmtropische Wälder und Savannen

Die warmtropische Vegetation reicht im Küstentiefland und an der Küstenabdachung Süd- und Mittelmexikos bis auf rund 1300 m und im Hochland bis auf ca. 1800 m. Das Einsetzen gemischter Eichenwälder markiert die Obergrenze der warmtropischen Vegetation, die hier an ihre frostbedingte Kältegrenze stößt.

Sie läßt sich in eine untere Stufe (tierra caliente: 0–400 m) der heißen Niederungen mit tropischen Tieflandwäldern und in eine obere warme Stufe (tierra semicaliente) mit tropischen Bergwäldern an den Küstenabdachungen gliedern. Wegen der passatischen Steigungsregen ist die obere Stufe feuchter und reicher an Epiphyten und Unterwuchs. Eine weitere Differenzierung ergibt sich aus den hygrischen Klimabedingungen. In den humiden Klimazonen wachsen immergrüne bis halbimmergrüne tropische Regenwälder. Mit nachlassender Humidität treten regengrüne Feucht- und Trockenwälder oder Feucht- und Trocken-Savannen an ihre Stelle, die wiederum mit zunehmender Aridität in Dorn- und Sukkulentenwälder oder Dorn- und Sukkulentensavannen (Matorral) übergehen (Abb. 15, S. 54).

Bergmischwälder (Eichenmischwälder)

Die Stufe kalttropischer, vorwiegend boreal-holarktischer Vegetation setzt in der Übergangszone der tierra templada zwischen 1300 und 1800 m an der atlantischen und pazifischen Abdachung sowie zwischen 2000 und 2400 m im Hochland ein und zeigt eine auffallende Änderung des Pflanzenkleids. In den tropischen Bergwäldern setzen sich immer stärker boreale Arten, vor allem verschiedene Eichenarten, durch. Im Schutz der Baumschicht breiten sich noch vorwiegend frostempfindliche tropisch-montane Gehölze aus.

In der Höhenstufe hoher Niederschläge mit aufliegenden Wolken- und Nebelbänken haben sich an den Küstenabdachungen zwischen 1300 und 1800 m Wolken- und Nebelwälder mit zahlreichen Epiphyten (Farne, Bromeliaceen und Orchideen) entwickelt. Ab 1300 m tritt an der atlantischen Abdachung bereits die nebelkämmende Kiefer Pinus patula auf (Lauer 1973).

Kiefern-Eichen-Mischwälder

In der Höhenstufe der tierra fresca zwischen 2000 und 2400 m an der atlantischen und pazifischen Abdachung und zwischen 2400 und 2700 m im Hochland überwiegen laubwerfende Eichen, gemischt mit Kiefern, Baumwacholder und anderen Laubbäumen.

Auf den Luvseiten der Nordostpassate und winterlichen Nortes sowie der sommerlichen Südwestmonsume finden sich semihumide Eichen-Kiefern-Wälder, während sich im Regenschatten und in den trockenen Becken semiaride Bestände ausbreiten. Im Bereich der aufliegenden Bewölkung der Passate und Nortes erstrecken sich Eichen-Kiefern-Nebelwälder. Mit zunehmender Aridität treten in dieser Höhenstufe Baumwacholder, Schopfpflanzen, Agaven und Opuntien auf.

Kiefern-Tannenwälder

In der tierra fría oberhalb 2400 m an der Küstenabdachung und 2700 m im Hochland überwiegen Kiefern und mexikanische Tannen (Abies religiosa), begleitet von halbimmergrünen und immergrünen Eichen. An den Luvhängen haben sich im Bereich aufliegender Wolken- und Nebelbänke Wolken- und Nebel-Höhenwälder aus Kiefern und Tannen entwickelt. Insbesondere im zentralmexikanischen Hochland ist dieses Höhenstockwerk ein Bereich erhöhter Niederschläge. Während der sommerlichen Regenzeit bildet sich hier ein bevorzugtes Kondensationsniveau der Lokalzirkulation des Hochlandes heraus, was zu höheren Niederschlägen und größerer Luftfeuchtigkeit führt. Hierauf deutet auch der dichte Besatz mit epiphytischen Tillandsien hin (Klink/Lauer 1978).

Hochgebirgs-Kiefernwald

Die tierra helada oberhalb 3200/3300 m wird bis zur Waldgrenze in rund 4000 m von einem Höhenkiefernwald aus Pinus hartwegii, einer lichtliebenden und kälteunempfindlichen Kiefernart, eingenommen. Die zunächst dichten Bestände werden nach oben hin lichter. Im unteren Teil ist noch die Tanne beigemischt und an der Waldgrenze Wacholder. Im Unterwuchs machen sich Stauden und Horstgräser breit. Die Waldgrenze variiert zwischen 3900 m an der Malinche und 4150 m am Pico de Orizaba.

Hochgebirgs-Grasland (Zacatonales)

In der tierra subnevada oberhalb der Waldgrenze dehnen sich Gras- und Kräuterfluren, die sogenannten „Zacatonales" aus (Bild 16, S. 56). Sie entsprechen dem mikrothermen Typ der Graspuna. Ab 4500 m treten Polstergewächse und Flechten an die Stelle der Horstgräser und Stauden.

Schnee- und Eisregion

Nur die höchsten Vulkankegel ragen bis in die tierra nevada über die klimatische Schneegrenze in rd. 5000 m Höhe auf, so der Iztaccíhuatl, der Popocatépetl und der Pico de Orizaba. Ihre Gipfel werden von einer Schnee- und Eisregion eingenommen (Bild 7, S. 21). Der periglaziale Bereich im Vorfeld des Gletschers ist eine weitgehend vegetationslose Frostschuttzone, in der an über 300 Tagen im Jahr Nachtfrost auftritt. Frostsprengung, Bodenfrost und Solifluktion sind die alles beherrschenden Umweltfaktoren.

GESCHICHTE: LAND DER DREI KULTUREN

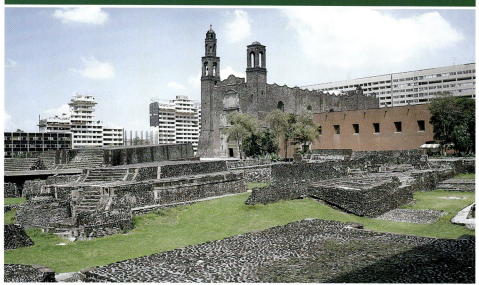

Bild 17: Platz der drei Kulturen (Tlatelolco, Mexiko-Stadt): Vor den Bauten des modernen Mexiko liegen die beiden Wurzeln der mestizischen Kultur. Die Überreste einer Pyramide verweisen auf die indianische Basis, die kolonialzeitliche Kirche erinnert an das Erbe Neuspaniens.

Überblick

■ In Süd- und Zentralmexiko existierten schon vor über 3000 Jahren Hochkulturen.

■ Die „erste", die indianische Kultur auf mexikanischem Territorium bestand aus mehreren Hochkulturen: Die letzte in der Reihe der Hochkulturen Zentralmexikos bildeten die Azteken.

■ Nach nur zwei Jahren (1519–1521) hatte Hernán Cortés die Azteken besiegt. Die Spanier brachten mit der iberischen eine „zweite" Kultur nach Mexiko. Die Conquista ist die schmerzhafte Geburt des mexikanischen Mestizenvolkes als Träger der „dritten" Kultur.

■ Spanische Sprache, Katholizismus und Kolonialarchitektur prägen Mexiko bis heute. Die Rolle des Staates, Zentralismus, Bürokratie und das Nebeneinander formeller und informeller Herrschaftsstrukturen gehen vor allem auf die Kolonialzeit zurück.

■ Zwischen 1836 und 1853 verlor Mexiko über die Hälfte seines Territoriums an die USA. Politisches Chaos, Bürgerkriege, unvollständige Reformen und autoritäre Regierungen prägten das 19. Jh.

■ Die ungleichgewichtige Entwicklung und die politische Repression im Porfiriat (1876–1910) mündeten in die Mexikanische Revolution (1910–1920).

■ Nach blutigen Bürgerkriegen fand Mexiko zu einer neuen Verfassung (1917) und einem neuen Grundkonsens. Man besann sich wieder auf den Eigenwert der mestizischen als der typisch mexikanischen Kultur.

Mexikos indianisches Erbe

Eine reiche Hinterlassenschaft

Die Spuren der langen indianischen Geschichte sind noch im heutigen Mexiko auf vielfältige Weise präsent. Die zahlreichen archäologischen Zeugnisse der indianischen Kulturen werden ausgegraben, erschlossen, vermarktet, erforscht und in archäologischen Zonen und Museen präsentiert. Das anthropologische Nationalmuseum in Mexiko-Stadt ist in seiner Art weltweit ohne Beispiel. Aber auch in einer Reihe neuerer Museen, etwa in Jalapa im Bundesstaat Veracruz, werden in einer architektonisch sehr ansprechenden Atmosphäre bedeutende Funde geschickt präsentiert. Ausstellungen und archäologische Zonen richten sich dabei nicht nur an Touristen, sondern sollen auch der mexikanischen Bevölkerung die kulturgeschichtlichen Wurzeln und die historische Größe der eigenen Nation vor Augen führen.

Vorspanische Kulturen haben nicht nur beeindruckende Monumente und Kunstwerke hinterlassen. Tichy (1974) und Tyrakowski (1989) konnten für die Becken von Tlaxcala/Puebla und Mexiko nachweisen, daß sich die vorspanische Raumordnung auf verschiedenen Maßstabsebenen, im Siedlungssystem, der innerörtlichen Barrio-Gliederung und im Bauprinzip von Kirchplätzen, erhalten hat. Bis in die jüngste Zeit wurde die von den indianischen Kulturvölkern vorgegebene „Hauptrichtung" bei der Anlage von neuen Orten und Fluren beibehalten. Neben materiellen Zeugnissen haben die indianischen Kulturen auch Spuren im Brauchtum und den Glaubensvorstellungen hinterlassen.

Das beanspruchte Erbe

Der moderne mexikanische Staat beruft sich auf sein indianisches Erbe und sieht sich in der Nachfolge des aztekischen Reiches, an das bereits die spanischen Eroberer angeknüpft haben. Der Name des Landes Mexiko leitet sich von den Méxica ab, dem Volk, das nach seinem sagenhaften Herkunftsort Aztlán auch „Azteken" genannt wird. Das mexikanische Wappen zeigt einen Adler, auf einem Kaktus sitzend, mit einer Schlange in den Fängen: Dies verweist auf die Gründungslegende von Tenochtitlán, der Hauptstadt der Méxica. Seit der Mexikanischen Revolution werden die indianischen Wurzeln Mexikos in bewußter Abgrenzung von Einflüssen aus dem Ausland deutlich betont. Der Indigenismo ist Teil der nationalen Identität. Eindrucksvollen Niederschlag findet dies in der Kunst und Architektur des nachrevolutionären Mexiko. Gebäude orientierten sich an indianischen Vorbildern, in Wandgemälden wird insbesondere die aztekische Geschichte glorifiziert.

Diese Überbetonung des aztekischen Erbes kann allerdings leicht zu einer verzerrten Darstellung der indianischen Geschichte führen. Neben einer zeitlichen Verkürzung auf die letzten 200 Jahre vor der spanischen Eroberung besteht auch die Gefahr eines Zentralismus in der Historiographie. Über lange Zeit wurden in der mexikanischen Geschichtsschreibung andere bedeutende Hochkulturen, wie die der Maya, nur marginal behandelt (Biermann 1993). Dabei begünstigen nicht nur ideologische, sondern auch ganz pragmatische Gründe die Überbetonung der aztekisch-mexikanischen Geschichte. So waren bei Ankunft der Spanier die Azteken die vorherrschende Macht in Zentralmexiko, und über ihre relativ junge Kultur liegen umfangreiche Zeugnisse vor. Wichtigste Quellen bilden Berichte aus der frühen Kolonialzeit und Aufzeichnungen, die Indios in den ersten Jahren nach der Eroberung, meist unter Anleitung von Missionaren, angefertigt haben. Aus früheren Epochen gibt es dagegen fast nur archäologische Zeugnisse. Allerdings sind durch die Entschlüsselung der Maya-Schrift (Riese 1995) der Mesoamerikaforschung völlig neue Einblicke ermöglicht worden.

Aufgrund lückenhafter oder fehlender Quellen besteht bei der Darstellung der sozialen Verhältnisse im alten Mexiko eine besondere Gefahr, die Dinge durch eine ideologische Zerrbrille zu sehen.

Die indianische Vielfalt

Die indianische Urbevölkerung Mexikos geht auf frühgeschichtliche Einwanderer zurück, die von Nordostasien aus den zunächst menschenleeren amerikanischen

Kontinent besiedelt haben (Davies 1976). Während der Eiszeiten existierte im Bereich der Beringstraße eine Landbrücke zwischen Ostsibirien und Alaska, weil große Wassermassen in den Polkappen und den Inlandgletschern gebunden waren und der Meeresspiegel dadurch erheblich tiefer lag. Seit dem Ende der letzten Kälteperiode, der Wisconsin-Vereisung vor rund 10 000 Jahren, war Amerika dann bis zur Entdeckung durch die Europäer ein demographisch abgeschlossener Raum. Wie Funde aus Tlapacoya in der Nähe von Mexiko-Stadt und aus Hueyatlaco im Becken von Puebla belegen, erreichten die ersten Menschen schon vor 20 000 bis 25 000 Jahren das Hochland von Mexiko und bald danach den Norden Südamerikas (Prem 1989). Die Besiedlung Amerikas über die Bering-Landbrücke vollzog sich jedoch nicht in einem Zug als eine große Völkerwanderung. Über Generationen hinweg sind kleine Gruppen nomadischer Jäger den Großwildherden gefolgt, nach Alaska eingesickert und dann teilweise in südlicher Richtung weitergezogen, sofern nicht der kanadische Eisschild den weiteren Weg versperrte. Da das Gebiet des heutigen Mexiko auf der Leitlinie der Besiedlung liegt, die über die mittelamerikanische Landbrücke nach Südamerika führt, gingen über diesen Raum wiederholt Wanderungswellen hinweg. In dem bunten Gemisch asiatischer Völker, die im Verlauf vieler tausend Jahre in die Neue Welt gelangten, liegen die Wurzeln für den ethnischen und sprachlichen Pluralismus, der die Zusammensetzung der indigenen Bevölkerung nicht nur in Mexiko, sondern in ganz Amerika bis auf den heutigen Tag kennzeichnet.

Zur Zeit der spanischen Eroberung zählte man in Mexiko 120 verschiedene indianische Sprachen. Noch heute weist allein die amtliche Statistik für Mexiko rund 60 indigene Idiome aus, die sich in 10 Sprachfamilien gliedern.

Die indianische Kulturentwicklung

Die allmähliche Erwärmung, die mit dem Ende der letzten Eiszeit ab ca. 12 000 v. Chr. einsetzte (Tab. 6), führte auch zu Veränderungen in der Tier- und Pflanzenwelt. Einen ganz entscheidenden Einschnitt für das Gebiet des heutigen Mexiko

und Mittelamerikas bedeutete das Aussterben zahlreicher großer Säugetiere, insbesondere des Pferdes und der Antilope, wozu die übermäßige Jagd durch den frühzeitlichen Menschen beigetragen hat. Einziges Großwild, das es in Nordamerika bis zum Eintreffen der Europäer noch in großer Zahl gab, waren die Bisons, die allerdings nur von Nordkanada bis Nordostmexiko verbreitet waren. In den südlich gelegenen Gebieten verblieben den Menschen als jagbare Tiere lediglich Rotwild und Kaninchen, wodurch die Bedeutung des Sammelns größer wurde. Der Mangel an Wildformen großer Säugetiere führte zu einem nahezu völligen Fehlen von domestizierten Tieren in Mesoamerika. Die einzigen indianischen Haustiere waren bei der Ankunft der Europäer der haarlose Hund und der Truthahn.

Dieser Artenmangel hatte erhebliche Konsequenzen für die weitere Entwicklung. Der für die Alte Welt typische Gegensatz zwischen viehzüchtenden Nomaden und seßhaften Ackerbauen spielte im alten Amerika ebensowenig eine Rolle wie das Auftreten berittener Steppenvölker. Nomaden waren in Mesoamerika ausschließlich Jäger und Sammler, die zu Fuß umherzogen. Das Fehlen von Lasttieren wirkte sich auf die Transportmöglichkeiten aus. Mangels geeigneter Zugtiere ist die Entwicklung und der Einsatz von Radfahrzeugen unterblieben. Weil auch große, ganz Mexiko durchziehende Flußsysteme fehlten, waren der Erschließung des Raumes mit seinen großen Reliefwiderständen enge Grenzen gesetzt. Um so beachtlicher ist die territoriale Ausdehnung der indianischen Reiche.

Im Gebiet des heutigen Mexiko gab es nur einen kulturellen Entwicklungsstrang, der fast zwangsläufig auf den Ackerbau zulief. Der Übergang vom Sammeln zum Ackerbau ging dabei sehr langsam und schrittweise vor sich, so daß man kaum von einer neolithischen Revolution sprechen kann. Anhand von Fundsequenzen aus dem Tal von Tehuacán, die von 10 000 v. Chr. bis in die Zeit der spanischen Eroberung reichen, kann man die zunehmende Bedeutung kultivierter Pflanzen als Nahrungsbestandteil gut nachvollziehen. Obwohl diese lokalen Befunde aus dem südli-

Zeitskala	Kulturepoche			
...	**Archaikum**			
22000		Erste Menschen im Becken von Mexiko		
...				
12000		einsetzende Erwärmung		
11000 ...	**frühe Altsteinzeit**	Projektilspitzen aus Stein Hochstand der Hochlandseen; Aussterben der großen Säugetiere		
6400 ...	**späte Altsteinzeit**	Ende der Eiszeit: starke Erwärmung, einsetzende Pflanzendomestikation		
5000	**Jungsteinzeit**	Beginn des Maisanbaus im Tal von Tehuacán		
3000	...	feste Siedlungen		
2500	...	Entwicklung einer Basiskultur; Mais-Bohnen-Kürbis-Komplex		
1800	**frühes Präklassikum**			
1400 1300 900	**mittleres Präklassikum**	**Olmekische Kultur** mit Kernraum an der Golfküste (La Venta, San Lorenzo) Ausstrahlung auf ganz Mesoamerika		
800	**spätes Präklassikum**			
300 200 100	**Protoklassikum**	Herausbildung mehrerer Kernräume im südöstlichen Tiefland	Becken von Oaxaca	Becken von Mexiko
0 Christi Geburt				
100 200	**Frühklassikum**	klassische **Maya-Kultur** im Tiefland Chiapas, Guatemala, Belize	Monte Albán Zentrum der **Zapoteken**	Teotihuacán Einfluß auf ganz Mesoamerika
400 500 700	**Spätklassikum**			
			Mixteken	
800	**frühes Postklassikum**	**Maya-Kultur** Schwerpunkt Nord-Yucatán		**Tolteken** Einfluß auf ganz Mesoamerika
1200	**spätes Postklassikum**			**Azteken (México)**
1519 1521 1544 1697 ...	**spanische Herrschaft**	Cortés landet an der Golfküste und gründet Villa Rica de la Vera Cruz Tenochtitlán erobert Yucatán erobert Tayasal erobert		

Tab. 6: Indianische Kulturentwicklung

Quellen: Zuzan 1979; Lauer 1981; Sabloff 1981; Riese 1995. Entwurf: Christian H. Weber 1998.

chen Puebla, rund 250 km südlich von Mexiko-Stadt, nicht ohne weiteres auf ganz Mexiko übertragen werden können, läßt sich doch eine Entwicklungslinie nachzeichnen, die sich mit gewissen zeitlichen Verschiebungen und regionalen Variationen zumindest in Zentralmexiko so vollzogen haben dürfte. Bestätigt werden die Ergebnisse aus Tehuacán durch die bisherigen Aufschlüsse aus dem Becken von Oaxaca (Prem 1989; Ploetz 1985; Davies 1976). Ab 7000 v. Chr. nahm der Anteil pflanzlicher Bestandteile an der Nahrung allmählich zu. Doch nicht nur in zeitlicher, sondern auch in räumlicher Hinsicht ist für das indianische Amerika ein kontinuierlicher Übergang zwischen Wildbeutern und Ackerbauern kennzeichnend.

Angesichts begrenzter technologischer Möglichkeiten spiegeln sich in der an den jeweiligen Naturraum angepaßten Lebensweise der indigenen Völker die ökologischen Differenzierungen wider. Eine zentrale Bedeutung kommt dabei dem Minimumfaktor Wasser zu. Dort wo Pflanzendomestikation in ausreichendem Maße betrieben werden konnte, war mit ihr auch ein Übergang zur Seßhaftigkeit verbunden. Erste Spuren von Dauersiedlungen finden sich aus der Zeit um 3400 v. Chr. Soweit in ausreichender Menge Nahrungsüberschüsse erwirtschaftet werden konnten, waren mit Bodenbau und Seßhaftigkeit wichtige Voraussetzungen für die weitere kulturelle Entwicklung gelegt. Von den Anfängen einer Lagerhaltung zeugen die ältesten Keramikgefäße, die bisher in Mexiko in Puerto Marquez in Guerrero gefunden wurden und aus der Zeit um 2400 v. Chr. stammen. Zwischen 2400 und 1500 v. Chr. bildete sich eine Basiskultur heraus, die bereits Werkzeuge aus Obsidian verwendete, in Dorfgemeinschaften zusammenlebte und eine ökologisch differenzierte Landwirtschaft betrieb, schon mit dem typischen Mais-Bohnen-Kürbis-Komplex. Allerdings bestanden noch keine komplexen Gesellschaftsstrukturen.

Mesoamerika – Eine Welt für sich

Ein kultureller Kernraum

Als die Spanier zu Beginn des 16. Jh.s auf dem amerikanischen Kontinent landeten, stießen sie in Räume vor, in denen sich seit rund 3000 Jahren Hochkulturen eigenständig entwickelt hatten. Obwohl es bisher kein einziges unzweifelhaftes Importstück aus anderen Kontinenten gibt, ist die Möglichkeit sporadischer Kontakte, insbesondere mit Ostasien, zwar nicht auszuschließen, blieb jedoch ebenso folgenlos wie die nachgewiesene Anwesenheit der Wikinger an der Atlantikküste Neufundlands (Prem 1989; Davies 1976).

Im kontinentalen Maßstab kristallisierten sich der zentralandine Raum und Mesoamerika als die beiden amerikanischen Hochkulturräume heraus. Inwieweit zwischen den beiden kulturellen Zentren der Neuen Welt Beziehungen bestanden, ist noch immer strittig (Prem 1989; Ploetz 1985; Davies 1976). Kontakte zwischen dem Andenraum und Mesoamerika, die zum Austausch der Kulturpflanze Mais, der Keramikherstellung sowie der Metallverarbeitung geführt haben, gelten jedoch als wahrscheinlich.

Als Mesoamerika wird das Verbreitungsgebiet der altamerikanischen Hochkulturen bezeichnet, die vom zentralen mexikanischen Hochland, über den Südosten und Süden des heutigen Mexiko, Guatemala und Belize bis nach Honduras, El Salvador, und Nicaragua Zeugnisse einer hochstehenden Zivilisation hinterlassen haben (Abb. 17). Dieses alte Hochkulturgebiet hatte bis zur spanischen Eroberung die höchste Bevölkerungsdichte in Amerika und bildete das Kernland des späteren Neuspanien. Mesoamerika umfaßt ein Gebiet, in dem aufgrund der naturräumlichen Bedingungen Ackerbau betrieben werden konnte und damit eine wichtige Voraussetzung für die Entstehung von Hochkulturen gegeben war. Bei allen Kulturen, die in Mesoamerika geblüht haben, bildete der Bodenbau mit der Hauptkulturpflanze Mais die wirtschaftliche Basis. Aus den frühen Ackerbaukulturen hatten sich komplexe Gemeinwesen mit sozialer Differenzierung und

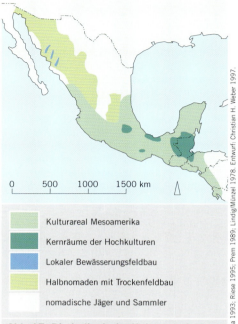

Kulturareal Mesoamerika

Kernräume der Hochkulturen

Lokaler Bewässerungsfeldbau

Halbnomaden mit Trockenfeldbau

nomadische Jäger und Sammler

Quelle: Atlas Porrúa 1993; Riese 1995; Prem 1989; Lindig/Münzel 1978. Entwurf: Christian H. Weber 1997.

Abb. 17: Die indianische Kulturentwicklung: *Der Naturraum bildete die entscheidende Rahmenbedingung für die Entwicklung der indianischen Kulturen.*

Arbeitsteilung entwickelt. Auf den Gebieten des Kunsthandwerks, insbesondere der Fertigung von Reliefs, Skulpturen und der Malerei haben die mesoamerikanischen Hochkulturen Leistungen hervorgebracht, die sich mit anderen Hochkulturräumen messen können. Hauptwerkstoff war Stein, vor allem Obsidian, ein vulkanisches Glas, während Metall fast ausschließlich für Schmuck verwendet wurde.

Weltbild und Religion
Die große Vielfalt mythischer Vorstellungen macht eine Systematisierung der Religionen in Mesoamerika sehr schwer. Hinzu kommt die Kluft zwischen Priesterreligion und Volksreligion, die um so größer wurde, je mehr die Priesterschicht die theologische Spekulation ausgeweitet hat. Während in der Volksreligion die ursprünglichen Gottheiten der Fruchtbarkeit und des Maises und die Stellung des Menschen im Kreislauf der Natur im Mittelpunkt standen, beschäftigte sich die spekulative Prie-

sterreligion mehr mit den kosmischen Weltzeitaltern sowie der Verarbeitung sozialer Konflikte. Es ging um den Dualismus zwischen Krieg und Ackerbau, aber auch die Veränderungen, die ein Übergang der Nomaden zur Seßhaftigkeit mit sich brachte. Insbesondere im Norden Mesoamerikas standen Sonnengottheiten im Mittelpunkt des Opfer- und Kalenderkults. Der Stammgott der Azteken war der Kriegs- und Sonnengott Huitzilopochtli und die México betrachteten sich auch als Volk der Sonne.

Das Leben der einzelnen Menschen und in den Gemeinwesen Mesoamerikas war von einem religiös begründeten und durch mythologische Vorstellungen von Raum und Zeit geprägten Weltbild bestimmt. Grundlage war die Wahrnehmung von Raum und Zeit anhand des Naturgeschehens.

Die Wahrnehmung der Zeit im Tagesablauf des Indios war durch das Bild der Sonne bestimmt, die am Morgen den Berg hinaufsteigt, am Mittag den Gipfel erreicht, um zum Abend hin wieder abzusteigen. Dabei lebten die Menschen in der ständigen Angst, die Sonne kehre nicht wieder, nachdem sie am Abend vom „Erdungeheuer" verschlungen worden war.

Der Jahreslauf wurde aus Sicht der bäuerlichen Bevölkerung in Mesoamerika ganz von der Wahrnehmung der hygrischen Jahreszeiten geprägt. Die Bauern waren erfüllt von der Sorge, daß der fruchtbringende Regen nicht wiederkehren könne, und brachten dem Regengott Tlaloc ihr Opfer dar, damit nach Monaten der Trockenzeit das segensreiche Naß nicht ausbleibt. Die bei den Völkern Mesoamerikas verbreitete Vorstellung katastrophaler Einschnitte zwischen kosmischen Zyklen und Weltzeitaltern mag in der kollektiven Wahrnehmung und Erinnerung dramatischer Naturereignisse, wie Vulkanausbrüchen, Dürren, der Erschöpfung des Nährstoffkreislaufs, aber auch den Wanderungsschüben, ihre Wurzeln haben.

Im indianischen Pantheon treten die Schöpfergottheiten gegenüber den anderen Geistwesen in den Hintergrund, die in zwei Lager gespalten sind. Im Mittelpunkt der Mythen steht der Kampf zwischen Gut und Böse, Licht und Finsternis. Dieser Kampf wiederholt sich ständig, und die Menschen müssen den Göttern beistehen und am Erhalt der Schöpfung mitwirken. Im kultischen Ballspiel wird der Kampf zwischen Gut und Böse, Licht und Finsternis, dem Gott Quetzalcóatl und dem Gott Tezcatlipoca nachvollzogen. Der Kautschukball verkörpert die Sonne, deren Lauf es zu erhalten gibt, um den Strom der Zeit zu sichern. Zentrale Bedeutung beim Erhalt der Schöpfung kommt dem Opfer zu. Da sich die guten Götter selbst geopfert haben, ist es die höchste Pflicht der Menschen, durch das Opfer den Bestand der Welt zu sichern.

Eine besondere Form des Opfers war das Menschenopfer, das sich bei allen mesoamerikanischen Kulturen fand. Das Blut der Menschen galt als Nahrung, welche die Götter benötigen, um die Welt zu erhalten. Zwar gibt es zahlreiche Mythen, welche dieses Opfer fordern, doch gibt es keinen, der es im eigentlichen Sinne begründet (Grimal 1977). Neben dem Opfern von Menschen hatte in Mesoamerika stets die Selbstkasteiung eine herausragende Bedeutung, und von den Priestern wurde die Darbringung des eigenen Blutes als edelste Form des Opfers bevorzugt. Dieses Verhalten entspricht auch dem Ideal des Gottes Quetzalcóatl, der Menschenopfer ablehnte, sich aber selbst geopfert hat, um die Schöpfung zu erhalten.

Kalender und Architektur

Die Priester waren in Mesoamerika für den Erhalt des kosmischen Gleichgewichts zuständig. Zu diesem Zwecke vollzogen sie nicht nur die Opfer, sondern nahmen zugleich die Kalenderrechnung vor, bei der sie sich hochentwickelter astronomischer Kenntnisse und fortgeschrittener mathematischer Fertigkeiten bedienten.

Die Hochkulturen Mesoamerikas hatten gleichzeitig drei miteinander verwobene Kalenderzyklen: einen 260-Tage-Zyklus, das Sonnenjahr mit 365 Tagen und das Venus-Jahr mit 584 Tagen. Nach jeweils 52 Sonnenjahren war ein Großzyklus abgeschlossen, der durch die Kombination der drei Zyklen gebildet wurde.

Der Kalender spielte eine zentrale Rolle bei den Hochkulturen Mesoamerikas: Er hatte eine religiöse kultische Bedeutung für eine Gesellschaft, die in kosmischen Zyklen dachte, und war zugleich das entscheidende Instrument zur Steuerung des Ackerbaus, weil er die exakte Bestimmung des Beginns der Regenzeiten und damit des Aussaattermins ermöglichte. Der Kalender stellte die unmittelbare Verbindung her zwischen dem kosmischen Zyklus und dem landwirtschaftlichen Produktionsrhythmus im Zyklus der Jahreszeiten.

Welche Auswirkungen dieses Zeit- und Weltbild auf die Gestaltung der Kulturlandschaft hatte, wurde von Tichy (1974) und Tyrakowski (1989) für das zentralmexikanische Hochland eindrucksvoll nachgewiesen. Ein typisches Merkmal aller indianischen Völker in ganz Amerika war eine besondere Verbindung von Raum und Zeit, bei der jedem Zeitalter eine kosmische Richtung zugeordnet wurde, der eine bestimmte Farbe zugeordnet war. Die Raumgestaltung auf verschiedenen Maßstabsebenen war eine gebaute Zeitvorstellung, die sich in einer für Mesoamerika typischen Verknüpfung von Kult, Kalender und Architektur äußerte. Die Pyramide als das typische Bauwerk Mesoamerikas war zugleich Richtpunkt, Schnittpunkt und Verbindung von Himmel und Erde. In ihr vereinigten sich Raum und Zeit. Sie bildete den heiligen Berg, auf den die Sonne am Vormittag hinaufsteigt und am Nachmittag wieder hinabsteigt. Wie Tichy und Tyrakowski gezeigt haben, beschränkte sich der gebaute Kalender nicht auf einzelne Bauwerke, sondern beherrschte die Anlage ganzer Orte und mit Flur- und Siedlungsnetzen sogar die regionale Raumgliederung, bei der die „antiken Raumplaner ein natürliches Ordnungsmodell übernahmen und mit der Kreation der Siedlungslandschaft den natürlichen Schöpfungsakt wiederholten" (Tyrakowski 1989, S. 115).

Die regelmäßigen, rechtwinkligen Grundrißmuster der Siedlungen und Siedlungsnetze orientierten sich an wichtigen Sonnenständen, die den Beginn der Regenzeit oder Aussaattermine vor dem Beginn der Regenzeit markierten. Die Gebäudefluchten und Siedlungsachsen wichen daher von der Nord-Süd-Ausrichtung ab und verliefen meist von Nordosten nach Südwesten. In dieses Netz fügten sich die Kultstätten und Pyramidenstandorte ein. Der Winkel der Abweichung von Flur und Straßennetzen sowie der Gebäudekanten von der Nordrichtung variierte nicht nur mit der geographischen Breite, sondern auch mit der Höhenlage, die ebenfalls den Aussaattermin beeinflußte (Tichy 1974). Diese Formen wurden auch nach der spanischen Eroberung beibehalten und sind noch heute im Grundrißmuster vieler Städte und in Flurformen erkennbar.

Kulturvölker und Barbaren

Im nördlichen Teil des heutigen Mexiko bieten die lediglich punktuell auffindbaren Zeugnisse bedeutender kultureller Entwicklungen keine Anhaltspunkte für die Existenz eines zusammenhängenden und flächendeckenden Hochkulturraumes. Wenn das Gebiet nördlich von Mesoamerika als Aridoamerika bezeichnet wird (Masferrer-Kan 1992), klingt damit schon an, daß es sich um einen Naturraum handelt, in dem die Trockenheit der Entwicklung von Hochkulturen entgegenstand. In den weiten und trockenen Hochebenen war es den indianischen Völkern mit ihren begrenzten technologischen Mitteln kaum möglich, komplexe Gesellschaften auszubilden.

Katastrophale Klimaereignisse wie Dürren, Überschwemmungen und Kälteeinbrüche zwangen die Bewohner zu Wanderungen. Der Wassermangel in diesem überwiegend ariden und semiariden Raum ließ einen Regenfeldbau nur selten zu und bot wenige Möglichkeiten für eine Bewässerungslandwirtschaft. Daher wurde der Norden Mexikos in vorspanischer Zeit größtenteils von nomadischen und halbnomadischen Jägern und Sammlern bewohnt, die sozial in Kleingruppen mit einer starken kriegerischen Tradition organisiert waren.

Dennoch entfaltete sich auch im trockenen Norden ein breites Spektrum indianischer Kulturentwicklung, das von einfachen halbnomadischen Sammlern und Jägern bis zu hochentwickelten seßhaften Bodenbauern mit einer differenzierten Bewässerungslandwirtschaft und einer komplexen Sozialstruktur reichte. Der Norden und Nordosten des heutigen Mexiko sowie der Süden der heutigen USA wurden von Jägern und Sammlern bewohnt, die überwiegend zur Gruppe der Apache-Indianer gehörten. Lediglich am Oberlauf des Río Grande und am Río Colorado siedelten als

seßhafte Bodenbauern die sogenannten Pueblo-Indianer. In Nord- und Nordost-Mexiko ist die indianische Bevölkerung heute ausgestorben. Im Gebiet der heutigen mexikanischen Bundesstaaten Sinaloa, Sonora, Baja California, Baja California del Sur und dem Südwesten der heutigen USA dominierten autochthone Wildbeuter als spezialisierte Sammler, die zum größten Teil von wildwachsenden Pflanzen lebten und in den Küstenbereichen ihre Nahrung durch den Fang von Fischen und Seeschildkröten ergänzten (Lindig/Münzel 1978). Darüber hinaus lebten diese Stämme je nach den naturräumlichen Verhältnissen in einem mehr oder weniger starken Maß vom Bodenbau. Im Norden des heutigen Bundesstaates Sinaloa am Río Mayo, am Río Yaquí und am Río Fuerte, wo Wasser in ausreichender Menge zur Verfügung steht, ist schon vor rund 2000 Jahren intensiver Ackerbau betrieben worden. Trotz ihrer Dauersiedlungen waren diese lokalen Bewässerungskulturen des Nordwestens nur in Kleingruppen organisiert. Während im heutigen Mexiko die nomadischen Stämme nicht mehr existieren, haben sich die wenigen seßhaften Volksgruppen vielfach erhalten, wenngleich ihre traditionelle Lebensweise meist stark überformt wurde.

Die Grenzen Mesoamerikas unterlagen erheblichen Schwankungen. Durch Einfälle nördlicher Stämme wurde die Hochkulturgrenze mitunter zurückgedrängt, teilweise expandierten die zivilisierten Völker aber auch weit nach Norden. Während des Klassikums (200 v. Chr. bis 700 n. Chr.) dehnten die Hochkulturen ihren Einfluß bis in die Becken und Talregionen von Durango und Zacatecas aus, die für den Pflanzenbau noch geeignet waren. Ein Stützpunkt war die um 500 n. Chr. entstandene Festungsanlage La Quemada, auch Chicomoztoc genannt, südlich der Stadt Zacatecas. Noch weiter im Norden, an der Grenze zwischen Zacatecas und Durango, erlangte ab 500 n. Chr. die Kultur von Chalchihuites größere Bedeutung. Um 700 n. Chr. fanden mit dem Zusammenbruch von Teotihuacán auch die hochkulturellen Vorposten im Norden ihr Ende.

Die nördlichen Bereiche Mesoamerikas, insbesondere die zentralmexikanischen Becken, erwiesen sich als eine Kontaktzone des „zivilisierten" Südens mit dem „barbarischen" Norden. Die Bewohner der Mesa Central waren sich ihrer kulturellen Überlegenheit bewußt und betrachteten die Völker der nördlichen Hochebenen als Barbaren, die sie in den letzten Jahrhunderten vor der spanischen Eroberung pauschal mit dem Sammelbegriff „Chichimecas" belegten (Paz 1969). Für die „Chichimecas" aber waren die wasserreichen und fruchtbaren Hochbecken von Mexiko ein begehrtes Ziel, das gelobte Land ihrer Wanderungen. So zog es auch die Azteken oder México, als letzten der Nahua-Stämme, nach Anáhuac, was in der Nahua-Sprache soviel bedeutet wie „Land am Wasser": in die Gegend um den See von Mexiko. Im Verlauf der Geschichte wurden die Bauernvölker der Meseta Central wiederholt von Stämmen aus dem Norden überrannt. Mitunter erreichten Wellen der Völkerwanderung selbst das weit im Süden gelegene Gebiet der Maya-Kultur. Für die Stämme aus dem Norden vollzog sich mit der Wanderung auch soziale, kulturelle und religiöse Umbrüche, die auch die Wanderungsmythen widerspiegeln, von denen die der México am besten bekannt sind.

Obwohl gegenläufige Expansionen von Süden nach Norden eine untergeordnete Rolle spielten, kamen kulturelle Innovationen oft aus dem Süden in das Hochtal von Mexiko. Die dominierende Bevölkerungsgruppe in der toltekischen Metropole Tollán (Tula), die Nonoalca, sollen aus der südlichen Golfküste nach Zentralmexiko eingewandert sein (Prem 1989).

Das nördliche Mesoamerika bildete einen kulturellen Verschmelzungsraum, in dem die schöpferischen und kulturellen Leistungen der schon seßhaften Kulturen des Südens von den Nomaden des Nordens aufgenommen, eingegliedert und weiterentwickelt wurden (Paz 1969). Wie archäologische Zeugnisse aus allen Epochen Mesoamerikas belegen, lebten in den indianischen Gemeinwesen und Städten oft mehrere Ethnien, die einen unterschiedlichen sozialen Status hatten. Vieles deutet darauf hin, daß die Differenzierung bei der sozialen Schichtung und bei der funktionalen Arbeitsteilung nach ethnischen Kriterien erfolgte. In der Religion vollzogen sich Überlagerungen und Verschmelzungen, die meist mit einer Erweiterung des Pantheons einhergingen. Nach der Eroberung durch neue Völker wurden in der Regel die Hochgötter ausgetauscht, während sich an der Basis des Pantheons nichts änderte.

Die Einheit und Vielfalt Mesoamerikas

Die Verbindung der Kulturen

Die mesoamerikanische Kultur kann nicht mit einem einzelnen Zentrum in Verbindung gebracht werden, das über den Zeitraum von fast 3000 Jahren das ganze Kulturareal beherrscht hat. Vielmehr sieht sich der Betrachter einem Komplex zahlreicher eigenständiger Kulturen gegenüber, die zu verschiedenen Zeiten von unterschiedlichen Zentren ausgegangen sind und in mehreren Regionen geblüht haben (Abb. 18). Begünstigt wurde dieser Lokalismus und Regionalismus durch die starke landschaftliche Zerrissenheit in Becken und Täler unterschiedlicher Größe. Die Räume der bedeutendsten Hochkulturen mit einer überregionalen Ausstrahlung liegen in Bereichen, in denen die Kammerung nicht so fein ist und das Relief somit eine Ausbreitung zu-

läßt. Dies trifft insbesondere auf die Hochbecken von Zentralmexiko und auf die Halbinsel Yucatán zu (Prem 1989). Weitere Hochkulturzentren befinden sich an der Golfküste und im Becken von Oaxaca. Dagegen hat sich im Westen des zentralen Hochlandes (Michoacán, Jalisco) erst vergleichsweise spät, ab dem 12. Jh., im Umgriff des Pátzcuaro-Sees mit dem Reich der Tarasken eine bedeutende Hochkultur herausgebildet.

Die Gemeinsamkeiten zwischen den einzelnen Lokalkulturen Mesoamerikas werfen die noch immer offene Frage nach der Verbindung zwischen den einzelnen Zentren auf. Eine kulturökologische Argumentation kann auf die Ähnlichkeiten der naturräumlichen Bedingungen verweisen, wie die hygrischen Jahreszeiten, das Fehlen großer

Quellen: Prem 1989 und Riese 1995. Entwurf: Christian H. Weber, 1997.

Abb. 18: Zentren der Hochkulturen: *Ihren Anfang nahm die Hochkulturentwicklung an der Golfküste. Später bildeten sich im Umgriff des Beckens von Mexiko-Stadt (Meseta-Kulturen) und im Tiefland der Halbinsel Yucatán (Kulturraum der Maya) zwei Kernräume heraus, die bis zur spanischen Eroberung bestanden.*

Nutztiere und das Angebot an kultivierbaren Pflanzen. Jedoch relativiert sich dieser bei einer großräumigen Betrachtung sicher zutreffende Erklärungsansatz, wenn die regionale und lokale Vielfalt des Naturraumes in Betracht gezogen wird. Deshalb wird darüber hinaus angenommen, daß alle Hochkulturen Mesoamerikas eine gemeinsame Wurzel in einer „Mutterkultur" haben, deren ursprüngliche Leistungen später den regionalen Besonderheiten angepaßt wurden. Des weiteren gibt es eine Reihe archäologischer Zeugnisse, die nahelegen, daß in der gesamten Geschichte Mesoamerikas Interaktionen zwischen den einzelnen Hochkulturzentren stattgefunden haben. So finden sich beispielsweise im zentralmexikanischen Xochicalco (Morelos) Reliefs, wie sie ansonsten im Kulturraum der Maya in Yucatán üblich sind. Chichén Itzá (Bild 18) auf der Halbinsel Yucatán weist Stilmerkmale auf, die für das Hochtal von Mexiko typisch sind. An der Golfküste und auf Yucatán wurde Obsidian gefunden, wie er nur im Norden Zentralmexikos vorkommt. Über die Art und die Intensität der Beziehungen zwischen den Lokalkulturen gibt es, zumal für die frühen Epochen, nur Mutmaßungen.

Die Golfküste: Wiege der Hochkulturen?
Nach dem derzeitigem Kenntnisstand lag das erste Hochkulturzentrum Mesoamerikas an der südlichen Golfüste im Grenzbereich der heutigen mexikanischen Bundesstaaten Tabasco und Veracruz. Schon aus der Zeit um 2000 v. Chr. fanden sich entlang der Flußläufe Spuren von Fischerdörfern. Mit dem Hinzutreten von Pflanzenbau konnten so viele Nahrungsmittel produziert werden, daß eine Arbeitsteilung und zunehmende gesellschaftliche Differenzierung möglich war, die sich schließlich auch in der Raum- und Siedlungsstruktur äußerte.

Nach archäologischen Funden zu schließen, war San Lorenzo in der Zeit um 1200 v. Chr. eine wichtige städtische Siedlung, der bald weitere folgten. Das bedeutendste Zentrum der Golfküstenkultur war über lange Zeit La Venta. Beeindruckende Zeugnisse dieser Kultur sind die Monumentalplastiken, meist Köpfe, die heute in den Museen von Villahermosa und Jalapa ausgestellt werden. Tonnenschwere monolithische Basaltblöcke, die als Rohlinge für die Monumentalplastik dienten, wurden über beträchtliche Strecken auf dem Land- und Wasserweg herbeigeschafft (Prem 1989). Diese archaische Golfküstenkultur wird von der Archäologie als olmekische Kultur bezeichnet (Bild 1, S. 1).

Viele Merkmale, die bei allen späteren Kulturen anzutreffen sind, finden sich bei den „Olmeken" zum ersten Mal. In der Blütezeit der olmekischen Kultur zwischen 1200 v. Chr. und 400 v. Chr. bestanden weitgespannte Kontakte. Im Kerngebiet an der Golfküste wurden Werkzeuge und Waffen aus Obsidian gefunden, deren Rohstoff aus dem rund 1500 km entfernt liegenden Querétaro-Gebiet stammt. Umgekehrt zeugen Funde aus dem Becken von Mexiko, der Balsassenke in Guerrero, dem Becken von Oaxaca, der Halbinsel Yucatán und aus

El Salvador von Einflüssen, die sich in einem einheitlichen, überregionalen „olmekischen" Stil äußern, der in der Periode zwischen 1200–400 v. Chr. ganz Mesoamerika geprägt hat (Prem 1989). Angesichts der hohen Dichte von Funden in Guerrero sprechen einige Archäologen schon von einem zweiten räumlichen Schwerpunkt der olmekischen Kultur (Prem 1989). Um 400–300 v. Chr. erlahmte die olmekische Kultur in ihrem Kerngebiet.

Die südliche Golfregion spielte fortan als Hochkulturzentrum nur mehr eine untergeordnete Rolle. Nach dem Untergang von La Venta um 400 v. Chr. entstanden zwar im olmekischen Kerngebiet am Fuße des Tuxtla-Vulkans mit Tres Zapotes und Cerro de las Mesas zwei Nachfolgeorte, deren Bedeutung jedoch weitaus geringer als die ihrer Vorgängerin war. Die kulturelle und politische Bedeutung der Golfregion ist deutlich geschwunden, und schließlich hat sich innerhalb dieses Küstenraumes der Schwerpunkt immer mehr nach Norden verschoben. Um 900 n. Chr. blühte rund 500 km nördlich der alten olmekischen Zentren das in der Nähe von Poza Rica gelegene El Tajín auf.

An der Peripherie des olmekischen Kulturraumes vollzog sich eine dynamische

Bild 18: Ruinen von Chichén Itzá: *Im 9. Jh. n. Chr. hatte sich der Schwerpunkt der Maya-Kultur nach Nordyucatán verlagert. Unter toltekischem Einfluß stieg Chichén Itzá (Brunnen der Itzá) im 10. Jh. zum beherrschenden Zentrum auf und konnte seine Position bis 1185 n. Chr. behaupten.*

Entwicklung, in deren Verlauf sich zwischen 400 v. Chr. und 200 n. Chr. bedeutende Zentren herausbildeten. In dieser epi-olmekischen Phase entstand die für Mesoamerika typische kulturelle Zweiteilung in einen südlichen und einen nördlichen Hochkulturraum. Zwischen der Maya-Kultur im Süden und den sogenannten Meseta-Kulturen in Zentralmexiko hatte sich in der Beckenregion von Oaxaca noch ein weiteres Hochkulturzentrum herausgebildet.

Die Beckenregion von Oaxaca

Wohl in erster Linie politisch motiviert entstand um 400 v. Chr im Schnittpunkt dreier Täler in zentraler und geschützter Lage auf dem Monte Albán, nahe der heutigen Stadt Oaxaca, ein regionales Zentrum. Auf dem planierten Gipfel des Monte Albán (Bild 19) befanden sich Kultstätten und die Residenz der Herrscher, an den umliegenden Hängen lebten zeitweise bis zu 30 000 Menschen. Zwischen 250 und 450 n. Chr. bildete der Monte Albán das beherrschende Zentrum der Zapoteken im Becken von Oaxaca. Ab 150 n. Chr. sind Kontakte mit dem zentralmexikanischen Teotihuacán nachweisbar, die bis 400 n. Chr. währten. Allerdings deutet nichts auf eine Dominanz von Teotihuacán hin, sondern es dürfte sich um eine gleichberechtigte Partnerschaft zwischen beiden Staaten gehandelt haben, wovon auch in Teotihuacán ein Wohnviertel von Leuten aus Oaxaca zeugt. Nach 400 n. Chr. kam es dann zu einer merklichen Isolierung des Zentrums auf dem Monte Albán. Um 700 n. Chr. wurde der Monte Albán als Machtzentrum und Sitz der politischen Elite aufgegeben und diente fortan nur mehr als Ort für prunkvolle Begräbnisse. Die politische Macht in der Beckenregion von Oaxaca zerfiel in rund ein Dutzend Stadtstaaten mit je einem dichtbesiedelten Hauptort und mehreren dazugehörigen Dörfern (Prem 1989). Die zapotekischen Kleinherrschaften verband nur noch ein gemeinsames religiöses Zentrum in Mitla, wo der ranghöchste zapotekische Priester residierte.

Seit dem späten 13. Jh. breiteten sich die Mixteken in der Beckenregion von Oaxaca aus, womit die Vorherrschaft der Zapoteken in diesem Raum endgültig beendet war. Über die Art der Beziehungen zwischen den beiden Volksgruppen besteht noch Unklarheit. Eine umfassende Dominanz der Mixteken über die Zapoteken ist jedoch unwahrscheinlich. Für vereinzelte Heiratsverbindungen zwischen zapotekischen und mixtekischen Herrscherhäusern ab dem 13. Jh. (Prem 1989) gibt es Hinweise. Die Zapoteken konnten jedenfalls ihre Sprache bis heute bewahren. Auch von den Azteken ist das Gebiet der Zapoteken nicht vollständig erobert worden.

Anhand erhaltener Schriften läßt sich die Präsenz der Mixteken in den Talregionen des nördlichen und westlichen Oaxaca bis ins 7. Jh. n. Chr. zurückverfolgen. Später weiteten die Mixteken ihren Einflußbereich auch auf Gebiete aus, die zunächst im ausschließlichen Machtbereich der Zapoteken lagen. Politisch waren die Mixteken in zahlreichen Stadtstaaten organisiert. Obwohl zwischen den Herrscherhäusern der einzelnen Territorien vielfach enge verwandtschaftliche Beziehungen bestanden, waren Kriege zwischen den Kleinstaaten an der Tagesordnung.

Im 15. Jh. kamen weite Teile des mixtekischen Gebiets unter aztekische Oberhoheit. Im Süden konnten allerdings einige Gruppen ihre Unabhängigkeit bis zur spanischen Eroberung bewahren. Die Mixteken galten als Meister im Kunsthandwerk. Zeugnisse ihrer Malerei, Stein- und Metallbearbeitung finden sich auch in Zentralmexiko.

Die Hochkultur der Maya

An der südlichen Peripherie der olmekischen Einflußzone, im sogenannte Maya-Hochland, das sich von Chiapas über Guatemala bis El Salvador erstreckt, entstanden nach 400 v. Chr. wichtige epi-olmekische Zentren, wie Chiapa de Corzo, Abaj Takalik, Izapa, La Lagunita und Kaminaljuyú in Guatemala sowie Chalchuapa westlich von El Salvador (Riese 1995). Diesen Zentren im Hochland, die ungefähr von 400 v. Chr. bis 100 n. Chr. blühten, wird eine wichtige Brückenfunktion für die Herausbildung der späteren Maya-Hochkultur in den Tieflländern von Guatemala, Belize, Chiapas und Yucatán beigemessen. So gibt es eine Reihe von Belegen für eine zeitliche und räumliche Überschneidung der Anfänge der Maya-Kultur und der epi-

Bild 19: Archäologische Zone auf dem Monte Albán (Oaxaca): *Der Monte Albán bildete von 250 bis 450 n. Chr. das bestimmende regionale Zentrum der Zapoteken im Becken von Oaxaca.*

olmekischen Kulturentwicklung. In einigen epi-olmekischen Orten finden sich Zeugnisse, die schon deutliche Kennzeichen der späteren klassischen Maya-Kultur aufweisen (Riese 1995). Die kulturelle Entwicklung im Maya-Tiefland hat danach Impulse aus den epi-olmekischen Zentren erfahren, die am Rande des späteren Kerngebietes der Maya-Kultur lagen.

In den Urwäldern des Maya-Tieflandes im Süden der Halbinsel Yucatán bestanden bereits seit 2000 v. Chr. entlang der Flüsse kleine Siedlungen, in deren Umfeld auch Brandrodungsfeldbau betrieben wurde. Ab 550 v. Chr. setzt eine Bevölkerungsexpansion ein. Ab 300 v. Chr. bis 150 n. Chr., der sogenannten Chicanel-Zeit, finden sich künstlerische und architektonische Zeugnisse, die auf den Einfluß der epi-olmekischen Zentren im Hochland zurückgehen dürften. Ein besonderer Impuls dürfte vom Zuzug von Flüchtlingen ausgegangen sein, die nach einer Serie verheerender Ausbrüche des Vulkanes Ilopango um 250 n. Chr. das Gebiet des epi-olmekischen Zentrums Chalchuapa im heutigen El Salvador verlassen mußten, weil Asche und Bimsstein weite Flächen bedeckt hatten. Ab 400 n. Chr. stand das Maya-Gebiet

unter deutlichem Einfluß der zentralmexikanischen Metropole Teotihuacán. Entlang der Abdachung zur Pazifikküste war die Präsenz Teotihuacáns am stärksten und reichte hier bis weit nach Guatemala. Aber auch in den Städten des Maya-Tieflandes, insbesondere in Tikal, waren die Verbindungen mit der nördlichen Großmacht sehr eng. Die Krise der klassischen Maya-Kultur, der „Hiatus", der sich in einem fast völligen Fehlen von Inschriften zwischen 535 und 610 n. Chr. äußert, wird heute meist mit dem Niedergang Teotihuacáns in Verbindung gebracht (Riese 1995). Nach dem Hiatus entfaltete ab 610 die Maya-Kultur im Tiefland ihre volle Blüte. Zwischen 700 und 850 n. Chr. haben auch kulturelle Beziehungen nach Zentralmexiko bestanden, von denen Reliefs in Xochicalco (Morelos) und Gemälde in Cacaxtla (Tlaxcala) zeugen (Prem 1989).

Politisch war das Maya-Gebiet in mehrere Kleinstaaten gegliedert, die jeweils von einem städtischen Zentrum aus regiert wurden. Zu den bedeutendsten dieser Zentren im südlichen Tiefland zählten Copán, Tikal und Palenque, die als westlichste der großen Maya-Städte heute auf mexikanischem Staatsgebiet liegt. Die Gesellschaft in den Maya-Staaten wies eine ausgeprägte soziale Schichtung auf. Ein zahlenmäßig kleiner, untereinander versippter Hochadel stellte die Herrscher in den Stadtstaaten und die obersten Priester. Weitere herausgehobene Positionen waren dem übrigen Adel vorbehalten. In den Städten lebten neben Kultdienern, Gelehrten, Kriegern und Beamten auch spezialisierte Handwerker und Händler. Bauern bildeten das wirtschaftliche Fundament der Gesellschaft und die Masse der Bevölkerung. Die Maya gingen nicht nur der Milpa-Wirtschaft nach, sondern praktizierten eine hoch entwickelte tropische Landwirtschaft mit verschiedenen Anbauverfahren.

Politische und wirtschaftliche Faktoren hatten neben Weltbild und Religion eine große Bedeutung für das gesellschaftliche Leben der klassischen Maya-Kultur. Das lange verbreitete Bild von den friedlichen Maya ist inzwischen revidiert worden. Sowohl Funde befestigter Städte (Sabloff 1991) als auch die Entzifferung der Maya-Schrift (Riese 1995) haben gezeigt, daß in den Beziehungen zwischen den einzelnen Stadtstaaten Kriege ebenso vorkamen wie Heiratsallianzen und andere Formen von Bündnissen. Auch bei den klassischen Mayas hat es Menschenopfer gegeben, meist in Verbindung mit dem kultischen Ballspiel.

Gegen Ende des 8. Jh.s setzte im südlichen Tiefland ein plötzlicher Niedergang der klassischen Maya-Kultur ein, der sich in einem Abbruch der Bautätigkeit und der Inschriften äußert. Von Palenque und Bonampak am westlichen Rand und Copán an der östlichen Peripherie beginnend erlahmte schließlich im gesamten südlichen Maya-Gebiet die Hochkultur, bis am Ende des 9. Jh.s auch das Kerngebiet um Tikal vom Ende erfaßt war. Allerdings ist es zu keiner vollständigen Auswanderung nach Norden gekommen, wie die inzwischen überholte These von einem „Alten" und einem „Neuen" Reich der Maya angenommen hatte (Prem 1989). Vielmehr entwickelte sich um die bereits vorhandenen Orte im Norden der Halbinsel Yucatán ein neuer politischer, kultureller, wirtschaftlicher und demographischer Schwerpunkt der Maya-Kultur.

Für den Zusammenbruch im Süden wird ein komplexes Bündel von Faktoren verantwortlich gemacht (Riese 1995; Sabloff 1991; Prem 1989): Genannt werden eine Überhitzung der Kultur, die auf ökologische und soziale Probleme mit der Errichtung immer größerer und zahlreicherer Kultbauten reagierte. Durch den anhaltenden Bevölkerungsdruck wurde trotz angepaßter Anbautechniken die natürliche Tragfähigkeit des Agrarsystems überschritten. Erhöhte Arbeits- und Tributforderungen können zu Aufständen der unteren Bevölkerungsschichten geführt haben. Schließlich führten auch die Kriege zwischen den Stadtstaaten zu einer inneren Abnutzung. Ein Zusammenbruch von Handelsbeziehungen aufgrund der internen Kriege und über Zentralmexiko hereinbrechender Völkerwanderungen könnte schließlich die wirtschaftliche Grundlage der Stadtstaaten zerstört haben.

In einigen Fällen mag das Vordringen von Stämmen aus Zentralmexiko den letzten Stoß gegeben haben. Jedenfalls zeugen noch die in der Kolonialzeit niedergeschriebenen Mythen der Maya von den unruhigen Zeiten, die seit dem ausgehenden 9. Jh. hereingebrochen waren, als immer wieder mexikanische Gruppen nach Süden vorstießen (Riese 1995).

Zeitgleich mit der Aufgabe vieler Städte im südlichen Tiefland setzte in den Zentren des nördlichen Tieflandes eine rege Bautätigkeit ein, vor allem in den Puuc-Orten Uxmal, Kabah und Sayil. Zwischen 800 und 1000 n. Chr. erlebte so die klassische Maya-Kultur im nördlichen Yucatán nochmals eine Blüte.

In der zweiten Hälfte des 10. Jh.s wird auch für Nordyucatán ein verstärkter Einfluß aus Zentralmexiko behauptet (Riese 1995). Insbesondere in der Architektur von Chichén Itzá zeigen sich Parallelen zum zentralmexikanischen Tula.

Über die Art und Intensität des toltekischen Einflusses in Nordyucatán bestehen indes noch sehr verschiedene Ansichten (Prem 1989). Mitunter sieht man in einem Kukulkan, der um 987 n. Chr. von Westen nach Chichén Itzá gekommen sei, den aus Tula geflohenen Priesterkönig Tolpiltzin Quetzalcóatl (Ketsalkoatl) (Riese 1995). Bis 1185 n. Chr. jedenfalls blieb Chichén Itzá das bedeutendste Zentrum in Nordyucatán, dessen führende Rolle von Mayapán übernommen wurde, das bis zu seinem gewaltsamen Ende im Jahr 1461 n. Chr. Sitz eines zentralistisch geführten Staatswesen war. Daneben erfreuten sich seit dem 13. Jh. einige Orte an der Ostküste, wie Tulum oder die Insel Kusamil (Cozumel), einer wirtschaftlichen Blüte, vor allem durch Handel und Salzgewinnung. Mit dem Ende der Herrschaft von Mayapán zerfiel Nordyucatán endgültig in 16 unabhängige Kleinstaaten (Riese 1995), die sich bis zur Ankunft der Spanier vielfach gegenseitig bekriegten.

Die Unterwerfung der Maya war für die Spanier weitaus schwerer als der Sieg über das zentralistische Aztekenreich. Nach ersten Begegnungen in den Jahren 1511, 1517 und 1519 schickte sich Francisco de Montejo 1527 an, Yucatán zu erobern, und erlitt nach anfänglichen Erfolgen einen bitteren Rückschlag. Erst seinem Sohn gelang es schließlich, 1540 den Widerstand der Maya zu brechen. Während sich 1550 die spanische Herrschaft in Yucatán konsolidiert hatte, konnte sich im entlegenen Tayasal am Petén-See noch bis 1697 ein unabhängiger Maya-Staat behaupten.

Erst mit dem Fall dieser letzten Maya-Stadt war die Unterwerfung abgeschlossen und die Elite der alten Hochkultur endgültig ausgelöscht, während die bäuerliche Grundbevölkerung bis heute überlebt hat. Die Maya-Stämme erwiesen sich allerdings bis ins 20. Jh. als eine Keimzelle des indianischen Widerstandes (Katz 1993). In den Jahren 1761 und 1847 kam es in Yucatán zu Maya-Aufständen, die niedergeschlagen wurden. Nach der Erhebung von 1847 konnte sich jedoch im Süden der Halbinsel Yucatán bis 1902 eine unabhängige Maya-Republik halten. Erleichtert wurde der Widerstandskampf der Maya-Stämme durch die periphere Lage Yucatáns und Rückzugsräume in schwer zugänglichen Waldgebieten. Die Maya bilden noch heute eine der größten indianischen Volksgruppen in Amerika. Von ihrer einstigen Hochkultur hat sich allerdings nur die Basisbevölkerung erhalten. Zwischen den einzelnen Maya-Dialekten bestehen mitunter so große sprachliche Unterschiede, daß sich die verschiedenen Volksgruppen nur auf dem Umweg über das Spanische verständigen können.

Die Meseta-Kulturen – Ursprung Mexikos

Zentren in Zentralmexiko

Zwischen 1200 und 400 v. Chr. gab es auch in den zentralmexikanischen Becken eine Reihe olmekisch beeinflußter Orte. Besonders dicht besiedelt waren vor allem die Ufer des Texcoco-Sees, wo Tlapacoya oder Tlatilco bedeutende Siedlungen waren. In der epi-olmekischen Periode entwickelte sich zwischen 400 bis 150 v. Chr. die Stadt Cuicuilco zum beherrschenden regionalen Zentrum. Die im südlichen Teil des Beckens von Mexiko gelegene Stadt hatte eine Grundfläche von 20 ha. Um 150 v. Chr. setzte der Ausbruch des Vulkans Xitle der Blüte von Cuicuilco ein jähes Ende.

Nachdem sich zunächst mehrere regionale Zentren die Herrschaft im Hochbecken geteilt hatten, entwickelte sich das in einem Seitental im Nordosten des Beckens gelegene Teotihuacán zur beherrschenden Macht (Bild 20). Aus den Ursprüngen als Kultzentrum und Wallfahrtsort erwuchs seit

dem 1. nachchristlichen Jh. zusehends eine Handels- und Wirtschaftsmetropole, deren Einfluß sich schließlich auf ganz Mesoamerika und im Norden bis in das heutige Arizona und New Mexico erstreckte. Im Zentrum der wirtschaftlichen Aktivitäten standen die Verarbeitung von Obsidian und der Handel mit diesen Produkten. Nach einer Blüte zwischen 200 und 600 n. Chr. begann Teotihuacán ab 650 n. Chr. zu schrumpfen und ging um 750 n. Chr. unter.

Die im 6. Jh. einsetzende Krise der Handelsmetropole wirkte sich auch in den Gebieten aus, die mit Teotihuacán in Austauschbeziehungen standen. Nahezu zeitgleich mit Teotihuacán sind aber auch Zentren in Nordmexiko sowie in Oaxaca erloschen. Lediglich El Tajín an der Golfküste, das zunächst auch von Teotihuacán beeinflußt war, erlebte nach dem Erlahmen der Metropole eine eigene Blüte. Als entscheidende Ursache für den Zusammen-

Bild 20: Teotihuacán (nordöstlich von Mexiko-Stadt): Teotihuacán war zwischen 200 und 600 n. Chr. das beherrschende Zentrum im Becken von Mexiko. Zeitweise lebten bis zu 150 000 Menschen in dieser Handelsmetropole, die einen regelmäßigen Grundriß mit Straßen und Plätzen aufweist.

bruch von Teotihuacán wird der Aufstieg konkurrierender Zentren und der Niedergang des ausgedehnten Handelsnetzes angesehen (Prem 1989).

Den Jahrhunderten der Vorherrschaft eines Zentrums folgte in den Becken Zentralmexikos zwischen 700 und 900 n. Chr. eine Periode, in der mehrere Lokalkulturen mit einem bedeutenden Ort als Mittelpunkt das Geschehen bestimmten. Der Aufstieg der meisten dieser Orte hatte bereits eingesetzt, als ab dem 6. Jh. Teotihuacáns Einfluß zu schrumpfen begann. Bedeutende lokale Zentren bildeten in dieser Periode unter anderem die Orte Xochicalco (Morelos), Cacaxtla (Tlaxcala) und Cholula (Puebla).

Um 1000 n. Chr. ist in Zentralmexiko mit Tula wieder ein dominierendes städtisches Zentrum entstanden. Die im Nordwesten des Beckens von Mexiko, im heutigen Bundesstaat Hidalgo gelegene Stadt ist inzwischen weitgehend ausgegraben. Typisch für Tula ist ein monumentales Zeremonialzentrum, das mehr als 100 000

Menschen Platz bot (Bild 4, S. 9). Auch in Tula spielten die Verarbeitung von Obsidian und der Handel eine wichtige Rolle. Tula wird heute mit der wunderbaren Stadt Tollán der indianischen Quellen in Verbindung gebracht (Prem 1989). Allerdings mischen sich hier schwer entwirrbar Mythos und Geschichte, wie dies bei den Berichten über die Tolteken, die Bewohner von Tollán, überhaupt der Fall ist.

Deutlich wird dies auch bei der Figur des letzten Herrschers von Tollán, des sagenhaften Topiltzin Ce Acatl, der vielfach nur mit seinem Titel Quetzalcóatl bezeichnet wird und dann mit der Gestalt des Gottes gleichsam verschmilzt. Andererseits wird er aber auch mit dem Kukulkan in Verbindung gebracht, der in Nordyucatán die Fremdherrschaft von Chichén Itzá begründet haben soll. Gegen Ende des 11. Jh.s fand das toltekische Zentrum Tula ein katastrophales Ende. Der Zusammenbruch dürfte dabei mehrere Ursachen haben (Prem 1989): Aufgrund klimatischer Änderungen, verstärkt durch eine Übernutzung der Böden, konnte im Norden des Beckens von Mexiko kein Ackerbau mehr betrieben werden. Womöglich waren es auch ökologische Veränderungen, die das Vordringen nomadischer Gruppen nach Süden beschleunigt hatten. Hinzu kamen Konflikte zwischen den beiden wichtigsten Volksgruppen in Tollán.

Mit dem Untergang von Tula und den Toltekischen Bollwerken im Norden waren die zentralmexikanischen Becken für den Vorstoß von Einwanderern aus dem Norden offen. In der Folgezeit kam es zu einer großen Völkerverschiebung in Zentralmexiko, die Auswirkungen auf ganz Mesoamerika hatte. Es entstanden zahlreiche konkurrierende Zentren, die teils direkt das toltekische Erbe fortsetzten. Vielfach versuchten neu eingewanderte „Chichimeken" über die Heirat toltekischer Frauen, ihre Herrschaft durch eine Verbindung mit den großen Ahnen zu legitimieren.

Im Becken von Puebla-Tlaxcala war Mitte des 14. Jh.s die Konsolidierung der Staaten weitgehend abgeschlossen, nachdem die Kämpfe zwischen den einzelnen Stadtstaaten ein Kräftegleichgewicht gebracht hatten. Die führenden Mächte in der Region waren Tlaxcallán (Tlaxcala) und Huexotzinco (Huejotzingo). Chollolán (Cholula) mit seinem Quetzalcóatl-Heiligtum bildete für den Gesamtraum von Puebla – Tlaxcala das kultisch-religiöse Zentrum, wo ganz bewußt an die toltekische Tradition angeknüpft wurde.

Im Becken von Mexiko teilten sich im 13. Jh. im wesentlichen drei Zentren die Macht: Das im Süden des Sees von Mexiko auf einer Landzunge gelegene Colhuacán soll bereits zur Zeit von Tollán bestanden haben und führte das eigentliche toltekische Erbe fort. Bedeutender war die Herrschaft der Acolhua am Ostufer des Sees, die schließlich das neu gegründete Tetzcoco zu ihrer Hauptstadt machten. Die mächtigste Gruppe bildeten die Tepaneken, deren Herrschaftsgebiet am Westufer des Sees von Mexiko lag und Azcapotzalco zur Hauptstadt hatte.

Die politischen Verhältnisse

In der Zeit von 1200 bis zur spanischen Eroberung bildeten in den zentralmexikanischen Becken eine Vielzahl kleiner Ge-

meinwesen, wohl am ehesten als Stadtstaaten zu qualifizieren, die politische Grundstruktur. Allein im Becken von Mexiko gab es 40 bis 60 Städte, in denen sich Kult- und Verwaltungsfunktionen konzentrierten. An der Spitze der Stadtstaaten standen ein oder mehrere adelige Herrscher, die sogenannten Tlatoani, die den Staat verkörperten. Ihnen oblagen religiöse, richterliche und administrative Aufgaben.

Die Tlatoani entstammten Adelshäusern, bei denen es oft Verbindungen zwischen den einzelnen Staaten gab. Wesentliches Kriterium der Herrschaftslegitimation bildete die Abstammung aus einem berühmten Geschlecht, am besten toltekischen Ursprungs. Rund 10 % der Bevölkerung zählten zum Adel, der seinerseits stark geschichtet war und dem die leitenden Funktionen in Kult, Verwaltung und Kriegswesen zufielen. Die Adeligen waren nicht nur von Abgaben befreit, sondern alleine ihnen standen persönlich Tribute zu, auf die ansonsten nur Institutionen und Amtsträger ein Anrecht hatten. Als Belohnung für erfolgreiche Kriegstaten in der Zeit der Eroberung waren den Adelshäusern Ländereien zugewiesen worden, aus denen sie einen Teil der Produktion abschöpfen konnten. Die dortigen Bewohner mußten landwirtschaftliche oder handwerkliche Erzeugnisse abliefern und waren darüber hinaus zu Arbeitsleistungen verpflichtet. Damit war der Adel der „entscheidende und über die wesentlichen Produktionsfaktoren verfügende soziale Stand" (Prem 1989, S. 150). Da soziale Mobilität so gut wie nicht vorhanden war, handelte es sich fast ausschließlich um einen Geburtsadel. Lediglich kriegerische Leistungen boten eine gewisse Chance für sozialen Aufstieg, meist aber auch nur innerhalb der Bevölkerungsgruppe, in der man geboren war. In den letzten Jahren des Aztekenreiches gab es Bestrebungen, die Stellung der Angehörigen des nicht erblichen Verdienst- oder Dienstadels zu beschneiden.

Die Mehrzahl der Bevölkerung bildeten die Nichtadeligen. Zu ihnen gehörten neben den Bauern auch der Großteil der Handwerker. Die im Umland der Städte angesiedelten Bauern lebten, soweit sie nicht unmittelbar von einem Adelshaus abhängig waren, in Dorfgemeinschaften (Capulli) zusammen. Die Dorfgemeinschaft als ganze war dem jeweiligen Tlatoani, dem Herren des Stadtstaates, abgabeverpflichtet, ansonsten jedoch eine wirtschaftlich und administrativ weitgehend autonome Einheit.

Kennzeichnend für die Machtstrukturen in den zentralmexikanischen Becken vor der spanischen Eroberung war ein hierarchisch gestuftes System von Abgabeverpflichtungen, das die verschiedenen Ebenen, von der Dorfgemeinschaft über die lokalen Hauptorte bis zum dominierenden Herrschaftszentrum miteinander verband. Die jeweils untere Ebene hatte eine bestimmte politisch festgesetzte Menge an Produktionsüberschüssen, mitunter auch Arbeitsleistungen, an die jeweils höhere Herrschaftsinstanz abzutreten. Diese Abschöpfung durch eine höhere, zentrale Instanz setzte eine Abhängigkeit voraus, die meist durch die Androhung oder Anwendung militärischer Gewalt aufrechterhalten wurde.

Die Wurzeln der Abgabeverpflichtung dürften dabei im Eindringen von Eroberern gelegen haben, die dann fortan das empfangsberechtigte „Herrenvolk" bildeten. Allerdings ließ sich die Forderung nach Tribut auch sehr gut in ein theologisches System integrieren, das um den Kult des Opfers organisiert war. Die Tributempfänger waren danach diejenigen, die für das Opfern verantwortlich waren. Bei der Ermittlung der Abgabehierarchie zwischen den einzelnen Stadtstaaten spielten Kriege eine entscheidende Rolle. Weil der Krieg zur Beschaffung von Tribut und Opfermasse diente, hatte er auch eine kultische Funktion. Entsprechend hoch angesehen war derjenige, der viele Gegner gefangennahm, die dann geopfert werden konnten. Der Tribut stand dem obersten Herrscher (Tlatoani) im jeweiligen Gemeinwesen zu. In den Händen des Herrschers lag dann die Verteilung für den Unterhalt des Herrscherhauses und die Staatsverwaltung, die Belohnung erfolgreicher Krieger, die Verpflegung von Arbeitskräften sowie für rituelle Zwecke.

Die Bedeutung des Tributs für die Versorgung der großen Städte in den zentralmexikanischen Becken war sehr groß. Insbesondere die Metropole Tenochtitlán dürfte ohne Tributlieferungen kaum lebensfähig gewesen sein. Daneben spielte auch der Austausch von Waren eine wichtige Rolle. Auch in Zentralmexiko bestand ein Netz von Marktorten und in Tlatelolco, der Schwesterstadt von Tenochtitlán, gab es den bedeutendsten Markt im Becken von Mexiko. Im Raum Puebla – Tlaxcala war Cholula ein wichtiges Handelszentrum. Die Händler nahmen eine herausgehobene soziale Stellung ein. Insbesondere Fernhändler waren oft ebenso angesehen wie Adelige. Dem Fernhandel kam eine wichtige Pionierfunktion zu, weil er Kontakte mit Räumen ermöglichte, die außerhalb der militärisch abgesicherten Tributherrschaft lagen.

Der Aufstieg der México

Als letztes Volk und Nachzügler der großen Wanderungen hatten die México um die Mitte des 13. Jh.s das Westufer des Texcoco-Sees erreicht und sich zunächst am Felshügel von Chapultepec niedergelassen. Nach dem mythischen Herkunftsort Aztlán wird dieser Stamm heute üblicherweise als „Azteken" bezeichnet. Als unerwünschte Eindringlinge stießen die Azteken auf den Widerstand der bereits ansässigen Bevölkerung und wurden wiederholt besiegt und vertrieben. Hinzu kamen Auseinandersetzungen innerhalb der Volksgruppe selbst.

Schließlich siedelten sich die México auf einer Insel im westlichen Teil des Texcoco-Sees an, wo sie Tenochtitlán gründeten. Das in späteren Legenden genannte Gründungsdatum (1325) ist rein fiktiv, zumal im Bereich von Tenochtitlán Spuren einer deutlich älteren Besiedlung archäologisch nachweisbar sind (Prem 1996). Als Abspaltung von Tenochtitlán wurde auf einer nordwestlich gelegenen Insel Tlatelolco gegründet. Beide Schwesterstädte standen sich zeitweise feindlich gegenüber. In der zweiten Hälfte des 14. Jh.s wurde in Tenochtitlán eine Dynastie gegründet, deren erster Herrscher Acamapichtli aus Colhuacán stammte. Damit knüpfte man an der toltekischen Tradition an, während der Herrscher von Tlatelolco aus Azcapotzalco stammte. Beide Inselstädte standen bis Anfang des 15. Jh.s unter der Oberhoheit der Tepaneken von Azcapotzalco.

Die México führten im Dienst und Auftrag der Tepaneken wichtige Eroberungen aus und hatten an deren Sieg über Acolhuacán im Jahr 1418 großen Anteil. Nach dem Tod des bedeutendsten Tepanekenherrschers Tezozomoc 1426 kam es zum Konflikt. Eine Allianz der Schwesterstädte Tenochtitlán und Tlatelolco sowie von Nezahualcoyotl, dem Sohn des letzten Herrschers von Acolhuacán, unterstützt von Huexotzinco und Tlaxcallán, konnte die Tepaneken von Azcapotzalco 1431 endgültig besiegen.

Anschließend entstand der sogenannte aztekische Dreibund mit den Zentren Tenochtitlán, Texcoco und dem tepanekischen Tlacopán. Ziel dieses Bündnisses war die Unterwerfung anderer Staaten, um zusätzliche Tribute zu gewinnen. Das Bündnis aus den drei formal gleichberechtigten Partnern wurde faktisch von Tenochtitlán dominiert, das mit der 1473 erfolgten Unterwerfung der Nachbarstadt Tlatelolco auch im Inneren seine Macht ausgebaut hatte. Als 1502 in Tenochtitlán Motecuzoma II. die Nachfolge von Ahuitzotl (1486–1502) antrat, erstreckte sich das aztekische Tributimperium von der Golfküste bis an die Pazifikküste von Guerrero und Oaxaca. Weit über das Becken von Oaxaca hinaus reichte der Einfluß bis in die Kakao-Zone an der Pazifikküste von Chiapas und Guatemala. Das Tributimperium war dabei so zugeschnitten, daß aufgrund ökologisch unterschiedlicher Anbauzonen eine möglichst breite Palette von Gütern zur Verfügung stand. Dies ist auch ein Grund dafür, weshalb Eroberungen im unmittelbaren Umland Tenochtitláns nur in dem Maße interessant waren, wie in der Metropole Tenochtitlán ein ungedeckter Bedarf an Grundnahrungsmitteln bestand. Die Azteken übten in den abhängigen Gebieten keine direkte Herrschaft aus, sondern ihre Tributverwalter bedienten sich üblicherweise der lokalen Machthaber. Die wenigen Garnisonen der México beschränkten sich auf Krisenherde, insbesondere in Grenzlagen.

Außerhalb der aztekischen Herrschaft standen bei der Ankunft der Spanier die Tarasken, die von ihren drei Zentren im Umfeld des Pátzcuaro-Sees ein Reich beherrschten, das dem der México ebenbürtig war. Nicht unterworfen waren die Tlaxcalteken, die als „Hausfeinde" der Azteken ihr Herrschaftsgebiet im angrenzenden Becken von Puebla – Tlaxcala hatten.

Die politischen Verhältnisse, die zu Beginn des 16. Jh.s in Zentralmexiko herrschten, begünstigten in mancher Hinsicht die rasche Eroberung durch die Spanier. Zunächst genügte es, den Platz der México an der Spitze der Tributpyramide einzunehmen, um sich die Einnahmen des sehr großen Gebietes zu sichern. Da das gestufte Herrschaftssystem auf einem labilen Gleichgewicht zwischen einer Vielzahl einzelner Stadtstaaten beruhte, genügten schon geringe Verschiebungen, um das Machtgefüge zu ändern. Die Spanier mußten sich lediglich einen geeigneten Partner suchen. Aus Sicht der Tributpflichtigen war ein Wechsel an der Spitze der Tributpyramide durchaus wünschenswert, zumal dadurch eine Verbesserung in Aussicht stand.

Zur inneren Labilität des aztekischen Tributimperiums kamen äußere Gegner, die, wie die Tarasken, entweder keine Veranlassung sahen, den México zur Hilfe zu kommen, oder die, wie die Tlaxcalteken, nur darauf warteten, ihre Feinde mit Hilfe der Spanier zu besiegen.

Das Ende der Azteken

Der Spanier Hernán Cortés zeichnete sich durch ein brutales, entschlossenes und überlegtes Vorgehen aus. Rational, pragmatisch und realistisch war der Eroberer den Indios überlegen, deren Handeln zu einem erheblichen Teil mythisch motiviert war. Im Januar 1519 war der 33jährige Abenteurer von Kuba aufgebrochen, um für den König neues Land, für sich Reichtum und Macht zu gewinnen (Bild 21). Auf den Spuren von Córdova und Grijalva, welche die Küste bereits erforscht hatten, landete die Expedition zunächst auf Cozumel vor der Küste Yucatáns. Dort kam es zu einem Zusammentreffen mit dem Laienbruder Jerónimo de Aguilar, einem Schiffbrüchigen einer früheren Expedition, der sich mit der Maya-Sprache vertraut gemacht hatte. In Tabasco erhielt Cortés die Indianerin Malinche zum Geschenk, die neben der Maya-Sprache auch die Nahua-Sprache beherrschte. Dadurch war den Spaniern die Kommunikation mit den Indios im Einflußgebiet der Azteken möglich.

Als Hernán Cortés am Karfreitag des Jahres 1519 an der Golfküste landete und die Siedlung Villa Rica de la Vera Cruz

Bild 21: Palacio Cortés (Cuernavaca, Morelos): *Im indianischen Cuauhnáhuac, dem heutigen Cuernavaca, ließ der Conquistador Hernán Cortés einen Palast erbauen, in den er sich nach seiner Entmachtung zeitweise zurückzog. Heute dient das Gebäude als historisches Regionalmuseum des Staates Morelos.*

gründete, verfügte er über nicht mehr als 500 Soldaten, 14 Geschütze und 16 Pferde. Cortés, der vom kubanischen Gouverneur Velásquez lediglich die Vollmacht für eine Expedition hatte, ließ sich vom Rat der von ihm gegründeten Stadt Veracruz kurzerhand zum Oberbefehlshaber mit weitreichenden politischen und militärischen Vollmachten ernennen. Dadurch war der Eroberer nur mehr dem spanischen König unterstellt und schickte sogleich ein Schiff mit Beute und einem Schreiben nach Spanien. Die übrigen Schiffe ließ er zerstören, damit es für seine Männer kein Zurück mehr gab.

Der Conquistador verhandelte mit Herrschern tributunterworfener Stämme und suchte sie für sich zu gewinnen. Indianische Heiligtümer wurden zerstört, um die Machtlosigkeit der alten Götter zu demonstrieren. Nach anfänglichem heftigen Widerstand wurden die Tlaxcalteken als verläßliche Bundesgenossen gewonnen. Am 8. November 1519 erreichten die Spanier Tenochtitlán. Bald darauf ließ Cortés den Aztekenherrscher Motecuzoma als Geisel festsetzen. Auch in der Aztekenmetropole

wurden in den Tempeln Kreuze und Marienstatuen errichtet, wobei die von den Indios erwartete Strafe ihrer Götter ausblieb. Die Spanier ließen sich Tribute und den Staatsschatz ausliefern. Die Haltung der Azteken nahm zusehends feindseligere Züge an. Im April 1520 mußte Cortés Tenochtitlán verlassen, um einer vom Gouverneur Kubas entsandten Strafexpedition entgegenzutreten. Nachdem er diese im Mai 1520 bezwungen hatte, vergrößerte sich durch die übergelaufenen Truppen die Streitmacht von Cortés.

In Tenochtitlán, wo Pedro Alvarado die Stellung hielt, war die Lage nach einem Massaker der Spanier am aztekischen Adel inzwischen eskaliert. Die Indios weigerten sich, die Spanier zu versorgen. Schließlich starb Motecuzoma, nachdem er beim Versuch, das Volk zu beruhigen, verletzt worden war. Am 30. Juni 1520 gelang der Truppe von Cortés unter hohen Verlusten die nächtliche Flucht aus der Stadt. Von dieser „Noche Triste" erholten sich die Spanier bei den verbündeten Tlaxcalteken, mit denen sie die Vernichtung der Azteken vorbereiteten.

Im Dezember 1520 erfolgte der entscheidende Schlag gegen Tenochtitlán. Der Großteil der Streitmacht bestand aus indianischen Hilfstruppen in einer Stärke bis zu 300 000 Mann (Prem 1996), während die Spanier nur über 513 Kämpfer verfügten. Am 28. April 1521 begann die Belagerung von Tenochtitlán. Eingekreist und von der Wasserversorgung abgeschnitten, wurde die Inselstadt auch mit 13 Schiffen angegriffen. Drei Monate leisteten die Azteken unter Führung ihres letzten Herrschers Cuauhtémoc, dem fallenden Adler, erbitterten Widerstand.

Die jeweils eroberten Stadtteile wurden von den Spaniern zerstört. Als am 13. August 1521 Cuauhtémoc im Tempelbezirk von Tlatelolco gefangengenommen wurde,

waren bereits fünf Sechstel der Stadt zerstört. Zwischen 1519 und 1521 war es Cortés gelungen, die Azteken zu besiegen und ihre Herrschaft über Zentralmexiko für die spanische Krone zu übernehmen. Angesichts dessen mag es erstaunen, „daß Cortés, obwohl er die indianische Kultur und Ordnung zerstört hatte und Indianer foltern und töten ließ, von diesen in einzigartiger Weise respektiert und verehrt wurde" (Prem 1996, S. 117).

Ganz bewußt betonte Cortés die Kontinuität zum usurpierten Erbe der Azteken. An der Stelle des zerstörten Tenochtitlán ließ er die künftige Hauptstadt Mexiko errichten. Das aztekische Tributimperium bildete damit den Kern des Vizekönigreichs Neuspanien.

Die Eroberung – Geburt der Mestizen

Das Trauma der Conquista

Am Platz der drei Kulturen in Mexiko-Stadt (Bild 17, S. 63), wo die aztekische Herrschaft endete und die Neuspaniens begann, faßt heute eine Gedenktafel die offizielle Sichtweise der Conquista zusammen: „Tlatelolco, heroisch verteidigt von Cuauhthémoc, fiel am 13. August 1521 in die Hände von Hernán Cortés. Es war weder ein Sieg noch eine Niederlage, sondern die schmerzhafte Geburt des Mestizenvolkes, das heißt, der Mexikaner von heute." Beschworen als „Inbegriff des Mexikanischen" steht der Mestize „für die Widersprüche und sozialen Konflikte, die das Zusammenprallen der beiden Kulturen auslöste, deren Lösung aber nach wie vor aussteht. Für das mexikanische Selbstbewußtsein ist diese historische Erfahrung eine Wunde, die noch immer schmerzt" (Beck 1986, S. 65). Insoweit überrascht es nicht, daß der traumatische Vorgang der Conquista noch immer verdrängt wird. So gilt Hernán Cortés in Mexiko als die historische Unperson schlechthin. Kein Denkmal, kein öffentlicher Platz und keine Straße erinnern an den Conquistador. Malinche, seine Dolmetscherin, Beraterin und Geliebte, gilt als Inbegriff des Verrats am eigenen Volk. Und doch sind Malinche und Cortés „Urmutter" und „Urvater" der Mestizen.

Insgesamt wird die Geschichte Neuspaniens im Vergleich zu anderen Epochen in der mexikanischen Geschichtsschreibung eher vernachlässigt. Dabei wäre „ohne Neuspanien Mexiko nicht, was es heute ist", wie Octavio Paz betont, freilich nicht ohne hinzuzufügen, daß „Mexiko gleichwohl nicht Neuspanien ist, sondern vielmehr dessen Negation" (zit. bei Beck 1986, S. 66). Auf vielen Gebieten lebt bis heute das Erbe der Kolonialzeit fort: in den Städten, in der spanischen Sprache, in der katholischen Kirche, in Kultur, Gesellschaft, Wirtschaft und Politik.

Die schnelle Eroberung

In nur zwei Jahren war es den Spaniern gelungen, die Azteken zu besiegen und an ihrer Stelle die Herrschaft über weite Teile Zentral- und Südmexikos zu erlangen. Die Tarasken hatten sich bereits 1521 den Spaniern freiwillig ergeben. Zentralistische Herrschaftsstrukturen erleichterten schnelle Erfolge der Eroberer. Dort, wo bei den indianischen Hochkulturen die Machtverhältnisse zersplittert waren, wie im Gebiet der Maya, zog sich der indianische Widerstand länger hin. Mit der endgültigen Einnahme der Halbinsel Yucatán war 1540 die Eroberung der mesoamerikanischen Hochkulturen und damit der am dichtesten be-

Bild 22: Ansicht von Guanajuato: *Guanajuato war ein bedeutendes Zentrum des Silberab-
baus. Zusammen mit anderen Bergbaustädten bildete der Ort einen Vorposten und Ausgangspunkt der Erschließung des Nordens.*

siedelten Gebiete weitgehend abgeschlossen. Bereits in den Jahren 1522 und 1523
war ein Vorstoß nach Nordosten unternommen und an der Golfküste die Stadt Panuco, das heutige Tampico, gegründet worden.

Die Erzählungen von sagenhaften Reich-
tümern und die Suche nach einer Verbindung zwischen Pazifik und Atlantik trieb
schon früh Forscher und Abenteurer weit
nach Norden. Die Vorstöße erfolgten über
Florida, Neumexiko und entlang der Pazifikküste. Schon 1532 wurden Erkundungs-
fahrten in den Golf von Kalifornien unternommen und 1533 die Perlengründe von
La Paz entdeckt. 1540 stieß man im heutigen Arizona und New Mexico auf die Pueblo-Indianer. Der entscheidende Anstoß zu
einer umfassenden Erschließung des Nordens ging von den Silberfunden in Zacatecas, Chihuahua, San Luis Potosí, Guanajuato (Bild 22) und anderen Orten aus. Es galt
die Kontrolle über die nördlichen Gebiete
zu festigen, damit der Bergbau und, wo
immer möglich, auch die Landwirtschaft
ausgebaut werden konnten. Mit den Vorposten im Norden sollten auch die territorialen Ansprüche Spaniens aus dem Vertrag
von Tordesillas gesichert werden, mit dem

1494 Spanien und Portugal die Neue Welt
untereinander aufgeteilt hatten. Diese Ex-
klusivrechte wurden von Frankreich und
England nicht anerkannt. Daher entstand
bis Ende des 17. Jh.s im Norden Neuspaniens ein Gürtel von Militärstützpunkten, Missionsstationen und Städten als Bollwerk
gegen die Franzosen und Engländer.

Der Vorstoß der Spanier gestaltete sich
außerhalb des Hochkulturgebietes allerdings weitaus schwieriger als in Zentralmexiko. Der niedrige Organisationsgrad der in
Nordmexiko lebenden Stämme hatte bereits deren Unterwerfung unter die Azteken
verhindert. Die kriegerischen Auseinandersetzungen mit den sogenannten Chichimeken zogen sich von 1550 bis 1590 hin.

Etwas anders stellte sich die Situation
in Nordwestmexiko dar, wo vereinzelt seßhafte Indianerstämme und günstigere Anbaubedingungen die Anlage von Siedlungen erleichterten. Bis in das Gebiet der
heutigen Bundesstaaten Sinaloa und Sonora betätigten sich Missionare des Jesuitenordens als Gründer von Dörfern und Städten (Hausberger 1990). Weiter im Landesinneren und insbesondere in Nordostmexiko dagegen wurde außerhalb der Berg-

Bild 23: Pyramide von Cholula (Puebla): *Auf der Tepanapa-Pyramide, der größten Mesoamerikas, erhebt sich die Kirche der Virgen de los Remedios. Die Missionare bedienten sich gezielt einer Überlagerungstechnik. Christliche Kirchen wurden bewußt am Standort indianischer Heiligtümer errichtet.*

bauzentren und Garnisonen das Territorium von den Spaniern nur unzureichend kontrolliert (Abb. 19).

Sehr erfolgreich und nachhaltig wirkte dagegen die Conquista in den Hochkulturzentren Zentralmexikos. Dort kam es zu einer raschen Verschmelzung von Indios und Spaniern. Die spanische Sprache und die katholische Religion wurden zur Klammer der mestizischen Kultur.

Die Begegnung zweier Welten

Zunächst mag den Völkern Mesoamerikas die Conquista vielleicht gar nicht als Bruch erschienen sein, fügt sich die Invasion eines fremden Volkes doch auf den ersten Blick in ihr Geschichtsbild ein. Allerdings hatte der Einschnitt der Conquista eine gänzlich andere Qualität, weil auf die mythisch-zyklischen Zeitvorstellungen der Indios das lineare Geschichtsverständinis der jüdisch-christlichen Kultur stieß. Im Rahmen eines politischen und wirtschaftlichen Kräftemessens, dessen Ziele Veränderung und Machtgewinn sind, war die europäische Weltsicht deutlich überlegen.

Auf der anderen Seite liegt die Stärke der Indios gerade im Erhalt von Gleichge-

wichten und der Integration des einzelnen in ein größeres Ganzes. Dies mag den „duldsamen Indios" (Tannenbaum 1967) die Anpassung an die geänderten Verhältnisse erleichtert und ihnen die Möglichkeit gegeben haben, im neuen Kontext Hergebrachtes zu bewahren.

Besonders deutlich wurde diese Verschmelzung auf religiösem Gebiet, wo sich mit der Conquista aus der Perspektive der Indios lediglich an der Spitze der Pyramide ein Wechsel vollzogen hat. In Cholula ist dies wortwörtlich der Fall. Dort erhebt sich noch heute auf der alten Tepanapa-Pyramide die Kirche der Virgen de los Remedios (Bild 23). Vielerorts wurden die christlichen Kirchen ganz bewußt am Standort indianischer Heiligtümer errichtet. Jesus Christus wurde zum neuen Hochgott, und die heidnischen Götter wurden durch christliche Heilige ersetzt. Nun standen der christliche Patrón und der Festkalender des Kirchenjahres im Mittelpunkt der Fiestas (Rohr 1991).

Die Verehrung der Nuestra Señora de Guadalupe bildet einen wichtigen religiösen Integrationspunkt in Mexiko. Auf dem Hügel von Tepeyac, wo zuvor der Tempel

Abb. 19: Vizekönigreich Neuspanien:

- Grenze des Vizekönigreiches
- Grenzen der Provinzen
- Verwaltungszentrum
- Hafen
- Bergbauort
- sonstiger Ort

San Francisco
Santa Fé
San Antonio
Chihuahua
Alamos
Monclova
Parral
Monterrey
La Paz
Durango
Santander
Zacatecas
San Luis Potosí
Guadalajara
Guanajuato
Mérida
Pachuca
Mexiko-Stadt
Veracruz
Puebla
Taxco
Acapulco
Oaxaca

0   500 km

- beanspruchtes Territorium der Provincias
- tatsächlich kontrolliertes Territorium der Provincias
- Gobernios
- direkt dem Vizekönig unterstehende Alcaldias und Corregimientos
- Capitanía de Guatemala (eigenständig)

Abb. 19: Vizekönigreich Neuspanien: *Zentralmexiko bildete den Kernraum Neuspaniens. Städte und Bergbauzentren zeichnen spätere Entwicklungsachsen vor. Die unzureichend kontrollierten Gebiete im Norden verlor das unabhängige Mexiko 1848 an die USA.*

Quelle: Atlas Nacional de México 1990. Entwurf: Christian H. Weber, 1997

der aztekischen Muttergottheit Tonantzin gestanden hatte, erschien dem getauften Indio Juan Diego im Jahre 1531 mehrmals die Jungfrau Maria als Dunkelhäutige, als „Morena". Als sichtbares Zeichen hinterließ die Gottesmutter auf dem Umhang von Juan Diego ihr Abbild. Seither wird dieses Gnadenbild der „Morena" in der Basilika von Guadalupe im Norden von Mexiko-Stadt verehrt und ist das Ziel zahlreicher Wallfahrer aus dem ganzen Land. Die frühen Missionare, die aus den Reihen des Franziskanerordens stammten, übernahmen bewußt Elemente des vorspanischen Ritu-

als, um die Indios für das Christentum zu gewinnen.

Um einen leichteren Zugang zur indianischen Kultur zu erhalten, förderten die Mönche, allen voran der Franziskaner Bernardino de Sahagún, die Erforschung der indianischen Geschichte, Sprache und Religion. In diese Zeit fällt die Errichtung eines Lehrstuhls für aztekische Sprache an der Universität von Mexiko und des Kollegs von Tlatelolco, in dem Söhne des indianischen Adels unterrichtet wurden. In einem krassen Gegensatz zu dieser aufgeschlossenen Haltung der Missionare in Zentralmexiko steht das Vorgehen des Franziskaners Diego de Landa in Yucatán. Als Provinzial seines Ordens hatte sich Landa mit solchem Eifer bei der Ausrottung heidnischer Gebräuche und der Verbrennung der alten Maya-Schriften hervorgetan, daß er sich schließlich in Spanien wegen Überschreitung seiner Kompetenzen verantworten mußte (Riese 1995).

Erleichtert wurde der Synkretismus auch durch den kulturgeschichtlichen Hintergrund der Iberischen Halbinsel. Über 800 Jahre hatte es dort ein gedeihliches Nebeneinander von Moslems, Christen und Juden gegeben, bis nach dem erfolgreichen Abschluß der Reconquista unter der einsetzenden Inquisition das geistige Leben erstarrte. Die ursprüngliche Multikultur Iberiens kam somit einem Synkretismus in Amerika entgegen und lebt gewissermaßen in ihm fort (Rohr 1991). Allerdings kehrte mit den 1565 veröffentlichen Dekreten des Tridentiner Konzils (1545– 1563) auch in Neuspanien der Geist der Gegenreformation ein. Auf offizieller Ebene fand der hoffnungsvolle Ansatz einer Synthese beider Kulturen damit ein jähes Ende. Oberflächlich führte das Tridentinum in der Neuen Welt zu einer „religiös uniformeren" Gesellschaft als es sie im mittelalterlichen Europa je gegeben hatte. Da dem „kulturellen Katholizismus [in Amerika] die Einhaltung der äußeren Form der Frömmigkeit genügte", blühte trotz Formalismus und Erstarrung in Dogma, Liturgie und Kirchenrecht ein lebendiger Volksglaube, in dem sich spanische und indianische Elemente mischten (Prien 1994, S. 155). Die „verwaisten Indios fanden durch den katholischen Glauben einen neuen Platz in der Welt", weil sie die „Möglichkeit [hatten], durch die Taufe der Kirche und damit einer gesellschaftlichen Ordnung anzugehören" (Paz 1969, S. 104). Alte indianische Vorstellungen lebten in der katholischen Religion weiter. Dieser Synkretismus brachte in Mexiko eindrucksvolle Kunstwerke (Bild 24) und eine lebendige Volkskultur hervor.

Spanien und die Conquista

Das Zeitalter der Eroberungen und Entdeckungen markiert eine Epoche, in der sich die Alte Welt im Aufbruch und Um-

Bild 24: Die Kathedrale von Zacatecas: *Die Fassade der Kathedrale von Zacatecas ist ein Prunkstück der Kolonialarchitektur. Im Churrigueresco-Stil bringt der Überschwang des spanischen Spätbarock vereint mit der Meisterschaft indianischer Bildhauer eine üppige Ornamentik hervor.*

bruch befand. Mit der Reformation zerbrach die innere Einheit des christlichen Abendlandes endgültig, was sich auch in der Neuen Welt widerspiegelt. Hier markiert die Grenze zwischen Angloamerika und Lateinamerika zugleich eine Grenze zwischen einer katholisch und einer protestantisch geprägten Kultur.

Während die im Entstehen begriffenen absolutistischen Monarchien darangingen, einen bürokratischen Verwaltungsapparat aufzubauen, um sich aus der Abhängigkeit vom Adel zu befreien, bot sich in der Neuen Welt für die spanische Krone die Gelegenheit, ohne die Vorbelastung durch feudale Strukturen ein bürokratisches Regierungs- und Verwaltungssystem aufzubauen. Und doch konnte das Entstehen personalistischer und klientelistischer Netzwerke, die sich neben den staatlichen Institutionen etablierten, nicht verhindert werden. Die Entdeckungsfahrten und die Eroberungen waren zunächst Privatunternehmungen einzelner Persönlichkeiten, die auf der Suche nach Glück, Reichtum und Abenteuer waren. Die spanischen Monarchen bedienten sich dieser „Privatunternehmer", um die neuen Länder für die Krone zu gewinnen und eine dauerhafte Grundlage für Spaniens Macht und Reichtum zu schaffen. Das Streben der Conquistadores nach schnellem Reichtum lief vielfach den Interessen der Krone an einer nachhaltigen Nutzung der menschlichen und materiellen Ressourcen in Amerika zuwider. Deshalb suchten die Monarchen auch eine Dezimierung der indianischen Arbeitskräfte durch Massaker und exzessive Belastungen zu verhindern.

Auch konnten zu enge Verbindungen zwischen dem indianischen Adel und den Eroberern, womöglich mit dem Ziel, ein eigenes „Königreich Mexiko" zu errichten, nicht im Interesse der spanischen Krone sein. So erhielt Cortés nach der Eroberung des Aztekenreiches und der Festigung der Herrschaft 1528 zwar einen Adelstitel, reiche Ländereien und den militärischen Oberbefehl, nicht aber die erhoffte zivile Regierungsgewalt über Neuspanien. Auch in der Folgezeit versuchte man von spanischer Seite, die Entstehung feudaler Machtstrukturen in Neuspanien zu verhindern, kam aber nicht umhin, bei der Landvergabe Zugeständnisse zu machen, um sich der Loyalität zu versichern.

Die Eroberung Amerikas, die Conquista, bildete die konsequente Verlängerung der Reconquista der Iberischen Halbinsel, die 1492 mit der Eroberung von Granada abgeschlossen worden war. Doch schon bald stellten sich in Spanien Zweifel an der Berechtigung der Herrschaft über die neuen Völker und Länder ein. Akzeptiert wurde allerdings die Begründung der Besitznahme der Neuen Welt mit dem heilsgeschichtlichen Missionsauftrag der Christen, den Indianern die Botschaft des Evangeliums zu verkünden. Ein gerechter Krieg war danach nur gegen die Störer der Mission möglich, die Zwangsbekehrung jedoch ausdrücklich ausgeschlossen. Gerade aus diesem missionarischen und seelsorgerischen Auftrag ergaben sich aber auch Für-

sorgeverpflichtungen gegenüber den Eingeborenen. So griff der Bischof von Mexiko, Juan de Zumárraga, zum Zwangsmittel der Exkommunikation, als zwischen 1528 und 1530 Mitglieder der ersten Audiencia die Ausbeutung und Unterdrückung der Indianer forcierten (Prem 1996). Der Dominikaner und spätere Bischof von San Cristóbal Bartolomé de Las Casas (1474–1566) schilderte eindringlich die Habgier und Grausamkeit vieler Conquistadores und setzte sich mit Nachdruck für die Abschaffung der Indianersklaverei und die Zuerkennung eigener Rechte ein.

Das Engagement der Geistlichen blieb nicht ohne Wirkung. Papst Paul III. erklärte 1537 in seiner Bulle „Sublimis Deus", daß die „Indios wirklich freie Menschen sind und unter keinen Umständen ihrer Freiheit und ihrer Güter beraubt werden dürfen" (Beck 1986, S. 69; Konetzke 1965, S. 40). In den „Neuen Gesetzen" (Leyes Nuevas) von 1542 wurde die Versklavung von Indios ausdrücklich verboten. Zugleich wurde den Indios auch das Recht zugebilligt, über ihr Eigentum frei zu verfügen.

Diese Regelung, die dem indianischen Rechtsverständnis im Grunde zuwiderlief, wurde von vielen Spaniern zur Übervorteilung genutzt. Dies führte bei der Kolonialverwaltung zur Ansicht, daß „die Indios mit der ihnen aufgezwungenen Rolle als Rechtssubjekte nichts anfangen konnten" (Beck 1986, S. 75): Sie erklärte sie zu Minderjährigen, die unter besonderem Schutz standen. Dem allgemeinen Wandel des Rechts- und Legitimationsverständnisses folgend, wurde in den Ordenanzas von 1573 das Wort „Conquista" durch das Wort „Pacificación" ersetzt.

Das Ringen der Theologen und Juristen und die Zweifel an der Berechtigung der Eroberung, die „duda indiana" zeigen, daß man sich in Spanien mit der Macht des Stärkeren als Legitimation für die Conquista nicht begnügte. Wenn es im Alltag Neuspaniens dennoch häufig zu einer Unterdrückung des Schwächeren durch den Stärkeren kam, unterstreicht dies die begrenzten Möglichkeiten der spanischen Obrigkeit, die gutgemeinten Prinzipien in der kolonialen Gesellschaft durchzusetzen; in einer Gesellschaft, die in hohem Maße beherrscht wird vom Prinzip des „Machismo", als Inbegriff von Macht, die an keine Idee der Ordnung gebunden ist (Paz 1969). Die umfangreiche Gesetzgebung zeigt nicht nur das Ringen um Legitimation, sondern auch das Bemühen des Staates, der Gesellschaft eine Wertordnung zu geben. Eine Tradition, die bis heute in Mexiko nachwirkt.

Die Spuren Neuspaniens

aDie Tradition der Fremdbestimmung

Mit der Eroberung wurde der Raum des heutigen Mexiko Teil des weltumspannenden spanischen Kolonialreiches. Über rund 300 Jahre war die Entwicklung in Neuspanien dadurch aufs engste mit den Geschehnissen auf der Iberischen Halbinsel und in Europa verbunden. Von Anfang an betrachtete die spanische Krone die eroberten Gebiete in der Neuen Welt als Reichsteile in Übersee. Oberster Eigentümer allen Landes und Schutzherr seiner Bewohner war der König von Spanien. Daher wurde schon bald nach Abschluß der Conquista streng darauf geachtet, daß dieser Anspruch nicht gefährdet würde. Neben der rechtlichen Absicherung der Besitzansprüche in der Neuen Welt bemühte sich Spanien auch, ausländische Mächte vom Handel und der Besiedlung auszuschließen.

Die ersten Jahre nach der Eroberung standen in Neuspanien im Zeichen einer indirekten Herrschaft. Zunächst hatten die Spanier nur die Spitzenpositionen ausgetauscht, ansonsten aber die indianischen Herrschaftsstrukturen weitgehend unberührt gelassen. Die indianischen Fürsten wurden als Vasallen des Königs von Spanien in ihren Rechten bestätigt, soweit sie sich nicht der Mission widersetzten. Bei der Abschöpfung der Tribute bedienten sich die Spanier der indianischen Strukturen. Obwohl es auch zu Exzessen einzelner Eroberer kam, wird für die ersten Jahre nach der Conquista doch meist von einem ausgeprägten Miteinander von Spaniern und Indios gesprochen, das sich auf verschiedenen Feldern dokumentierte (Katz 1993; Beck 1986).

Allmählich zeichnete sich allerdings ein Wandel ab, der durch die dramatische demographische Entwicklung begünstigt wurde. Das Massensterben in den ersten Jahrzehnten nach der Eroberung bewirkte eine Demoralisierung und Schwächung der indianischen Bevölkerung. Da die spanische Krone eine eigenständige Entwicklung in der Neuen Welt verhindern wollte, ersetzte sie zunehmend die indirekte Herrschaft mittels einzelner Eroberer und des indianischen Adels durch eine direkte Herrschaft. Die fernen Kronländer sollten unlösbarer Teil eines modernen, bürokratischen und zentralistischen Staatswesens werden, dessen Schaltzentrale sich am spanischen Hof befand. Daher wurden auch die Entscheidungen über alle politischen, wirtschaftlichen und religiösen Fragen Neuspaniens nunmehr in Madrid getroffen.

Vor dem Hintergrund der Kolonialgeschichte werden aber auch die Unterschiede zwischen Angloamerika und Lateinamerika verständlich, und insbesondere die Verschiedenartigkeit von Mexiko und den USA. Während in Neuengland die Eigeninitiative die entscheidende Triebfeder für die Entstehung eines unabhängigen Siedlerstaates bildete, war in Neuspanien die Erschließung, Besiedlung und Entwicklung des Raumes ein geplantes und gelenktes Unternehmen der spanischen Krone. Schon früh entstand in Angloamerika eine „civil society" als Basis für eine spätere demokratische Entwicklung von unten. In Neuspanien und im späteren Mexiko dagegen ist „Fortschritt" über weite Strecken ein von oben eingeleiteter und gesteuerter Prozeß.

Zentralismus und Kontrolle

Die spanischen Monarchen bedienten sich bei der Verwaltung der überseeischen Besitzungen eines bürokratischen Apparates, der allerdings zusehends ausuferte (Abb. 20). In der zentralistischen Staatsverwaltung des modernen Mexiko lebt diese bürokratische Tradition der Kolonialzeit fort. Auf vielfältige Weise wurde sichergestellt, daß dem Mutterland die Kontrolle über die

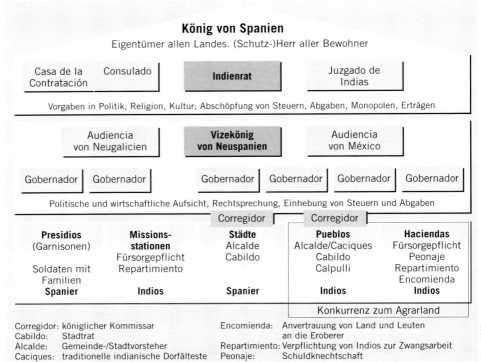

König von Spanien

Eigentümer allen Landes. (Schutz-)Herr aller Bewohner

Casa de la Contratación	Consulado	**Indienrat**	Juzgado de Indias

Vorgaben in Politik, Religion, Kultur; Abschöpfung von Steuern, Abgaben, Monopolen, Erträgen

Audiencia von Neugalicien	**Vizekönig von Neuspanien**	Audiencia von México

Gobernador	Gobernador	Gobernador	Gobernador	Gobernador	Gobernador

Politische und wirtschaftliche Aufsicht, Rechtsprechung, Einhebung von Steuern und Abgaben

Corregidor Corregidor

Presidios (Garnisonen) Soldaten mit Familien **Spanier**	**Missions- stationen** Fürsorgepflicht Repartimiento **Indios**	**Städte** Alcalde Cabildo **Spanier**	**Pueblos** Alcalde/Caciques Cabildo Calpulli **Indios**	**Haciendas** Fürsorgepflicht Peonaje Repartimiento Encomienda **Indios**

Konkurrenz zum Agrarland

Corregidor: königlicher Kommissar
Cabildo: Stadtrat
Alcalde: Gemeinde-/Stadtvorsteher
Caciques: traditionelle indianische Dorfälteste

Encomienda: Anvertrauung von Land und Leuten an die Eroberer
Repartimiento: Verpflichtung von Indios zur Zwangsarbeit
Peonaje: Schuldknechtschaft

Entwurf: Christian H. Weber, 1997

Abb. 20: Spanische Kolonialverwaltung: *Die Reichsteile in Übersee wurden durch eine hierarchisch gegliederte, von Spanien kontrollierte Bürokratie verwaltet. Auf der vielschichtigen unteren Ebene klafften königlicher Herrschaftsanspruch und die tatsächlichen Machtverhältnisse häufig auseinander.*

Besitzungen in Übersee nicht entglitt: Die Amtszeit der Funktionsträger war begrenzt, und durch die Besetzung der wichtigen Posten mit neuen Personen aus Spanien erfolgte eine Rotation, welche die Bildung von klientelistischen Seilschaften verhindern sollte. Die Gremien auf allen Ebenen waren unmittelbar der Zentralbehörde im Mutterland verantwortlich. Daneben hatten verschiedene Organe gegenseitig Kontroll- und Aufsichtsfunktionen.

Das zentrale Verwaltungsorgan der spanischen Krone für ihre Besitzungen in der Neuen Welt war seit 1524 der sogenannte Indische Rat. Im Zuge der Bourbonischen Reformen im 18. Jh. wurden die Kompetenzen des Indischen Rates zugunsten eines Ministers für Westindien beschnitten. Der Handels- und Schiffsverkehr war auf den Hafen von Sevilla konzentriert, später kam noch Cádiz hinzu. Der gesamte Verkehr mit

der Neuen Welt wurde von der Casa de la Contratación mit Sitz in Sevilla kontrolliert, der ein Beirat (Consulado) aus Vertretern der Kaufmannsgilden zur Seite stand. Für den Hafen Cádiz bestand als ähnliches Kontrollgremium der Juzgado de Indias.

An der Spitze des spanischen Kolonialbesitzes in der Neuen Welt, als Vertreter der königlichen Autorität, standen anfänglich zwei Vizekönige. In Lima residierte der Vizekönig von Peru, in der Stadt Mexiko seit 1535 der Vizekönig von Neuspanien. Später wurde die Zahl der Vizekönigreiche in Amerika auf vier erhöht. Hinzu kamen Vizekönige für Neugranada mit der Hauptstadt Bogotá und für das Gebiet östlich der Anden mit Sitz in Buenos Aires. Daneben gab es Generalkapitäne mit Vollmachten eines Vizekönigs.

Die Vizekönige wurden von der spanischen Krone eingesetzt und besaßen umfangreiche königliche Vollmachten. Um die Kontrolle des Mutterlandes zu sichern, war ihre Amtszeit begrenzt. Eine Abkopplung der überseeischen Besitzungen sollte auch dadurch verhindert werden, daß fast ausschließlich Männer aus dem spanischen Mutterland zu Vizekönigen ernannt wurden. Nur vier Inhaber des vizeköniglichen Amtes kamen aus der Neuen Welt. Zusätzlich übten auch die Audiencias eine Kontrollfunktion über die Vizekönige aus, die am Ende ihrer Amtszeit einen ausführlichen Rechenschaftsbericht vorlegen mußten.

Das Gebiet des Vizekönigs von Neuspanien war ursprünglich in drei Bezirke von Appellationsgerichtshöfen, sogenannte Audiencias eingeteilt: Neugalicien mit Sitz in Guadalajara, México mit Sitz in der Stadt Mexiko und Guatemala. Später wurde die Audiencia von Guatemala in ein selbständiges Generalkapitanat umgewandelt und damit bereits die Grundlage für die eigenständige Entwicklung der beiden Staaten México und Guatemala geschaffen. Chiapas gehörte damals administrativ zu Guatemala und wurde erst 1824 Mexiko angegliedert. Die Audiencia war ein Kollegialorgan aus vier hohen Beamten, den Oidores, und einem Vorsitzenden. In der Audiencia von México hatte der Vizekönig von Neuspanien den Vorsitz. An der Spitze der Provinzen, der mittleren Verwaltungsebene, standen die Gobernadores, die nach den bourbonischen Reformen Intendanten genannt wurden. Die Einteilung der Provinzen hat sich im wesentlichen in den Grenzen der heutigen mexikanischen Bundesstaaten erhalten.

Die Vielfalt an der Basis

Die untere Verwaltungsebene in Neuspanien war durch ein vielschichtiges Nebeneinander verschiedener Herrschaftsformen gekennzeichnet. Obwohl das gesamte Vizekönigreich in Municipios aufgeteilt war, bestand ein deutliches Gefälle beim Einfluß der Kolonialbürokratie vor Ort.

In den Kolonialstädten bildeten Räte, Regidores, ein Kollegialorgan, den Cabildo, der als obersten Beamten der Stadt einen Alcalden wählte. Zu den kommunalen Ämtern hatten auch die in Neuspanien geborenen Europäer, die Kreolen (Criollos), Zugang. Zunehmend beanspruchten die rei-

chen Familien die Ämter in den Städten für sich. Politische Funktionen wurden gleichsam als Privatbesitz und erbliche Pfründe betrachtet. Auch Ämterkauf und Patronage waren an der Tagesordnung. Mit diesem inneren Verfall der städtischen Selbstverwaltung ging auch eine Zunahme der Eingriffe der Zentralbehörden einher.

Um die wichtigen Verkehrsverbindungen zu sichern, um Überfälle nichtzivilisierter Indianerstämme abzuwehren und schließlich auch um Vorstöße anderer europäischer Mächte zu unterbinden, wurden Garnisonen (Presidios) geschaffen. Die Presidios wurden von Militär-Gouverneuren verwaltet, denen die Soldaten mit ihren Familien unterstellt waren, die im Umland der Stützpunkte lebten.

Die Spanische Krone bediente sich ganz gezielt der „Mission als Fronteinrichtung" (Gründer 1992). Die ersten Träger der Mission waren die Orden der Franziskaner, der Dominikaner und der Augustiner. Später kamen auch die Jesuiten hinzu, die großen Anteil an der Erschließung von Nordwestmexiko hatten. Mit Missionsstationen sollten nicht seßhafte Stämme zivilisiert und die Grenzen gesichert werden. Die christlichen Missionare waren die ersten Weißen, die die neuen Territorien im Norden besiedelten.

Auch die Missionsstationen übten damit auf der unteren territorialen Ebene eine Herrschaftsfunktion aus, die in der Hand der jeweiligen Kirchenmänner lag. Vielfach machten in den Norden nachrückende Siedler das Werk der Missionare wieder zunichte, indem sie die Indios zur Arbeit in ihren Betrieben heranzogen und ihr Land okkupierten (Burkard 1988). Nachdem die notwendige Pionierarbeit geleistet war, trachtete die weltliche Obrigkeit vielfach danach, die recht eigenständigen Orden durch den Weltklerus zu ersetzen.

In einigen Gebieten übten die Encomenderos eine indirekte Herrschaft über die Indios aus. In der ursprünglichen Form wurde den Conquistadores Land mit den dort lebenden Indios anvertraut. In modifizierter Form hat sich die Herrschaft der Grundherren über die Landbewohner im Hacienda-System erhalten.

Es war das Ziel der Kolonialverwaltung, alle Indios seßhaft zu machen und zur besseren Kontrolle in Dörfern anzusiedeln. Diese Pueblos waren mit einer Kirche und einem spanischen Priester ausgestattet, für deren Unterhalt die Dorfgemeinschaft zu sorgen hatte. Die Selbstverwaltung dieser Dörfer war nach spanischem Muster organisiert und erfolgte durch einen Rat, den Cabildo, und den von ihm gewählten Gemeindevorsteher, den Alcalden. Daneben bestanden aber oftmals parallel indianische Institutionen fort, wie die Herrschaft von Caciques oder erblichen Häuptlingen. Zur Aufsicht über die indianischen Dörfer waren Corregidores, eine Art Vögte oder Landrichter, bestellt, denen die pueblos abgabeverpflichtet waren. Von diesen Abgaben flossen neben dem Tribut für die Krone auch dem Corregidor Einnahmen zu. Dies bedeutete eine Quelle für Ausbeutung und Bereicherung.

Schließlich gab es in Neuspanien auch Gebiete, die sich über lange Zeit – wohl aufgrund der fehlenden Verkehrserschließung – der Herrschaft durch die Spanier gänzlich entzogen haben. So behauptete sich in den schwer zugänglichen Wäldern des Südens der unabhängige Maya-Staat von Tayasal, der erst 1697 von den Spaniern unterworfen wurde. In abgelegenen Urwald- und Gebirgsregionen konnten viele kleinere Gemeinschaften lange unbehelligt von der Kolonialregierung weiterbestehen. Noch heute kommt dies in der räumlichen Verteilung der Gebiete mit überwiegend indianischer Bevölkerung zum Ausdruck (Abb. 21).

Die Ohnmacht des Staates

Vor dem Hintergrund der komplizierten und vielschichtigen Verhältnisse in Neuspanien ist verständlich, daß bei der Verwaltung der Gebiete in Übersee von Anfang an das angestrebte Ideal und die Wirklichkeit auseinanderklafften. Die Vorstellung von einem Herrschaftssystem, das auf allen Ebenen streng nach den Gesetzen aus dem Mutterland arbeitet, ließ sich zwar in Organisationsplänen und der Errichtung entsprechender Institutionen verwirklichen. Nicht überall aber entsprachen sich das institutionelle Gefüge und die tatsächlichen Machtstrukturen in der kolonialen Gesellschaft. Typisch für die realen Verhältnisse in Neuspanien war ein mitunter verwirrendes Nebeneinander, Ineinander und Miteinander von formellen und informellen Herrschaftsstrukturen. Zahlreiche Eroberer hatten sich bald in ihrem räumlich begrenzten Einflußbereich als lokale Machthaber ein Netz von Klientelbeziehungen aufgebaut. Die Kolonialbehörden mußten sich dieser Lokalgrößen bedienen, um sich die Herrschaft über das Land zu sichern. Von Anfang an existierte also neben der verfassungsmäßigen Zentralregierung ein informelles Herrschaftsgefüge. Dessen Machtbeziehungen wurden weniger von einer auf ideellen Werten beruhenden gesetzlichen Ordnung bestimmt als vielmehr von personellen Werten (Gerdes 1987). So bildete sich in der Kolonialzeit ein patrimonialer Staat heraus, in dem die Patron-Klientel-Beziehungen in eine zentralistische Staatsorganisation eingebunden waren. Aus dem mächtigen Zentralstaat der Theorie wurde in der politischen Wirklichkeit ein Schirmherr (Patrón), der einzelnen Personen oder Gruppen Vorteile gewährte, sofern sie ihn unterstützten (Wiarda, zit. bei Mols 1987, S. 186).

Dieses Prinzip im Verhältnis zwischen Staat und Gesellschaft hat sich in der politischen Kultur Mexikos bis heute erhalten und ist gewissermaßen eine andere Form von Partizipation. Eng im Zusammenhang mit dieser Praxis steht die seit der Kolonialzeit verbreitete Vorstellung, daß der Staat oder die Ausübung von Staatsgewalt für den einzelnen Amtsinhaber auch eigene Pfründe und somit eine Einnahmequelle darstellt (Mols 1987). Insbesondere auf den unteren Verwaltungsebenen kam es oft zu einer Verschmelzung zwischen Institutionen und Personen, zwischen personaler und bürokratischer Herrschaftsausübung.

Von der Wirkung her nicht zu unterschätzen sind auch die Einstellungen, die in der Gesellschaft gegenüber den Anordnungen der staatlichen Obrigkeit herrschten. Die bürokratische Überreglementierung vieler Lebensbereiche förderte in Neuspanien und den anderen Vizekönigreichen Ausweich- und Vermeidungsstrategien in der Bevölkerung. Die Einstellung: „Ich gehorche, aber ich erfülle nicht", entwickelte sich zur gängigen Praxis im Umgang mit Gesetzen und Verwaltungsakten, die den eigenen Wertvorstellungen und Interessen eklatant zuwiderliefen. Bis heute relativiert

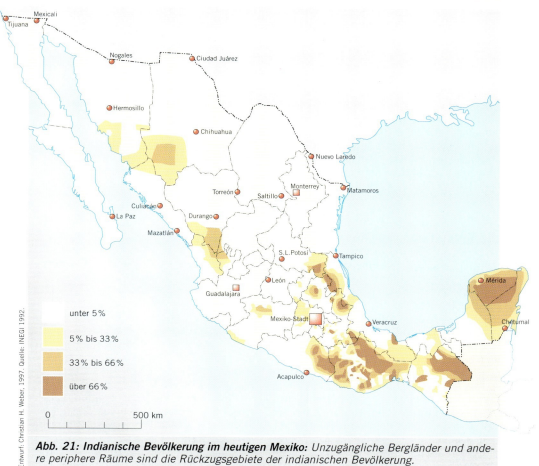

Abb. 21: Indianische Bevölkerung im heutigen Mexiko: *Unzugängliche Bergländer und andere periphere Räume sind die Rückzugsgebiete der indianischen Bevölkerung.*

unter 5 %

5 % bis 33 %

33 % bis 66 %

über 66 %

0   500 km

Entwurf: Christian H. Weber, 1997. Quelle: INEGI 1992.

diese Grundhaltung in der mexikanischen Gesellschaft die Macht von Institutionen und Gesetzen.

Die Wurzeln der Ungleichheit
Die koloniale Gesellschaft Neuspaniens wies eine ausgeprägte soziale und ökonomische Schichtung auf. Die beiden Endpunkte der sozialen Skala waren durch den Vorgang der Eroberung, die Verwaltungspraxis sowie die Kolonialgesetze vorgegeben. Die Spitzenämter in Verwaltung und Kirche durften nur mit Weißen besetzt werden, die in Spanien geboren waren, die sogenannten Gachupines. Wer nicht in Spanien, sondern in der Neuen Welt geboren war, blieb dagegen von den Spitzenpositionen ausgeschlossen und mußte sich damit abfinden, wenn

mitunter auch ärmere und weniger gebildete Gachupines in der Hierarchie einen höheren Rang einnahmen.

Obwohl im Rang unter dem spanischen Konsularadel, bildeten die in den Kolonien geborenen Spanier, die reichen Criollos, die aristokratische Oberschicht, die ihren Luxus offen zur Schau stellte. Noch heute zeugen davon die prächtigen Patiohäuser in den mexikanischen Städten. Grundlage des Reichtums der Kreolen war vor allem der Großgrundbesitz. Die Criollos stellten auch die Studenten an den Universitäten, die Gelehrten und den niederen Klerus.

Am unteren Ende der Gesellschaftspyramide standen die reinblütigen Indios. Durch die Gesetze, die zu ihrem Schutz erlassen worden waren, wurden sie wie unmündige Kinder behandelt. Soweit die Indios nicht in tributpflichtigen Dörfern lebten, arbeiteten sie als Peones auf den Haciendas oder in den Bergwerken.

Zwischen den Weißen und den Indios standen die Mischlinge, die Mestizos, die als untere Mittelschicht die Mehrheit der Bewohner in Mittel- und Großstädten stellten. Innerhalb der Mestizos bestand eine erhebliche soziale Differenzierung, die vom indianischen Blutsanteil, aber auch dem Verhältnis zum weißen Vater abhing, da es sich meist um uneheliche Kinder handelte. Die geschäftsfähigen Mestizos fanden in Neuspanien Tätigkeiten im Handwerk, dem Handel oder als freie Arbeiter. Sie hatten auch Zutritt zu untergeordneten Ämtern in Kirche und Staat.

In der Kolonialzeit war es nahezu unmöglich, die sozialen Barrieren, die zwischen den Gachupínes, den Criollos, den Mestizos und den Indios bestanden, nach oben hin zu durchbrechen. Die Geburt und Abstammung waren weitaus wichtiger als persönliche Verdienste. Aufgrund dieser Immobilität, die der Gesellschaft in Neuspanien Züge eines Kastenwesens verlieh, verfestigten sich die sozialen Gegensätze.

Die Entstehung der Mexikanischen Nation

Schwierige Ausgangsbedingungen

Mit der Unabhängigkeit wurde 1821 aus dem Vizekönigreich Neuspanien der Nationalstaat Mexiko. Der neue Staat sah sich in der Folgezeit drei großen Herausforderungen gegenüber:

Erstens mußte die mit der Unabhängigkeit erlangte Souveränität dauerhaft gesichert werden. Die europäischen Großmächte, insbesondere Frankreich, hatten keine Scheu, ihre Forderungen gegenüber Mexiko gewaltsam einzutreiben. Am 2. Dezember 1823 erklärte US-Präsident Monroe vor dem Kongreß, daß jeder Versuch der europäischen Großmächte, ihr politisches System auf den amerikanischen Kontinent auszudehnen, eine Bedrohung des Friedens und der Sicherheit der Vereinigten Staaten darstelle. Zwar bot diese sogenannte Monroe-Doktrin auch für Mexiko einen Schutz vor europäischen Übergriffen, was bei der Abwehr der französischen Intervention (1861–1867) wichtig werden sollte. Doch früh erkannte Lucas Alamán, ein führender politischer Philosoph Mexikos, in der Monroe-Doktrin erste Anzeichen eines nordamerikanischen Imperialismus (Miller-Bailey/Nasatir 1969). Wie begründet diese Befürchtungen waren, zeigten die Vorgänge in Texas und der Amerikanisch-Mexikanische Krieg (1846–1848), durch den Mexiko über die Hälfte seines Territoriums verlor.

Zweitens mußte in den vorgegebenen politisch-administrativen Einheiten Lateinamerikas erst ein Nationalbewußtsein entstehen (Steger 1973), während in Europa die Nationalstaaten bereits aus dem Nationalbewußtsein der jeweiligen Gesellschaften entstanden waren. Die einzige Klammer bildeten bis dahin die spanische Kultur und Sprache, welche die kreolische Elite in ganz Hispanoamerika verband. Insofern war Bolívars Vision einer lateinamerikanischen Nation nur konsequent. Die pragmatische Umsetzung scheiterte aber nicht zuletzt an der ausgeprägten regionalen Orientierungen, die in den Gravitationsfeldern der großen Verwaltungszentren entstanden waren. Ein solches Gravitationszentrum bildete die vizekönigliche Hauptstadt Mexiko mit dem zugeordneten Vizekönigreich Neuspanien. Entgegen ihrer verwaltungsmäßigen Zuordnung hatte sich die Provinz Chiapas aus dem Kontext des ehemaligen Generalkapitanats Guatemala gelöst und 1824 Mexiko angeschlossen, weil die Kreolen aus Chiapas im stärker spanisch-mestizisch geprägten Mexiko ihre Interessen besser gewahrt sahen als in Guatemala mit seiner indianischen Bevölkerungsmehrheit. Als Hindernis für die Ausbildung eines klassenübergreifenden Nationalbewußtseins erwiesen sich auch die extreme Schichtung der kolonialen Gesellschaft mit schier unüberwindlichen Klassengegensätzen und unterschiedliche Interessenlagen innerhalb der Elite.

Drittens mußte der neue Staat eine politische Verfassung erhalten. Schließlich setzte sich hier jene Richtung durch, die

Bild 25: Mexiko zwischen Unabhängigkeit und Revolution: *Das Wandgemälde von Osvaldo Barra im Regierungspalast in Aguascalientes illustriert die wechselvolle Geschichte zwischen Unabhängigkeit und Revolution. Zu sehen sind von links nach rechts: Santa Ana, Kaiser Maximilian, Reformer Juárez, Diktator Porfirio Díaz.*

liberales Gedankengut übernommen hatte und beim Staatsaufbau dem Vorbild der USA folgte. Die gravierenden Unterschiede zwischen den USA und Lateinamerika wurden bei dieser Adaption allerdings nicht hinreichend gewürdigt: Während sich die Staatsgründung im Falle der USA als Zusammenschluß freier Bürger darstellt, war es in Mexiko und im übrigen Lateinamerika Ziel der Verfassung, einen Ersatz für die bisher durch die spanische Krone verkörperte Autorität zu schaffen. Bei der Übernahme des liberalen Gedankengutes waren in der mehrfach gespaltenen Gesellschaft Mexikos die gesellschaftlichen und kulturellen Voraussetzungen für einen demokratischen Grundkonsens in keiner Weise erfüllt. Rückschläge und Bürgerkriege blieben nicht aus. Die Entwicklung Mexikos im 19. Jh. glich einem Wechsel zwischen politischem Chaos und autoritären Regierungen (Bild 25).

Gleichzeitig boten die Bürgerkriege für tüchtige Kämpfer und Caudillos die Chance, Klassengrenzen zu durchbrechen. Und die ihnen treu verbundenen Anhänger profitierten vom Erfolg der Caudillos. So wie der Kampf oft die einzige Quelle sozialer Mobilität darstellte, bildete Gewalt eine Form der Partizipation. Die noch heute verbreitete Violencia, die Sprache der Gewalt, als Form der Artikulation von Problemen hat hier eine ihrer Wurzeln. Die Bedeutung der Gewalt hängt auch damit zusammen, daß bei den Kämpfen im 19. Jh. der Machismo eine Bestätigung erfahren hatte. Als Erfolgsmaßstab und Grundlage sozialer Anerkennung galt das rücksichtslose Durchsetzungsvermögen der „hombres machos", die als Verkörperung „männlicher Tatkraft und Stärke" den Weg nach oben schafften (Gerdes 1987).

Diese gesellschaftlichen Wertvorstellungen füllten im Mexiko des 19. Jh.s den Rahmen der liberalen Rechtsordnung. In Lateinamerika wurde der Liberalismus nämlich größtenteils technokratisch-instrumentell gesehen, was in der engen Verschmelzung von Liberalismus und Positivismus seinen Ausdruck fand (Schmidt 1992). Mit der Übernahme liberalen Gedankengutes war im Mexiko des 19. Jh.s die Hoffnung verbunden, daß sich automatisch wirtschaftlicher und gesellschaftlicher Fortschritt einstellt. Mit den Mitteln einer liberalen Wirtschafts- und Gesellschaftspolitik und verstärkten Anstrengungen im Bildungsbereich sollte die Entwicklung der Länder vorangetrieben werden (Werz 1992), während sich an der traditionellen politischen Kultur nur wenig änderte.

Der Kampf um Unabhängigkeit (1810–1821)

Trotz bürokratischer Bevormundung und Behinderung durch die spanische Kolonialverwaltung erlangten zahlreiche Kreolen großen Reichtum. Im 18. Jh. waren viele Städte in der Neuen Welt wohlhabender als europäische, wovon noch heute in Mexiko vielerorts die prachtvolle Kolonialarchitektur kündet. Die wirtschaftlichen Erfolge waren eine wichtige Voraussetzung für das Entstehen der kreolischen Unabhängigkeitsbewegung, dokumentierten sie doch, daß man selbst zu großen Leistungen fähig war. In der kreolischen Oberschicht erwachte ein Stolz auf die Heimat, die schöne Neue Welt. Indes war das spanische Mutterland immer mehr zu einer Last für die Kolonien geworden. Die inflationierende Wirkung des unproduktiven Reichtums aus Übersee hatte den wirtschaftlichen Niedergang Spaniens beschleunigt. Spaniens Großmachtpolitik war mit ihren verlustreichen und kostspieligen Kriegen zu einem aufreibenden und kräftezehrenden Expansionismus geraten und schließlich gescheitert. Als 1702 die Bourbonen das Erbe der ausgestorbenen spanischen Linie der Habsburger antraten, führten sie eine Reihe von Reformen durch, die das zerrüttete Land wieder stärken sollten. Dazu zählten auch Bestrebungen, die Erträge aus den überseeischen Besitzungen zu steigern: Aus überseeischen Reichsteilen waren nun endgültig reine Kolonien geworden, die ausschließlich dem Mutterland zu dienen hatten. Dies mißfiel nicht nur den Kreolen, sondern erhöhte auch den Druck auf die Landbevölkerung in Neuspanien. Im ausgehenden 18. Jh. bestanden extreme soziale Spannungen und eine zunehmende Aversion der Kreolen gegen die spanische Kolonialherrschaft. Das geistige Rüstzeug für die Forderung nach Unabhängigkeit lieferte der kreolischen Bildungsschicht das Gedankengut der europäischen Aufklärung: Die etablierte Herrschaft wurde in Frage gestellt, die Freiheit des Handels gefordert, die Gleichheit aller Klassen proklamiert. Das Gleichheitspostulat bezog sich dabei aber meist nur auf die Diskriminierung der Kreolen durch die Gachupínes. Neben dem Unmut und Aufbegehren der Kreolen gegen die spanische Fremdherrschaft sorgte die zunehmende Verelendung der Campesinos im ländlichen Raum zu Beginn des 19. Jh.s für zusätzliche Spannungen.

Trotz ihrer Abneigungen gegen die Gachupínes stand in Neuspanien die Mehrheit der Kreolen allerdings loyal zum spanischen König, ihre Forderungen zielten deshalb eher auf eine Reform als auf eine Revolution. Die Ereignisse in Europa brachten eine dramatische Wende. Als im Mai 1808 Napoleon den Bourbonen Ferdinand VII. zum Thronverzicht gezwungen und seinen Bruder Joseph Napoleon als spanischen König eingesetzt hatte, kam die Kolonialverwaltung in eine Legitimitätskrise, weil sie einem unrechtmäßigen Herrscher diente. Zwischen April und September 1810 entstanden in ganz Lateinamerika kreolische Verschwörungen gegen die Gachupínes, die sich auf den rechtmäßigen König Ferdinand VII. beriefen.

Einem solchen konspirativen Kreis, der in Querétaro zusammenkam, gehörten der Offizier Ignacio Allende und der Priester Miguel Hidalgo an. Um der Aushebung des entdeckten Komplotts zuvorzukommen, läutete Pfarrer Hidalgo in der Nacht vom 15. auf den 16. September 1810 seine Pfarrei in Dolores zusammen. Von der Kanzel rief er im Namen der Religion zum Kampf für Amerika und gegen die schlechte Regierung auf. Dieser „Grito de Dolores" wird Jahr für Jahr am Vorabend des 16. September, des mexikanischen Nationalfeiertags, in Mexiko-Stadt vom Staatspräsidenten und in den anderen Städten des Landes von hohen Beamten wiederholt. Für diesen Teil der mexikanischen „Staatsliturgie" befindet sich an allen Regierungsgebäuden eine eigene Glocke, am Präsidentenpalast in Mexiko-Stadt das Original aus Dolores.

Hidalgos „Grito" löste eine Massenbewegung der armen Landbevölkerung aus, bei der sozialrevolutionäre Forderungen unüberhörbar wurden. Die drohende Revolution rief nicht nur den Widerstand der Gachupínes und des höheren Klerus hervor, sondern wurde auch von der kreolischen Oberschicht bekämpft. Nach ersten Erfolgen wurde die Streitmacht von Hidalgo am 17. Januar 1811 bei Guadalajara geschlagen. Hidalgo und Allende wurden gefangengenommen und hingerichtet. Doch unter Führung des Priesters José María Morelos wurde der Kampf in Südwestmexiko weitergeführt. Am 6. November 1813 wurden in der Proklamation von Chilpancingo weitreichende Reformforderungen erhoben, die 1814 zu einem Verfassungsentwurf ausgebaut wurden. Zu den Inhalten zählten die Unabhängigkeit Mexikos, die katholische Religion als Staatsreligion, das Selbstbestimmungsrecht des Volkes, aber auch die Forderung nach einer Aufteilung des Großgrundbesitzes.

Mit der Rückkehr Ferdinands VII. auf den spanischen Thron im Jahr 1814 war der Anlaß der Aufstände entfallen. Neue spanische Truppen kamen ins Land. Nachdem seine Streitmacht besiegt worden war, wurde Morelos am 22. Dezember 1815 hingerichtet. Vom Führungskreis der Revolutionäre überlebten nur Vicente Guerrero und Félix Fernández. Fernández nannte sich zu Ehren Hidalgos später Guadalupe Victoria und sollte unter diesem Namen 1823 der erste Präsident Mexikos werden. Vicente Guerrero kämpfte in der Region als Guerilla-Führer weiter, die heute als Bundesstaat seinen Namen trägt. Innerhalb Neuspaniens hatten sich 1815 die konservativen Kräfte durchgesetzt.

Diese konservativen Kreise, welche die revolutionäre Unabhängigkeitsbewegung von Hidalgo und Morelos so entschieden bekämpft hatten, wurden 1820 zu den Vollstreckern der Unabhängigkeit im Zeichen der Reaktion. Die im gleichen Jahr in Spanien ausgebrochene Revolution und die daraufhin erlassene liberale Verfassung hatte bei der kreolischen Landaristokratie Neuspaniens die Sorge wachgerufen, daß von einer neuen spanischen Regierung auch in Übersee Reformen durchgeführt werden könnten. Mit der Führung betrauten die Konservativen den Offizier Agustín Iturbide, der auch mit den verbliebenen Exponenten

der Bewegung von Hidalgo und Morelos ein Zweckbündnis schloß. Als gemeinsame Plattform wurde am 24. Februar 1821 der „Plan von Iguala" verkündet. Danach sollte Mexiko eine unabhängige Monarchie und die Krone dem spanischen Königshaus angeboten werden. Ein Kongreß sollte eine Verfassung mit drei Garantien verabschieden: der Unabhängigkeit, der Gleichheit aller Rassen und der Erhaltung der privilegierten Position der katholischen Kirche. Die drei Garantien stießen auf breite Zustimmung in Neuspanien.

Der amtierende Vizekönig dankte ab, und sein neu entsandter Nachfolger unterzeichnete am 24. August 1821 in Córdoba einen Vertrag, der mit Ausnahme der Forderung nach einem spanischen Prinzen alle Punkte des „Plans von Iguala" akzeptierte. Fast auf den Tag genau 300 Jahre nach dem Fall Tenochtitláns war die Entlassung Neuspaniens in die Unabhängigkeit besiegelt. Von Spanien wurde die Unabhängigkeit allerdings erst 1836 anerkannt, und in der Hafenfestung von Veracruz, San Juan de Ulúa, hielten sich die spanischen Truppen bis 1825.

Chaos und Gebietsverluste (1821 – 1855)

Nach Kompetenzstreitigkeiten mit dem Kongreß wurde Iturbide von seinen Truppen zum Kaiser Agustín Iturbide I. von Mexiko proklamiert. Der am 25. Juli 1822 offiziell Gekrönte erweckte durch seine selbstgefällige und verschwenderische Hofhaltung bald das Mißfallen der Kreolen und der alten Revolutionäre um Guerrero und Guadalupe. Iturbide wurde 1823 zur Abdankung gezwungen, Mexiko eine Bundesrepublik und Guadalupe Victoria ihr erster Präsident.

Die neue Verfassung von 1824 folgte weitgehend dem Muster der USA, und in Mexiko wurden sogar eigens Bundesstaaten geschaffen. Mit dem Erlaß einer neuen Verfassung und der Besetzung der Staatsorgane waren allerdings die tiefgreifenden Probleme Mexikos noch nicht gelöst. So war nach dem Wegfall der Kolonialherrschaft ein Machtvakuum entstanden. Mangel herrschte nicht nur in der Staatskasse, sondern auch an qualifiziertem Verwaltungspersonal.

In dieser labilen Phase erwies sich ein erbitterter Streit in der Elite besonders ver-

hängnisvoll und stürzte Mexiko über Jahrzehnte ins Chaos. Liberale und Konservative standen sich unversöhnlich gegenüber.
Den Kern der „Conservadores", die sich zur
alten Feudalordnung bekannten, bildete
die Landaristokratie. Da es zwischen den
Kreisen der kreolischen Hacendados und
der Armee sowie der katholischen Kirche
enge persönliche Verbindungen gab, unterstützen diese beiden Institutionen die Konservativen. Schließlich sollten die weichen-
den Erben der Großgrundbesitzer auch
künftig mit führenden Posten in Armee
und Kirche versorgt werden.

Auf der anderen Seite forderten die
Kaufleute und Intellektuellen eine Abschaffung der Privilegien der Landaristokratie
und der Kirche. Schon von Anfang an hatte
die liberale Bewegung in Mexiko auch eine
dezidiert antiklerikale Stoßrichtung. Zu
den Wortführern der „Liberales" wurden
sehr schnell die „Abogados", da die am römischen Recht geschulten Juristen den
Großteil der Bildungsbürger stellten. Auf
der Seite der Konservativen standen Mili-
tärführer an der Spitze. Mitunter wird der
Typ des „Caudillo" als typisches Phänomen
der konservativen Bewegung bezeichnet,
der den eher bürokratischen „Abogados"
gegenübersteht (Steger 1975).

Die markanteste Caudillo-Figur zwischen
1824 und 1855 war der General Antonio
López de Santa Ana. In diesem Zeitraum
wechselte in Mexiko 48mal die Regierung
und elfmal hatte Santa Ana die Präsidentschaft usurpiert (Carpizo 1987). Und auch
wenn er gerade einmal nicht Präsident war,
bestimmte der ehrgeizige Opportunist auf
irgendeine Weise, tragisch oder komisch,
das Geschehen in Mexiko. Als Inbegriff des
„Macho" legte Santa Ana dabei auch gro-
teske Züge eines Spaßvogels an den Tag,
dessen „Scherze maßlos und ungewöhn-
lich sind oder gar im Absurden enden"
(Paz 1969, S. 85). So ließ der General beispielsweise sein Bein, das er in einem
Scharmützel gegen die Franzosen verloren
hatte, in einem pompösen Staatsbegräbnis
beisetzen.

Das wirtschaftlich und politisch zerrüttete Land verlor 1848 über die Hälfte seines Territoriums an die USA. Den Auslöser
für den Krieg bildete der Konflikt um Texas.
In der dünn besiedelten Provinz gab es nur

wenige mexikanische Niederlassungen: die
Städte San Antonio, La Bahía und El Paso
del Norte sowie einige kleinere Missionsstationen. Die Gegend um San Antonio
hatte schon früh das Interesse von Baum-
wollpflanzern aus den USA geweckt. Für
den Plan der Ansiedlung katholischer Amerikaner erhielt Agustín im Jahr 1821 die
Zustimmung der mexikanischen Regierung.
Eine begrenzte Zahl katholischer Familien
durfte sich unter der Bedingung ansiedeln,
daß sie das in Mexiko bestehende Verbot
der Sklavenhaltung einhielten und die mexikanische Staatsbürgerschaft annähmen.
Die Erwartung der mexikanischen Regierung, mit den neuen Siedlern ein Bollwerk
gegen Indianer und Yankees zu schaffen,
verkehrte sich bald ins Gegenteil. Bis
1827 war die Zahl der Amerikaner in Texas
auf über 12 000 angewachsen. Die Bereit-
schaft der Siedler, die Oberhoheit des
mexikanischen Staates anzuerkennen und
dessen Anordnungen zu beachten, war
sehr gering. Schließlich erklärten die Texaner ihre Unabhängigkeit und im Oktober
1835 begannen die militärischen Auseinandersetzungen zwischen texanischen Se-
paratisten und der mexikanischen Armee.

Am 23. Februar 1836 bliesen die mexikanischen Truppen zum Sturmangriff auf
die Missionsstation Los Alamos. Die Opfer
der mexikanischen Strafaktion wurden zu
Helden des texanischen Freiheitskampfes.
Schließlich wurde Santa Ana 1836 am
Jacinto von den Texanern besiegt und geriet in Gefangenschaft. Für seine Freilas-
sung akzeptierte der opportunistische General die Unabhängigkeit von Texas und
den Grenzverlauf am Río Grande.

Daß Mexiko die Zugeständnisse von
Santa Ana nicht anerkannte, änderte an
der Unabhängigkeit von Texas nichts mehr.
Die neue Republik Texas wurde von den
USA, Frankreich, Großbritannien und Bel-
gien diplomatisch anerkannt. 1844 optier-
ten die Texaner für die Aufnahme in die
amerikanische Union. Dies führte zur Eskalation des Konflikts zwischen den USA und
Mexiko. Die Vereinigten Staaten boten
Mexiko 5 Mio. US-$ für die Anerkennung
des Grenzverlaufs am Río Bravo an, weitere
25 Mio. als Entschädigung für die Überlassung von Kalifornien. Die Mexikaner lehnten ab. Im März 1845 wurde Texas als

neuer Bundesstaat in die USA aufgenommen. Schließlich rückten amerikanische Truppen an mehreren Stellen gegen Mexiko vor. US-Verbände, die in Veracruz gelandet waren, erreichten 1847 Mexiko-Stadt, ohne auf nennenswerten Widerstand zu stoßen. Am Hügel von Chapultepec stellten sich ihnen Rekruten entgegen, die kaum älter als 15 Jahre waren. Neun der Kadetten zogen den Tod der Gefangennahme durch die Amerikaner vor und sind als die „heldenhaften Kinder" (Niños Héroes) in die mexikanische Geschichte eingegangen.

Am 2. Februar 1848 trat Mexiko im Vertrag von Guadalupe Hidalgo Texas, Kalifornien, Arizona und Neumexiko an die USA ab. Bis heute gilt der Krieg aus Sicht der Mexikaner als der allerungerechteste Krieg in der Geschichte, der einzig dazu diente, das Territorium der USA um jeden Preis und unter Anwendung aller Mittel zu vergrößern (Miller-Bailey/Nasatir 1969; Paz 1969). Der verlorene Krieg vergrößerte das Chaos in Mexiko noch. Auch weiterhin griff Santa Ana wiederholt in das politische Geschehen ein. Seinen letzten politischen Kredit verspielte er mit dem Verkauf des „La Mesilla"-Territoriums an die USA. Der am 3. Dezember 1853 von Santa Ana unterzeichnete Vertrag brachte für einen Kaufpreis von 10 Mio. $ den USA nochmals 100 000 Quadratkilometer mexikanisches Territorium ein. Seit der Unabhängigkeit hatte Mexiko das Zweieinhalbfache seiner heutigen Fläche an die USA verloren, der größte Anteil „der juristisch beanspruchten Territorien Neuspaniens wurde von den Vereinigten Staaten absorbiert" (Burkard 1988, S. 48).

Kampf und Sieg für die Reform (1855–1876)

Nach dem Sturz von Santa Ana, der 1855 endgültig des Landes verwiesen wurde, kam es in Mexiko zu einer Reihe von Reformen, weshalb diese Ära zwischen 1855 und 1861 auch die Bezeichnung „La Reforma" erhalten hat. Der Regierung von Juán Álvarez (1855) und von Ignacio Comonfort (1855–1857) gehörten zwei bedeutende Reformer an: Miguel Lerdo de Tejada und Benito Juárez. Die beiden liberalen Juristen zeichneten für Reformen verantwortlich, welche die Privilegien der Kirche und der Landaristokratie beseitigten und in Mexiko eine liberale Rechtsordnung errichteten. Deren Abschluß bildete 1857 die Verabschiedung einer neuen Verfassung, die bei der Staatsorganisation auch weiterhin dem US-amerikanischem Vorbild folgte. Der Großteil der heutigen Rechtspraxis beruht auf den Grundlagen, die in der Zeit der Reformen geschaffen wurden. Damals wurden auch Kirche und Staat vollständig getrennt, die Zivilehe und staatliche Schulen eingeführt. Mit der Zerschlagung der Grundherrschaft der Kirche, die über 50 % der produktiven Ländereien verfügt hatte, wurde das letzte Bollwerk der alten Feudalordnung beseitigt. Entgegen der Hoffnung auf breite Streuung des Eigentums führte die liberale Reform zu einer weiteren Zunahme des Großgrundbesitzes. Da eine breite Bürgerschicht fehlte, war die „liberale Verfassung nur eine Beigabe zu einer (para)feudalen Gesellschaft" (Mols 1981, S. 50). Die Reformer um Juárez hatten aus Überzeugung auf die Wirksamkeit der Gesetze und Institutionen vertraut, aber die Eigendynamik der mexikanischen Gesellschaft unterschätzt. Der zweifelhafte Erfolg der liberalen Reform für die Masse der Bevölkerung ändert allerdings nichts an der großen Hochachtung, die Benito Juárez bis heute in Mexiko genießt. Er wird als Nationalheld verehrt und gilt vielen als der Abraham Lincoln Mexikos.

Die liberalen Reformen gaben erneut Anlaß zu heftigen innenpolitischen Auseinandersetzungen, und die Verfassung von 1857 war Zielscheibe konservativer Kritik. Schließlich wurde Ignacio Comonfort im November 1857 zur Abdankung gezwungen und von den Konservativen Félix Zuloaga (1858–1860) als Präsident eingesetzt. Die Liberalen hatten sich indes nach Querétaro zurückgezogen und Benito Juárez (1858–1872) in Einklang mit der Verfassung zum Präsidenten ernannt. Zwischen Januar 1858 und Mai 1860 gab es in Mexiko somit zwei Präsidenten. Über drei Jahre zog sich der blutige Bürgerkrieg zwischen Liberalen und Konservativen, der Reformkrieg (1858–1861), hin. Der 1861 im Präsidentenamt bestätigte Juárez stand einem Land vor, das finanziell am Ende und

Bild 26: Paseo de la Reforma mit dem Schloß Chapultepec (Mexiko-Stadt): *Am Ende des Paseo de la Reforma erhebt sich Schloß Chapultepec, das der österreichische Erzherzog Maximilian 1864 zu seiner kaiserlichen Residenz ausbauen ließ.*

gegenüber dem Ausland hoch verschuldet war. Er mußte den Gläubigern in Europa Mexikos Zahlungsunfähigkeit erklären. England und Spanien ließen sich durch Zahlungszusagen der Regierung Juárez von einem gewaltsamen Zugriff auf das Zollhaus in Veracruz abbringen. Eine andere Strategie verfolgte indes der französische Kaiser Napoleon III., der sich den Großteil der mexikanischen Schuldverschreibungen verschafft hatte. Napoleon III. entsandte 6000 Mann, die in Veracruz landeten und auf die Hauptstadt vorrückten. Am 5. Mai 1862 wurden die Eindringlinge bei Puebla jedoch von der mexikanischen Armee geschlagen. Dieser Tag des Sieges wird als „El Cinco de Mayo" noch heute in Mexiko als großer Nationalfeiertag begangen.

Schließlich eroberten die Franzosen doch noch die Hauptstadt und zwangen den rechtmäßigen, von den USA anerkannten Präsidenten Juárez zur Flucht. Dieser organisierte von El Paso am Río Bravo aus den Widerstand. Mit seiner Intervention in Mexiko forderte Napoleon III. die Monroe-Doktrin zu einem Zeitpunkt heraus, als sich die USA im Bürgerkrieg befanden. Die konservativen Kreise Mexikos überzeugten

den französischen Kaiser davon, daß ein katholischer Monarch aus Europa in Mexiko mit einer breiten Unterstützung rechnen könne. Solche Perspektiven bewogen den österreichischen Erzherzog Maximilian dazu, die Kaiserkrone anzunehmen, die ihm die mexikanischen Aristokraten auf Vermittlung Napoleons III. angeboten hatten.

Am 28. Mai 1864 hielt Maximilian I. (1864–1867) Einzug in Mexiko-Stadt. Das Schloß Chapultepec (Bild 26) wurde in einen prachtvollen Palast verwandelt und man begann, die Hauptstadt nach dem Vorbild europäischer Metropolen umzugestalten. Nach Beendigung des Bürgerkrieges hatten die USA wieder freie Hand und konnten Juárez aktiv unterstützen. Gleichzeitig reduzierten die Franzosen ihre Präsenz, weil sich in Europa eine Konfrontation mit Preußen abzeichnete. Wegen seiner reformfreundlichen Haltung wandten sich die Konservativen vom Kaiser ab und auch die Sympathien in der mexikanischen Bevölkerung hatte Maximilian verloren, weil er die Anhänger von Juárez für vogelfrei erklärt hatte und so nicht wenige Mexikaner den kaiserlichen Schergen zum Opfer fielen. Trotz dieser ausweglosen Lage blieb

Maximilian in Mexiko und trat an der Spitze einer kleinen Streitmacht den Truppen von Juárez entgegen. Am 19. Juli 1867 wurde Maximilian in Querétaro hingerichtet. Damit war die Intervention endgültig beendet, die Republik wiederhergestellt.

Die erfolgreiche Abwehr der Intervention stärkte das Zusammengehörigkeitsgefühl der Mexikaner und gab der jungen Nation Selbstbewußtsein. Von einem gefestigten Staatswesen war das Land dennoch weit entfernt. Wirtschaftlich war Mexiko ruiniert und marodierende Soldaten machten viele Landstriche unsicher. Benito Juárez, der 1868 erneut zum Präsidenten gewählt wurde, sah sich weiterhin großen Herausforderungen gegenüber. Sein Aufbauwerk war noch nicht vollendet, als er 1872 völlig unerwartet verstarb, kurz nachdem er nochmals im Präsidentenamt bestätigt worden war. Seine Nachfolge trat als Interimspräsident Lerdo de Tejada (1872–1876) an.

Das Porfiriat als Entwicklungsdiktatur (1876–1910)

Als Lerdo de Tejada 1876 für eine neuerliche Amtszeit kandidieren wollte, verurteilte der junge General Porfirio Díaz die Wiederwahl als das größte Übel in der mexikanischen Politik. Von einer eigenen Streitmacht unterstützt, erklärte sich Díaz im November 1876 zum provisorischen Präsidenten, bis seine verfassungsmäßige Wahl erfolgte. 1880 hielt sich Díaz an den von ihm proklamierten Grundsatz „keine Wiederwahl" und überließ statt seiner Manuel González (1880–1884) das Amt. Im Hintergrund aber hielt er weiterhin die Fäden in der Hand und sorgte für Skandale, die dem amtierenden Präsidenten angelastet wurden. So wurde Díaz 1884 als Reformer und Retter des Vaterlandes erneut zum Präsidenten gewählt. Bis 1910 ließ sich Díaz mehrfach im Amt bestätigen. Nach seiner beherrschenden Persönlichkeit wird die Ära zwischen 1876 und 1910 auch als Porfiriat bezeichnet.

Diese Zeit bedeutete für Mexiko nach Jahrzehnten der Bürgerkriege außergewöhnliche Stabilität. Als führender Mann Mexikos praktizierte „Don Porfirio" eine Herrschaftsform, die als „klassische lateinamerikanische Entwicklungsdiktatur" bezeichnet werden kann (Mols 1981, S. 57).

Dabei ignorierte der Präsident die liberale Verfassung von 1857, ohne sie jedoch formal anzutasten. Er stellte durch ein geschicktes „divide et impera" sicher, daß sich die gesamte Staatsmacht in seiner Person konzentrierte und besetzte alle wichtigen Positionen mit seinen Günstlingen. Durch einen gezielten Einsatz von Belohnungen und Sanktionen, „Brot und Stock" (pan y palo), sollte das Regime stabilisiert werden: Kreolische Intellektuelle bekamen prestigeträchtige Regierungsposten, gebildete Mestizen fanden ihr Brot als Staatsbeamte, die zahlreichen Caudillos und Generäle der vorangegangenen Bürgerkriege wurden samt Gefolge in die Bundesarmee (Federales) oder die berittene Polizei (Rurales) eingegliedert. Gegner des Regimes wurden verhaftet und alsbald nach der „Ley Fuga" auf der Flucht erschossen. Díaz selbst kennzeichnete Ziel und Inhalt seiner Politik mit dem Motto „Ordnung und Fortschritt" (orden y progreso). Ein straffes politisches Regiment sollte die Voraussetzung für eine wirtschaftliche und gesellschaftliche Entwicklung nach liberal-positivistischen Grundsätzen bilden. Sichtbares Zeichen dieser Ordnungspolitik war die berittene Landpolizei, von der es hieß, daß „sie Mexiko zu einem der sichersten Länder für jedermann mit Ausnahme der Mexikaner machte" (Miller-Bailey/Nasatir 1969, S. 495). In der Person des nationalen Caudillo Díaz konzentrierte sich die Macht der Zentralregierung, deren Kontrolle über das Land und die Gesellschaft durch ein Netz von Kaziken, den sogenannten „jefes políticos", gesichert wurde (Pansters 1990).

Ungeachtet der immanenten Schwächen des brüchigen Kompromisses zwischen Konservatismus und Liberalismus gelang es Díaz, in den über drei Jahrzehnten seiner Herrschaft, die Staatsgewalt zu festigen und eine für Mexiko bis dahin einmalige wirtschaftliche Modernisierung auf den Weg zu bringen. Die Entwicklung Mexikos zum Industrieland nahm ihren Anfang. Die Bergbauproduktion wurde gesteigert, die Exportrate stieg, die Handelsbilanz wies Überschüsse auf, der Staatshaushalt konnte konsolidiert werden. Mexiko gewann international an Ansehen und Kredit und wurde zu einem begehrten Standort aus-

Bild 27: Palacio de Bellas Artes (Mexiko-Stadt): *Der 1901 begonnene Prachtbau spiegelt die Außenorientierung Mexikos im Porfiriat wider. Geplant von einem italienischen Architekten, erbaut aus Carrara-Marmor, ist der Musentempel eine beeindruckende Imitation, die zugleich die eigene mexikanische Identität leugnet.*

ländischer Investitionen, die vom Díaz-Regime mit Nachdruck gefördert wurden. Auslandskapital floß zu einem erheblichen Teil in den Aufbau der mexikanischen Infrastruktur. Rund 20 000 km Eisenbahnnetz, Fernmeldeverbindungen, Krankenhäuser und Schulen wurden errichtet. Die Städte des Landes, vor allem die Hauptstadt, erlebten eine rege Bautätigkeit. Es entstanden viele Prachtbauten, meist im Stil der französischen Neorenaissance und Neoklassik (Bild 27). Mexiko sollte ein modernes Land ganz nach dem Vorbild der europäischen Großmächte werden. Die Experten (Científicos) im Stab von Díaz hatten sich geistig so weit von ihrer Heimat entfernt, daß sie nur dem Ausland die Entwicklung des „rückständigen Mexiko" zutrauten. Entsprechend groß waren die Zugeständnisse an ausländische Unternehmer, so daß man Díaz schließlich „den Vater der Ausländer und Stiefvater der Mexikaner" nannte (Miller-Bailey/Nasatir 1969, S. 494).

Die wirtschaftliche Entwicklung löste in Mexiko dramatische Veränderungen aus.

Durch die Weltmarktöffnung und wirtschaftliche Modernisierung veränderten sich die Gewichte in der Gesellschaft. Angesichts des Wegbrechens alter Strukturen und einem steigenden Einfluß technokratisch denkender Científicos und ausländischer Berater in der Zentralregierung mußten die traditionellen Eliten um ihre Machtposition fürchten (Pansters 1990). Der dominante Einfluß ausländischer Investoren bei der Modernisierung und Industrialisierung des Landes schließlich beeinträchtigte die Chancen der nationalen Unternehmerschaft, sowohl in der Landwirtschaft wie auch in der Industrie.

Die Verteilung der wirtschaftlichen Zuwächse war dadurch gekennzeichnet, daß es wenigen Günstlingen des Diktators und den ausländischen Investoren deutlich besserging, während zahlreiche Mexikaner der Mittel- und selbst der Oberschicht von der Teilhabe an den Zuwächsen weitgehend ausgeschlossen blieben (Mols 1981). Die Lage der breiten Masse der Bevölkerung hatte sich sogar noch verschlechtert.

Trotz der eingeleiteten wirtschaftlichen Veränderungen war Mexiko um die Jahrhundertwende nach wie vor ein agrarisch geprägtes Land. In Teilen des ländlichen Raums hatten sich die sozialen Spannungen verschärft, weil die Landkonzentration und die Verdrängung von Kleinbauern von der Regierung begünstigt wurden. Bald befand sich ein Fünftel der Gesamtfläche Mexikos in der Hand ausländischer Gesellschaften. 1 % der mexikanischen Familien besaßen 85 % der landwirtschaftlichen Nutzfläche, während 97 % der auf dem Land lebenden Familien zu den Landlosen und Landarmen zählten (Mols 1981). Auch die mexikanische Wirtschaft war in hohem Maße von ausländischem Kapital durchdrungen: Zwei Drittel aller Investitionen kamen aus dem Ausland, 94 % der Banken waren in ausländischer Hand. Die Elektrizitätswirtschaft, die meisten Bergwerksbetriebe sowie die Eisenbahnen waren unter ausländischer Kontrolle (Adler-Hellman 1988). Als sich ab der Jahrhundertwende das Wirtschaftswachstum verlangsamte und 1907 die Rezession in den USA zu deutlichen Einbrüchen der mexikanischen Konjunktur führte, sanken die Reallöhne und es kam zu Entlassungen in der Industrie. Damit verschlechterte sich auch die Lage der allmählich heranwachsenden Arbeiterschicht.

Das starre politische System, das auf Günstlingswirtschaft und Repression aufbaute, verwehrte den aufstrebenden Bürgern die politische Partizipation und schloß sie von der Möglichkeit aus, politische Ämter zu erlangen, um damit weiter aufzusteigen. Dies löste Mißmut in liberalen Bürgerkreisen aus. Am Ende manifestierte sich die politische Erstarrung auch augenscheinlich in einer zunehmenden Vergreisung des Führungskaders.

Die Revolution – Geburtsstunde des modernen Mexiko

Bedeutung und Bewertung
Das gegenwärtige politische System Mexikos ist das Werk der Konsolidierungs- und Aufbaupolitik der neuen politischen Elite, die aus der Revolution (1910–1920) hervorgegangen ist. Nach den Erschütterungen des Bürgerkrieges und den Erfahrungen seit der Unabhängigkeit war es deren vorrangiges Ziel, die politische Stabilität im Land zu erhalten. Im Vergleich zu anderen lateinamerikanischen Staaten ist dies in Mexiko gelungen. Ohne die institutionellen und politischen Veränderungen im Gefolge der Revolution wäre das mexikanische Wirtschaftswunder (Milagro Méxicano) kaum möglich gewesen. Die bis heute herausragende Stellung der Partei der Institutionellen Revolution (PRI, Partido Revolucionario Institucional) im politischen System Mexikos läßt sich nur vor dem Hintergrund der nachrevolutionären Konsolidierung (1920–1940) verstehen. Die mexikanische Verfassung ging aus der Revolution hervor. Die Verfassungsänderungen des Jahres 1992 werden von Kritikern als Verrat am „revolutionären Erbe" gebrandmarkt. Lange Zeit dienten die revolutionären Inhalte der Verfassung von Querétaro als Legitimationsbasis für die Regierung, die sich revolutionär nennt und den sozialen Wandel im Namen der Revolution rechtfertigt (Eckstein 1977). Einen guten Teil ihres Selbstverständnisses bezieht die mexikanische Nation aus der Revolution. Ohne sie wäre Mexiko nicht das, was es heute ist. Doch auch ohne die Besonderheiten des Mexikanischen wäre diese Revolution nicht das schillernde und vielschichtige Ereignis, das bis heute die Gemüter bewegt.

Es überrascht daher nicht, wenn bis heute die Fragen nach dem Wesen der Mexikanischen Revolution, ihren Errungenschaften sowie der Art und dem Inhalt des revolutionären Erbes kontrovers diskutiert werden. Schon die Vielschichtigkeit und der verworrene Verlauf des Revolutionsgeschehens bieten Ansatzpunkte für ganz unterschiedliche Deutungsmuster.

Die Frage, ob die Revolution überhaupt einen Umbruch markiert, ist in Mexiko nicht zu trennen von der innenpolitischen Diskussion, die seit dem Massaker von Tlatelolco im Jahre 1968 eingesetzt hat. Das von den Sicherheitskräften angerichtete Blutbad an demonstrierenden Studenten hat die Glaubwürdigkeit des Regimes der-

Sozialrevolution, Agrarrevolution
Abschaffung des Großgrundbesitzes,
Gemeineigentum,soziale Rechte

Nationale Befreiungsbewegung
Überwindung der Fremdbestimmung
durch das Ausland(skapital)

Kontinuität

Bürgerliche Revolution
Überwindung feudaler Strukturen
in Gesellschaft und Wirtschaft

Wandel

Gesellschaftliche Modernisierung
Integration, Institutionalisierung,
Industrialisierung, Urbanisierung

Abb. 22: Sichtweisen der Mexikanischen Revolution: Als vielschichtiges Ereignis mit mehreren Konfliktfeldern läßt sich die Mexikanische Revolution abhängig vom theoretischen Standpunkt unterschiedlich einordnen.

Entwurf: Christian H. Weber, 1997

art erschüttert, daß fortan von einer Gruppe mexikanischer Historiker, den sogenannten Revisionisten, massive Kritik an der Legitimationsbasis des mexikanischen Staates, dem revolutionären Erbe und damit der Revolution als solcher, vorgebracht wird. Die Revisionisten betonen die Kontinuität zwischen dem Porfiriat und dem nachrevolutionären Mexiko (Chavez, zit. bei Wells 1991, S. 337). Die Revolution habe keine einschneidenden und nachhaltigen gesellschaftlichen Veränderungen gebracht. Damit soll der offizielle Mythos erschüttert werden, wonach die Revolution zu einem totalen Umbruch geführt habe. Auch hinsichtlich der inhaltlichen Bewertung der Mexikanischen Revolution gehen die Ansichten weit auseinander. Dies gilt für die Gewichtung ihrer Ursachen, den Verlauf und die qualitative Einordnung der ausgelösten Veränderungen. Die Deutung der Revolution hängt dabei stark von der gesellschaftstheoretischen Position des jeweiligen Autors ab (Abb. 22).

Von der Revolte zur Revolution (1910–1914)

Am Anfang der Mexikanischen Revolution stand nicht eine revolutionäre Ideologie als Programm. So fehlte auch ein charismatischer Revolutionsführer als Vorkämpfer einer solchen inhaltlichen Vision. Die um-

fassende Klammer der einzelnen „Revolutionäre" bildete vielmehr die Ablehnung des Díaz-Regimes. Um das Jahr 1910 hatte sich bei den verschiedensten Gruppen aus den verschiedensten Gründen die Ansicht durchgesetzt, daß es so nicht weitergehen könne. Der alte Diktator müsse weg, notfalls mit einer „Revolution". Unmittelbarer Auslöser für die Erhebung in Nordmexiko war ein neuerlicher Wahlbetrug, durch den der 80jährige Porfirio Díaz im Jahre 1910 erneut als Präsident bestätigt worden war. Nun begehrten Angehörige der Oberschicht auf, die von Díaz lange von der Teilhabe an der Macht ausgeschlossen worden waren. Ihr Wortführer war Francisco Madero, ein reicher Grundbesitzer aus dem Staate Coahuila. Mit dem Kampfruf „Echtes Wahlrecht und keine Wiederwahl!" (sufragio efectivo y no reelección!) hat Madero eine Bewegung ausgelöst, die ihn schon 1911 auf den Präsidentenstuhl brachte. Madero wurde als „Apostel der Revolution" zum Symbol einer Sache, die er so nicht vertrat, und war den Anforderungen an das Präsidentenamt in dieser konfliktträchtigen Zeit nicht gewachsen (Tannenbaum 1967). Schon im Februar 1913 wurde Madero Opfer eines Putsches Díaz-treuer Offiziere unter Führung von Victoriano Huerta. Verstrickt in den Sturz und die Ermordung von Madero war auch der amerikanische Bot-

schafter Henry Lane Wilson. Die USA er-
kannten indes den Putschisten Huerta
nicht als rechtmäßigen Präsidenten an. Der
gemeinsame Kampf der verschiedenen revolutionären Gruppen galt nun dem Huerta-Regime. Bis zum August 1914 hatten
die vereinten Revolutionstruppen die reguläre mexikanische Armee unter Führung
von Huerta zur Kapitulation gezwungen.
Nach dem Sieg über die Reaktionäre
spaltete sich die Revolutionsbewegung in
die Lager der Konstitutionalisten und der
Konventionisten, die sich zwischen 1914
und 1916 einen blutigen Bürgerkrieg lie-
ferten.

Revolutionen in der Revolution

In diesem Bürgerkrieg zwischen den
„Revolutionären" trat die Vielschichtigkeit
der Mexikanischen Revolution offen zutage. Sie war keine flächenhafte Massenerhebung des ganzen mexikanischen Volkes,
sondern bestand aus mehreren Einzelauf-
ständen, an denen Angehörige aus
allen Schichten des Volkes beteiligt waren (Mols
1981). Mit Blick auf die räumlichen
Schwerpunkte der Erhebungen kann zwischen einer „Revolution des Nordens" und
einer „Revolution des Südens" unterschieden werden.

Als „Revolution des Südens" wird die
agrarrevolutionäre Bewegung unter Emiliano Zapata bezeichnet, die im wesentlichen
auf den Staat Morelos beschränkt war.
Zapata stand an der Spitze einer geschlossenen Massenbewegung von rund 70 000
Campesinos, die für die Wiederherstellung
der genossenschaftlichen Form des Landbesitzes kämpften. Sie forderten eine Wie-
dergutmachung des unter Porfirio Díaz be-
gangenen Unrechts und die Beseitigung der
Folgen der von Juárez eingeleiteten liberalen Landreform. Die Agrarrevolutionäre
führten in Morelos eine Landreform durch,
deren Errungenschaften die Campesinos in
einem Guerilla-Krieg gegen Eingriffe von
außen verteidigten. Vielfach wird die Mexikanische Revolution als Agrarrevolution
oder Bauernaufstand bezeichnet und auf
diese Weise mit der homogenen Agrarbewegung aus Morelos gleichgesetzt. Dabei
hatte die Bewegung um Zapata einen ausgesprochen regionalen Bezug und war weitgehend auf Morelos beschränkt.

Zur „Revolution des Nordens" zählen
recht vielschichtige revolutionäre Bewegungen aus mehreren nördlichen Bundesstaaten. Die eigentlichen Operationseinhei-
ten und Akteure waren die sogenannten
„Revolutionsarmeen". Die Zusammensetzung der nördlichen Revolutionsbasis war
recht heterogen. Die „Soldaten" kamen
meist aus den Unterschichten und wiesen
kein einheitliches Klassenbewußtsein auf.
Soziale Ziele standen gegenüber der Erwartung einer regelmäßigen Soldzahlung
im Hintergrund. Aufgrund der Grenznähe
unterhielten die nördlichen Revolutionsarmeen Verbindungen in die USA und erfreuten sich bisweilen einer Unterstützung aus
dem Nachbarland. Bis heute sind die „División del Norte" und ihr Führer Francisco
(Pancho) Villa von Legenden umrankt. Der
Sohn eines armen Halbpächters hatte sich
zunächst als Viehdieb durchgeschlagen
und erlangte bald als „berühmtester Ban-
dit des Nordens" den Ruf eines „mexikanischen Robin Hood". Nach blutigem Vorleben
konnte sich Villa schon vor 1910 in der
Stadt Chihuahua als Händler etablieren
und knüpfte Kontakte zu Persönlichkeiten
aus allen sozialen Schichten. Die Tradition
des Sozialbanditentums wirkte in Villas
Denken und Handeln nach. Innerhalb der
„Revolution des Nordens" fiel die Villa-
Bewegung durch ihre „weitgehend spontanen und populären Mobilisierungsformen
und ihre weit radikalere Konfiskationspoli-
tik" auf. Der „sozialradikale" und „populäre" Charakter der „División del Norte" erleichterte die Verständigung mit der „Revolution des Südens". Gleichwohl verfügte
Villa über kein geschlossenes Revolutionsprogramm und seine Basis war weitaus
heterogener als die von Zapata. Bei der sogenannten Nordwestarmee handelte es sich
um Truppen, die vom Bundesstaat Sonora
systematisch ausgehoben und unterhalten
wurden, ursprünglich, um das Eindringen
der gegen Madero gerichteten Orozco-Be-
wegung abzuwehren. Bald entwickelte sich
daraus eine professionell organisierte Armee
aus militärischen Laien (Tobler 1992). Die
Führer in der Nordwestarmee entstammten
überwiegend der ländlichen oder städtischen Unter- und Mittelschicht und waren
ausgesprochen aufstiegsorientiert. Als Auto-
didakt und self-made man brachte es Alva-

ro Obregón später bis zum Präsidenten. Die Sonorenser zählten zur neuen Führungsgeneration und standen zwar für politische Reformen, hatten aber keine tiefgreifende Sozialrevolution im Sinne. Die „Nordwestarmee" aus Sonora und die „División del Norte" aus Chihuahua bildeten das militärische Rückgrat der „Revolution des Nordens". Die politische Führung der ersten Revolutionsgeneration kam indes aus Coahuila. Wie Madero stammte auch Venustiano Carranza aus dem nordöstlichen Grenzstaat. Carranza, der bereits im Porfiriat politische Ämter innehatte, war zum Díaz-Gegner geworden, nachdem der greise Diktator seine Wahl zum Gouverneur von Coahuila verhindert hatte. Carranza, der stets nur politische Funktionen innehatte, zeichnete sich als Gouverneur seines Heimatstaates durch seine konsequente Ablehnung des Huerta-Regimes aus. Er nahm eine konservative gesellschaftspolitische Haltung ein. Sein „Programm" bestand in der Wiederherstellung der verfassungsmäßigen Ordnung (Tobler 1992).

Der Bürgerkrieg der Revolutionäre (1914–1916)

Die eigentliche Klammer der unterschiedlichen revolutionären Kräfte hatte der gemeinsame Kampf gegen das Huerta-Regime gebildet, das gewissermaßen die Verlängerung der Díaz-Diktatur darstellte. Eine gewisse Gemeinsamkeit bestand auch in der Ablehnung des starken ausländischen Einflusses auf die Wirtschaft und die Politik des Landes. Schon während des Kampfes gegen Huerta hatte sich die Aversion von Villa gegen Carranza offen gezeigt. Zapata hatte den Gouverneur von Coahuila nie als Führer einer umfassenden Revolutionsbewegung akzeptiert. Zu den Persönlichkeitsunterschieden und abweichenden inhaltlichen Vorstellungen kam eine politische Machtrivalität, die zwischen Villa und Carranza immer deutlicher hervortrat (Tobler 1992). Nachdem sich Villa offen von Carranza distanziert hatte, wurde auf Betreiben Obregóns im September 1914 eine Versammlung von Revolutionsführern, die sogenannte Konvention von Aguascalientes, einberufen.

Die Vertreter der Nordwestarmee unter Führung von Alvaro Obregón zeigten sich kompromißbereit. Die Auseinandersetzungen eskalierten so weit, daß Carranza seine Delegation aus der Konvention abberief. Letztlich waren es machtpolitische Erwägungen, die Obregón bewogen, sich mit der Nordwestarmee auf die Seite Carranzas zu stellen. Im Lager Villas, der selbst über eine große Armee verfügte, boten sich für den profilierten Truppenführer Obregón schlechtere Karrierechancen als auf seiten Carranzas, der in der augenblicklichen Situation militärische Unterstützung gut gebrauchen konnte (Tobler 1992). So verblieben in der Konvention von Aguascalientes nur mehr die Villisten und die Zapatisten, die folglich „Konventionisten" genannt werden. Das Lager Carranzas bezeichnete sich nach dessen Forderung auf Wiederherstellung der verfassungsmäßigen Ordnung als „Konstitutionalisten".

Die Bewegungen von Francisco Villa und von Emiliano Zapata vertraten eine sozialradikale Position und setzten sich für die Unterprivilegierten ein. Beide Gruppierungen waren von einer politischen Kultur geprägt, die in ihrer personalistischen und regionalistischen Ausrichtung typisch für das traditionelle Mexiko war. Beide kämpften unter dem Banner der Jungfrau von Guadalupe, beide Bewegungen hatten ihre Basis im ländlichen Bereich. Insbesondere der Agrarrevolution von Morelos fehlte der Fortschrittsbezug, aber auch die nationale Perspektive.

Demgegenüber konnten die Konstitutionalisten unter Carranza von Anfang an einen nationalen Führungsanspruch und eine nationale Perspektive vorweisen. Sie bedienten sich in höherem Maße moderner, bürokratischer Organisations- und Führungsformen, lehnten Tradition und Kirche ab. Mit offiziellen Reformen suchte der Kreis um Carranza den Konventionisten den sozialen Anspruch streitig zu machen. Am 6. Januar 1915 wurde auf Betreiben Carranzas ein Agrargesetz erlassen, das alle wesentlichen Forderungen der Agrarrevolutionäre enthielt. Auf Initiative Obregóns kam am 17. Februar 1915 ein Pakt zwischen der Casa del Obrero Mundial und der konstitutionalistischen Regierung zustande. Damit war der Grundstein für die enge Zusammenarbeit zwischen der offiziellen Gewerkschaftsbewegung und dem mexikanischen Staat gelegt.

Das Bündnis zwischen Konstitutionalisten und Arbeiterschaft gipfelte in der Aufstellung der „roten Bataillone". Diese Arbeitertruppen wurden, wenn auch in untergeordneter Funktion, in den großen Schlachten gegen die Villisten eingesetzt. Hatten die Konventionisten Anfang 1915 noch den größten Teil Mexikos und der Hauptstadt kontrolliert, gerieten sie Ende 1915 zusehends in die Defensive. Für ein dauerhaft erfolgreiches Vorgehen mangelte es den Konventionisten an Geschlossenheit. Nach mehreren vernichtenden Niederlagen bildeten die Villisten keinen nationalen Machtfaktor mehr. Francisco Villa betätigte sich in Chihuahua als Guerilla-Führer und brachte die Regierung Carranza in außenpolitische Schwierigkeiten, als er mit dem Überfall auf die amerikanische Grenzstadt Columbus eine Strafexpedition der USA provozierte. Inzwischen zum Hacendado geworden, blieb der charismatische Villa bis zu seiner Ermordung im Jahre 1923 ein Machtfaktor in Nordmexiko. Der Anspruch der Zapatisten war ohnehin nur regional beschränkt und nach der Niederlage der Konventionisten und der Einleitung von Landreformen durch die Regierung schwand auch in Morelos die Macht der Agrarrevolutionäre.

Die Verfassung als Revolutionsprogramm
Ende 1916 wurde von den siegreichen Konstitutionalisten eine verfassunggebende Versammlung einberufen, um mit einem neuen Staatsgrundgesetz die Wiederherstellung der verfassungsmäßigen Ordnung abzuschließen. Als Tagungsort wurde wegen der unruhigen Lage in der Hauptstadt die Stadt Querétaro gewählt, wo zwischen Dezember 1916 bis Februar 1917 die neue Verfassung ausgearbeitet wurde. Obwohl die Zapatisten und Villisten von der Wahl in die verfassunggebende Versammlung ausgeschlossen waren, übten die radikalen Kräfte doch einen spürbaren indirekten Einfluß auf die Beratungen aus. Die liberalkonservativen Kreise um Carranza konnten sich mit ihrem Ansinnen, die Verfassung von 1857 lediglich zu reformieren, nicht durchsetzen. Insbesondere auf Betreiben von Carranzas führendem General, Alvaro Obregón, wurden die Forderungen radikaler Kräfte in die Verfassung integriert. So erhielt mit der Verfassung die Mexikanische Revolution gewissermaßen nachträglich ihr Programm (Tannenbaum 1967).

Indem sich jede gesellschaftliche Gruppe mit ihren speziellen Anliegen in der Verfassung findet, dient sie als Kompromißdokument der nationalen Integration (Mols 1987). Auf diese Weise wird signalisiert, daß sich der Staat schon qua Verfassung den Interessen des Volkes annimmt. Nicht ohne nationalen Stolz und Sendungsbewußtsein wiesen die Verfassungsväter darauf hin, daß „die mexikanische Revolution … (als) erste … in einer Verfassung die heiligen Rechte des Arbeitnehmers verankert" (Cravioto, zit. bei Horn 1992, S. 38). Dieser konstitutionelle Nationalismus soll auch nach innen wirken und die Bevölkerung von der Fortschrittlichkeit Mexikos überzeugen.

Die Mexikanische Verfassung vereint die Ordnungsprinzipien der alten liberalen Verfassung von 1857 mit einer Reihe revolutionärer Forderungen. Als Neuerungen stechen besonders hervor der Agrarismus, eine fortschrittliche Arbeits- und Sozialgesetzgebung, der Nationalismus vor allem im wirtschaftlichen und im kulturellen Bereich sowie ein verschärfter Antiklerikalismus. Bewußt setzte sich der Verfassungskonvent von Querétaro über die Grenzen des klassischen Konstitutionalismus hinweg (Horn 1992) und billigte dem Staat, insbesondere im Eigentums- und Wirtschaftsbereich, aber auch bei der Religion, weitreichende Eingriffsmöglichkeiten zu. Dieser Widerspruch zu den Grundsätzen einer liberalen und demokratischen Staatsordnung (Bahlsen 1961) bereitete den mexikanischen Verfassungsvätern keine Schwierigkeiten. Zum einen liegt die Konzeption eines Staates mit starken Regelungsbefugnissen gegenüber der Gesellschaft ganz auf der Linie des Staatsdenkens in Lateinamerika und Mexiko. Zum anderen hatte der frühliberale Konstitutionalismus von 1857 versagt, da er keine Verbesserung der sozialen Lebensverhältnisse gebracht hatte und „Mexiko weder vor dem Chaos [des Bürgerkrieges] noch vor der Tyrannei [des Porfiriates] bewahren konnte" (Tannenbaum 1967, S.61).

Das Scheitern Carranzas (1917–1920)
Die Verabschiedung der neuen Verfassung und die Wahl von Venustiano Carranza zum

verfassungsmäßigen Präsidenten im Jahr 1917 und dessen Anerkennung durch das Ausland brachten Mexiko nicht die erhoffte Konsolidierung. Weiterhin bekämpften bewaffnete Oppositionsbewegungen die Regierung. Als gravierendster Störfaktor erwies sich jedoch auf Dauer die konservative Gesellschaftspolitik des Präsidenten. Nachdem formal die verfassungsmäßige Ordnung wiederhergestellt war, sah sich der Konstitutionalist Carranza am Ziel und betrieb Politik nun weithin so, wie er es im Porfiriat gelernt hatte. Diese krasse Fehleinschätzung der innenpolitischen Lage konnte er weder mit einem verschärften Antiklerikalismus noch mit einer betont nationalistischen Haltung gegenüber den USA kompensieren.

Das Verhältnis zu den USA hat sich in der Amtszeit Carranzas zusehends verschlechtert. Seine konservative Wirtschafts- und Sozialpolitik brachte Carranza um die Unterstützung der Arbeiterbewegung, die sich immer mehr dem späteren Präsidentschaftskandidaten Obregón annäherte. Die Umsetzung der Agrarreform wurde von Carranza gebremst, das Problem der Zapatisten in Morelos sollte militärisch gelöst werden. Bis zum Frühjahr 1919 waren die Zapatisten als militärischer Machtfaktor auch in Morelos bedeutungslos geworden. Doch lag auch jetzt noch der Carranza-Regierung viel daran, „Zapata als Exponenten und Symbol seiner Bewegung zu vernichten" (Tobler 1992, S. 349). So geschah es denn auch: Am 10. April 1919 wurde Emiliano Zapata in eine Falle gelockt und starb im Kugelhagel.

Einer Kandidatur Obregóns für die Präsidentschaftswahlen im Jahr 1920 widersetzte sich Carranza und präsentierte den Diplomaten Ignacio Bonillas als Gegenvorschlag. Als Carranza im April 1920, kurz vor der Wahl, den aussichtsreichen Kandidaten und prominenten General Obregón ausschalten wollte, verweigerten die wichtigsten Armeeführer des Landes dem Präsidenten die Gefolgschaft. Seiner Unterstützung beraubt, wollte sich Carranza mit seinen Anhängern nach Veracruz absetzen. Doch schon in Puebla wurde der Regierungszug von Truppen aufgehalten. Am 21. Mai 1920 wurde der flüchtige Carranza in Tlaxcalantongo von einem Offizier er-

mordet. Der „Streik der Generäle" hatte Mexiko vor einem neuerlichen Bürgerkrieg bewahrt, zugleich aber die Machtposition der Armee unterstrichen. Die Phase des Amtswechsels, der durch das Verbot der Wiederwahl zwingend nach einer Amtszeit vorgeschrieben ist, erwies sich als besondere Quelle politischer Instabilität.

Konsolidierung und Reformen (1920–1940)

Der Bürgerkrieg zwischen 1910 und 1920 und das Scheitern Carranzas hatten gezeigt, daß sich dauerhaft an der Spitze des Staates nur behaupten konnte, wer ein Gleichgewicht zwischen den unterschiedlichen Machtgruppen und Richtungen herzustellen vermochte. Nach dem Tod Carranzas lag die nationale Führung endgültig in den Händen einer neuen Führungsschicht. Diese Revolutionäre der zweiten Generation verdankten ihren Aufstieg meist einer Karriere als erfolgreiche Truppenführer im Lager der Konstitutionalisten. Der neuen Elite ist schließlich die Synthese aus politischer Stabilisierung und Machterhalt gelungen, die im Grunde bis heute für die politischen Verhältnisse in Mexiko kennzeichnend ist.

Zunächst stand die Wiederherstellung geordneter Verhältnisse, die Rückkehr zur Normalstaatlichkeit, im Vordergrund. Deshalb wird der Zeitraum von 1920 bis 1934 auch als „spätrevolutionäre Konsolidierung" bezeichnet. Die Präsidenten bemühten sich durch ein geschicktes Ausgleichen und „schiedsrichterliches Taktieren" (Mols 1981, S. 83) die revolutionäre Koalition zusammenzuhalten und ihr neuerliches Auseinanderfallen zu verhindern. Hinzu kam eine Integration der zahlreichen Caudillos und ihrer Anhänger in den Staat. Durch den Übergang von einer Herrschaft der Personen zu einer Herrschaft der Institutionen wurden dauerhafte Einrichtungen für die Stabilisierungspolitik der Präsidenten geschaffen. Damit wurde die Macht der Zentralregierung zusehends gefestigt.

In der Periode der spätrevolutionären Reformen zwischen 1934 und 1940 rückten die breiten Bevölkerungsschichten in den Mittelpunkt des Interesses. Massenorganisationen und Reformen sorgten für eine breite Basis der Regierung und sicherten den gesellschaftlichen Konsens. Populismus und Korporatismus bilden fortan wichtige Instrumente der mexikanischen Präsidenten zur Sicherung einer stabilen politischen und wirtschaftlichen Entwicklung. Über nahezu 30 Jahre hat sich dieses Konzept bewährt und ermöglichte das mexikanische Wirtschaftswunder.

Zwischen 1920 und 1934 gab in Mexiko eine politische Elite den Ton an, deren wichtigste Vertreter aus dem Bundesstaat Sonora stammten. Man spricht daher auch von der Herrschaft der „Sonorenser" (Tab. 7). Die beherrschende Persönlichkeit war zunächst Alvaro Obregón, der zwischen 1920 und 1924 das Präsidentenamt innehatte. Sein Nachfolger wurde der ebenfalls aus Sonora stammende Plutarco Elías Calles (1924–1928). Um die neuerliche Wahl von Obregón zum Präsidenten zu ermöglichen, wurde 1926 eigens die Verfassung geändert und der sakrosankte Grundsatz „keine Wiederwahl" durchbrochen.

Zu einer zweiten Amtszeit Obregóns kam es allerdings nicht mehr, weil der bereits Gewählte am 17. Juli 1928 von einem Attentäter erschossen wurde. In den nachfolgenden Jahren von 1929 bis 1935 war Plutarco Elías Calles als „jefe máximo" der mächtige Mann im Hintergrund, man spricht daher auch vom Maximat. Die drei Interimspräsidenten Emilio Portes Gil (1928–1930), Pascual Ortiz Rubio (1930–1932) und Abelardo Rodríguez waren mehr oder weniger Strohmänner des „jefe máximo", der in seiner Privatresidenz in Cuernavaca zur Beratung wichtiger Staatsgeschäfte Präsidenten und Minister empfing. Erst der 1934 zum Präsidenten gewählte Lázaro Cárdenas (1934–1940) trat aus dem Schatten seines früheren Mentors Calles heraus. Nachdem der Präsident den Machtkampf mit dem „jefe máximo" bestanden hatte, wurde Calles im April 1936 ins Ausland verbannt. Seit Cárdenas ist die Machtposition der mexikanischen Präsidenten unangefochten, die alle ihre 6jährige Amtszeit regulär beendet haben. Auch das Verbot der Wiederwahl wurde seither strikt beachtet und es wurde nicht einmal der Versuch unternommen, diesen Grundsatz anzutasten. Erst mit der Ermordung des Präsidentschaftskandidaten der PRI, Luis Donaldo Colosio, im März 1994 wurde 66 Jahre

1920 – 24	Alvaro Obregón
1924 – 28	Plutarco Elías Calles
1928 – 30	Emilio Portes Gil
1930 – 32	Pascual Ortiz Rubio
1932 – 34	Abelardo L. Rodríguez
1934 – 40	Lázaro Cárdenas
1940 – 46	Manuel Ávila Camacho
1946 – 52	Miguel Alemán Váldez
1952 – 58	Adolfo Ruíz Cortínez
1958 – 64	Adolfo López Mateos
1964 – 70	Gustavo Díaz Ordaz
1970 – 76	Luis Echeverría Alvarez
1976 – 82	José López Portillo
1982 – 88	Miguel de la Madrid
1988 – 94	Carlos Salinas de Gortari
1994 – 2000	Ernesto Zedillo Ponce de León

Tab. 7: Die Präsidenten im nachrevolutionären Mexiko

nach der Ermordung Obregóns wiederum ein designierter Präsident Opfer eines Anschlags.

Der Kirchenkampf (1926–1929)

Der Attentäter, der Obregón in einem Lokal in Mexiko-Stadt erschossen hatte, stammte aus den Reihen der sogenannten Cristero-Rebellen. Zwischen 1926 und 1929 sah sich Mexiko der größten Volkserhebung seit dem Bürgerkrieg gegenüber. Vor allem in den Bundesstaaten Jalisco, Colima, Michoacán, Guanajuato und Zacatecas hatten sich rund 50 000 Rebellen gegen die Regierung erhoben. Nach ihrem Kampf für die Freiheitsrechte der Kirche nannten sich die Kämpfer selbst Libertadores, von der Regierung wurden die Aufständischen als „Cristeros" bezeichnet. Obwohl den Rebellen 100 000 reguläre Soldaten gegenüberstanden, konnte die Regierung wegen der breiten Unterstützung der Aufständischen aus der Bevölkerung die Konfrontation militärisch nicht für sich entscheiden (Kruip 1992).

Wie neuere Untersuchungen gezeigt haben, war die Cristero-Rebellion keine „vom Klerus und dem politischen Katholizismus inszenierte und manipulierte konterrevolutionäre Bewegung", sondern ein Aufstand aus dem Volk, der sich auch

„gegen die zunehmende staatlich-administrative Durchdringung einer dörflichen Gesellschaft" wandte. Der Aufstand hatte daher auch seinen Schwerpunkt in den Landesteilen, „die noch sehr stark in den mentalen und kulturellen Strukturen des hispanischen, mestizischen und katholischen Amerika verwurzelt waren" (Tobler 1992). Zu dieser Tradition stand der Artikel 130 der Mexikanischen Verfassung in krassem Widerspruch, der nicht nur den laizistischen Charakter des mexikanischen Staates herausstellt, sondern eine dezidiert antiklerikale Stoßrichtung hat. So wird der Kirche der Status einer juristischen Person versagt und ihr damit die Möglichkeit genommen, Grundstücke zu erwerben. Geistlichen steht weder das passive noch das aktive Wahlrecht zu. Gleichzeitig sind politische Parteien verboten, die sich ausdrücklich auf die christliche Überzeugung beziehen. Der Religionsunterricht und religiöse Veranstaltungen außerhalb von Kirchen sind untersagt. Die Verfassung gibt der Regierung die Möglichkeit, die Priesterzahl in einzelnen Bundesstaaten festzulegen.

In ihrer antiklerikalen Zielsetzung knüpfte die Verfassung von 1917 an der von 1857 an und ging zugleich weit über sie hinaus. Diese Verschärfung war das Werk der kirchenfeindlichen Kreise der Konstitutionalisten, denen die Kirche als der Inbegriff einer reaktionären Macht galt, die sich „über ihre internationalen Verbindungen als Vaterlandsverräterin entlarvte" (Kruip 1992, S. 320). Carranza und Calles waren die entschiedensten Vertreter dieser Position. Präsident Calles (1924–1928) war es denn auch, der ganz gezielt den Konflikt suchte und den kirchlichen Zuspruch für die Gegner der Agrarreform als Vorwand benutzte, um gegen die katholische Kirche massiv vorzugehen. Die kirchenfeindliche Politik der Regierung Calles diente dabei auch als „Ablenkungsmanöver zur Kaschierung der konservativen Wende ... in der Gesellschafts- und Außenpolitik" (Tobler 1992, S. 25). Anstatt die Agrarreform und andere Reformen mit Nachdruck zu verfolgen, wurde die Kirche als traditionalistischer Sündenbock bekämpft. Weil die Regierung weder willens noch in der Lage war, gegen ausländische Interessen, insbesondere die USA vorzugehen, wurde die Kirche als Agentin ausländischer Positionen gebrandmarkt.

Der rigorose Vollzug der kirchenfeindlichen Verfassungsvorschriften veranlaßte die mexikanischen Bischöfe am 31. Juli 1926 zur Anordnung, daß in keiner Kirche Mexikos mehr die Messe gelesen werden dürfe. Eine weitere Eskalation ließ sich nicht mehr verhindern. Zu groß waren die Spannungen, die sich in den Dörfern vor allem in politischer Hinsicht angestaut hatten. In der Bewegung der Cristiada waren Rancheros ebenso vertreten wie Kleinbauern, Pächter und landlose Peones (Tobler 1992). Der Aufstand gewann zusehends eine nationale Dimension. Die mexikanische Regierung, die mexikanischen Bischöfe, der Vatikan und die USA bemühten sich um eine Lösung, die dann im Juni 1929 durch Vermittlung des amerikanischen Botschafters auch zustande kam. Trotz Beendigung des bewaffneten Konfliktes verfolgte der mexikanische Staat auch noch unter der Präsidentschaft von Lázaro Cárdenas (1934–1940) aktiv einen antiklerikalen Kurs. Zur wirksameren Durchsetzung ihrer Ziele gründeten im Jahr 1939 die Gegner der kirchenfeindlichen Politik und der Landreform eine eigene Partei: Die Partido Acción Nacional (PAN) war über lange Zeit die einzige bedeutende Oppositionspartei in Mexiko.

Seit der Präsidentschaft von Ávila Camacho (1940–1946) herrscht in Mexiko ein überwiegend kooperatives Verhältnis zwischen Kirche und Staat (Kruip 1992). Aber erst 1992 nahmen Mexiko und der Heilige Stuhl offizielle Beziehungen auf. In diesem Zusammenhang wurden einige der kirchenfeindlichen Vorschriften in der Mexikanischen Verfassung geändert. Nunmehr sind religiöse Feiern auch außerhalb von Kirchen erlaubt, haben Priester das aktive, nicht jedoch das passive Wahlrecht und ist in Privatschulen der Religionsunterricht zugelassen. Christliche Parteien bleiben weiterhin verboten (Horn 1992).

Trotz des offiziellen Verbotes fanden auch vor 1992 religiöse Feiern in der Öffentlichkeit statt. Jahr für Jahr gab es die illegale Wallfahrt zu Nuestra Señora de Guadalupe, und die öffentlichen Gottesdienste im Rahmen des Papstbesuches von 1990 waren nach mexikanischem Recht

„illegale Handlungen". Dieser vermeintliche Widerspruch zwischen Gesetz und Wirklichkeit ist in Mexiko nicht nur für das Verhältnis zwischen Kirche und Staat symptomatisch, für das Alvarez folgende Worte findet: „Die Geschichte des Verhältnisses von Kirche und Staat in Mexiko ist die Geschichte ausgezeichneter heimlicher Beziehungen einer illegalen Kirche mit einem exkommunizierten Staat" (Alvarez, zit. bei Kruip 1992, S. 323).

Reformen und Revolution

Während die politische Konsolidierung Mexikos zwischen 1920 und 1934 trotz einiger Rückschläge deutliche Fortschritte machte, kam es auf wirtschaftlichem und sozialem Gebiet zu keinen umfassenden Reformen. Für den gebremsten Reformeifer der Sonorenser gab es mehrere Gründe. Angesichts des politischen Chaos und des Trümmerfeldes, das der Bürgerkrieg (1910–1920) hinterlassen hatte, lagen die Prioritäten auf dem Wiederaufbau sowie der wirtschaftlichen und politischen Konsolidierung.

Die progressiven sozialpolitischen Forderungen der Verfassung waren dem tatsächlichen Entwicklungsstand Mexikos weit voraus. Die Präsidenten Obregón und Calles gewährten so viel Reform wie nötig, um den revolutionären Anspruch zu wahren und sich die Unterstützung der Massen zu sichern, und so wenig wie möglich, um nicht durch eine ordnungspolitische Totalrevision den Aufbau einer modernen Wirtschaft zu behindern. An die Stelle echter Reformen trat vielfach der „factor esperanza", die „Hoffnung auf ein besseres Morgen, für das sich die Regierung schon heute einsetzt" (Mols 1981, S. 79). Die Reformbegeisterung der neuen, „revolutionären" Elite Mexikos hielt sich auch aus anderen Gründen in Grenzen: Obregón und Calles, die selbst aus einfachen Verhältnissen kamen, vertraten keine sozialradikalen, sondern bestenfalls sozialreformerische Positionen. Die nationale Elite aus dem nordwestlichen Bundesstaat Sonora wies „eine unverkennbare Affinität zu den Grundwerten des nordamerikanischen Gesellschaftssystemes auf, insbesondere zum Eigentumsrecht und dem privatwirtschaftlichen Unternehmertum" (Tobler 1992, S. 25). Im

Zuge der Unruhen hatten es viele der Revolutionsführer, auch mancher einstige Mitstreiter von Villa oder Zapata, zu beträchtlichem Grundbesitz gebracht oder waren in wirtschaftliche Spitzenpositionen aufgestiegen. Ihnen waren der eigene soziale Aufstieg und die Sicherung ihrer Machtposition wichtiger als eine umfassende Veränderung der Gesellschaft (Adler-Hellman 1988). Zusätzlich setzten auch außenpolitische Restriktionen den Reformen enge Grenzen, weil die neue mexikanische Regierung auf eine internatio-nale Anerkennung angewiesen war, um ihre Position dauerhaft zu festigen. Den USA waren insbesondere die Bestimmungen des Art. 27 der Verfassung ein Dorn im Auge. Die mexikanische Nation war danach Eigentümer allen Landes und aller Bodenschätze und konnte im Zuge einer Nationalisierung auf diese Ressourcen zugreifen. Dies stellte eine massive Bedrohung der Interessen amerikanischer Ölgesellschaften und Agrarunternehmer dar, die sich in Mexiko engagierten.

Die Situation änderte sich erst, als im Vorfeld des Zweiten Weltkrieges die USA darauf bedacht waren, nichts zu unternehmen, was die gute Nachbarschaft zum südlichen Nachbarn gefährdete. Mit der Nationalisierung, die auch vor den ausländischen Ölgesellschaften nicht haltmachte, nutzte Präsident Cárdenas 1938 diese günstige Gelegenheit entschlossen. Erst in der Amtszeit von Lázaro Cárdenas (1934–1940) erfolgte eine gezielte Umsetzung der zentralen Revolutionspostulate zugunsten breiter Bevölkerungsschichten. Die unter Cárdenas erfolgten Reformen im Agrarsektor und in der Ölwirtschaft werden vielfach als „nachgeholte Revolution" (Tobler 1992) bezeichnet. Einige Beobachter erblickten im „Cardenismo" gar einen „mexikanischen Sozialismus". Allerdings sollte dabei nicht übersehen werden, daß ein stärkeres staatliches Engagement in der Wirtschaft durchaus im Trend der Zeit lag. Dies gilt selbst für die USA, wo Präsident Roosevelt mit seinem „New Deal" eine interventionistische Wirtschafts- und Sozialpolitik verfolgte.

Die Hinwendung zu einem ökonomischen Nationalismus entsprach einer Wirtschaftsentwicklung, die mit der Weltwirt-

Bild 28: Das Anthropologische Nationalmuseum (Mexiko-Stadt): *Das Anthropologische Natio-nalmuseum ist Ausdruck der modernen mexikanischen Architektur und der selbstbewußten Pflege der reichen indianischen Geschichte, auf die sich das nachrevolutionäre Mexiko beruft.*

schaftskrise in ganz Lateinamerika einsetzte. Welcher genaue Wirkungszusammenhang zwischen den Folgen der Weltwirtschafts-krise und den Reformen unter Lázaro Cárdenas besteht, ist bis heute in Fach-kreisen umstritten (Tobler 1992). Insoweit relativiert sich die Bedeutung der Revoluti-on für die wirtschaftspolitische Neuorien-tierung seit den 1930er Jahren, die kein ausschließlich mexikanisches Phänomen war.

Die Veränderungen innerhalb der mexi-kanischen Elite stellen wohl den nachhal-tigsten Umbruch dar, der von der Revoluti-on ausging. Der Kampf in den Revolutions-armeen erwies sich als ein mobilitäts-förderndes Moment höchsten Ranges. Wie bereits bei den Kämpfen im 19. Jh. hatte der Tüchtige eine Chance, aufzusteigen. Die ungleichen Gesellschaftsstrukturen als solche indes wurden durch die Revolution nicht erschüttert. Vielmehr bildete das Re-volutionsgeschehen innerhalb einer extrem ungleichen Gesellschaft ein „Förderband"

nach oben. Denn für den Aufstieg in einer Revolutionsarmee waren Rassen- und Klas-senschranken irrelevant. Durch die relativ große Zahl der Aufsteiger bildete sich der Kern einer Mittelschicht heraus, die in den folgenden Jahrzehnten des mexikanischen Wirtschaftswunders einen deutlichen Zu-wachs erfahren sollte.

Das revolutionäre Erbe bildet eine Klam-mer zwischen allen Klassen und Rassen. Durch das Aufgreifen der Agrarreform wur-den die Belange der Campesinos in die Politik aufgenommen. Damit hatte auch die breite Masse der Bevölkerung einen Identi-fikationspunkt mit dem Staat. Über lange Zeit konnte sich die Regierung gegenüber allen Bevölkerungsschichten als die Sach-walterin der Revolution legitimieren. Der Stolz auf die eigene revolutionäre Leistung und die große Geschichte wurde noch ver-stärkt durch das selbstbewußte Vorgehen der mexikanischen Nation gegen ausländi-sche Einflüsse auf Wirtschaft und Politik (Bild 28).

POLITIK: LAND DER INSTITUTIONELLEN REVOLUTION

Bild 29: Der Palacio Nacional (Mexiko-Stadt)*: Symbol der mexikanischen Nation und Sinnbild des Zentralismus. Wo einst Motecuzomas Palast stand, residierten später die Vizekönige und ist heute der Amtssitz des Präsidenten.*

Überblick

■ Die politische Macht konzentriert sich auf der Ebene des Bundes und hier wiederum beim Präsidenten. Der mexikanische Staatspräsident ist die zentrale Regulationsinstanz.

■ Die Sicherheitsinteressen der USA schränken den innen- und außenpolitischen Handlungsspielraum Mexikos ein, bilden aber gleichzeitig eine Rückversicherung für die innere Stabilität.

■ Horizontale und vertikale Netzwerke in der mexikanischen Gesellschaft relativieren die Bedeutung des Staates und der Institutionen. Formelle und informelle Strukturen gehen in Mexiko fließend ineinander über.

■ Mit der Gründung einer Sammlungspartei sollten die informellen Netzwerke institutionell eingefangen werden. Heute deckt das in der „Partei der Institutionellen Revolution" (PRI) zusammengefaßte System der Korporationen die mexikanische Gesellschaft nur mehr unzureichend ab.

■ Mit dem Wandel in Gesellschaft, Wirtschaft und Außenpolitik nimmt in Mexiko auch der demokratische Wettbewerb zu. In den Wahlen der 1990er Jahre hat sich auf nationaler Ebene ein Drei-Parteien-System herausgebildet.

■ Der politische Transformationsprozeß in Mexiko weist große regionale Unterschiede auf. Im Zuge des Wandels werden alte Strukturen, Verhaltensweisen und Einstellungen nicht völlig verdrängt, sondern lediglich von neuen überlagert.

Politik zwischen Souveränität und Dependenz

Zwischen Lateinamerika und den USA

Die unmittelbare Nachbarschaft zur wirtschaftlichen und militärischen Supermacht USA, mit der Mexiko eine rund 3200 km lange gemeinsame Landesgrenze hat, bildet den wichtigsten Bestimmungsfaktor für die mexikanische Außenpolitik. Die Wirtschaftsbeziehungen Mexikos sind wie bei den meisten Staaten Lateinamerikas extrem einseitig auf die USA ausgerichtet. Im Jahr 1995 gingen 83,4 % der mexikanischen Exporte in die USA, 74,3 % der Importe kamen aus dem nördlichen Nachbarland. Der Warenaustausch Mexikos mit dem übrigen Lateinamerika macht gerade einmal 3,5 % des Handelsvolumens aus. Auch in anderen Bereichen zeigen sich die einseitigen und asymmetrischen Wirtschaftsbeziehungen zwischen Mexiko und den USA: So wurden in den 1990er Jahren rund 62 % der ausländischen Direktinvestitionen in Mexiko von nordamerikanischen Firmen getätigt, und rund 85 % aller Touristen sind US-Amerikaner. Im Bereich des Tourismus hat sich die extreme Verwundbarkeit Mexikos durch die einseitige Abhängigkeit von den USA schon einmal gezeigt. Nachdem Mexiko 1975 in der UNO die antizionistische Resolution unterstützt hatte, riefen jüdische Organisationen in den USA zum Tourismusboykott auf. Stornierungen und Buchungsrückgänge brachten der mexikanischen Fremdenverkehrswirtschaft empfindliche Verluste.

Auf dem amerikanischen Kontinent haben sich über lange Zeit unterschiedliche Interessensphären überschnitten. In den nördlichen Bereichen Neuspaniens trafen die europäischen Großmächte Spanien, Frankreich und England aufeinander. Von den USA wurde der Unabhängigkeitsgedanke schon früh zum außenpolitischen Dogma erhoben, das vom State Office auf den gesamten Kontinent ausgedehnt wurde. Präsident J. Monroe erklärte 1823 den Grundsatz einer strikten Trennung von Alter Welt und Neuer Welt zum ausdrücklichen Prinzip der Außenpolitik der USA. Die seit 1852 so genannte Monroe-Doktrin wird meist auf die kurze Formel gebracht: „Amerika den Amerikanern!" Die USA verbitten sich jede Form eines europäischen Interventionismus oder gar einer erneuten Kolonisierung durch Europa. Ganz Amerika wird damit zur Interessensphäre der Vereinigten Staaten.

Zwischen 1861 und 1866 forderte Frankreich durch seine Intervention in Mexiko diese Position heraus. Der Begriff „Lateinamerika" geht auf die französische Außenpolitik zur Zeit von Napoleon III. zurück, die in ihrem imperialen Anspruch von einem „Romanischen Amerika" sprach, das deutlich von dem unter der Dominanz der USA stehenden Angloamerika zu unterscheiden sei. Inzwischen ist der Begriff „Latino" zu einer gängigen Vokabel in Amerika geworden. Für die Menschen aus den Ländern mit iberischer Kolonialtradition hat „Latino" eine identitätsstiftende Funktion, in den USA wird die Bezeichnung vielfach mit einem rassistischen und diskriminierenden Unterton gebraucht.

Heute wird der dominante Einfluß der USA auf Lateinamerika von keiner außeramerikanischen Macht mehr bestritten. Dennoch existieren erhebliche kulturelle Unterschiede zwischen den Vereinigten Staaten und Kanada auf der einen Seite und den Ländern, deren Ursprung auf die iberischen Kolonialreiche zurückgeht. Obwohl eine tiefergehende wirtschaftliche und politische Integration Lateinamerikas bisher nicht gelungen ist, bestehen seit der Kolonialzeit enge kulturelle und intellektuelle Beziehungen. Mit Ausnahme Brasiliens, wo Portugiesisch gesprochen wird, bildet das Spanische eine sprachliche Klammer in Lateinamerika. Trotz des ausgeprägten nachkolonialen Nationalismus entstehen durch den regen geistigen Austausch in Lateinamerika immer wieder gemeinsame Strömungen und Entwicklungstendenzen, von denen auch Mexiko erfaßt wird.

Die Sicherheitsinteressen der USA

Die rund 3200 km lange Landesgrenze mit Mexiko bildet den „weichen Unterleib" der USA und damit eine Zone höchster sicherheitspolitischer Priorität. Der herausragende Rang Mexikos in der US-amerikanischen Politik wird von europäischer Seite nur unzureichend gesehen. Dabei wurde noch 1988 von höchsten Kreisen in den USA erklärt, daß lediglich die Sowjetunion für die Vereinigten Staaten eine vergleichbare außenpolitische Bedeutung besitzt wie Mexiko (Mols 1993). Aus amerikanischer Sicht ist dies nur zu verständlich, schließlich ist von Mexiko aus die schlimmste aller Bedrohungen möglich: ein unmittelbarer, landgestützter Angriff auf das Territorium der USA.

Schon auf geringste Grenzübergriffe wird von US-amerikanischer Seite äußerst empfindlich reagiert. So wäre es Franciso Villa 1916 mit seinem Überfall auf die Grenzstadt Columbus fast gelungen, eine Intervention der USA zu provozieren. Ein Krieg zwischen Mexiko und den Vereinigten Staaten konnte gerade noch verhindert werden, und es blieb bei einer Strafexpedition, die General Pershing in Nordmexiko unternahm. Völlig inakzeptabel wäre für die USA eine mexikanische Regierung, die einen aggressiven antiamerikanischen Kurs verfolgt wie beispielsweise das kubanische Regime. Die Anwesenheit von Truppen einer fremden Macht auf mexikanischem Territorium würde als eine ebenso akute Bedrohung der USA empfunden wie die 1962 kurzzeitig erfolgte Stationierung sowjetischer Raketen auf Kuba.

Die Sicherheitsinteressen der USA sind so weit gefaßt, daß nicht nur eine mögliche Verletzung der territorialen Integrität als Bedrohung angesehen wird. Auch der Drogenhandel wird als eine so massive Gefahr für die nationale Sicherheit der USA betrachtet, daß nötigenfalls auch Aktionen amerikanischer Sicherheitsorgane auf fremdem Territorium gerechtfertigt sind. Die Festnahme mexikanischer Staatsbürger auf mexikanischem Gebiet durch die amerikanische Drogenpolizei sorgte schon mehrfach für ernsthafte diplomatische Krisen zwischen Mexiko und den USA. Als Bedrohung sieht man in den USA auch den anhaltenden Wanderungsdruck aus dem Süden und unternimmt erhebliche Anstrengungen zur Befestigung der Grenze.

Um stabile, berechenbare politische Verhältnisse in Mexiko zu gewährleisten, werden seitens der USA diejenigen Kräfte in Mexiko unterstützt, von denen der größte Beitrag zur Stabilität erwartet werden kann. Ein drastisches Beispiel aus jüngerer Zeit

bietet die mexikanische Präsidentschaftswahl des Jahres 1988, bei der von der Opposition der Vorwurf erhoben wurde, Carlos Salinas verdanke seinen knappen Sieg einer Wahlmanipulation. Noch bevor der Wahlvorgang überhaupt abgeschlossen war, hatte US-Präsident Ronald Reagan in einem Telegramm Salinas zu seiner Wahl gratuliert. Auch die danach folgende Finanzhilfe durch die USA in Höhe von 3,5 Mrd. US-$ ließ auf ein Interesse der USA schließen, die bedrängte Regierung Salinas zu stützen (Cárdenas 1990).

Die Erwartungen der USA an die mexikanische Innenpolitik gehen allerdings über den bloßen Wunsch nach Stabilität hinaus. Erwartet wird von Mexiko eine Politik, die ein ungehindertes wirtschaftliches Engagement amerikanischer Firmen gestattet und eine Nutzung der reichen Rohstoffvorkommen ermöglicht. Daher wandten sich die USA ganz entschieden gegen den Art. 27 der mexikanischen Verfassung, der die mexikanische Nation zur Eigentümerin allen Bodens und aller Bodenschätze erklärt und damit auch eine Enteignung ausländischer Privatpersonen und Gesellschaften ermöglicht. Als Präsident Lázaro Cárdenas 1938 die Erdölwirtschaft nationalisierte und das staatliche Unternehmen „Petróleos Mexicanos" (PEMEX) gründete, blieb ein massives Einschreiten der USA nur aufgrund der besonderen außenpolitischen Konstellation im Vorfeld des Zweiten Weltkrieges aus. Im Interesse übergeordneter Sicherheits- und Stabilitätsinteressen waren die USA bereit, auf einen Teil ihrer Forderungen zur Wirtschafts- und Gesellschaftsordnung in Mexiko zu verzichten.

Aus der Perspektive der USA wird die Entwicklung in Mexiko stets unter dem Blickwinkel der sehr weit gefaßten nationalen Sicherheitsinteressen gesehen. Die zunehmend engeren wirtschaftlichen Verflechtungen zwischen beiden Ländern und eine noch stärkere Ausdehnung des Sicherheitsbegriffes auf ökonomische Belange bleibt nicht ohne Auswirkungen auf die Mexiko-Politik. Eine stabile wirtschaftliche und politische Entwicklung beim südlichen Nachbarn wird immer wichtiger, um Störungen für die US-Wirtschaft abzuwenden. Mit der Zunahme der internationalen Verflechtungen erlangen die Geschehnisse in

Mexiko steigende Bedeutung für die Weltwirtschaft, wie die mexikanische Währungskrise Anfang 1995 gezeigt hat.

Der Schutz der Souveränität

Kaum hatte Mexiko seine Unabhängigkeit erlangt, sah sich die junge Nation immer wieder in ihrer Souveränität bedroht. Seit den immensen Gebietsverlusten an die USA hegt Mexiko großen Argwohn gegenüber dem übermächtigen Nachbarn, der als „Coloso del Norte" die mexikanische Innen- und Außenpolitik nachhaltig beeinflußt. Vor diesem Hintergrund ist es nur zu verständlich, wenn bis auf den heutigen Tag die Sicherung und der Ausbau der Souveränität des mexikanischen Staates zu den Hauptzielen eines jeden Nationalen Entwicklungsplanes (Plan Nacional de Desarrollo) gehört.

Die meisten der zentralen Leitsätze der mexikanischen Verfassung von 1917 hatten eine dezidiert außenpolitische Stoßrichtung: Die in Art. 27 dem Staat eingeräumten Kompetenzen zur Regelung des Eigentums an Grund und Boden sollen die Selbstbestimmung der mexikanischen Nation über die Agrarproduktion und die Ausbeutung der Rohstoffe sichern. Trotz der 1992 erfolgten Änderungen im Bereich der Agrargesetze wird in Mexiko bis heute der Grunderwerb durch Ausländer sehr restriktiv gehandhabt. Die antiklerikalen Verfassungsbestimmungen zielten insbesondere gegen den Einfluß der Weltkirche als internationalen und damit ausländischen Macht. Mit dem Konstrukt der mestizischen Nation wurde die Einmaligkeit des mexikanischen Volkes und der mexikanischen Kultur unterstrichen, nachdem das Porfiriat ganz im Zeichen einer kulturellen Angleichung an die USA und Europa gestanden hatte. Eine binnenmarktorientierte Wirtschaftspolitik, die mit der Substitution von Importen die Außenabhängigkeit zu überwinden suchte, rundete den nationalen Kurs des nachrevolutionären Mexiko ab.

Die angestrebte Abschottung Mexikos von ausländischen Einflüssen änderte allerdings nichts an der faktischen Präsenz des übermächtigen Nachbarn im Norden. Mit einer fast zwangsläufig defensiven Außenpolitik mußte sich Mexiko gewisse Spielräume für eine eigenständige Politik verschaffen. Dieses Ziel verfolgte das Land

mit der Entwicklung völkerrechtlicher Leitsätze, mit einer wechselseitigen Instrumentalisierung von Innenpolitik und Außenpolitik sowie mit der Nutzung von Spielräumen zwischen internationalen Lagern und Blöcken. Die einzelnen Strategien ergänzten sich mitunter, gerieten bisweilen aber auch miteinander in Konflikt.

Die Leitsätze, die Mexiko aus historischer Erfahrung und zur Verteidigung seiner Souveränität aufgestellt hat, haben die Entwicklung des modernen Völkerrechts beeinflußt:

■ Die „Carranza-Doktrin" von 1918 schrieb das Prinzip der Nichteinmischung in die inneren Angelegenheiten als Interventionsverbot fest. Dieser Grundsatz fand später Eingang in die völkerrechtlichen Grundsätze der Vereinten Nationen.

■ In der „Estrada-Doktrin" von 1930 wird ein automatischer Anspruch auf die diplomatischen Anerkennung neuer Regierungen postuliert. Damit soll den Großmächten, insbesondere den USA, die Möglichkeit genommen werden, die Gewährung oder Verweigerung der diplomatische Anerkennung zur politischen Einflußnahme auf ein anderes Land zu benutzen. Im 19. Jh. und während der Mexikanischen Revolution war dies nämlich wiederholt geschehen.

■ Mit der „Cárdenas-Doktrin" von 1938 werden ausländische Bürger auch in Eigentumsfragen den Gesetzen des Gastlandes unterworfen. Damit sollen Interventionen anderer Staaten abgewehrt werden, die mit dem Schutz des Eigentums ihrer Bürger begründet werden. Eine solches Vorgehen seitens der USA mußte Mexiko nach der Enteignung amerikanischer Ölgesellschaften im Jahre 1938 nämlich prinzipiell befürchten.

■ Mit der „Echeverría-Doktrin" von 1974 wurde versucht, den Grundsatz der Cárdenas-Doktrin um ein umfassendes wirtschaftliches Selbstbestimmungsrecht der Staaten zu erweitern. Frucht dieser Bemühungen war die „Charta der ökonomischen Rechte und Pflichten der Staaten", die im wesentlichen von der Regierung Echeverría (1970 – 1976) ausgearbeitet und im Dezember 1974 von einer großen Mehrheit der UN-Vollversammlung gegen die Stimmen der Industriestaaten verabschiedet wurde.

Aktive Außenpolitik

Dieser Vorstoß des mexikanischen Präsidenten Echeverría unterstreicht zugleich den Wechsel von einer rein defensiven Außenpolitik zu einer aktiven Rolle Mexikos im internationalen Geschehen. Ermöglicht wurde dies Mexiko vor allem durch die weltpolitische Konstellation in der Zeit des Kalten Krieges. Mit der kubanischen Revolution von 1959 und der baldigen Hinwendung von Fidel Castro zum Kommunismus lag die sowjetische Bedrohung nun unmittelbar vor der „Haustüre" der USA. Die Versuche des Regimes in Havanna, die Revolution auf das amerikanische Festland zu „exportieren", stellten eine ständige Bedrohung für die Stabilität in der südlichen Interessensphäre der USA dar. Als letzter Dominostein in dieser Sicherheitszone durfte Mexiko auf keinen Fall ins Wanken geraten. Dies bot Mexiko die Möglichkeit zu einer Dreiecksdiplomatie: Gegenüber Castro konnten die Mexikaner erklären, daß eine kubanische Unterstützung von Guerillabewegungen in Mexiko eine Intervention der USA auf den Plan rufe, Washington bat man um Zurückhaltung, um nicht kubanisch gesteuerte Guerilla-Aktivitäten auf mexikanischem Gebiet zu provozieren.

Seit den 1960er Jahren entwickelte Mexiko aus seiner neutralen Position heraus zunehmend außenpolitische Aktivitäten und näherte sich der Bewegung der Blockfreien (NAM) an, ohne sich dieser Organisation formal anzuschließen (Fanger 1992). Im Engagement für die „Charta der ökonomischen Rechte und Pflichten der Staaten" (1974) kam Mexikos neue Rolle als Stimmenführer des Südens eindrucksvoll zum Tragen. Mexiko stand an der Spitze des lateinamerikanischen Engagements für die Dritte Welt (Tercermundismo), dessen ideologisches Fundament die Dependenztheorie bildete.

In der äußerst aktiven Phase der mexikanischen Außenpolitik der 1970er Jahre gelang Mexiko eine Diversifizierung seiner Außenbeziehungen: Das Land knüpfte Kontakte zu den COMECON-Staaten, intensivierte die Beziehungen mit Europa, vor allem Deutschland, Frankreich und Spanien, und baute seine Lateinamerikapolitik aus. Mexiko wurde dabei auch zu einem

wichtigen Vermittler in den Konflikten Mittelamerikas. Die eigenständige Linie der mexikanischen Außenpolitik und insbesondere Mexikos herausragendes Engagement für die Dritte Welt führten zu einer Verschlechterung des Verhältnisses zu den USA. In der Regierungszeit von López Portillo (1976–1982) erreichten die amerikanisch-mexikanischen Beziehungen einen Tiefpunkt, wozu auch die persönlichen Gegensätze zwischen den Präsidenten Carter und Portillo beitrugen. Gefördert wurde das Selbstbewußtsein des außenpolitischen „Macho" López Portillo durch die Entdeckung großer Ölvorkommen, wodurch die Position Mexikos in den Ölkrisen von 1973 und insbesondere von 1979 erheblich gestärkt wurde. Mit dem Abschluß einer Liefergarantie für die Erdölversorgung Israels konnte Mexiko 1979 den massiven Konflikt mit der jüdischen Einflußgruppe in den USA beilegen, den die Regierung Echeverría (1970–1976) im Jahre 1975 mit der Unterzeichnung der antizionistischen Resolution der UNO heraufbeschworen hatte. Die Erfahrungen der Ölkrise verleiteten López Portillo dazu, die Bedeutung des Erdöls in der Außenpolitik zu überschätzen.

Einen jähen Rückschlag erfuhr die selbstbewußte mexikanische Position mit dem Verfall des Ölpreises und dem Ausbruch der Schuldenkrise. Als Mexiko 1982 den ausländischen Gläubigern seine Zahlungsunfähigkeit erklärte, war damit zugleich das offizielle Ende der binnenmarktorientierten Wirtschaftspolitik der lateinamerikanischen Staaten besiegelt. Der Spielraum für einen eigenen Weg Lateinamerikas und insbesondere Mexikos ging gänzlich verloren, als 1989 mit dem Ende des Kalten Krieges und dem Zusammenbruch der Sowjetunion die USA zur alleinigen Weltmacht geworden waren. Die Möglichkeit für ein Taktieren zwischen Erster und Zweiter Welt war damit entfallen. Mexikos Regierung hat auf die veränderte weltpolitische Lage schnell reagiert. Bereits 1990 erklärte Präsident Salinas unmißverständlich, Mexiko wolle ein Teil der Ersten Welt sein und nicht der Dritten (Mols 1993). Mit dieser Abkehr vom „Tercermundismo" der 1970er Jahre rückt Mexiko fast zwangsläufig politisch wieder näher an die USA heran. Trotz dieser eindeutigen Orientierung nach Nordamerika bemüht sich Mexiko auch weiterhin um eine Diversifizierung seiner Außenbeziehungen. Intensivere Kontakte mit Europa, Lateinamerika und dem asiatisch-pazifischen Raum sind für Mexiko ein Mittel, um die einseitige Abhängigkeit von den USA zumindest zu verringern.

Langfristig könnte Mexiko aus einer mehrfachen Mittlerrolle neuer außenpolitischer Spielraum erwachsen: Es nimmt innerhalb des amerikanischen Kontinents eine Brückenfunktion zwischen den USA und Lateinamerika ein. Durch Kontakte zu den beiden anderen großen Wirtschaftsräumen der Welt, Europa und dem asiatisch-pazifischen Raum, könnte Mexiko seine Position innerhalb des amerikanischen Wirtschaftsraumes zukünftig stärken.

**Das Zusammenspiel
von Außenpolitik und Innenpolitik**
Da sich die Sicherheitsinteressen der USA auch auf die innere Entwicklung im südlichen Nachbarland erstrecken, besteht in Mexiko ein relativ enger Zusammenhang zwischen Innen- und Außenpolitik. Es wurde bereits dargelegt, daß die Sicherung der Souveränität des mexikanischen Staates gegenüber den Interessen der USA eine wichtige Aufgabe der mexikanischen Außenpolitik ist. Trotz dieser stark defensiven Rolle eröffnen sich für die mexikanische Politik auch Spielräume durch eine wechselseitige Instrumentalisierung innenpolitischer und außenpolitischer Faktoren. Die USA haben den mexikanischen Regierungen stets so viel Freiraum gewährt, wie dies für die Sicherung der politischen Stabilität erforderlich schien. Mit dem glaubhaften Hinweis, eine Maßnahme sei erforderlich, um einer Destabilisierung entgegenzuwirken, kann Mexiko daher von den USA auch Zugeständnisse erreichen, die eigentlich im Widerspruch zu den Ordnungsvorstellungen des nördlichen Nachbarn stehen. Dies war gelegentlich bei Eingriffen in das Eigentum der Fall, die von mexikanischer Seite mit der Vermeidung sozialer Unruhen gerechtfertigt werden konnten.

Mit den zunehmenden wirtschaftlichen Verflechtungen zwischen beiden Ländern und einer großen Zahl potentieller Migran-

ten verfügt Mexiko über eine beträchtliche „Chaos-Macht" (Drekonja-Kornat 1994), die das Land gegenüber den USA geltend machen kann. Die Angst vor einem Zusammenbruch der Wirtschaft und der politischen Ordnung in Mexiko hat die Regierungen der USA immer wieder zu Hilfspaketen veranlaßt. So auch nach der jüngsten Finanz- und Wirtschaftskrise im Jahr 1995. Das Interesse der USA an stabilen Verhältnissen in Mexiko eröffnet der jeweiligen mexikanischen Regierung nicht nur einen Spielraum für Reformen, sondern ist zugleich eine wirtschaftliche und politische Rückversicherung. Es ist nicht auszuschließen, daß die derzeitigen Konflikte im ländlichen Raum von mexikanischer Seite als Argument für eine Nachbesserung des NAFTA-Vertrages genutzt werden.

Umgekehrt werden der „Sicherheitsschatten" und die Gefahr einer US-amerikanischen Intervention auch für die mexikanische Innenpolitik instrumentalisiert. Eine große Armee ist in Mexiko angesichts der Überlegenheit der US-Army im Norden überflüssig, und im Falle einer drohenden Invasion durch eine fremde Macht werden die USA aus eigenem Sicherheitsinteresse einschreiten. Diese Umstände erleichterten Mexiko die Entmilitarisierung der Politik.

Bestimmte Reformvorhaben lassen sich mit dem Hinweis auf Widerstände aus den USA bremsen (Haynes 1991), andere forcieren, weil der nördliche Nachbar auf ihre Umsetzung drängt. So wird der „Coloso del Norte" zu einem Faktor, den der jeweilige mexikanische Präsident für seine Gleichgewichtspolitik einsetzen kann.

Darüber hinaus hat die mexikanische Außenpolitik auch eine Legitimationsfunktion für die jeweilige Regierung. Indem die Regierung mit einer defensiven Außenpolitik die revolutionären Errungenschaften gegenüber dem Ausland verteidigte, trat sie für das „revolutionäre Erbe" ein, das lange Zeit die Legitimationsgrundlage des Staates bildete. Der Legitimationskrise, die nach dem Massaker von Tlatelolco (Oktober 1968) offen ausgebrochen war, versuchte die Regierung Echeverría (1970 – 1976) mit einer Außenpolitik entgegenzutreten, bei der Mexiko als Wortführer der Dritten Welt gegen die Industriestaaten Position bezog. Da man sich dabei auf die

Dependenztheorie stützte, war es leicht möglich, für die inneren Mißstände allein die Außenabhängigkeit des Landes verantwortlich zu machen.

Schließlich trugen der revolutionäre Anspruch der mexikanischen Außenpolitik und die eigenwillige Kubapolitik entscheidend dazu bei, daß in Mexiko, anders als in vielen Ländern Lateinamerikas, nur punktuell relativ unbedeutende Guerillabewegungen entstanden sind.

Auch die diplomatischen Vorstöße Mexikos in jüngerer Zeit sollen der Bevölkerung die Fortschrittlichkeit des eigenen Landes vor Augen führen. Mit dem Abschluß des NAFTA-Vertrages oder Initiativen im Bereich des Umweltschutzes setzt sich Mexiko in einigen Feldern ganz bewußt an die Spitze der Bewegung.

Schuldenkrise und erzwungene Öffnung

Von der Regierung Echeverría wurde das wirtschaftspolitische Konzept der Importsubstitution durch ein stärkeres staatliches

öffentlichen Sektors von 4,4 Mrd. US-$ auf 19,6 Mrd. US-$ zugenommen hat. Nach der Entdeckung riesiger Erdölvorkommen in der Amtszeit von Präsident López Portillo sind zwischen 1979 und 1980 die Exporteinnahmen zwar von 4 Mrd. US-$ auf 14 Mrd. US-$ angestiegen, das Wirtschaftswachstum lag bei über 10%. Doch versäumte es die mexikanische Regierung, mit den Gewinnen aus dem Ölgeschäft die erforderliche Strukturanpassung der mexikanischen Wirtschaft vorzunehmen, die in den Jahrzehnten der wirtschaftlichen Abschottung zunehmend ihre Wettbewerbsfähigkeit eingebüßt hatte. Ein erheblicher Teil der Gewinne aus dem Ölgeschäft floß in unproduktive Prestigeprojekte. Das Importvolumen wurde so massiv erhöht, daß trotz der Ölmilliarden weitere Kredite aufgenommen wurden. So hatte 1982 die Auslandsverschuldung eine Höhe von 86 Mrd. US-$ erreicht (Abb. 23). Nachdem diese unsolide Wirtschaftspolitik bereits zur Inflation und Kapitalflucht geführt

Daten: INEGI 1994, Banco de México 1996. Entwurf Christian H. Weber 1998.

Abb. 23: Anteil der Schulden des öffentlichen Sektors am Bruttoinlandsprodukt (BIP): *Trotz der Einnahmen aus dem Erdölgeschäft hat sich der mexikanische Staat ab Mitte der 1970er Jahre zunehmend verschuldet. Ein Großteil der Kredite wurde im Ausland aufgenommen.*

Engagement in der Wirtschaft ergänzt. Die Zahl der Staatsbetriebe wurde von 86 auf 740 erhöht, der Verwaltungsapparat verdoppelt (Ebenroth/Jäger 1990). Die Finanzierung der Großprojekte erfolgte über Kredite, so daß die Auslandsverschuldung des

hatte, löste der 1981 einsetzende Verfall des Weltmarktpreises für Erdöl endgültig die Katastrophe aus. 1982 sah sich Mexiko gezwungen, den ausländischen Gläubigern seine Zahlungsunfähigkeit zu erklären. Mexiko war in die Schuldenfalle gera-

Abb. 24: Staatshaushalt in der Schuldenfalle: *Infolge der immensen Auslandsverschuldung mußte Mitte der 1980er Jahre der Großteil der öffentlichen Mittel für Zinszahlungen aufgewendet werden. Dies schränkte den politischen Handlungsspielraum stark ein.*

ten und hatte dadurch fast jeglichen politischen Handlungsspielraum verloren. In den 1980er Jahren mußte Mexiko zeitweise über die Hälfte seines Haushalts für Zinszahlungen aufwenden (Abb. 24). Die Umschuldungsverhandlungen und die Auflagen des IWF zwangen Mexiko zu einer strikten Sparpolitik. Diese Vorgaben der Kreditgeber bedeuteten eine weitere Einschränkung der Souveränität. Erst allmählich gewann die mexikanische Regierung wieder Spielraum zurück, mußte sich hierzu aber von der alten wirtschaftspolitischen Konzeption der Binnenmarktorientierung und des Staatsinterventionismus trennen.

Die mexikanische Außenpolitik erhielt nun eine starke wirtschafts- und handelspolitische Ausrichtung. Im Vordergrund steht nunmehr die Integration Mexikos in den Weltmarkt. Wichtige Meilensteine in dieser Entwicklung bilden der 1986 vollzogene Beitritt Mexikos zum GATT, die 1994 erfolgte Aufnahme des Landes in die OECD und das Inkrafttreten des Nordamerikanischen Freihandelsabkommens (NAFTA) im Jahre 1994.

Mit der wirtschaftspolitischen Öffnung des Landes und der erklärten Hinwendung zur Ersten Welt hat sich in Mexiko eine bemerkenswerte Revision des offiziellen nationalen Selbstverständnisses vollzogen. Das bedeutete über weite Strecken einen Abschied vom Anspruch der Einmaligkeit. Besonders spürbar wurde dies in der 1992 vorgenommenen Änderung von Verfassungsprinzipien, die über lange Zeit einen unverbrüchlichen Bestandteil des mexika-

nischen Selbstverständnisses gebildet hatten. Man verabschiedete sich vom Agrarismo, vom Antiklerikalismus und von der Vorstellung der mestizischen Nation. Seit den 1980er Jahren ist in der politischen Elite Mexikos eine stärkere Außenorientierung und ausgesprochene Hinwendung zur Ersten Welt und insbesondere zu den USA unübersehbar. Dies zeigt sich auch in den Biographien der Präsidenten. Miguel de la Madrid (1982–1988), Carlos Salinas (1988–1994) und Ernesto Zedillo (1994–2000) haben eine wirtschaftswissenschaftliche Ausbildung an nordamerikanischen Eliteuniversitäten absolviert.

NAFTA: Auf dem Weg nach Nordamerika?
Im Mittelpunkt der mexikanischen Außen- und Wirtschaftspolitik steht seit den späten 1980er Jahren das Bemühen um den wirtschaftlichen Anschluß an die Erste Welt. Auf die neue Offenheit der mexikanischen Volkswirtschaft reagierten die Handelspartner in Europa und Asien allerdings kaum mit einem gesteigerten Engagement. Dies verstärkte beim mexikanischen Präsidenten Salinas und seiner Regierungsmannschaft die Vorstellung einer Blockbildung in Europa und Asien (Borchard 1992). Als einzige Strategie für die wirtschaftliche Liberalisierung und Modernisierung Mexikos bot sich daher der Anschluß an die seit 1990 zwischen den USA und Kanada bestehende Freihandelszone an.

Diesem Ansinnen Mexikos kommen die Bemühungen der USA entgegen, mit einem regionalen Wirtschaftszusammenschluß ein größeres Gewicht gegenüber der Europäischen Union zu erlangen. In diesem Zusammenhang ist die NAFTA die Vorstufe für eine amerikanische Freihandelszone von Alaska bis Feuerland, die Präsident Bush 1990 in seiner „Initiative for the Americas" angekündigt hat. Die Wirtschaftsstrategen der Clinton-Administration beabsichtigen außerdem eine Ausdehnung der NAFTA auf die APEC-Länder des asiatisch-pazifischen Raumes. Der ehrgeizige Vorstoß für eine gesamtamerikanische Freihandelszone mit einem gemeinsamen Markt von fast 800 Mio. Einwohnern ist 1998 jedoch zunächst am Widerstand des Kongresses der USA gescheitert. Aber immerhin ist der Beitritt von Chile und Bolivien zum NAFTA-Abkommen vorgesehen.

Das im August 1992 zwischen den USA, Kanada und Mexiko unterzeichnete und am 1. Januar 1994 in Kraft getretene Nordamerikanische Abkommen gilt als der fortschrittlichste Freihandelsvertrag seiner Art (Brand 1994). Im Vertrag über das Nordamerikanische Freihandelsabkommen (NAFTA) sind folgende Ziele festgelegt:

- die Beseitigung der Handelsschranken
- die Förderung fairer Wettbewerbsbedingungen
- die Erhöhung der Investitionsmöglichkeiten
- Gewährleistung eines angemessenen gewerblichen Rechtsschutzes
- Schaffung geeigneter Mechanismen für die Lösung von Streitfällen und
- die Förderung der trilateralen wie der multilateralen Zusammenarbeit.

Im Vorfeld des Beitritts zur NAFTA hat es in Mexiko kaum kritische Stimmen gegeben. Die meiste Kritik wurde von Campesino-Organisationen vorgebracht. Vereinzelte kritische Stimmen, vor allem von kirchlicher Seite, warnten auch vor einer verstärkten kulturellen Durchdringung aus den USA und der damit verbundenen Bedrohung traditioneller Werte und Sozialstrukturen. In aller Schärfe ist in Mexiko die Kritik an der Freihandelspolitik erst mit dem Indioaufstand aufgekommen, der in Chiapas zeitgleich mit Inkrafttreten des NAFTA-Vertrages ausgebrochen ist.

In den USA und in Kanada gestalteten sich die Verhandlungen über die Aufnahme Mexikos in die Freihandelszone wesentlich schwieriger. Am gravierendsten waren die Sorgen vor einem Absinken der Umwelt- und Sozialstandards und einem Verlust von Arbeitsplätzen im unteren Qualifikationsbereich. Daher wurden auch Zusatzabkommen abgeschlossen, die Mindeststandards festlegen. Letztlich konnten sich die Eliten und die Öffentlichkeit in den Vereinigten Staaten der Argumentation des mexikanischen Präsidenten Carlos Salinas nicht verschließen, der unmißverständlich erklärt hatte: „Entweder ihr akzeptiert unsere Waren oder ihr akzeptiert unsere Menschen" (zit. nach Huntington 1997, S. 238). Daß diese Worte mehr als eine verbale Drohung beinhalten, belegt die massive legale und illegale Einwanderung von Mexikanerinnen und Mexikanern in die USA. Von der Einbeziehung Mexikos in die Nordamerikanische Freihandelszone erwartet man sich in den USA eine wirtschaftliche und politische Konsolidierung Mexikos, die zu einem Rückgang des Migrationsdruckes führt. Wie groß in den USA die Angst vor einer solchen Massenzuwanderung ist, zeigt sich schon daran, daß die Freizügigkeit von Arbeitskräften im Nordamerikanischen Freihandelsabkommen ausdrücklich nicht vorgesehen ist und die Überwachung der Grenze noch verstärkt wird.

Für Mexiko ist die Mitgliedschaft in der NAFTA eine Strategie, die engen Wirtschaftsbeziehungen mit den USA für die nationale Entwicklung zu nutzen. Dabei ist nicht nur der Handel mit den Vereinigten Staaten das Ziel, sondern auch die Aufwertung von Mexiko als Investitionsstandort. Mexiko hat damit im Kampf um Kapital und Exportmärkte gegenüber den anderen lateinamerikanischen Ländern einen deutlichen Standortvorteil. Da Mexiko ohnehin im „Sicherheitsschatten" der USA liegt, relativiert sich der Souveränitätsverlust durch die verstärkte wirtschaftliche Einbindung nach Nordamerika. Eine intensive wirtschaftliche Vernetzung zwischen den USA und Mexiko bedeutet auch, daß der nördliche Nachbar von Krisen im Süden noch stärker betroffen sein wird als bisher. Dies muß das Interesse der USA daran erhöhen, daß die mexikanischen Regierungen mit angepaßten und wirksamen Instrumenten für eine dauerhaft stabile Entwicklung sorgen.

Gesellschaft – Herausforderung für die Politik

Soziale Extreme

Obwohl seit der Revolution (1910 – 1920) ein ausgeprägtes Nationalbewußtsein die Mexikaner über alle soziale Grenzen hinweg verbindet, erschwert bis heute die extrem ungleiche Verteilung von Vermögen und Einkommen die Entwicklung einer bürgerlichen Gesellschaft („civil society") mit gleichen Chancen für alle. In der Einkommensverteilung kommen die sozialen Extreme deutlich zum Ausdruck (Abb. 25). Nach einer Studie der Weltbank (Westphalen 1991) verfügten Ende der 1980er Jahre die 20 % reichsten Haushalte Mexikos über 57,7 % der Einkommenssumme, die 20 % ärmsten Haushalte dagegen über gerade einmal 2,9 %. Zum Vergleich: Für denselben Zeitraum bezogen laut Weltbank in der Bundesrepublik Deutschland (in den USA) die 20 % ärmsten Haushalte 7,9 % (5,3 %) der Einkommen, die 20 % reichsten Haushalte 39,5 % (39,9 %). Werte des Nationalen Statistischen Amtes (INEGI) für das Jahr 1992 (Boris 1996) bestätigen die ungleiche Einkommensverteilung: Die 20 % reichsten Haushalte Mexikos verfügen über 54,2 % der Einkommenssumme, die 20 % ärmsten Haushalte dagegen nur über 4,3 %. Was in der mexikanischen Gesellschaft fehlt, ist ein breiter Mittelstand.

Die Wurzeln der gesellschaftlichen Ungleichheit reichen weit in die Geschichte zurück. Die ersten 100 Jahre nach der Unabhängigkeit brachten in Mexiko zwar einen erheblichen Mobilitätsschub, und „Tüchtigen" gelang oftmals unabhängig von ihrer Klassen- und Rassenzugehörigkeit der Aufstieg nach oben. Prominente Beispiele hierfür sind Benito Juárez und Porfirio Díaz. Doch an der extremen Ungleichverteilung der Ressourcen innerhalb der Gesellschaft änderte dies kaum etwas. Selbst das Wirtschaftswachstum der dynamischen Phase zwischen 1940 und 1970 Jahre und die populistische Sozialpolitik in den 1970er Jahren führte kaum zu einer Einkommensumverteilung zugunsten breiter Bevölkerungsschichten.

Nicht ohne Grund spricht Octavio Paz (1969, S. 20) angesichts der Grundstruktur der mexikanischen Gesellschaft davon, daß „jede Kritik Mexikos mit einer Kritik der Pyramide beginnen muß". Der krasse Unterschied zwischen Arm und Reich ist in Mexiko vielerorts zu sehen (Bilder 30 u. 31). Oft liegen in den Städten Elendsviertel und noble Wohnquartiere nahe beisammen. Zur Verringerung extremer Armut gibt es in Mexiko schon seit langem staatliche Programme. Dabei ist man sich auch von

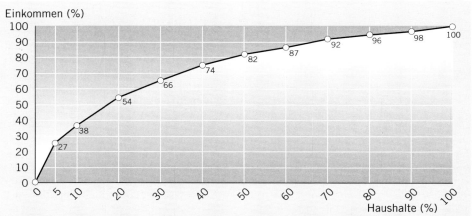

Einkommen (%)

Abb. 25: Einkommensverteilung: *In Mexiko sind die Einkommen extrem ungleich verteilt: Die 10 % reichsten Haushalte verfügen über rund 38 % der Einkommen, für die 50 % weniger betuchten Familien bleiben 18 %, die 10 % Ärmsten der Armen müssen sich 2 % der Einkommen teilen.*

Daten: INEGI 1992, Boris 1996. Entwurf: Christian H. Weber 1997.

Bild 30: Luxusvillen auf dem Pedregal (Mexiko-Stadt): In der Hand einer kleinen Oberschicht liegt der Großteil des Vermögens. Doch aus Angst vor Gewalt und Übergriffen wird, wie hier in den Luxusvillen auf dem Pedregal in Mexiko-Stadt, der Reichtum oft hinter Gittern versteckt. Wie in vielen Ländern Lateinamerikas „bunkert" sich die Oberschicht regelrecht ein.

Bild 31: Barranca del Muerto (Mexiko-Stadt): Trotz Revolution und Reformen leben viele Mexikaner unter dem Existenzminimum. Zwar sind die Städte für viele Orte der Hoffnung, doch den Bewohnern von Elendsvierteln, wie der Barranca del Muerto in Mexiko-Stadt, bleibt der Zugang zum „besseren Mexiko" vielfach verwehrt.

offizieller Seite der begrenzten Wirksamkeit vieler dieser oft wechselnden Ansätze bewußt.

Zwischen den Extremen der Gesellschaftspyramide gibt es auch in Mexiko eine ihrerseits stark differenzierte städtische Mittelschicht, die sich im 19. Jh. herauszubilden begann. Aus ihren Reihen kamen zahlreiche Revolutionsführer, die später den Aufstieg in die politische Elite

schafften. Die rasante wirtschaftliche Entwicklung, die in der Zeit des Zweiten Weltkrieges einsetzte, brachte auch gesellschaftliche Veränderungen: Mit der Urbanisierung und Industrialisierung vergrößerte sich die Mittelschicht und die Arbeiterschaft. Eine Beschäftigung beim Staat oder einem der parastaatlichen Unternehmen bildete für viele Angehörige der Mittelschicht die Einkommensquelle. Daneben

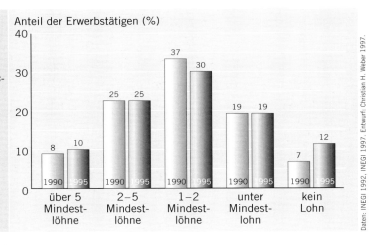

Abb. 26: Wachstum der Armut: Zwischen 1990 und 1995 hat sich die Einkommensverteilung polarisiert: Der Anteil der Erwerbstätigen ohne monetäres Einkommen und der Spitzenverdiener ist angestiegen, während der Prozentsatz der Durchschnittsverdiener gesunken ist.

Daten: INEGI 1992, INEGI 1997. Entwurf: Christian H. Weber 1997.

spielt aber auch die selbständige wirtschaftliche Tätigkeit eine wichtige Rolle. Vor allem die Mittelschicht profitierte vom mexikanischen Wirtschaftswunder und der Expansion des öffentlichen Sektors. Und vor allem die lohnabhängigen Teile der mexikanischen Mittelschicht zählen zu den Verlierern der Anfang 1980 einsetzenden Wirtschaftskrisen (Abb. 26). Im Zuge des Strukturwandels durch die wirtschaftliche Integration Mexikos in die NAFTA kommt es zu einer weitergehenden Polarisierung, wodurch sich die sozialen Gegensätze in einigen Bereichen noch verstärken.

Art der Bildung	Anteil der Bevölkerung über 15 Jahre in %	
	Männer	**Frauen**
ohne spanische Sprachkenntnisse	0,5	1,0
ohne Schulbildung	9,0	12,0
Volksschule vorzeitig abgebrochen	20,5	21,5
Volksschule abgeschlossen	18,5	19,0
einfache Mittelschule	24,0	20,5
höhere Mittelschule	15,5	18,0
höherere Bildung	12,0	8,0

Tab. 8: Bildungsgrad der Bevölkerung 1995

Daten: INEGI 1997

Bildung: Erfolge und Defizite

In den 1930er Jahren konnten zwei Drittel der Mexikanerinnen und Mexikaner weder lesen noch schreiben. Dieses massive Bildungsdefizit stand einer wirksamen politischen Partizipation breiter Bevölkerungsschichten im Wege. Aber auch für die Integration in das moderne Erwerbsleben und das berufliche und gesellschaftliche Fortkommen ist Bildung eine entscheidende Voraussetzung. Die Bildungspolitik leistet daher gerade auch in Mexiko einen wichtigen Beitrag zur Herstellung von Chancengleichheit und sozialer Mobilität. Zwischen 1930 und 1990 ist es in Mexiko gelungen, den Anteil der Analphabeten an den über 15jährigen von 70 % auf 12,4 % zu senken. Angesichts der starken Bevölkerungszunahme ist dies eine beeindruckende Leistung. Allerdings war mit rund 6 Mio. die absolute Zahl der Analphabeten 1990 annähernd so hoch wie 1930 (Bild 32). Obwohl die Analphabetenrate unter der älteren Bevölkerung deutlich höher ist (Abb. 27), verbergen sich hinter dem Sockel von über 6 Mio. Analphabeten beileibe nicht nur Altfälle. Vielmehr gelingt es in Mexiko noch immer nicht vollständig, alle jungen Menschen in das Bildungssystem zu integrieren (Tab. 8). Rund 300 000 Kinder erhalten jährlich keine Grundschulausbildung (KomMex 1994). Nach wie vor bestehen im Bildungsniveau der Bevölkerung große räumliche Unterschiede. Dies zeigt die hohe Analphabetenrate in peripheren Räumen des Landes

Bild 32: Lohnschreiber auf der Plaza Santo Domingo (Mexiko-Stadt): *Trotz immenser Anstrengungen im Bildungsbereich können über 6 Mio. Mexikaner nicht lesen und schreiben. Bei Problemen mit der Schriftgesellschaft bleibt den Analphabeten in Mexiko-Stadt vielfach nur der Weg zu einem Lohnschreiber auf der Plaza Sto. Domingo.*

(Abb. 28). Innerhalb der Städte ist in den Marginalsiedlungen der Bildungsnotstand am größten. Verantwortlich ist hierfür nicht nur ein mangelhaftes Angebot an Bildungseinrichtungen. Vielfach werden Kinder auch als Arbeitsreserve zur Sicherung des Familieneinkommens eingesetzt und können aus diesem Grunde die Schule nicht besuchen.

Mexiko sieht sich auch für die Zukunft der Herausforderung gegenüber, für eine wachsende Bevölkerung ausreichend Bildungsmöglichkeiten bereitzuhalten und die Qualität des Bildungswesens zu steigern (KomMex 1994). Trotz massiver Defizite hat sich im nachrevolutionären Mexiko ein erheblicher Bildungsschub vollzogen, der eine gebildete städtische Mittelschicht entste-

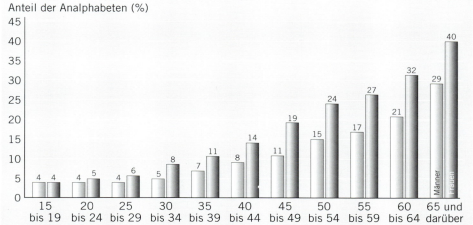

Abb. 27: Analphabetenrate 1995 nach Alter und Geschlecht: *Analphabetismus ist hauptsächlich ein Problem der älteren Generation, nachdem auf die Schulausbildung der Jugend großer Wert gelegt wird. Frauen sind bildungsmäßig benachteiligt.*

Daten: INEGI 1997. Entwurf: Christian H. Weber 1997.

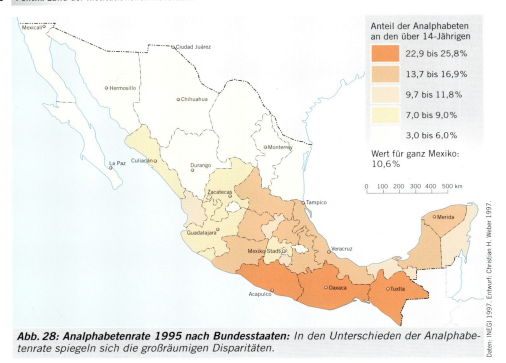

Abb. 28: Analphabetenrate 1995 nach Bundesstaaten: *In den Unterschieden der Analphabetenrate spiegeln sich die großräumigen Disparitäten.*

Daten: INEGI 1997. Entwurf: Christian H. Weber 1997.

hen ließ. Der damit verbundene soziale Wandel bleibt nicht ohne Auswirkungen auf die politischen Verhältnisse. Denn es besteht ein deutlicher Zusammenhang zwischen dem Bildungsniveau und der politischen Partizipation sowie der Präferenz für bestimmte Parteien.

Das Dilemma der mestizischen Nation

Die tatsächlichen Lebensverhältnisse der indigenen Bevölkerung Mexikos stehen im krassen Widerspruch zum hohen Stellenwert, den das indianische Erbe im Selbstverständnis der mexikanischen Nation einnimmt. Seit einer 1992 erfolgten Verfassungsreform enthält die amtliche Statistik ausführliche Angaben über die Lebensbedingungen der indigenen Bevölkerung. Die offizielle Abgrenzung der indianischen Bevölkerung erfolgt nach sprachlichen Kriterien. Aus dem Mikrozensus von 1995 (Conteo 95) geht hervor, daß die Lebensbedingungen der indigenen Bevölkerung selbst in den grundlegenden Bereichen „Wohnen" und „Bildung" deutlich hinter denen der nicht-indigenen Bevölkerung zurückbleiben (Tab. 9). Obwohl die Statistik den

Anteil der Bevölkerung mit indigener Sprache nur mit 10% ausweist, stellt diese Gruppe nach offiziellen Angaben 1995 ein Viertel der Analphabeten und ein Drittel der Wohnbevölkerung ohne jegliche Erschließung. Dies hängt nicht nur damit zusammen, daß die indianische Bevölkerung überwiegend in kleinen Siedlungen in peripherer Lage lebt. Auch im Alphabetisierungsgrad innerhalb der Siedlungen einer Größenklasse bestehen deutliche Unter-

Anteile nach Mikrozensus 1995	Bevölkerung in %	
	indigen	nicht indigen
Analphabeten	38	9
Wohnungen ohne jegliche Erschließung	16	3
Wohnungen mit Strom, Wasser und Kanal	27	73
durchschnittliche Personenzahl pro Wohnung	5,4	4,6

Tab. 9: Benachteiligung der indigenen Bevölkerung

Daten: INEGI 1997

Einwohnerzahl der Orte	Anteil der Alphabeten in % an der Bevölkerung über 15 Jahre			Indigene Bevölkerung in %
	gesamt	nicht indigen	indigen	
1 – 99	73,13	77,65	46,82	14,64
100 – 499	75,05	80,00	54,86	19,69
500 – 999	77,68	82,27	57,47	18,49
1 000 – 1 999	79,81	84,03	57,96	16,17
2 000 – 2 499	81,73	85,73	60,04	15,57
2 500 – 4 999	82,63	86,40	60,51	14,53
5 000 – 9 999	86,59	88,86	64,95	9,50
10 000 – 14 999	88,02	89,38	66,89	6,04
15 000 – 19 999	90,12	91,20	69,27	4,90
20 000 – 49 999	90,71	91,54	72,36	4,36
50 000 – 99 999	92,49	93,05	74,08	2,97
100 000 – 499 999	95,36	95,63	81,01	1,88
500 000 – 999 999	95,87	96,07	83,74	1,65
1 000 000 und mehr	96,20	96,39	82,39	1,35

Daten: INEGI 1997

Tab. 10: Alphabetisierung der indigenen Bevölkerung nach Ortsgröße

schiede zwischen der indigenen und der nicht-indigenen Bevölkerung (Tab. 10).

Bei der Alphabetisierung wird das widersprüchliche Verhältnis des mestizischen Mexiko zum indianischen Erbe besonders deutlich. Trotz der multiethnischen Ursprünge und Bevölkerungsstruktur des Landes hat man über lange Zeit an der Fiktion einer einheitlichen mestizischen Nation festgehalten. Und trotz der Betonung der indianischen Wurzeln und der Distanzierung gegenüber der kolonialen Vergangenheit bildete die spanische Sprache die entscheidende Klammer. Mit dem Bemühen, eine einheitliche mexikanische Nation zu schaffen, waren daher stets Anstrengungen verbunden, die kastilische Sprache zu etablieren. Wer die Einheitssprache nicht sprechen kann oder will, ist automatisch aus der spanisch-mestizischen Gesellschaft ausgegrenzt. Dieses Schicksal traf und trifft vor allem die indianische Bevölkerung in peripheren Landesteilen. Als im Zuge der Rückbesinnung auf die indianische Vergangenheit 1948 das „Instituto Nacional Indigenista" (INI) gegründet wurde, war es daher dessen wichtigstes Ziel, die indianische Bevölkerung Mexikos in das nationale Gefüge zu integrieren. Durch die Unterweisung in spanischer Sprache und Kultur sollten die Indios zu vollwertigen Mitgliedern der mestizischen Nation werden.

Seitens einiger indianischer Volksgruppen regte sich zunehmend Widerstand gegen diese kulturelle Fremdbestimmung. Dem staatlichen „Indigenismus" stellen die Ureinwohner Amerikas ihr Konzept der „Indianidad" entgegen. Im Kern geht es den Indios dabei um die Verwirklichung kultureller Eigenentwicklung und politischer Mitsprache. Die ursprünglichen indianischen Lebens- und Wirtschaftsformen werden dabei der europäisch-nordamerikanischen Entwicklungsstrategie gegenübergestellt. Vor diesem Hintergrund und angesichts des offensichtlichen Widerspruchs zwischen der Pflege des indianischen Erbes und der kulturellen Nivellierung der indigenen Bevölkerung vollzog sich in Mexiko seit Mitte der 1970er Jahre ein Wandel in der offiziellen Politik. Als 1992 die öffentliche Debatte über die Lage der indianischen Völker anläßlich des 500. Jahrestags der Entdeckung Amerikas ihren Höhepunkt erreichte, erfolgte eine Verfassungsänderung, wonach sich Mexiko nunmehr als ein „multikulturelles und multilinguales Land" bezeichnet und indianische Sprachen, Kulturen, Sitten und Organisationsformen ausdrücklichen Schutz genießen.

Damit befinden sich die indianischen Gemeinschaften nunmehr gegenüber dem mexikanischen Staat in einer Position, die es ihnen erlaubt, Zugeständnisse in Fragen der Kultur und Bildung, der Sozialorganisation oder der Wirtschaft zu fordern. Aus der Verfassung könnte auch ein Schutz traditioneller Eigentumsformen für das begrenzte Gebiet einer indianischen Gemeinschaft abgeleitet werden. Allerdings ist nach der in Mexiko üblichen politischen Praxis nicht zu erwarten, daß mit der Verfassungsänderung von 1992 den indianischen Gemeinschaften automatisch ihre Autonomie zufällt. Konkreten Zugeständnissen gehen zunächst mehr oder weniger langwierige Verhandlungen mit dem Staat voraus.

Durch das Freihandelsabkommen zwischen Mexiko, den USA und Kanada (NAFTA) soll nicht nur die wirtschaftliche Integration Nordamerikas vorangetrieben werden. In den USA kommt die Erwartung auf, daß sich durch die NAFTA Mexiko auch kulturell an die USA angleicht (Huntington 1997). In einem vollständig integrierten nordamerikanischen Wirtschaftsraum bilden autonome indianische Gebiete mit einer eigenen wirtschaftlichen und kulturellen Ordnung einen Fremdkörper. Der Indio-Aufstand in Chiapas ist nicht zufällig am 1. Januar 1994 ausgebrochen, dem Tag, an dem das NAFTA-Abkommen in Kraft getreten ist. Der Konflikt, der auch Züge eines Kampfes für indianische Autonomie trägt, war auch im Jahr 1998 noch nicht beigelegt. Dies deutet darauf hin, daß in den Verhandlungen zwischen der Regierung und den indianischen Gemeinschaften in Chiapas Belange eine Rolle spielen, welche die staatliche Seite massiv daran hindern, den indianischen Gemeinden in Chiapas ihre volle Autonomie zuzugestehen. Vieles deutet darauf hin, daß in Zukunft der mexikanische Staat in verstärktem Maße auch zwischen den unterschiedlichen Kulturen und Ethnien einen Ausgleich herstellen muß. Dies ist trotz des relativ geringen Anteils der indianischen Bevölkerung eine vordringliche Aufgabe, weil sich die indigene Bevölkerung in einigen Regionen konzentriert und für die mexikanische Nation einen hohen „Symbolwert" besitzt.

Formelle und informelle Beziehungen

Im komplexen Beziehungsgefüge der mexikanischen Gesellschaft überwiegen „infor-

melle Vorgänge innerhalb der formellen Strukturen" (Lomnitz 1992, S. 433). Ein ausgeprägtes informelles Beziehungsgeflecht überlebt Krisen und Änderungen der formalen Strukturen und relativiert damit gleichzeitig die Rolle der Politik. Weil sich die persönlichen Netzwerke an Klassenunterschieden orientieren und beim Zugang zu Ressourcen eine entscheidende Rolle spielen, führen sie aber auch zu einer Verfestigung sozialer Gegensätze. Zahlreiche Untersuchungen über die soziale Mobilität in städtischen Gesellschaften und Überlebensstrategien der städtischen Unterschicht haben für Mexiko die Bedeutung persönlicher Netzwerke eindrucksvoll belegt. Informelle Beziehungen sind dabei kein schichtenspezifisches Phänomen, sondern finden sich in allen Bevölkerungsgruppen, von der Unterschicht bis zur Oberschicht. Bei diesen informellen Beziehungen, die vielfach als „solidarische Netzwerke" bezeichnet werden, handelt es sich um persönliche Beziehungen zwischen Individuen zum Austausch von Waren, Dienstleistungen und Informationen (Lomnitz 1992).

Die grundlegende Einheit in diesem persönlichen Beziehungsgeflecht bildet die Familie, die zugleich das Grundmuster für die Organisation der Netzwerke liefert: Es gibt horizontale Beziehungen zwischen Gleichgestellten und eine vertikale Struktur, die im hierarchischen Prinzip des Patriarchats grundgelegt ist. In der „Horizontalen" herrscht das Prinzip der Solidarität, in der „Vertikalen" das der Loyalität. Kennzeichnend für die vertikalen Beziehungen, die vielfach auch als Patron-Klientel-Verhältnis bezeichnet werden, ist eine Asymmetrie bei der Verfügung über Ressourcen.

Das „Herz des Regelsystems der Solidarität" bildet das Verwandschaftsnetzwerk der Familie (Lomnitz 1992, S. 422). Grundlegende Solidaritätseinheit ist die aus drei Generationen bestehende Großfamilie und nicht nur die Kernfamilie. Trotz des gesellschaftlichen Wandels genießt dieses traditionelle Familienmodell in Mexiko immer noch hohe Wertschätzung. Die Familiensolidarität geht vielfach so weit, daß die Wohnstandorte der Haushalte einer Großfamilie auch räumlich möglichst nahe beieinander liegen. Besonders ausgeprägt ist dieses Verhalten in der städtischen Unterschicht, wo oft an bestehenden Häusern Erweiterungsbauten vorgenommen werden. Beispiele zusammenliegender Wohnstandorte von Verwandten gibt es aber auch aus der mexikanischen Oberschicht. Für die Mittelschicht ist die Distanzminimierung zwischen den Haushalten der Großfamilien oft schwierig zu realisieren, weil der moderne städtische Wohnungsbau vom Leitbild der Kernfamilie ausgeht.

Initiativen von unten

Das traditionelle Prinzip der Solidarität zwischen Familienangehörigen ist für die Unterschicht vielfach überlebensnotwendig. Insbesondere in Krisenzeiten besteht ein Zwang zur Selbsthilfe, weil es kaum staatliche Sozialleistungen gibt. Denn nur wenige Arbeitnehmer im öffentlichen Dienst und in einigen großen Betrieben verfügen über eine ausreichende institutionelle soziale Absicherung. Einkommensschwankungen werden zunächst in den einzelnen Haushalten abgefedert. Insbesondere Frauen, mitunter auch Kinder, bilden eine wichtige Arbeitskräftereserve, die nach Bedarf eingesetzt wird. Nach einer in Mexiko verbreiteten Wertvorstellung hat der Bestand des Haushalts Vorrang gegenüber den Interessen seiner einzelnen Mitglieder (Martin 1996). Wenn der Haushalt einer Kernfamilie nicht mehr in der Lage ist, für sich zu sorgen, kommt ihm oftmals Unterstützung aus dem Kreis der weiteren Verwandten einer Großfamilie zu. So ist es durchaus üblich, daß ausgewanderte Personen mit einem höheren Einkommen Transferzahlungen an bedürftige Verwandte in der Heimat leisten. Im Rahmen der mexikanischen Großfamilie wird damit die Solidarität nach dem Grundsatz der Subsidiarität gewährt. Ein wichtiges Abgrenzungskriterium ist dabei die verwandtschaftliche Nähe.

Unter den Bedingungen extremer Armut reicht heute oftmals Hilfe unter Verwandten allein nicht mehr aus. Hinzu kommt, daß im Zuge von Migrationen vielfach auch die faktischen Möglichkeiten zur Umsetzung familiärer Solidarität eingeschränkt sind. Daher gewinnen in den städtischen Elendsvierteln, aber auch im ländlichen Raum, neben den familiären Netzwerken Selbsthilfeorganisationen zunehmend an Bedeutung. Oft geht die Initiative hierzu von christlichen Basisgemeinden oder von Frauengruppen mit beachtlichen Mobilisierungseffekten aus. Die Aktivitäten dieser Organisationen liegen unter anderem in den Bereichen Kinderbetreuung, Bildung, Sozialarbeit, Gesundheit, Rechtsberatung, Frauenförderung, Vermarktung landwirtschaftlicher Produkte, ökologischer Landbau. Die Basisbewegungen haben die Verbesserung der materiellen, politisch-sozialen und geistig-kulturellen Lebensbedingungen zum Ziel. Inspiriert werden die Gruppen häufig von der Befreiungstheologie, der Frauen- oder der Umweltbewegung. Einige der autonomen Organisationen haben eine gezielte politische Stoßrichtung, fordern die in der Verfassung verankerten Rechte ein und wenden sich gegen eine ineffiziente und korrupte Verwaltung.

Ohne die Selbstorganisation und die Selbsthilfe in der Gesellschaft wären vor allem die mexikanischen Großstädte in weiten Teilen nicht mehr funktionsfähig. Solidarität und Kreativität haben entscheidenden Anteil am tagtäglichen Krisenmanagement. Es gibt Anlaß zur Hoffnung, daß aus der Selbsthilfe an der Basis ein gesellschaftliches Selbstbewußtsein gegenüber dem Staat erwächst als solide Grundlage für ein demokratisches Mexiko. Mit dem „Programa Nacional de Solidaridad" (PRONASOL) hat auch die offizielle Politik die autonomen Sozialbewegungen für sich entdeckt.

Netzwerke zwischen Staat und Gesellschaft

Im Verhältnis zwischen Staat und Gesellschaft sind in Mexiko formelle und informelle Strukturen untrennbar miteinander verwoben. Denn einerseits wird seitens des Staates versucht, informelle Beziehungen institutionell zu fassen, andererseits entwickeln innerhalb der Institutionen persönliche Netzwerke eine Eigendynamik.

Das Modell der Großfamilie mit ihren vertikal und horizontal angelegten Beziehungsnetzwerken läßt sich durchaus auf die staatlich-gesellschaftliche Struktur Mexikos übertragen (Lomnitz 1992).

An der Spitze der Pyramide steht der mexikanische Staatspräsident, der zugleich das Haupt der „Revolutionären Familie" ist. So wird in Mexiko der engste Kreis um das Staatsoberhaupt genannt, über dessen genaue Zusammensetzung Außenstehende nur spekulieren können. Es handelt sich im wesentlichen um einen Zirkel einflußreicher und mächtiger Persönlichkeiten, die vom Präsidenten bei wichtigen Fragen in wechselnder Zusammensetzung konsultiert werden (Baumgartner 1987). Neben Spitzenpolitikern gehören diesem Kreis auch bedeutende Wirtschaftsführer an. Eine wichtige Rolle hat die „Revolutionäre Familie" bei der Auswahl des offiziellen Präsidentschaftskandidaten. Bisher gehörte es zur politischen Kultur Mexikos, daß der Präsident bei der Auswahl seines Nachfolgers das entscheidende Wort hat. Mit seinem Fingerzeig, dem „Dedazo", bestimmt er den Kandidaten, der anschließend der Öffentlichkeit präsentiert wird. Erst danach folgt eine offizielle Bestätigung durch die Parteigremien der PRI.

Das politische Führungspersonal in Mexiko bildet eine Elite, die sich ihrer Sonderstellung als „clase política" bewußt ist und den Staatsapparat beherrscht. Angehörige der politischen Klasse haben mitunter von „einer Kaste der Mandarine im Staat" gesprochen (de la Madrid, zit. bei Baumgartner 1987, S. 7). Bezeichnend für Mexiko ist, daß es keine personellen Verbindungen zwischen der wirtschaftlichen Oberschicht und der politischen Elite gibt, während für die Angehörigen der politischen Klasse ein Wechsel in die Wirtschaft angesichts des Verbots der Wiederwahl vielfach eine konsequente Fortsetzung der persönlichen Karriere bildet. In der wirtschaftlichen Elite haben die Angehörigen der alten Oberschicht noch ein starkes Gewicht. Dagegen erfolgte durch die Revolution in der politischen Elite eine vollständige Erneuerung (Mols 1981). Die politische Oligarchie, die bis heute Mexiko beherrscht, rekrutiert sich zu einem erheblichen Teil aus den politischen Nachkommen derer, die aus den revolutionären Kämpfen zwischen 1910 und 1920 als Sieger hervorgegangen sind und zwischen 1920 und 1940 ihre Position festigen konnten (Baumgartner 1987). Eine gewisse „Blutauffrischung" erfolgt seit der Wirtschaftskrise zu Beginn der 1980er Jahre

durch junge Technokraten, die zuvor keine politischen Funktionen innehatten. Ausschlaggebend ist vielmehr ihre akademische Qualifikation: Bevorzugt werden Wirtschaftswissenschaftler, die an einer Universität in den USA oder in Europa einen Abschluß erworben haben. Der gegenwärtige Amtsinhaber, Ernesto Zedillo (1994 – 2000), Sohn eines einfachen Elektrikers aus Tijuana, hat es nach dem Studium der Wirtschaftswissenschaften in Yale als promovierter Wirtschafts- und Währungsfachmann im Alter von 36 Jahren zum Haushaltsminister im Kabinett Salinas (1988 – 1994) gebracht. Die politische Elite rekrutiert sich hauptsächlich aus der Mittelschicht, deren Angehörige über Bildung und ein erfolgreiches politisches Engagement aufsteigen können.

Durch den regelmäßigen Amtswechsel im Rhythmus von sechs Jahren (Sexenio-Wechsel) kommt es in der Regierungsbürokratie bis in die unteren Ränge zu häufigen Neu- und Umbesetzungen (Pansters 1990). In diesem dynamischen Umfeld sind ausgeprägte persönliche Netzwerke für den einzelnen unverzichtbar, um die erreichte Position abzusichern und die Aufstiegschancen zu maximieren. Die informellen Beziehungen weisen vertikale und horizontale Muster auf: Die vertikal gegliederten Equipos sind Gefolgschaftsverbände aus Vorgesetzten und Untergebenen (Baumgartner 1987). Politische Aspiranten gruppieren sich informell um einen Patron, meist eine wichtige politische Persönlichkeit. Entscheidend für die Zusammengehörigkeit dieser Gruppen ist weniger eine gemeinsame ideologische Orientierung als vielmehr das Treueverhältnis zwischen der Gruppe und ihrer Führungsfigur (Braig 1996). Teilhabe an der Macht ist dabei wichtiger als die Verfolgung eines bestimmten inhaltlichen Zieles.

Die horizontal gegliederten Camarillas sind langwährende und locker gegliederte Verbindungen, die häufig auf gemeinsame Studienzeiten zurückgehen. Zwischen den Camarillas besteht ein Netzwerk gegenseitiger informeller Kontakte in Gestalt der sogenannten Grillas. Diese Kontakte ermöglichen einen Wechsel von einer Camarilla in eine andere, was etwa im Vorfeld von Wahlen oder bei einem Machtverlust des Patrons von Bedeutung ist (Lindau 1992). Große Bedeutung für die Pflege der persönlichen Netzwerke hat das gesellschaftliche Leben in Mexiko-Stadt: Hier bieten sich zahlreiche Kontaktmöglichkeiten, von Frühstücksgesprächen bis hin zu Bars und Nachtclubs. Erst im Umfeld der Großstadtkultur ist eine Flexibilisierung der klassischen Klientelbeziehungen durch ausgiebige horizontale Kontakte möglich. Die herausragende Bedeutung des gesellschaftlich-politischen Milieus ist ein wichtiger Grund für die ungebrochene Attraktivität der mexikanischen Hauptstadt und damit ein gravierendes Hindernis für eine wirksame Dezentralisierung.

In absehbarer Zeit ist kaum eine Änderung zu erwarten. Denn die persönlichen Netzwerke in der Führungsschicht haben sich der Modernisierung und Reform der Institutionen angepaßt, sind jedoch keineswegs überwunden. Die informellen Beziehungen erweisen sich als so flexibel, daß sie auch den Übergang zu einer effektiven Mehrparteienherrschaft auf nationaler Ebene überstehen und womöglich dadurch noch gestärkt werden. Weil sich die nationale Führungsschicht schon immer darauf einstellen mußte, mit Machtwechseln zu leben, steht sie auch einem größeren politischen Wettbewerb aufgeschlossen gegenüber.

Weitaus weniger flexibel auf den Wandel reagieren dagegen der politische Mittelbau und die Eliten in der Provinz. Über lange Zeit hatten hier die Funktionäre in der PRI, der Berufsverbände und der Verwaltung eine wichtige Mittlerposition zur Zentralregierung. Auf dieser Grundlage konnten sie sich in ihrem Umfeld oft erheblichen Einfluß und ausgiebige Klientelbeziehungen schaffen.

Die dreigeteilte Gesellschaft

Die monopolartige Stellung des korporativen Systems der PRI gerät zunehmend unter Druck. Selbst für die Zentralregierung werden alternative Beziehungskanäle zwischen Staat und Gesellschaft immer wichtiger. Deutlich kommt dies in dem „Gesellschaftsmodell" zum Ausdruck, das von der Regierung Salinas im Zusammenhang mit dem PRONASOL-Projekt entworfen worden ist (Beck/Braig 1994). Die mexikanische Gesellschaft wird danach in drei Säulen gegliedert, die auf unterschiedliche Weise mit dem Staat in Beziehung stehen:

In einem marktwirtschaftlich-demokratisches Mexiko folgen die Beziehungen zwischen Staat und Gesellschaft dem Muster einer „bürgerlichen Gesellschaft". Hier spielen Gesetze, Institutionen, politische Partizipation und demokratischer Wettbewerb eine entscheidende Rolle. Die Regierung sucht Zuspruch durch ein professionelles Politikmanagement zu gewinnen, das im Wettbewerb durch Erfolge überzeugt, vor allem auf wirtschaftlichem Gebiet.

Daneben erfolgt in einem „korporatistischen Mexiko" die Kommunikation zwischen Staat und Gesellschaft über klientelistische und hierarchische Strukturen. Diesen Bereich deckt das traditionelle System der PRI ab. Trotz des institutionellen Rahmens haben persönliche Beziehungen eine große Bedeutung, wobei Loyalität mit der Teilhabe an persönlichen Vorteilen entlohnt wird. Im Vorfeld von Wahlen mobilisieren die Massenorganisationen ihre Mitglieder für eine Unterstützung der Regierung.

Und schließlich hat sich im Bereich der Unterschichten, vor allem in den Städten, außerhalb der Korporationen eine bedeutende informelle Wirtschafts- und Sozialstruktur herausgebildet. Diese Bevölkerungsgruppen kommen nicht in den Genuß formal geregelter und institutionalisierter Leistungen des Staates und sind weitgehend auf sich gestellt. Die Sozialpolitiker der Regierung Salinas sprachen von einem „solidarischen Mexiko" der „ursprünglichen Arbeits- und Kooperationsformen". Mit PRONASOL ist das „informelle Mexiko" in den Genuß umfangreicher staatlicher Zuwendungen gekommen. Damit sollen die Unterschichten für die Regierung gewonnen und die Voraussetzung für eine Institutionalisierung an der Basis gelegt werden. Insoweit fügt sich PRONASOL durchaus in die Tradition der mexikanischen Gesellschaftspolitik ein: eine institutionelle Organisation der Gesellschaft durch den Staat und die Gewährung von Vorteilen zur Sicherung der Loyalität.

In der gesellschaftlichen Wirklichkeit gehen das bürgerlich-demokratische, das korporatistisch-klientelistische und das in-

formell-solidarische Mexiko fließend ineinander über. Die Besonderheit der mexikanischen Gesellschaft besteht gerade in
einem komplexen Ineinander, Miteinander,
Nebeneinander und Gegeneinander dieser
unterschiedlichen Komponenten. Hier liegt
auch die tiefere Ursache für das Problem
der Korruption, deren Wurzeln weit in die
Kolonialzeit zurückreichen. Angesichts dieser „strukturellen Heterogenität" folgt auch
die Gestaltung des Verhältnisses zwischen
Staat und Gesellschaft verschiedenen Mu-
stern und es dürfte auch in Zukunft zu den
Aufgaben der mexikanischen Regierung
zählen, hier eine dynamische Balance zu
halten.

Besonderheiten der politischen Kultur

Die Rolle des Staates

Trotz großer Ähnlichkeiten mit den politischen Institutionen der USA liegt der politischen Ordnung Mexikos eine andere Vorstellung von der Rolle des Staates zugrunde. Die USA und die mit ihnen eng verbundenen europäischen Staaten beruhen
auf dem Modell des genossenschaftlichen
Staates. Nach dieser Vorstellung, die meist
auf John Locke (1632–1704) zurückgeführt wird, ist der Staat ein freier Zusammenschluß freier Bürger. Grundlage dieses
demokratisch und liberal verfaßten Staates
ist ein gesellschaftlicher Grundkonsens
über die Regeln des gemeinsamen Zusam-
menlebens. Der Staat hält den institutionellen Rahmen für das freie Spiel der wirtschaftlichen und politischen Kräfte bereit
und wacht über die Einhaltung der Regeln.
Die Eingriffsbefugnisse des Staates sind
durch die Individualgrundrechte begrenzt.

Demgegenüber gibt es im neuzeitlichen
Staatsdenken eine zweite Richtung, die
mit Thomas Hobbes (1588–1679) in Verbindung gebracht wird. Nach diesem Konzept steht der Staat als mächtiger Frie-
densstifter über den gesellschaftlichen
Gruppen. Die jeweilige Staatsmacht verliert
dann ihre Existenzberechtigung, wenn es
ihr mißlingt, den gesellschaftlichen Frieden zu wahren. Dieses Staatsverständnis,
nach dem der Staat über der Gesellschaft
steht und für Ausgleich und Fortschritt zu
sorgen hat, herrscht in Mexiko zweifellos
vor und ist bis heute im Bewußtsein der
Bevölkerung und der politischen Elite verankert. So besitzen die Worte des früheren
mexikanischen Präsidenten Lázaro Cárdenas (1934–1940), der betonte, „daß nur
der Staat ein allgemeines Interesse und
somit eine Vision des Ganzen" habe, noch
immer Gültigkeit (zit. bei Mols 1987,
S. 186). Selbst Präsident Carlos Salinas
(1988–1994), der als Verfechter einer neoliberalen Wirtschaftspolitik gilt, ging vom
Leitbild des „estado promotor" aus. Auch
für die politischen Akteure der 1990er
Jahre ist es die „Aufgabe des Staates,
einen Konsens zu schaffen, der die Fortsetzung des wirtschaftlichen Umstrukturie-
rungsprogrammes erlaubt" (Gabbert 1993,
S. 65). Der aktuelle Entwicklungsplan,
der „Plan Nacional de Desarrollo 1995–
2000", bringt dies deutlich zum Ausdruck.

Wenn aztekisch-spanische Staatsvorstel-
lungen in den Köpfen der Akteure und in
der politischen Praxis bis heute nachwir-
ken, so ist dies keine gedankenlose Übernahme alter Theorien. Die Vorstellung von
den Aufgaben und der Bedeutung des
Staates in seinem Verhältnis zur Gesellschaft haben sich vielmehr durch die Erfahrungen im Verlauf der leidvollen Geschichte seit der Unabhängigkeit verfestigt. Noch immer ist deshalb über weite
Strecken das politische Leben in Mexiko
von einem „desde arriba", einem „von
oben herab" des Entscheidens und Gestal-
tens gekennzeichnet, was der in Lateinamerika weit verbreiteten Vorstellung vom
„estado rector" entspricht. Danach gilt der
Staat als Regulator der gesamten gesellschaftlichen Entwicklung (Kürzinger 1993;
Carpizo 1987).

Bis in die 1980er Jahre versuchte der
mexikanische Staat durch ein direktes
Engagement in der Wirtschaft seiner Aufgabe als Entwicklungspromotor nachzukommen. Entsprechend hoch war der Anteil des Staates am Bruttosozialprodukt
und an den Investitionen (Tab. 11). Auch
auf die Finanzkrise des Jahres 1982 rea-

gierte die Regierung López Portillo (1976 – 1982) mit der Verstaatlichung der Banken. Der von Präsident de la Madrid (1982 – 1988) eingeleitete und von Salinas (1988 – 1994) forcierte Rückzug des Staates aus der Wirtschaft bedeutet noch keine Preisgabe des umfassenden Steuerungsanspruchs. Angesichts der Finanzkrise war der mexikanische Staat vielmehr an die Grenzen seiner Handlungsfähigkeit gestoßen. Mit der Privatisierung öffentlicher Unternehmen verschaffte sich die Regierung lediglich neue Spielräume. Strategische Bereiche, wie der Ölsektor, werden dagegen weiterhin staatlich kontrolliert. Trotz eines deutlichen Rückgangs liegen in Mexiko die staatlichen Investitionen somit noch immer vor den ausländischen Direktinvestitionen, und wirtschaftliche Schwerpunkte werden durch staatliche Entscheidungen gesetzt.

Auch die in den 1970er Jahren begonnene und in den 1990er Jahren verstärkte politische Öffnung trägt Züge einer „Dezentralisierung und Demokratisierung von oben" (Meyer, zit. bei Rodríguez 1993, S. 141). Allerdings ist nicht zu verkennen, daß mit dem gesellschaftlichen Wandel hin zu einer „civil society" auch in Mexiko Initiativen von unten und die Forderungen nach einer Kontrolle des Staates durch die Gesellschaft eine breitere Basis gewinnen. Diese Strömungen werden wiederum von staatlicher Seite aufgegriffen und fließen in die auf Ausgleich und Stabilität angelegte Entwicklungsstrategie ein. Die demokratische Entwicklung (desarrollo democrático) und eine Stärkung der Teilhabe der Bürger am politischen Geschehen (intensa participación ciudadana) bilden eines der fünf Hauptziele des „Plan Nacional de Desarrollo 1995 – 2000". Seine befriedende und steuernde Funktion wird der mexikanische Staat aber wohl erst aufgeben können, wenn im ganzen Land die politische Kultur und die gesellschaftlichen Verhältnisse eine tragfähige Basis für einen wertbezogenen Grundkonsens bilden. Nicht ohne Grund wird von mexikanischer Seite auf den engen Zusammenhang zwischen bürgerlichen und politischen Rechten einerseits und wirtschaftlichen, sozialen und kulturellen Rechten andererseits hingewiesen (KomMex 1994).

Anteil des öffentlichen Sektors* in %			
	1980–85	86–90	91–95
Bruttosozialprodukt	39	35	26
Investitionen	45	30	22

* öffentliche Haushalte u. Betriebe in öffentl. Hand

Tab. 11: Bedeutung des öffentlichen Sektors

Daten: Banco de México 1996, INEGI 1992, 1986

Vor diesem Hintergrund zeichnet sich ein Grunddilemma der politischen und gesellschaftlichen Entwicklung in Mexiko ab: Demokratisierung erfordert ein Mindestmaß an gesellschaftlicher Integration. Gleichzeitig verbindet sich mit Demokratie im westlichen Sinne die Freiheit der Gesellschaft vom Staat. Ein schwacher Staat kann die gesellschaftliche Integration kaum leisten, ein starker Staat, der hierzu in der Lage ist, verletzt die Forderung der Freiheit der Gesellschaft vom Staat. Dieses Dilemma wirkt sich auch auf das politische Spektrum Mexikos aus: Die oppositionelle PAN, die Partei der demokratischen Rechten, tritt für politische Freiheit und wirtschaftliche Freiheit ein und lehnt aus ihrer neoliberalen Position heraus staatliche Eingriffe in die Gesellschaft ab. Die PRD als führende Kraft der demokratischen Linken versteht sich als Partei des sozialen Erbes der Mexikanischen Revolution. Sie fordert zwar eine politische Liberalisierung, tritt aber gleichzeitig für eine umverteilungsorientierte Wirtschafts- und Sozialpolitik ein, die mit einem schwachen Staat angesichts der Interessenlagen und Machtverhältnisse nicht zu machen ist (Brachet-Márquez 1992). Vor diesem Hintergrund fällt der staatstragenden PRI die Rolle zu, einen Ausgleich herzustellen.

Die Kultur des Gleichgewichts

Die großen Gegensätze und unterschiedlichen Interessenlagen in der mexikanischen Gesellschaft zwingen den Staat zu einem ständigen Austarieren unterschiedlicher Kräfte. Die Hauptaufgabe der Politik besteht in Mexiko darin, seitens der Zentralregierung die Gesellschaft durch einen permanenten Ausgleich gruppenspezifischer, sektoraler und regionaler Interessen so im Gleichgewicht zu halten, daß eine stabile Entwicklung der gesamten mexikanischen

Nation möglich ist. Den Zielen des nationalen Gleichgewichts und der nationalen Entwicklung haben sich die Interessen einzelner Personen, Personengruppen und Regionen unterzuordnen. Vermeintliche Widersprüche in der mexikanischen Politik lösen sich oftmals auf, wenn man die unterschiedlichen Handlungen als Bestandteil einer Strategie betrachtet, die von der Zentralregierung verfolgt wird, um das nationale Gleichgewicht zu gewährleisten. Wenn Needler (1991) auf die Pendelausschläge der mexikanischen Politik hinweist, spricht er damit die zeitliche Dimension dieser Gleichgewichtspolitik an. Und auch die bekannten Worte des mexikanischen Staatspräsidenten Luis Echeverría (1970 – 1976): „Nicht rechts, nicht links, im Gegenteil!", unterstreichen, daß es der mexikanischen Politik nicht um extreme Positionen, sondern in erster Linie um das Gleichgewicht geht. Vor diesem Hintergrund relativiert sich auch die Bedeutung eines starren Rahmens von Normen und Institutionen, die in anderen politischen Systemen schon für sich genommen Stabilität garantieren. In Mexiko wird Stabilität vor allem als ein Gleichgewichtszustand verstanden, der stets aufs neue herzustellen ist. Und alles, auch Institutionen und Normen, dient dem Erhalt des Gleichgewichts durch Austarieren.

Die herausragende Bedeutung einer Politik des dynamischen Gleichgewichts reicht in Mexiko weit zurück. Bis heute ist in Mexiko der Erfolg beim Herstellen des gesellschaftlichen Gleichgewichts die Grundvoraussetzung für das politische Überleben. Im nachrevolutionären Mexiko hat sich eine politische Elite herausgebildet, deren Position untrennbar mit der Erhaltung der politischen Stabilität verbunden ist (Baumgartner 1987). Die politische Elite verkörpert den Staat und ist damit für die Herstellung von Gleichgewicht zuständig. Wenn das Austarieren auf Dauer scheitert, verliert der Staat seine Legitimation und die politische Klasse ihre Existenzgrundlage. Wenn es auch immer wieder zu extremen Pendelausschlägen gekommen ist, so hat doch die politische Führung des nachrevolutionären Mexiko bis heute große Meisterschaft in der Herstellung von Gleichgewichten bewiesen. Einzelne politische Maßnahmen erfolgen dabei meist nach einem ausgeprägten Kosten-Nutzen-Kalkül, das auf die Stabilität des nationalen Gesamtsystems ausgerichtet ist.

Das labile Gleichgewicht gestattet politisches Handeln und Gestalten ohne großen Kraftaufwand. Die Notwendigkeit des Austarierens bringt die politische Führung in eine Schlüsselposition, obwohl ihre direkten Machtmittel begrenzt sind. Denn im Zuge eines „dividere et imperare" lassen sich Kräfte gegenseitig neutralisieren und so Widerstände beseitigen. Die sozial wie räumlich vielfach gebrochenen Strukturen Mexikos bieten für ein solches Vorgehen zahlreiche Ansatzpunkte. Zu den innenpolitischen Gewichten kommt noch das Ausland als Machtfaktor hinzu und muß in die Ausgleichsbewegungen miteinbezogen werden.

Durch die Einführung neuer politischer Gewichte kann die Zentralregierung das gesellschaftliche Gleichgewichtsgefüge in eine bestimmte Richtung lenken, wie dies beispielsweise Lázaro Cárdenas (1934 – 1940) getan hat, als er mit der Stärkung der Gewerkschaften und der Campesino-Organisationen seine Wirtschafts- und Agrarreform flankiert und teilweise erst ermöglicht hat. Auch in neuerer Zeit ist der mexikanische Staat bemüht, mit der Stärkung und Unterstützung bestimmter gesellschaftlicher Gruppen, neue Machtfaktoren zu schaffen, um das nationale Gleichgewicht für die weitere Entwicklung des Landes neu auszutarieren: Im Zuge der politischen Öffnung wurde Oppositionsparteien mehr Freiraum gewährt und der politische Wettbewerb mitunter gegen den Widerstand der alten Garde in der staatstragenden PRI durchgesetzt. Das von der Regierung Salinas (1988 – 1994) initiierte nationale Solidaritätsprogramm PRONASOL zielt auch darauf ab, Basisbewegungen als gesellschaftlichen Faktor zu stärken. Mit der Aufnahme indianischer Gemeinschaften in die Verfassung erhielten auch diese offizielle Bedeutung.

Die Politik des Ausgleichens kommt nicht ohne Zugeständnisse an die gesellschaftlichen Gruppen aus, wobei die Regierung stets darum bemüht sein muß, daß Politik verhandelbar bleibt. Es liegt daher nicht nur an äußeren Restriktionen, sondern gehört auch zur politischen Kultur des Verhandelns, wenn die Umsetzung von Reformen und rechtlichen Zusagen einige Zeit in Anspruch nimmt. Dabei wird auch das Prinzip Hoffnung (factor esperanza) zu einem Mittel der Politik. Bei der Handhabung der Agrarreform hat sich dies deutlich gezeigt. Es entspricht durchaus der politischen Logik in Mexiko, wenn sich die Lösung von Konflikten über längere Zeit hinzieht. Solange Spannungen in ihrer Dimension nicht zu einer Gefahr für das nationale Gleichgewicht werden, können sie sogar für das Taktieren in anderen Bereichen nützlich sein. In dieses Schema paßt es, daß der im Januar 1994 ausgebrochene Chiapas-Konflikt auch 1998 noch nicht beigelegt ist.

Ein weiteres, in Mexiko übliches Mittel der gesellschaftlichen Stabilisierung ist die Aufnahme kritischer Kräfte in den Regierungsapparat. Mit dieser „Kooptation" werden Oppositionelle als unberechenbares Gewicht ausgeschaltet und in das Gesamtsystem integriert. Problematisch wird es, wenn sich kritische Einzelpersonen, Gruppen oder Strömungen nicht integrieren lassen und auch ein Ausgleichen und Taktieren nicht fruchtet: Bis in die jüngste Vergangenheit sorgte die politische Elite notfalls auch mit einer ausgeklügelten „Wahl-Alchemie" dafür, daß es durch politische Wahlen zu keinen Umbrüchen kommt, die das Land aus dem Gleichgewicht bringen könnten. Als Ultima ratio kennt die politische Kultur Mexikos auch die Mittel der Repression und offenen Gewaltanwendung, um Zustände abzuwenden, die aus der Sicht der politischen Klasse das Gleichgewicht gefährden könnten. Drastisch kam dies zum Ausdruck, als am 2. Oktober 1968 Präsident Díaz Ordaz (1964–1970) in Tlatelolco auf demonstrierende Studenten schießen ließ. Auch das gewaltsame Vorgehen der mexikanischen Armee gegen die aufständischen Indios in Chiapas war ein solcher Ausbruch offener staatlicher Gewalt. Wenn Octavio Paz im Massaker von Tlatelolco offensichtliche Parallelen zur aztekischen Vergangenheit sieht (Paz 1969), spricht er die alte Praxis an, mit Gewalt und Menschenopfern das Gleichgewicht herzustellen. Der Rückfall in die offene Violencia erweist sich bei näherer Betrachtung vielfach als eine panische Kurz-

schlußhandlung angesichts einer Situation, die von den Regierenden nicht richtig eingeschätzt werden kann und ihnen damit bedrohlich erscheint (Needler 1994). Der Logik des Gleichgewichts folgend sind die politisch Verantwortlichen in Mexiko nach solchen Gewaltexzessen meist bemüht, eine weitere Eskalation zu verhindern.

Wahlmanipulationen und die Verletzung von Menschenrechten bilden im In- und Ausland Hauptpunkte der Kritik an den politischen Verhältnissen in Mexiko. Darüber hinaus kommen in Teilen der mexikanischen Gesellschaft aber auch zunehmend grundsätzliche Zweifel an der politischen Kultur des Aushandelns und Austarierens auf. Vor allem die moderne Mittelschicht neigt zu transparenten, formalisierten und damit berechenbaren Verhältnissen ohne die Unwägbarkeiten eines schiedsrichterlichen Taktierens. Denn von der Kultur des Verhandelns mit dem Staat profitieren nur diejenigen, die über gesellschaftliches Gewicht und gute Kanäle ins Zentrum der Macht verfügen. Zum Kreis der Begünstigten gehören neben Polit- und Gewerkschaftsfunktionären auch Großunternehmer. Kleine und mittelständische Unternehmer ohne solche Kontakte treten zunehmend für verbindliche, nicht verhandelbare Normen und Institutionen ein und bilden daher vor allem in Nordmexiko die Basis für die politischen Erfolge der oppositionellen PAN (Mizrahi 1994).

Die Kultur der Institutionalisierung

Obwohl in Mexiko neben Institutionen informelle Strukturen eine große Rolle spielen, ist die Institutionalisierung der Politik doch stärker ausgeprägt als in vielen anderen Ländern Lateinamerikas. Hierin liegt ein wichtiger Grund für die bemerkenswerte politische Stabilität. Zu der in ganz Lateinamerika verbreiteten Führergestalt des „Caudillo" hat es in der politischen Kultur Mexikos schon immer ein Gegenstück gegeben: den unpersönlichen, institutionellen und priesterlichen „Tlatoani" (Paz 1969). Während der „Caudillo" als eine außergewöhnliche Erscheinung in Zeiten des Umbruchs wider jedes Gesetz herrscht bzw. selbst das Gesetz ist, handelt der „Tlatoani" ausschließlich im Namen des Gesetzes. Des Rolle des „Tlatoani" fällt in Mexiko heute dem „Señor Presidente" zu. Die Institution des Präsidenten repräsentiert nicht nur die mexikanische Nation, sondern er nimmt auch die umfassende Aufgabe des Staates als Schiedsrichter und Entwicklungsagentur wahr. Der jeweilige Amtsinhaber ist ein Sachwalter, der im Namen der revolutionären Verfassung handelt, die ihm einen weiten Spielraum läßt. Die kultische Verehrung gilt der Institution „Präsident der Vereinigten Mexikanischen Staaten", nicht einer charismatischen Führerpersönlichkeit. Damit diese einzigartige Institution nicht von einem „einmaligen" nationalen Caudillo dauerhaft okkupiert wird, stellt das Verbot der Wiederwahl sicher, daß derjenige, der einmal für sechs Jahre Präsident war, es nie wieder werden kann.

Das Bestreben, ein Aufkommen des Caudillismo zu verhindern und den Vorrang der Institutionen zu wahren, ist in der politischen Kultur des nachrevolutionären Mexiko tief verwurzelt: Wenn der Führer der seit 1994 in Chiapas öffentlich agierenden Zapatisten (EZNL), Subcomandante Marcos, mit einer Gesichtsmaske auftritt, dient dies weniger der Tarnung. Wer sich hinter der Maske verbirgt, ist nämlich der Regierung längst bekannt. Der Mann mit der Skimütze soll vielmehr als Institution gesehen werden. Niemand soll sich mit der Führerpersönlichkeit als solcher identifizieren, sondern ausschließlich mit der Sache, für die sie kämpft (Beck/Braig 1994, S. 255). Daß es sich beim „Ejército Zapatista de Liberación Nacional" (EZLN) um eine „Konkurrenzveranstaltung" zur Institutionellen Revolution des offiziellen Mexiko handelt, ist offensichtlich!

Zur politischen Stabilisierung im nachrevolutionären Mexiko hat allerdings nicht nur die Eindämmung des „Caudillismo" beigetragen. Vielmehr ist es über lange Zeit auch gelungen, wichtige gesellschaftliche Netzwerke institutionell einzufangen und damit den ausgleichenden und regulierenden Einfluß des Präsidenten zu stärken.

Einen wichtigen Schritt hierzu bildete die 1929 auf Betreiben von Calles erfolgte Gründung einer Sammlungspartei unter dem Namen „Partido Nacional Revolucionario" (PNR). Calles selbst sprach von einem notwendigen „Übergang von der Herrschaft der Personen zu einer Herrschaft der Institutionen und Gesetze" (zit. bei Mols 1981, S. 83). Allerdings ging es ihm in erster Linie darum, durch die institutionelle Zusammenfassung der „Revolutionären Koalition" seine Machtposition an der Spitze der PNR als „jefe máximo" zu festigen. Als Präsident Lázaro Cárdenas im Jahre 1936 Calles entmachtete, unterstrich er damit unmißverständlich die Hilfsfunktion der PNR. Es sollte kein Nebeneinander von Partei und Präsident mehr geben, weil die Institution des Präsidenten die einzige Machtquelle sein sollte. Daß dabei Cárdenas wirklich die Institution und nicht seine Person meinte, machte der populäre Präsident mit dem Verzicht auf eine neuerliche Kandidatur deutlich, womit er seine Achtung vor der verfassungsmäßigen Ordnung bekundete. Der Übergang „vom Führer zum Politiker" (Pansters 1990, S. 165) war damit endgültig vollzogen. Cárdenas war es auch, der die Revolutionspartei einer gründlichen Neuorganisation unterzog, nach der sie 1938 in „Partido de la Revolución Mexicana" (PRM) umbenannt wurde. Die Organisation der PRM folgt einem korporatistischen, berufsständischen Muster, das die strategischen gesellschaftlichen Gruppen spartenmäßig erfaßt. Mitglied der Revolutionspartei wird man durch den Beitritt zu einer Berufsorganisation, die einem der drei Sektoren angehört: Die offiziellen Gewerkschaften der Confederación de Trabajadores de México (CTM) bilden den „Sector Obrero", die offizielle Bauernorganisation Confederación Nacional de Campesinos (CNC) den „Sector Campesino" und das Militär den „Sector Militar". 1940 wurde der „Sector Militar" aufgelöst und durch den „Sector Popular" ersetzt. Der „Sector Popular" bildet eine Auffangkategorie und umfaßt insbesondere Angehörige des öffentlichen Dienstes und des Mittelstandes. Ausdrücklich nicht in das System der Korporationen eingebunden ist die wirtschaftliche Elite, die jedoch als „Iniciativa Privada" über gute Kontakte zum Präsidenten verfügt.

Dank der institutionellen Stabilisierungspolitik konnte in Mexiko das Militär erfolgreich der politischen Kontrolle unterworfen werden. Nachdem es noch in den 1920er Jahren zu Armeerebellionen gekommen war, gelang zu Beginn der 1930er Jahre die „Domestizierung der Armee" (Tobler 1992, S. 374). Eingegliedert in das korporatistische System und neutralisiert durch das Gegengewicht anderer gesellschaftlicher Kräfte, reduzierte sich der politische Stellenwert der Streitkräfte immer mehr. So bildet beispielsweise die bewaffnete Campesino-Miliz (cuerpos de defensas rurales) mit 120 000 Kämpfern eine Streitmacht, die zahlenmäßig der Armee mit ihren 110 000 Mann ebenbürtig ist. Ein unmißverständliches Zeichen des Bedeutungsverlustes der Armee war die Auflösung des „Sector Militar" innerhalb der PRM im Jahre 1940. Mit Miguel Alemán (1946 – 1952) kam im nachrevolutionären Mexiko zum ersten Mal ein Zivilist ins Präsidentenamt.

Der geringe politische Einfluß der Streitkräfte unterscheidet Mexiko von vielen anderen Staaten Lateinamerikas. Dies äußert sich im Anteil der Verteidigungsausgaben am Staatshaushalt und einer für die Größe des Landes kleinen Armee. Begünstigt wurde die „Entmilitarisierung" Mexikos durch die Lage im Sicherheitsschatten der übermächtigen USA.

Die Partei der Institutionellen Revolution

1946 wurde die Revolutionspartei neuerlich umbenannt und hat den Namen erhalten, unter dem sie bis heute eine entscheidende Rolle in der mexikanische Politik spielt: „Partido Revolucionario Institucional" (PRI). Rein äußerlich drückt sich die enge Verbindung zwischen der PRI und dem mexikanischen Staat darin aus, daß die PRI als einzige Partei als Emblem die Farben der mexikanischen Nationalflagge führt.

Die genaue Einordnung der Rolle und der Bedeutung der PRI ist für außenstehende Betrachter nicht leicht. Denn die PRI ist schon aufgrund ihrer Entstehung mehr als eine Partei im herkömmlichen Sinne. Vielmehr bildet die Partei der Institutionellen Revolution das Kernstück eines korporativen Systems, das die mexikanische Gesellschaft so strukturieren soll, daß dem jeweiligen Präsidenten und seiner Administration die Steuerung der Entwicklung erleichtert wird. Die PRI wurde zur Stützung des Präsidentialismus und zur Sicherung der politischen Stabilität konzipiert. Der Präsident selbst steht an der

Spitze dieser Beziehungspyramide. Die Führung der PRI und die Leitungsbürokratie der Unterorganisationen fungieren als Mittler zwischen der Gesellschaft und dem Regierungsapparat. Die Möglichkeit lokaler Kaziken, außerhalb des Staatsapparates zu arbeiten, ist dadurch weitgehend beseitigt worden. Gleichzeitig erlangen jedoch die Inhaber von Schlüsselpositionen im Netz der Korporationen eine regionale oder sektorale Machtstellung, die es ihnen ermöglicht, ein persönliches Klientelnetz aufzubauen. Das System der PRI hat im Ergebnis nicht zu einer totalen Ablösung der Herrschaft der Personen durch eine Herrschaft der Institutionen geführt, sondern zu einer Integration der traditionellen personalistisch-klientelistischen Elemente in ein korporatistisches und stärker bürokratisch organisiertes Gefüge (Pansters 1990).

Im Zusammenhang mit der „Partido Revolucionario Institucional" (PRI) sorgt die Frage für Verwirrung, in welchem Verhältnis die beiden Begriffe „Revolution" und „Institution" zueinander stehen. Wie könnte es sonst sein, daß selbst von Fachleuten der Name der Partei falsch übersetzt wird, wenn von der „Institutionalisierten Revolution" gesprochen wird. Steger (1983a) fragt zu Recht, warum bei der Übersetzung des Parteinamens der wesentliche Unterschied zwischen „institutionell" (institucional) und „institutionalisiert" (institucionalizado) ignoriert wird. Mit der PRI sollte nicht, wie vielfach behauptet wird, die Revolution in Institutionen eingefroren werden. Vielmehr soll die Revolutionspartei ein institutionelles Gefüge bereitstellen, das eine dynamische, revolutionäre Entwicklung der mexikanischen Gesellschaft durch einen flexiblen Ausgleich ermöglicht. Die Partei der Institutionellen Revolution vermittelt zwischen Staat und Gesellschaft, zwischen den gesellschaftlichen Gruppen und zwischen den unterschiedlichen Strömungen in der politischen Elite. Im Zusammenhang mit dem turnusmäßigen Wechsel im Präsidentenamt sollte durch die Revolutionspartei ein Ausgleich von Bruch und Kontinuität erreicht werden. Nachdem bis Ende der 1920er Jahre die Nachfolgefrage zu offenen Konflikten und Revolten geführt hatte, galt es in der Folgezeit, die Spannungen durch eine Verlagerung in den Ausgleichsmechanismus der PRI zu absorbieren. Obwohl dadurch bürgerkriegsähnliche Zustände verhindert wurden, sind bis in die jüngste Zeit heftige Konfrontationen zwischen den unterschiedlichen Parteiflügeln nicht ausgeblieben.

Eine Wurzel für Spaltungen und die innere Pluralität der politischen Elite bilden ideologische Unterschiede, die bis auf die Auseinandersetzungen in der Revolution zurückgehen (Lindau 1992). Im nachrevolutionären Mexiko kann man grob zwischen einer stärker sozialreformerischen Ausrichtung vom Typ „Lázaro Cárdenas" (1934–1940) und einer stärker wirtschaftsliberalen Strömung vom Typ „Miguel Alemán" (1946–1952) unterscheiden. Dieses ordnungspolitische Links („Cárdenas")-Rechts (Alemán)-Schema bedarf noch einer Ergänzung: Es hat in der Elite schon immer Kontroversen zwischen den Befürwortern einer stärker demokratischen und einer mehr autoritären Politik gegeben. In neuerer Zeit mischt sich hiermit auch der Streit über die künftige Organisation und Struktur der PRI. Hinzu kommen persönliche Ambitionen einzelner Spitzenpolitiker, die durch Personalentscheidungen enttäuscht und dadurch zu „Oppositionellen" werden.

Nach wie vor gewinnen innerhalb der Partei der Institutionellen Revolution die Spannungen dann an Schärfe, wenn über die Nachfolge des Präsidenten und damit die künftige Teilhabe an der Macht entschieden wird. Dies hängt mit der herausragenden Stellung des Präsidenten zusammen, die es nötig macht, daß er im entscheidenden Augenblick der Nachfolgerbestimmung alles auf eine Karte setzt. In solchen Fällen ist es immer wieder vorgekommen, daß sich die unterlegene Gruppe nach außen gewandt und eigene Kandidaten präsentiert hat (Lindau 1992):

Die „Almazán-Bewegung" war eine rechte Gegenbewegung zu Cárdenas (1934–1940). Ihre Anhänger fühlten sich durch die Entscheidung des scheidenden Präsidenten zugunsten des Generals Manuel Avila Camacho (1940–1946) auf lange Sicht von der Macht ausgeschlossen. Die Übergangenen trennten sich von der PRI und stellten mit dem General Juan Andreu Almazán einen eigenen Kandidaten auf. Im und nach dem Wahlkampf kam es zu Unruhen, die schließlich von der Regierung gewaltsam unterdrückt wurden.

Die „Henriquista-Bewegung" kam aus dem linken Parteiflügel, der sich durch die Nachfolgeentscheidung des Präsidenten Alemán (1946–1952) zugunsten des ebenfalls rechten Adolfo Ruiz Cortines (1952–1958) für eine weitere Amtsperiode von der Macht ausgeschlossen sah, nachdem bereits Alemán eine „konservative", wirtschaftsfreundliche Politik betrieben hatte. Sie gründeten eine eigene Partei, die FPJ, und unterstützten die Präsidentschaftskandidatur von Manuel Henríquez Guzmán. Die Henriquisten wurden in der Wahl besiegt und anschließend unterdrückt.

Als Präsident der PRI versuchte Carlos Madrazo schon 1965, die Partei zu reformieren durch die Einführung von Vorwahlen zur Ermittlung der Kandidaten. Dies hätte die Bedeutung der Partei gegenüber dem Präsidenten und den einflußreichen Männern in seinem Umfeld gestärkt, damit natürlich auch die Stellung von Madrazo selbst. Madrazo stieß auf massiven Widerstand des engeren Führungszirkels und wurde schließlich von Präsident Díaz Ordaz (1964–1970) von seinem Posten als PRI-Präsident entlassen. Seine Absicht, eine nationale Opposition zu gründen und für das Präsidentenamt zu kandidieren, kam nicht mehr zur Umsetzung, nachdem Madrazo 1970 bei einem Flugzeugunglück ums Leben gekommen war.

„Corriente Democrática" wird die innerparteiliche Oppositionsbewegung um Cuauhtémoc Cárdenas bezeichnet. Cárdenas und seine Anhänger wandten sich gegen die liberale Wirtschaftspolitik von Miguel de la Madrid (1982–1988) und traten für die Bewahrung der „revolutionären Errungenschaften" und einen stärkeren Staatsinterventionismus ein, wofür Cuauhtémoc Cárdenas als Sohn des legendären Reformpräsidenten Lázaro Cárdenas (1934–1940) symbolkräftig steht. Zugleich wurden Forderungen nach einer Parteireform mit örtlichen Vorwahlen und Volksbefragungen erhoben. Die Hoffnung auf einen Richtungswechsel im nächsten Sexenio wurde enttäuscht, als der amtierende Präsident seinen Planungsminister Carlos Salinas als Nachfolger vorschlug. Es kam zu Auseinandersetzungen auf dem Parteikongreß der

PRI von 1987, die schließlich in ein Parteiverfahren mündeten. Cuauhtémoc Cárdenas und seine Anhänger wurden ihre Mitgliedschaftsrechte aberkannt, ein förmlicher Parteiausschluß unterblieb jedoch. Der Kreis der Corriente Democrática schloß sich mit mehreren linken Parteien zum Oppositionsbündnis „Frente Democrático Nacional" (FDN) zusammen. Bei der Präsidentschaftswahl des Jahres 1988 kandidierte Cuauhtémoc Cárdenas gegen Carlos Salinas de Gortari. Der PRI-Kandidat Salinas wurde mit einer hauchdünnen Mehrheit von 50,36 % zum Präsidenten gewählt. Das äußerst knappe Ergebnis und die Umstände seines Zustandekommens – so brach unter anderem das Computer-System der nationalen Wahlkommission zusammen – nährten die Spekulationen über einen Wahlbetrug (Mendez 1991).

Aus dem Bündnis FDN ist 1989 die „Partido de la Revolución Democrática" (PRD) hervorgegangen, die heute bedeutendste Partei der demokratischen Linken in Mexiko. Nach einem enttäuschenden Ergebnis von nur 16,6 % bei der Präsidentschaftswahl 1994 errang Cuauhtémoc Cárdenas im Juli 1997 einen großen politischen Erfolg, als er mit großer Mehrheit zum Gouverneur des Bundesdistrikts (DF) gewählt wurde. Bei den gleichzeitig stattfindenden Parlamentswahlen errang die PRD 25,7 % der Stimmen.

Von der Sammlungspartei zur Mehrheitspartei?

Die Wahlerfolge der Oppositionsparteien wurden erst durch die demokratische Öffnung möglich, die zwar schon in den 1970er Jahren eingeleitet, aber erst Ende der 1980er Jahre intensiviert wurde. Nach den massiven Vorwürfen der Manipulation bei der Präsidentschaftswahl mußte Carlos Salinas (1988–1994) alles daransetzen, den Makel fehlender Legitimation zu beseitigen. Hierzu zählen auch Maßnahmen im Bereich des Wahlrechts, die auch von seinem Nachfolger Ernesto Zedillo (1994–2000) fortgesetzt werden. Über den Umweg der Präsidentschaftswahl von 1988 hat die zunächst innerparteiliche „Corriente Democrática" doch noch einen Teil ihrer Ziele erreicht. Gleichzeitig bleiben die gesellschaftlichen Veränderungen und der zu-

nehmende politische Wettbewerb nicht ohne Auswirkungen auf die Partei der Institutionellen Revolution. Schon längst erfaßt das alte System der Korporationen nur mehr einen Teil der mexikanischen Gesellschaft. Das von Carlos Salinas entworfene „Programa Nacional de Solidaridad" (PRONASOL) wendet sich ganz gezielt an die Unterschichten, die über Unterstützungsprogramme an die Regierung gebunden werden sollen. Mit der Förderung von Basisinitiativen sollen gleichzeitig neue Führungskader in den Municipios aufgebaut werden, die künftig ein neues territoriales Fundament der PRI bilden könnten (Needler 1994). Der enge Zusammenhang zwischen der Reform der Regierungspartei PRI und dem Projekt PRONASOL war in der Amtszeit von Salinas (1988–1994) unübersehbar: Ebenso wie die PRI führt PRONASOL die mexikanischen Nationalfarben im Emblem und wird auf diese Weise mit dem Staat gleichgesetzt. Auf einer Parteiversammlung im September 1991 stand sogar der Vorschlag zur Debatte, den Parteinamen in „Partido de la Solidaridad" zu ändern, was allerdings von den Mitgliedern abgelehnt wurde (Gabbert 1993). Es ist daher kein Zufall, daß Präsident Salinas den PRI-Vorsitzenden Luis Donaldo Colosio, der die Parteireform auf den Weg gebracht hatte, später zum Sozialminister ernannte und ihm damit die Verantwortung für das PRONASOL-Projekt übertrug. Als Präsident der PRI hatte Luis Donaldo Colosio bereits einschneidende Reformen verfolgt: Die Partei müsse weniger autoritär werden und sich dem inneren Wettbewerb öffnen. Die Mitgliedschaft sei auf eine individuelle und territoriale Basis zu stellen. Auf dem XIV. Parteitag der PRI wurde dann beschlossen, schrittweise von dem bisherigen korporatistischen Modell zu einem territorialen Organisationsprinzip überzugehen und die individuelle Mitgliedschaft einzuführen (Favre 1993).

Um die Mobilisierungseffekte von PRONASOL auf Dauer zu sichern und die neuen Kader innerhalb der Solidaritätskomitees an die Partei der Institutionellen Revolution zu binden, wurde im Februar 1993 das „Movimiento Territorial" gegründet. Damit waren große Hoffnungen verbunden, diese Bewegung könne zur neuen politischen und

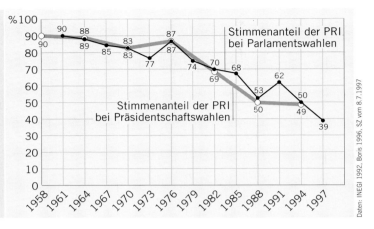

Abb. 29: Wahlergebnisse der PRI: *Einst umfassende Sammlungsorganisation für die mexikanische Gesellschaft, ist die Partei der Institutionellen Revolution (PRI) heute nur mehr die stärkste Kraft im politischen Spektrum. Seit den 1980er Jahren hat sich der Übergang zur Wettbewerbsdemokratie deutlich beschleunigt.*

sozialen Kraft der PRI werden (Gabbert 1993).

Die Bemühungen um eine territoriale Umstrukturierung der PRI und die Integration der Basis-Aktivisten von PRONASOL repräsentieren allerdings nur eine Strömung innerhalb der PRI, die am entschiedensten von Carlos Salinas vertreten wurde. Auf der anderen Seite steht der korporatistische Flügel, der von der Regierung Salinas vielfach mit dem traditionellen, korrupten Mexiko gleichgesetzt wurde. Widerstände seitens der Massenorganisationen konnten nicht ausbleiben, obschon der Einfluß von Gewerkschaften (CTM) und Bauernorganisationen (CNC) durch die liberale Wirtschaftspolitik der Regierung Salinas geschmälert wurde. Gegen Ende der Amtszeit Salinas', der die Benennung eines Nachfolgers lange hinausschob, wurden die Spannungen immer offensichtlicher. Als der auf Kontinuität bedachte Präsident am 28. November 1993 seinen Sozialminister Donaldo Colosio als offiziellen Kandidaten präsentierte, kritisierten sogar hohe Politiker diese Entscheidung. Nachdem Salinas sein Votum für Colosio nochmals wiederholt hatte, verständigte sich zwar der prominenteste Kritiker, Camacho Solís, mit dem Kandidaten, doch in der Partei gärte es weiter. Am 23. März 1994 wurde Donaldo Colosio in Tijuana Opfer eines Mordanschlages. Nach der Bluttat wurde in der mexikanischen Öffentlichkeit über ein Mordkomplott unter Beteiligung von PRI-Kreisen spekuliert, dem Colosio als „Märtyrer der Demokratie" zum Opfer gefallen sei.

Als Ersatzkandidaten setzte Carlos Salinas der PRI den engen Colosio-Vetrauten Ernesto Zedillo vor, der ebenfalls zum Kreise der reformfreudigen jungen Technokraten des „salinistischen Flügels" zählt. In der Partei wurde sogleich Kritik an der fehlenden „politischen Erfahrung" des Kandidaten laut, der in der PRI nie eine Funktion gehabt hatte. In der Wahl am 21. August 1994 setzte sich Ernesto Zedillo Ponce de León (1994–2000) mit 48,77 % der Stimmen gegen seine beiden wichtigsten Gegenkandidaten, Diego Fernández de Cevallos von der PAN (25,94 %) und Cuauhtémoc Cárdenas von der PRD (16,6 %), durch.

Von den anhaltenden Konflikten in der PRI zeugte im September 1994 eine weitere Bluttat an einem Spitzenpolitiker: Der Generalsekretär der PRI, Ruiz Massieu, wurde auf offener Straße erschossen.

Der von den Reformern forcierte Wandel der PRI von einer korporatistischen Sammlungspartei zu einer modernen Mehrheitspartei stößt innerhalb der Organisation auf entschiedenen Widerstand. Als Hindernis für rasche und umfassende Änderungen der PRI erweisen sich bezeichnenderweise die informellen, personalistischen Strukturen, die man seinerzeit institutionell eingefangen hat. Denn Änderungen im Gefüge drohen die privilegierte Stellung einzelner Funktionäre und ihrer Gefolgschaft zu gefährden. Gleichzeitig erhöhte die von der Regierung forcierte Reform des Wahlrechts den äußeren Druck: Bei den Parlamentswahlen im Juli 1997 verlor die Revolutionspartei zum ersten Mal in ihrer Geschichte die absolute Mehrheit im Repräsentantenhaus und mußte auch bei regionalen und kommunalen Wahlen empfindliche Niederlagen einstecken (Abb. 29). Die PRI steht mitten in einem dramatischen Wandel von einem korporatistischen Steuerungs- und Integrationsinstrument der mexikanischen Gesellschaft zu einer politischen Partei im üblichen Sinne, der nicht ohne Konflikte und Rückschläge verlaufen dürfte.

Das politische Gefüge – Zwischen Persistenz und Wandel

Legitimation und Revolution

In den ersten Jahrzehnten nach der Revolution bildeten die revolutionären Inhalte der Verfassung von 1917 die eigentliche Legitimationsbasis für das staatliche Handeln. Der mexikanische Staat, verkörpert im Präsidenten, galt als Sachwalter des revolutionären Erbes. Nach dieser Vorstellung liegt die Legitimation der Regierung in ihrer „revolutionären" Funktion. Wahlen dienen nicht zur Herrschaftsbegründung, sondern der akklamativen Bestätigung eines Amtswechsels durch das Volk. Partizipation ist nach diesem Verständnis nicht die Teilnahme an Wahlen, sondern die Teilhabe an den Errungenschaften der Revolution, an Vorteilen, die der Staat in vielfältiger Weise gewährt. Hierzu zählen Landdotationen, feste Arbeitsplätze im öffentlichen Sektor und in der Industrie, Schutz vor ausländischer Konkurrenz durch eine protektionistische Wirtschaftspolitik. Bis in die 1970er Jahre profitierten so große Teile der mexikanischen Bevölkerung vom Staat. Eine im eigentlichen Sinne revolutionäre Politik, welche das Sozialgefüge umstrukturiert hätte, wurde allerdings zu keiner Zeit betrieben. Veränderungen in der Gesellschaft erfolgten nur durch die gesteigerte soziale Mobilität, zu der Bildung und neue Erwerbsmöglichkeiten beitrugen. Gegenüber den unteren Bevölkerungsschichten, die lediglich auf „Sickereffekte" hoffen durften, konnte sich die Regierung oft nur mit dem Hinweis auf ihren revolutionären Auftrag legitimieren.

Der Widerspruch zwischen gesellschaftlicher Wirklichkeit und revolutionärem Anspruch weckte in weiten Teilen der anwachsenden Bildungsschicht Zweifel an der überkommenen Herrschaftslegitimation. Die klientelistische, korporatistische und populistische Politik konnte zunehmend weniger halten als es die Revolutions-

rhetorik des offiziellen Mexiko versprach. Im Zuge der weltweiten Studentenproteste erhob daher auch der intellektuelle Nachwuchs in Mexiko die Forderung nach mehr Demokratie und einer Reform des politischen Systems. Obwohl die Studentenbewegung in Mexiko weitaus gemäßigter war als in vielen anderen Ländern, sah die Regierung von Díaz Ordaz (1964–1970) in den Protesten eine ernsthafte Bedrohung für die politische Stabilität. Auf die friedlichen Forderungen nach Reformen antwortete die mexikanische Staatsgewalt mit Panzern und Gewehren. Am 2. Oktober 1968 wurden auf der Plaza de Tlatelolco in Mexiko-Stadt mehrere hundert Studenten von den Sicherheitskräften erschossen. Dieses Massaker markierte nicht nur das blutige Ende der Studentenbewegung, sondern einer Epoche der neueren mexikanischen Geschichte (Paz 1969). Durch seine Reaktion auf die öffentliche Kritik hatte sich der mexikanische Staat selbst in eine tiefe Legitimationskrise gestürzt.

In den 1970er Jahren versuchten die Präsidenten Luis Echeverría und López Portillo mit den alten Mitteln der populistischen Politik diese Krise zu überwinden: Fragen der Umverteilung wurden stärker akzentuiert, die Landverteilung erlebte einen neuen Höhepunkt, der öffentliche Sektor wurde aufgebläht und die Revolutionsrhetorik, auch in der Außenpolitik, verstärkt. Gleichzeitig wurde mit einer ersten Wahlreform im Jahr 1977 ein behutsamer Versuch unternommen, die Proteste zu kanalisieren.

Die Schuldenkrise von 1982 bedeutete das Ende der binnenmarktorientierten Wirtschaftspolitik. Damit hatte das populistische Legitimationsmodell auch seine materielle Basis verloren. Insoweit war es nur konsequent, wenn im Zuge der grundlegenden Reformen nach der Schuldenkrise auch die ideologische Grundlage des populistischen Modells aufgegeben wurde, als 1992 einige „revolutionäre Inhalte" aus der Verfassung gestrichen wurden.

Auch in Mexiko wird es wichtiger, daß die Regierung mit konkreten Leistungen in den Augen der Bevölkerung bestehen kann. Die Wahlen dienen nicht mehr der Akklamation, sondern sind ein Akt politischer Partizipation, bei dem die Bevölkerung ihr Urteil über die Politik fällt und Aufträge erteilt. Der politische Wettbewerb spielt daher in Mexiko eine zunehmend größere Rolle für die Legitimation des staatlichen Handelns. Mexiko wäre allerdings nicht Mexiko, wenn nicht auch noch die alten Formen der Legitimation und Partizipation in einigen Bereichen weiterbestehen würden.

Politischer Wettbewerb und Pluralismus

Erst allmählich haben sich in Mexiko die gesellschaftlichen Voraussetzungen für eine demokratische Ordnung herausgebildet. Machismo, Violencia und Caudillismo bilden ein gravierendes Hindernis für eine friedliche demokratische Streitkultur. Mit dem Begriff des politischen Wettbewerbs verbinden sich in Mexiko die schmerzlichen Erfahrungen der gewaltsamen Auseinandersetzungen im 19. Jh. und in der Revolution, als der Sieg auf dem Schlachtfeld mehr zählte als eine gewonnene Wahl oder Abstimmung. Die Vorstellung, daß der jeweils tüchtigste Wahlkämpfer die Macht erlangt, erinnert in Mexiko unweigerlich an die Zeiten des Caudillismo, als der Erfolg im Kampf die eigentliche Basis der Herrschaftsausübung bildete. Die mexikanische Gesellschaft ist in dem Maße reif für die Demokratie, in dem es gelungen ist, den Kampf in einen Wettstreit der Argumente in den Köpfen der Wähler zu verwandeln.

Angesichts einer vielfach gespaltenen Gesellschaft und der politischen Kultur des Caudillismo und der Violencia setzte man bei der politischen Konsolidierung im nachrevolutionären Mexiko alles daran, den offenen Ausbruch von Konflikten durch die Institutionalisierung der gesellschaftlichen Strukturen und Positionen zu vermeiden. Dies bedeutete keine Homogenisierung der Gesellschaft, sondern führte zu einem ausgesprochenen Pluralismus innerhalb des korporatistischen Gefüges der PRI. Ein wichtiges Instrument des inneren Ausgleichs und der Machtkontrolle bildet in diesem Zusammenhang das Verbot der Wiederwahl. Dieses grundlegende Verfassungsprinzip stellt sicher, daß im Rhythmus von sechs Jahren wichtige Spitzenpositionen, wie die des Staatspräsidenten und der Gouverneure, jeweils neu besetzt werden. Dadurch besteht auch die Möglichkeit einer politischen Richtungsänderung im Rhythmus von sechs Jahren, welche den Bedürfnissen jeweils unterschiedlicher gesellschaftlicher Gruppen Rechnung tragen kann.

Das System der Korporationen hat allerdings seine herausragende Bedeutung zur friedlichen Regulierung gesellschaftlicher Konflikte zusehends eingebüßt. Infolge des gesellschaftlichen Wandels ist im nachrevolutionären Mexiko das Fundament der Korporationen abgeschmolzen. Die von Miguel de la Madrid (1982–1988) begonnene und von Carlos Salinas (1988–1994) fortgesetzte Politik der Liberalisierung und Privatisierung schwächte die Gewerkschaften und die Bauernverbände und damit die tragenden Säulen des korporatistischen Systems. Und schließlich ist das steigende Partizipationsbedürfnis der Mittelschicht mit dem Modell einer gesellschaftlichen Organisation von oben nicht mehr zu vereinbaren.

Viele Funktionäre des korporatistischen Systems gehören daher zur Gruppe derer, die bei demokratischen Wahlen um einen Verlust ihrer Position fürchten müssen. Mitunter greift die alte Garde der PRI auch zum Mittel des Wahlbetruges und der politischen Gewalt, um ihre überkommenen „PRIvilegien" zu verteidigen. Die 1996 von der Regierung Zedillo durchgeführte Wahlreform hat den Wettbewerbsdruck auf die PRI nochmals erheblich erhöht. Denn bei den Wahlen im Juli 1997 hat die Regierungspartei sogar im Bundesparlament ihre absolute Mehrheit verloren. Die Politik der demokratischen Öffnung ist somit auch ein Mittel, die Verkrustungen im korporatistischen System der PRI aufzubrechen. Neben der traditionellen politischen Kultur sind es nämlich vor allem die korporatistischen und klientelistischen Strukturen in der mexikanischen Gesellschaft, die den

Bild 33: Universitätsangehörige auf einer Protestkundgebung (Oaxaca): Eine gut ausgebildete Mittelschicht ist Grundlage für die gesellschaftliche Modernisierung, politische Demokratisierung und wirtschaftliche Entwicklung Mexikos.

Ausbau des demokratischen Wettbewerbs und der Partizipation erschweren, einem der fünf Hauptentwicklungsziele im „Plan Nacional de Desarrollo 1995–2000".

Die politische Kultur im Wandel
Die drastischen gesellschaftlichen Veränderungen, die sich in Mexiko seit der Revolution vollziehen, bleiben nicht ohne Auswirkungen auf die politische Kultur (Bild 33). Insbesondere die städtische Mittelschicht zeichnet sich durch ein neues politisches Bewußtsein aus (Mendez 1991). Auch die Verbreitung der elektronischen Massenmedien fördert partizipative Strukturen in der Gesellschaft (Eßer 1989). Darüber hinaus führen die engeren Verbindungen mit den USA im Bereich der politischen Kultur zur Übernahme von Verhaltensmustern aus den USA. Zumindest in Nordmexiko ist eine „Nordamerikanisierung" des politischen und gesellschaftlichen Lebens spürbar.

Bis Anfang der 1970er Jahre drückte sich Opposition vor allem durch Wahlenthaltungen aus. Mit einer Wahlreform im Jahr 1977 wurde ein erster behutsamer Schritt zu einer Wettbewerbsdemokratie unternommen. Die neue, kritische und nicht kooptierbare Intelligenz, die nach den traumatischen Ereignissen von 1968 entstanden war, sollte ermuntert werden, in die „Wahlarena" einzutreten. Die Regierung hegte dabei die Hoffnung, durch Gewinne aus dem Ölexport die Popularität linker Kräfte abzufangen, und hielt es für besser, wenn die Opposition in einem überschaubaren und kontrollierbaren Rahmen agiert und nicht im Untergrund (Klesner 1993). Zudem setzten die PRI-Strategen auf eine Zersplitterung der Opposition und hofften, daß Stimmen für die bisher einzige Oppositionspartei PAN ins linke Lager umgeleitet würden.

Nachdem de la Madrid (1982–1988) in den ersten Monaten seiner Präsidentschaft überaus reformfreudig war, bremste er den Prozeß der Liberalisierung, weil die oppositionelle Herausforderung größer wurde als zunächst erwartet. Gegen die Wahlmanipulationen, die wieder einmal eingesetzt worden waren, erhob sich massiver öffentlicher Protest. Viele Mexikanerinnen und Mexikaner sehen Wahlen inzwischen als Mittel der politischen Mitgestaltung und Mitbestimmung an, das sie sich nicht mehr nehmen lassen. Die Stimmabgabe ist zu einem zentralen Element im politischen Geschehen geworden, nachdem mit der Präsidentschaftswahl des Jahres 1988 der politische Wettbewerb einen starken Auftrieb erhalten hat. Durch die Abspaltung der „Corriente Democrática" von der PRI war der Kern für eine starke Partei der demokratischen Linken entstanden, aus der die PRD hervorgegangen ist. Die demokratischen Reformen, die vom nachfolgenden Präsidenten Salinas fortgesetzt wurden, kamen aber auch der PAN zugute. Diese Partei der demokratischen Rechten war

1939 im Zusammenhang mit dem Widerstand gegen die kirchenfeindliche Politik und die Agrarreform entstanden. Die Demokratisierung bestätigt sich in den Wahlergebnissen und in der gestiegenen Wahlbeteiligung. Während bei den Präsidentschaftswahlen des Jahres 1988 nur 50,2 % der Wähler von ihrem Stimmrecht Gebrauch gemacht hatten, betrug die Wahlbeteiligung 1994 77,7 %.

Von der Regierung Zedillo (1994–2000) wird die Politik der demokratischen Öffnung weiter fortgesetzt. Ein wichtiger Schritt war eine grundlegende Wahlrechtsreform im Jahre 1996, die bereits bei den Parlaments- und Regionalwahlen im Juli 1997 deutliche Wirkung zeigte. Zum ersten Mal seit 1929 hat die PRI ihre absolute Mehrheit im Parlament verloren. Auf nationaler Ebene bleibt sie mit knapp 39 % zwar die stärkste politische Kraft, muß die Macht aber mit der PAN (27 %) und der PRD (26 %) teilen.

Als nächsten wichtigen Test für die Dauerhaftigkeit der Demokratisierung sehen viele Beobachter die Präsidentschaftswahlen des Jahres 2000. Schon heute herrscht Spannung, wie die Nominierung des nächsten Präsidentschaftskandidaten der PRI erfolgen wird. Ist es wiederum der Fingerzeig, der Dedazo, des Amtsinhabers Zedillo oder wird eine Wahl durch die Parteigremien der PRI erfolgen? Die Bedeutung des „Dedazo" für die Demokratisierung sollte allerdings nicht überbewertet werden. Unter Umständen ist es für die weitere politische Öffnung günstiger, wenn der Präsident einen reformfreudigen Kandidaten bestimmt. Denn es ist nicht auszuschließen, daß sich bei einem Nominierungsparteitag die weniger fortschrittlichen Kräfte in der PRI durchsetzen. Die Frage „Dedazo oder Wahl?" wird eher Rückschlüsse auf das Machtverhältnis zwischen PRI und Präsident und die Reformbereitschaft der Partei zulassen. Ob ein Parteiwechsel im Präsidentenamt prinzipiell möglich ist, hängt im Jahre 2000 davon ab, ob ein Gegenkandidat mehr Stimmen erhält als der PRI-Kandidat. Bei der augenblicklichen Parteienlandschaft ist durchaus denkbar, daß auch in einer „sauberen" Wahl die derzeitige Regierungspartei wiederum die Mehrheit der Stimmen erringt.

Die Vorstellungen der Mexikaner über Staat und Gesellschaft und ihr partizipatorisches Verhalten weisen nach Schichtenzugehörigkeit und Entwicklungsstand der Regionen große Unterschiede auf (Abb. 30). Während in verstädterten und industrialisierten Regionen ein demokratisches Bewußtsein weit verbreitet ist, herrschen in ländlichen Regionen traditionelle Vorstellungen weiter vor (Klesner 1993). Dabei ist ein deutliches Nord-Süd-Gefälle zu beobachten. Als Grenze nennt Favre (1993) die Linie Guadalajara – Mexiko-Stadt – Puebla. Nördlich dieser gedachten Linie bildet sich unter dem kulturellen Einfluß der USA das Bewußtsein einer civil society heraus. Es entwickeln sich demokratische Praktiken und es kommen demokratische Forderungen auf, die auf lokaler Ebene schon weitgehend eingelöst sind. Die Ergebnisse der jüngsten Wahlen bestätigen diesen Trend.

In den südlichen Landesteilen hat die gesellschaftliche Modernisierung dagegen lediglich punktuell in einigen Zentren der Mineralölförderung und des Tourismus eingesetzt. In den ländlichen Regionen Südmexikos wird das politische Denken und Handeln weiterhin überwiegend von traditionellen Vorstellungen bestimmt. Der Indio-Aufstand der Chiapas zeigt, daß die Bevölkerung nicht mehr passiv ist. Die gewaltsame Erhebung stellt eine alte Form der „Partizipation durch Kampf" dar. Und auch der Subcomandante Marcos fügt sich trotz seiner Maskierung in das Bild des Caudillo, wie es ihn bereits im 19. Jh. und in der Revolution gegeben hat. Die Unruhen in Chiapas sind also nicht nur die Folge alter Herrschaftsstrukturen, sondern zugleich Ausdruck einer politischen Kultur, die von den Formen einer friedlichen Konfliktlösung noch weit entfernt ist. Und auch in den Bundesstaaten Guerrero und Michoacán erhebt sich örtlich die Sprache der Gewalt gegen Unterdrückung und die Folgen des Strukturwandels im Zuge der NAFTA.

Die neue Parteienlandschaft

Anfang der 1990er Jahre hat sich in Mexiko auf nationaler Ebene ein Drei-Parteien-System herausgebildet, das durch die Parlamentswahlen des Jahres 1997 gefestigt wurde. Diese Konstellation mit einer linken und einer rechten Oppositionspartei ermöglicht der PRI und insbesondere dem von ihr gestellten Präsidenten ein ausgleichendes Taktieren. Nachdem die PAN ausdrücklich für einen wirtschaftsliberalen, die PRD für einen betont sozialen Kurs steht, ermöglicht die wechselnde Zusammenarbeit mit einer der beiden Parteien im Parlament weiterhin die „Pendelpolitik", die über viele Jahre innerhalb der PRI praktiziert wurde. Nach den Parlamentswahlen im Juli 1997 bot Präsident Zedillo der Partei der Demokratischen Revolution (PRD) die Zusammenarbeit an und betonte, daß eine starke Linkspartei gut sei für Mexiko (SZ vom 9. Juli 1997). Für die vorausgegangene Regierung Salinas dagegen war

die PRD der Hauptgegner, und es bestand eher Übereinstimmung mit der PAN, die für eine liberale Wirtschaftspolitik eintritt.

Bei der Präsidentschaftswahl im Jahr 1994 gab es in Mexiko nur wenige Stimmbezirke, in denen die PRI eine unangefochtene Vormachtstellung besitzt. Ebenso selten sind Wahlkreise, die ausschließlich von einer der beiden Oppositionsparteien beherrscht werden. In etwa der Hälfte der Stimmbezirke zeigte sich eine Dreiparteienstruktur. Bemerkenswert ist, daß in einem Viertel der Wahlkreise eine ausgesprochene Zweiparteienstruktur besteht. In einem Fall sieht sich die Regierungspartei (PRI) mit einer starken rechten Opposition (PAN), ein anderes Mal mit einer starken linken Opposition (PRD) konfrontiert (Kles-

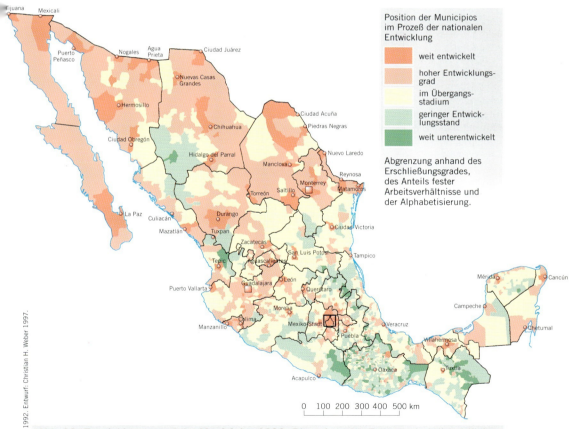

Position der Municipios im Prozeß der nationalen Entwicklung

- weit entwickelt
- hoher Entwicklungsgrad
- im Übergangsstadium
- geringer Entwicklungsstand
- weit unterentwickelt

Abgrenzung anhand des Erschließungsgrades, des Anteils fester Arbeitsverhältnisse und der Alphabetisierung.

0   100 200 300 400 500 km

Daten: INEGI 1992. Entwurf: Christian H. Weber 1997.

Abb. 30: Entwicklungsstand der Municipios 1990: *Bis auf wenige Zentren sind die südlichen Landesteile und entlegene Gebirgsregionen deutlich hinter der Entwicklung Zentral- und Nordmexikos zurückgeblieben.*

ner 1995). In vielen Regionen des Landes löst sich somit das Dreiparteiensystem in ein Zweiparteiensystem auf.

Noch deutlicher wird dies bei den Wahlen in den Bundesstaaten und in den Municipios. In den Bundesstaaten Nordmexiko und des westlichen Zentralmexikos stehen sich die PRI und die PAN gegenüber. In Südmexiko und im Großraum Mexiko-Stadt konkurrieren die PRD und PRI um die Gunst der Wähler. Eine Ausnahme bildet in Südmexiko der Bundesstaat Yucatán, wo die PAN seit den 1930er Jahren eine Hochburg hat. Im westlichen Zentralmexiko erzielt die PRD im Bundesstaat Michoacán, der Heimat ihres Vorsitzenden Cuauhtémoc Cárdenas, außergewöhnlich gute Ergebnisse. Das Zweiparteiensystem erleichtert auf regionaler und lokaler Ebene einen Regierungswechsel, während der Sieg einer Oppositionspartei auf Bundesebene wegen des Dreiparteiensystems weniger wahrscheinlich ist.

Hinter dieser ausgesprochenen Regionalisierung des Parteienspektrums steht die unterschiedliche räumliche Verteilung der Anhängerschaft der beiden Oppositionsparteien. Ein Zusammenhang zwischen der räumlichen Polarisierung der Opposition und den regionalen Disparitäten ist nicht zu übersehen.

Die PRD erweist sich vor allem als eine Partei der ländlichen und teilweise auch der städtischen Unterschichten. Sie findet großen Zuspruch bei den derzeitigen Verlierern der wirtschaftlichen Integration Mexikos in die NAFTA. Dies erklärt auch ihren starken Rückhalt in den benachteiligten Räumen Südmexikos. Der PRD ist es gelungen, diejenigen Bevölkerungsgruppen zu mobilisieren, die am stärksten unter dem Strukturwandel und vielfach noch immer unter politischer Repression regionaler Eliten leiden. Die PRD profitiert damit in besonderer Weise von der Fundamentalopposition gegen den wirtschaftspolitischen Kurs, den Mexiko seit der Amtszeit von Präsident Salinas mit besonderem Nachdruck verfolgt. Daß die PRD in der Hauptstadt einen großen Zuspruch unter der abstiegsbedrohten Mittelschicht und den Bewohnern der Elendssiedlungen findet, zeigte sich eindrucksvoll, als Cuauhtémoc Cárdenas im Juli 1997 zum Gouver-

neur des Distrito Federal gewählt wurde. Dieses Ergebnis deutet darauf hin, daß den Bemühungen der Regierung, mit dem Projekt PRONASOL die Unterstützung der Unterschichten zu gewinnen, nur ein begrenzter Erfolg beschieden ist.

Die PAN erfreut sich eines großen Zulaufs bei jüngeren Wählern, die über eine höhere Bildung verfügen und überwiegend im privaten Sektor arbeiten. Die PAN ist vor allem eine Partei der Teile der Mittelschicht, die vom NAFTA-Projekt profitieren und eine korporatistische und klientelistische Politik ablehnen, die noch immer mit der PRI in Verbindung gebracht wird. Besonders gut schneidet die PAN in Nordmexiko und im westlichen Zentralmexiko ab. Sie stellt inzwischen in mehreren Bundesstaaten, darunter Baja California, Chihuahua, Nuevo León und Guanajuato, den Gouverneur. Die PAN ist die Partei der NAFTA-Gewinner, die nach der wirtschaftlichen Öffnung jetzt auch den demokratischen Wettbewerb ernst nehmen. Ihre Wählerschaft deckt weite Teile des „bürgerlichen" Mexiko ab.

Die PRI ist sichtlich bemüht, eine neue Wählerbasis zu gewinnen. Zu ihrem Wählerstamm zählt nach wie vor die weniger gebildete Bevölkerung in den Bereichen des ländlichen Raumes, in denen die „Campesino-Organisation" CNC eine starke Position hat. Darüber hinaus unterstützen auch die in den offiziellen Gewerkschaften organisierten Industriearbeiter die Regierungspartei. Da die Macht der Korporationen schwindet, bemüht man sich seitens der PRI um eine stärkere territoriale Verankerung und ein geschärftes Profil im politischen Wettbewerb. Die Unterschichten sollen über PRONASOL angesprochen werden, die professionelle Politik des Präsidenten und seiner Regierungsmannschaft die gebildete Mittelschicht von der Sachkompetenz der PRI überzeugen. Daß die Opposition ihre Erfolge von 1988 im Jahre 1991 nicht wiederholen konnte, führen Beobachter nicht allein auf Wahlbetrug und die Schwäche der Opposition zurück. Sie werten das Ergebnis vielmehr auch als Erfolg der PRI im politischen Wettbewerb (Alejandre/Morris 1993; Favre 1993). Allerdings mußte die PRI in den Wahlen von 1994 und 1997 Einbußen hinnehmen, die ihr 1997 sogar den Verlust der absoluten Mehrheit im Bundesparlament brachten. Ob es sich hierbei lediglich um Reaktionen auf den Chiapas-Aufstand und die Wirtschaftskrise von 1995 gehandelt hat oder um eine anhaltende Schwäche, werden erst die künftigen Wahlen zeigen.

Zentralismus und Föderalismus

Wie bereits in der offiziellen Staatsbezeichnung „Estados Unidos Mexicanos" zum Ausdruck kommt, spricht die mexikanische Verfassung eindeutig von einem föderativen Staatsaufbau. Allerdings ist Mexiko nicht aus dem Zusammenschluß von Bundesstaaten zu einer Föderation entstanden, sondern bei den Staaten handelt es sich um Verwaltungsprovinzen, denen von der Zentralregierung eine gewisse Eigenstaatlichkeit zugebilligt wurde. In den letzten Jahrzehnten wurde schrittweise versucht, den von oben zugelassenen Föderalismus mit Substanz zu füllen. Die noch heute in Mexiko bestehende dreistufige Verwaltungsgliederung geht auf die Kolonialzeit zurück. Mexiko setzt sich aus 31 Bundesstaaten (Estados) und einem Bundesdistrikt (Distrito Federal) zusammen. Die Bundesstaaten verfügen über ein eigenes Parlament und werden von einem Gouverneur regiert. Die unterste Verwaltungsebene bilden über 2400 Municipios. In ländlichen Gebieten sind diese Municipios mit einem Landkreis vergleichbar und umfassen meist mehrere Orte (Localidades), die ihrerseits keine eigenen Verwaltungseinheiten bilden. Gänzlich anders stellt sich die Situation in städtischen Ballungsräumen dar. Hier bestehen für einen Siedlungskörper mitunter mehrere municipale Verwaltungseinheiten, was Probleme bei der Koordination aufwerfen kann. In den Fällen, in denen sich die Grenzen eines Municipios mit einem städtischen Siedlungskörper decken, ist die Municipalverwaltung mit einer Stadtverwaltung vergleichbar. Jedem Municipio steht ein Municipalpräsident vor, daneben besteht ein Parlament.

Über lange Zeit herrschte in Mexiko trotz der formal föderalistischen Verfassung ein ausgeprägter Zentralismus vor, der bis in die 1950er Jahre eine unentbehrliche Voraussetzung für die politische Stabilität

und die wirtschaftliche Entwicklung des Landes war. Die Nachteile des Zentralismus zeigten sich in Mexiko vor allem im Zusammenhang mit der zunehmenden Agglomeration im Bereich von Mexiko-Stadt. Dem Problem der Überkonzentration von Macht und Ressourcen in der Hauptstadt versuchten die Präsidenten Luis Echeverría (1970–1976) und López Portillo (1976–1982) nicht mit einer eigentlichen Dezentralisierung der politischen Macht zu begegnen, sondern auf dem Wege einer Dekonzentration. Von einer zentralen Planungsinstanz wurden regionale Entwicklungspläne aufgestellt, die eine Förderung integrierter Stadtsysteme vorsahen.

Erst unter Präsident Miguel de la Madrid (1982–1988) wurde mit einer behutsamen politischen Dezentralisierung begonnen. Der „Plan Nacional de Desarrollo" (PND) 1983–1988 sprach von einer Stärkung des Föderalismus, der Förderung regionaler Entwicklung und der Stärkung des Lebens der Municipios. Eine politische Stärkung der Estados erfolgte durch die direkte Wahl der Gouverneure. Lediglich im Bundesdistrikt (DF) wurde der Gouverneur auch weiterhin vom Präsidenten ernannt. Im Jahr 1997 erfolgte auch hier zum ersten Mal eine Wahl durch die Bevölkerung. Damit werden heute die politischen Organe in den Bundesstaaten und in den Municipios durchweg gewählt und nicht mehr von der Zentralregierung eingesetzt. Inzwischen ist in vielen Fällen auch die Möglichkeit eingeschränkt, daß über den Apparat der PRI von oben auf die Besetzung der Posten in den Estados und Municipios Einfluß genommen wird. In einigen Estados und Municipios haben Oppositionsparteien Wahlerfolge errungen, die vielfach auch von der Regierung in Mexiko-Stadt akzeptiert werden. Fallweise schritt in den 1990er Jahren die Bundesregierung sogar gegen Wahlmanipulationen der örtlichen PRI ein.

Auch die rechtlichen Kompetenzen der Estados und Municipos wurden gestärkt. Dabei erwies es sich als Fehler, daß die Regierung de la Madrid die Umsetzung der Municipalreform den Bundesstaaten übertragen hatte. Die Estados führten die Reform vielfach nur zögernd und willkürlich durch und blockierten sie häufig sogar (Rodríguez 1993).

staatliche Ebene	Anteil (%)	
	an den Finanzen	an öffentlichen Investitionen
Zentralstaat mit einem Bundesdistrikt	78	81
31 Bundesstaaten	18	14
rund 2400 Municipios	4	5

Tab. 12: Zentralismus im Spiegel der öffentlichen Finanzen (1985–90)

Daten: INEGI 1992b

Bis heute sind die Estados und Municipos nur unzureichend mit qualifiziertem Verwaltungspersonal ausgestattet. Mit seinem umfangreichen eigenen Verwaltungsunterbau verfügt der Bund sowohl hinsichtlich der Qualifikation wie auch der Zahl der Mitarbeiter über eine deutlich bessere Personalausstattung. Für die Beschäftigten aus der Bundesverwaltung ist ein Wechsel in die Provinz nicht sonderlich attraktiv, weil dies meist eine Abkoppelung von wichtigen persönlichen Netzwerken bedeutet.

Am deutlichsten äußert sich der Zentralismus in der Finanzausstattung der Verwaltungsebenen (Tab. 12). Rund drei Viertel der Einnahmen und Ausgaben entfallen auf den Bund, knapp 20 % auf die Bundesstaaten und weniger als 5 % auf die Municipios. Noch erdrückender ist das Übergewicht des Bundes bei den öffentlichen Investitionen. Ein Großteil der Ausgaben des Bundes verteilt sich wiederum auf wenige räumliche Schwerpunkte, wobei die Hauptstadtregion überproportional begünstigt wird (Abb. 31).

Präsident Salinas legte bei seiner Dezentralisierungspolitik großen Wert auf die unmittelbare Förderung der municipalen Ebene und von Basisinitiativen durch den Bund im Rahmen des Programa Nacional de Solidaridad (PRONASOL). Um die Mittel zum Nutzen der Zentralregierung effektiver einzusetzen, folgt PRONASOL dem Grundsatz, Projekte zentral zu finanzieren, sie aber dezentral konzipieren und umsetzen zu lassen. Die Zentralregierung leistet auf diese Weise Hilfe zur Selbsthilfe in den Kommunen.

Mit der direkten Förderung der örtlichen Ebene seitens der Zentralregierung wollte

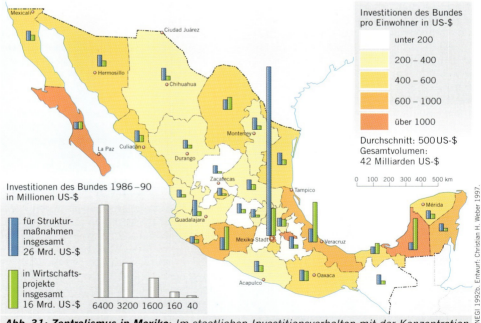

Abb. 31: Zentralismus in Mexiko: Im staatlichen Investitionsverhalten mit der Konzentration der Mittel auf die Hauptstadtregion spiegelt sich der Zentralismus.

Daten: INEGI 1992b. Entwurf: Christian H. Weber 1997.

die Regierung Salinas die Bundesstaaten als Störfaktoren für die Reformen ausschalten und einem innerstaatlichen Zentralismus entgegenwirken. Die Rolle der Bundesstaaten im Prozeß der Dezentralisierung wurde bewußt geschwächt. Salinas befürchtete eine Wiederholung zentralistischer Strukturen auf der Ebene der Staaten: „Al interior de los proprios estados se dan tambièn fenómenos importantes de centralización" (zit. bei Rodríguez 1993, S. 139 f.). Der Präsident erklärte unmißverständlich, daß es Grenzen für die politischen Zugeständnisse gegenüber den Bundesstaaten gebe: „Descentralizar no es crear pequeñas repúblicas."

Auch die Basisförderung im Rahmen von PRONASOL änderte nichts daran, daß sich in Mexiko die Staatsmacht weiterhin auf der Ebene des Bundes und hier wiederum beim Präsidenten konzentriert. Denn mit der Verteilung von Fördermitteln an lokale Verwaltungen und Basisinitiativen haben der Präsident und seine Administration ein Mittel in der Hand, auf die örtliche Ebene Einfluß zu nehmen und so an der Basis des politischen Systems gezielt neue Personal- und Machtstrukturen zu etablieren.

Der Zentralismus bildet nach wie vor eine Konstante in der mexikanischen Politik. Weiterhin wird der Ausbau des Föderalismus ein wichtiges Ziel bleiben, das im „Plan Nacional de Desarrollo" 1995 ausdrücklich hervorgehoben wird: In Mexiko soll ein neuer, kooperativer Föderalismus geschaffen werden, mit einer weiteren Stärkung der Bundesstaaten und der Municipios. Dazu gehört auch eine Dezentralisierung der Regionalentwicklung. Die Ziele der nationalen Integration, der Dezentralisierung und der Demokratisierung stehen in vielfältigen, mitunter auch widersprüchlichen Beziehungen zueinander. Der Aufbau föderaler Strukturen muß im Zusammenhang mit der Problematik gesehen werden, wie die soziale, sektorale und regionale Polarisierung unter Berücksichtigung der spezifischen Situation Mexikos am besten überwunden werden kann. Wie bei der Rolle des Staates und des Präsidenten stellt sich auch im Zusammenhang mit dem Zentralismus die Frage, in welchem Umfang in Mexiko hierzu weiterhin eine zentrale Regulationsinstanz benötigt wird.

Präsidentialismus und Gewaltenteilung

Nach der Verfassung ist Mexiko eine Präsidialdemokratie. Die Staatsgewalt ist zwischen einem Zweikammerparlament, dem unabhängigen richterlichen Zweig sowie der im Präsidenten verkörperten Exekutive aufgeteilt.

Legislative:

Die gesetzgebende Gewalt liegt beim „Congreso de la Unión", einem Parlament aus zwei Kammern. Die „Cámara de Diputados", die Abgeordnetenkammer, besteht aus 500 Abgeordneten, die auf drei Jahre gewählt werden. Die „Cámara de Senadores", der Senat, setzt sich aus 64 Mitgliedern zusammen, die auf sechs Jahre gewählt werden. Jeder der 31 Bundesstaaten sowie der Bundesdistrikt entsenden je zwei Senatoren. Neben der Gesetzgebung verfügt das Parlament über das Budgetrecht und hat verschiedene Kontrollbefugnisse gegenüber der Exekutive. Der Präsident hat dem Kongreß zu Beginn einer jeden Sitzungsperiode einen Bericht über die Lage der öffentlichen Verwaltung zu erteilen. Außerdem können Untersuchungsausschüsse eingesetzt werden. Die Ernennung der obersten Bundesrichter, der Botschafter und der Generalkonsule durch den Präsidenten bedarf der Zustimmung des Senats. Als schärfste Waffe gegenüber dem Präsidenten steht dem Parlament die Amtsenthebung im Rahmen eines Amtshaftungsverfahrens (impeachment) zur Verfügung. Eine solche Anklage gegen den Präsidenten kommt nur bei Vaterlandsverrat oder schwerwiegenden Verbrechen allgemeiner Art in Betracht, die während der Amtszeit begangen wurden. Für die Anklageerhebung bedarf es einer Mehrheit der Abgeordnetenkammer, für die Amtsenthebung einer Mehrheit von zwei Dritteln der Mitglieder des Senats. Bisher ist es zu einer solchen offenen Konfrontation zwischen Kongreß und Präsident noch nicht gekommen. Seitdem die PRI im Abgeordnetenhaus ihre absolute Mehrheit verloren hat, ist auch die faktische Machtstellung des Parlaments gegenüber der Exekutive gestiegen.

Judikative:

Die Bundesgerichtsbarkeit wird vom Obersten Bundesgerichtshof, den Kreisgerichten, Kollegialgerichten, Berufungsgerichten und Amtsgerichten gebildet. Parallel dazu existieren Gerichte der Einzelstaaten, denen in der Praxis der Rechtsprechung ein erhebliches Gewicht zukommt, da das Zivil- und Strafrecht vorwiegend in den Gesetzen der Einzelstaaten geregelt ist. Mexiko verfügt über eine lange rechtsstaatliche Verfassungstradition. Ein zentrales Institut zum Schutz des Bürgers vor staatlicher Gewalt bildet das sogenannte Amparo-Verfahren. Gegenstand des Amparo-Verfahrens sind die Grundrechte (garantías individuales). Werden diese durch ein Gesetz, eine Gerichtsentscheidung oder einen Akt der Exekutive verletzt, ist die Klage vor einem Bundesgericht möglich.

Obwohl die Rechtsstaatlichkeit in Mexiko eine lange Tradition besitzt, wird auch von Regierungsseite die Notwendigkeit einer grundlegenden Reform des Justizwesens nicht geleugnet. Der „Plan Nacional de Desarrollo 1995–2000" nennt als wichtige Ziele der Regierung Zedillo die Verbesserung des Individualrechtsschutzes durch einen leichteren Zugang zu den Gerichten sowie die Stärkung der Unabhängigkeit und der fachlichen Qualifikation des Justizpersonals. Schon seit langem fordern mexikanische Juristen eine Änderung des Art. 111 der mexikanischen Verfassung, der unter bestimmten Voraussetzungen eine Amtsenthebung von Richtern ermöglicht, was eine Einschränkung der richterlichen Unabhängigkeit bedeutet. Durch eine Änderung der Verfassung soll nun auch die Stellung des Bundesgerichtshofes als entscheidender verfassungsrechtlicher Instanz gestärkt werden.

Auf Initiative von Präsident Salinas (1988–1994) wurde bereits 1990 eine nationale Menschenrechtskommission geschaffen und jeder Bundesstaat verpflichtet, eine ähnliche Einrichtung zu gründen.

Exekutive:

Die ausführende Gewalt liegt beim Präsidenten der Vereinigten Mexikanischen Staaten, der in seiner Person die Funktion des Staats- und Regierungschefs vereint. Der Präsident wird direkt vom Volk auf sechs Jahre gewählt. Der Präsident Mexikos ist mit mehr Befugnissen ausgestattet als der Präsident der Vereinigten Staaten

von Amerika. Die herausgehobene, einzigartige Stellung im politischen System wird auch dadurch unterstrichen, daß es keinen Vizepräsidenten gibt. Der Präsident ernennt und entläßt die Minister (secretarios) und bedarf hierzu keiner Bestätigung durch den Senat. Dem Präsidenten unterstehen die Leiter der obersten Bundesbehörden und der Bundesgeneralstaatsanwalt. Der mexikanische Staatspräsident ist Oberbefehlshaber der Streitkräfte und der Campesino-Miliz. Die wichtigste Machtbegrenzung bildet das absolute Verbot der Wiederwahl.

Der Präsidentialismus ist bis auf den heutigen Tag die große Konstante der mexikanischen Politik. Der Zentralismus auf der Bundesebene setzt sich konsequent in der Machtkonzentration auf den Präsidenten fort, der in vielfacher Hinsicht das Herzstück des politischen Systems in Mexiko bildet. Die herausragende Machtstellung des mexikanischen Staatspräsidenten ergibt sich aus der Verfassung, den allgemeinen Gesetzen und den Besonderheiten des politischen Systems (Carpizo 1987). Von großer Bedeutung für die Macht des Präsidenten sind seine weitreichenden gesetzlichen Befugnisse im Wirtschafts- und Finanzbereich. Durch die wirtschaftliche Öffnung wurde zwar die Bedeutung des öffentlichen Sektors innerhalb der mexikanischen Volkswirtschaft geschwächt, dafür gewinnen aber im Zusammenhang mit der Freihandelspolitik die außenpolitischen Funktionen an Gewicht. Der Präsident ist nämlich die entscheidende Schnittstelle zum Ausland.

Bei der politischen Konsolidierung und dem Aufbau „neuer" politischer Strukturen im nachrevolutionären Mexiko hatte von Anfang an der jeweilige Präsident die Schlüsselfunktion inne. Das Ergebnis des politischen Konsolidierungsprozesses in den Jahren nach der Revolution war eine starke Verzerrung des Machtgefüges zugunsten der Exekutive. Dadurch wurde die in der Verfassung vorgesehene Gewaltenteilung stark beeinträchtigt. Über lange Zeit ermöglichte das „Netz" der PRI dem Präsidenten die „Steuerung" des Parlamentes, der Rechtsprechung sowie der Politik in den Bundesstaaten und Municipios. In den letzten Jahren ist die Bedeutung des korporativen Gefüges gesunken. Als Partei des Präsidenten spielt die PRI nach wie vor eine wichtige Rolle. Dabei braucht im Zeichen des steigenden politischen Wettbewerbs aber auch die Partei zunehmend ihren Präsidenten als Leitfigur und Sympathieträger für die Wahlkämpfe.

Neben dem Parteiapparat hat die Regierungsbürokratie mit einem Stab von Experten eine zunehmende Bedeutung als Stütze des Präsidentialismus erlangt. Seit Miguel de la Madrid (1982–1988) sind die Präsidenten verstärkt darum bemüht, sich ein neues Instrumentarium zu schaffen, mit dem sie die Entwicklung im Land steuern können (Klesner 1993).

Im wirtschaftlichen und politischen Reformprozeß nimmt der jeweilige Präsident eine zentrale Stellung ein, er ist Motor und Manager der systematischen Veränderungen. Wenn auch der „Plan Nacional de Desarrollo 1995–2000" von einem neuen Gleichgewicht zwischen den politischen Kräften spricht, so steht der Präsidentialismus als solcher nicht zur Disposition. Alle Reformbemühungen dienen dem Ziel, das System zu verändern, ohne es zu zerstören. Mit dem Bedeutungszuwachs der anderen Verfassungsorgane und den neuen Mehrheitsverhältnissen im Parlament wird die Bedeutung des Präsidenten als Schiedsrichter eher noch steigen.

BEVÖLKERUNG: DIE DEMOGRAPHISCHE HERAUSFORDERUNG

Bild 34: Menschen im Alameda-Park (Mexiko-Stadt): Um die Jahrtausendwende wird die Einwohnerzahl Mexikos die 100-Mio.-Grenze übersteigen. Nicht nur in der Statistik, sondern auch auf den Straßen und Plätzen, wie hier im Alameda-Park in Mexiko-Stadt, zeigt sich Mexiko als jugendliches Land.

Überblick

- Mit rund 95 Mio. Einwohnern zählt Mexiko nach den USA und Brasilien zu den bevölkerungsreichsten Ländern der Neuen Welt.

- Die Bevölkerung ist extrem ungleich über das Land verteilt. Im zentralen Hochland leben auf nur 15 % der Landesfläche über 50 % der Bevölkerung.

- Seit den 1930er Jahren vollzieht sich in Mexiko eine rasante Zunahme der Bevölkerung. Zwischen 1970 und 1995 hat sich die Bevölkerung innerhalb von nur 25 Jahren von 48,2 Mio. auf 91,1 Mio. nahezu verdoppelt.

- Das Durchschnittsalter der mexikanischen Bevölkerung ist sehr niedrig. Knapp die Hälfte der Einwohner ist jünger als 20 Jahre und nur etwa 6 % sind älter als 60.

- Wegen unzureichender Erwerbsmöglichkeiten verläßt die ökonomisch aktive Bevölkerung die unterentwickelten peripheren Räume, die so trotz hoher Geburtenraten an Bevölkerung verlieren.

- Die ausgeprägte Landflucht führt zu einem extremen Zuwanderungsdruck auf die städtischen Entwicklungszentren Mexikos. Neben der Hauptstadtregion zählen die nördlichen Grenzstaaten zu den attraktivsten Zielgebieten.

- Von der nördlichen Grenzregion versuchen viele Mexikaner den Weg in die USA zu finden. Die Zahl der illegalen Einwanderer wird auf über 500 000 pro Jahr geschätzt.

Die Bevölkerungskonzentration

Hinter der durchschnittlichen Bevölkerungsdichte Mexikos, die für das Jahr 1995 bei 46 Einwohnern pro Quadratkilometer lag, verbergen sich ganz erhebliche räumliche Unterschiede in der Bevölkerungsverteilung. Bereits die Übersicht nach Großräumen und Regionen in Tab. 13 läßt erkennen, daß dicht bevölkerten Gebieten große Räume mit einer äußerst dünnen Besiedlung gegenüberstehen.

Auf nationaler Ebene weist die Bevölkerungsverteilung in Mexiko ein ausgesprochen zentral-peripheres Gefälle auf: In Zentralmexiko lebten 1995 auf 14 % der Landesfläche 51 % der mexikanischen Bevölkerung, auf den nur 4 % Fläche der Hauptstadtregion ballt sich fast ein Drittel der Einwohner des Landes und in der Kernzone um Mexiko-Stadt sind auf gerade einmal 1,4 % des mexikanischen Bodens rund ein Viertel der Menschen konzentriert. Entsprechend fällt die Bevölkerungsdichte von der Hauptstadtregion zu den Rändern hin ab. Am geringsten ist die Einwohnerdichte in Nordmexiko mit seinen weiten ariden und semiariden Gebieten, wo auf fast zwei Dritteln des mexikanischen Territoriums kaum mehr als ein Viertel der Bevölkerung lebt. Die erheblichen Dichteunterschiede innerhalb der Großräume, die sich bereits bei einer Betrachtung nach Regionen abzeichnen, treten vollends hervor, wenn man das Staatsgebiet in die über 2400 Municipios auflöst. Das Verteilungsmuster der Bevölkerung, so wie es sich in Abb. 32 darstellt, geht auf unterschiedliche Faktoren zurück.

Die Prägung durch Natur und Geschichte

In der aktuellen Bevölkerungsverteilung spiegeln sich die naturräumlichen Gunst- und Ungunstfaktoren für den Ackerbau wider, der über Jahrhunderte die Lebensgrundlage der Menschen in Mesoamerika und später in Neuspanien war. Noch immer ist die Bevölkerungsdichte in den Räumen besonders hoch, wo günstige Voraussetzungen für den Ackerbau vorhanden sind, außerordentlich gering dagegen dort, wo Trockenheit oder die Steilheit des Re-

	Fläche 1995 km²	Anteil (%)	Bevölkerung 1995 Anzahl	Anteil (%)	Dichte '95 Einw./km²
Mexiko	1 967 183	100	91 120 433	100	46
Nordmexiko	1 215 015	61,8	23 887 727	26,2	20
nördliche Grenzstaaten	871 766	44,3	15 607 983	17,2	18
nordwestliche Grenzstaaten	575 811	29,3	7 360 187	8,1	13
nordöstliche Grenzstaaten	295 955	15,0	8 247 796	9,1	28
nördliche Pazifikküste	85 713	4,4	3 320 720	3,6	39
zentraler Norden	257 536	13,1	4 959 024	5,4	19
Zentralmexiko	280 124	14,2	46 101 645	50,6	165
westliche Zentralregion	91 181	4,6	7 339 713	8,1	80
mittlere Zentralregion	102 222	5,2	9 511 137	10,4	93
Hauptstadtregion	86 721	4,4	29 250 795	32,1	337
Randzone	58 820	3,0	7 619 651	8,4	130
Kernzone	27 901	1,4	21 631 144	23,7	775
davon Distrito Federal	1 499	0,1	8 483 623	9,3	5 660
Südmexiko	472 044	24,0	21 131 061	23,2	45
Golfküste	149 309	7,6	9 125 291	10,0	61
Karibikküste	89 690	4,6	2 259 175	2,5	25
südliche Pazifikküste	233 045	11,8	9 746 595	10,7	42

Tab. 13: Bevölkerungsverteilung und Bevölkerungskonzentration

Quelle: INEGI 1997

liefs dem Anbau von Kulturpflanzen im Wege stehen. Seit indianischer Zeit finden sich Dauersiedlungen in Gebieten mit ausreichend hohen Niederschlägen oder der Möglichkeit zur künstlichen Bewässerung an Seen und Flußläufen. Wo das Wasserangebot den Ackerbau ermöglichte, bildeten Hochtäler und Hochbecken sowie Fluß- und Küstenebenen das bevorzugte Kultur- und Siedlungsland. So zählen die Becken Zentralmexikos, die Täler im Bergland von Oaxaca und die Abdachung zur Golfküste zum indianischen Altsiedelland. In den dichten Regenwäldern Südmexikos bildeten Flußläufe die Leitlinien der Besiedlung, die lichteren Trockenwälder auf der nördlichen Halbinsel Yucatán standen dagegen der Anlage von Siedlungen und

Kulturland weniger im Weg. Als Hindernis für die Kultivierung erwiesen sich dagegen Mangrovensümpfe in einigen Küstenregionen.

Das historische Siedlungsland Mesoamerikas bildete den Ausgangspunkt der Raumerschließung durch die Spanier. Schon in indianischer Zeit war die Siedlungsstruktur durch städtische Zentren und dörfliche Siedlungen im ländlichen Raum geprägt. Die Spanier förderten eine weitere räumliche Zusammenfassung der Bevölkerung durch die planmäßige Anlage von Dörfern und Städten. Die Raumstruktur in den alten Ackerbauzonen Zentral- und Südmexikos wird bis heute durch ein flächendeckendes Netz von Dörfern und Städten geprägt, in denen sich die Bevölkerung konzentriert (Tab. 14). Streusiedlungen finden sich dagegen nur in marginalen Lagen.

Zwar weisen in Yucatán und Oaxaca viele Municipios eine ausgesprochene Konzentration der Bevölkerung im Hauptort auf, doch sind die Einwohnerzahl sowie die

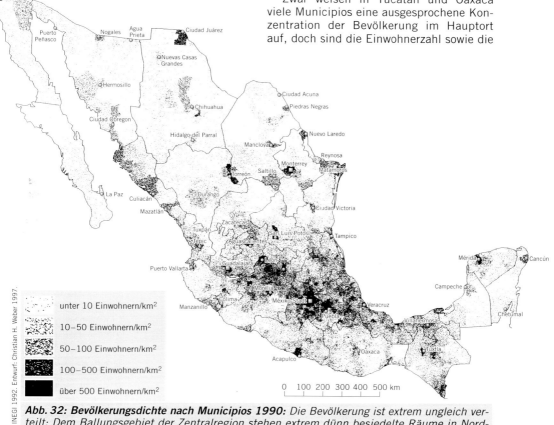

unter 10 Einwohnern/km²

10–50 Einwohnern/km²

50–100 Einwohnern/km²

100–500 Einwohnern/km²

über 500 Einwohnern/km²

0 100 200 300 400 500 km

Abb. 32: Bevölkerungsdichte nach Municipios 1990: *Die Bevölkerung ist extrem ungleich verteilt: Dem Ballungsgebiet der Zentralregion stehen extrem dünn besiedelte Räume in Nord- und Südmexiko gegenüber.*

Daten: INEGI 1992. Entwurf: Christian H. Weber 1997.

Estado	Yucatán		Oaxaca		Morelos		Chihuahua		Nuevo León	
Municipio	Baca		Ayotzintepec		Tlalnepantla		Morelos		Doctor Coss	
Ortsgröße (EW)	Einwohner	Orte	Einwohner	Orte	Einwohner	Orte	Einwohner	Orte	Einwohner	Orte
	5 116	22	5 012	5	4 376	5	6 547	323	2 961	69
2 500 – 5 000	80,2 %	1	60,4 %	1	64,6 %	1				
1 000 – 2 500			23,3 %	1					37,2 %	1
500 – 1 000	12,3 %	1			30,8 %	1				
250 – 500			14,3 %	2			17,8 %	3	23,7 %	2
100 – 250	3,6 %	1			3,2 %	1	16,7 %	8	9,4 %	2
50 – 100	1,7 %	1	2,0 %	1			18,9 %	18	5,8 %	3
10 – 50	1,0 %	3			1,4 %	2	28,1 %	79	18,4 %	26
0 – 10	1,2 %	15					18,5 %	215	5,5 %	35

Tab. 14: Bevölkerungsverteilung in ausgewählten Municipios im ländlichen Raum 1990

Quelle: INEGI 1992

aktuelle wirtschaftliche und administrative Bedeutung solcher Hauptorte meist sehr gering. Trotz der traditionellen Konzentration der Bevölkerung in Gruppen- und Hauptsiedlungen konnte sich in Südmexiko unterhalb der Ebene der wenigen Großstädte bisher kein leistungsfähiges zentralörtliches System herausbilden, so daß ein ausgesprochener Mangel an Entwicklungspolen herrscht.

In Zentralmexiko wird im Umfeld der Großstädte und entlang der Entwicklungsachsen die ursprünglich dörfliche Siedlungsstruktur zunehmend überformt.

Gänzlich anders stellt sich das Bild in Nordmexiko dar. Bis zur spanischen Eroberung war dieser Raum überwiegend von Nomaden bevölkert, die ihren Lebensunterhalt als Wildbeuter bestritten. Abgesehen von wenigen örtlich begrenzten Bewässerungskulturen gab es keine größeren Dauersiedlungen. Weil der Widerstand der nicht seßhaften Indiobevölkerung und die Weite des Raumes die Erschließung erschwerten, besiedelten die Spanier Nordmexiko nicht flächendeckend, sondern konzentrierten ihre Aktivitäten auf die Gründung von Städten, Missionsstationen und Garnisonen. Noch heute zeichnet sich die Bevölkerungsverteilung Nordmexikos durch eine punktuelle Bevölkerungskonzentration in einem ansonsten dünn besiedelten Raum aus. Als Kerne für die spätere Herausbildung von Großstädten erwiesen sich vor allem Bergbauzentren wie Zacatecas, San Luis Potosí, Chihuahua oder einzelne Verwaltungszentren wie Monterrey. Soweit außerhalb der großen Städte Siedlungen überhaupt vorzufinden sind, herrscht noch heute im ländlichen Raum Nordmexikos eine ausgesprochen disperse Siedlungsstruktur vor. Die extensive Weidewirtschaft als einzige Möglichkeit zur landwirtschaftlichen Nutzung außerhalb der Bewässerungsgebiete erfordert große Flächen, was die Anlage größerer rein agrarwirtschaftlicher Gruppensiedlungen erschwert. Deshalb liegt in Nordmexiko bereits in Orten zwischen 1000 und 2500 Einwohnern der Anteil der Erwerbstätigen des primären Sektors bei nur durchschnittlich 25 %, während Siedlungen derselben Größenklasse in Zentralmexiko eine Agrarquote von knapp 50 %, in Südmexiko von rund 75 % aufweisen.

Die Siedlungsstruktur Nordmexikos mit dem typischen Nebeneinander von wenigen großen Städten und siedlungsleeren oder dünn besiedelten Räumen erinnert an die weiten, „dorflosen" Siedlungsgebiete in den USA. Nordmexiko und den mittleren Westen der USA verbindet nicht nur eine naturräumliche Klammer, sondern beide Räume waren „frontier land".

Erschließung, Entwicklung und Verdichtung

Die durch die agrare Tragfähigkeit und das historisch vorgezeichnete Siedlungsmuster bestimmte Bevölkerungsverteilung hat seit dem 19. Jh. durch politische, technologische und wirtschaftliche Veränderungen eine Überformung erfahren. In den Siedlungsschwerpunkten Zentral- und Nordmexikos ist es im Zuge der Urbanisierung zu einer massiven Bevölkerungskonzentration gekommen. Dies hat nicht nur zu einem Anstieg der Siedlungsdichte geführt, sondern die Siedlungskörper der Städte haben sich weit in ihr Umland ausgedehnt. So erstreckt sich die Mega-City Mexiko-Stadt inzwischen in die benachbarten Bundesstaaten México und Morelos hinein und wächst allmählich mit dem Verdichtungsraum Puebla zusammen, der sich seinerseits bis in den Raum Tlaxcala erstreckt.

Als die entscheidenden Leitlinien der Bevölkerungskonzentration in städtischen Siedlungen erweisen sich die Verkehrsachsen, die größtenteils im 19. Jh. grundgelegt wurden. Bis ins 19. Jh. war die Erschließung des Landesinneren und vor allem des Nordens dadurch erschwert worden, daß schiffbare Flüsse fehlten und viele Straßen in der Regenzeit nicht befahrbar waren. Die beiden kolonialzeitlichen Verkehrsachsen von Mexiko-Stadt nach Norden – der „Camino de Tierra adentro" über Durango nach Santa Fé und der „Camino Real de las Provincias Internas" über San Luis Potosí nach Texas – zeichneten schon wichtige Erschließungslinien vor (Burkard 1988). Durch den Eisenbahnbau wurde dann das bis heute erkennbare Achsensystem in seinen Grundzügen geschaffen. Den Anfang machte die Bahnlinie zwischen Mexiko-Stadt und dem Seehafen Veracruz. Im Porfiriat (1876–1910) wurde dann ein dichtes Streckennetz angelegt, wobei die wichtigsten Linien auf die USA ausgerichtet waren. Die Staaten der südlichen Pazifikküste lagen im Schatten der auf die USA und Europa orientierten Erschließungs- und Entwicklungspolitik. Bis heute gibt es hier nur wenige größere Städte. Mit dem seit der Nachkriegszeit forcierten Ausbau von Fernstraßen wurden die vorhandenen Achsen nochmals unterstrichen und zum Teil um weitere Linien ergänzt. So ist mit der Autopista von Mexiko-Stadt über Taxco nach Acapulco eine Verkehrsachse angelegt worden, wo keine Bahnlinie bestand. Das ausgesprochen lineare Verteilungsmuster der Räume mit hoher Bevölkerungsdichte wird durch den Verlauf der Verkehrswege bestimmt. Diese orientieren sich weitgehend an Küstenebenen, Tälern und Becken, so

daß sich auch in der Bevölkerungsverteilung die Morphologie durchpaust.

Auch der seit dem Porfiriat (1876–1910) forcierte Ausbau der Intensivlandwirtschaft führte in einigen Räumen zu einer merklichen Erhöhung der Bevölkerungsdichte. Auf der Halbinsel Yucatán entwickelte sich die Region um Mérida zum Zentrum der Sisal-Produktion. Auf die dortigen Plantagen wurden vom Díaz-Regime (1876–1910) sogar Indios aus Nordwestmexiko zwangsdeportiert. In den ausgedehnten Anbauzonen tropischer Produkte in der östlichen Sierra und in der Küstenebene von Veracruz herrscht auch im ländlichen Raum eine hohe Bevölkerungsdichte. Die Inseln hoher Bevölkerungsdichte im Binnenland von Nordmexiko gehen zum Teil auch auf Zentren der Bewässerungslandwirtschaft zurück. Ein bedeutendes Bewässerungsgebiet ist die sogenannte Laguna-Region an der Grenze zwischen den Bundesstaaten Coahuila und Durango, wo die Metropolitanzone von Torreón entstanden ist. Durch die gezielte Erschließung der Wasserressourcen der westlichen Sierra seit den 1920er Jahren entstand am Küstenstreifen von Nayarit über Sinaloa bis Sonora eine Zone intensiver Bewässerungslandwirtschaft, die sich durch eine hohe Bevölkerungsdichte dokumentiert.

Entlang der Grenze zu den USA sind einige bedeutende Ballungsräume entstanden: Tijuana und Mexicali im Bundesstaat Baja California, Ciudad Juárez in Chihuahua und die Grenzstädte am unteren Río Bravo im Bundesstaat Tamaulipas von Nuevo Laredo über Reynosa bis Matamoros. Seit der Grenzziehung im Jahr 1848 gingen von der politischen Trennlinie wirtschaftliche Impulse aus, zunächst vor allem für den Handel. Während der Prohibition in den USA erlebten die mexikanischen Grenzstädte einen ersten merklichen Aufschwung. Die Errichtung von US-amerikanischen Industriebetrieben im Zuge des Maquiladora-Programms (Lohnveredelungsbetriebe) seit den 1970er Jahren brachte einen kräftigen Wachstumsschub, der durch den Freihandel im Rahmen der NAFTA verstärkt wird.

Weitere Zentren hoher Bevölkerungsdichte sind in jüngerer Zeit an den Standorten der Erdölförderung und -verarbeitung an der südlichen Golfküste in den Bundesstaaten Veracruz, Tabasco und Campeche entstanden. In Chiapas kam es an den Standorten der Energiewirtschaft im Raum von Tuxtla zu einer merklichen Bevölkerungskonzentration. Vor allem an der Pazifikküste haben sich inzwischen einige Touristenzentren wie Acapulco (Guerrero), Manzanillo (Colima), Puerto Vallarta (Jalisco) oder Mazatlán (Sinaloa) zu bedeutenden Bevölkerungsschwerpunkten entwickelt.

Die neueren Zentren sind teils eigenständig aufgrund ihrer Lagegunst und privater Standortentscheidungen entstanden, mitunter handelt es sich aber auch um Entwicklungspole, die von der Regierung ganz bewußt in peripheren Räumen „gesetzt" worden sind. Schon in den 1950er Jahren wurde für einen Standort an der Pazifikküste von Michoacán, im Mündungsgebiet des Río Balsas, ein Industriekomplex geplant. Zwischen 1970 und 1995 ist in diesem Gebiet mit der heutigen Stadt Lázaro Cárdenas eine Agglomeration mit rund 150 000 Einwohnern entstanden. Ein weiteres prominentes Beispiel für einen staatlich geplanten Entwicklungspol bildet das Seebad Cancún an der Karibikküste im Bundesstaat Quintana Roo, das seit der Gründung 1970 auf rund 300 000 Einwohner im Jahr 1995 angewachsen ist (INEGI 1997).

Zwischen Persistenz und Wandel
Obwohl das Grundmuster der Bevölkerungsverteilung in mehrfacher Hinsicht eine Persistenz aufweist, hat sich in den letzten hundert Jahren doch ein beachtlicher Wandel vollzogen. Nach Großräumen betrachtet, sind die Veränderungen noch verhältnismäßig gering. Am relativen Gewicht Zentralmexikos hat sich im gesamten 20. Jh. nichts geändert. Lediglich die relative Bedeutung Südmexikos gegenüber Nordmexiko ist leicht zurückgegangen (Tab. 15).

Neben naturräumlichen und historischen Faktoren wird das Verteilungsmuster der Bevölkerung zunehmend durch politische und wirtschaftliche Standortentscheidungen geprägt, bei denen ökologische Gesichtspunkte vernachlässigt werden. Während das Relief für die Bevölkerungsverteilung weiterhin eine wichtige Rolle spielt, sind im 20. Jh. auch außerhalb klimatischer Gunsträume große Ballungsgebiete entstanden. Die punktuelle Bevölkerungskonzentration in Nordmexiko geht weit über die Tragfähigkeit des Naturraumes hinaus. In den ariden Gebieten wirft insbesondere die Bereitstellung von Wasser für die Großstädte gravierende Probleme auf. Um die Trinkwasserversorgung von Tijuana sicherzustellen, muß inzwischen Meerwasser entsalzt werden. Doch auch in Zentralmexiko hat die Bevölkerungskonzentration derartige Ausmaße angenommen, daß die Agglomerationsvorteile mancherorts in Nachteile kippen. Nur durch einen immensen Aufwand öffentlicher Mittel, die letztlich für periphere Räume fehlen, kann die Standortqualität im Ballungsraum von Mexikos Hauptstadt gehalten werden. Von 360 Einwohnern pro Quadratkilometer im Jahr 1900 ist die Bevölkerungsdichte im Bundesdistrikt auf 5660 Einwohner pro Quadratkilometer im Jahr 1995 gestiegen. Im Estado de México hat sich in knapp 100 Jahren die Einwohnerdichte von 45 auf 545 mehr als verzehnfacht, auch in Morelos ist sie von 30 auf knapp 300 Einwohner pro Quadratkilometer gestiegen. Gerade in Zentralmexiko ist im 20. Jh. mit dem Bevölkerungsanstieg eine Bevölkerungskonzentration einhergegangen, die sich in einer hohen Zahl großer Siedlungen äußert.

In den noch überwiegend ländlich geprägten Räumen Südmexikos ist zwar die durchschnittliche Bevölkerungsdichte weniger dramatisch angestiegen, doch hat sich hier der Siedlungsdruck auf die landwirtschaftlich nutzbaren Flächen deutlich erhöht. Deshalb wird hier die Nutzungs- und Siedlungsfläche in ökologisch sensible Bereiche ausgedehnt wie den tropischen Regenwald und die Steilhänge der Sierren. Außerhalb der dörflich geprägten Ackerbauzonen der Täler und Becken entstehen Streu- und Einzelsiedlungen.

Die aktuellen Entwicklungen der Siedlungsstruktur in Mexiko weisen sowohl eine weitergehende Konzentration der Bevölkerung in den städtischen Ballungsräumen als auch eine Tendenz zu dispersen Siedlungen auf. Disperse Siedlungsmuster dehnen sich auch im Umfeld der Großstädte aus, an deren Rändern die Hüttensiedlungen der Zuwanderer zunehmen.

Bevölkerung	1910	1930	1950	1970	1990	1995
Mexiko	15 160 339	16 622 992	25 779 254	48 225 238	81 249 745	91 120 433
Nordmexiko	3 783 591	4 108 018	6 901 096	12 959 413	21 222 340	23 887 727
nördliche Grenzstaaten	1 700 245	2 101 434	3 823 827	7 976 188	13 564 755	15 607 983
nordwestl. Grenzstaaten	723 362	903 479	1 644 850	3 709 685	6 244 098	7 360 187
Baja California del Norte	9 760	48 327	226 965	870 421	1 660 855	2 108 118
Baja California del Sur	42 512	47 089	60 864	128 019	317 764	375 450
Sonora	265 383	316 271	510 607	1 098 720	1 823 606	2 083 630
Chihuahua	405 707	491 792	846 414	1 612 525	2 441 873	2 792 989
nordöstl. Grenzstaaten	976 883	1 197 955	2 178 977	4 266 503	7 320 657	8 247 796
Coahuila	362 092	436 425	720 619	1 114 956	1 972 340	2 172 136
Nuevo León	365 150	417 491	740 191	1 694 689	3 098 736	3 549 273
Tamaulipas	249 641	344 039	718 167	1 456 858	2 249 581	2 526 387
nördl. Pazifikküste	494 815	563 342	925 805	1 810 559	3 028 697	3 320 720
Sinaloa	323 642	395 618	635 681	1 266 528	2 204 054	2 424 745
Nayarit	171 173	167 724	290 124	544 031	824 643	895 975
zentraler Norden	1 588 531	1 443 242	2 151 464	3 172 666	4 628 888	4 959 024
Durango	483 175	404 364	629 874	939 208	1 349 378	1 430 964
Zacatecas	477 556	459 047	665 524	951 462	1 276 323	1 336 348
San Luis Potosí	627 800	579 831	856 066	1 281 996	2 003 187	2 191 712
Zentralmexiko	7 547 443	8 175 820	12 561 522	24 402 178	41 055 327	46 101 645
westl. Zentralregion	1 407 070	1 450 169	2 047 173	3 875 881	6 450 958	7 339 713
Colima	77 704	61 923	112 321	241 153	428 510	487 324
Jalisco	1 208 855	1 255 346	1 746 777	3 296 586	5 302 689	5 990 054
Aguascalientes	120 511	132 900	188 075	338 142	719 759	862 335
mittlere Zentralregion	2 318 194	2 270 240	3 037 667	5 080 119	8 582 027	9 511 137
Michoacán	991 880	1 048 381	1 422 717	2 324 226	3 548 199	3 869 133
Guanajuato	1 081 651	987 801	1 328 712	2 270 370	3 982 593	4 393 160
Querétaro	244 663	234 058	286 238	485 523	1 051 235	1 248 844
Hauptstadtregion	3 822 179	4 455 411	7 476 682	15 446 178	26 022 342	29 250 795
Randzone	1 932 322	2 033 655	2 760 775	4 122 709	6 775 744	7 619 651
Hidalgo	646 551	677 772	850 394	1 193 845	1 888 366	2 111 782
Puebla	1 101 600	1 150 425	1 625 830	2 508 226	4 126 101	4 624 239
Tlaxcala	184 171	205 458	284 551	420 638	761 277	883 630
Kernzone	1 889 857	2 421 756	4 715 907	11 323 469	19 246 598	21 631 144
México	989 510	990 112	1 392 623	3 833 185	9 815 795	11 704 934
Morelos	179 594	132 068	272 842	616 119	1 195 059	1 442 587
Distrito Federal	720 753	1 299 576	3 050 442	6 874 165	8 235 744	8 483 623
Südmexiko	3 829 305	4 339 154	6 316 636	10 863 647	18 972 078	21 131 061
Golfküste	1 407 094	1 685 946	2 525 045	4 835 305	8 265 168	9 125 291
Veracruz	1 132 859	1 377 293	2 040 231	3 815 422	6 228 239	6 734 545
Tabasco	187 574	224 023	362 716	768 327	1 501 744	1 748 664
Campeche	86 661	84 630	122 098	251 556	535 185	642 082
Karibikküste	348 722	396 716	543 866	846 505	1 856 217	2 259 175
Yucatán	339 613	386 096	516 899	758 355	1 362 940	1 555 733
Quintana Roo	9 109	10 620	26 967	88 150	493 277	703 442
südliche Pazifikküste	2 073 489	2 256 492	3 247 725	5 181 837	8 850 693	9 746 595
Guerrero	594 248	641 960	919 386	1 597 360	2 620 637	2 915 497
Oaxaca	1 040 398	1 084 549	1 421 313	2 015 424	3 019 560	3 224 270
Chiapas	438 843	529 983	907 026	1 569 053	3 210 496	3 606 828

Tab. 15: Bevölkerungszahlen für Regionen und Bundesstaaten 1910–1995

Quelle: INEGI 1994 und INEGI 1997

Die Bevölkerungsexplosion

Trotz aller Vorsicht, die gegenüber den historischen Bevölkerungszahlen angebracht ist, läßt sich doch die Grundlinie der demographischen Entwicklung in Mexiko herausarbeiten (Abb. 33): Einem dramatischen Bevölkerungsrückgang in den ersten hundert Jahren nach der Conquista sowie einer anschließenden Periode der Stagnation folgten eine allmähliche Erholung und schließlich ab den 1930er Jahren ein explosionsartiger Anstieg der Einwohnerzahl. Zwischen 1930 und 1995 hat sich die Zahl der Mexikanerinnen und Mexikaner mehr als verfünffacht! Seit den 1970er Jahren zeichnet sich ein leichter Rückgang der Wachstumsrate ab (Abb. 34). Mit der Herausbildung einer mestizischen Bevölkerung hat sich seit der spanischen Eroberung ein dramatischer Wandel in der Bevölkerungsstruktur vollzogen.

Die demographische Entwicklung ist eingebettet in die Gesamtentwicklung des Landes und weist demgemäß ebenfalls eine ausgesprochene Heterogenität auf (Krause 1996). Räumen mit einer nach wie vor hohen natürlichen Wachstumsrate stehen Gebiete gegenüber, in denen die Geburtenzahl bereits deutlich gesunken ist. Ein Überblick kann nur auf die großen Linien und die hervorstechenden räumlichen Unterschiede eingehen.

Die demographische Katastrophe

Über die Bevölkerung zum Zeitpunkt vor der Conquista liegen nur Schätzungen vor, die erheblich voneinander abweichen. Für Zentralmexiko, den Raum von der Golfküste bis zur Pazifikküste, schwanken die Angaben zwischen 2,5 und 27 Mio. (Prem 1989). Während frühere Darstellungen meist von einer geringen agraren Tragfähigkeit ausgingen, wird in neueren Publikationen angenommen, daß die intensive indianische Landwirtschaft durchaus eine Bevölkerung von 10–15 Mio. ernähren konnte (Katz 1993). Die städtischen Zentren der Hochkulturen bildeten beachtliche Bevölkerungskonzentrationen mit hohen Dichtewerten. Die Schwerpunkte der Besiedlung lagen einerseits im zentralen Hochland, vor allem in den Becken von Mexiko und Puebla, an der Golfküste, in der Talregion

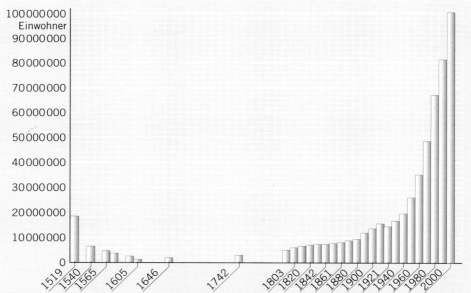

Abb. 33: Bevölkerungsentwicklung seit der spanischen Eroberung: *Die Bevölkerungsexplosion seit den 1940er Jahren ist eine der größten Herausforderungen.*

Daten: INEGI 1994 und 1997. Entwurf: Christian H. Weber 1997.

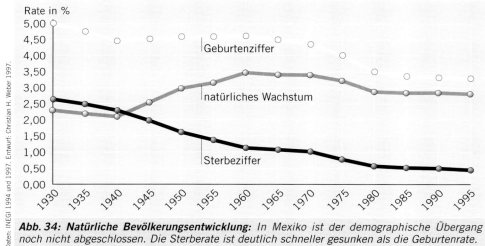

Daten: INEGI 1994 und 1997. Entwurf: Christian H. Weber 1997.

Abb. 34: Natürliche Bevölkerungsentwicklung: *In Mexiko ist der demographische Übergang noch nicht abgeschlossen. Die Sterberate ist deutlich schneller gesunken als die Geburtenrate.*

von Oaxaca sowie den Tiefländern der nördlichen und südlichen Halbinsel Yucatán.

Mit der spanischen Eroberung ging ein dramatischer Rückgang der indianischen Bevölkerung einher. Der Tiefpunkt wurde um 1600 (Zensus 1605) mit einer Einwohnerzahl von 1,1 Mio. erreicht. In knapp 100 Jahren ging die Bevölkerung somit auf ein Zehntel ihres ursprünglichen Bestandes zurück. Für diese demographische Katastrophe werden mehrere Faktoren verantwortlich gemacht (Katz 1993): das brutale Vorgehen einzelner Conquistadores und die Ausbeutung indianischer Arbeitskräfte in den Landgütern und Bergwerken spanischer Encomienderos, die eingeschleppten Infektionskrankheiten sowie der Zusammenbruch der traditionellen Landnutzungssysteme. Folge dieses Massensterbens war neben einer Demoralisierung und zahlenmäßigen Schwächung der Eingeborenen der Verlust der Kontrolle über weite Teile des Agrarlandes, das sich so die Eroberer aneignen konnten. Die Zunahme der Bevölkerung im 18. Jh. hatte somit unweigerlich Konflikte um Land zur Folge.

Die Bevölkerungsmischung –
die Kinder der Malinche
Anders als in Angloamerika war die Kolonisation der spanisch kontrollierten Gebiete Amerikas keine freie Einwanderung von Menschen aus der Alten Welt. Vielmehr war die Besiedlung Hispanoamerikas Bestand-

teil „einer gesetzlich festgelegten Auswanderungs- und Bevölkerungspolitik des Mutterlandes" (Konetzke 1965, S. 59). Im Mittelpunkt der spanischen Kolonialpolitik stand stets die Herrschaft über Land und Leute, die beide in den Dienst des spanischen Mutterlandes gestellt wurden. Die spanische Krone wollte in der Neuen Welt in erster Linie Land, Untertanen und Reichtum gewinnen, nicht „Siedlungsland im Westen". Die Behörden im Mutterland achteten stets darauf, daß die Besiedlung der überseeischen Besitzungen nicht zu Lasten der Bevölkerungszahl im Mutterland erfolgte. Einwanderer aus anderen europäischen Ländern wurden ganz bewußt ausgeschlossen. Lediglich qualifizierten Ausländern erteilte man in Ausnahmefällen und nur dann eine Einwanderungslizenz, wenn dies der Entwicklung in den Kolonien förderlich schien.

Die Basis der heutigen Bevölkerung Mexikos bilden die indianischen Völker Mesoamerikas. Lediglich in den Gebieten mit einer nicht seßhaften Indiobevölkerung setzte sich nach Ausrottung der Ureinwohner das rein europäische Bevölkerungselement durch. Da es nach dem mexikanischen Verständnis eine Unterscheidung nach Rassen nicht gibt, wird in den amtlichen Statistiken neueren Datums lediglich die Bevölkerung indigener Sprache ausgewiesen. Indio ist danach, wer eine indigene Sprache spricht. 1995 waren dies laut INEGI 1997 knapp 7 Mio. Menschen.

Obwohl auch in Neuspanien Negersklaven als Arbeitskräfte eingeführt worden waren, haben diese anders als in verschiedenen lateinamerikanischen Ländern kaum sichtbare Spuren in der Bevölkerung hinterlassen. Zum einen war die Zahl der afrikanischen Sklaven gemessen an der seßhaften Indiobevölkerung relativ gering und es erfolgte eine Konzentration auf wenige Zentren. Zum anderen kam es zu einer Assimilation der schwarzen Bevölkerung durch die Indios, zumal die Kinder von Afrikanern und Indianerinnen nach den Gesetzen von 1542 frei geboren waren (Zimmermann 1993).

Typisch für das heutige Mexiko ist der hohe Anteil von Mestizen (Mischlingen zwischen Indios und Weißen), der 1990 bei über 90 % lag (Stat. Bundesamt 1995). In den 300 Jahren der Kolonialzeit kam es zu einer rasanten Durchmischung zwischen den weißen Eroberern und der indianischen Bevölkerung. Trotz der großen sozialen Distanz zwischen den klassenbewußten und stolzen Spaniern und den besiegten Indianern bestanden seitens der Eroberer und ihrer Nachkommen „keine Bedenken gegen eine Blutsmischung mit der indianischen Bevölkerung" (Konetzke 1965). Der Großteil der Mestizen entstammte außerehelichen Kontakten zwischen weißen Männern und Indio-Frauen. Obwohl einer ehelichen Verbindung zwischen Indios und Spaniern rechtlich nichts im Wege stand, kam es nur ganz selten zu solchen Verbindungen, weil für europäische Männer wie Frauen die Ehe mit einer Europäerin bzw. einem Europäer stets prestigeträchtiger war.

Die außerehelichen Beziehungen waren bereits im späten Mittelalter auf der Iberischen Halbinsel durchaus üblich und mit dem Institut der sogenannten barraganía auch rechtlich geregelt. Auch das spätere Verbot und eine strenge Ächtung durch die geistliche und weltliche Obrigkeit konnten nicht verhindern, daß diese freie Form des spanisch-indianischen Familienlebens bis in die späte Kolonialzeit weit verbreitete Praxis blieb (Konetzke 1965). Dies belegt einmal mehr, daß in Mexiko der Einfluß von Staat und Kirche auf das Sozialverhalten nicht überschätzt werden darf. In besonderer Weise gilt dies hinsichtlich der Sexualität und Fertilität, wo überlieferte Verhaltensmuster offensichtlich entscheidender waren und noch immer sind als Appelle der weltlichen und geistlichen Macht.

Infolge der „hemmungslosen Blutmischung der Spanier ... mit Indianerinnen" (Konetzke 1965, S. 91) lag der Anteil der Mestizos zu Beginn des 20. Jh.s schon bei 87 %, nachdem um 1810 die Indios mit einem Anteil von 60 % noch die Bevölkerungsmehrheit gestellt hatten (Zimmermann 1993).

Demographische Brüche und Übergänge

Seit der ausgehenden Kolonialzeit bis zum Ausbruch der Mexikanischen Revolution 1910 ist die Bevölkerungszahl kontinuierlich gestiegen und hat sich zwischen 1810 und 1910 von 6,1 Mio. auf 15,2 Mio. erhöht. Wie andere lateinamerikanische Länder auch war das 1821 unabhängig gewordene Mexiko im 19. Jh. Ziel europäischer Auswanderer. Obwohl die Zuwanderung aus der Alten Welt in Mexiko nicht die Ausmaße erreichte wie in Brasilien, Argentinien und Uruguay (Bähr/Mertins 1995), erfuhr doch insbesondere Mexiko-Stadt durch die Immigranten einen beachtlichen Wachstumsschub. Zwar waren schon im Zuge der französischen Invasion Anfang der 1860er Jahre einige Europäer nach Mexiko gekommen, doch erreichte die Einwanderungswelle erst im Porfiriat (1876 – 1910) ihren Höhepunkt. Die Öffnung für Immigranten entsprach der Entwicklungsstrategie des „desarrollo hacia afuera", die voll auf die Integration Mexikos in die Weltwirtschaft setzte. Geschäftstüchtige Einwanderer waren willkommen, um die Modernisierung des Landes voranzutreiben. Unter den Zugewanderten waren auch viele Deutsche, die sich vor allem in der Landwirtschaft engagierten und hier insbesondere den Kaffeeanbau in der Region Soconusco in Chiapas zu einem bedeutenden Wirtschaftszweig ausbauten.

Die Mexikanische Revolution (1910 – 1920) brachte nicht nur eine Abkehr von der wirtschaftlichen und politischen Außenorientierung. Dem blutigen Bürgerkrieg sind insbesondere in den ländlichen Räumen Nord- und Zentralmexikos, wo die großen Schlachtfelder lagen, zwischen 1 und 2 Mio. Menschen zum Opfer gefallen (Krause 1996).

Nach der politischen und wirtschaftlichen Konsolidierung und Modernisierung

im Jahr	Geburten	Todes-fälle	Saldo
1895	383 747	391 177	−7 430
1900	495 542	457 327	38 215
1907	466 462	470 699	−4 237
1922	453 643	364 832	88 811
1930	819 814	441 717	378 097
1940	875 471	458 906	416 565
1950	1 174 947	418 430	756 517
1960	1 608 174	402 545	1 205 629
1970	2 132 630	485 656	1 646 974
1980	2 427 628	434 465	1 993 163
1981	2 530 662	424 274	2 106 388
1982	2 392 849	412 345	1 980 504
1983	2 609 088	413 403	2 195 685
1984	2 511 894	410 550	2 101 344
1985	2 655 571	414 003	2 241 568
1986	2 579 301	400 079	2 179 222
1987	2 794 390	406 913	2 387 477
1988	2 622 031	412 987	2 209 044
1989	2 620 262	423 304	2 196 958
1990	2 735 312	422 803	2 312 509
1991	2 756 447	411 131	2 345 316
1992	2 797 397	409 814	2 387 583
1993	2 839 686	416 335	2 423 351
1994	2 904 389	419 074	2 485 315
1995	2 750 444	430 278	2 320 166

Quellen: INEGI 1994, INEGI 1997

Tab. 16: Geburtensaldo 1895 – 1995

im nachrevolutionären Mexiko setzte ein massives Bevölkerungswachstum ein. Bereits zwischen 1930 und 1960 hat sich die Einwohnerzahl von 16,6 auf 34,9 Mio. mehr als verdoppelt. 1990 lag die Bevölkerungszahl schon bei über 80 Mio. und hat im Jahr 1995 einen Wert von rund 91 Mio. erreicht. Die 100-Mio.-Schwelle dürfte bis zum Jahre 2000 überschritten werden.

Der gewaltige Bevölkerungsanstieg seit den 1930er Jahren ist vor allem darauf zurückzuführen, daß die Sterberate zunächst stark gesunken ist, während sich die Geburtenrate infolge des generativen Verhaltens der Bevölkerung kaum veränderte. Letztere blieb bis in die 1970er Jahre mit 4,4 % auf hohem Niveau. Erst seit den 1970er Jahren, also mit einer zeitlichen Verzögerung von 50 Jahren gegenüber der Sterberate, ist ein deutlicher Rückgang der Geburtenrate auf 3,3 % im Jahre 1995 zu verzeichnen.

Die empirischen Befunde bestätigen für Mexiko das Modell des demographischen Übergangs insoweit, als der Höhepunkt der Bevölkerungsexplosion überschritten ist. Bei einem jährlichen Geburtenüberschuß von über 2 Mio. seit den 1980er Jahren (Tab. 16) ist noch offen, ob und wann Mexiko die „demographische Reifephase" westlicher Industrieländer erreicht, die durch eine natürliche Bevölkerungsschrumpfung gekennzeichnet ist. Zum Vergleich: Die Bundesrepublik Deutschland weist in den 1990er Jahren einen jährlichen Sterbefallüberschuß von 100 000 auf.

**Der Hintergrund
der demographischen Entwicklung**

Der Rückgang der Sterberate von 2,67 % im Jahr 1930 auf 1,15 % im Jahr 1960 und rund 0,5 % in den 1990er Jahren ist vor allem auf die Verbesserung der hygienischen Verhältnisse und der medizinischen Versorgung zurückzuführen. Dies zeigt sich auch darin, daß der Anteil der Infektionskrankheiten an den Todesursachen ganz entscheidend gesunken ist (Abb. 35). Die mexikanische Regierung hatte mit der

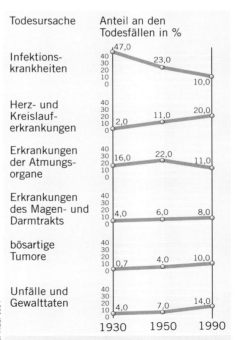

Quelle: INEGI 1994

Abb. 35: Ausgewählte Todesursachen.

	Durchschnittliche Lebenserwartung bei der Geburt in Jahren			Säuglingssterblichkeit
	gesamt	Männer	Frauen	
1895	30,0	k. A.	k. A.	30,0%
1930	36,9	36,1	37,5	13,2%
1940	41,5	40,4	42,5	12,6%
1950	49,7	48,1	51,0	9,8%
1960	58,9	57,6	60,3	7,4%
1970	61,9	60,0	63,8	6,9%
1980	64,9	62,3	68,1	3,9%
1990	67,2	64,8	69,6	3,8%
1990 –95	70,3	67,1	73,6	3,5%

Tab.17: Entwicklung der Lebenserwartung seit 1895

Daten: INEGI 1994; Statistisches Bundesamt 1995.

Institutionalisierung des Gesundheitswesens und ihren Erschließungsprogrammen ganz entscheidenden Einfluß auf die Bevölkerungsentwicklung genommen. Insbesondere die Kindersterblichkeit konnte erheblich gesenkt werden und die durchschnittliche Lebenserwartung stieg von 36,9 Jahren im Jahr 1930 auf 70,3 Jahre im Jahre 1995 (Tab. 17).

Nachdem der Ausbau der medizinischen Infrastruktur und die Verbesserung der hygienischen Verhältnisse nicht in allen Landesteilen gleichermaßen verwirklicht werden konnten, bestehen nach wie vor erhebliche regionale Unterschiede in der Mortalität, die annähernd den Disparitäten bei der Erschließung entsprechen. Für die räumlichen Unterschiede bei der natürlichen Bevölkerungsentwicklung innerhalb Mexikos sind allerdings heute im wesentlichen die regionalen Schwankungen bei der Geburtenziffer verantwortlich, die wesentlich stärker ausgeprägt sind. Der raumrelevante Einfluß der Fertilität wird auch durch die deutliche Korrelation zwischen der natürlichen Wachstumsrate und der Geburtenziffer unterstrichen, die sich für den Zeitraum zwischen 1970 und 1995 ermitteln ließ.

Eine Förderung kinderreicher Familien war ganz im Sinne des mexikanischen Staates, der zumindest bis Ende der 1960er Jahre eine ausgesprochen pronatalistische Bevölkerungspolitik verfolgte (Krause 1996). Mit der Steigerung der Bevölkerungszahl sollte ganz bewußt das demographische

Gewicht Mexikos gestärkt werden. Vor diesem Hintergrund wurden die Forderungen nach einer Geburtenkontrolle als ein durchsichtiges Manöver der USA zurückgewiesen, das nur dazu dienen sollte, Mexiko kleinzuhalten. Entsprechend wurde von offizieller Seite, und damit auch im staatlichen Erziehungs- und Bildungssystem, Kinderreichtum als erstrebenswert herausgestellt. Von staatlicher Seite wurden so bis zu Beginn der 1970er Jahre keine Anstrengungen unternommen, um eine Geburtenkontrolle zu propagieren und diese vor allem auch in peripheren Räumen bekanntzumachen.

Dennoch darf der Einfluß der Politik auf die Gesellschaft nicht überschätzt werden. Von größerer Bedeutung für die seit den 1970er Jahren sinkende Geburtenrate waren Veränderungen hinsichtlich der gesellschaftlichen Rolle der Frau (Krause 1996). Insbesondere das steigende Bildungsniveau und die Einbeziehung der Frauen in den Arbeitsmarkt wirkten sich auf das Heiratsalter, die Verwendung empfängnisverhütender Mittel und die Kinderzahl aus. In dem merklichen Rückgang der Geburtenziffer spiegelt sich daher weniger der Richtungswechsel in der staatlichen Bevölkerungspolitik, sondern vor allem der Wandel hin zu einer urbanen Gesellschaft.

Die großen regionalen Unterschiede im Fertilitätsverhalten bestätigen den großen Einfluß gesellschaftlicher Faktoren. So sind sowohl bei der Anwendung kontrazeptiver Methoden als auch beim Gebärverhalten und der Kinderzahl deutliche Unterschiede zwischen „ländlichen" und „städtischen" Räumen feststellbar (Tab. 18 u. 19). Hinter den räumlichen Abweichungen im Fertilitätsverhalten stehen insbesondere Unterschiede in der jeweiligen sozialen und wirtschaftlichen Stellung der Frau in Familie und Beruf, die dadurch hervorgerufen wurden, weil in Mexiko nicht alle Landesteile und alle Bevölkerungsgruppen gleichermaßen vom gesellschaftlichen Wandel erfaßt wurden.

Der Rückgang der Fertilität ist am weitesten fortgeschritten in den nördlichen Grenzstaaten, den Metropolitanregionen von Mexiko-Stadt und Guadalajara und in den Öl- und Tourismuszentren an der südlichen Golfküste und der Karibikküste (Abb. 36).

Gebiet	Anteil (%) verheirateter Frauen, die kontrazeptive Methoden anwenden				
	1976	1979	1982	1987	1992
Mexiko gesamt	30,2	37,8	47,7	52,7	63,1
Orte über 20 000 Einwohner	45,7	55,1	57,9	61,5	70,1
Orte unter 20 000 Einwohner	15,9	27,4	38,0	32,5	44,6

Daten: Krause 1996

Tab. 18: Empfängnisverhütung in Stadt und Land

	Natürliches Bevölkerungs- wachstum 1990 in %	Frauen im gebärfähigen Alter zwischen 15 und 45 Jahren 1990		
		Anteil (%)	mit mindestens einer Geburt (%)	Kinderzahl pro Frau
Mexiko	2,85	47	65	3,15
Nordmexiko	2,55	48	65	3,10
nördliche Grenzstaaten	2,40	49	65	2,90
nordwestl. Grenzstaaten	2,35	49	67	2,85
nordöstliche Grenzstaaten	2,40	49	63	2,95
nördliche Pazifikküste	2,70	46	68	3,25
zentraler Norden	2,90	44	64	3,55
Zentralmexiko	2,80	48	63	3,1
westliche Zentralregion	2,70	46	60	3,40
mittlere Zentralregion	3,10	44	63	3,65
Hauptstadtregion	2,70	49	64	2,95
Randzone	3,10	44	67	3,35
Kernzone	2,55	50	63	2,80
davon Distrito Federal	2,30	52	59	2,55
Südmexiko	3,00	45	69	3,35
Golfküste	2,75	46	69	3,20
Karibikküste	2,75	46	67	3,20
südliche Pazifikküste	3,30	43	70	3,50

Daten: INEGI 1992

Tab. 19: Grunddaten zur natürlichen Bevölkerungsentwicklung 1990

Aber auch innerhalb der Ballungsräume besteht ein bemerkenswertes Fertilitätsgefälle (Tab. 20). Denn durch die anhaltende Zuwanderung wird das generative Verhalten der ländlichen Bevölkerung teilweise in die Städte „importiert". Dort trägt die nur allmählich der „urbanen Überformung" unterliegende höhere Fertilität neben der Zuwanderung entscheidend zum rasanten Wachstum der Städte bei (INEGI 1997).

Die Folgen der demographischen Entwicklung
Eine Folge des rasanten Bevölkerungswachstums bis in die Gegenwart ist der hohe Anteil junger Menschen im Altersaufbau der Bevölkerung. Bei einer graphischen Darstellung nach Altersgruppen äußert sich dies in einer ausgeprägten Pyramidenform (Abb. 37). 1995 waren rund 47 % der Bevölkerung jünger als 20 Jahre, gut 35 % jünger als 15 Jahre. Nur 6 % sind älter als 60 Jahre, lediglich 4 % älter als 65 Jahre.

Auf die erwerbstätige Bevölkerung kommt aufgrund dieser Entwicklung somit eine große Zahl junger Menschen, für deren Unterhalt gesorgt werden muß. Dagegen ist der Kreis der Personen relativ gering, die aufgrund ihres Alters aus dem Erwerbsprozeß ausgeschieden und auf eine Versor-

Geburten- und Sterberate
in den Bundesstaaten

	Geburten-rate	Sterbe-rate
	>3,0%	>1,5%
	>3,0%	<1,5%
	<3,0%	<1,5%

Mexiko-Durchschnitt 1970

Geburtenrate	Sterberate
4,4%	1,0%

Mexiko-Durchschnitt 1995

Geburtenrate	Sterberate
3,2%	0,5%

0 100 200 300 400 500 km

1970

1995

Abb. 36: Stand des demographischen Übergangs 1970 und 1995: *In den letzten 25 Jahren haben sich auch hinsichtlich der demographischen Entwicklung „fortschrittliche" und „zurückgebliebene" Räume herausgebildet. Solange es große Unterschiede bei der Erschließung und medizinischen Versorgung gab, wichen vor allem die regionalen Sterbeziffern stark voneinander ab. Inzwischen wird die demographische Einordnung der einzelnen Estados hauptsächlich durch die Fertilitätsrate bestimmt. Die Geburtenziffer wird maßgeblich vom Stand der gesellschaftlichen Entwicklung beeinflußt, wobei die Rolle der Frauen im Erwerbsprozeß von großer Bedeutung ist.*

Daten: INEGI 1990 und 1997. Entwurf: Christian H. Weber 1997.

Kennziffern zur Fertilität in ausgewählten Stadtbezirken von Mexiko-Stadt 1990				
Delegación/Municipio	**Geburten auf 100 Einwohner**	**Frauen im gebärfähigen Alter zwischen 15 und 45 Jahren**		**Erwerbs-quote der Frauen (%)**
		Anteil (%)	mind. eine Geburt (%)	Kinderzahl pro Frau	
von Nordwesten					
Naucalpán, México	2,7	53	62	2,7	27
Cuajimalpa, DF	2,8	53	62	2,7	26
über das Zentrum					
Miguel Hidaldo, DF	1,9	52	58	2,3	37
Benito Juárez, DF	1,8	52	56	2,0	40
Cuauhtémoc, DF	2,1	50	61	2,3	36
Venustiano Carranza, DF	2,2	51	63	2,4	30
nach Südosten					
Iztacalco, DF	2,3	53	61	2,5	30
Iztapalapa, DF	2,6	52	65	2,8	26
Nezahualcoyotl, México	2,7	52	63	2,8	24
Tláhuac, DF	2,7	51	65	2,9	21
La Paz, México	2,9	50	68	3,1	20
Chalco, México	3,1	47	75	3,2	16

Tab. 20: Fertilitätsunterschiede in Mexiko-Stadt 1990

Daten: INEGI 1992

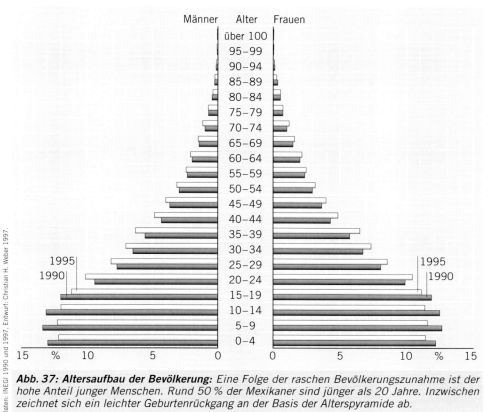

Männer   Alter   Frauen

Daten: INEGI 1990 und 1997. Entwurf: Christian H. Weber 1997.

Abb. 37: Altersaufbau der Bevölkerung: *Eine Folge der raschen Bevölkerungszunahme ist der hohe Anteil junger Menschen. Rund 50 % der Mexikaner sind jünger als 20 Jahre. Inzwischen zeichnet sich ein leichter Geburtenrückgang an der Basis der Alterspyramide ab.*

gung angewiesen sind. Während in den „fortgeschrittenen" Industriestaaten Fragen der Alterssicherung die zentrale demographische Herausforderung bilden, sieht sich die mexikanische Gesellschaft und Volkswirtschaft hauptsächlich mit der Aufgabe konfrontiert, für die heranwachsende Jugend zusätzliche Ausbildungs- und Arbeitsplätze zu schaffen.

Wie Tab. 16 zeigt, bewegt sich seit den 1980er Jahren die Stärke der Geburtsjahrgänge zwischen 2,5 und 3 Mio. Für diese Zahl sind Jahr für Jahr Bildungseinrichtungen mit Personal vorzuhalten. Da derzeit altersbedingt nicht einmal 500 000 Menschen pro Jahr aus dem Erwerbsleben ausscheiden, müßten Jahr für Jahr mehr als 2 Mio. zusätzlicher Beschäftigungsmöglichkeiten geschaffen werden, wenn das Recht aller Mexikanerinnen und Mexikaner auf einen Arbeitsplatz verwirklicht werden soll. Läßt man verteilungspolitische Fragen

außer acht, so muß die jährliche Wirtschaftsleistung parallel zur Zunahme der Bevölkerung kontiniuierlich gesteigert werden, um den gegenwärtigen Lebensstandard pro Kopf zumindest zu erhalten.

Auch die Erschließungspolitik des mexikanischen Staates steht angesichts der Bevölkerungsexplosion vor der doppelten Herausforderung, Erschließungsrückstände bei steigendem Wohnungsbedarf einer rasch wachsenden Bevölkerung aufzuholen. Die große Zahl neu hinzukommender Behausungen führte dazu, daß zwischen 1970 und 1990 trotz 7,7 Mio. Neuanschlüssen bei der Wasserversorgung die Zahl der nicht angeschlossenen Wohnungen um 220 000 zugenommen hat. Obwohl im gleichen Zeitraum 6,8 Mio. Wohneinheiten neu an das Kanalnetz angeschlossen worden sind, ist die Zahl der Wohnungen ohne Kanal um 1,1 Mio. angestiegen. Hinter dem Anstieg der prozentualen Anschlußrate verbirgt

sich eine Verschlechterung der Erschlie-
ßungssituation in den Bereichen Kanal und
Wasser. Lediglich die Zahl der Wohnungen
ohne Elektrizität ist zwischen 1970 und
1990 um 1,25 Mio. gesunken.

Allerdings wäre es ökonomisch falsch,
die Bevölkerungszunahme für den internationalen „Entwicklungsrückstand" Mexikos
verantwortlich zu machen. Der Machtzu-
wachs der USA gegenüber Mexiko hängt
gerade auch mit der demographischen Dynamik der Vereinigten Staaten im 19. Jh.
zusammen. Mit seiner wachsenden Bevölkerung gewinnt Mexiko letztlich sowohl einen
bedeutenden Binnenmarkt als auch ein
erhebliches Produktionspotential, das seinerseits Entwicklung erst möglich macht.
Bildung und Qualifikation vorausgesetzt,
liegt gerade im „Humankapital" eine der
großen Chancen Mexikos.

Die Bevölkerungswanderungen

Die Unterschiede im Bevölkerungswachstum sind zwischen den einzelnen mexikanischen Bundesstaaten so groß, daß sie
sich mit der Differenz bei der natürlichen
Bevölkerungsentwicklung nicht mehr erklären lassen. Noch deutlicher wird dies bei
einer noch feineren räumlichen Auflösung:
Während rund zwei Drittel der über 2400
Municipios des Landes eine Bevölkerungsentwicklung aufweisen, die dem nationalen
Durchschnittswert entspricht, ist zwischen
1990 und 1995 bei rund einem Viertel der
Municipios die Einwohnerzahl zurückgegangen, obwohl der Großteil dieser Municipios eine überdurchschnittlich hohe natürliche Wachstumsrate aufweist. Diese Gebiete mit einem Bevölkerungsverlust konzentrieren sich vor allem im Bergland von
Oaxaca sowie im zentralen Norden. Es handelt sich dabei durchwegs um periphere
Regionen. Die Befunde bestätigen die
Hypothese von der Mobilitätstransformati-
on (Bähr/Mertins 1995), wonach ein enger
Zusammenhang zwischen einem hohen natürlichen Bevölkerungswachstum und der
Landflucht besteht. In ganz Mexiko finden
sich kaum Municipios, deren Bevölkerungszahl allein aufgrund einer hohen natürlichen Wachstumsrate stark zunimmt. Selbst
im Bundesstaat Chiapas, wo die Geburtenraten noch sehr hoch liegen, ist für den
Bevölkerungsdruck vor Ort stets auch eine
Zuwanderung verantwortlich. Und in den
Randbereichen der Großstädte gehen die
hohen Geburtenziffern letztlich auf die
Zuwanderung von Landbevölkerung zurück.
Räume mit einer besonders hohen effektiven Wachstumsrate der Bevölkerung sind

**Abb. 38: Wande-
rungsvolumen nach
Regionen:** *Zwischen
1960 und 1980
sind die zwischen-
staatlichen Wande-
rungen stark ange-
stiegen. Seit den
1980er Jahren ge-
winnt die Nord-
grenze als Zuwan-
derungsraum ge-
genüber der Kern-
region an Gewicht.*

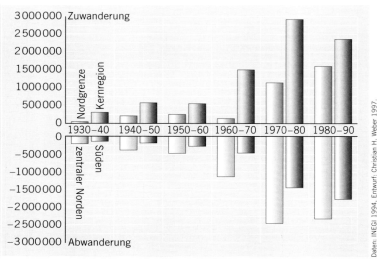

Daten: INEGI 1994, Entwurf: Christian H. Weber 1997.

daher in Mexiko durchwegs Zuwanderungsgebiete, Municipios mit einem Bevölkerungsverlust mehrheitlich Abwanderungsgebiete.

Wanderungsvolumen und Wanderungsräume

Abb. 38 zeigt die Zunahme des Migrationsvolumens zwischen den mexikanischen Bundesstaaten seit 1930. Seit den 1980er Jahren geht der Anteil der großräumigen Wanderungen leicht zurück. Hinter einer Verkürzung der Wanderungsdistanzen steht zum einen die Ablösung von Land-Stadt-Wanderungen durch Wanderungen zwischen den Städten. So gibt es beträchtliche Wanderungen von der mexikanischen Hauptstadt in andere Städte des Landes, wobei insbesondere dynamische Wachstumszentren, wie etwa Cancún in Quintana Roo, das Ziel von Zuwanderern aus dem Distrito Federal sind. Meist handelt es sich hier um Experten und Geschäftsleute, die am Aufbau Cancúns beteiligt sind.

Eine weit größere Rolle für die Wanderungsbewegungen spielt in Mexiko jedoch der Exodus vom Land in die Stadt. Durch die Ausbreitung von Entwicklungszentren in einzelnen Bundesstaaten gibt es ein zunehmend größeres Angebot von Zuwanderungszielen in oftmals geringerer Nähe zu den Abwanderungsräumen, was ebenfalls zur Verkürzung der Wanderungsdistanzen führt. Diese Ausbreitungseffekte machen sich insbesondere in Zentralmexiko und in Nordmexiko bemerkbar, wo neue Ballungszentren entstanden sind und mehr und mehr zusammenwachsen. Daneben gewinnen im Umfeld der großen Ballungsräume auch Suburbanisierungstendenzen zunehmend an Bedeutung.

Seit den 1930er Jahren haben sich in Mexiko im wesentlichen zwei große Abwanderungsräume und zwei große Zuwanderungsräume herauskristallisiert. Zu den großen Wanderungsgewinnern zählen mit inzwischen abnehmender Tendenz die Hauptstadtregion und mit zunehmender Tendenz die nördlichen Grenzstaaten, während der zentrale Norden mit abnehmender und Südmexiko mit zunehmender Tendenz Bevölkerung verlieren (Abb. 39). Als besonders boomende Zuwanderungsregion mit einer

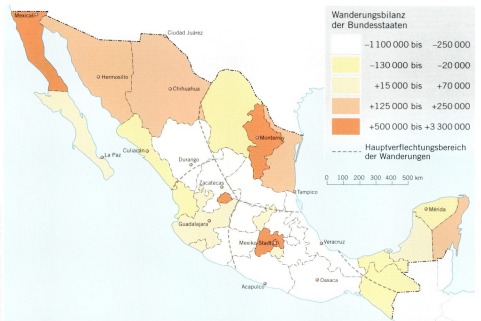

Daten: INEGI 1992. Entwurf: Christian H. Weber 1997.

Abb. 39: Wanderungsbilanz der Bundesstaaten 1980 – 1990: *Die Wanderungsbilanz weist deutliche Aktivräume und Passivräume aus. Aus den Bundesstaaten der südlichen Pazifikküste und des zentralen Nordens wandert seit Jahren Bevölkerung ab.*

weiterhin steigenden Tendenz erweist sich vor allem der mexikanische Nordwesten, wobei hier der Grenzstaat Baja California mit den Grenzstädten Tijuana und Mexicali eine Spitzenstellung einnimmt. Obwohl der Großteil der Zuwanderer aus den Bundesstaaten des Nordwestens stammt, ist auch die Zahl der Immigranten beträchtlich, die aus Zentralmexiko und insbesondere aus der Hauptstadtregion kommen. Die Wanderungsverluste der Bundesstaaten des zentralen Nordens stagnieren inzwischen auf hohem Niveau. Diese Region ist allein schon deshalb ein bevorzugter Abwanderungsraum, weil sich den Emigranten gleich mehrere Ziele, im Nordwesten, im Nordosten und in Zentralmexiko, bieten.

Die Bedeutung Zentralmexikos als Zuwanderungsraum ist gegenüber dem Norden deutlich zurückgegangen. Gleichzeitig sind innerhalb Zentralmexikos bemerkenswerte Verschiebungen eingetreten. Die mittlere Zentralregion ist weiterhin ein Abwanderungsraum, der Bevölkerung sowohl an die Hauptstadtregion als auch an die westliche Zentralregion abgibt. Erst in jüngster Zeit ist die westliche Zentralregion mit Zentren wie Guadalajara und Aguascalientes im nationalen Kontext zu einem Zuwanderungsraum geworden, nachdem sich Dezentralisierungsbemühungen, wie etwa die Verlagerung des Statistikinstituts INEGI nach Aguascalientes, positiv ausgewirkt haben. Innerhalb der Hauptstadtregion findet weiterhin ein deutlicher Zuwachs der Kernzone zu Lasten der Bundesstaaten der Randzone statt, wenngleich sich in der Hauptstadt eine merkliche Verlagerung von Betrieben und Wohnbevölkerung in das Umland vollzieht, was durch die Schäden des Erdbebens von 1985 zusätzlich beschleunigt worden ist.

Die Hauptstadtregion ist auch weiterhin das bevorzugte Ziel von Zuwanderern aus der mittleren Zentralregion und vor allem aus Südmexiko, insbesondere aus Oaxaca und Veracruz. In Südmexiko hat sich die Abwanderung weiterhin verstärkt, wobei innerhalb dieses Großraumes deutliche regionale Unterschiede bestehen. Den Abwanderungsraum schlechthin bildet die südliche Pazifikküste, wo wiederum in Oaxaca die wanderungsbedingten Bevölkerungsverluste am größten sind. In der Golfküste waren deutliche Wanderungsgewinne nur im zeitlichen Umfeld des Ölbooms zu verzeichnen, inzwischen dominieren in dieser Region Abwanderungen, vorzugsweise in die Hauptstadtregion. Dagegen hat sich seit den 1970er Jahren die Karibikküste zu einem dynamischen Zuwanderungsgebiet entwickelt. Die größte Anziehungskraft hat hier das Touristenzentrum Cancún in Quintana Roo, das nicht nur aus den benachbarten Bundesstaaten Yucatán und Campeche, sondern auch aus Tabasco und Teilen von Chiapas und Veracruz Arbeitsuchende anlockt.

Trotz großer Migrationsverluste ist bisher in keinem einzigen mexikanischen Bundesstaat die Bevölkerung zurückgegangen.

Betrachtet man die Bevölkerungsentwicklung indes mit einer feineren Auflösung nach Municipios, dann heben sich sowohl in den Zuwanderungs- wie auch in den Abwanderungsgebieten deutlich Gebiete mit einem Bevölkerungsverlust von solchen mit starkem Zuwachs ab. Als Zuwanderungsräume zeichnen sich vor allem die Städte und Stadtregionen ab. Periphere, strukturschwache Regionen dagegen verlieren Bevölkerung, obwohl sie meist überdurchschnittliche Geburtenraten aufweisen. Daneben gibt es jedoch auch marginale ländliche Bereiche, die einem ganz massiven Zuwanderungsdruck ausgesetzt sind, etwa die Lacandonischen Wälder in Chiapas.

Migration als Bindeglied
Die Wanderungsbewegungen innerhalb Mexikos haben größtenteils wirtschaftliche Gründe. Dies zeigt auch Tab. 21, wonach sich 1995 der größte Teil der Migranten im erwerbsfähigen Alter befand und wirtschaftlich aktiv war. Die Migrationen sind das Ergebnis einer ungleichmäßigen wirtschaftlichen Entwicklung, die dadurch gekennzeichnet ist, daß sich die neuen und expandierenden Wirtschaftsaktivitäten auf relativ wenige Vorzugsräume konzentrieren. In ganz Mexiko führt dies zu Wanderungen aus den ländlichen Regionen in die Städte. Da sich im zentralen Hochland und im Norden mehr Städte mit attraktiven Erwerbsmöglichkeiten befinden als im Süden, erhält diese Wanderung eine zusätzliche Ausrichtung nach Norden. Die Überlage-

rung der beiden Effekte bewirkt einen extrem hohen Zuwanderungsdruck auf die Metropolitanzone Mexiko-Stadt und einige Städte im Norden, insbesondere in Baja California. Die Aussicht, in die USA zu gelangen, ist ein weiterer Pull-Faktor für den Zug nach Norden.

Aus der nationalen und regionalen Perspektive ist der überwiegende Teil der Wanderung in die Städte eine Folge des Gefälles bei den Erwerbs- und Einkommensbedingungen. Unmittelbar ausgelöst werden die Wanderungen durch die Raumbewertung der einzelnen Migranten, die sich vom Erwerbs- und Einkommensangebot in der Stadt eine Verbesserung ihrer persönlichen Lebenssituation versprechen. Auswanderung bleibt dort die einzige Möglichkeit, wo aufgrund unzureichender Anbaubedingungen die Subsistenzwirtschaft das physische Überleben nicht mehr sichern kann oder eigenes Land und alternative Einkommensquellen völlig fehlen. Ob in einem konkreten Fall die Flucht vor den schlechten Erwerbsbedingungen im ländlichen Raum in die Städte als „Orte der Hoffnung" erfolgt, hängt von einer Reihe von Faktoren ab. Neben dem Leidensdruck und der Bindung an die angestammte Heimat spielen vor allem Informationen über die Wanderungsziele und deren Erreichbarkeit eine große Rolle. Deshalb ist in der Nähe städtischer Zentren und entlang von Verkehrsachsen die Abwanderung besonders hoch. Diese Absaugwirkung der Entwicklungszentren und der auf sie zulaufenden Achsen läßt sich in Oaxaca, aber auch in Nordostmexiko sehr gut beobachten.

Im Umfeld der großen Entwicklungspole, vor allem im Bereich der Hauptstadtregion, zeichnet sich allmählich eine Umkehr der Entzugseffekte in Ausbreitungseffekte ab. Noch sind aber die Ausstattungs- und Entwicklungsunterschiede innerhalb Mexikos so groß, daß es zu erheblichen wanderungsbedingten Verschiebungen in der Bevölkerungsstruktur kommt. In welchem Ausmaß die Abwanderungsgebiete Erwerbsbevölkerung an die Wachstumszentren verlieren, zeigen die Unterschiede, die bei der Altersstruktur der Bevölkerung zwischen dem Distrito Federal und Oaxaca bestehen (Abb. 40). Der strukturschwache Bundesstaat Oaxaca verliert Erwerbsbevölkerung

Altersstruktur	Migranten (%)	Nicht-Migranten (%)
Altersstruktur	100	100
14 und jünger	14,2	42,2
15 bis 24	19,3	22,1
25 bis 49	47,1	25,7
50 und älter	19,4	10,0
Wirtschaftl. Aktivität	100	100
wirtschaftlich aktiv	63,0	57,7
nicht wirtschaftlich aktiv	37,0	42,3
Geschlecht	100	100
Männer	50,1	48,9
Frauen	49,9	51,1

Daten: INEGI 1997

Tab. 21: Sozialstruktur der Migranten 1995

und sieht sich zugleich mit der Aufgabe konfrontiert, für den hohen Anteil junger Menschen Bildungseinrichtungen vorzuhalten. In Mexiko bestehen also regionale Ungleichgewichte in der wirtschaftlichen und in der demographischen Entwicklung. Migrationen sind nicht nur die Folge eines ungleichmäßigen Transformationsprozesses, sondern haben in Mexiko eine entscheidende Mittlerfunktion zwischen verschiedenen Teilräumen und den verschiedensten Sektoren des in vielfacher Hinsicht heterogenen Landes.

Über die Wanderungsströme werden die Probleme im ländlichen Raum zu einer Herausforderung für die Städte. Die permanente Zuwanderung von Landbevölkerung setzt die großen Städte Mexikos unter einen anhaltenden Wachstumsdruck. Der Ausbau der Infrastruktur erfolgt in einem ständigen Wettlauf mit dem Entstehen neuer Wohnungen und Siedlungen. Dies führt dazu, daß trotz ständiger Ausbauprogramme die Zahl der nicht erschlossenen Wohnungen zunimmt (Bilder 35 u. 36). In den sehr attraktiven Orten an der Nordgrenze, in Cancún an der Karibikküste sowie in der Hauptstadtregion ist die Lage besonders angespannt. Zwischen 1970 und 1990 hat sich die Zahl der Wohnungen ohne Wasser um 32 000 auf insgesamt 55 000 erhöht. Selbst im Bundesdistrikt, dem Kernbereich der Haupt-

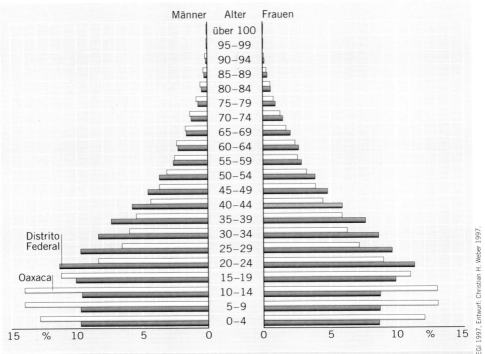

Männer   Alter   Frauen

über 100
95–99
90–94
85–89
80–84
75–79
70–74
65–69
60–64
55–59
50–54
45–49
40–44
35–39
30–34
25–29
20–24
15–19
10–14
5–9
0–4

Distrito Federal

Oaxaca

15 % 10   5   0   0   5   10 % 15

Daten: INEGI 1997, Entwurf: Christian H. Weber 1997.

Abb. 40: Altersstruktur in Zu- und Abwanderungsgebieten 1995: Im Distrito Federal ist der Anteil von Personen im erwerbsfähigen Alter deutlich höher als im Abwanderungsgebiet Oaxaca.

stadtregion, ist die Zahl der Wohnungen ohne Wasser in 20 Jahren um 14 000 auf 67 000 angestiegen. Aber auch der Integrationsleistung der städtischen Arbeitsmärkte sind Grenzen gesetzt, so daß sich ein informeller Sektor, vor allem im Dienstleistungsbereich, entwickelt hat, der in den Städten eine ähnliche Grundsicherungsfunktion hat wie auf dem Land die Subsistenzwirtschaft. Angesichts der Dynamik des gesellschaftlichen und wirtschaftlichen Wandels hat in Mexiko die Migration längst eine Dimension angenommen, die über den nationalen Kontext hinausreicht.

Die Wanderung in die USA

Die illegale Einwanderung zahlreicher Mexikanerinnen und Mexikaner in die USA gibt immer wieder Anlaß zu ernsthaften Differenzen in den Beziehungen zwischen beiden Ländern. Insbesondere in der öffentlichen Diskussion in den Vereinigten Staaten werden harte Töne angeschlagen, wenn beispielsweise von einer „stillen Invasion",

einer „nationalen Bedrohung" oder einem „Verlust der Kontrolle über die Grenzen" die Rede ist (Ortega/Trigueros 1993; Burkard 1992). Mit der Einwanderung der „Hispanics", von denen 1990 die Mexikaner mit rund 60 % die größte Gruppe stellten, verbinden viele US-Amerikaner Angst vor Arbeitslosigkeit, Kriminalität und Drogen (Ortega/Trigueros 1993). Durch den massiven öffentlichen Druck sahen sich die Regierungen in den USA immer wieder veranlaßt, massiv gegen die illegale Einwanderung vorzugehen und die Grenzkontrollen zu verstärken. Mitte der 1990er Jahre sind in den Ausbau der Grenzsicherung von den USA 3,1 Mrd. US-$ investiert worden, um die Überwachung mit einem massiven Personaleinsatz und modernster Technik weiter auszubauen (SZ vom 19./20. 4. 1997). Im April 1997 ist in den USA ein neues Einwanderungsgesetz in Kraft getreten, das den Aufenthalt ohne gültige Papiere erheblich erschwert und die unmittelbare Ausweisung ohne Richter-

Bild 35/Bild 36: Innerstädtische und randstädtische Elendsviertel (Mexiko-Stadt): *Innerstädtische und randstädtische Elendsviertel sind die Folge einer ungezügelten Zuwanderung vom Land, welche die Integrationskraft der mexikanischen Großstädte überfordert.*

spruch erleichtert. Die juristischen und polizeilichen Maßnahmen können jedoch den Zustrom illegaler Migranten kaum verhindern und erweisen sich eher als Arbeitsbeschaffungsprogramm für Schleuserorganisationen.

Die ökonomische Motivation für einen illegalen Grenzübertritt ist so groß, daß viele Mexikaner große Risiken eingehen, um ins „gelobte Land" zu gelangen und sich selbst von den Todesfällen unter den Grenzgängern nicht abschrecken lassen. Schließlich gilt der Río Grande gemeinhin als die Grenze zwischen „Erster" und

„Dritter Welt": Jenseits des Río Bravo del Norte, wie ihn die Mexikaner nennen, liegt der „reiche Norden", was ein Blick in die Länderstatistik eindrucksvoll untermauert: Wer von Süden kommend Sperrzaun und Stacheldraht überwindet, findet sich in einer Volkswirtschaft wieder, deren Wertschöpfung auf die Einwohnerzahl des Territoriums bezogen um das Zehnfache höher ist als in Mexiko. Ein Drittel der erwerbstätigen Mexikaner verdient weniger als das gesetzlich vorgegebene Existenzminimum. Dabei betrug dieser Mindestlohn im Jahr 1990 im Durchschnitt des Landes 2,2 US-

$ pro Tag, während es in den USA 31,7 US-$ waren. Die Integration der erwerbsfähigen Bevölkerung in dauerhafte Arbeitsverhältnisse ist unzureichend, und die Erwerbssituation in Mexiko ist durch einen fließenden Übergang zwischen Arbeitslosigkeit und Unterbeschäftigung gekennzeichnet. Auch viele der fest Angestellten beziehen nur geringe Löhne. Vor diesem Hintergrund überrascht es nicht, wenn der überwiegende Teil der mexikanischen Migranten, die es in die USA zieht, wirtschaftliche Gründe anführen (Burkard 1992).

Für die USA sind die Einwanderer inzwischen unverzichtbar: Ohne die illegalen Einwanderer (indocumentados) wäre die Wirtschaft im Südwesten der USA nicht mehr funktionsfähig (Burkard 1992). Es besteht daher ein krasser Widerspruch zwischen der offiziellen Einwanderungspolitik des nördlichen Nachbarn und den tatsächlichen Bevölkerungsbewegungen zwischen Mexiko und den USA.

Die Zahl der in den USA lebenden Mexikaner wurde für 1990 auf rund 13 500 000 geschätzt. Sie stellen damit den größten Anteil der Hispanics, die im gleichen Jahr auf rund 20 Mio. veranschlagt wurden. Allein aufgrund der hohen natürlichen Wachstumsrate werden sich die Hispanics in naher Zukunft zur größten ethnischen Minderheit in den USA entwickeln. Insbesondere in den Bundesstaaten Kalifornien, wo 1990 nach amtlichen Angaben schon über 6 Mio. Mexikaner lebten, und Texas mit fast 4 Mio. Mexikanern, droht die angloamerikanische Bevölkerung in die Minderheit zu geraten (Burkard 1992).

Anders als die europäischen Einwanderer sind die Mexikaner stärker darauf bedacht, ihre eigene Identität zu wahren, wobei ihnen in diesem Bemühen die räumliche Nähe zur Herkunftsgesellschaft entgegenkommt. Mit der Migration vollzieht sich daher auch eine gewisse „Mexikanisierung" des Südwestens der USA, was auch in der zunehmenden Bedeutung der spanischen Sprache zum Ausdruck kommt. Umgekehrt tragen die Auswanderer durch ihre Verbindung in die „alte" Heimat auch zur „Nordamerikanisierung" Mexikos bei.

Neben diesem Einfluß auf kulturellem Gebiet und bei den Konsumgewohnheiten sind die US-Mexikaner für ihr Mutterland schon immer ein wichtiger Wirtschaftsfaktor gewesen: Sie bringen Devisen ins Land und leisten so einen wichtigen Beitrag für Investitionen und die Binnennachfrage. Schließlich trägt die Abwanderung in die USA auch zur Entschärfung der sozialen Probleme in Mexiko bei, so daß bereits von der Regierung im Porfiriat (1876–1910) die Nordgrenze als ein „Sicherheitsventil" betrachtet wurde (Burkard 1992).

Bei den Migrationen aus Mexiko in die USA muß zwischen der temporären Wanderung von Arbeitskräften und einer dauerhaften Übersiedlung, die legal oder illegal erfolgen kann, unterschieden werden. Während in der Vergangenheit gering qualifizierte, meist unverheiratete landwirtschaftliche Wanderarbeiter die Masse der Migranten stellten, hat sich das Gewicht in den letzten Jahrzehnten zugunsten von Familien verschoben, die in den USA auf dauerhafte Erwerbsmöglichkeiten in den Städten hoffen. Entsprechend hat sich auch das Bildungs- und Qualifikationsniveau erhöht. Da es sich bei einem Großteil – mindestens zwei Dritteln – der in den USA lebenden Mexikanern um illegale Einwanderer handelt, ist es schwer, genaue Zahlen zu nennen. Nach Erhebungen in den USA ist dort zwischen 1980 und 1990 die Zahl der Mexikaner um 4,6 Mio. angestiegen (Burkard 1992). Ein Vergleich der Geburtenüberschüsse mit dem tatsächlichen Bevölkerungsanstieg in Mexiko beziffert die wanderungsbedingten Abgänge zwischen 1980 und 1990 mit 5,2 Mio.

Die Wanderungen zwischen Mexiko und den USA finden seit der Grenzziehung des Jahres 1848 statt, bei der Mexiko mehr als die Hälfte seines Territoriums an die USA verloren hatte. Als seinerzeit der „barbarische" Norden des ehemaligen Neuspanien halbiert wurde, blieben zwischen 75 000 und 100 000 Mexikaner in den von den USA annektierten Gebieten ansässig (Burkard 1992). Die gegenseitigen Verflechtungen auf wirtschaftlichem und familiärem Gebiet sind in der Grenzregion nie abgerissen. Im Porfiriat (1876–1910) haben die Wanderungen in die USA zugenommen und während der Bürgerkriegsereignisse zwischen 1910 und 1920 flohen rund 225 000 Mexikaner in die USA (Burkard 1988). In Zeiten der Hochkonjunktur als billige Arbeitskräfte umworben, wurden während der Wirtschaftskrise (1929–1935) Mexikaner in großer Zahl als „Illegale" aus den USA in ihr Herkunftsland zwangsweise zurückgeführt. Als nach dem Kriegseintritt der USA durch die Mobilmachung und die Kriegswirtschaft eine Arbeitskräftelücke entstanden war, galt die „man power" aus Mexiko als Rettung in der Not. Das 1942 verabschiedete „Emergency Farm Labor Program", besser unter der Bezeichnung „Programa Bracero" bekannt, bildete bis 1964 die rechtliche Grundlage für die Rekrutierung von Fremdarbeitern. Wenn auch 1953 und 1954 in der „Operación espalda mojada" 1,8 Mio. Mexikaner in ihre Heimat abgeschoben wurden (Burkard 1992), so waren die billigen Arbeitskräfte aus dem Süden für die US-amerikanische Landwirtschaft doch unverzichtbar. Als 1964 die Regierung der USA einseitig das „Programa Bracero" für beendet erklärte, bedeutete dies einen massiven Einschnitt in der offiziellen Migrationspolitik, die bis dahin zeitweise bis zu 4,5 Mio. Mexikanern die Arbeit in den USA gestattet hatte. Die in der Folgezeit immer restriktivere Politik der USA, welche das Jahreskontingent der legalen Einwanderer aus Mexiko von 66 000 im Jahr 1965 bis auf 20 000 im Jahr 1976 reduziert hatte, konnte nicht verhindern, daß weitaus mehr Mexikaner ins Land strömen (Ortega/Trigueros 1993).

Mit dem 1994 in Kraft getretenen Freihandelsabkommen zwischen Mexiko, den USA und Kanada (NAFTA) verbindet man in den USA die Hoffnung, daß durch den langfristigen Abbau der Disparitäten zwischen beiden Ländern die Motivation für die Migration in den Norden zurückgeht. Doch auch wenn sich die Lebensbedingungen beiderseits des Río Bravo del Norte angeglichen haben, werden dynamische Austausch- und Wanderungsbeziehungen weiterhin charakteristisch für diese Grenzregion sein. Mit mehr als 100 Mio. Passanten jährlich ist die Station Tijuana/San Ysidro in Kalifornien der meistbenutzte Grenzübergang der Welt (SZ v. 19./20. 4. 1997). Zwischen Juárez und El Paso wurden 1994 rund 63 Mio. legale Grenzübertritte aus Mexiko in die USA registriert, zwischen Nuevo Laredo und Laredo waren es rund

38 Mio., zwischen Matamoros und Brownsville waren es rund 23 Mio. (Dale/Sartore 1996). Entlang der über 3200 km langen Grenze bilden vor allem die Zwillingsstädte und Ballungsräume beiderseits des „Kaktusvorhangs" Austauschstellen für Menschen, Waren, Dienstleistungen und Kapital. Durch die intensiven Interaktionen in neuerer Zeit haben die Gebiete, die 1848 getrennt worden waren, heute in mancherlei Hinsicht mehr Gemeinsamkeiten als es angesichts der Grenze zwischen den USA und Mexiko zu sein scheint. Es mutet daher anachronistisch an, wenn in Zukunft in diesem Raum nur ein Austausch von Waren und Kapital, nicht aber die Freizügigkeit von Menschen möglich sein soll.

Der Abwanderungsraum Oaxaca

Der Bundesstaat Oaxaca an der südlichen Pazifikküste ist einer der Estados mit den größten Wanderungsverlusten in Mexiko (Tab. 22). Zwischen 1970 und 1990 sind fast eine Million Menschen mehr aus Oaxaca abgewandert als zugewandert. Doch nicht nur in demographischer Hinsicht ist Oaxaca ein Passivraum. Die von den Emigranten vollzogene „Abstimmung mit den Füßen" hat ihre Gründe in der wirtschaftlichen und sozialen Situation. Über die Hälfte der Erwerbstätigen in Oaxaca findet ihr Auskommen im primären Sektor, und es gibt nur wenige industrielle Arbeitsplätze. Weil ein Mangel an modernen und dynamischen Wirtschaftssektoren herrscht, befindet sich nur ein Viertel der Erwerbstätigen in festen Arbeitsverhältnissen und mehr als die Hälfte verdient weniger als den gesetzlich vorgeschriebenen Mindestlohn. Hinter dem pauschalen Klischee eines unterentwickelten und peripheren Bundesstaates verbergen sich jedoch große regionale und lokale Unterschiede, und es gibt auch innerhalb von Oaxaca Zuwanderungsräume und Abwanderungsräume (Abb. 41). Oaxaca bildet einen sehr heterogenen Raum, in dem die „modernen" Wirtschaftssektoren nur punktuell anzutreffen sind.

Die Fremdenverkehrsorte an der Pazifikküste, entlang der Straße von Acapulco nach Salina Cruz, weisen ein überdurchschnittliches Bevölkerungswachstum auf. Insbesondere Huatulco soll hier zu einem

	Migrationssaldo für die Periode					
	1930–40	1940–50	1950–60	1960–70	1970–80	1980–90
Nordmexiko	43 348	69 604	−24 045	−355 800	84 094	482 740
nördliche Grenzstaaten	43 461	206 132	252 226	122 200	1 136 473	1 616 604
nordwestl. Grenzstaaten	23 059	111 558	206 224	66 000	615 527	1 008 017
davon Baja California	17 396	84 693	122 769	118 800	427 072	650 122
nordöstl. Grenzstaaten	20 402	94 574	46 002	56 200	520 946	608 587
davon Nuevo León	32 991	21 979	64 376	150 600	432 065	494 673
nördliche Pazifikküste	24 182	−23 118	−40 033	50 800	−50 559	−102 064
zentraler Norden	−24 295	−113 410	−236 238	−528 800	−1 001 820	−1 031 800
davon Zacatecas	4 105	−67 876	−75 717	−220 400	−425 871	−426 519
Zentralmexiko	80 669	192 101	231 884	545 200	895 821	701 804
westl. Zentralregion	−1 873	−85 595	57 465	−80 500	−74 456	110 920
mittlere Zentralregion	−163 199	−166 663	−155 898	−456 100	−1 131 245	−983 262
Hauptstadtregion	245 741	444 359	330 317	1 081 800	2 101 522	1 574 146
Randzone	−58 893	−124 979	−215 847	−423 200	−827 827	−790 069
Kernzone	304 634	569 338	546 164	1 505 000	2 929 349	2 364 215
Südmexiko	−134 392	−206 103	−197 947	−194 600	−979 915	−1 184 544
Golfküste	−57 376	−99 812	−36 225	264 900	−129 630	−261 658
Karibikküste	−14 557	−12 401	−32 072	−51 000	2 574	123 103
davon Quintana Roo	4 089	326	7 342	20 700	110 505	255 856
südliche Pazifikküste	−62 459	−93 890	−129 650	−408 500	−852 859	−1 045 989
davon Oaxaca	−55 601	−61 541	−84 291	−289 900	−450 841	−528 859

Daten: INEGI 1994, INEGI 1997

Tab. 22: Migrationssalden ausgewählter Räume

Zentrum des gehobenen Tourismus ausgebaut werden. In der Isthmus-Region ist seitens der nationalen Planung eine industrielle Entwicklungszone vorgesehen, die sich zwischen dem Zentrum der Erdölförderung und Petrochemie im Bereich von Coatzacoalcos an der Golfküste und dem pazifischen Ölhafen Salina Cruz erstrecken soll. Schon heute zieht dieser Raum zahlreiche Zuwanderer an. Auch das Gebiet um den Stausee Miguel Alemán bei Tuxtepec zählt zu den Zuwanderungsgebieten, ebenso wie die Stadt Huajuapán de León als regionales Zentrum des verarbeitenden Gewerbes. Besonders attraktiv ist die Zentralregion mit der Hauptstadt Oaxaca de Juárez mit Arbeitsplätzen im Tourismus, in der Verwaltung und im privaten Dienstleistungsbereich (Bild 37).

Abb. 39 belegt die doppelte Funktion von Verkehrsachsen, die sowohl der Erschließung dienen als auch die Abwanderung verstärken. Schon aufgrund der naturräumlichen Benachteiligung und einer fortschreitenden Zerstörung der natürlichen Ressourcen liegen in den Bergländern die Schwerpunkte der Abwanderung. In diesen Regionen finden sich außerhalb der Landwirtschaft kaum Arbeitsplätze und die Einkommen sind selbst für mexikanische Verhältnisse überaus gering. In den benachteiligten Räumen ist die Abwanderung dort am größten, wo Zuwanderungsräume am nächsten liegen. Im Süden ist dies der Bereich des Isthmus, im Norden die Möglichkeit, in Richtung Puebla und Mexiko-Stadt zu gelangen. Eine kanalisierende Wirkung haben Straßen, die in diesem Zusammenhang nicht als Entwicklungsachsen für die Region wirken, sondern die Entzugseffekte durch die Zentren verstärken. Darüber hinaus fällt auf, daß in den Gebieten mit indigener Bevölkerung die Einwohnerzahl vielfach nicht ab-, sondern zugenommen hat. Hier vermischen sich die Einflüsse einer peripheren Lage, ein hohes natürliches Bevölkerungswachstum und kulturelle und soziale Gesichtspunkte. Denkbar wäre, daß in indigenen Gemeinschaften monetäres Einkommen weniger gilt als der Verbleib in

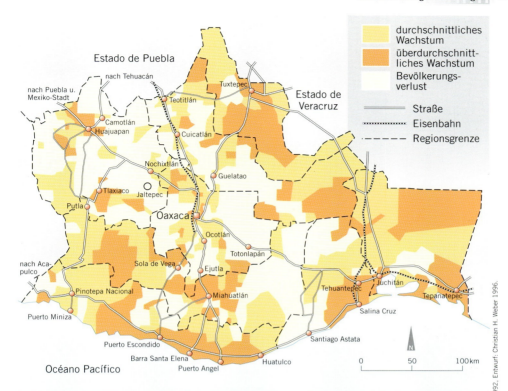

Abb. 41: Bevölkerungsentwicklung in Oaxaca 1980–1995: *In einigen Gebieten des südmexikanischen Bundesstaates geht die Bevölkerung stark zurück. Darüber hinaus gibt es aber auch in Oaxaca Municipios mit einem deutlichen Bevölkerungsanstieg.*

Daten: INEGI 1992, Entwurf: Christian H. Weber 1996.

einer angestammten Umgebung, in der man der Subsistenzwirtschaft nachgehen kann (Galtung 1993).

Ein ausgesprochenes Abwanderungsgebiet bildet der Distrikt Nochixtlán in der Region Mixteca im Nordwesten von Oaxaca. Die relative Nähe zu den Ballungsräumen Mexiko-Stadt und Puebla, aber auch zur Hauptstadt des Bundesstaates Oaxaca begünstigt hier die Abwanderung. Am Beispiel des Municipios Magdalena Jaltepec werden aber auch die Umstände deutlich, welche die Bevölkerung zur Abwanderung veranlassen und somit als push-Faktor für die Migration wirken. Magdalena Jaltepec ist eines der zahlreichen Municipios im peripheren ländlichen Raum (Bild 38). Während die Stromversorgung schon relativ weit vorangekommen ist, beschränkt sich die Infrastruktur im Bereich der Wasserversorgung und der Kanalisation nur auf drei

der größeren Siedlungen. Angesichts der Erschließungsprobleme in den Großstädten und der Lage in der „freien Natur" ist aber die Wohnungssituation eher ein geringes Problem. Wesentlich schlechter sieht es bei den Erwerbsmöglichkeiten aus (Tab. 23). Außerhalb der Landwirtschaft bieten sich kaum Perspektiven. Und auch innerhalb des Agrarsektors überwiegt die Tätigkeit auf „eigene Rechnung", wie in der Statistik die kleinen Selbständigen genannt werden, die kaum mehr als für den Eigenbedarf produzieren. Wer als Tagelöhner oder fest angestellter Landarbeiter sein Glück versucht, ist einem einzigen Arbeitgeber „ausgeliefert". Außer diesem Agrarunternehmer gibt es keinen weiteren Wirtschaftsbetrieb. Die einzige Alternative für eine feste Anstellung bietet der öffentliche Dienst, in der Verwaltung des Municipios, im Schulbereich oder bei anderen Gemein-

Bild 37: Oaxaca: *Die Hauptstadt des Bundesstaates Oaxaca ist zugleich die einzige Großstadt in dieser peripheren Region. Da Oaxaca lange im Schatten der Entwicklung stand, blieb die historische Bausubstanz weitgehend erhalten und ist heute eine Touristenattraktion.*

Bild 38: Magdalena Jaltepec (Oaxaca): *Unzureichende Erwerbsmöglichkeiten zwingen die Bevölkerung zur Abwanderung. So ist in Magdalena Jaltepec (Oaxaca) zwischen 1990 und 1995 die Einwohnerzahl des Municipios um über 400 Personen geschrumpft.*

Erwerbstätige 1990	gesamt	Stellung im Beruf				
		Arbeit auf eigene Rechnung	mithelfende Angehörige	Tagelöhner, Landarbeiter	fest angestellt	Unternehmer, Arbeitnehmer
gesamt	**857**	**604**	**105**	**64**	**83**	**1**
Landwirtschaft	689	529	101	53	5	1
verarbeitendes Gewerbe	18	17			1	
Baugewerbe	25	11		10	4	
Energie und Wasser	1				1	
Handel	25	17	1	1	6	
Transport u. Nachrichten	18	16	1		1	
Gastronomie	2	2				
personenbezogene Dienste	8	7			1	
technische Dienste	5	2			3	
Verwaltung	32	2	1		29	
soziale Dienste	34	1	1		32	

Daten: INEGI 1992

Tab. 23: Erwerbsstruktur in Magdalena Jaltepec (Oaxaca) 1990

schaftsaufgaben. So wie in Magdalena Jaltepec sieht es in vielen Abwanderungsräumen aus: Neben einem bescheidenen öffentlichen Sektor und wenigen Agrarunternehmern liefert größtenteils die kleinbäuerliche Landwirtschaft das Nötigste zum Leben. Wo dieser durch die Zerstörung des Bodens oder die Expansion anderer Nutzungen die Grundlage entzogen wird, verlieren die Menschen die Überlebensbasis. Aber selbst wenn es nicht zu einer solchen Katastrophe kommt, bietet der Campo der Jugend kaum Perspektiven. Unzureichend ausgebildet suchen so viele in den Städten ihr Glück, wo sie das Heer der marginalen Bevölkerung vergrößern. Eine nachhaltige Verbesserung der Lebensbedingungen in den ländlichen Regionen würde über die Verringerung der Abwanderung auch zur Entspannung der Situation in den mexikanischen Städten beitragen.

DIE MEXIKANISCHE STADT: MAGNET UND MOLOCH

Bild 39: Mexiko-Stadt am Fuße von Popocatépetl und Iztaccíhuatl: Seit aztekischer Zeit das Zentrum Mexikos. Inzwischen sprengt die ausufernde Metropole ihre natürlichen Grenzen im Becken von Mexiko.

Überblick

■ Die Grundzüge des heutigen Städtesystems haben sich zu Beginn des 20. Jh.s herausgebildet. Obwohl inzwischen zahlreiche Großstädte herangewachsen sind, konnte die mexikanische Hauptstadt ihre herausragende Position im nationalen Städtesystem behaupten.

■ Die Einwohnerzahl von Mexiko-Stadt hat sich zwischen 1970 und 1990 von 8,8 Mio. auf über 15 Mio. fast verdoppelt. Heute leben rund ein Viertel aller Mexikaner in der Verdichtungszone dieser größten Agglomeration der Welt.

■ 1995 lebten über die Hälfte der mexikanischen Bevölkerung in städtischen Siedlungen mit mehr als 15 000 Einwohnern, während 1930 noch über 90 % auf dem Lande wohnten.

■ Die Entwicklung der Arbeitsplätze und der Ausbau der Infrastruktur können mit der Bevölkerungszunahme nicht schritthalten. In den mexikanischen Großstädten entstehen ausgedehnte Elendsquartiere ohne Anschluß an die öffentlichen Ver- und Entsorgungsnetze.

■ Trotz massiver ökologischer, wirtschaftlicher und sozialer Probleme bleiben die Großstädte für viele Zuwanderer Orte der Hoffnung. Ein ausgedehnter informeller Sektor sorgt für das Funktionieren der städtischen Überlebensökonomie.

Die Urbanisierung in Mexiko

Mit dem übrigen Lateinamerika zählt Mexiko zu den am stärksten verstädterten Räumen der Erde (Bähr/Mertins 1995). Bereits in den mesoamerikanischen Hochkulturen spielten städtische Zentren eine bedeutende Rolle. Die spanische Kolonialherrschaft war aufs engste an die Stadt gebunden. Mitte des 19. Jh.s setzte ein verstärkter Verstädterungsprozeß ein, der seit den 1930er Jahren eine rasante Beschleunigung erfuhr. Die heutige Entwicklung ist gekennzeichnet durch eine Metropolisierung und Hyperurbanisierung mit einer ausgeprägten Primatstruktur.

Städtische Siedlungen – städtische Lebensverhältnisse

In der Literatur und in der amtlichen Statistik Mexikos finden sich unterschiedliche Schwellenwerte für die Einstufung einer Siedlung als „städtisch". Bei der grundlegenden Unterscheidung zwischen „ländlich" (rural) und „städtisch" (urbano) wird in vielen amtlichen Publikationen die Grenze bei 2500 Einwohnern angesetzt. Als „Städte" werden in Mexiko aber erst Orte mit 15 000 Einwohnern und mehr bezeichnet. Ein solcher Schwellenwert erscheint angebracht, wenn ein Zusammenhang zwischen der „städtischen" Siedlungsgröße und städtischen Lebens- und Erwerbsbedingungen hergestellt wird (Abb. 42).

Werden die Kriterien Erwerbssituation, Erschließung der Wohnungen und Bildungsgrad einer Bewertung zugrundegelegt, so können in den 1990er Jahren zwischen 50 % und knapp 70 % der mexikanischen Bevölkerung als „urban" bezeichnet werden. Da 1995 rund 60 % der Bevölkerung in Orten mit 15 000 Einwohnern und mehr

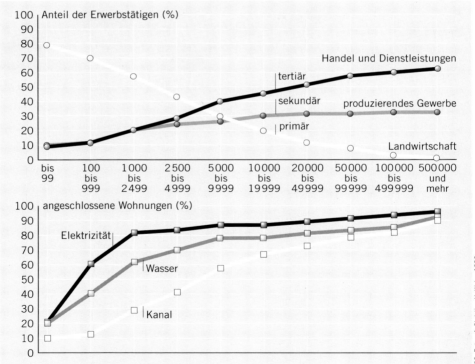

Abb. 42: *Urbanisierung und Ortsgröße 1990:* *In Mexiko hängen die Erwerbsstruktur und der Erschließungsgrad immer noch stark von der Ortsgröße ab. Anhand beider Indikatoren läßt sich die Urbanitätsschwelle zwischen 10 000 und 20 000 Einwohnern rechtfertigen.*

Daten: INEGI 1992. Entwurf: Christian H. Weber 1996.

lebten, ließe sich damit die Annahme einer Urbanitätsschwelle bei einer Ortsgröße von etwa 15 000 Einwohnern bestätigen.

Selbstverständlich ist einer anhand dieser groben Indikatoren abgeleiteten Urbanität eine gewisse Skepsis entgegenzubringen. Dies wird bereits dem Reisenden klar, der außerhalb eines Tourismusgebietes in einer „Landstadt" mit 15 000 oder 20 000 Einwohnern auf der Suche nach einem Quartier ist. In den meisten Fällen verfügen erst Orte ab 50 000 Einwohnern über ein ausreichendes Maß an urbanen Einrichtungen und Erwerbsmöglichkeiten. Diese Schwelle muß noch höher angesetzt werden, wenn von einer Stadt darüber hinausgehende Funktionen als regionales Entwicklungszentrum und „Brennpunkt der Modernisierung" erwartet werden. Der mexikanischen Raumplanung werden aus diesem Grund vier Städtekategorien zugrunde gelegt (Heineberg u. a. 1993): Kleinstädte mit 15 000 bis 50 000 Einwohnern, Mittelstädte mit 50 000 bis 100 000 Einwohnern, Großstädte mit 100 000 bis 500 000 Einwohner und Metropolen mit über 500 000 Einwohnern.

Darüber hinaus darf aber auch nicht übersehen werden, daß es innerhalb der Großstädte Gebiete gibt, in denen „urbane" Lebensverhältnisse nicht annähernd erreicht werden. Hinzu kommen in Mexiko hinsichtlich der Urbanitätsschwelle erhebliche regionale Unterschiede: In peripheren Bundesstaaten wie Oaxaca herrschen wirklich „urbane" Lebensbedingungen einzig in der Hauptstadt, so daß die Urbanitätsschwelle bei mehr als 100 000 Einwohnern liegt. Für Zentralmexiko kann eine solche Schwelle bei 15 000 Einwohnern angesetzt werden. In Nordmexiko findet sie sich dagegen bereits bei Orten mit 5000 bis 10 000 Einwohnern, was nicht allein mit der günstigeren wirtschaftlichen Lage zusammenhängt, sondern dadurch bedingt ist, daß es im trockenen Norden nur wenige größere Agrarsiedlungen gibt.

Ortsgröße und Bevölkerungsentwicklung

Von den Streusiedlungen abgesehen hat sich das Bevölkerungswachstum Mexikos im 20. Jh. auf Orte mit 15 000 Einwohnern und mehr konzentriert, während in den kleineren Siedlungen die Zuwächse weit

Durchschnittl. jährliche Wachstumsrate (%)			
Periode	Mexiko gesamt	Ortsgröße (EW) über 15 000	unter 15 000
1910–30	0,45	3,00	0,10
1930–50	2,50	5,05	1,60
1950–70	3,20	5,60	2,10
1970–90	2,65	4,55	1,00
1990–95	2,35	3,95	0,15

Daten: INEGI 1994, INEGI 1997

Tab. 24: Bevölkerungswachstum in Stadt und Land

Ortsgröße	Anzahl der Orte im Jahr					
	1878	1900	1940	1960	1970	1990
50 000 bis 99 999	4	4	8	20	34	55
100 000 bis 499 999	1	2	5	17	30	77
500 000 und darüber			1	3	4	21

Daten: INEGI 1994

Tab. 25: Zunahme der großen Städte

hinter dem nationalen Durchschnitt geblieben sind (Tab. 24). Die Wachstumsrate der größeren Orte entsprach dabei dem nationalen Trend der Bevölkerungszunahme, die zwischen 1930 und 1970 ihren Höhepunkt erreichte.

Da die größeren Orte schneller wachsen als die kleineren, erhöht sich der Anteil der in städtischen Siedlungen lebenden Bevölkerung stetig. Während 1970 noch weit über die Hälfte aller Mexikanerinnen und Mexikaner in kleineren Siedlungen beheimatet war, lebten 1995 bereits rund 60 % in Orten mit 15 000 Einwohnern und mehr (Abb. 43). Die anhaltende Verstädterung Mexikos äußert sich auch in einer beträchtlichen Zunahme der größeren Orte (Tab. 25). 1878 gab es in Mexiko neben der Hauptstadt gerade einmal vier Städte mit mehr als 50 000 Einwohnern: die Bergbaustädte Guanajuato, León und San Luis Potosí sowie Guadalajara als bedeutendes Zentrum von Handel, Gewerbe und Verwaltung.

Um die Jahrhundertwende hatten Mexiko-City und Guadalajara mehr als 100 000 Einwohner. Städte mit über 50 000 Einwohnern waren San Luis Potosí und León, hinzu kamen Puebla und Monterrey, wäh-

Abb. 43: Bevölkerung in städtischen Siedlungen: Die Bevölkerung in städtischen Siedlungen ist seit 1950 stark angestiegen und hat seit Mitte der 1980er Jahre die ländliche Bevölkerung überholt.

Stadt bzw. Metropolitanzone (ZM)	Einwohnerzahl im Jahre					
	1910	1930	1950	1970	1990	1995
Ciudad de México ZM	471 066	1 029 068	3 137 599	9 245 086	15 468 652	17 186 791
Guadalajara ZM	119 468	184 826	380 226	1 480 472	2 870 417	3 279 424
Monterrey ZM	78 528	132 577	375 040	1 242 558	2 532 349	2 914 091
Puebla ZM	96 121	114 793	234 603	546 430	1 277 713	1 470 703
León ZM	58 000	69 000	123 000	386 000	920 000	1 050 000
Tijuana ZM	733	8 384	59 952	277 306	747 381	1 038 188
Ciudad Juárez	10 621	39 669	122 566	407 370	798 499	1 011 786
Torreón ZM	59 000	99 000	247 000	438 461	791 891	870 651
San Luis Potosí ZM	68 022	74 003	162 446	301 896	658 712	781 964
Toluca ZM	31 023	41 234	52 968	150 000	605 000	707 000
Mexicali	462	14 842	65 749	263 498	601 938	696 034
Mérida ZM	62 447	95 015	142 838	212 097	594 625	693 662
Chihuahua ZM	39 706	45 595	86 961	281 937	516 153	627 662
Acapulco	6 000	7 000	29 000	179 000	515 000	595 000
Tampico ZM	19 000	90 000	135 000	276 298	515 606	563 834
Veracruz ZM	48 633	71 883	110 443	258 605	473 156	560 200
Querétaro ZM	33 062	32 585	49 209	112 995	456 458	559 222
Aguascalientes	45 198	62 244	93 363	181 277	440 425	525 000
Hermosillo	14 578	19 959	43 516	176 598	406 417	505 000
Saltillo	35 000	45 000	70 000	164 000	421 000	504 000
Morelia	40 042	39 916	63 245	161 040	428 486	503 000
Culiacán	13 527	18 202	48 963	167 956	415 046	470 000
Cuernavaca ZM	12 776	8 554	43 000	180 371	382 569	467 407
Coatzacoalcos ZM	7 000	20 000	43 000	148 000	428 638	462 061

Tab. 26: Einwohnerentwicklung bedeutender Städte

Daten: INEGI 1997 und INEGI 1994. Entwurf: Christian H. Weber 1997.

Quellen: Atlas Nacional de México 1990, Arreola/Curtis 1993, INEGI 1994 u. 1997, Gormsen 1995.

rend Guanajuato nach Bevölkerungsverlusten weniger als 50 000 Einwohner zählte.

Nach der Mexikanischen Revolution (1910 – 1920) setzte eine rege Verstädterungswelle ein, in deren Zuge sich die Zahl der Großstädte deutlich erhöhte. Dahinter stand meist das Wachstum von Orten in günstigen Lagen, vereinzelt auch die Gründung von Entwicklungszentren, wie von Lázaro Cárdenas in Michoacán oder von Cancún an der Karibikküste von Quintana Roo.

Gemessen am Anteil der Bevölkerung in den größeren Orten und an der Anzahl der städtischen Siedlungen hat sich zwischen 1940 und 1990 ein rasanter Verstädterungsprozeß vollzogen, der in Mexiko vor allem die Großstädte regelrecht explodieren ließ (Tab. 26). Hinter diesem Anwachsen standen massive Umschichtungen der

Bevölkerung im Zuge von Land-Stadt-Wanderungen. Obwohl seit den 1970er Jahren die Bedeutung der Zuwanderung für das Städtewachstum merklich abgenommen hat (Bähr/Mertins 1995), macht die Tab. 27 trotz gewisser Vorbehalte gegenüber den statistischen Daten über die Geburten und die Zuwanderung deutlich, welch großen Anteil die Zuwanderung am Wachstum einiger mexikanischer Städte auch heute noch hat. Dies gilt insbesondere für neuere Wachstumszentren an der Nordgrenze, wie Tijuana und Juárez, aber auch in extremer Weise für das Tourismuszentrum Cancún an der Karibikküste. Das Verhältnis zwischen der tatsächlichen Bevölkerungsentwicklung und der natürlichen Wachstumsrate läßt erkennen, daß in den jüngeren, stark expandierenden Großstädten weit über die Hälfte des Bevölkerungszuwach-

städtisches Municipio bzw. Metropolitanzone	durchschnittliche jährliche Wachstumsrate in %		natürl. Wachstum (%)	Bevölkerung 1990	
	1970–90	1990–95	1990	unter 5 Jahre alt (%)	seit 1985 zugezogen* (%)
Nordmexiko					
Tijuana, Baja California	4,0	6,8	2,6	14,4	19,4
Mexicali, Baja California	2,1	3,0	2,3	13,8	8,1
Ciudad Juárez, Chihuahua	3,2	4,9	2,3	14,8	10,4
Chihuahua	3,3	3,4	2,1	11,6	3,5
Saltillo, Coahuila	4,3	3,7	2,5	12,0	5,0
Monterrey, Nuevo León	3,7	2,9	2,2	10,8	4,1
Culiacán, Sinaloa	4,6	2,5	2,2	13,2	6,1
San Luis Potosí	4,1	3,5	2,7	13,0	5,7
Zentralmexiko					
Guadalajara, Jalisco	3,4	2,7	2,6	13,3	4,5
Aguascalientes	4,2	3,5	2,8	13,4	7,5
Querétaro	5,3	4,1	3,1	13,6	10,5
Morelia, Michoacán	4,2	3,2	3,0	14,5	5,9
Pachuca, Hidalgo	3,5	4,1	2,8	12,2	6,0
Puebla	3,5	2,9	2,6	11,0	5,6
Ciudad de México	2,9	2,1	2,6	11,3	6,9
Cuernavaca, Morelos	3,8	4,1	2,5	11,2	11,5
Südmexiko					
Acapulco, Guerrero	4,7	3,0	3,2	12,3	3,0
Mérida, Yucatán	4,3	3,1	2,2	11,1	5,2
Cancún, Quintana Roo	35,6	12,0	3,7	18,6	32,3

* aus einem anderen Bundesstaat; hinzu kommt noch die Binnenmigration

Tab. 27: Hintergründe der Bevölkerungsentwicklung ausgewählter Großstädte

Daten: INEGI 1992 und INEGI 1997

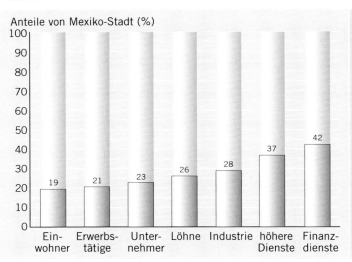

Anteile von Mexiko-Stadt (%)

Abb. 44: Konzentration von Bevölkerung und Wirtschaft in Mexiko-Stadt 1990: Umfang und Ausprägung der Konzentration weisen deutliche sektorale Unterschiede auf. Insbesondere Schlüsselbereiche wie der Finanzsektor sind überrepräsentiert. Weil in Mexiko-Stadt nach wie vor die Netzwerke der Macht zusammenlaufen, gestaltet sich eine wirksame Dezentralisierung überaus schwierig.

Daten: INEGI 1992. Entwurf: Christian H. Weber 1997.

ses der letzten Jahre auf Zuwanderungsgewinne zurückzuführen ist.

Über die Zuzüge enthält der amtliche Zensus leider nur unzureichende Angaben, weil lediglich Personen ausgewiesen werden, die aus einem anderen Bundesstaat zugezogen sind. Das Gesamtvolumen der Migration in die Städte ist mindestens um das Zweifache höher. Pauschale Zahlen des Jahres 1995 beziffern für ganz Mexiko den Umfang der Wanderungen zwischen den Municipios innerhalb eines Bundesstaates annähernd gleich hoch wie die Migration zwischen den Estados (INEGI 1997).

Aus Tab. 27 ist allerdings auch ersichtlich, daß bei den älteren Großstädten Mexikos der natürliche Bevölkerungszuwachs inzwischen den weitaus größeren Anteil am Wachstum hat. Diese Städte wachsen auch ohne Zuwanderung aus sich heraus und geben teilweise inzwischen sogar Bevölkerung an ihr Umland ab.

Metropolisierung und Zentralismus

Wie in anderen Ländern Lateinamerikas ist der Urbanisierungsprozeß seit den 1930er Jahren durch ein starkes Wachstum der Großstädte (Metropolisierung) bei einer gleichzeitigen Konzentration auf wenige Zentren gekennzeichnet. In besonderer Weise haben sich Wirtschaftsaktivitäten und Bevölkerung in der Hauptstadt verdichtet, so daß das nationale Städtesystem eine ausgesprochen zentralistische Struktur

(Primatstruktur) aufweist. Dort, wo sich die politische Macht konzentriert und alle Fäden zusammenlaufen, sind auch die wichtigsten Wirtschaftsfunktionen sowie die bedeutendsten Einrichtungen von Kultur und Wissenschaft angesiedelt. Dies gilt in besonderer Weise für wirtschaftliche Schlüsselbereiche (Abb. 44).

Wie massiv sich die Ballung in der Hauptstadt erhöht hat, wird bereits durch deren Bevölkerungsentwicklung deutlich: Entfielen zu Beginn des 20. Jh.s auf Mexiko-Stadt gerade einmal 3% der Einwohner des Landes, waren es 1930 6%, 1960 15% und 1990 20%. Bei diesen Werten ist das weitere Einzugsgebiet von Mexiko-Stadt nicht berücksichtigt.

Noch rasanter verlief der Konzentrationsprozeß in einigen Bundesstaaten (Tab. 28). Am stärksten ausgeprägt ist die Primatstruktur in Nuevo León. Lag der Bevölkerungsanteil der Hauptstadt Monterrey zu Beginn des Jh.s noch bei rund 20%, waren es 1930 schon 32%, 1960 66% und 1990 deutlich über 80%. Im Bundesstaat Jalisco hat sich das Gewicht der Hauptstadt Guadalajara von 10% zu Beginn des Jh.s über 15% (1930), 35% (1960) auf über 50% im Jahr 1990 erhöht. Aber auch in Südmexiko weist der Bundesstaat Yucatán eine beträchtliche Bevölkerungskonzentration in der Hauptstadt Mérida auf, die sich von 15% zu Beginn des Jh.s über 25% (1930) und 30% (1960) auf mehr als 40% im Jahr 1990 erhöht hat.

Ausgewählte Bundesstaaten	Bevölkerungsanteil 1970		Bevölkerungsanteil 1990		Zuwachs
	Hauptstadt (%)	Großstädte über 100 000 Einwohner (%)	Hauptstadt (%)	Großstädte über 100 000 Einwohner (%)	Hauptstadt und Großstädte über 100 000 Einwohner (%)
Nordmexiko					
Sonora	16	46	22	54	65
Chihuahua	17	44	21	55	76
Nuevo León	74	74	82	82	92
Tamaulipas	6	59	9	64	74
Sinaloa	13	55	19	61	70
Durango	16	36	26	48	75
Zacatecas	5	5	8	8	15
San Luis Potosí	24	24	31	31	50
Zentralmexiko					
Jalisco	45	45	54	54	69
Michoacán	7	17	12	24	37
Querétaro	23	34	43	54	73
Hidalgo	7	7	9	9	13
Morelos	29	37	32	42	45
Puebla	22	22	24	29	38
Südmexiko					
Tabasco	13	21	17	25	30
Yucatán	29	29	44	44	65
Quintana Roo	60	60	35	71	80
Guerrero	2	19	4	28	42
Oaxaca	5	8	7	11	18
Chiapas	4	11	9	16	21

Daten: INEGI 1992

Tab. 28: Bevölkerungskonzentration in ausgewählten Bundesstaaten

Daneben gibt es eine Reihe von Bundesstaaten ohne ausgesprochene Primatstruktur, die aber dennoch einen hohen Bevölkerungsanteil in Großstädten aufweisen. Es handelt sich um Staaten, in denen es neben der Hauptstadt andere bedeutende Städte mit günstigen Wachstumsbedingungen gibt. Oft ist dies in Nordmexiko der Fall, wo Grenzstädte, wie zum Beispiel Juárez in Chihuahua, wichtige Zentren bilden. Aber auch dort, wo seitens der Zentralregierung einzelne Wirtschaftsstandorte gefördert werden, laufen diese neuen Zentren der Hauptstadt des jeweiligen Bundesstaates den Rang ab. So hat beispielsweise das Tourismuszentrum Cancún in Quintana Roo die Hauptstadt Chetumal überflügelt.

Auf der Ebene der Bundesstaaten folgt die Konzentration von Wirtschaftsaktivitäten und Bevölkerung nicht mehr allein dem Standort der jeweiligen politischen Zentrale, deren Gewicht weit unter der Bundesregierung liegt. Kann die Hauptstadt eines Bundesstaates keine weiteren Standortfaktoren aufweisen, so kommt es nicht zwangsläufig zur Herausbildung einer Primatstruktur im regionalen Städtesystem. Dies unterstreicht einmal mehr die Bedeutung der nationalen Ebene für die Raumentwicklung.

Ungeachtet, ob nun im einzelnen Bundesstaat eine Primatstruktur besteht oder nicht, konzentriert sich die Bevölkerung auf jeden Fall in den Großstädten. Diese vereinen auch den größten Anteil des Bevölkerungszuwachses auf sich, weil sie die bevorzugten Ziele der innerstaatlichen und zwischenstaatlichen Wanderung sind. Selbst in Bundesstaaten mit einer ausgesprochen geringen Metropolisierung, wie Zacatecas, Hidalgo oder Oaxaca, liegt der Zuwachsanteil der größeren Städte deutlich über ihrem Bevölkerungsanteil. Obwohl sich auch in diesen peripheren Räumen eine Urbanisierung vollzieht, ist der Mangel an Großstädten ein wichtiger Grund für ihren Entwicklungsrückstand im nationalen Vergleich.

Das Städtesystem im Wandel

Urbanisierung und Urbanität gelten vielfach als typische Erscheinungen der Moderne: Entwicklung wird mit der Entwicklung von Städten gleichgesetzt, Modernisierung mit der Ausbreitung urbaner Lebensformen. Ohne Zweifel hat die Zahl und die Größe der mexikanischen Städte im 20. Jh. erheblich zugenommen. Doch schon lange vor der rasanten Expansion und Explosion der städtischen Siedlungen gab es im Gebiet des heutigen Mexiko bedeutende Städte. Mesoamerika war das Verbreitungsgebiet bedeutender städtischer Hochkulturen, die spanische Kolonialherrschaft und das kulturelle Leben in Neuspanien waren untrennbar mit der Stadt verbunden.

In der über 3000jährigen Geschichte haben die Städte Mexikos manche ihrer Funktionen behalten, andere verloren und neue dazugewonnen. Trotz deutlicher Gewichtsverschiebungen weist das Verhältnis zwischen Stadt und Land noch immer Züge auf, die in historischer Zeit vorgezeichnet worden sind. Einzelne Grundstrukturen des mexikanischen Städtesystems lassen einerseits eine bemerkenswerte Persistenz erkennen, andererseits verschieben sich die Gewichte zwischen einigen Städten.

Die Städte in Mesoamerika

Die Entwicklung der Hochkulturen Mesoamerikas war aufs engste mit städtischen Zentren verknüpft. Die alten Kulturvölker Mesoamerikas haben Tausende von Städten mit Stufenpyramiden hinterlassen, von denen bisher nur ein Bruchteil ausgegraben ist. Die frühesten Zeugnisse städtischer Siedlungen stammen aus der olmekischen Kultur (1200–400 v. Chr.). Besonders viele Städte entstanden im Becken von Mexiko und im Tiefland der Halbinsel Yucatán.

Während in Zentralmexiko schon seit alters her eine ausgesprochene Tendenz zur Metropolisierung bestand, war das Maya-Gebiet Yucatáns durch ein Nebeneinander mehrerer Zentren gekennzeichnet, die jeweils Mittelpunkt eines eigenen Herrschaftsgebietes und Siedlungssystems waren. Mit bis zu 60 000 Einwohnern erreichten die klassischen Maya-Städte für die agrarwirtschaftlichen Möglichkeiten in einem feuchttropischen Gebiet eine beachtliche Bevölkerungskonzentration. Von der einstigen Größe der Stadtkultur der Mayas zeugen heute nur mehr vom Regenwald überwucherte Ruinen. Daß im tropischen Tiefland Yucatáns Metropolisierungstendenzen stets die Ausnahme blieben, mag mit der „zentrifugalen Kraft der Milpa-Wirtschaft" zusammenhängen (Riese 1995, S. 114).

Das Gebiet um den Texcoco-See und die angrenzenden Becken waren schon seit frühgeschichtlicher Zeit dicht besiedelt. Schon früh bestand in diesem Raum die Tendenz, daß sich jeweils eine Stadt zum dominierenden Zentrum herausbildet: Der Stadt Cuicuilco, die von 400 bis 150 v. Chr. ein beherrschendes Zentrum war, folgte nach einer Phase der Fragmentierung Teotihuacán (200–500 n. Chr.). Noch heute zeugen die beeindruckenden Pyramiden, Tempel, Paläste und Straßen in der archäologischen Zone von Teotihuacán von der einstigen Größe dieser mesoamerikanischen Metropole, deren Einwohnerzahl auf 75 000 bis 150 000 Menschen geschätzt wird (Prem 1989). Nach dem Niedergang Teotihuacáns blühten in Zentralmexiko mehrere Zentren auf, wie Cholula, Cacaxtla oder Xochicalco, bis mit dem toltekischen Tula (Tollán) wieder eine Metropole entstanden war. Die Nachfolge des legendären Tollans traten zunächst mehrere Städte an. Mit dem Aufstieg der Azteken zur führenden Macht in Zentralmexiko wuchs auch die auf einer unwirtlichen Insel im Texcoco-See gegründete Hauptstadt der México zum beherrschenden Zentrum heran. Die Einwohnerzahl der Doppelstadt Tenochtitlán-Tlatelolco zur Zeit der spanischen Eroberung wird auf deutlich mehr als

150 000 Menschen geschätzt (Prem 1996). An die zentralistische Herrschafts- und Siedlungsstruktur im Becken von Mexiko konnten die Spanier direkt anknüpfen.

Als kultischer Mittelpunkt der Bauernvölker hatten die Städte eine mythische und kosmische Funktion, waren gebauter Kalender, gebauter Opferplatz. Es wurden nicht nur Opfergaben unmittelbar den Göttern auf den Pyramiden-Altären dargebracht, sondern auch der Verzehr der agrarischen Überschüsse durch die Stadtbevölkerung war für die Agrarproduzenten ein Akt des Opfers. Entkleidet von der mythisch-religiösen Sichtweise bedeutete dies ein Leben der Stadt auf Kosten des Landes. Die Ausbeutung ländlicher Räume durch die Städte reicht in Mexiko somit weit in die indianische Geschichte zurück.

Die Städte in Mesoamerika waren Herrschafts- und Verwaltungszentren, Steuerköpfe für die gesellschaftlichen Abläufe, die mit dem Opfer sowie der Organisation des Agrarkalenders und der Agrarproduktion verbunden waren. Um das kultisch-politische „Kernpersonal" der Priester, Herrscher, Krieger und Beamten gruppierten sich in den „städtischen Zentren" auch eine Reihe weiterer nicht-agrarischer Arbeitskräfte, wie etwa spezialisierte Handwerker und Händler. Die Produktion handwerklicher Erzeugnisse und der Warenumschlag hatten in vielen Städten Mesoamerikas eine große Bedeutung. Die Zahl der im Handwerk, dem Handel und dem Transport beschäftigten Bevölkerung war beträchtlich. Die Archäologie hat bestätigt, daß die Städte in Mesoamerika mehr waren als nur Kult- und Herrschaftszentren und über ausgedehnte Wohngebiete einer nicht-agrarischen Bevölkerung verfügten (Sabloff 1991).

Städte und Kolonialherrschaft

Die spanische Kolonialherrschaft in Amerika ist untrennbar mit der Stadt verbunden. Städtische Siedlungen ermöglichten einen wirksamen Schutz des Territoriums und der Handelswege vor Übergriffen ausländischer Mächte oder der Eingeborenen. Mit städtischen Wohn- und Siedlungsformen setzten die iberischen Kolonialherren aber auch ihre vertraute mediterrane Lebensweise fort, brachten ein Stück südländischer Stadtkultur in die Neue Welt.

Dort, wo sich die Macht der Spanier konzentrierte, gab es viele und bedeutende Städte. Die spanische Herrschaft und Stadtkultur hatte ihren Schwerpunkt in Zentralmexiko, wo die Eroberer vielfach an der Kontinuität indianischer Siedlungen anknüpfen konnten. Ganz bewußt geschah dies im Falle von Tenochtitlán, wo Hernán Cortés auf den Ruinen der zerstörten Aztekenmetropole die Stadt Mexiko errichten ließ, die fortan Sitz der Vizekönige von Neuspanien war.

Obwohl die Spanier meist bemüht waren, die Kontinuität alter Zentren fortzusetzen, erfolgten auch im indianischen Altsiedelland Neugründungen: Nahe der alten Indiostädte Cholula und Tlaxcala wurde im Jahr 1531 die Ciudad de los Angeles, das spätere Puebla, gegründet. In Michoacán errichtete man östlich des indianischen Pátzcuaro die Stadt Valladolid, das heutige Morelia. Im Zusammenhang mit der Errichtung von Bergwerken kam es auch in Zentralmexiko zu Neugründungen oder dem Ausbau bisher unbedeutender Siedlungen, etwa Pachuca oder Taxco. Nur relativ unbedeutend waren die Städte Südmexikos, das innerhalb Neuspaniens eine Randlage einnahm.

Mérida auf der Halbinsel Yucatán war Vorposten in einem Gebiet, das vom Zentrum Neuspaniens nur schlecht erreichbar war. Campeche diente vor allem als Bollwerk gegen Piratenüberfälle. In knapp 100 Jahren waren die Spanier weit nach Norden vorgedrungen und errichteten in diesem bisher städteleeren und dünn besiedelten Gebiet eine große Zahl befestigter Niederlassungen als Stützpunkte gegen Übergriffe anderer europäischer Mächte und nicht-zivilisierter Indianerstämme: 1562 wurde Durango als wichtiger Stützpunkt im zentralen Norden gegründet, 1596 Monterrey und 1609 Santa Fé im heutigen US-amerikanischen Bundesstaat New Mexico. Abgesehen von wichtigen Bergbauzentren hatten die Städte im peripheren Norden während der Kolonialzeit nur eine geringe Größe.

Die Städte hatten im spanischen Kolonialreich eine Schlüsselfunktion für die Durchdringung des Raumes. Die Vergabe von landwirtschaftlichen Flächen, nicht nur der kleinen Acker- und Gartenparzellen am Stadtrand, sondern auch der großen Estancias, auch Haciendas genannt, erfolgte stets an die Bürger der Städte. Die Ausbreitung der kolonialen Landwirtschaft ging damit von den Städten aus.

Neben den bereits in Mesoamerika vorhandenen Funktionen hatten die Städte Neuspaniens zusätzlich eine Verknüpfungsaufgabe. Als Sitz der kolonialen Herrschaftsinstanzen waren sie zugleich Vorposten der Fremdherrschaft eines im spanischen Kolonialreich verkörperten Weltsystems. In besonderer Weise galt dies für die Stadt Mexiko, den Sitz der Vizekönige, aber auch für die anderen Verwaltungssitze. Über die Städte wurden die Abgaben abgeschöpft, die für Spanien bestimmt waren, und über die Städte flossen die Befehle aus Spanien in die Neue Welt. Die bedeutenderen Kolonialstädte entwickelten sich schnell zu Zentren eines regen gesellschaftlichen und kulturellen Lebens. Auf dem Boden der mestizischen Mischkultur brachte der Abglanz des goldenen Zeitalters der spanischen Renaissance großartige Kunstwerke hervor. Und auch als Spanien den Zenit seiner Macht längst überschritten hatte, stellte im ausgehenden 18. Jh. so manche Stadt in der Neuen Welt an Größe, Pracht und Reichtum Europa in den Schatten.

Das Städtesystem Neuspaniens

Für die Größe und Bedeutung der einzelnen Städte in Neuspanien war nicht nur ihre Lage, sondern insbesondere auch ihre Funktion innerhalb des spanischen Kolonialsystems entscheidend. Großen Einfluß auf die Städtehierarchie hatte die Ausstattung mit weltlichen und geistlichen Leitungsfunktionen im Rahmen der auf Spanien zentrierten Verwaltung. Die Bedeutung eines Zentrums war um so größer, je höher die betreffende Instanz in der Verwaltungshierarchie angesiedelt und je enger damit der Kontakt zur Zentrale im Mutterland war. Neben administrativen Funktionen spielten auch der Handel und Transport eine wichtige Rolle, um die Reichtümer aus der Neuen Welt ins Mutterland zu leiten. Wichtig waren daneben auch Städte, die an Standorten mit einer bedeutenden Bergbau- oder Agrarproduktion lagen. Dagegen spielte das verarbeitende Gewerbe in der Kolonialzeit nur eine untergeordnete Rolle.

Während der gesamten Kolonialzeit war die Stadt Mexiko die unangefochtene Metropole Neuspaniens und die größte Stadt in Amerika. Die vizekönigliche Hauptstadt, die zugleich gesellschaftliches und wirtschaftliches Zentrum war, hatte gegen Ende der Kolonialzeit mehr als 100 000 Einwohner und stand auch den Hauptstädten Europas an Pracht und Größe nicht nach.

Mit über 60 000 Einwohnern war Puebla um 1800 die zweitgrößte Stadt im Vizekönigreich. Der in einem fruchtbaren Ackerbaugebiet gelegene Bischofssitz war als Zwischenstation auf dem Weg von Mexiko-Stadt nach Veracruz ein bedeutendes Handelszentrum.

Mit einer Bevölkerungszahl zwischen 25 000 und 30 000 folgten als nächstgrößere Städte die Bergbauzentren Guanajuato und Zacatecas sowie Querétaro, das ein wichtiger Stützpunkt auf der Verbindung zwischen der Stadt Mexiko und den Bergbaugebieten im Norden war und zudem am Rande der fruchtbaren Agrarregion des Bajío lag. Mit rund 20 000 Einwohnern war Guadalajara als Sitz eines Bischofs und der Audiencia von Neugalicien neben Mexiko das wichtigste Verwaltungszentrum in Neuspanien. Als bedeutende Agrarzentren und Bischofssitze zählten auch Antequera (heute: Oaxaca) im Becken von Oaxaca und Valladolid (heute: Morelia) in Michoacán mit knapp 20 000 Einwohnern zu den größten und wichtigsten Städten Neuspaniens.

Veracruz war der einzige Hafen, von dem aus Schiffe nach Europa in See stachen. Trotz dieser herausragenden Bedeutung als Umschlagplatz lebte nur eine geringe Zahl von Menschen dauerhaft in der Hafenstadt im feuchtheißen Küstentiefland, wo in unwirtlicher Umgebung Sumpffieber, Piratenüberfälle und Wirbelstürme drohten. Erst im 18. Jh. wurden die Holzhütten durch Steinhäuser ersetzt und für die Zeit um 1800 wird für Veracruz immerhin eine Einwohnerzahl von 16 000 angegeben (INEGI 1994).

Die Umbrüche im 19. Jahrhundert

Seit dem 19. Jh. hat sich in Mexiko auf der Grundlage der spanischen Kolonialstädte das heutige Städtesystem herausgebildet. Mit der 1821 endgültig erlangten Unabhängigkeit Mexikos erlitten die Städte zunächst insgesamt einen Bedeutungsverlust, weil sie ihre Brückenfunktion verloren hatten und die wirtschaftliche Machtbasis der Kreolen größtenteils im Agrarsektor und damit außerhalb der Städte lag. Mit dem Wegfall der Kolonialbehörden setzte zunächst ein Ringen um die politische Ordnung und die Macht im unabhängigen Mexiko ein. Diese Auseinandersetzungen, die sich bis Mitte des 19. Jh.s hinzogen, trugen auch Züge eines Kampfes zwischen Stadt und Land.

Der Bedeutungsgewinn der Städte als Zentren von Politik und Kultur in der zweiten Hälfte des 19. Jh.s ist eng mit der mühsamen Konsolidierung des mexikanischen Staates verbunden. Die Anstrengungen der mexikanischen Regierungen, eine wirksame Kontrolle über das Land zu erlangen, begünstigten einen Zentralismus auf politischem, gesellschaftlichem, kulturellem und wirtschaftlichem Gebiet. Dem im Porfiriat (1876–1910) besonders deutlichen Herrschaftsanspruch der mexikanischen Zentralregierung entsprach der Ausbau der Hauptstadt. Bereits in den Einwohnerzahlen spiegelt sich der Bedeutungsgewinn von Mexiko-Stadt wider: Um 1860 lebten 210000 Menschen in der Hauptstadt, 1890 waren es 300000 und 1910 schon rund 470000. Anteil am raschen Wachstum von Mexiko-Stadt hatten auch Zuwanderer aus dem Ausland, denen die neue wirtschaftliche Entwicklungsstrategie im Porfiriat gute Perspektiven bot.

Die Unabhängigkeit bedeutete zunächst einen weitgehenden Zusammenbruch des auf Spanien zentrierten Außenhandels. Im Verein mit der politischen Zerrüttung führte dies in der ersten Hälfte des 19. Jh.s zu massiven wirtschaftlichen Einbrüchen, unter denen besonders die Städte litten. So halbierte sich zum Beispiel zwischen 1810 und 1840 die Bevölkerungszahl der Hafenstadt Veracruz.

Mit der politischen Stabilisierung und der Integration Mexikos in den Weltmarkt im Porfiriat erlebte die mexikanische Wirtschaft einen rasanten Aufschwung, von dem auch zahlreiche Städte profitierten. Ansatzpunkte für die wirtschaftliche Entwicklung boten der Handel, die kommerzielle Landwirtschaft, der Bergbau und in bescheidenerem Umfang das verarbeitende Gewerbe.

Die ersten Anfänge einer Industrialisierung waren Ende des 18. Jh.s im Textilsektor erfolgt, dessen Produktionsstätten sich in Guadalajara, Querétaro, Puebla und Mexiko-Stadt konzentrierten. Im Porfiriat begann der Aufstieg von Monterrey zu einem bedeutenden Industriezentrum: Lebten noch 1870 nur 14000 Menschen in dieser nordostmexikanischen Stadt, zählte die Hauptstadt von Nuevo León 1890 40000 und 1910 knapp 80000 Einwohner. Die dynamische Entwicklung von Monterrey wurde begünstigt durch nahegelegene Rohstoffvorkommen, die verkehrsgünstige Lage unweit der Grenze zu den USA, eine gemischte Gewerbestruktur und eine besonders dynamische Unternehmerschaft.

Vor allem durch ausländische Investoren erlebten Bergbaustädte wie Zacatecas, Guanajuato oder San Luis Potosí einen Aufschwung. Der Anstieg des Außenhandels fand auch seinen Niederschlag im Anwachsen der Bevölkerung des Hafens Veracruz von 10000 Einwohnern im Jahre 1870 auf knapp 50000 um 1910.

Die Hauptlinien der Erschließung wirkten sich auch auf das mexikanische Städtesystem aus. Vor allem der Südwesten Mexikos lag im Schatten der Wirtschaftsentwicklung, die auf die USA und Europa orientiert war. Abseits wichtiger Verkehrsachsen geriet die Stadt Oaxaca, die noch in der Kolonialzeit ein bedeutendes Zentrum war, immer mehr ins Hintertreffen, weil sich hier nur wenige moderne Betriebe ansiedelten. Zur größten Stadt in Südmexiko stieg Mérida auf, das zum Zentrum des Sisal-Anbaus in Yucatán geworden war. Um 1800 hatten in der Hauptstadt Yucatáns gerade einmal 10000 Menschen gelebt, 1870 waren es schon 30000 und 1910 über 60000 Einwohner.

Insgesamt war die Stadtentwicklung zwischen Erlangung der Unabhängigkeit (1821) und Ausbruch der Mexikanischen Revolution (1910) durch einen Bedeutungszuwachs von Mexiko-Stadt gekennzeichnet, das sich immer mehr zur unangefochtenen nationalen Metropole entwickelte. Während der politischen Wirren in der ersten Hälfte des 19. Jh.s stieg Guadalajara zur zweitgrößten Stadt Mexikos auf. Dagegen litt die Stadt Puebla im Zeitalter der Bürgerkriege und Invasionen unter ihrer strategisch wichtigen Lage und konnte sich später im Schatten der Metropole Mexiko-Stadt nur mehr mäßig entwickeln. Der Aufstieg von Monterrey zur drittgrößten Stadt Mexikos zeichnete sich zu Beginn des 20. Jh.s bereits ab (Abb. 45). Während die meisten Städte in Nord- und Zentralmexiko als räumliche Schwerpunkte der Entwicklung im ausgehenden 19. Jh. gute Wachstumschancen erhielten, wurde Oaxaca als ehedem bedeutendes Zentrum in Südmexiko abgehängt. Damit waren bereits um die Jahrhundertwende die Linien für die weitere Entwicklung und das künftige Städtesystem in seinen Grundzügen vorgezeichnet.

Urbanisierungsschub und Bevölkerungskonzentration

Die Schlachtfelder des Bürgerkriegs während der Mexikanischen Revolution (1910–1920) lagen außerhalb der großen Städte. Doch auch einige Städte an den Hauptschauplätzen der Auseinandersetzungen, wie Cuernavaca in Morelos, haben in dieser Zeit Einwohner verloren. Die politischen Wirren und der Abzug ausländischer Investoren beschleunigten den Niedergang im Bergbau, was sich auch in einem Bevölke-

rungsschwund in Guanajuato, Zacatecas und in geringerem Umfang in San Luis Potosí äußerte.

Nach der Phase der Desintegration mit Tendenzen zu einer Regionalisierung und Fragmentierung setzten die Präsidenten nach 1920 alles daran, die Macht der Zentralregierung zu festigen. Diesen zentralistischen Bestrebungen in der Politik entsprach eine Entwicklung, die in allen Bereichen auf die Hauptstadt konzentriert war. Demgemäß vergrößerte sich ab 1930 die Einwohnerzahl von Mexiko-Stadt überproportional und bis 1950 wurde die Vormachtstellung der Mega-City innerhalb des mexikanischen Städtesystems immer erdrückender.

Begünstigt wurde die Metropolisierung durch die Wirtschaftsstrategie der importsubstituierenden Industrialisierung. Es lag nahe, die Industrie dort anzusiedeln, wo in städtischen Ballungen die Schwerpunkte der Nachfrage lagen. Auf diese Weise entstanden in den Großstädten, vor allem in Mexiko-Stadt, zahlreiche industrielle Arbeitsplätze, die ihrerseits Arbeitsuchende aus den marginalen Landesteilen anzogen. Die unkontrollierte Zuwanderung ließ die Metropolen des Landes regelrecht explodieren.

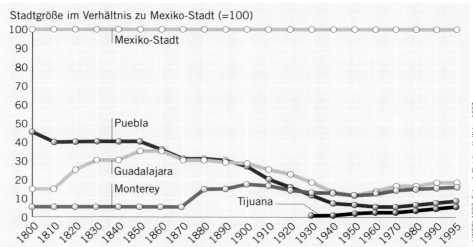

Abb. 45: Größenverhältnis mexikanischer Städte: Seit der Kolonialzeit dominiert Mexiko-Stadt das Städtesystem. Bis in die 1950er Jahre wurde der Abstand zu den anderen Städten immer größer. Auf der zweiten und dritten Hierarchieebene ist es indes auch zu Umschichtungen gekommen.

Daten: INEGI 1994 und INEGI 1997. Entwurf: Christian H. Weber 1997.

Bis in die 1970er Jahre wurde in Mexiko eine ausgesprochen sektorale Entwicklungsplanung verfolgt (Hugo 1982). Die Schwerpunkte der wichtigen Wirtschaftssektoren, vor allem der Industrie, wurden dort gesetzt, wo sich günstige Standortbedingungen boten. Dies waren vor allem die bereits vorhandenen größeren Städte, die über einen ausreichenden Markt und gute infrastrukturelle Voraussetzungen verfügten. Unberücksichtigt blieben abseits gelegene Städte, wie Oaxaca in Südmexiko, aber auch Zacatecas im zentralen Norden, das mit dem Niedergang des Bergbaus an Bedeutung verloren hatte. Historisch vorgezeichnete Ausstattungsunterschiede verhärteten sich so auch zwischen den Städten immer mehr zu Disparitäten.

Neben bestehenden Zentren wie Mexiko-Stadt, Guadalajara, Monterrey oder Puebla wurden auch dort sektorale Schwerpunkte gesetzt, wo die erforderlichen Ressourcen vorkamen. Dies war insbesondere in Räumen der Bewässerungslandwirtschaft in Nordwestmexiko und an Standorten der Ölförderung entlang der Golfküste der Fall. Auch Lagerstätten mineralischer Rohstoffe und die Möglichkeit zur Energieerzeugung mit Hilfe von Wasserkraft spielten eine Rolle. Eine Reihe jüngerer Großstädte weist daher in ihrer Wirtschaftsstruktur einen ausgesprochenen sektoralen Schwerpunkt auf. Als zunehmend wichtigerer Standortfaktor erweist sich seit den 1960er Jahren die Grenze zu den USA, wo die Städte von der wirtschaftlichen Öffnung profitieren.

Im nachrevolutionären Mexiko wuchsen die Städte verstärkt zu Entwicklungszentren heran, in denen nicht nur moderne Wirtschaftssektoren Arbeitsplätze bieten. Auch in der städtischen Gesellschaft bieten sich vielfältige Erwerbsmöglichkeiten im informellen und im formellen Bereich. Die Städte verkörpern für die Landbevölkerung das „moderne" Mexiko, mit der Aussicht auf ein besseres Leben. Hier verdichten sich die Chancen, an der nationalen Entwicklung teilzuhaben. Nur in den größeren Städten mit ihren Bildungsmöglichkeiten und sozialen Netzwerken besteht die Aussicht auf einen sozialen und wirtschaftlichen Aufstieg.

Obwohl sich allmählich auch andere Großstädte herausbildeten, stand die Sied-

lungsentwicklung in Mexiko bis in die 1970er Jahre ganz im Zeichen des rasanten Wachstums der Metropolen und insbesondere der Hauptstadt, die sich seit den 1950er Jahren auch flächenmäßig immer mehr ausdehnte.

Tendenzen zur Dezentralisierung und Dekonzentration

In den 1970er Jahren zeichneten sich in Mexiko immer deutlicher zwei gravierende Fehlentwicklungen ab: Mit den Ungleichgewichten im Städtesystem erhöhten sich auch die regionalen Disparitäten. Dies ließ wiederum die Wanderung in die großen Ballungsräume immer mehr ansteigen, so daß die Entwicklung in den Großstädten zusehends außer Kontrolle geriet.

Vor allem die negativen Auswirkungen des ungezügelten Wachstums der Metropolen, allen voran Mexiko-Stadt, führte in den 1970er Jahren zu einer Umorientierung in der nationalen Entwicklungsplanung. Fortan wurde nicht mehr ausschließlich sektoralen Gesichtspunkten Rechnung getragen, sondern Belange der Raumordnung gewannen zunehmend an Bedeutung. Das Wachstum von Mexiko-Stadt sollte kontrolliert, eine Dekonzentration von Bevölkerung und Wirtschaft erreicht sowie ein mehrstufiges nationales Städtesystem aufgebaut werden.

Die Dezentralisierungsbemühungen der mexikanischen Regierungen, die seit den 1980er Jahren forciert werden, sehen sich allerdings erheblichen Hindernissen gegenüber. Der nach wie vor ausgeprägte politische Zentralismus steht vielfach einer echten Dezentralisierung im Wege. Gerade bei Leitungsfunktionen ist die räumliche Nähe zu den Netzwerken im Umfeld des politischen Machtzentrums in Mexiko-Stadt oftmals unerläßlich. Begrenzte öffentliche Mittel und eine Ballung der Probleme in den vorhandenen Zentren schränken die Möglichkeiten der öffentlichen Hand für eine breitgestreute Förderung ein, wenn auch private Investitionen hier eine gewisse Entlastung bringen können. Und auch nur solche Städte haben gute Entwicklungschancen, die günstig gelegen sind oder an ihrem Standort über andere Potentiale verfügen. Was Dezentralisierung genannt wird, ist daher oft nur eine Dekon-

Ortsgröße nach Einwohnerzahl	jährliche Wachstumsrate in %	
	1970–90	1990–95
1 bis 99	2,00	3,80
100 bis 499	0,60	0,60
500 bis 999	0,65	0,15
1 000 bis 2 499	0,75	0,45
2 500 bis 4 999	0,60	1,45
5 000 bis 9 999	0,60	1,90
10 000 bis 19 999	0,90	2,35
20 000 bis 49 999	2,00	3,90
50 000 bis 99 999	2,50	2,40
100 000 u. darüber	6,00	3,25
Mexiko zusammen	**2,65**	**2,35**

Tab. 29: Wachstumsdynamik nach Ortsgröße

Daten: INEGI 1992 und INEGI 1997

zentration, und damit die Anlage von Entlastungsstandorten, nicht aber neuer, autonomer Zentren.

Trotz dieser Einschränkungen und Vorbehalte ist seit den 1970er Jahren eine merkliche Zunahme der Großstädte erkennbar, auf die sich das Bevölkerungswachstum nun verteilt (Tab. 29). Während sich bis in die 1950er Jahre hinein der Abstand zwischen der Hauptstadt und den nachfolgenden Städten zusehends vergrößert hatte, verringert sich das Gefälle seit Ende der 1960er Jahre wieder geringfügig. Trotz dieser leichten Abschwächung der Primatstruktur auf nationaler Ebene wächst die Mega-City weiter.

Die beiden Metropolen Guadalajara und Monterrey konnten ihre Position gegenüber Mexiko-Stadt und den übrigen Großstädten festigen. Dagegen zeichnen sich auf der dritten Ebene Veränderungen ab. Vor allem in Nordmexiko wachsen mehrere Städte heran, welche die Millionenschwelle bereits erreicht haben oder in absehbarer Zeit überschreiten werden.

Die Gründung völlig neuer Zentren zum Abbau großräumiger Disparitäten blieb bisher die Ausnahme. Als überaus erfolgreicher Wachstumspol erweist sich bis heute das Anfang der 1970er Jahre gegründete Tourismuszentrum Cancún an der Karibikküste von Quintana Roo.

Das mexikanische Städtesystem erfährt gegenwärtig auf der Ebene der Großstädte Veränderungen, die vor allem durch neue Akzentsetzungen der wirtschaftlichen Aktivitäten entlang vorgezeichneter Entwicklungsachsen verursacht werden. Insbesondere von der dynamischen Entwicklung der Grenzstädte geht dabei eine entzerrende Wirkung aus. Das Phänomen der Metropolisierung und die bestehende Primatstruktur im Städtesystem wird dadurch jedoch kaum berührt.

Was zunächst den Anschein einer Dezentralisierung hat, ist vielfach nur das Ergebnis von Standortverlagerungen im Zuge einer Suburbanisierung. Dieses flächenmäßige Ausgreifen läßt sich nicht nur in der Hauptstadtregion, sondern auch im Umfeld der anderen Metropolen beobachten (Abb. 46 u. Tab. 30). In Mexiko-Stadt wurde der Verlagerungsprozeß durch die Zerstörungen beschleunigt, die das Erdbeben von 1985 im Zentrum angerichtet hatte. Deutlich zugenommen hat seit 1970 auch die Einwohnerzahl von Städten, die

	Wohnbevölkerung			jährliche Wachstumsrate (%)	
	1970	1990	1995	1970–90	1990–95
Guadalajara (Zona Metropolitana)	1 480 472	2 870 417	3 279 424	3,4	2,7
davon Municipio Guadalajara	1 199 391	1 650 205	1 633 216	1,6	–0,2
davon Municipios conurbados	256 433	1 051 657	1 374 351	7,3	5,5
davon Municipios metropolitanos	24 643	168 555	271 857	10,0	10,0
Monterrey (Zona Metropolitana)	1 242 558	2 532 349	2 914 091	3,6	2,9
davon Municipio Monterrey	858 107	1 069 238	1 088 143	1,0	0,4
davon Municipios conurbados	355 372	1 249 051	1 429 926	6,5	2,8
davon Municipios metropolitanos	29 079	214 060	396 022	10,5	13,1

Tab.30: Bevölkerungsentwicklung in Guadalajara und Monterrey

Daten: INEGI 1992 und INEGI 1997.

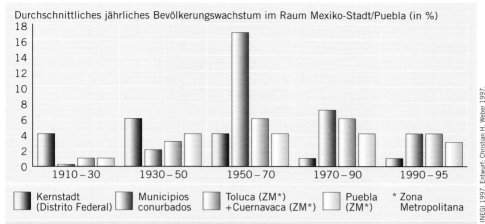

Durchschnittliches jährliches Bevölkerungswachstum im Raum Mexiko-Stadt/Puebla (in %)

Kernstadt (Distrito Federal) | Municipios conurbados | Toluca (ZM*) +Cuernavaca (ZM*) | Puebla (ZM*) | * Zona Metropolitana

Daten: INEGI 1994 und INEGI 1997. Entwurf: Christian H. Weber 1997.

Abb. 46: Bevölkerungsentwicklung im Großraum Mexiko-Stadt: *Den massivsten Wachstums-schub erlebte Mexiko-Stadt zwischen 1950 und 1970. In den 1950er Jahren dehnte sich die Hauptstadt auf die umliegenden Municipios des Bundesstaates México aus. Inzwischen wachsen die Stadtzonen von Cuernavaca (im Süden) und Toluca (im Westen) mit Mexiko-Stadt zu einem Ballungsraum zusammen.*

als Entlastungsstandorte für die Hauptstadt fungieren. Im näheren Umkreis von Mexiko-Stadt sind Toluca, Cuernavaca und Pachuca, im größeren Umgriff Querétaro und Puebla deutlich gewachsen. Auch wesentlich weiter entfernt liegende Städte, wie Aguascalientes und Guadalajara, haben durch die Verlagerung von Einrichtungen aus der Hauptstadt Impulse erhalten. Schon heute bestehen engste funktionale Verflechtungen zwischen Mexiko-Stadt und

den angrenzenden Städten der Hauptstadtregion. Aufgrund der Neuansiedlung von Betrieben, eines anhaltenden Zuzugs von Menschen sowie einer beträchtlichen natürlichen Bevölkerungszunahme wächst Mexiko-Stadt auch baulich immer mehr mit Toluca im Westen, Pachuca im Norden, Puebla im Osten und Cuernavaca im Süden zusammen. 1995 lebten in diesem gigantischen Ballungsraum bereits weit über 20 Mio. Menschen.

Die Hyperurbanisierung und ihre Folgen

Urbanisierung und Hyperurbanisierung

Der Prozeß der kulturellen, sozialen und wirtschaftlichen Entwicklung ist auch in Mexiko in erster Linie an die Stadt gebunden. Neben der Konzentration von Bevölkerung ist die Urbanisierung mit einer Ausbreitung städtischer Lebens- und Erwerbsverhältnisse verbunden: Städte zeichnen sich durch ein großes Angebot an Bildungseinrichtungen und einen hohen Bildungsstand der Bevölkerung aus. Städtische Wohnverhältnisse weisen Mindeststandards bei der Qualität der Wohnungen, der quantitativen Versorgung mit Wohnraum und der Infrastrukturausstattung auf.

In den Städten vollzieht sich die Integration der Bevölkerung in moderne Erwerbsverhältnisse, die durch formal geregelte Arbeitsbeziehungen mit einer sozialen Absicherung gekennzeichnet sind.

In Mexiko bilden die Großstädte und insbesondere die Hauptstadt die Zentren und Brennpunkte der Entwicklung: Dort ballen sich die Arbeitsplätze in Industrie, Handel und modernen Dienstleistungen. Hier konzentrieren sich die Bildungseinrichtungen, und das Qualifikationsniveau der Bevölkerung liegt weit über dem der ländlichen Regionen. Die Infrastruktur und die bauliche Situation sind deutlich besser als auf dem Land. Dieses konzentrierte Angebot moderner Entwicklungsmöglichkeiten macht die mexikanischen Großstädte zu begehrten Zielen für Migranten.

Unter dem großen demographischen Druck können die mexikanischen Städte ihre Entwicklungs- und Integrationsfunktion nur bedingt erfüllen. Seit den 1950er Jahren nimmt die Bevölkerung in der Metropolitanregion von Mexiko-Stadt täglich um 800 Menschen zu, wobei sich die Wachstumsdynamik inzwischen an die Stadtränder verlagert. Auch andere Stadtregionen sehen sich ähnlichen Herausforderungen gegenüber: In den Metropolitanzonen von Guadalajara und Monterrey kommen seit den 1970er Jahren täglich 200 neue Menschen hinzu, seit den 1990er Jahren erhöht sich auch in kleineren Großstädten wie Tijuana tagtäglich die Bevölkerung um über 100 Personen.

Wegen der hohen Geburtenraten liegt insbesondere in den älteren Großstädten der Anteil der Zuwanderung am Bevölkerungswachstum bei unter 50 %. Laut Zensus von 1990 sind zwischen 1985 und 1990 aus anderen Bundesstaaten jährlich rund 100 000 Menschen in die Metropole Mexiko-Stadt gewandert, was ursächlich für etwa ein Drittel ihres Wachstums ist. Das bedeutet aber immer noch, daß täglich 270 Neuankömmlinge integriert werden müssen, von denen sich der überwiegende Teil im erwerbstätigen Alter befindet und einen Arbeitsplatz sucht. Erschwerend kommt hinzu, daß bei der Masse der Zuwanderer das Qualifikationsniveau sehr gering ist, da sie aus ländlichen Regionen mit einem unzureichenden Bildungsangebot stammen. Nur ein Teil der zugewanderten Bevölkerung kann in feste Arbeitsverhältnisse integriert werden. Deshalb weisen die Städte eine ausgesprochen heterogene Erwerbs- und Sozialstruktur auf. Bei der großen Zahl der Arbeitsuchenden ist ein fließender Übergang zwischen Unterbeschäftigung und Arbeitslosigkeit an der Tagesordnung.

Bis zur Wirtschaftskrise der 1980er Jahre bot der aufgeblähte öffentliche Sektor für viele Menschen eine Erwerbsmöglichkeit, mitunter sogar eine feste Anstellung mit sozialer Absicherung. Die Aussicht auf eine Beschäftigung im öffentlichen Dienst (Servicio público) bildete daher eine Motivation, in die Hauptstadt zu ziehen, wo sich die staatlichen Einrichtungen konzentrieren. Im Zuge der Einsparungen im Staatshaushalt und der Privatisierung zahlreicher öffentlicher Betriebe hat der Staatssektor seine herausragende Bedeutung für die Integration der städtischen Bevölkerung in formale Arbeitsverhältnisse eingebüßt. Eine wichtige Rolle für den städtischen Arbeitsmarkt spielen die einfachen Dienstleistungen. So bieten Tätigkeiten im Haushalt, im Reinigungsgewerbe und im Hotel- und Gaststättenbereich vor allem für Frauen einen erheblichen Teil der Arbeitsplätze.

Zahlreiche Zuwanderer versuchen im informellen Wirtschaftssektor als fliegende Händler, Straßenverkäufer, Schuhputzer und Kleinhandwerker ihren Lebensunterhalt zu bestreiten. Hierzu gehört auch die Müllabfuhr in den Hüttenvierteln und die Müllverwertung, bei der alle brauchbaren Stoffe wie Glas, Plastik, Metall, Papier usw. sortiert und in die Kleinproduktion zurückgeführt werden (Bild 40). Im informellen Sektor sind über 30 % aller Erwerbstätigen in den Großstädten beschäftigt. Eine genaue Ermittlung ist schwierig, weil vielfach ein fließender Übergang zur Nebenbeschäftigung oder dem Status eines mithelfenden Familienangehörigen besteht. Eine Tätigkeit im informellen Sektor bedeutet nicht zwingend ein geringes Einkommen, mitunter werden hier sogar beträchtliche Gewinne erzielt. Allerdings handelt es sich um selbständige Beschäftigungsverhältnisse ohne eine formale soziale Absicherung. Eng mit dem informellen Sektor verbunden ist der Einsatz der Familie als Arbeitskräftereserve und damit auch der Einsatz der Kinder als Verkäufer, Autowäscher, Akrobaten usw. An dieser Stelle kann auch eine Beziehung zur schlechten schulischen und beruflichen Qualifikation hergestellt werden. Denn selbst wenn Bildungseinrichtungen vorhanden wären, bliebe für den Schulbesuch keine Zeit, wenn die Kinder zur Erwerbsarbeit herangezogen werden.

Der Anspruch des mit der Urbanisierung verbundenen Entwicklungszieles und die tatsächlichen Lebensverhältnisse eines erheblichen Teiles der Stadtbewohner klaffen weit auseinander. Nach Angaben des Zen-

Bild 40: Müllmenschen (Mexiko-Stadt): *Die Beseitigung von Müll gehört zu den gravierendsten Problemen mexikanischer Großstädte. Wo sich Müllhalden erstrecken, wie am Texcoco-See, versuchen in Mexiko-Stadt die Ärmsten der Armen zu überleben.*

sus von 1990 liegt das Einkommen von 20 % der Erwerbstätigen in der Metropolitanzone von Mexiko-Stadt und in anderen Großstädten unter dem Niveau des gesetzlichen Mindestlohnes. Hinzu kommen Engpässe bei der Erschließung, die zu sehr heterogenen Wohnverhältnissen führen.

Das Ungleichgewicht zwischen wirtschaftlicher Entwicklung und Bevölkerungszunahme, zwischen Industrialisierung und Verstädterung wird vielfach als Hyperurbanisierung bezeichnet. Im weiteren Sinne kann Hyperurbanisierung als Mißverhältnis zwischen der demographischen Dynamik und den begrenzten Möglichkeiten zur Schaffung urbaner Lebens- und Erwerbsbedingungen aufgefaßt werden. Hyperurbanisierung ist danach Ausdruck eines Wachstumsprozesses, der aufgrund seiner Geschwindigkeit und seiner Größenordnung die Möglichkeiten einer Steuerung und einer Integration sektoraler Entwicklungen übersteigt.

Negative Rekorde

Besondere Schärfe erhält die Hyperurbanisierung in Mexiko durch die extreme räumliche Konzentraton an wenigen Standorten, insbesondere in der Hauptstadtregion. Deshalb fokussieren sich in den Großstädten

und vor allem in der Metropole Mexiko-Stadt zahlreiche Probleme und Konflikte der mexikanischen Gesellschaft. Die Marginalisierung breiter Bevölkerungsschichten dokumentiert sich in den peripheren Hüttenvierteln, die in den letzten 40 Jahren an den Rändern der Großstädte wie Pilze aus dem Boden gewachsen sind. Mindestens ein Drittel der Bevölkerung in den meisten mexikanischen Großstädten stehen mit Blick auf ihre Wohn- und Einkommensverhältnisse am Rande der Gesellschaft. Bevölkerungsexplosion und Migration haben zu einer massiven Ausweitung der randstädtischen Elendsquartiere geführt, die von einem städtischen Standard hinsichtlich eines Wasser- und Kanalanschlusses weit entfernt sind.

Im Osten von Mexiko-Stadt erstrecken sich die größten Elendsquartiere der Welt: Mit einer Einwohnerzahl, die je nach Quelle zwischen 1 und 3 Mio. Einwohnern schwankt (der Zensus 1990 nennt 1 256 115 Menschen), galt Nezahualcoyotl lange Zeit als „verlorene Stadt" (Ciudad perdida): Von der offiziellen Stadtplanung ignoriert, gab es keine öffentliche Infrastruktur, weder Schulen noch einen Anschluß an die öffentlichen Versorgungs-

und Entsorgungsnetze. Neza zählt inzwischen zu den konsolidierten Marginalsiedlungen, die zunehmend in den Stadtkörper integriert werden. Als neue Randsiedlung wächst inzwischen im Südosten der Stadt Chalco heran: Nach offiziellen Zensusangaben ist hier zwischen 1990 und 1995 die Bevölkerungszahl von 282 940 auf 462 594 angewachsen.

Mit der Wirtschaftskrise der 1980er Jahre und der seither verfolgten liberalen Wirtschaftspolitik hat sich die soziale Polarisierung weiter verstärkt. Dies führte auch zu einem Anstieg der Kriminalität, insbesondere der Eigentumsdelikte (Beck 1992). Wie andere Großstädte der Welt bietet auch Mexiko-Stadt günstige Voraussetzungen für das Verbrechen. Am höchsten sind inzwischen allerdings die Kriminalitätsraten in den boomenden Grenzstädten des Nordens, wobei Ciudad Juárez Spitzenreiterin ist. Die Polizei, die sich immer wieder mit Korruptionsvorwürfen konfrontiert sieht, genießt in der mexikanischen Öffentlichkeit nur begrenztes Vertrauen. Wer es sich leisten kann, greift daher zur Selbsthilfe. Dazu gehört der Rückzug vieler Angehörigen der Oberschicht in selbsterrichtete Ghettos. Luxuswohnanlagen werden mit Mauern umgeben und von privat bezahltem Sicherheitspersonal bewacht.

Das explosionsartige Wachstum der Städte, das im Aufstieg von Mexiko-Stadt zur Megalopolis sichtbar wird, äußert sich in einer Ballung von Bevölkerung und wirtschaftlichen Aktivitäten auf engstem Raum. In einem Areal von rund 2500 km^2 leben heute etwa 20 Mio. Menschen. Rund 40 000 Industriebetriebe haben ihren Standort in der mexikanischen Hauptstadt. Rund 3 Mio. Fahrzeuge bestreiten einen Großteil des Verkehrsaufkommens. Die Hyperurbanisierung hat bei der begrenzten ökologischen Belastbarkeit randtropischer Hochländer gravierende, zum Teil irreversible ökologische Schäden verursacht. Die Umweltbelastungen in Mexiko-Stadt erreichen ein für europäische Verhältnisse unvorstellbares Ausmaß. Neben der Verschmutzung der Gewässer und Böden sowie der Zerstörung der natürlichen Vegetation stellt die Schadstoffkonzentration in der Luft das schwerwiegendste Problem für das Überleben von Mensch und Natur dar. Diese wenigen Beispiele machen deutlich, daß die Ballung von Bevölkerung und Industrie im Hochbecken von Mexiko auf Dauer weder ökonomisch noch ökologisch zu verkraften ist.

Die immensen ökologischen Belastungen haben ihre Ursache in dem extremen Flächenverbrauch, den ungenügenden Ver- und Entsorgungssystemen und in den Emissionen von Industrie und Verkehr. Gegen Ende der Kolonialzeit nahm die Stadt Mexiko eine Fläche von 8 km^2 ein, bis zum Jahr 1910 hatte sich das Stadtgebiet auf ein Areal von 40 km^2 ausgedehnt (Abb. 47). Zwischen 1970 und 1990 hat sich in Mexiko-Stadt die bebaute Fläche von 650 km^2 auf 1250 km^2 fast verdoppelt (Musset 1989; Ward 1990). Inzwischen greift das Wachstum auf die benachbarten Verdichtungsräume von Cuernavaca im Süden, Toluca im Westen, Pachuca im Norden und Puebla im Osten über.

Durch die gewaltige Ausdehnung des Großraumes Mexiko auf einen Radius von 100 km steigt das Verkehrsaufkommen in dem zentralmexikanischen Becken immer weiter an. Die Ausdehnung des Siedlungskörpers von Mexiko-Stadt bis an die Gebirgsränder des Hochbeckens stellt für den Ausbau des Leitungsnetzes fast unlösbare Aufgaben. Zur Versorgung der Bevölkerung müssen die Ressourcen immer weiter entfernt liegender Regionen in Anspruch genommen werden. Kraftwerke im 800 km entfernten Chiapas, an der Golfküste von Veracruz und an der Pazifikküste von Guerrero liefern den Großteil der Elektrizität für die Megalopolis. Dennoch bricht die Stromversorgung in der Hauptstadt wegen Überlastung des Netzes immer wieder zusammen.

Inzwischen erstreckt sich das Häusermeer der Superstadt weit über den Bundesdistrikt hinaus in den Estado de México und die Agglomeration greift zusätzlich auf die Bundesstaaten Hidalgo, Tlaxcala, Puebla und Morelos aus. Der Distrito Federal, der ursprünglich die Bundeshauptstadt voll beherbergt hat, umfaßt nur mehr den Kern der Megalopolis und nicht einmal mehr die Hälfte der Einwohner. 1990 umfaßte der offiziell festgelegte Großraum von Mexiko-Stadt, auf den sich auch die Einwohnerzahlen beziehen, neben dem Distrito Federal auch 53 Municipios des Bundesstaates México und ein Municipio aus dem Bundes-

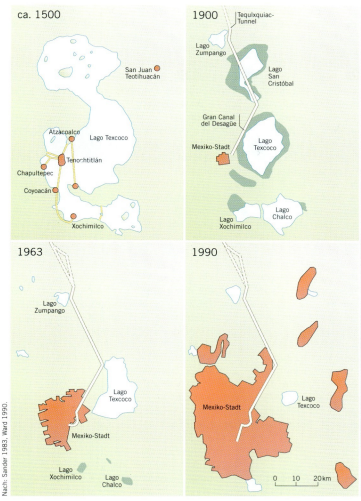

ca. 1500

1900

1963

1990

Abb. 47: Flächenentwicklung von Mexiko-Stadt: *Ursprünglich wurden weite Teile des abflußlosen Beckens von mehreren Binnenseen eingenommen. Auf einer Insel im Texcoco-See gründeten die Azteken ihre Hauptstadt Tenochtitlán. Nach Zerstörung der Stadt errichteten die Spanier an derselben Stelle Mexiko-Stadt. Die Ausdehnung der Hauptstadt Neuspaniens war nur durch eine Entwässerung des Beckens und eine Trockenlegung des Sees möglich. Gegen Ende der Kolonialzeit nahm Mexiko-Stadt 8 km² ein. Mit dem Bevölkerungswachstum ging eine massive Ausdehnung der Stadtfläche einher, die sich bis zum Jahr 1910 auf ein Areal von 40 km² ausgedehnt hatte und von 650 km² im Jahr 1970 auf 1250 km² im Jahr 1990 angewachsen ist.*

Nach: Sander 1983, Ward 1990.

staat Hidalgo. Schon diese Zersplitterung zeigt, daß mit einer Planung und politischen Steuerung auf kommunaler Ebene den Problemen der Megastadt nicht beizukommen ist. In der politischen Praxis wurde die Entwicklung der Hauptstadt bislang am stärksten von der Zentralregierung beeinflußt.

Bis 1997 wurde dies dadurch erleichtert, daß der Gouverneur des Bundesdistriktes (DF) vom Präsidenten ernannt wurde und ihm direkt unterstand. In den Wahlen vom Juli 1997 wurde Cuauhtémoc Cárdenas von der oppositionellen PRD zum Gouverneur des Distrito Federal gewählt. Es bleibt abzuwarten, wie sich dies auf die Mittelzuweisung des Bundes auswirken

wird. Bislang jedenfalls wurde ein Großteil der öffentlichen Mittel in den Bundesdistrikt geleitet, wodurch sich die zentralistischen Strukturen weiter verfestigten. Nach wie vor ist die Bundesregierung die übergeordnete Instanz, die prinzipiell über die Grenzen der Bundesstaaten hinweg die Entwicklung des ausufernden Siedlungskörpers beeinflussen kann. Dennoch stößt das staatliche Handeln schnell an seine Grenzen. Besonders dramatisch zeigte sich die Ohnmacht des Staates nach dem Erdbeben im September 1985, als die Behörden zwei Tage nahezu handlungsunfähig waren (Beck 1992). Diese Katastrophe führte zu einer überwältigenden Organisation von

Selbsthilfe aus allen Schichten der Bevölkerung und schärfte bei den Hauptstadtbewohnern das Bewußtsein für eine Reform der ineffizienten Verwaltung.

Auch in anderen mexikanischen Großstädten türmen sich zusehends ökologische, infrastrukturelle, planerische und soziale Probleme. Besonders gravierend ist die Lage inzwischen in den Ballungsräumen von Guadalajara und Monterrey, wo die Konzentration von Industrie und Wohnbevölkerung zu ähnlichen Problemen geführt hat wie in Mexiko-Stadt. In den Grenzstädten des Nordens verschärft sich wegen des rasanten Wachstums die ökologische und soziale Situation zusehends. Nimmt man die in den USA gelegenen Schwesterstädte hinzu, sind beiderseits der Grenze große Ballungsräume entstanden: Für den Großraum San Diego/Tijuana werden für das Jahr 2000 rund 4,6 Mio. Einwohner prognostiziert, 2 Mio. für das Städtepaar El Paso/Ciudad Juárez, ebenso wie für die Städtekomplexe um Reynosa und Matamoros am unteren Río Grande (Burkard 1992).

In den Ballungsräumen des trockenen Nordens wird insbesondere die Bereitstellung von Trinkwasser immer schwieriger. Schon heute weisen die Grenzstädte darüber hinaus eine außerordentlich hohe Verbrechensrate auf. Hier liegen Schwerpunkte des Drogenhandels und der organisierten Kriminalität.

Das regulierte Chaos

Angesichts der vielen negativen Rekorde mag es überraschen, daß die mexikanischen Städte noch immer „funktionieren". Nach europäischen Maßstäben wären die Agglomerationen Mexikos wohl schon längst unter der Last ihrer massiven Probleme zusammengebrochen. Trotz aller Krisenszenarien und Untergangsprognosen entwickeln die mexikanischen Großstädte, selbst Mexiko-Stadt, in einigen Fällen sogar eine bemerkenswerte Dynamik. Umweltverschmutzung, Armut und Kriminalität sind nur eine Seite des urbanen Mexiko. Daneben halten eine großartige Solidarität, eine beeindruckende Kultur der Selbsthilfe und ein beachtliches Improvisationsvermögen das Leben in den Städten aufrecht. Trotz düsterer Perspektiven begegnet man immer wieder Spuren eines positiven Lebensgefühls.

Ausdruck einer fröhlichen, offenen und gastfreundlichen Grundhaltung sind unter anderem die zahlreichen Fiestas in den Stadtteilen, den Barrios (Beck 1992). Die Einstellung der Menschen und die äußeren Lebensumstände bilden für manchen außenstehenden Betrachter so einen scheinbaren Widerspruch.

Vor diesem Hintergrund relativiert sich auch die Diagnose einer chaotischen Stadtentwicklung. Der Wildwuchs der mexikanischen Städte ist zunächst einmal das Ergebnis einer mangelnden Abstimmung zwischen mehreren Entscheidungsebenen: Investitions- und Standortentscheidungen wurden und werden noch immer auf höchster Ebene getroffen. Vor allem mit der Ansiedlung von Betrieben wurden von der Zentralregierung nicht nur Entwicklungspole, sondern zugleich Magnete für Arbeitsuchende geschaffen. Dies weckt Erwartungen von Zuwanderern, die sich mitunter von der Stadt mehr versprechen als die städtische Ökonomie und Infrastruktur tatsächlich zu leisten imstande sind.

Daß es trotz des Ansturms von Migranten nicht zum Chaos kommt, ist dem komplizierten Zusammenspiel mehrerer Regelsysteme zu verdanken: Staatliche Regulationsinstanzen, der Marktmechanismus und informelle Netzwerke und Steuerungssysteme greifen ineinander. Die staatlichen Instanzen lösen sich dabei in ein Bündel verschiedener Ebenen und Institutionen auf. Lange Zeit war dabei die Ebene der Municipios das schwächste Glied, die Zentralregierung das wichtigste. Über das System der Korporationen bestehen auch Verbindungen zum Markt und zum informellen Sektor, der große Bedeutung für das Überleben vor allem der unteren Bevölkerungsschichten hat. Er umfaßt alle Bereiche von den Erwerbsmöglichkeiten bis hin zur Bereitstellung von Wohnungen und Grundstücken und steht für die flexiblen Problemlösungsstrategien, die das Leben in den Städten ganz entscheidend aufrechterhalten.

Die informelle Stadtentwicklung

Besonders deutlich wird das Funktionieren des „informellen Sektors" im Zusammenhang mit der Lösung des Wohnungsproblemes und der baulichen Entwicklung in den mexikanischen Städten. Für einen Großteil der Bevölkerung ist eine Wohnung oder ein Grundstück auf dem regulären Immobilienmarkt nicht erschwinglich. Seit der Wirtschaftskrise von 1982 hat sich die Situation noch verschärft (Buchhofer/Aguilar 1991). Darüber hinaus ist auch der Personenkreis, der in den Genuß staatlicher Wohnungsprogramme kommen kann, begrenzt. Einkommensgrenzen spielen hier ebenso eine Rolle wie die Zugehörigkeit zu einer offiziellen Berufsorganisation. Übrig bleibt ein großer Personenkreis, der seinen Wohnungs- und Grundstücksbedarf auf andere Weise decken muß. Irreguläre Siedlungen, die sich dem planerischen Zugriff des jeweiligen Municipios entziehen, sind daher in den mexikanischen Städten weit verbreitet. Oft stehen hinter dieser Bautätigkeit nicht, wie oftmals vermutet, spontane Aktionen einzelner Siedler, sondern es handelt sich um ein organisiertes Vorgehen, das informell geregelt wird. Vielfach müssen die Bewohner der Hüttensiedlungen eine Miete oder einen Kaufpreis an den Grundstückseigentümer zahlen.

Der Vorgang der Landbesetzungen und der Entwicklung dieser Siedlungen ist meist ein Prozeß, der bei aller vordergründigen Illegalität einem ausgeklügelten Regelsystem folgt. Anders als in vielen lateinamerikanischen Ländern ist die irreguläre Stadtentwicklung in Mexiko deutlich friedlicher verlaufen, und innerhalb der Städte sind extreme Spannungen meist ausgeblieben. Dies war bisher vor allem deshalb möglich, weil mit dem stadtnahen Ejidoland große Flächenreserven zur Verfügung standen (Siembieda 1996). Durch Landbesetzungen wurden so nur in den seltensten Fällen die Interessen privater Grundstückseigentümer tangiert. Die großzügige Behandlung der Privatisierung von gemeinschaftlichem Eigentum hat in Mexiko Tradition. Bereits die ersten Stadterweiterungen am Ende der Kolonialzeit sind auf dem gemeinschaftlichem Garten- und Weideland erfolgt, das alle Städte Neuspaniens umgab. Und so vollzieht sich mit der Ausdehnung der Städte auch heute nicht nur ein Wandel von einer agrarischen zu einer urbanen Flächennutzung, sondern gleichzeitig eine Transformation vom Gemeindeeigentum der Ejidos in Privateigentum der städtischen Siedler.

Das Ejido-Land war über lange Zeit nicht nur das Sicherheitsventil für eine friedliche Stadtentwicklung, sondern bildet heute eine beträchtliche Flächenreserve in den Ballungsräumen: So hat sich die Flächenerweiterung von Guadalajara zwischen 1980 und 1990 zu zwei Dritteln auf Ejidoland vollzogen. Rund ein Drittel der Siedlungsfläche der Metropolitanregion von Guadalajara liegt auf ehemaligen Ejidoland. Dieser Anteil deckt sich ziemlich genau mit dem Anteil der ursprünglich illegalen Siedlungen, die heute rund 1,2 Mio. Menschen beherbergen (Siembieda 1996). In vielen anderen mexikanischen Großstädten stellt sich die Situation ähnlich dar.

Die „illegale" Stadtentwicklung auf Ejidoland ist weniger ein Zeichen staatlicher Schwäche als vielmehr Ausdruck einer Kultur des Verhandelns, die zur politischen Logik Mexikos gehört. Überdies spart die Landbesetzung als Akt der Selbsthilfe der öffentlichen Hand zunächst eigene Bemühungen. Solange die Behörden offiziell von der Besetzung keine Kenntnis erlangt haben, besteht für sie auch kein Anlaß, für eine Infrastruktur in der rechtlich nicht existierenden neuen Siedlung zu sorgen. Illegale Siedlungen werden so zwangsläufig Teil der „vergessenen Stadt".

Sobald der Vorgang der Besetzung von Ejidoland offenkundig wird, bringt dies den Staat in eine wichtige Vermittlerrolle: Gegenüber den Ejidatarios ist der Staat die Instanz, die auf dem Wege der Enteignung den alten Titel entziehen und über die vorgeschriebene Entschädigung neues Eigentum begründen kann. Die Landbesetzer sind darauf angewiesen, daß sie vom Staat einen Eigentumstitel erhalten.

Auch nach Erlangung des Grundeigentums ist der Weg zur voll legalen, auch planerisch anerkannten Siedlung noch weit. Dies ermöglicht den öffentlichen Stellen, Schritt für Schritt Zugeständnisse zu gewähren, dies allerdings nicht ohne Gegenleistungen: Irgendein Wahltermin steht fast immer an, an dem loyale Wähler gebraucht werden. Meist sind in den legalisierten Spontansiedlungen die Erschließungsbemühungen der Bewohner den Maßnahmen der öffentlichen Hand immer einen Schritt voraus. Dies beginnt schon bei der „illegalen" Elektrifizierung durch Anzapfen von bestehenden Leitungen.

Die Auswirkungen der 1992 erfolgten Änderung des Art. 27 der mexikanischen Verfassung auf den städtischen Bodenmarkt sind in ihrer vollen Tragweite bisher noch nicht abschätzbar (Siembieda 1996). Nachdem die Ejidatarios ihren Grund nun verkaufen können, wird prinzipiell mit einer stärkeren Privatisierung des Bodenmarktes gerechnet. Mit einer Durchdringung der Ejidos durch privates Kapital könnten auch die privaten Investitionen im Immobilienbereich steigen. Diese Perspektive wird allerdings durch mehrere Faktoren relativiert: Der Verkauf von Grundstücken bedarf der Zustimmung der Ejidoversammlung und unterliegt damit einer sozial eingebundenen Entscheidung. Municipios und Estados besitzen bei der Veräußerung von Ejidoland ein Vorkaufsrecht, wodurch die Möglichkeit eines öffentlichen Zugriffs erhalten bleibt. Fragen der Nutzungsplanung und Erschließung werden öffentlich geregelt, was allerdings illegale Siedlungen, zumindest bislang, nicht verhindert hat. Für die beteiligten Ejidatarios und Siedler können auch künftig informelle Regelungen eine unkomplizierte und wirtschaftliche Lösung bleiben, denn auch bisher hat es neben Landbesetzungen solche Geschäfte gegeben. Für ein verstärktes Engagement privater Investoren auf städtischem Ejidoland spricht allerdings die erhöhte Rechtssicherheit durch die Verfassungsreform. In günstigen Lagen und bei lukrativen Projekten ist daher mehr Marktwirtschaft und ein Anstieg der Grundstückspreise durchaus möglich.

Die Überlastung der Infrastruktur

Unter dem Druck des extremen Bevölkerungszuwachses und angesichts begrenzter Mittel der öffentlichen Hand bestehen in vielen mexikanischen Großstädten heute gravierende Mängel im Bereich der städtischen Infrastruktur. In Mexiko-Stadt ist diese längst an die Grenzen ihrer Leistungsfähigkeit gestoßen. Bei der Infrastrukturausstattung zeigen sich erhebliche Unterschiede zwischen den Vierteln der Oberschicht und der Unterschicht. Angesichts dieser Disparitäten kann durchaus berechtigt von einer „Divided City" gesprochen werden.

Neben dem Wohnraumproblem gehören die Wasserversorgung und die Abwasserbeseitigung zu den gravierenden Infrastrukturproblemen. Die Wasserreserven des semihumiden randtropischen Hochbeckens sind begrenzt. Die jahreszeitliche Verteilung der mittleren jährlichen Niederschlagsmenge ist für die Wasserversorgung nicht günstig. Die Starkniederschläge der sommerlichen Regenzeit führen häufig zu Überschwemmungen und müssen ungenutzt abfließen, während in der Trockenzeit immer wieder Wasserengpässe auftreten (Bild 41). Durch die Zerstörung der natürlichen Vegetation wurde die Speicherung von Niederschlägen reduziert und der schnelle Oberflächenabfluß erhöht.

Um die wachsende Metropole mit Wasser zu versorgen, muß schon seit längerem auf die Reserven der benachbarten Hochbecken und Hochtäler zurückgegriffen werden. Der durchschnittliche Wasserbedarf von rund 64 m^3/s wird zu zwei Dritteln (44 m^3/s) aus dem Hochbecken von Mexiko und zu einem Drittel (20 m^3/s) aus dem näheren und weiteren Umland gedeckt. Die übermäßige Grundwasserentnahme hat zu einer massiven Absenkung des Grundwassers im Hochbecken von Mexiko geführt, wo Brunnen bis auf 500 m abgesenkt werden mußten (Sander 1990).

Der Aufwand für die Erschließung immer weiter entfernt liegender Wassergewinnungsanlagen ist beträchtlich. Die Fernwasserleitungen werden länger, die zu überwindenden Höhenunterschiede größer und die zu überschreitenden Gebirgskämme immer zahlreicher. Trotz umfangreicher Investitionen ist rund ein Drittel der Hauptstadtbevölkerung nicht an die zentrale Wasserversorgung angeschlossen. Betroffen sind hiervon vor allem die Elendssiedlungen, die sich am Stadtrand immer weiter an den Gebirgshängen hinaufschieben. In vielen dieser Elendsgebiete erfolgt die Wasserlieferung mit Tankwagen. Selbst dort, wo es Leitungen gibt, besitzt die „Brühe" aus dem Hahn vielfach keine Trinkwasserqualität, so daß der Kauf von gereinigtem Wasser (aqua purificada), das meist in Glasbehältern angeliefert wird, unerläßlich ist.

Noch gravierender als die Wasserversorgung sind die Abwasserprobleme. Rund 70 % der Wohnungen verfügen über einen

Bild 41: Wassertanks auf Wohngebäuden in Vallejo (Mexiko-Stadt): *Um die Schwankungen und Ausfälle im Leitungsnetz auszugleichen, errichten die Haushalte Vorratsbehälter auf den Dächern.*

Kanalanschluß. Doch der Großteil der Abwässer aus den Haushalten bleibt weitgehend ungeklärt und wird über den großen Entwässerungskanal (Gran Canal de Desagüe) in das Einzugsgebiet des Río Panuco nördlich des Hochbeckens von Mexiko geleitet. Im Rahmen des Sanierungsprojektes Texcoco-See wurden Kläranlagen mit einer Kapazität von 7 m³/s errichtet (Sander 1990). Damit kann jedoch nur ein Bruchteil des erfaßten Abwasserausstoßes von rund 50 m³/s gereinigt werden. Die damit verbundene Gewässerbelastung und die sanitären Mißstände sind offenkundig. In Neza münden die ungeklärten Abwässer in offenen Kanälen in die Reste des Texcoco-Sees.

Zusammen mit ungeordneten Müllhalden bilden die ungeklärten Abwässer eine Brutstätte für Krankheiten und Epidemien. Die hygienischen Verhältnisse im Bereich des Texcoco-Sees und seiner ausgetrockneten Ufer sind katastrophal und unzumutbar. Der weitgehend ausgetrocknete und verseuchte Boden des Sees ist auch das Herkunftsgebiet der gefürchteten Staubstürme (Tolvaneras), die den Schmutz und Staub mitsamt den Krankheitskeimen über die ganze Stadt verteilen. Diese Staubstür-

me werden vorwiegend im Winter durch Nortes mit ihren Kaltlufteinbrüchen über die vegetationslosen Salz- und Staubebenen im Uferbereich des Texcoco-Sees ausgelöst.

Die Verkehrssysteme sind als Folge einer rasanten Motorisierung der wachsenden Bevölkerung an die Grenzen ihrer Leistungsfähigkeit gestoßen. In Mexiko-Stadt gibt es rund 3 Mio. Kraftfahrzeuge (Stat. Bundesamt 1995). Der großen und weiter zunehmenden Verkehrsdichte stehen unzureichende Verkehrssysteme gegenüber, die trotz gewaltiger Anstrengungen beim Ausbau des öffentlichen Personennahverkehrs und der massiven Erweiterung des Straßennetzes hoffnungslos überlastet sind. Mehr als 4 Mio. Fahrgäste benutzen pro Tag in Mexiko-Stadt die Metro. Überfüllte U-Bahnen und Omnibusse, verstopfte Straßen in der Innenstadt und ständige Staus auf den Stadtautobahnen sind an der Tagesordnung und lassen den Großstadtverkehr immer wieder zusammenbrechen.

Busse, Kleinbusse und Taxis, ganz abgesehen von den privaten Fahrzeugen, können die Transportprobleme nicht mehr lösen. Auch Einbahnstraßenregelungen im

Bild 42: Kreuzung des äußeren Ringes (Periférico) mit der Avenida Palmas (Mexiko-Stadt): *Die Lösung der innerstädtischen Verkehrsprobleme erfordert nicht nur hohe Investitionen, sondern ist auch mit einem extremen Flächenverbrauch verbunden.*

innerstädtischen Quadratschema und Diagonalstraßen konnten hier keine dauerhafte Abhilfe schaffen. Selbst die seit den 1950er Jahren angelegten großzügigen Stadtautobahnen können die Masse der Fahrzeuge zu den Stoßzeiten nicht mehr bewältigen. In Mexiko-Stadt wurden in den 1950er Jahren vier- bis sechsspurige Viaductos auf eingerohrten ehemaligen Kanälen quer durch die Stadt mit einem peripheren Autobahnring (Periférico) verbunden (Bild 42). Dieses System wird durch einen kreuzungsfreien inneren Ring (Circuito Interior) sowie durch ein Netz von berechtigten Straßen (Ejes Viales) ergänzt, die als breite Einbahnstraßen mit vier bis acht Spuren den Verkehr möglichst kreuzungsfrei bewältigen sollen.

Ökologische Folgen der Hyperurbanisierung

Mexiko-Stadt befindet sich im Südteil des mexikanischen Hochlandes (Meseta), das sich zwischen den beiden Hauptkordilleren der Sierra Madre Oriental und Occidental von der mexikanischen Nordgrenze bis zur jungvulkanischen Kordillere (Sierra Neovolcánica Transversal) erstreckt. Die Metropole liegt am nördlichen Rand der Tropen zwischen 19° und 20° nördlicher Breite und damit im Bereich der wechselfeuchten äußeren Tropen im Einflußgebiet des Nordostpassates. Klimaökologisch gesehen, ist dies eine Gunstlage zwischen dem randtropisch-subtropischen Trockengürtel im Norden Mexikos und den immerfeuchten Tropen im Südosten, mit einer sommerlichen Regenzeit von Mai bis Oktober und einer winterlichen Trockenzeit von November bis April. Mit rund 2250 m Höhe liegt Mexiko-Stadt noch in der thermisch begünstigten unteren Stufe des kühlgemäßigten Höhenstockwerks (tierra fría).

Mexiko-Stadt ist in einem intramontanen Becken der jungvulkanischen Kordillere gelegen. Das Hochbecken oder Valle de México wird allseits von vulkanischen Gebirgszügen eingerahmt, der Sierra Nevada und Sierra Río Frío im Osten, der Sierra de las Cruces im Westen und der Sierra de Ajusco im Süden und der Sierra de Guadalupe im Norden. Sie trennen das Hochbecken von Mexiko von den Hochbecken von Puebla, Toluca und Cuernavaca. In der Sierra Nevada, die Mexiko von Puebla trennt, werden in den schnee- und eisbedeckten Vulkanbergen von Popocatépetl (5452 m) und Iztaccíhuatl (5286 m) nach dem Pico de Orizaba mit 5747 m die höchsten Erhebungen von Mexiko erreicht.

Ursprünglich war das Hochbecken von Mexiko von mehreren Seen eingenommen, deren größter der Texcoco-See war (Abb. 47). Es stellt ein von Natur aus abflußloses Becken dar, und die Ausdehnung der kolonialzeitlichen Stadt war nur durch künstliche Entwässerung und Trockenlegung des Texcoco-Sees möglich. Hierzu wurde schon frühzeitig (1608) mit dem Bau eines Entwässerungskanals (Gran Canal de Desagüe) begonnen, der das Wasser in einem Tunnel durch die umrahmenden Berge im Norden in das Einzugsgebiet des Río Panuco führt. Durch dieses Entwässerungsprojekt konnten die häufigen und katastrophalen Überschwemmungen, die mit den Seespiegelschwankungen zwischen der Regenzeit und Trockenzeit verbunden waren, reduziert werden.

Die aufgrund der Lage im See ohnehin bestehende Überschwemmungsgefahr wurde durch Eingriffe des Menschen im Laufe der Zeit beträchtlich erhöht. Abholzung und Überweidung führten zur Zerstörung der Wälder und zu einer Degradierung der natürlichen Vegetation der Gebirgshänge. Mit dem erhöhten Oberflächenabfluß war starke Bodenerosion und Hangabtragung verbunden, die zu beträchtlichen Anlandungen und einer Aufhöhung des Seebodens um mehrere Meter geführt haben. Dagegen ist es im Stadtgebiet durch Grundwasserabsenkungen und die Verdichtung des Seesediments unter der Last der Bebauung zu beträchtlichen Sackungen und damit zu einer Absenkung der Oberfläche gekommen. Der auf diese Weise gestiegenen Überflutungsgefahr aufgrund des dadurch entstandenen Gefälles hin zum Stadtgebiet konnte nur durch die Anlage von Entwässerungskanälen begegnet werden.

Die stadtklimatische Situation von Mexiko-Stadt ist gekennzeichnet durch drei Belastungsfaktoren: die Beckenlage, Passat-Inversionen, Kaltlufteinbrüche (Nortes). Eine massive Bebauung und Versiegelung der Geländeoberfläche hat zu einer Modifikation des Strahlungs- und Wärmehaushaltes geführt. Die massiven und exorbitant hohen Schadstoffemissionen bewirken eine extreme Verschmutzung. Das Zusammenwirken dieser beiden Faktoren führt zu gravierenden lufthygienischen Belastungen in der weitgehend geschlossenen Kessellage. Bei den häufigen Inversionswetterlagen kommt es zu einer Umkehrung der Temperaturschichtung mit einer warmen Luftschicht als Sperrschicht über einer bodennahen Kaltluftschicht. Dadurch wird ein vertikaler Luftmassenaustausch verhindert, so daß Schadstoffe aus der bodennahen Luftschicht nicht abtransportiert werden können und sich bedenklich anreichern. In Mexiko-Stadt bilden Verkehr und Industrie die wichtigsten Schadstoff-Emittenten. Die stärkste Belastung geht vom Kfz-Verkehr aus, der 75 % der Luftverschmutzung verursacht, während die Emissionen der Industriebetriebe mit 20 % angegeben werden. Daß allein eine Raffinerie und zwei Elektrizitätswerke Mitte der 1990er Jahre 330 Tonnen Schwefeldioxid pro Tag ausgestoßen haben (WBGU 1997), verdeutlicht das Ausmaß der Belastung. Die gesamten täglichen Schadstoff-Emissionen werden mit rund 10 000 t angegeben, wobei das Kohlenmonoxid mit 7100 t überwiegt (Tab. 31).

Da sich die Industriebetriebe im Norden der Stadt konzentrieren, werden ihre Emis-

Jahresemission 1989 in Tonnen Schadstoffe	Schadstoffquellen			
	Verkehr	sonstige	Industrie	Kraftwerke
Kohlenmonoxid	2 853 778	27 362	16 282	53 205
Kohlenwasserstoffe	300 380	199 776	40 102	31 843
Staubpartikel	9 549	*423 640	12 711	4 699
Schwefeldioxid	44 774	131	87 792	73 028
Stickoxide	133 691	931	32 871	9 846
insgesamt	**3 342 172**	**651 840**	**189 758**	**172 621**

* darunter auch Auswehungen durch Staubstürme

Tab.31: Quellen der Luftverschmutzung in Mexiko-Stadt

Daten: Statistisches Bundesamt 1995

Bild 43: Großstadtsilhouette im Smog (Mexiko-Stadt): *Die rund 3 Mio. Kraftfahrzeuge bilden die Hauptursache der Luftverschmutzung in Mexiko-Stadt. An den meisten Tagen im Jahr, besonders in der Trockenzeit, hüllt der berüchtigte Mexiko-Smog aus Staub und Abgasen die Großstadtsilhouette in einen Grauschleier.*

sionen von den vorherrschenden Nord- und Nordostwinden, die durch das nördliche Einfallstor in das Hochbecken eintreten können, über die ganze Stadt verteilt. Unter dem Einfluß der starken Sonneneinstrahlung im randtropischen Hochland entsteht aus den Abgasen der schlecht verbrennenden Motoren und den ungefilterten Abgasen der Industriebetriebe ein gefährlicher und dichter Fotosmog (Bild 43).

Stadtstrukturen und Stadtentwicklung

Vielfalt und Überlagerung
Die sozialräumliche Grundstruktur der Großstädte läßt sich in Mexiko wie in ganz Lateinamerika durch eine Überlagerung von drei Ordnungsprinzipien kennzeichnen (Bähr/Mertins 1995): ein ringförmiges Muster im Bereich der Innenstadt, sektorenförmige Strukturen sowie eine zellenförmige Gliederung. Hinzu kommt eine ausgeprägte Asymmetrie, nach der die meisten mexikanischen Großstädte noch heute, von der Innenstadt beginnend bis an die Ränder, eine „schöne" und eine „häßliche" Seite aufweisen.

Die ringförmige Struktur im Bereich der Innenstädte mit einem zentral-peripheren Sozialgradienten löst sich heute in vielen Städten auf. Da allerdings die historische Bausubstanz diesem Muster folgt, befinden sich in einigen Randbereichen der Innenstädte neben Mischzonen und Übergangsgebieten ausgesprochene innerstädtische Elendsgürtel. Ein Beispiel hierfür bildet der Gürtel punktförmiger Hüttensiedlungen (ciudades pérdidas), der sich um die Altstadt von Mexiko-Stadt zieht. In den 1970er Jahren lebten dort über 100 000 Menschen unter extrem schlechten sanitären Bedingungen (Ward 1990).

Dieses ringförmige Auftreten innerstädtischer Elendsquartiere weist wegen des punktförmigen Auftretens der einzelnen Hüttensiedlungen bereits zellenförmige Strukturen auf, die bei den innerstädti-

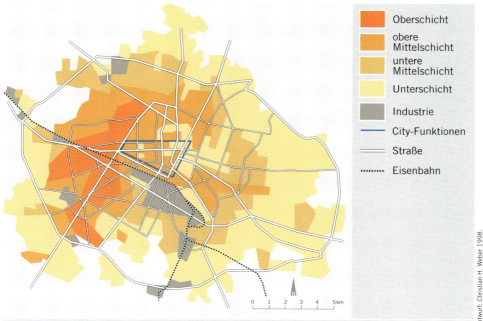

▮	Oberschicht
▮	obere Mittelschicht
▮	untere Mittelschicht
▮	Unterschicht
▮	Industrie
—	City-Funktionen
═	Straße
....	Eisenbahn

0 1 2 3 4 5km

Abb. 48: Sozialräumliche Gliederung von Guadalajara 1990: Bei einer Auflösung nach Quartieren (AGEB) lassen sich anhand der Zensusdaten über den Bildungsgrad, das Einkommen und die Wohnverhältnisse die bevorzugten Wohngebiete unterschiedlicher Sozialschichten ermitteln. Dabei ergeben sich ringförmige, sektorale und zellenförmige Strukturen sowie eine auffallende Asymmetrie.

Daten: INEGI 1992. Entwurf: Christian H. Weber 1998.

schen Massenquartieren in alten Patiohäusern und Mietskasernen noch deutlicher hervortreten. Am ausgeprägtesten sind diese Muster an den Rändern der mexikanischen Großstädte. Vielfach abgesetzt vom Siedlungskörper der Stadt finden sich informelle Hüttensiedlungen, Anlagen des sozialen Wohnungsbaus und Oberschichtenviertel. Nicht selten liegen sogar Hüttensiedlungen in unmittelbarer Nachbarschaft zu einem Villengebiet.

Die sektorale Struktur der mexikanischen Großstädte wird vor allem durch die Industriezonen und die bevorzugten Ausbreitungsrichtungen der gehobenen Wohnviertel geprägt. Die Sektoren der Industriesiedlung werden dabei von Eisenbahnlinien und Hauptverkehrsstraßen vorgezeichnet. Die Wohnstandorte der Oberschicht orientieren sich vielfach am Verlauf von Boulevards und Prachtstraßen.

Dieses Muster zeigt sich in seinen Grundzügen, wenn soziale Indikatoren aus dem Zensus von 1990 auf die Stadtquar-

tiere von Guadalajara übertragen werden (Abb. 48). Auch die sozialräumliche Gliederung von Mexiko-Stadt läßt ringförmige, sektorale und zellenförmige Strukturen erkennen. Im Westen, Südwesten und Süden der Stadt befinden sich auf den Hängen der das Becken von Mexiko umgebenden Gebirgszüge vornehme Wohnviertel. Den Ausgangspunkt für diese Villensiedlungen bildeten ehemalige Dörfer und Klosteranlagen, die bereits im 19. Jh. Sommersitze der Städter beherbergten. In den tiefen Taleinschnitten (Barrancas) haben sich in unmittelbarer Nachbarschaft zur Oberschicht Hüttenviertel gebildet.

In einem Ring von zwei bis fünf Kilometern Abstand um die historische Innenstadt liegen die alten Wohnviertel der unteren Einkommensklassen. In der Innenstadt wohnen sowohl unterste als auch mittlere Einkommensschichten (Bild 44). Die ärmsten Viertel liegen im Osten und im Norden der Stadt. Hier ist die sozialräumliche Gliederung weniger kleinteilig. Die aufgrund des

Bild 44: Mittelschichtviertel der Colonia Condessa (Mexiko-Stadt): *Im Zuge der Suburbanisierung sind am südlichen und südwestlichen Stadtrand von Mexiko-Stadt Wohnviertel der Mittelschicht entstanden.*

Reliefs hier flächenhaft ausgeprägte Industrie- und Gewerbezone hat auch in diesem Bereich zu einer flächigen Siedlungsstruktur geführt.

Der gesamte Osten der Stadt, insbesondere der Uferbereich des Texcoco-Sees, ist sozial sehr niedrig bewertet. Hier kommt es zu Überschwemmungen, laufen Abwässer zusammen und treten bei Trockenheit Staubstürme auf. Im Norden finden sich vereinzelte Wohngebiete der oberen Mittelschicht, die wie Ciudad Satélite als Subzentren oder Trabantenstädte angelegt worden sind (Ward 1990).

Die vielschichtigen und komplexen Strukturen der mexikanischen Großstädte sind das Ergebnis von Prozessen, bei denen Maßnahmen der öffentlichen Hand ebenso eine Rolle spielen wie Marktkräfte und informelle Vorgänge. Seit Ende der Kolonialzeit hat sich die allumfassende Bedeutung der öffentlichen Planung für die Stadtentwicklung relativiert. Insbesondere zu den Rändern hin nimmt der ordnende Einfluß des Staates deutlich ab. Entlang den Hauptachsen und Sektoren der Erschließung und baulichen Entwicklung spielen die Kräfte des Bodenmarktes

eine dominierende Rolle. Informelle Prozesse prägen die Nutzungen in den Nischen und an den Rändern. Im Gesamtsystem der Stadt greifen der öffentliche Sektor, der Markt und der informelle Bereich auf vielfältige Weise ineinander.

Die regelmäßige Stadtanlage
Kennzeichnend für die Städte in Hispanoamerika ist ihr regelmäßiger, schachbrettartiger Grundriß. Dieses streng geometrische Muster prägt bis heute die Struktur der meisten mexikanischen Städte unterschiedlicher Größe (Bild 45). Ausnahmen sind bereits in der Kolonialzeit in einigen Bergbaustädten wie Zacatecas, Guanajuato und Taxco erfolgt. Diese in bergigem Gelände gelegenen Städte erhalten ihren besonderen Reiz durch ein verschlungenes Netz von Straßen, die Taleinschnitten folgen und sich an den Hängen hinaufziehen. Das unruhig gewellte Relief erschwerte die Anlage einer schematischen Siedlung, deren impulsive Entwicklung vielfach die Möglichkeiten einer geordneten Planung überschritt.

Der Einfluß der Schriften des römischen Stadtbaumeisters Vitruvius Pollio auf die

Bild 45: Blick auf den Zócalo (Mexiko-Stadt): *An der Stelle des zerstörten Tenochtitlán errichteten die Spanier 1521 im Texcoco-See im Schachbrettmuster die Ciudad de México als Hauptstadt des Vizekönigreiches Neuspanien.*

Anlage der spanischen Kolonialstadt in Amerika war weitaus geringer als zeitweise von der Stadtgeographie angenommen wurde (Bähr/Mertins 1995). Erst ab 1556 ist eine Wirkung von Vitruv auf die königlichen Anordnungen überhaupt in Betracht zu ziehen, eine nachweisliche wörtliche Übernahme einzelner Passagen ist erst 1573 erfolgt. Damals waren aber die wichtigsten Gründungen bereits vorgenommen worden.

In den Gebieten Neuspaniens, die zu Mesoamerika gehörten, konnten die Spanier am Bauplan der ebenfalls geometrisch angelegten Städte der indianischen Hochkulturen anknüpfen. Für weite Teile Zentralmexikos konnten Tichy (1974) und Tyrakowski (1989) eine Kontinuität indianischer Muster in den Grundrissen von Städten und Dörfern überzeugend nachweisen. Die Städte der mesoamerikanischen Hochkulturen weisen eine regelmäßige, streng geometrische Anlage auf. Das Bild der Städte wird geprägt von Stufenpyramiden, die auf der obersten Ebene einen Tempel tragen und sich um einen Zeremonialplatz gruppieren. Den Kern dieser Orte bildet ein religiös-zeremonielles Zentrum,

um das sich Pyramiden und Paläste gruppieren. Die noch heute für die Stadtstruktur typische Plaza hat also auch vorspanische Wurzeln. Die bisherigen archäologischen Befunde deuten auf ein zentral-peripheres Gefälle in den mesoamerikanischen Städten hin, das sich in der Größe und der Ausstattung der Gebäude äußert.

Obwohl bei der Eroberung im Jahr 1521 Tenochtitlán im wahrsten Sinne des Wortes dem Erdboden gleichgemacht worden war, haben die Spanier bei der Neuanlage der Stadt Mexiko die Grundstruktur der Aztekenmetropole beibehalten. Nach der Legende hatten die Méxica im Jahr 1325 auf einer Insel im Texcoco-See ihre Hauptstadt Tenochtitlán gegründet, das bald zum Zentrum des aztekischen Tributimperiums aufstieg. Die Hauptstadt bestand aus dem größeren Tenochtitlán und dem kleineren Tlatelolco. Über die Bevölkerungszahl gibt es verschiedene Angaben, die zwischen 150 000 und 300 000 schwanken. Beide Städte, die zu einem Siedlungskörper zusammengewachsen waren, erstreckten sich über eine Fläche von 13 km^2. Es bestand ein deutlicher Dichtegradient vom Zentrum nach außen. Die Inselstadt war über Dammstraßen mit dem Festland verbunden. Die Stadt war von Kanälen durchzogen, die als Hauptverkehrswege dienten. Noch heute zeichnen sich in den Hauptstraßen von Mexiko-Stadt die einstigen Dammstraßen und die zugeschütteten Kanäle Tenochtitláns ab. Wo einst der Palast von Motecuzoma II. stand, entwickelte sich aus einem Stadtpalais von Cortés die Residenz der Vizekönige, die heute Amtssitz des mexikanischen Präsidenten ist. Damit hat der zentrale Platz von Mexiko über die Jahrhunderte seine Funktion und Symbolik als Zentrum der Macht behalten. An der Stelle der zentralen Tempel wurden Kirchen mit Plätzen errichtet.

Wo die Spanier neue Städte im Schachbrettschema anlegten, konnten sie auf mittelalterliche Vorbilder aus ihrer Heimat zurückgreifen. Konetzke (1965) betont, daß weder ein Rückgriff auf die antike Literatur noch eine Anknüpfung an die längst überbauten römischen Stadtanlagen in Spanien erforderlich sei, um die planmäßige Anlage der spanischen Kolonialstädte zu erklären. Im spätmittelalterlichen Spanien waren im Zuge der Reconquista im Schachbrettmuster Städte angelegt worden, und auch bei den Kolonisationen in Südfrankreich und Ostdeutschland bediente man sich solcher Anlagen.

Darüber hinaus entsprach die streng geordnete Stadtanlage den urbanistischen Vorstellungen der italienischen Renaissance, die durch griechisch-römische Vorbilder beeinflußt waren (Bähr/Mertins 1995). Eine wesentliche Rolle spielen aber auch pragmatische Gründe: Das Schachbrettmuster bietet einen einfachen, überall rasch anwendbaren Grundriß, der für Erweiterungen offen ist und sich somit als dauerhaftes Ordnungsprinzip erweist. Die leichte Handhabung und die unbegrenzten Möglichkeiten der Stadterweiterung führten über lange Zeit zu einer schablonenhaften und starren Anwendung des Schachbrettplanes.

Die Struktur der spanischen Kolonialstadt

Schon 1513 waren von der spanischen Regierung allgemeine Richtlinien für die Stadtanlage in der Neuen Welt erlassen worden. In den Ordonanzen Philipps II. aus dem Jahre 1573 wurden die Bestimmungen über den Städtebau in Amerika dann zusammengefaßt und 1680 in das koloniale Gesetzbuch übernommen. Nach den königlichen Instruktionen wurden die Städte in Neuspanien im streng geometrischen Schachbrettgrundriß mit parallelen und sich rechtwinklig schneidenden Straßen angelegt (Abb. 49). In der Mitte dieses Koordinatensystems liegt die Plaza Mayor, der Hauptplatz, schon rein optisch der beherrschende Mittelpunkt der Stadt. Das unbebaute Quadrat der zentralen Plaza diente nicht als Marktplatz, sondern erfüllte in erster Linie repräsentative Funktionen und war eine Stätte der Begegnung und des Austausches der Stadtbewohner (Borsdorf 1986). Der Warenhandel fand in der Kolonialzeit vorzugsweise in Markthallen statt, die sich am Stadtrand befanden.

Die vier Seiten der zentralen Plaza wurden von den wichtigsten öffentlichen und privaten Repräsentationsbauten umschlossen: Neben dem Regierungspalast, dem Gerichtsgebäude, der Kathedrale, dem Rathaus, dem Hospital und der Schule befinden sich hier prunkvolle Adelspaläste oder vornehme Bürgerhäuser. Oft besaßen die Häuser an der Plaza schattenspendende Arkaden an der Frontseite, unter denen sich Verkaufsstände befanden. In Klein- und Mittelstädten existiert meist nur eine Plaza, in Großstädten können mehrere auftreten. Ausgehend von den Ecken der Plaza wurden vier oder acht Straßen angelegt, die im rechten Winkel in jede Himmelsrichtung streben. Dieses gleichmäßige Straßennetz stellte das Grundgerüst der übrigen Stadt dar, deren Einteilung in Quadrate mit gleich großen Seitenlängen von ungefähr 100 m und in gleich große Baublöcke (Quadras) erfolgte, die in Solares aufgeteilt wurden.

In den von der Plaza ausgehenden Straßenzügen schlossen sich die Palais und Prachtbauten der vornehmen und reichen Familien an. Nach außen folgen die Wohnviertel der Mittel- und Unterschicht. Die Geschoßhöhe, die architektonische Qualität und die Ausstattung der Gebäude entsprachen dabei dem zentral-peripheren Sozialgefälle. Mit ihrer konzentrisch verlaufenden funktional-sozialräumlichen Gliederung von der Plaza Mayor hin zu den Rändern bietet die kolonialspanische Stadt ein Musterbeispiel für das typische Kern-

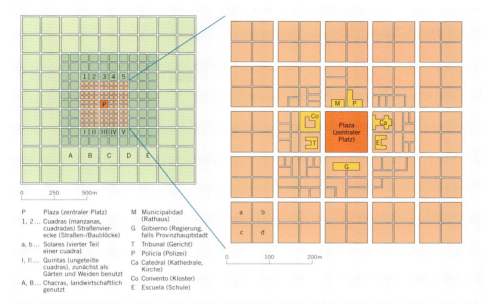

P Plaza (zentraler Platz)

1, 2... Cuadras (manzanas, cuadradas) Straßenvierecke (Straßen-/Baublöcke)

a, b... Solares (vierter Teil einer cuadra)

I, II... Quintas (ungeteilte cuadras), zunächst als Gärten und Weiden benutzt

A, B... Chacras, landwirtschaftlich genutzt

M Municipalidad (Rathaus)

G Gobierno (Regierung, falls Provinzhauptstadt

T Tribunal (Gericht)

P Policía (Polizei)

Ca Catedral (Kathedrale, Kirche)

Co Convento (Kloster)

E Escuela (Schule)

Abb. 49: Idealplan einer spanischen Kolonialstadt: *Die spanischen Kolonialstädte wurden streng geometrisch im Schachbrettmuster angelegt. Nur einige Bergbaustädte weichen von diesem Schema ab.*

Rand-Sozialgefälle der vorindustriellen Stadt (Bähr/Mertins 1995).

Der Eindruck einer kompakten Bauweise der kolonialzeitlichen Städte entsteht durch die nahtlos aneinander gebauten Häuser. Bei der Gestaltung der Bürger- und Patrizierhäuser lehnte man sich an römische und arabische Vorbilder an. Als bewußte Abschirmung von der Außenwelt bildete ein von Säulen und Galerien umschlossener Innenhof (Patio) den Kern dieser Häuser. Was die Plaza für die Bürgerschaft war, das war für das Familienleben der zentrale Patio des Hauses (Wilhelmy/ Borsdorf 1984). Die meisten spanischen Bürgerhäuser besaßen zwei Innenhöfe: Um den vorderen gruppierten sich die Wohn- und um den hinteren die Wirtschaftsräume. Abgesehen von einigen Patrizierhäusern in der Nähe der zentralen Plaza waren die Häuser in den spanischen Kolonialstädten eingeschossig.

In der Kolonialzeit sind die Städte nur mäßig gewachsen. Die Einwohnerzahl von Mexiko-Stadt erholte sich nach der Zerstörung von Tenochtitlán nur sehr langsam: 1524 lebten 30 000 Einwohner auf einer Fläche von 2,7 km². 1600 hatte die Stadt 58 000 Einwohner, im Jahr 1700 105 000 Einwohner und 1800 137 000 Einwohner. Die Fläche der Stadt hatte sich während der drei Jahrhunderte der Kolonialzeit auf etwa 8 km² verdreifacht (Sander 1983). In den Städten Mexikos, die eher abseits der dynamischen wirtschaftlichen und sozialen Veränderungen lagen, hat sich die koloniale Architektur und teilweise auch die funktionale und soziale Gliederung der Kolonialstadt bis heute weitgehend erhalten. Dies gilt vor allem für Klein- und Mittelstädte. Aber auch in Provinzhauptstädten, die zeitweise von der wirtschaftlichen Entwicklung abgehängt waren, wie Oaxaca, Guanajuato oder Zacatecas, blieb die historische Bausubstanz nahezu völlig erhalten.

Wegen des Charmes seiner Kolonialstädte ist Mexiko heute das „Italien" der Nordamerikaner. Schon früh hatte der US-Amerikaner William Spratling den Zauber von Taxco entdeckt, das bereits 1928 von der mexikanischen Regierung unter Schutz gestellt wurde (Gormsen 1995). Heute werden große Anstrengungen unternommen, um die kolonialen Innenstädte als

Ziele für den nationalen und internationalen Tourismus zu erhalten und auszubauen. In vielen Großstädten gestaltet sich dies als ein schweres Unterfangen, weil seit dem 19. Jh. gravierende Änderungen im Stadtgefüge erfolgt sind.

Der Stadtausbau im 19. Jahrhundert

Im 19. Jh. erfolgte zunächst nur ein behutsamer Stadtausbau, der vor allem in der Hauptstadt, aber auch anderen Großstädten wie Puebla und Guadalajara einen allmählichen Wandel in der funktionalen und sozialen Struktur einleitete. Es kam zu einer langsamen Erweiterung und Modernisierung der kolonialspanischen Stadt, wobei das kolonialzeitliche Grundmuster noch weitgehend beibehalten wurde. Mit der Übernahme von Planungsmustern aus Europa erfolgte allerdings schon eine gewisse Auflösung des strengen Schachbrettmusters. Mit der Anlage von Parks und Prachtstraßen folgte man dem städtebaulichen Muster der europäischen Metropolen. So entstand zum Beispiel in Mexiko-Stadt am Rand des kolonialen Zentrums der Alameda-Park, eine große Grünanlage, die sich über mehrere Quadras erstreckt.

Kaiser Maximilian (1864–1867) ließ nach dem Vorbild von Paris und Wien mit dem Bau eines Boulevard zwischen dem historischen Zentrum und dem Chapultepec-Schloß beginnen, der 1877 als Paseo de la Reforma fertiggestellt wurde. Dieser ist heute eine rund 60 m breite, mit Grünstreifen und Bäumen aufgewertete Prachtstraße, die sich über mehrere Kilometer erstreckt und deren Kreuzungen mit Nebenstraßen als kunstvolle Gloriettas gestaltet sind. Zu den großen diagonal das Schachbrettmuster querenden Prachtstraßen gehört auch die Avenida de los Insurgentes, welche die Stadt in ganzer Länge über 30 km von Süd nach Nord durchläuft. Durch diese Leitlinien war die Richtung für die Anlage von Villenvierteln und die spätere City-Erweiterung vorgezeichnet.

Schon im 19. Jh. setzte in Mexiko ein Funktionswandel im Kern der Kolonialstadt ein. Allmählich expandierten in Zentrumsnähe Geschäfte und deckten ihre wachsenden Flächenansprüche zunächst durch die Überdachung von Patiohäusern, die damit ihre Wohnfunktion einbüßten. Dieser Funktionswandel wurde dadurch erleichtert, daß einige Angehörige der Oberschicht inzwischen Wohnstandorte an einem der prestigeträchtigen Boulevards vorzogen. Die Villa mit Park löste zusehends das Patiohaus als Residenz ab. Damit war der schrittweise Standortwechsel der Oberschicht an den Stadtrand entlang bestimmter Achsen bereits eingeleitet. Eine Umkehr des zentral-peripheren Sozialgradienten der Kolonialstadt zeichnet sich ab.

Gleichzeitig mit den Prachtstraßen und Villenvierteln entstanden auf der gegenüberliegenden Seite der Innenstadt erste Industrieansiedlungen, die zusammen mit dem Eisenbahnbau die wichtigsten Impulse für die Stadtentwicklung im 19. Jh. bilden. Die Schwerpunkte der ersten Industrialisierung lagen im Umfeld der Bahnhöfe. In Mexiko-Stadt war dies im Norden und Osten der Altstadt, wo die Schienenverbindungen in die USA und nach Veracruz ihren Ausgang nehmen. In der Nähe der Fabriken sind auch die ersten Arbeitersiedlungen entstanden, die einen Kern der innerstädtischen Quartiere der Mittel- und Unterschicht bilden. Ein Teil der innerstädtischen Elendsquartiere (Vecindades) befindet sich noch heute in den Massenquartieren, die um die Jahrhundertwende errichtet worden sind.

Die Teilung in eine „vornehme" und in eine „schmutzige" Hälfte hat sich in der zweiten Hälfte des 19. Jh.s nicht nur in Mexiko-Stadt, sondern in den meisten Großstädten Mexikos und Lateinamerikas vollzogen. Damit waren die Weichen für eine ausgesprochen asymmetrische Entwicklung gestellt, die bis heute erkennbar ist (Abb. 50 u. 51). So läßt sich beispielsweise in Mexiko-Stadt, Guadalajara und Puebla ein deutliches Sozialgefälle von Westen/Süden nach Osten/Norden feststellen, das sich im sozialen Status der Bevölkerung, in der Erschließung und in den Grundstückspreisen äußert.

Die Innenstadt im Zeichen der City-Bildung

Durch die Citybildung haben sich im 20. Jh. die alten Siedlungskerne der mexikanischen Großstädte zu modernen Geschäftsvierteln und Standorten hochwertiger Dienstleistungen verwandelt. Um den wachsenden Flächenanspruch der zentrumsnahen Geschäfte

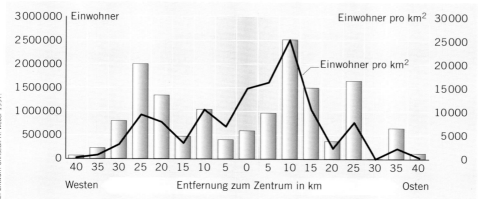

Abb. 50: Dichteprofil von Mexiko-Stadt 1990: *Neben den Wohngebieten am Rande der Innenstadt ist auch eine ausgesprochene Asymmetrie zu erkennen. Die überbelegten Elendsquartiere östlich des Zentrums weisen die höchsten Dichtewerte auf.*

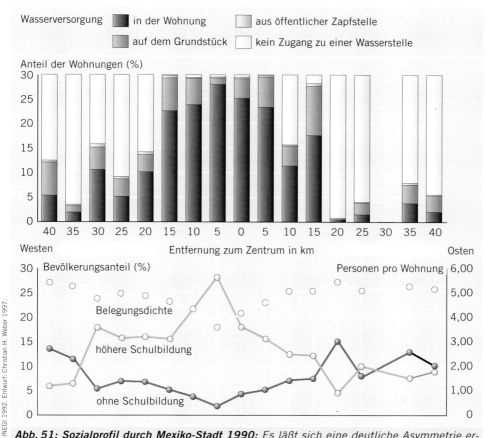

Abb. 51: Sozialprofil durch Mexiko-Stadt 1990: *Es läßt sich eine deutliche Asymmetrie erkennen. Zugleich zeichnen sich die Elendsquartiere an den Rändern ab.*

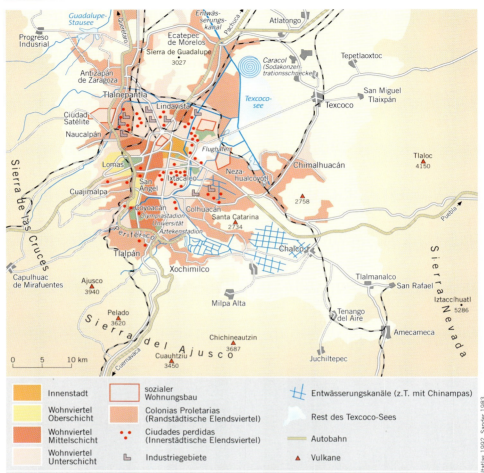

Abb. 52: Sozialräumliche Gliederung von Mexiko-Stadt: *Der Siedlungskörper der Hauptstadt dehnt sich an einigen Stellen über die umrahmenden Sierren aus. Die Industrie konzentriert sich im Norden. Im Westen und Süden liegen die bevorzugten Wohngebiete der Oberschicht, im Osten die Masse der Elendsquartiere.*

Legende:
- Innenstadt
- Wohnviertel Oberschicht
- Wohnviertel Mittelschicht
- Wohnviertel Unterschicht
- sozialer Wohnungsbau
- Colonias Proletarias (Randstädtische Elendsviertel)
- Ciudades perdidas (Innerstädtische Elendsviertel)
- Industriegebiete
- Entwässerungskanäle (z.T. mit Chinampas)
- Rest des Texcoco-Sees
- Autobahn
- Vulkane

Quelle: Diercke-Weltatlas 1992, Sander 1983.

und Büros zu decken, wurden zunächst in der historischen Innenstadt Neubauten errichtet, wobei auch geschlossene Häuserzeilen aufgebrochen und neue, mehrgeschossige Gebäude errichtet wurden. Durch diese Entwicklung entstand nicht nur ein unharmonisches Stadtbild, sondern in Teilen der Innenstädte wurde gleichzeitig der Wohnraum verringert. Für das gestiegene Verkehrsaufkommen erwiesen sich die engen, rechtwinkeligen Straßen in den kolonialzeitlichen Innenstädten als ein gravierendes Problem. Bei Neubauten wurden die Gebäude auf eine neue Fluchtlinie zu-

rückversetzt, was zu einem Zickzackverlauf der Häuserfronten führte. Mitunter wurden auch ganze Häuserzeilen zur Verbreiterung der Straßen niedergerissen.

Mit dem rasanten Anwachsen der mexikanischen Großstädte konnte der steigende Flächenbedarf der Cityfunktionen in den kolonialzeitlichen Stadtkernen nicht mehr angemessen gedeckt werden. Die Entstehung einer ausgedehnten Hochhaus-City im Anschluß an das historische Zentrum begleitet daher den Aufstieg von Mexiko-Stadt zur nationalen Metropole und Weltstadt (Abb. 52). Dabei hat sich die City nicht gleichmäßig ausgedehnt, sondern ist den Hauptachsen gefolgt, die durch die Prachtstraßen aus dem 19. Jh. vorgezeichnet waren. Mit der Torre Latinoamericana setzen die Hochhäuser am Alameda-Park an und erstrecken sich entlang der Paseo de la Reforma und der Avenida de los Insurgentes über mehrere Kilometer nach Westen und Süden. An und zwischen den historischen Prachtstraßen markiert heute eine ausgedehnte Hochhaus-City den zentralen Geschäftsbereich von Mexiko-Stadt. Durch die City-Erweiterung wurden die Villen der Jahrhundertwende allmählich durch Bürohochhäuser ersetzt. In der Zona Rosa, im Winkel zwischen Reforma und Insurgentes, wurde ein gehobenes Wohnviertel in ein attraktives Nebenzentrum mit Luxusgeschäften umgewandelt, das die betuchte Oberschicht ebenso anzieht wie den internationalen Tourismus.

Trotz der Verlagerung verschiedener Funktionen blieb der koloniale Stadtkern das wirtschaftliche Zentrum der Stadt und damit auch das wichtigste Zielgebiet des innerstädtischen Verkehrs. Obwohl an einigen Stellen durch die Quadras diagonal verlaufende Straßen angelegt wurden, konnten die ständigen Staus kaum aufgelöst werden. Die mit dem Verkehrsaufkommen steigenden Belastungen trugen ganz entscheidend zur endgültigen Abwanderung der gehobenen Sozialschichten aus der kolonialzeitlichen Altstadt bei.

Im Zuge der Veränderungen des 20. Jh.s blieb die zentrale Plaza (Zócalo) weiterhin Mittelpunkt der Stadt, um den sich die wichtigsten öffentlichen und privaten Bauten wie Regierungseinrichtungen, Banken, Büros gruppieren. Einzelne Behörden und Ministerien sind allerdings ausgelagert worden, ebenso die Universität: Die UNAM (Universidad Nacional Autónoma de México) wurde aus der Innenstadt in den Süden der Stadt (Ciudad Universitaria) verlegt und ist heute eine der größten Campus-Universitäten der Welt. In der Nähe der UNAM liegen die großen Stadien, die als Spielstätten für die Olympiade von 1968 und die Fußballweltmeisterschaften der Jahre 1970 und 1986 dienten.

Durch den Auszug der Oberschicht und auch der gehobenen Mittelschicht sank die Qualität des Einzelhandels. Das Stadtzentrum weist heute zwar immer noch eine hohe Geschäftsdichte auf, doch das Angebot wendet sich weniger an die Oberschicht als an die Mittelschicht der Verwaltungsangestellten. In den Randbereichen des Hauptgeschäftsbezirkes setzte eine soziale Degradierung ein (Heineberg 1989), und die abgewerteten Teile der Altstadt entwickelten sich zum Quartier für arme Bevölkerungsschichten. Betroffen waren vor allem die Teile der Altstadt, die im Schatten der achsenförmigen City-Entwicklung liegen. Während eine Seite der Innenstadt durch beeindruckende Neubauten für Geschäftshäuser und Banken gekennzeichnet ist, hat sich auf der anderen Seite zum Markt La Merced hin die koloniale Bausubstanz, wenn auch leicht verfallen, bis heute erhalten. Zwischen der Plaza und dem Markt La Merced hat sich ein Geschäftsviertel für untere und mittlere Ansprüche etabliert.

Die von der Oberschicht verlassenen Patiohäuser in der Innenstadt, die nicht vom tertiären Sektor beansprucht wurden, wurden als Massenquartiere für die arbeit- und wohnungsuchenden Migranten genutzt. Unter Vecindades (Nachbarschaften) werden in Mexiko degradierte Patio-Häuser oder andere Massenunterkünfte verstanden, die zimmerweise vermietet werden. Durch diese Überbelegung werden in den innerstädtischen Verfallsgebieten Bevölkerungsdichten von 20 000 Einwohnern pro km^2 und mehr erreicht. Die Aufteilung alter Patiohäuser in überbelegte Massenquartiere bildet vielfach nur eine Zwischennutzung, bis sich auf dem Grundstück des völlig abgewohnten Gebäudes eine profitable Hochhausbebauung realisieren läßt.

Daneben gibt es aber auch in Innenstadtnähe alte Arbeiterquartiere, die von Anfang an einen schlechten Wohnstandard aufgewiesen haben. Begünstigt wird der Verfall der innerstädtischen Wohngebäude durch gesetzliche Regelungen, die nur eine sehr geringe Miete zulassen.

Die kolonialzeitlichen Stadtkerne der mexikanischen Großstädte haben besonders im 20. Jh. einen dramatischen Wandel erfahren. Funktionale Änderungen haben sich dabei auch im äußeren Erscheinungsbild niedergeschlagen. Sieht man von der Wohnnutzung in den Verfallsgebieten ab, so hat in Mexiko der Prozeß der Citybildung zu einer zunehmenden Verdrängung von

Wohnbevölkerung aus den Kernbereichen der Großstädte an die Ränder geführt. Das räumliche Verteilungsmuster der Bevölkerung ist nicht mehr ringförmig, sondern asymmetrisch.

Die Gebäude im Stadtzentrum werden geschäftlich genutzt und die Grundstückspreise zählen zu den höchsten im Stadtgebiet (Gormsen 1990). Die Plaza ist zwar nach wie vor Zentrum der kirchlichen, politischen und teilweise der wirtschaftlichen Macht, aber außer den Kirchen sind in den meisten Großstädten kaum noch architektonische Zeugnisse aus der Kolonialzeit vorhanden. Im jeweiligen Hauptgeschäftsbereich lassen sich vielmehr die unterschiedlichen Baustile der letzten Jahrzehnte des 20. Jh.s ablesen.

Maßnahmen des Denkmalschutzes genießen vor diesem Hintergrund in der mexikanischen Politik eine hohe Priorität. Es gilt, historische Gebäude vor dem Verfall zu bewahren, das historische Stadtbild zu erhalten und die Verkehrsprobleme zu entschärfen. Eine große zusätzliche Herausforderung bedeuteten die großen Schäden, die das Erdbeben von 1985 in der mexikanischen Hauptstadt angerichtet hatte.

Angesichts der unterschiedlichen Interessenlagen und der Eigentumsverhältnisse gestaltet sich die konkrete Umsetzung des Ensembleschutzes allerdings oft sehr kompliziert. So befinden sich von den 1500 kolonialzeitlichen Baudenkmälern in Mexiko-Stadt nur 5 % im Eigentum der öffentlichen Hand. Dennoch sind in einigen Großstädten, etwa Puebla und Guadalajara, aber auch in Mexiko-Stadt, deutlich sichtbare Sanierungen in den historischen Zonen erfolgt. Mit der Einrichtung von Fußgängerzonen und der Anlage von neuen Busbahnhöfen an den Stadträndern wird versucht, die Verkehrssituation in den Innenstädten zu entschärfen. Mitunter wird allerdings kritisiert, daß die bisherigen Maßnahmen zwar das äußere Erscheinungsbild von Straßen und Plätzen verbessern, aber funktionale und soziale Gesichtspunkte außer acht lassen (Jones/Varley 1994).

Die Stadtexpansion im 20. Jahrhundert

Das 20. Jahrhundert brachte den mexikanischen Großstädten eine starke Expansion und einen dramatischen Strukturwandel, der noch nicht abgeschlossen ist. Als entscheidende Triebfeder für das Bevölkerungs- und Flächenwachstum der mexikanischen Städte erwies sich die Industrialisierung, die seit den 1930er Jahren in den Großstädten forciert wurde. Noch mehr als die City-Bildung trug der mit den Industrieansiedlungen ausgelöste Wachstumsprozeß zu einer Veränderung des Gesamtbildes vieler Städte bei.

Die Industrialisierung im Zuge der importsubstituierenden Wirtschaftspolitik hat die sektorenförmige Entwicklung der mexikanischen Großstädte entscheidend beeinflußt. Die Standorte der Industriebetriebe orientierten sich an den Eisenbahnlinien und später auch den Hauptausfallstraßen als Leitlinien der Entwicklung. In Mexiko-Stadt liegen die bedeutenden Industrieansiedlungen an den Hauptverkehrsachsen im Nordwesten, Norden und Nordosten. In der Aussparung des Südens und Westens setzt sich die alte Asymmetrie in der Stadtentwicklung fort. Weil die Arbeitersiedlungen vielfach den Industriebetrieben folgen, hat die Lage der Industriesektoren auch Auswirkungen auf die sozialräumliche Gliederung der Stadt. Im Norden von Mexiko-Stadt liegen dadurch bevorzugt Wohnquartiere von Industriearbeitern, die sich sowohl von den Marginalsiedlungen im Osten wie auch den Luxusquartieren im Westen und Süden unterscheiden.

Eine zweite sektorale Ausprägung hat die Stadtentwicklung in Mexiko-Stadt und anderen Großstädten durch die Hauptrichtungen der City-Bildung und die damit zusammenhängende Verschiebung der gehobenen Wohnstandorte erfahren. Die Oberschicht wanderte zusehends in Villenviertel außerhalb der Stadtgrenzen ab. Dieser Prozeß, der sich an den Leitlinien der großen Boulevards orientiert, dauert bis heute an. Die neuen Villenviertel von Mexiko-Stadt wie Pedregal, San Angel, Lomas liegen vorwiegend im Süden und Südwesten. Die neuen gehobenen Wohngebiete an der Peripherie werden meist in lockerer Bauweise mit baumbestandenen Avenidas angelegt und heben sich damit vom kolonialzeitlichen Stadtkern deutlich ab: Das Straßennetz dieser Vororte entspricht oftmals nicht mehr dem traditionellen Quadratschema und ist durch eine gewundene Straßen-

Bild 46: Das Shopping-Center PeriSur (Mexiko-Stadt): *Mit der Oberschicht ist auch der hochwertige Einzelhandel an den Stadtrand gewandert. Nach US-amerikanischem Vorbild sind dort mondäne Einkaufszentren entstanden.*

Bild 47: Ciudad Satélite (Mexiko-Stadt): *In den 1960er Jahren hat man begonnen, im Nordwesten von Mexiko-Stadt eine Satellitenstadt als Entlastungszentrum zu errichten.*

führung abwechslungsreicher. Mit ihren kaufkräftigen Kunden wandern auch viele bisher im Zentrum konzentrierte Geschäfte zeitversetzt in die neuen Quartiere der Oberschicht am Stadtrand nach, so daß sich dort abgeschlossene Wohn- und Geschäftsviertel bilden. Auf diese Weise sind Subzentren mit mondänen Geschäfts- und Einkaufszentren nach nordamerikanischem Vorbild entstanden, wie Polanco oder PeriSur (Bild 46) oder Ciudad Satélite.

Unterstrichen werden diese neuen Entwicklungsrichtungen mitunter auch von geplanten Stadterweiterungen. So wurde im Nordwesten von Mexiko-Stadt in den 1960er Jahren eine Satellitenstadt mit moderner Architektur nach nordamerikanischem Vorbild angelegt. Über den Autobahnring (Periferico) und die Ausfallstraße nach Querétaro ist Ciudad Satélite an Mexiko-Stadt angeschlossen (Bild 47). Diese Trabantenstadt ist zugleich Ausdruck einer staatlichen Wohnungsbaupolitik, die an den Rändern der Metropole zu einer zellenförmigen Entwicklung beigetragen hat.

Der öffentliche Wohnungsbau reicht in Mexiko bei weitem nicht aus, um die Nachfrage zu decken, die durch den immensen Bevölkerungsanstieg entsteht. Er richtet sich einerseits an mittlere Sozialschichten, und andererseits an Personen, die von Umsiedlungsprojekten im Rahmen der Beseitigung innerstädtischer Hüttensiedlungen (squatter clearance) betroffen sind. Die Versuche, die ärmeren Bevölkerungsschichten aus der Innenstadt in Neubauviertel des sozialen Wohnungsbaus umzusiedeln, sind allerdings nur teilweise gelungen.

Das starke, meist zellenförmige Flächenwachstum der Stadt wird vor allem durch eine immense private Bautätigkeit verursacht. Neben regulären, geplanten und erschlossenen Siedlungen spielen informelle Bauvorhaben, denen rund ein Drittel der Bevölkerung ihre Wohnung verdankt, eine große Rolle. Hintergrund dieses Wachstums an den Rändern des Ballungsraumes sind komplexe und differenzierte Wanderungsvorgänge (Bähr/Mertins 1995). Dies wird anhand der Zahlen des Zensus von 1990 deutlich: Über die Hälfte der Bewohner der Randbereiche der Hauptstadt, die zwischen 1985 und 1990 zugezogen sind, stammen aus dem Distrito Federal. Dies stützt die These, wonach die randstädtischen Elendsquartiere auch das Ergebnis eines Suburbanisierungsprozesses sind, widerlegt aber auch nicht die Annahme, daß sich Zuwanderer spontan am Stadtrand ansiedeln. Eine solche Ansiedlungsstrategie macht vor allem dort einen Sinn, wo sich die Möglichkeit zu einem fließenden Übergang zwischen einer Erwerbstätigkeit in der Landwirtschaft und im außeragrarischen Bereich anbietet.

Was den Ursprung der Suburbanisierung in Marginalsiedlungen anbelangt, kommen auch hier verschiedene Personengruppen in Betracht. So dürfte es sich bei einem Teil der Siedler um Migranten handeln, die zunächst in einem Massenquartier in der Innenstadt eine Bleibe gefunden und später ihren Wohnstandort an den Stadtrand verlegt haben. Jüngere Untersuchungen (Buchhofer/Aguilar 1991) haben aber auch gezeigt, daß selbst Personen, die in der Stadt geboren sind, ihre Wohnung in eine randstädtische „Spontansiedlung" verlegen. Dagegen wird für manchen Zuwanderer das Übergangsquartier in der Innenstadt zur Dauerwohnung.

Bei den meisten mexikanischen Großstädten überlagern sich extremes Wachstum mit innerstädtischen Umschichtungen und Wanderungsbewegungen. Weiterhin ist eine Verdrängung von Wohnnutzungen aus den Kernstädten zu beobachten, die mit Suburbanisierungstendenzen in allen Bevölkerungsschichten einhergeht.

Nach dem Erdbeben von 1985 drängte allerdings die mexikanische Regierung darauf, daß beschädigte Wohnungen in der Innenstadt wiederhergestellt und nicht einer gewerblichen Nutzung zugeführt werden. Dies war angebracht, weil die Verlagerungen des Wohnstandortes an die Peripherie in wirtschaftlichen Krisenzeiten an deutliche Grenzen stößt (Buchhofer/Aguilar 1991): Neben den fehlenden Mitteln für den Erwerb eines Grundstückes und den Bau eines Hauses fallen mit zunehmender Entfernung zum Zentrum auch die Transportkosten ins Gewicht.

Erst allmählich werden die randstädtischen Spontansiedlungen mit dem Voranschreiten der Erschließung in den Siedlungskörper der Stadt integriert und damit auch schrittweise konsolidiert. Diese bauliche Aufwertung und Integration der Hüttensiedlungen in den Stadtkörper führt zu einem zentral-peripheren Gefälle. Da an anderer Stelle aber weiterhin Angehörige der Oberschicht an den Rändern der Städte ihre Villen errichten, entsteht in einigen Sektoren auch ein peripher-zentrales Gefälle. Dies zeigt die Vielschichtigkeit der mexikanischen Großstädte, wo oft auf engem Raum, in den Innenstädten und an den Rändern, Arm und Reich aufeinanderstoßen.

LÄNDLICHER RAUM: KONFLIKTE OHNE ENDE

Bild 48: Hütte einer Campesino-Familie (Veracruz): *Wie diese Campesino-Familie in Veracruz leben viele Menschen im ländlichen Raum in extremer Armut und unter unzureichenden Wohnverhältnissen.*

Überblick

■ Der ländliche Raum ist in Mexiko nach wie vor eine Problemzone: Die durchschnittlichen Einkommen in der Landwirtschaft liegen deutlich unter dem Lohnniveau anderer Wirtschaftsbereiche, und ein Großteil der Menschen lebt unter dem Existenzminimum.

■ Charakteristisch für das mexikanische Bodenrecht ist ein Nebeneinander von genossenschaftlichem Ejido-Land und privatem Grundeigentum. Der Verankerung des Gemeineigentums in der Verfassung von 1917 sind langwierige Auseinandersetzungen vorausgegangen. Jüngste Reformen haben die Position des Gemeineigentums zugunsten des Individualeigentums geschwächt.

■ Der Großgrundbesitz ist gegen die erklärte Absicht der spanischen Krone entstanden und konnte sich trotz einschneidender Agrarreformen behaupten. Heute beherrschen Großbetriebe auf vielfältige Weise die Agrarproduktion.

■ Mit der Mexikanischen Revolution wurde die Schuldknechtschaft endgültig abgeschafft. Die Arbeitsbedingungen im ländlichen Raum sind aber auch heute noch vielfach von schlechter Entlohnung und einseitigen Abhängigkeiten gekennzeichnet.

■ Die mexikanische Agrarpolitik bewegt sich im Spannungsfeld zwischen sozialem Ausgleich und Produktionssteigerung. Neuerdings stehen Freihandel, Wettbewerb und radikaler Strukturwandel im Mittelpunkt des Zielkatalogs. Die Abfederung der damit verbundenen Umbrüche und Konflikte stellt die mexikanische Politik vor eine schwierige Aufgabe.

Viele Probleme trotz Reformen

Auch nach 75 Jahren offizieller Agrarreform (1917–1992) stellt sich die Lage auf dem Land ähnlich dar wie vor der Mexikanischen Revolution. Politik und Strategien haben sich geändert, doch viele Probleme sind geblieben. Dies wirft Fragen nach den tieferen Ursachen auf, die nur mit einem Blick auf die Genese der heutigen Verhältnisse erklärt werden können. Denn viele Phänomene im ländlichen Raum zeigen eine bemerkenswerte Persistenz: Brüche, Konflikte und Widersprüche in der Agrarstruktur Mexikos haben eine lange Tradition.

Der Campo als Armenhaus

Pauschal betrachtet repräsentiert der ländliche Raum die unterentwickelte Seite Mexikos. Armut hat in Mexiko zu einem guten Teil ein ländliches Gesicht und äußert sich in einer schlechten Erschließung, unzureichenden Erwerbsmöglichkeiten und geringen Einkommen. Daß dies viele Mexikanerinnen und Mexikaner so sehen, zeigt die massenhafte Wanderung in die Städte als „Abstimmung mit den Füßen". Bei näherer Betrachtung ist das Bild des ländlichen Mexiko wesentlich vielschichtiger, weil auch und gerade hier eine typische Heterogenität zutage tritt.

Schon die für ganz Mexiko zusammengefaßten Zahlen des Zensus von 1990 vermitteln einen Eindruck von der sozialen Misere auf dem Land: Danach beziehen von den Erwerbstätigen im primären Sektor über die Hälfte weniger als den gesetzlichen Mindestlohn, rund 25 % verfügen gar über kein monetäres Einkommen und sind somit auf das angewiesen, was sie selbst anbauen oder tauschen (Abb. 53). Dabei verdecken die Werte für Gesamt-Mexiko das tatsächliche Ausmaß der ländlichen Armut in einigen Regionen, wie in Guerrero, Oaxaca und Chiapas in Südmexiko oder in Zacatecas in Nordmexiko, wo 1990 jeweils mehr als ein Drittel der Erwerbstätigen im primären Sektor kein monetäres Einkommen erzielt hat.

Die durchschnittlichen Einkommen im Agrarsektor waren 1990 etwa halb so hoch wie in den anderen Wirtschaftsbereichen. Dieser Lohnabstand entsprach 1990 ziemlich genau dem Produktivitätsrückstand der Landwirtschaft. Dabei gibt es große regionale Unterschiede beim Einkommensgefälle (Tab. 32). Relativ gering ist der Abstand in Bundesstaaten wie Sinaloa mit einer hochproduktiven Landwirtschaft, während in peripheren Räumen wie Oaxaca der Durchschnittslohn im primären Sektor weit hinter den anderen Wirtschaftsbereichen zurückbleibt.

Eigentum und Landverteilung

Obwohl die Agrarfrage nicht alleine auf die Frage der Eigentums- und Besitzverhältnis-

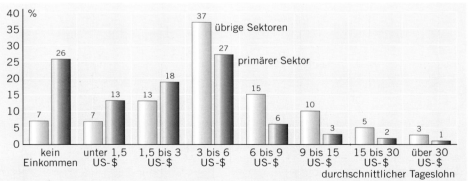

Abb. 53: Einkommensabstand des primären Sektors 1990: *Im Vergleich zu den anderen Wirtschaftssektoren ist der Anteil der Erwerbstätigen mit keinem oder einem geringen monetären Einkommen im primären Sektor besonders hoch. Selbstversorgung und Tausch sind hier weit verbreitet.*

Daten: INEGI 1992. Entwurf: Christian H. Weber 1997.

	Erwerbstätige im primären Sektor		Erwerbstätige ohne monetäres Einkommen		durchschnittlicher Tageslohn in US-$	
	Zahl	Anteil (%)	im primären Sektor (%)	in anderen Sektoren (%)	im primären Sektor	in anderen Sektoren
Mexiko	5 300 114	22,65	25,78	1,79	4,61	7,93
Nordmexiko	1 294 151	20,38	19,16	1,47	5,90	8,61
nördliche Grenzstaaten	581 286	13,57	14,27	1,07	6,74	9,06
nordwestl. Grenzstaaten	336 914	16,81	12,65	1,23	7,85	9,93
nordöstl. Grenzstaaten	244 372	10,72	16,52	0,94	5,14	8,35
nördliche Pazifikküste	331 791	37,12	11,04	2,31	6,10	8,27
zentraler Norden	381 074	32,55	33,67	2,73	4,03	6,71
Zentralmexiko	1 866 876	13,10	25,21	1,47	4,42	8,18
westliche Zentralregion	297 793	15,68	21,65	2,02	6,34	8,54
mittlere Zentralregion	591 708	26,76	28,10	2,62	4,83	7,51
Hauptstadtregion	977 375	12,42	26,52	1,35	3,76	8,11
Randzone	639 203	36,03	26,74	2,41	3,32	6,77
Kernzone	338 172	5,55	26,11	1,14	4,58	8,37
Südmexiko	2 139 087	42,14	29,38	2,79	3,54	6,86
Golfküste	877 179	38,38	22,92	2,35	3,97	7,05
Karibikküste	142 070	24,90	21,67	1,44	3,06	7,09
südliche Pazifikküste	1 119 838	50,44	35,42	3,88	3,21	6,52

Tab. 32: Einkommensverhältnisse im primären Sektor 1990

Daten: INEGI 1992

se reduziert werden kann, wie dies vielfach geschieht, steht die Verfügungsgewalt über Land doch stellvertretend für den höchst ungleichen Zugriff auf die Produktionsmittel im ländlichen Raum. Die aktuellen Eigentums- und Besitzverhältnisse in der mexikanischen Landwirtschaft sind das Ergebnis staatlicher Gestaltungsversuche, des Beharrungsvermögens der mexikanischen Gesellschaft und wirtschaftlicher Prozesse. Die Besitzverhältnisse lassen sich mit zwei Kategorien kennzeichnen.

Erstens muß man rechtlich infolge der Agrarreform zwischen „Privateigentum" (propiedad privada) und dem „Gemeineigentum" der Ejidos (propiedad ejidal y comunal) unterscheiden. Als propiedad ejidal y comunal gilt das Land, das aufgrund eines staatlichen Restitutions- oder Dotationsaktes einem genossenschaftlichen Zusammenschluß, meist einer Dorfgemeinschaft, übertragen worden ist. In der Agrarstatistik wird als „propiedad privada" lediglich negativ das Land definiert, das nicht unter die Kategorie „propiedad ejidal y comunal" fällt, so daß zu dieser Restkate-

gorie neben dem tatsächlichen Eigentum auch das Land der Pächter, Halbpächter, Landbesetzer, Kolonisten oder Personen mit sonstigem ungeklärtem Status gezählt wird (INEGI 1994). Hierin zeigt sich bereits, daß zur Gruppe der privaten Grundbesitzer zahlreiche Campesinos gehören, die über keinen gesicherten Eigentumstitel verfügen.

Zweitens wird aufgrund der tatsächlichen Größenverhältnisse der Agrarbetriebe bei Landwirten mit Flächen bis zu 5 ha von Kleinstbesitzern (Minifundistas) gesprochen. Darüber liegen die Betriebe des Mittel- und Großbesitzes. Auch nach der Agrarreform (1917 – 1992) ist die mexikanische Agrarstruktur durch eine ungleiche Verteilung des Landes geprägt. Zwar ist die Ungleichverteilung nicht mehr so extrem wie vor der Revolution (1910 – 1920), als rund zwei Drittel des Landes in der Hand von Großgrundbesitzern waren und die 3 % der Agrarunternehmer über 93 % des Bodens verfügten (Tobler 1992), doch auch in der Gegenwart nehmen 10 % der Betriebe über 40 % der Agrarfläche ein, während sich

Erwerbstätige im primären Sektor (%) 1990	Anteil der der Erwerbs- tätigen	Stellung im Beruf				
		Unter- nehmer	fest angestellt	Tagelöhner	Arbeit auf eigene Rechnung	mithelfende Angehörige
Mexiko	22,65	1,27	8,76	32,45	44,03	8,50
Nordmexiko	20,38	2,06	13,81	37,32	34,92	7,42
nördliche Grenzstaaten	13,57	2,91	18,07	38,06	31,24	6,08
nordwestl. Grenzstaaten	16,81	3,02	19,63	39,54	28,42	5,85
nordöstl. Grenzstaaten	10,72	2,76	15,91	36,03	35,12	6,39
nördliche Pazifikküste	37,12	1,81	13,75	46,33	29,23	4,16
zentraler Norden	32,55	0,96	7,38	28,34	45,51	12,32
Zentralmexiko	13,10	1,15	9,37	34,85	40,14	9,04
westliche Zentralregion	15,68	1,89	17,94	29,28	38,03	8,15
mittlere Zentralregion	26,76	1,30	9,62	34,20	38,32	10,33
Hauptstadtregion	12,42	0,84	6,61	36,94	41,88	8,53
Randzone	36,03	0,59	4,67	38,52	42,85	8,49
Kernzone	5,55	1,30	10,28	33,97	40,06	8,59
Südmexiko	42,14	0,91	5,18	27,41	52,94	8,68
Golfküste	38,38	1,33	5,99	39,05	40,96	8,36
Karibikküste	24,90	0,85	15,98	28,46	45,82	4,76
südliche Pazifikküste	50,44	0,59	3,17	18,16	63,22	9,44

Tab. 33: Status der Erwerbstätigen im primären Sektor 1990

Daten: INEGI 1992

zwei Drittel der Bauern nicht viel mehr als 15% der Flächen teilen müssen. Zu dem Drittel landwirtschaftlicher Betriebe, auf die mehr als 80% der Produktionsfläche entfallen, gehören nicht nur Großgrundbesitzer, sondern eine erhebliche Zahl mittelständischer Agrarproduzenten.

Knappes Land

Die Forderung nach Land und Freiheit (tierra y libertad) spiegelt die Sehnsucht der Landbevölkerung nach eigenem Boden wider, der ohne Abhängigkeit vom Großgrundbesitz bestellt werden kann, und entwirft zugleich die Vision einer Landwirtschaft, in der alle Mexikaner freie Bauern sind. Die realen Verhältnisse auf dem Campo waren vor der Mexikanischen Revolution weit von diesem Ziel entfernt und sind es auch nach über 75 Jahren Agrarreform wieder oder immer noch.

Zu Beginn des 20. Jahrhunderts verfügten in Mexiko knapp 3 Mio. (82%) der Erwerbstätigen in der Landwirtschaft über kein eigenes Land und verdienten sich ihren Unterhalt als Landarbeiter (Tobler 1992; INEGI 1994). Nach dem Zensus von 1990 sind 1,7 Mio. Agrarerwerbstätige als „jornalero o peón" ausgewiesen, dazu kommen 500 000 fest angestellte Landarbeiter und 300 000 Arbeitskräfte ohne genaue Angaben zu ihrem Status. Danach befanden sich 1990 rund 2,5 Mio. Erwerbstätige, also knapp die Hälfte der Erwerbstätigen des primären Sektors, in einem Erwerbsstatus ohne eigenes Land (Tab. 33). Mit dem Anstieg der Zahl der Erwerbstätigen im primären Sektor von rund 5,3 Mio. im Jahr 1990 auf knapp 8 Mio. im Jahre 1995 ist die Zahl der Landlosen nochmals erheblich gestiegen und dürfte sich jetzt in der Größenordnung zwischen 3 und 4 Mio. bewegen (INEGI 1992 u. 1997; Gormsen 1995; Nohlen/Lauth 1992). Nachdem im ländlichen Raum auf einen Erwerbstätigen durchschnittlich vier Personen kommen, sind weit über 10 Mio. Menschen zur Gruppe der Landlosen zu rechnen.

Leicht zurückgegangen ist in den letzten 100 Jahren indes die Zahl der eigentlichen Agrarunternehmer. Gab es um die

Jahrhundertwende rund 100 000 Hacendados und Ranchos, was etwa 3 % der Agrarbevölkerung entspricht (INEGI 1994), waren es 1990 landesweit rund 70 000 (1,25 %) Personen, die im primären Sektor als Unternehmer bzw. Arbeitgeber ausgewiesen werden (INEGI 1992).

Deutlich verändert hat sich seit der Mexikanischen Revolution hingegen der Anteil der Personen, die über Kleinstbesitz verfügen. Während vor der Revolution (1910–1920) rund 500 000 und damit 15 % der Agrarbevölkerung auf Land wirtschafteten, das sie in irgendeiner Form besaßen, betrug ihre Zahl 1990 etwa 2,8 Mio. und damit deutlich über 50 %. Vielfach besteht ein fließender Übergang zwischen der Kategorie der Tagelöhner und Landarbeiter (jornaleros o peones) und der kleinen Selbständigen (trabajadores por su cuenta), wie sie in der amtlichen Statistik genannt werden, nicht nur weil Zuerwerb bei Subsistenzbauern wegen der kleinen Flächen notwendig und üblich ist, sondern weil viele private Kleinstbesitzer über keine oder nur unsichere Eigentumstitel verfügen.

Das Kleinsteigentum

Angaben über die durchschnittliche Parzellengröße des privaten Kleinstbesitzes schwanken und selbst neuere mexikanische Publikationen wie die Agrargeographie von Soto Mora u. a. aus dem Jahr 1992 verwenden noch die Zahlen des Agrarzensus von 1970. Auch Gormsen weist in seiner Länderkunde aus dem Jahr 1995 auf die Datenprobleme bezüglich der Agrarflächen hin. Die starke Zunahme der Agrarbevölkerung legt eher eine Korrektur der genannten Durchschnittswerte nach unten nahe, wobei selbst ein Durchschnittswert von 1,4 ha und ein Höchstwert von 2,0 ha beim privaten Kleinstbesitz zeigen, wie gering die Produktionsmöglichkeiten sind. Häufig schlechte Bodenqualität und eine mangelnde Kapitalausstattung verschärfen die Probleme der rund 1,5 Mio. Minifundistas noch. Mit 0,5 ha ist die genannte durchschnittliche Parzellengröße in Bewässerungsgebieten, wie in den Bundesstaaten Sinaloa oder Coahuila, besonders klein, mit Werten bis zu 2 ha relativ groß dagegen im Süden, etwa in Quintana Roo oder Tabasco.

Die unzureichende Versorgungslage der Kleinsteigentümer mag eine einfache Rechnung verdeutlichen: Legt man einen traditionellen Anbau in Mischkultur mit durchschnittlichen Erträgen zugrunde, so kann ein Kleinbauer bei 1 ha Land rund 600 kg Mais und gleichviel Bohnen produzieren (Boege 1993). Bei einem Pro-Kopf-Verbrauch von rund 200 kg Mais könnte danach nicht einmal der Grundnahrungsbedarf der Bauernfamilie gedeckt werden. Nach einem Eigenverbrauch von etwa 20 kg Bohnen pro Kopf und Jahr (INEGI 1994 u. 1997) bliebe ein Überschuß von höchstens 500 kg der Hülsenfrüchte, der bei einem Marktpreis von rund 200 US-$ pro Tonne (INEGI 1994) gerade einmal 100 US-$ Jahreseinkommen bedeutet. Selbst eine Ergänzung durch andere Anbaufrüchte wird das monetäre Einkommen der Kleinstbetriebe nicht nennenswert heben.

Der Anbau hochwertiger Marktfrüchte wie Kaffee verspricht zwar prinzipiell einen höheren monetären Ertrag. Dafür müssen die Kleinbauern allerdings ihre Selbstversorgungsbasis verringern, und sie begeben sich in die Abhängigkeit von Handelsorganisationen und schwankenden Marktpreisen. Einbrüche können sie hier mit ihren kleinen Flächen nicht abfedern, und wenn Nahrungsmittel für die Familie zugekauft werden müssen, bedeutet dies oft genug den wirtschaftlichen Ruin. Einen Ausweg aus dieser Misere können Zusammenschlüsse mehrerer Kleinproduzenten zu einem Erzeugerring bilden, wie dies in jüngst, vielfach mit Unterstützung von Nicht-Regierungsorganisationen, oft aus dem kirchlichen Bereich, geschieht. So wird zum Beispiel über die Kolping-Familie in Deutschland Kaffee von Kleinbauern aus Chiapas vertrieben, die sich dort genossenschaftlich zusammengeschlossen haben.

Einer Steigerung der Flächenerträge auf den kleinen Parzellen stehen vielfach ungünstige Bodenverhältnisse entgegen, liegt der Kleinstbesitz doch nicht selten in marginalen Hanglagen. Und selbst dort, wo die natürlichen Standortbedingungen eine moderne Intensivlandwirtschaft zuließen, fehlt den privaten Minifundistas das nötige Kapital, zumal wenn aufgrund unsicherer Eigentumsverhältnisse keine Aussicht auf Kredite besteht.

Die wirtschaftlichen und sozialen Probleme der Besitzer kleiner Ejido-Parzellen unterscheiden sich kaum von der eben skizzierten Lage der privaten Kleinsteigentümer. Allerdings liegt die durchschnittliche Parzellengröße der Ejidatarios, die ihr Land individuell bewirtschaften, etwas über der beim privaten Kleinstbesitz (Gormsen 1995), Produktionseinheiten mit Flächen von über 5 ha sind aber auch hier die Ausnahme. Allerdings wird deutlich, daß man die Agrarreform und den Ejido nicht so pauschal für die anhaltende Zersplitterung der landwirtschaftlichen Nutzfläche verantwortlich machen kann, wie dies in jüngster Zeit vermehrt geschieht, um die Wende in der Agrarpolitik zu rechtfertigen (Soto Mora u. a. 1992). Hinter der steigenden Zahl der Minifundios stehen weniger staatliche Umverteilungsakte, sondern der anhaltende Siedlungsdruck im ländlichen Raum, der sich auf die wenigen von der gewerblichen Land- und Viehwirtschaft nicht beanspruchten Flächen verteilt. Nach wie vor bietet nämlich im ländlichen Raum der Agrarsektor die einzige Überlebensgrundlage für die Teile der wachsenden Bevölkerung, die in anderen Wirtschaftsbereichen kein Auskommen finden. Und ein Stück Land, mag es auch noch so klein sein, leistet zumindest einen Beitrag zur Ernährungssicherung. Und dies ist immer noch besser als die völlige Unsicherheit eines Tagelöhner-Daseins.

Dualismus und Kooperation
Das Verhältnis zwischen den subsistenzorientierten Minifundistas und der gewerblichen Landwirtschaft des Mittel- und Großgrundbesitzes erschöpft sich nicht in einem bloßen Gegensatz und in Verteilungskonflikten, vielmehr sind die verschiedenen Betriebsformen und Produktionsweisen auf vielfältige Weise miteinander verwoben. Ein bloßes Nebeneinander ist nur mehr in ganz wenigen Rückzugsgebieten der indigenen Bevölkerung anzutreffen, die von der Außenwelt abgeschnitten ist und für sich eine nach außen, auf den übergeordneten Markt hin orientierte Landwirtschaft ablehnt. Das andere Extrem eines konfliktträchtigen Gegeneinanders findet sich, wenn seitens der gewerblichen Landwirtschaft massives Interesse an einem vollständigen Zugriff auf das Land und/oder die Arbeitskraft der

Campesinos besteht. Dies ist insbesondere in Zeiten eines wirtschaftlichen Strukturwandels der Fall, wenn sich für die gewerbliche Landwirtschaft neue Märkte auftun, die eine Expansion profitabel erscheinen lassen. Hat sich dagegen ein Produktionssystem etabliert, finden sich viel häufiger Formen eines Miteinanders zwischen Subsistenzbauern und gewerblicher Landwirtschaft, weil auch die Agrarunternehmer an stabilen Produktionsverhältnissen interessiert sind. Selbstverständlich ist dieser „Gleichgewichtszustand" durch ungleiche Ausgangsbedingungen bei der Ausstattung mit Boden und Kapital gekennzeichnet, so daß sich die Minifundistas mehr oder weniger weit in die Abhängigkeit der Agrarunternehmer begeben müssen, die damit als Latifundistas eine mehr oder weniger starke Kontrolle über Kapital, Boden und Arbeitskräfte ausüben. Am höchsten ist die Abhängigkeit dort, wo der Kleinbauer lediglich als gedungener Arbeiter oder Halbpächter das Land von Großbetrieben bearbeitet. Dem kommt es recht nahe, wenn Kleinbauern ihren Boden und ihre Arbeitskraft einsetzen, um mit Saatgut eines Großbetriebes Früchte zu erzeugen, die dann gegen Abzug einer Vergütung abgeliefert werden müssen. Ein solches Vorgehen findet sich beim Kartoffelanbau in der Sierra von Veracruz, ist aber auch in anderen Regionen verbreitet, etwa im Bajío, wo auf diese Weise Kleinbauern mit internationalen Konzernen zusammenarbeiten.

Aber auch dort, wo Kleinbauern über die Nutzung ihres Bodens noch selbst bestimmen, bleibt ihnen aufgrund der geringen Erträge zur Erzielung zusätzlichen Einkommens vielfach nichts anderes übrig, als einen Teil ihrer Arbeitskraft der gewerblichen Landwirtschaft zur Verfügung zu stellen. In Betracht kommt die Arbeit in unmittelbar benachbarten Betrieben, vielfach aber auch Wanderarbeit. In ökologisch stark differenzierten Räumen, wie der Sierra von Veracruz, kann der nach Produkten und Anbauzonen zeitlich verschobene Anfall der Arbeitsspitzen durch eine temporäre Migration von Arbeitskräften ausgenutzt werden. Wenn die Maiskulturen nur wenig Arbeitsaufwand erfordern, können sich die Campesinos dieser Anbauzone zum Beispiel als Tagelöhner in der Kaffeezone ver-

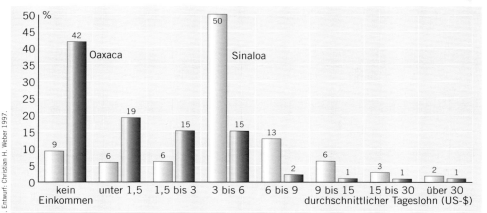

Daten: INEGI 1992. Entwurf: Christian H. Weber 1997.

Abb. 54: Regionale Einkommensunterschiede im primären Sektor 1990: *Die Einkommensverteilung in der Landwirtschaft weist deutliche regionale Unterschiede auf. In Bundesstaaten mit einer modernen Agrarstruktur wie Sinaloa gibt es erheblich weniger Erwerbstätige mit Geringsteinkommen als in peripheren Räumen wie Oaxaca.*

dingen (Biarne 1990). Voraussetzung für eine solche „Symbiose" ist ein Ergänzungsbedarf verschiedener Produktionssysteme und ein Mindestmaß an materieller Unabhängigkeit der Campesinos, wozu Landbesitz als Grundsicherung wesentlich beiträgt, stärkt dies doch die Verhandlungsposition beim „Verkauf" der eigenen Arbeitskraft an einen Agrarunternehmer. Eine wichtige Rolle spielt auch das Arbeitskräftepotential der Campesino-Familie, damit für die Zeiten der Abwesenheit des Familienoberhaupts die Erfüllung der weiterhin anfallenden Arbeiten im eigenen Kleinbetrieb sichergestellt ist. Idealerweise bietet die zeitweilige Arbeit in der gewerblichen Landwirtschaft eine Ergänzung zum Grundeinkommen aus der eigenen Parzelle. Auf der anderen Seite sind die Tagelöhner für die kommerziellen Agrarbetriebe eine flexible Arbeitskräftereserve, die für Arbeitsspitzen zur Verfügung steht. In dem genannten System bildet der Campesino und zeitweilige Tagelöhner ein Bindeglied zwischen den Großbetrieben mit ihrer Kernbelegschaft und der Subsistenzwirtschaft. Die Grundversorgung durch die Kleinstparzelle und die Arbeitskräftereserve der Campesino-Familien nimmt die Funktion einer ständigen Zahlung von Löhnen oder Lohnersatzleistungen ein, wie das bei festen Arbeitsverhältnissen mit einem sozialen Sicherungssystem der Fall wäre. Würde die

gewerbliche Landwirtschaft so weit expandieren, daß die Subsistenzwirtschaft aufgerieben wird, fiele auch die Pufferwirkung der ländlichen Überlebensökonomie fort. Dort, wo man keinen Ersatz durch eine soziale Absicherung seitens der Betriebe oder des Staates schaffen kann oder will, bleibt als Ausweg aus der Verarmung nur mehr die Abwanderung, sei es in andere Agrarräume oder in eine Stadt. Auf jeden Fall würde das soziale Gleichgewicht erheblich gestört und auch gewaltsame Konflikte wären denkbar.

Angesichts der Verflechtungen zwischen der Subsistenzwirtschaft und der gewerblichen Landwirtschaft werden die Einkommenschancen der Minifundistas in Mexiko heute weniger vom Ertrag der Parzelle bestimmt als vielmehr vom Angebot zusätzlicher Arbeitsmöglichkeiten in landwirtschaftlichen Großbetrieben oder auch außerhalb der Landwirtschaft. Lagemomente, wie die Nähe zu größeren Städten, Verkehrsachsen oder gewerblichen Landwirten spielen daher für die individuellen Erwerbschancen eine ganz entscheidende Rolle (Abb. 54). Deshalb liegt auch das landwirtschaftliche Lohnniveau in den weiter entwickelten Regionen deutlich über dem in peripheren Landesteilen. Mit der wirtschaftlichen Entwicklung vollzieht sich vielfach aber auch eine völlige Verdrängung der kleinbäuerlichen Landwirtschaft.

Das dörfliche Gemeineigentum

Charakteristisch für das mexikanische Bodenrecht ist das Nebeneinander von genossenschaftlichem Ejido-Land und Privatland. Mit der Schaffung des Ejido haben sich die Agrarreformer der Mexikanischen Revolution (1910–1920) an indianischen Rechtsformen orientiert, die sie für „typisch mexikanisch" hielten. Der Verankerung des Gemeineigentums in der Agrargesetzgebung 1915 und 1917 gingen jahrhundertelange Auseinandersetzungen um Land voraus. Im Mittelpunkt stand dabei nicht allein die Eroberung des indianischen Landes durch die Europäer, vielmehr prallten mit der Conquista grundsätzlich verschiedene Auffassungen vom Grundeigentum aufeinander. Bis heute erlebte das Gemeineigentum ein ständiges Auf und Ab. Seine Bedeutung variiert von Region zu Region. 1994 gab es in Mexiko rund 28 000 Ejidos mit drei Mio. Ejidatarios, und über 50 % der landwirtschaftlichen Nutzfläche waren in der Hand von Ejidos.

Das indianische Bodenrecht

Für die indianischen Kulturen ist der Boden als solcher kein Wirtschaftsgut, an dem man individuelles Eigentum erlangen kann, sondern ein Teil der Natur und damit Gemeingut. In Beziehung zum Boden tritt der Mensch dadurch, daß er aus ihm Früchte zieht, ihn nutzt. Die gesellschaftliche Machtstellung drückt sich nicht in der rechtlichen Herrschaft über ein fest umgrenztes Stück Land aus, sondern im Anspruch auf Tribute in Form von Naturalien und Arbeitsleistung (Steger 1984/88). Eine abstrakte Herrschaft über ein Stück Land, ohne eine konkrete Nutzung durch die Aneignung von Produkten gibt es danach nicht. Diese Vorstellung spielt noch heute eine Rolle, wenn landlose Indios ungenutzte Flächen von Großgrundbesitzern besetzen und damit für sich beanspruchen.

Im alten Mexiko stand das ursprüngliche Nutzungsrecht einer ethnischen Gruppe zu, etwa einem Stamm oder einer Dorfgemeinschaft, wobei als grundlegende Organisationseinheit im ländlichen Raum meist Dorfgemeinschaften angesehen werden, die aus mehreren Familien gemeinsamer ethnischer Herkunft bestanden. Von den Nahua-sprechenden Völkern wurden diese Sozialverbände als „calpulli" (Beck 1986; Prem 1989) oder „colpolli" (Prem 1996) bezeichnet. Das Nutzungsrecht der Dorfgemeinschaft war aufgeteilt in Gemeinschaftsflächen und Parzellen, die den einzelnen Familien überlassen waren. Das individuelle Nutzungsrecht war vererblich, aber nicht veräußerbar und fiel an die Gemeinschaft zurück, wenn das Grundstück nicht bearbeitet wurde. Mit den Erträgen des gemeinschaftlich bewirtschafteten Bodens wurden öffentliche Aufgaben bestritten, wie die Versorgung des Dorfältesten (capullec), des Tempels und des Jungmännerhauses, während die individuell bearbeiteten Parzellen den Familien zum Lebensunterhalt dienten.

Gemeindeland: bedroht und geschützt

Obwohl die spanische Krone schon unmittelbar nach der Eroberung Mexikos eine Respektierung der indianischen Siedlungen und ihrer Ländereien angemahnt hatte, fiel die Bevölkerung vieler Dörfer der Habgier und Ausbeutung durch die Conquistadores zum Opfer. Mit den Neuen Gesetzen (Leyes Nuevas) von 1542 wurden die Indios zu freien, gleichberechtigten Untertanen der spanischen Krone, die frei über ihr individuelles Eigentum an Grund verfügen konnten. Diese Regelung, die dem indianischen Verständnis zuwiderlief und von vielen Spaniern systematisch ausgenutzt wurde, beraubte immer mehr Dorfgemeinschaften ihrer ökonomischen Grundlage. Dies veranlaßte die Kolonialverwaltung zu einer Änderung ihrer Politik: Der Landbesitz der Indiodörfer wurde nun zum unveräußerlichen Gemeineigentum erklärt. Mit dem fundo legal wurde jedem Dorf ein Mindestbesitz garantiert, zu dem im Bedarfsfalle noch weitere Landzuteilungen kamen (Beck 1986). Als Vorbild für die Organisation des gemeindlichen Grundbesitzes dienten die kastilischen Dörfer: Ein Teil des Landes, die sogenannten „tierras de repartimiento" (repartir = verteilen, austeilen), auch „común repartimiento" genannt, wurde den Familien zur individuellen Nutzung überlassen. Daneben gab es

Gemeindeland, das von allen Dorfbewohnern genutzt werden konnte (ejido: Allmende, Gemeindeweide). „Los propios" (propio = eigen) wurde das Land bezeichnet, das zur Deckung öffentlicher Aufgaben verpachtet wurde. Die strukturelle Ähnlichkeit zum Calpulli erleichterte den Fortbestand indianischer Traditionen. Geschützt wurde das dörfliche Gemeineigentum erst bei einer förmlichen Anerkennung der Landtitel seitens der Kolonialbehörden. Wo eine Bestätigung versäumt wurde oder ein Landtitel überhaupt fehlte, war das Land der Dörfer stets auch rechtlich in seinem Bestand bedroht.

Mit dem Ende der spanischen Kolonialherrschaft wurde auch die Instanz beseitigt, die über Jahrhunderte redlich, wenn auch nicht immer erfolgreich, für den Schutz des Gemeindelandes eingetreten war. Einen vernichtenden juristischen Schlag erfuhr der dörfliche Gemeinbesitz, als 1856 mit dem „Ley de desamortización" (Ley Lerdo) das Grundeigentum von Korporationen, der Kirche und der Dorfgemeinschaften aufgehoben wurde. Der Gemeinbesitz wurde in das individuelle Eigentum der einzelnen Bauern überführt. Der Eigentumsbegriff des individualistischen Liberalismus floß auch in die mexikanische Verfassung von 1857 ein. Nach dieser juristischen Liquidierung wurde insbesondere während des Porfiriats (1876 – 1910) das Land der Dörfer immer mehr aufgerieben. Die Kernforderung der Bauernerhebung in Morelos unter Führung von Emiliano Zapata war daher die Wiederherstellung der alten Eigentums- und Besitzverhältnisse.

Zurück zu den Wurzeln

Die neue mexikanische Verfassung von 1917 hat diesem Anliegen der Agrarreformer in Art. 27 entsprochen: Neben dem privaten Eigentum an Grund und Boden, das nur als Kleineigentum (pequeña propiedad) bis zu einer bestimmten Obergrenze geschützt ist, wird das Gemeineigentum ausdrücklich hervorgehoben. In den Agrargesetzen wurde die Eigentumsform des Ejido geschaffen, die ihrer Bezeichnung nach an die Allmende der Dörfer erinnert, ihrer Struktur nach allerdings an den Vorstellungen orientiert ist, die man sich von

der Dorfgemeinschaft des indianischen calpulli macht. Siedlungen (núcleos de población) erhielten einen Anspruch auf die Restitution ihrer alten Rechte und auf neue Land-Dotationen. Der Ejido ist seinem Wesen nach eine kollektive Eigentumsform. Das Grundeigentum steht nicht einzelnen Personen zu, sondern einem korporativen Zusammenschluß. Wichtigstes Rechtssubjekt beim Ejido ist der sogenannte „núcleo de población", also die Ejido-Siedlung. Neben Weiden, Wäldern und anderen Flächen, die von allen gemeinsam genutzt werden, wird der größte Teil des Landes parzelliert und den einzelnen Ejidatarios zur individuellen Nutzung überlassen. In der Agrarlandschaft äußert sich dies in einer kleinteiligen Flur (Bild 49 u. 50), wo es das Gelände zuläßt in einer Kleinblock- und Kleinstreifenflur. Die strikte Bindung des Ejido-Landes an Siedlungen führte zwangsläufig dazu, daß einzelne Siedler außerhalb von Orten nicht in den Genuß einer Ejido-Parzelle kommen konnten. Die disperse Landnahme infolge des Bevölkerungsdruckes im ländlichen Raum konnte daher nicht mehr mit dem Konzept des Ejido erfaßt und geregelt werden.

Neben dieser ursprünglichen Form des Ejido mit einer Siedlung (núcleo de población) als korporativem Eigentümer wurde während der Präsidentschaft von Lázaro Cárdenas (1934 – 1940) mit dem sogenannten Ejido colectivo eine weitere Form des landwirtschaftlichen Gemeinschaftseigentums geschaffen. Das Konzept des Ejido colectivo als einer landwirtschaftlichen Produktionskooperative ist von sozialistischem Gedankengut und insbesondere von Vorstellungen der Arbeiterselbstverwaltung beeinflußt (Nickel 1978; Tobler 1992). Beim Ejido colectivo wurde das gesamte Land von einer Produktionsgenossenschaft (sociedad colectiva) auf der Basis von Lohnarbeit oder der Ausschüttung von Gewinnanteilen kollektiv bearbeitet. Das Kollektiv der Produktionsgenossenschaft stellte eine juristische Person dar, auf die der enteignete Boden von Großgrundbesitzern übertragen wurde. Auf diese Weise wurden Landarbeiter zu Miteigentümern des Ejido. Neben dem „traditionellen" Ejido gab es damit in Mexiko auch einen „sozialisti-

Bild 49 und 50: Kleingliedrige Flur im Becken von Atlixco (Puebla) und großparzellierte Agrarlandschaft bei Amecameca: *Der Gegensatz zwischen Minifundismus und Latifundismus spiegelt sich auch in der Kulturlandschaft wider. Der kleingliedrigen Ejido-Flur im Becken von Atlixco stehen große Parzellen eines gewerblichen Betriebes in der Agrarlandschaft bei Amecameca am Fuße des Popocatépetl gegenüber.*

schen" Ejido. Der Ejido colectivo war vorwiegend dort zu finden, wo im Zuge von Enteignungen die technischen und organisatorischen Betriebseinheiten produktiver Großbetriebe nicht zerschlagen werden sollten.

Die Krise des Ejido
Bei der traditionellen Form des Ejido blieben die individuell genutzten Parzellen der Ejidatarios im Eigentum der Dorfgemeinschaft, die den Ejido bildete. Den Ejidatarios stand bis zur Verfassungsreform des Jah-

res 1992 lediglich ein persönliches Nutzungsrecht zu, das auf die Erben übergeht, jedoch dann an die Gemeinschaft zurückfällt, wenn das Land nicht mehr bebaut wird. Bis 1992 konnte ein Ejidatario seine Fläche weder als ganzes noch in Teilen Dritten zur Bearbeitung überlassen, veräußern oder zum Zwecke einer dinglichen Sicherung von Rechten belasten. Mit der Gründung einer eigenen Kredit-Bank, der Banco Nacional de Crédito Ejidal (BNCE), im Jahre 1935 sollte dem Mangel fehlender Sicherheiten für Kredite abgeholfen werden. Doch konnte auch dies nicht verhindern, daß das Auseinanderklaffen von kollektivem Eigentum und individueller Bewirtschaftung zu kleinen Produktionseinheiten mit dürftiger Kapitalausstattung führte, die im nationalen und internationalen Wettbewerb nicht konkurrenzfähig sind.

In den Regionen Mexikos mit einer stark marktorientierten Landwirtschaft ist für die Besitzer von kleinen Ejido-Parzellen die Bearbeitung des eigenen Landes vielfach ökonomisch weniger sinnvoll als die Tätigkeit als Landarbeiter oder die Verpachtung des Bodens. Deshalb kamen dort trotz des Verbots seit den 1960er Jahren die Verpachtung und andere Formen der Nutzungsüberlassung immer mehr in Gebrauch. Viele kleine Ejidatarios verpachteten in intensiv landwirtschaftlich genutzten Gebieten, wie der Bewässerungsregion im Nordwesten oder dem Bajío, ihre Flächen an kapitalstarke und technisch gut ausgestattete Agrarunternehmer (Soto Mora u. a. 1992). Findige internationale Konzerne, wie Del Monte, Campbell's und General Food, haben mittels einer ganz besonderen Kooperation mit Ejidatarios ihre Agrarproduktion im Bajío etabliert: Auf der Grundlage eines Anbaus auf Vertrag (cultivo por contrato) werden auf den Flächen zahlreicher Ejidatarios unter Einsatz von Kapital, Saatgut und Dünger für die Großkonzerne die von ihnen gewünschten Produkte angebaut. Diese teils von Ausnahmetatbeständen dürftig gedeckte, vielfach jedoch auch gesetzeswidrige Praxis der Überlassung von Ejido-Land an Dritte wurde von den Agrarbehörden zunächst meist gebilligt. Mitunter bemühte man sich um eine „Legalisierung". Die erforderliche Verfassungsänderung wurde allerdings erst 1992 vorgenommen.

Die Verfassungsreform von 1992

Vor diesem Hintergrund erscheint die 1992 erfolgte Änderung des Art. 27 der Verfassung und der einschlägigen Gesetze weniger dramatisch als dies anklingt, wenn von einer Liquidierung des Ejido und einem Verrat an der Revolution gesprochen wird. Die Änderungen haben zumindest für einige Landesteile nur das formal besiegelt, was viele Ejidatarios bereits zuvor am Gesetz vorbei, meist mit Duldung der Behörden, praktiziert hatten. Allerdings ist nicht zu leugnen, daß die im Geiste der neoliberalen Reformen erfolgte Änderung der Agrargesetze einen neuerlichen Einbruch des individualistischen Eigentumsbegriffes in den ejidalen Gemeinbesitz darstellt. Die Ejidatarios sind jetzt über den Status bloßer Nutzungsberechtigter hinausgehoben. Sie haben nunmehr das Recht, ihr Land über erneuerbare Verträge auf 30 Jahre zu verpachten, und sollen die Möglichkeit erhalten, Ejido-Land zu erwerben, um so die Stellung von Eigentümern zu erlangen. Kleinbauern in Zentral- und Nordmexiko mögen dies womöglich anders bewerten als indianische Gemeinschaften in Südmexiko. Was für die einen die Befreiung des Privateigentums von staatlichen Fesseln bedeutet, ist für andere die Zerstörung eines Dammes, der traditionelles Gemeindeland vor kapitalistischer Durchdringung und Ausbeutung schützen sollte.

Der Großgrundbesitz

Die Zerschlagung des Großgrundbesitzes ist eine zentrale Forderung der Agrarreformer seit der Mexikanischen Revolution. Doch obwohl in Mexiko, anders als in vielen Ländern Lateinamerikas, eine umfassende Agrarreform erfolgt ist, prägt auch dort weiterhin der Gegensatz zwischen Minifundios und Latifundios die Agrarstruktur: Während die durchschnittliche Größe des privaten Kleinstbesitzes zwischen 1 und 1,5 ha liegt, sind es beim Großgrundbesitz rund 800 ha.

In seiner neuen, nachrevolutionären Ausprägung des Neolatifundismo ist der Großgrundbesitz heute ein charakteristisches Phänomen der mexikanischen Landwirtschaft (Soto Mora u. a. 1992). Die aktuelle Bodenkonzentration (Abb. 55) ist nicht nur das Ergebnis jüngerer Marktprozesse, sondern wird auch maßgeblich durch ungleiche Ausgangsbedingungen bei der Bodenverteilung bestimmt, deren Wurzeln bis an den Anfang der Kolonialzeit zurückreichen.

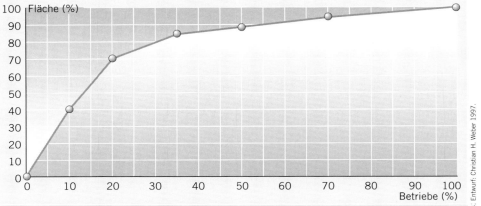

Abb. 55: Konzentration der Ackerbaufläche: *Trotz Agrarreform ist auch heute noch die landwirtschaftliche Nutzfläche ungleich verteilt. Nur 10% der Betrieb verfügen über 40% der Nutzfläche, ein Viertel der Betriebe über rund drei Viertel der landwirtschaftlichen Flächen. Für die Hälfte der Betriebe bleiben kaum mehr als 10% der Fläche übrig.*

Staatliche Lenkungsversuche und Eingriffe, die zu verschiedenen Zeiten erfolgt sind, haben die Entstehung von Großgrundbesitz letztlich nicht verhindert. Dies wirft auch ein bezeichnendes Licht auf die Steuerungskapazität der staatlichen Institutionen, deren Einfluß nicht überschätzt werden sollte.

Ein unerwünschter Anfang
Die Entstehung von Großgrundbesitz als Grundlage einer unabhängigen Landaristokratie in der Neuen Welt lag weder im politischen noch im wirtschaftlichen Interesse der spanischen Könige, die eine Bodenpolitik anstrebten, bei der die Landtitel des indianischen Adels und der Dörfer respektiert und bei der Landvergabe der Klein- und Mittelbesitz begünstigt werden sollten. Doch gerade in den ersten Jahren nach der Conquista mußte die spanische Krone den Eroberern Zugeständnisse machen, weil man sie brauchte, um den Herrschaftsanspruch über die neu gewonnenen Gebiete zu sichern. Die Loyalität der Conquistadores erkaufte sich die Krone mit der Abtretung von Tributleistungen aus einem bestimmten Territorium im Rahmen der Encomienda. Die Encomenderos waren bestrebt, Tribut- und Ausbeutungsansprüche ihren Familien in Form unteilbarer Erbgüter (Mayorazgos) auf Dauer zu sichern. Vorbild hierfür waren die größte Encomienda des Landes, die Hernán

Cortés mit der Marquesado del Valle de Oaxaca übertragen worden war, oder die unbeschränkt erblichen Encomiendas der Nachfahren des aztekischen Herrschers Montezuma (Nickel 1978).

Mit den Neuen Gesetzen von 1542 wurde zwar das Ende der Encomienda eingeleitet, das mit der vollständigen Aufhebung dieser Institution im Jahre 1720 vollzogen war, doch bedeutete dies keineswegs das Ende des Großgrundbesitzes. Die einmal erworbenen Landtitel blieben bestehen, so daß die Encomienda den Kern und Ausgangspunkt des späteren Großgrundbesitzes bildete (Nickel 1978).

Land, Reichtum und Macht
Weil den in der Neuen Welt geborenen Spaniern der Zugang zu hohen Verwaltungsposten verwehrt war und es in der stark reglementierten Kolonialwirtschaft außer dem Landerwerb kaum Möglichkeiten gab, Kapital zu investieren, bildete die Anhäufung von Großgrundbesitz für die Kreolen die einzige Möglichkeit, ihrem Verlangen nach Macht und sozialem Prestige nachzukommen. Sie ließen daher kaum eine Möglichkeit ungenutzt, um sich legal oder illegal, auf dem Land weitgehend unbehelligt von den Kolonialbehörden, eine eigene Machtbasis aufzubauen. Obwohl dieses Vorgehen auch weiterhin im Widerspruch zur Siedlungspolitik der Kolonialbehörden

stand, schritt die Landkonzentration weiter voran, zumal der drastische Rückgang der indianischen Bevölkerung in den Jahren nach der Eroberung den faktischen Zugriff auf den Boden erleichterte. Die mit den Vorstellungen des römischen Rechts nicht vertrauten Indios konnten leicht übervorteilt und nötigenfalls zu Landabtretungen gezwungen werden, und selbst als der Schutz von dörflichem Gemeineigentum zur ausdrücklichen Aufgabe der Kolonialbehörden geworden war, half dies nicht immer. Die zunehmende Finanznot veranlaßte die spanische Krone nämlich dazu, sogar unrechtmäßig erworbenes Land gegen Zahlung einer Abfindung zu legalisieren. Eine Günstlingswirtschaft des Königs und der Vizekönige tat das ihre. Bis zum Ende der Kolonialzeit hat sich so gegen alle politischen Absichten der spanischen Kolonialbehörden eine kreolische Landaristokratie herausgebildet, die über beträchtlichen Grundbesitz verfügte.

Selbstverständlich darf man die Eigentums- und Besitzverhältnisse in Neuspanien nicht nur auf den Gegensatz zwischen freien Dörfern (pueblos libres) mit ihrem Gemeinbesitz auf der einen Seite und dem Großgrundbesitz der Haciendas auf der anderen reduzieren. In weiten Teilen, insbesondere Nordmexikos, wo keine seßhafte Indiobevölkerung lebte, bestand diese Konstellation so überhaupt nicht. Neben dem Großgrundbesitz gab es dort immer schon unabhängige Bauern mit kleinen und mittelgroßen Parzellen, den sogenannten Ranchos. Hierbei handelte es sich meist um spanische Kolonisten, die ihre Position der offiziellen Landvergabepolitik der Krone verdankten und vorwiegend im Norden Neuspaniens angesiedelt wurden, um im Umfeld von Bergbaustädten und Garnisonen das Land zu erschließen und zu sichern. Noch heute wird die Agrarstruktur in den nördlichen Teilen Mexikos vielerorts von Ranchos geprägt, die den Kern der mittelständischen Landwirtschaft ausmachen. Deshalb findet sich hier auch ein ausgeprägtes Agrarunternehmertum, das in manchen Zügen an die USA erinnert.

Ein Teil der Ländereien gehörte unmittelbar der spanischen Krone. Rund die Hälfte allen produktiven Bodens befand sich schließlich in der Hand der Kirche,

wobei vor allem die Klöster und Missionsstationen Grundeigentümer waren und einen erheblichen Beitrag zur Erschließung der Gebiete leisteten, wo die indianische Bevölkerung zuvor keine dauerhafte Landwirtschaft betrieben hatte.

Die begünstigte Expansion

Der private Großgrundbesitz hatte die Unabhängigkeit nicht nur unbeschadet überstanden, sondern konnte sich sogar noch konsolidieren. Die rechtlichen Rahmenbedingungen, die mit den liberalen Reformen der Jahre 1856 und 1857 geschaffen worden waren, haben den privatwirtschaftlichen Zugriff auf Land nicht nur erleichtert, sondern gefördert. Die umfangreichen Ländereien, die nach der Zerschlagung des Kirchenbesitzes im Jahr 1856 auf den Markt kamen, führten zu keiner breiten Eigentumsstreuung, sondern hatten eine weitere Landkonzentration zur Folge. Die Verschleuderung von Staatsländereien, der Terrenos baldíos (baldío = unbebaut, brachliegend), im Zuge der Kolonisationsgesetze von 1883 und 1894, vorwiegend im Norden und in den südlichen Grenzstaaten, leistete einen weiteren Beitrag zur Festigung des Großgrundbesitzes, weil privaten Vermessungsgesellschaften bis zu einem Drittel des vermessenen Landes als „Vergütung" zugesprochen wurde. Im Porfiriat (1876–1910) erreichte der Großgrundbesitz bisher nicht gekannte Ausmaße. In den Ackerbauregionen des zentralen Hochlandes lag die durchschnittliche Betriebsgröße zwischen 1000 und 3000 ha, einzelne Betriebe umfaßten bis zu 50 000 ha. Das Grundeigentum der Viehzuchtbetriebe in Nordmexiko erstreckte sich oft auf mehrere 100 000 ha, und in Chihuahua kontrollierte der Teraza-Clan 5 Mio. ha Land (Tobler 1992).

Ein Ende, das keines war

Die Reformbestimmungen der mexikanischen Verfassung von 1917 zielten darauf ab, den Großgrundbesitz zu zerschlagen. Im Art. 27 der mexikanischen Verfassung wird zwar ausdrücklich das Privateigentum an Grund und Boden garantiert, aber nur bis zu einer gewissen Größe. Deshalb wird dieses verfassungsmäßig geschützte Privateigentum auch pequeña propiedad (wörtlich: kleines Eigentum) genannt. In den Agrargesetzen sind Obergrenzen, unterschieden nach Landnutzungsarten, vorgesehen. Als geschütztes Eigentum gelten danach beispielsweise 100 ha Bewässerungsland, 200 ha Land, das im Regenfeldbau bewirtschaftet wird, 500 ha hochwertiges Weideland und in Trockengebieten Weideland, das zur Ernährung von 500 Rindern notwendig ist. Darüber hinausgehende Flächen konnten gegen Entschädigung enteignet und Dörfern zugewiesen werden. Viele Hacendados verhinderten jedoch eine Zerschlagung, indem sie das Grundeigentum unter Verwandten aufteilten, während sie eine zentrale Betriebsorganisation beibehielten. Bis heute ist es auch üblich, die Anbauflächen durch eine Zupacht von Land zu vergrößern. Staatlicherseits wurde gegen solche Umgehungen nur wenig unternommen, teils weil die Revolutionselite auch Großgrundbesitz erworben hatte, vor allem aber auch, weil man die Produktivität nicht gefährden wollte. Obwohl nach der Revolution die Institution der Hacienda als Sinnbild des Großgrundbesitzes besei-

tigt worden war, konnte in neuen rechtlichen Strukturen das Prinzip der Akkumulation von landwirtschaftlichen Produktionsmitteln überleben und erlebt als Neo-Latifundismo derzeit eine neue Blüte.

Formen des Neo-Latifundismus
Die landwirtschaftlichen Großbetriebe von heute weisen dabei ganz unterschiedliche Organisations- und Erscheinungsformen auf, wobei es sich nicht unbedingt um Betriebe mit einer großen Betriebsfläche handelt. Denn neben der klassischen Form des Latifundismo mit ausgedehntem Besitz an Produktionsflächen gibt es auch flächenunabhängige, kapitalintensive Betriebe oder gar eine rein finanzielle und organisatorische Beherrschung einer Vielzahl kleiner Erzeuger. Vor diesem Hintergrund unterscheidet man heute zwischen einem „Latifundio territorial" und einem „Latifundio financiero" (Soto Mora u. a. 1992). Oftmals sind die Großbetriebe in den Bewässerungsgebieten nicht einmal die Eigentümer ihrer Betriebsflächen, sondern haben diese von privaten Kleinbauern oder Ejidatarios gepachtet.

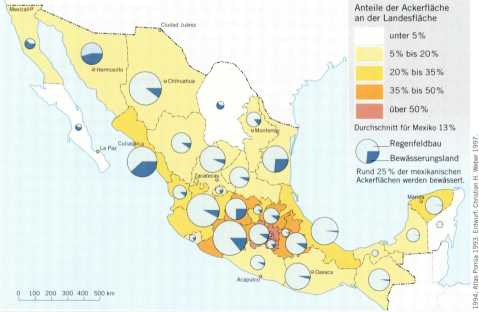

Abb. 56: Ackerbaufläche und Bewässerung: *Zentralmexiko bildet die Kernzone des Ackerbaus. Der Schwerpunkt des Bewässerungsfeldbaus liegt in Sinaloa an der nordwestlichen Pazifikküste.*

Quellen: INEGI, 1994; Atlas Porrúa 1993. Entwurf: Christian H. Weber 1997.

Besonders ausgeprägt ist der Neo-Latifundismo in den Bewässerungsgebieten des Nordwestens, wo z.B. im Yaquí-Tal 85 Betriebseigentümer 117000 ha des besten Bewässerungslandes kontrollieren, das formal auf 1191 Personen aufgeteilt ist (Abb. 56). Bereits die offiziellen Statistiken lassen eine erhebliche Bodenkonzentration in den Bewässerungsgebieten erkennen. Knapp 500 000 ha Land und damit mehr als 20 % der bewässerten Flächen sind in der Hand von 4500 Privatpersonen. Auf diesen ertragreichen Flächen konzentriert sich zugleich die höchste Wertschöpfung, so daß der Großgrundbesitz auf einen erheblichen Teil der landwirtschaftlichen Flächen zugreift, wo hohe Renditen ohne große Risiken erzielt werden können. Die Neolatifundistas profitieren dabei auch noch in erheblichem Maße von den staatli-chen Investitionen, die in den Bau der Bewässerungsanlagen fließen. Darüber hinaus kommen den Agrarunternehmern auch noch andere staatliche Maßnahmen zur Steigerung der Agrarproduktion zugute, weil sich das Leitbild einer modernen Landwirtschaft, zumindest bisher, am „Ideal" des technisierten landwirtschaftlichen Großbetriebs orientiert, auf den eine Reihe von Maßnahmen der Agrarpolitik und -verwaltung, etwa bei Bewässerung, Dünger, Maschinen, Krediten, abgestellt sind (Soto Mora u. a. 1992). Und selbst, wo ein Programm nicht direkt auf die Intensivlandwirtschaft zugeschnitten war, verfügte in der Vergangenheit der Kreis der Agrarunternehmer über die nötigen Informationen und Verbindungen, um dennoch in den Genuß der staatlichen Förderung zu kommen (Grindle 1985).

Ausbeutung und Unfreiheit

Neben dem Großgrundbesitz zählten die repressiven Arbeitsverhältnisse zu einem der Grundübel der Kolonialzeit und des 19. Jh.s. Zur Ausbeutung der menschlichen Arbeitskraft kam oft noch die Freiheitsberaubung durch die Bindung der Arbeitskräfte an den Großgrundbesitzer. Auch wenn Formen der Zwangsarbeit und der Schuldknechtschaft gesetzlich schon lange abgeschafft sind, hat die kolonialzeitliche „Arbeitskultur" vor allem auf dem Land ihre Spuren hinterlassen. Nach wie vor gibt es in Mexiko ein Heer landloser Tagelöhner, die ohne soziale Absicherung und die Sicherheit eigenen Grundbesitzes ihr Auskommen finden müssen. Der Zensus 1990 weist 2,5 Mio. Tagelöhner (jornaleros o peones) aus, der Mikrozensus von 1995 nennt eine Zahl von 3 Mio., die allerdings nicht alle dem primären Sektor zugerechnet werden. Gerade im Umfeld großer Städte ist der Übergang zwischen Beschäftigungen innerhalb und außerhalb der Landwirtschaft fließend, und als Tagelöhner ist man ohnedies auf die Arbeit angewiesen, die man bekommt. Wegen des großen Angebots an Arbeitskräften sind die Löhne niedrig, wenn es auch erhebliche regionale Unterschiede gibt.

Vom Tribut zur Peonaje

Zumindest in den letzten hundert Jahren vor der spanischen Eroberung war in Zentralmexiko ein ausgeprägtes System von Tributverpflichtungen verbreitet. Dorfgemeinschaften und einzelne Bauern schuldeten Funktionsträgern und Adeligen in den städtischen Zentren die Lieferung von Agrarprodukten und Arbeitsleistungen (Prem 1989). An der Spitze der Pyramide stand als oberster Tributempfänger der höchste Herrscher der México, der Tlatoani von Tenochtitlán. Vor diesem Hintergrund bedeutet die Eroberung zunächst keinen Bruch: Die spanische Krone betrachtete sich als Nachfolgerin der indianischen Oberherrscher und beanspruchte die Tribute für sich. Einen Teil dieser Ansprüche trat sie in Form der Encomienda an die siegreichen Conquistadores ab, um sich deren Loyalität zu sichern. Den so begünstigten Encomenderos stand ein Recht auf die Lieferung von Naturalien zu. Darüber hinaus konnten sie die im Gebiet der Encomienda lebenden Indios dem Repartimiento unterwerfen, das heißt, sie zu einer wiederkehrenden temporären Arbeitsleistung zwingen (Nickel 1978). Die Eroberer nahmen aber teilweise auch ohne eine förmli-

che Übertragung durch die Krone Tributleistungen in Anspruch, die eigentlich dem
indianischen Adel zustanden.

Aneignungsformen, die den Indios aus
ihrer eigenen Praxis äußerlich vertraut
waren, wurden von den Eroberern mit anderen Inhalten gefüllt. Zunächst zwängten die
Spanier nach der ihnen geläufigen Vorstellung der Grundherrschaft die Tributbezie-
hungen in einen territorialen Rahmen. Viel
gravierender war aber die Änderung der inhaltlichen Qualität der Beziehung zwischen
Tributproduzenten und Tributempfängern.
Während nämlich die Austauschbeziehungen bei den Indios vom Gedanken des Ausgleichs und des Gleichgewichts geprägt
waren, ging es den Spaniern um Anhäufung
von Reichtum (Steger 1983). Die alten Tri-
butbeziehungen gerieten aus dem Gleichgewicht und wurden immer mehr zu einer
exzessiven Ausbeutung der indianischen
Arbeitskraft. Die Encomienda, die nach
spanischem Recht eine umfassende Anvertrauung von Land und Leuten war (enco-
mendar = anvertrauen) und die auch Für-
sorgepflichten des Encomendero gegenüber
den Indios, etwa im Bereich der Seelsorge,
umfaßte, geriet zusehends zu einem Instrument der Ausbeutung und Versklavung. Insbesondere der Dominikaner Bartolomé de
Las Casas schilderte in seinem „Kurzgefaß-
ten Bericht von der Verwüstung der Westindischen Länder" (Enzensberger 1966) eindringlich die Habgier und Grausamkeit vieler Encomenderos. Nicht allein die Einga-
ben engagierter Geistlicher, sondern der dramatische Rückgang der Indiobevölkerung
mahnten die Krone zum Handeln. In den
Neuen Gesetzen von 1542 wurde die Versklavung von Indios ausdrücklich verboten.
Die Encomienda als solche wurde nicht abgeschafft, neue durften jedoch nicht mehr
vergeben werden. Seit 1549 war es den Encomenderos verboten, von den Eingeborenen persönliche Arbeitsleistungen zu fordern
(Konetzke 1965). Das Institut des Repartimiento zur Forderung von Arbeitsleistungen
stand nur mehr den königlichen Beamten zu,
die dann die indianischen Arbeitskräfte Berg-
werksunternehmern, Landwirten, Stadtver-
waltungen und Klerikern zuteilen konnten.
Seit 1632 war es untersagt, Indios im Rahmen des Repartimiento für landwirtschaftliche Betriebe abzustellen (Nickel 1978).

Die Schuldknechtschaft

Wenn auch die rechtlichen Einschränkungen des Repartimiento immer wieder um-
gangen worden sind, so waren die Kreolen
doch verstärkt gezwungen, sich die Arbeitskräfte auf andere Weise zu sichern.
Anstelle des öffentlich-rechtlichen Arbeits-
zwanges des Repartimiento entwickelten
Guts- und Bergwerksbesitzer schuldrechtliche Formen der Bindung von Arbeitern an
den Betrieb. Für diese Form der Schuldknechtschaft ist in Mexiko die Bezeichnung „Peonaje" üblich. Insbesondere von
landwirtschaftlichen Betrieben wurde die
Peonaje als Strategie der Gewinnung und
Bindung der Arbeitskräfte weit über die
Kolonialzeit hinaus bis ins Jahr 1914 praktiziert. Das Wesensmerkmal der Peonaje
besteht darin, daß der Arbeiter gegenüber
dem Arbeitgeber (Patrón) verschuldet ist
und den Betrieb nicht verlassen kann,
solange er diese Schulden nicht abgearbei-
tet hat. Diese Schulden, die auch auf die
Nachkommen vererbt wurden, führten zu
einer nahezu völligen Einschränkung der
Mobilität der Arbeitskräfte. Versuche, sich
von der Arbeitsstätte zu entfernen, wurden
nötigenfalls gewaltsam unterbunden. Vielfach wird daher die Peonaje als eine Institution definiert, die der Grundhörigkeit
oder der Versklavung gleichkommt (Nickel
1991).

Während der Kolonialzeit gab es keine
eindeutige gesetzliche Grundlage für die
Peonaje. Vielmehr ist ein Bestreben der
Kolonialbehörden zu erkennen, „einer dauerhaften Unfreiheit der indianischen Arbeiter
entgegenzuwirken" (Nickel 1991, S. 10).
Allerdings wurden diese Bemühungen relativiert durch ein Interesse an der Sicherung
der Produktion und der Tributzahlungen
seitens der Krone sowie unter dem Druck
der Großgrundbesitzer. Die Unabhängigkeit
brachte zunächst eine Verschärfung der
Peonaje, weil nun die Schutzgesetze mit
ihren Einschränkungen der Ausbeutung der
Indios weggefallen waren. Erst Art. 5 der
liberalen Verfassung von 1857 „untersagte
ausdrücklich Formen dauerhafter Unfreiheit
'por causa de trabajo'" (Nickel 1991, S. 11).
Allerdings bestand vielfach ein Unterschied
zwischen den geltenden rechtlichen Bestimmungen und den tatsächlichen Arbeitsverhältnissen. Im Porfiriat wurde noch ein-

mal trotz der formalen Rechtslage eine weitere Ausbreitung der Peonaje begünstigt. Mit der Überstellung der aus Nordwestmexiko zwangsdeportierten Mayos und Yaquís an Plantagen in Yucatán und dem Valle Nacional praktizierte die Regierung sogar eine Art Sklavenhandel. Selbstverständlich gab es neben den abhängigen Peones im Einflußbereich der Haciendas immer auch Pächter und Halbpächter, die weitgehend unabhängig das Land der Großgrundbesitzer bearbeiteten.

Ihr endgültiges Ende fand die Praxis der Peonaje, als sie 1914 per Dekret aufgehoben wurde. Die detaillierten arbeitsrechtlichen Bestimmungen des Art. 123 der mexikanischen Verfassung von 1917 gewähren einen umfangreichen Schutz. Die Liste verbotener Praktiken der Gestaltung von Arbeitsverhältnissen in Art. 123 ist eine aufschlußreiche Zusammenstellung einiger Tricks, mit denen man bei der Peonaje die Verschuldung der Arbeitskräfte aufrechterhalten hatte: Lohn in Form von Naturalien, Kredite und Vorschüsse von mehr als einem Monatsgehalt, Kaufzwang in bestimmten Geschäften, Lohnauszahlung in Vergnügungsstätten, Cafés, Kantinen, Kneipen und Tiendas, Lohnabzug zur Begleichung von Strafgeldern usw. (Nickel 1978).

Regionale Unterschiede

Bereits vor den einschneidenden Sozialgesetzen im Zuge der Mexikanischen Revolution war in einigen Regionen des Landes die Peonaje im Zuge der wirtschaftlichen Modernisierung der Landwirtschaft in Auflösung begriffen und wurde durch reguläre Arbeitsverhältnisse mit leistungsbezogenen Löhnen ersetzt (Nickel 1991). Insgesamt stellen sich die Arbeitsverhältnisse insbesondere im Porfiriat vielschichtiger dar als dies einem starren Modell der Peonaje entspricht.

Als grobe Annäherung kann man Mexiko hierzu nach drei Großräumen betrachten: Südmexiko, Zentralmexiko und Nordmexiko (Tobler 1992). Am ungünstigsten waren die Arbeitsbedingungen in Südmexiko. Auf den Sisalplantagen Yucatáns herrschten Verhältnisse, die der Sklaverei nahekamen. Auch in den anderen Regionen Südmexikos waren die landlosen Landarbeiter auf

Gedeih und Verderb den Hacendados ausgeliefert, die sie unter allen Umständen halten wollten. Flüchtenden wurde mit Fangkommandos nachgesetzt. Denn zum einen herrschte in Südmexiko ein Mangel an Arbeitskräften, zum anderen gab es keine alternativen Arbeitsplätze außerhalb der Landwirtschaft. Da autonome soziale Strukturen in Dörfern weitgehend fehlten, war keine Basis für Widerstand vorhanden.

In den dichtbesiedelten Räumen Zentralmexikos herrschte dagegen ein Überangebot an Arbeitskräften und damit bestand kein Zwang, die Arbeitskräfte so stark an die Betriebe zu binden, so daß sich die Schuldknechtschaft hier teilweise zurückbildete.

In den dünnbesiedelten Räumen Nordmexikos, wo der Großgrundbesitz dominierte, herrschte zwar ein Arbeitskräftemangel, weil es im Bergbau und bei der Eisenbahn alternative Arbeitsplätze gab. Die hochmobilen berittenen Viehhirten (Vaqueros) konnten aber Nachstellungen leichter ausweichen und sich nötigenfalls in die USA absetzen, so daß die Großgrundbesitzer um die knappen, mobilen Arbeitskräfte werben mußten. Deshalb herrschten im Norden lockere Arbeitsbedingungen, die vom Typus des halb industriellen und halb landwirtschaftlichen Arbeiters geprägt waren (Tobler 1992).

Neue Formen der Abhängigkeit

Wie schon eingangs erwähnt sind, zumal im ländlichen Raum, einseitige Abhängigkeiten auf dem Arbeitsmarkt keineswegs überwunden. Wer sich mangels alternativer Einkommens- und Erwerbsmöglichkeiten auf Gedeih und Verderb als Tagelöhner andienen muß, ist von seinem Patrón nicht minder abhängig als ehedem die Peones. Selbstverständlich steht es den Arbeitskräften heute frei, zu gehen; doch, wo es keinen anderen Arbeitgeber gibt und auch ein Stück Land als Grundsicherung fehlt, hat die Existenznot der Landarbeiter und ihrer Angehörigen dieselbe Wirkung wie eine Verschuldung gegenüber dem Unternehmer. Die Schuldknechtschaft wird durch eine „Notknechtschaft" abgelöst. Deshalb sind auch noch heute in ländlichen Regionen mit einem hohen Anteil landloser Bevölkerung die Arbeitsverhältnisse am repressivsten.

Im ländlichen Raum haben sich aber auch Formen von Abhängigkeiten erhalten, die in ihren Strukturen an die Peonaje erinnern. Im Zusammenhang mit Agrarkrediten besteht mitunter zwischen kleinbäuerlichen Kreditnehmern und der Bank bzw. deren Vertretern ein Abhängigkeitsverhältnis, das dem der Schuldknechtschaft sehr nahekommt. Schränken doch auch hier schuldrechtliche Abhängigkeiten die Verfügungsgewalt über die eigene Arbeitskraft ein, wenn man so lange, unter Umständen auch inhaltlich nach den Wünschen des Gläubigers, arbeiten muß, bis der Kredit abgezahlt ist. Auch im Zusammenhang mit dem schon erwähnten Anbau auf Vertrag sind solche Abhängigkeiten leicht möglich. Wenn in solchen Fällen ein Campesino von einem Agrarunternehmer Saatgut erhält, schuldet er diesem die Früchte. Bei einem völligen oder teilweisen Ernteausfall und einer fehlenden Versicherung können schnell Ersatzansprüche des Unternehmers entstehen, die der Campesino nur mehr schwer erfüllen kann. Er gerät somit in eine dauerhafte Abhängigkeit. Insoweit sind Kooperationen zwischen Kleinbauern und der Agrarindustrie, die seit 1992 gesetzlich abgesichert sind und von der Politik gefördert werden, Einfallstore für neue, schuldrechtlich begründete Abhängigkeiten. Umgekehrt hat die lange Erfahrung von einseitiger Abhängigkeit durch wirtschaftliche Zusammenarbeit aber auch bei vielen Campesinos Ressentiments gegen jegliche Kooperationsformen erwachsen lassen, was vielfach Bemühungen um genossenschaftliche Zusammenschlüsse erschwert. Das Mißtrauen sitzt tief, und hinter Vorschlägen zur Kooperation werden leicht Versuche der Übervorteilung und Freiheitsberaubung vermutet (Gormsen 1995).

Der Schatten der Hacienda

Die Hacienda ist in Mexiko, wie auch in vielen anderen Ländern Lateinamerikas, gewissermaßen ein Sinnbild für die kolonialzeitliche Überformung des ländlichen Raumes, die heute noch in vielfältiger Weise nachwirkt. Die schlechten Lebensbedingungen auf dem Campo und die damit verbundene Landflucht werden der Hacienda ebenso angelastet wie eine psychosoziale Deformierung der ländlichen Bevölkerung (Nickel 1978). Die Hacienda gilt dabei als eine Institution, die repressiv nach innen gegenüber den Peones war und aggressiv nach außen gegenüber den Dörfern. In ihr verbinden sich die Herrschaft über Land und Leute, wirtschaftliche und gesellschaftliche Macht. Die Hacienda steht für Unfreiheit, Ungleichheit und Ausbeutung. Ziel der Agrarreformer in der Mexikanischen Revolution war daher die Zerschlagung der Hacienda.

Landgut und mehr

Mit Hacienda wurden im spanischen Kolonialreich ursprünglich größere Einheiten von Weideland bezeichnet, welche den Stadtbewohnern weit außerhalb der Städte zugeteilt wurden (Konetzke 1965). Später wurde der Begriff zum Synonym für die großen Landgüter, welche Kreolen gehörten, die ihren Wohnsitz in der Stadt hatten. So ist der Absentismus des Eigentümers ein typisches Kennzeichen der Hacienda.

Die Hacienda war dabei nicht nur ein landwirtschaftlicher Großbetrieb, sondern ein komplexes kulturelles, soziales und ökonomisches System, das einen „kollektiven Wirtschaftszusammenhang" verkörpert (Steger 1983). In der Hacienda verschmelzen indianische und spanische Vorstellungen: Indem die alten Netze tributärer Abhängigkeiten in der Hacienda territorial eingefroren wurden, ist die aztekische Arbeits- und Herrschaftssymbolik in ihr eingekapselt (Steger 1983). Die Arbeiter der Hacienda bilden eine Gemeinschaft von Agrarproduzenten, die zusammen in Subsistenzwirtschaft leben und mit ihrem Überschuß den Hacendado, den Patrón, alimentieren, der in der Stadt lebt. Für Steger besteht im Hacendado, der in der Stadt von den Erträgen seiner Hacienda lebt, so der Tlatoani fort.

Trotz dieses Weiterbestandes indianischer Vorstellungen ist die Hacienda zugleich Erscheinungsform der Ausbeutung

Bild 51: Ex-Hacienda im Becken von Oriental (Puebla): Große Landgüter mit abhängigen Arbeitskräften bildeten von der Kolonialzeit bis ins späte 19. Jahrhundert die wirtschaftliche und soziale Basis des agrarischen Mexiko.

der Eroberer und ein Vorposten der Mission. So bildet die Kapelle in jeder Hacienda nicht nur einen wichtigen baulichen Bezugspunkt, sondern ist gewissermaßen auch der religiöse Eckstein der Hacienda-Gemeinschaft. Neben dem Herrenhaus, dem Symbol des Hacendado als irdischen Patrón, ist die Kapelle Sinnbild des Schutzheiligen, des himmlischen Patrón (Bild 51).

Eine geschlossene Gemeinschaft

In ihrer inneren Struktur ähnelten die Haciendas vielfach kleinen Dörfern mit einer arbeitsteiligen Erwerbsstruktur und einer inneren sozialen Differenzierung. Die Masse der Arbeitskräfte lebte zusammen mit ihren Familien auf der Hacienda. Die Hacienda-Gemeinschaft ist gewissermaßen eine „große Familie", die aus dem einfachen, unmündigen Volk auf der Hacienda und dem Hacendado als Patrón und Familienoberhaupt besteht (Carias 1993). Der Patrón garantiert Schutz und Sicherheit, dafür schuldet ihm die übrige Hacienda-Familie ihre Dienste und ihre Loyalität. Neben dem formalrechtlichen Moment der Schuldknechtschaft (Peonaje) bestehen also vielschichtige, nicht zuletzt moralische Bindungen der Arbeitskräfte an die

Hacienda, so daß man mit Recht von einer „moral economy" sprechen kann, die vom Klientelismus und Paternalismus der Hacendados geprägt ist (Nickel 1991). Diese patriarchalische Sozialstruktur bestimmt in einigen Regionen Mexikos noch bis heute die gesellschaftlichen und politischen Verhältnisse im ländlichen Raum. Selbst dort, wo die Agrarreform durchgeführt worden ist, haben vielfach Funktionäre die Rolle des Patrón übernommen. Gut gemeinte Reformen der Regierung scheitern nicht selten am Widerstand klientelistischer Netzwerke, zumal wenn sich diese in ihrem Bestand bedroht sehen. Über lange Zeit hat die patriarchalische Einbindung der Bevölkerung nicht nur zu einer Immobilisierung, sondern auch zur Stabilität im ländlichen Raum beigetragen. Wo solche Netzwerke fehlen oder in Auflösung begriffen sind, kommt es vermehrt zu Abwanderung oder sozialen Unruhen.

Subsistenz und Markt

Die Hacienda in ihrer traditionellen Form bildete eine geschlossene wirtschaftliche Einheit, die völlig autark ohne Hilfe von außen ihre Aufgabe erfüllen konnte. Diese Fähigkeit zur Selbstversorgung verlieh ihr eine Krisenfestigkeit. Die Hacienda umfaßte vielfach nicht nur die Agrarproduktion, sondern verfügte auch über Handwerker, Läden, Kantinen etc. Oft kamen auch Anlagen zur Weiterverarbeitung hinzu, so daß zahlreiche Haciendas auch die Kriterien der klassischen Plantage erfüllen. So waren die Zucker-Ingenios Teil einer Zucker-Hacienda und die auch so genannten Sisalplantagen in Yucatán verfügten über Anlagen zur Aufbereitung der Fasern. Hacienda-Arbeiter wurden mit Naturalien entlohnt oder erhielten Warengutscheine oder eigenes Hacienda-Geld. Sie waren dadurch wirtschaftlich an die Hacienda gebunden, andererseits war ihre Subsistenz garantiert. Trotz der „feudalen" traditionellen Struktur im Inneren konnte die Hacienda durchaus nach außen als eine sehr leistungsstarke moderne Wirtschaftseinheit auftreten. Sie ist damit ein Subsistenzbetrieb mit dem Potential, den Markt zu bedienen. Deshalb wird die Hacienda, vor allem ihre Erscheinungsform im Porfiriat, oft als semifeudal bezeichnet (Nickel 1991).

Hacienda und Macht

In der ausgehenden Kolonialzeit bildete die Hacienda die ökonomische Basis der kreolischen Oberschicht. Nach der Unabhängigkeit lag die wirtschaftliche Macht der neu gegründeten Staaten daher in der Hand der Großgrundbesitzer und war gewissermaßen außerhalb der Städte verortet. Die zunehmende Hacienda-Kritik, die im 19. Jh. aufkam, war nicht nur sozial motiviert, sondern hatte auch einen politischen und wirtschaftlichen Hintergrund. Politisch gesehen waren es die Mestizen, welche den feudalen Charakter der Hacienda kritisierten, der nicht in eine liberale Wirtschafts- und Gesellschaftsordnung passe. In wirtschaftlicher Hinsicht wurde vorwiegend von der mittelständischen Landwirtschaft der Rancheros vorgebracht, daß die Hacienda zu wenig effizient sei und ihre großen Ländereien nur suboptimal nutze. Daraus leitete man die Notwendigkeit einer Landreform ab.

In diesem Propagandafeldzug gegen die Hacienda wurden dann auch die sozialen Vorwürfe eingebracht: Die Einschränkung der Freiheit der Peones, die schlechte Entlohnung bei exzessiver Arbeit, unzulängliche Wohnverhältnisse, unzureichende Bildung, Entwürdigung und patriarchalische Bevormundung (Nickel 1991). Viele dieser Argumente wirken heute noch nach. Das tatsächliche Erscheinungsbild der Hacienda in Mexiko wies jedoch ein sehr breites Spektrum auf, das die Vorwürfe zum Teil stützt, mitunter aber auch widerlegt. Dennoch ändert das nichts daran, daß die Hacienda von ihrem Grundcharakter her eine repressive Einrichtung war, die der sozialen Ungleichheit und Ausbeutung im ländlichen Raum Vorschub leistete.

Seit den Agrarreformen infolge der Mexikanischen Revolution gibt es die Hacienda in ihrer typischen Form nicht mehr. Ex-Haciendas dienen heute als „feudale" Hotelanlagen, wie zum Beispiel die Ex-Hacienda Cocoyoc im Bundesstaat Morelos, oder als repräsentativer Wochenendsitz der Mittel- und Oberschicht (Nickel 1978). Der „Geist der Hacienda" lebt in vielfältiger Weise fort. In einigen Regionen des Landes, vor allem in Südmexiko, herrschen vielfach noch Ausbeutung und patriarchalische Sozialstrukturen vor. Und der Großgrundbesitz, für den die Hacienda sinnbildlich steht, hat bekanntlich die Hacienda überlebt. Das „Schicksal" der Hacienda ist für Mexiko symptomatisch: Ein Begriff ist per Dekret verschwunden, doch sein Inhalt besteht unter neuem Namen und in neuem Gewande weiter.

Konflikte und Reformen

Auch Mesoamerika kannte Konflikte um die Landwirtschaft, da immer wieder Stämme aus dem Norden die seßhaften Ackerbauern überrannten. Die alten Mythen zeugen von den Spannungen und Umbrüchen, die mit der Begegnung zwischen ansässiger Bevölkerung und Eindringlingen verbunden waren. Nach der Eroberung des Landes durch die Spanier sah sich die indianische Bevölkerung neuen Herren gegenüber, deren Herrschafts- und Ausbeutungsanspruch bisher nicht gekannte Formen annahm. In der gesamten Kolonialzeit schwelte der Bodenkonflikt und gewann im 19. Jh. so sehr an Brisanz, daß sich zu Beginn des 20. Jh.s die Spannungen in der Mexikanischen Revolution entluden. Auch mehr als 75 Jahre Agrarreform haben die Probleme nicht beseitigt. Nahezu täglich wird auf dem Zócalo in Mexiko-Stadt und in den Hauptstädten der Bundesstaaten für Landzuteilungen demonstriert. Mit den Unruhen in Chiapas sind 1994 lange Zeit latente Konflikte aufgebrochen, und auch aus anderen peripheren Bundesstaaten wie Guerrero und Oaxaca erreichen uns Meldungen über örtliche Unruhen.

Konflikt und Erschließung
Viele Auseinandersetzungen im ländlichen Raum tragen bis heute die Züge eines klassischen Bodenkonfliktes. Wo die Spanier in Gebiete mit einer seßhaften Indiobevölkerung vordrangen, prallten prinzipiell gegensätzliche Vorstellungen und Interessen bei der Landnutzung aufeinander. Die historischen Bodenkonflikte konzentrieren sich deshalb auf die traditionellen Ackerbauzonen Mesoamerikas und damit überwiegend auf Zentral- und Südmexiko. Dort bilden die Frontlinien der Erschließung die Spannungszonen, wo sich Unterwerfungs-, Integrations- und Verdrängungsprozesse vollziehen. In der Kolonialzeit gab es daher vor allem in den Gebirgs- und Waldregionen Südmexikos noch weite Räume, die von der Expansion der kolonialen Landwirtschaft unbehelligt blieben. Mit der Erschließung des Landes im Porfiriat (1876 – 1910) spitzten sich die Bodenkonflikte zu. Entlang neu angelegter Verkehrsachsen breitete sich die kommerzielle Landwirtschaft aus und expandierte bevorzugt in Agrarräumen mit einem guten Zugang zum nationalen und internationalen Markt. Besondere Schärfe gewann die Auseinandersetzung um Land so zum Beispiel unweit der Hauptstadt im Becken von Morelos. Bis auf den heutigen Tag sind mit der Erschließung und dem Vordringen der kommerziellen Landwirtschaft in bisher periphere Zonen Bodenkonflikte verbunden. So kommt es heute in Chiapas, als einem „tropical frontier land" (Collier 1994, S. 372), zu Konflikten zwischen Kleinbauern auf der einen Seite und Holzfällern, Viehzüchtern und Großagrariern auf der anderen, die vielfach im Zuge des Baus von Großkraftwerken in bisher entlegene Räume vorrücken.

Land und Freiheit
Entscheidende Triebfeder der Agrarkonflikte in der Kolonialzeit und im 19. Jh. war das Bestreben der Kreolen, sich durch die Herrschaft über Land und Arbeitskräfte eine möglichst umfassende Kontrolle über die Agrarproduktion und damit wesentliche Teile der Wirtschaft zu sichern. Dies äußerte sich in der Ausdehnung der Hacienda, die vor allem auf Kosten des dörflichen Gemeinbesitzes erfolgte. Mit dem Land haben die Dörfer ihre ökonomische Basis, vielfach auch ihre soziale Mitte und die politische Unabhängigkeit verloren. Die Dorfgenossen wurden zu abhängigen Arbeitern auf der Hacienda und dadurch an sie gebunden. Zur persönlichen Unfreiheit kamen oft noch Ausbeutung und materielle Not, weil die Arbeitsbedingungen sehr hart und die Lebensumstände der Hacienda-Arbeiter und ihrer Familien oftmals schlecht waren. Eine derart pauschale Betrachtung läßt zwangsläufig erhebliche regionale Unterschiede außer acht. Das Verhältnis zwischen der Hacienda und dem freien Dorf (Pueblo Libre) reichte von einem Gegeneinander über ein Nebeneinander bis zu einem Miteinander und Ineinander, wobei die Akzente unterschiedlich liegen konnten. Eines ist allerdings unstrittig: Mit der Bodenfrage sind stets mehrere Probleme verbunden: die Eigentumsfrage im Sinne der Kontrolle über das Produktionsmittel Boden, die Freiheitsfrage mit Blick auf die Peonaje, die Frage der materiellen Lebensbedingungen angesichts der Einkommenssituation, und vielfach auch die politische Frage der sozialen Kontrolle im ländlichen Raum. Vor diesem Hintergrund ist es nur zu verständlich, daß viele Agrarreformer den Schlüssel zur Lösung der komplexen Probleme des ländlichen Raumes in der Frage des Grundeigentums sehen. Mit der Zuteilung von Land sollten landlose Campesinos zu freien Menschen werden, die auf ihrem Stück Boden ohne Bevormundung von außen das anbauen können, was sie und ihre Familien für ein gesichertes Auskommen benötigen. Durch die Rück-

übertragung von Hacienda-Land auf die Dörfer sollte aber auch die ökonomische und soziale Vorherrschaft der Großgrundbesitzer im ländlichen Raum gebrochen werden.

Vom Konflikt zur Revolution

In der Kolonialzeit verhinderten die Maßnahmen der spanischen Krone zum Schutz der Indios zumindest größere Konflikte zwischen Haciendas und Dörfern. Der drastische Rückgang der indianischen Bevölkerung in den ersten hundert Jahren nach der Eroberung entschärfte die Spannungen, weil genügend Land für die Bereinigung von Konflikten zur Verfügung stand. Nachdem sich jedoch gegen Ende der Kolonialzeit die indianische Landbevölkerung von der demographischen Katastrophe wieder erholt hatte, spitzte sich der Bodenkonflikt zu, weil die zusätzlich benötigten Flächen vielfach bereits von Kreolen oder Spaniern beansprucht wurden, während den Dorfgemeinschaften nur in begrenztem Umfang Land zugestanden worden war. Weiter verschärft wurde die Lage, als die bourbonischen Könige in ihrem Bestreben, den Niedergang Spaniens aufzuhalten, die Kolonialverwaltung nicht nur strafften, sondern auch die Abgabenlast drastisch erhöhten. 1761 entluden sich die steigenden Spannungen zum ersten Mal gewaltsam in einem Aufstand der Maya-Indianer in Yucatán, der allerdings nach kurzer Zeit niedergeschlagen werden konnte. In Zentralmexiko dagegen blieb es auf dem Land zunächst ruhig. 1810 entwickelte sich jedoch unter Führung von Miguel Hidalgo und José María Morelos aus einer ursprünglichen Verschwörung von Kreolen und Mestizen gegen die spanischen Kolonialbehörden eine bewaffnete Bewegung, die vorwiegend aus indianischen Bauern des zentralen Hochlands bestand. Ein 1813 von José María Morelos als Verfassung von Chilpancingo verfaßtes Programm enthielt unter anderem die Forderung nach Auflösung des Großgrundbesitzes und Abschaffung der Knechtschaft. Aus Angst vor einer Massenerhebung haben sich Kreolen und Mestizen bald nach Ausbruch der Unruhen wieder mit den Spaniern verständigt und diese erste, stark sozial motivierte Unabhängigkeitsbewegung niedergeschlagen (Katz 1993).

Als Mexiko schließlich im Jahre 1821 seine Unabhängigkeit erlangte, blieb die Agrarfrage weiterhin ungelöst. Allerdings bescherte die politische Destabilität und Schwäche des Zentralstaates in der ersten Hälfte des 19. Jh.s den bedrohten indianischen Dörfern eine gewisse Entspannung. Campesinos konnten sogar Großgrundbesitzern Zugeständnisse abgewinnen, wenn sie sich diesen als Kämpfer in ihrer Privatarmee zur Verfügung stellten (Katz 1993). In den politischen Auseinandersetzungen bis in die 1860er Jahre bildete die marginalisierte Landbevölkerung die Rekrutierungsbasis für die Privatarmeen der zahlreichen Caudillos.

Die liberalen Reformen der Jahre 1856 und 1857 bewirkten eine Verschärfung der Situation, weil nun der Ausdehnung des Großgrundbesitzes auf Kosten der Dörfer keine rechtlichen Schranken mehr im Wege standen. Einen wirtschaftlichen Stimulus erfuhr die Expansion der Hacienda, als sich im Porfiriat (1876–1910) mit der Erschließung des Landes und der exportorientierten Wirtschaftspolitik eine Kommerzialisierung der Landwirtschaft vollzog. Weil Kapital knapp und teuer war, ließ sich die Produktion am einfachsten mit einer Expansion der Hacienda auf Kosten von Halbpächtern und Pächtern sowie benachbarter Dörfer steigern. Damit konnte man nicht nur die Anbaufläche vergrößern, sondern die freigesetzten Arbeitskräfte in die Hacienda integrieren.

Allerdings gab es bei den agrarsozialen Verhältnissen im ausgehenden 19. Jh. erhebliche regionale Unterschiede. In einigen Regionen des dichtbesiedelten Zentralmexiko ließ indes die aggressive Expansion der Haciendas auf Kosten des Gemeindelandes die Spannungen auf dem Campo steigen. Der räumliche Brennpunkt für diesen Landkonflikt lag im Bundesstaat Morelos, unweit der Hauptstadt. In ihrem Bestreben, den ganzen Staat „in eine perfekte Hacienda zu verwandeln" nahmen die Zucker-Hacendados teils legal, teils illegal immer mehr Land der Pueblos Libres in Beschlag und wurden dabei von den Regierungsbehörden in Cuernavaca und Mexiko-Stadt offen unterstützt. Obwohl die Dörfer regelrecht von Hacienda-Land eingekreist wurden und mit dem Land ihre wirtschaftliche Grundlage einbüßten, konnten sie sich ihre politische Unabhängigkeit erhalten und bildeten so die „Pueblos Libres" die entscheidende Basis für den Widerstand. Daher unterstreicht Tobler (1992) auch die Bedeutung des Anteils der Landbevölkerung, die in freien Dörfern lebt, für die Agrarbewegung und weist in diesem Zusammenhang auf bemerkenswerte regionale Unterschiede hin: In Morelos und in Teilen der benachbarten Bundesstaaten Guerrero, México, Tlaxcala, Puebla und Oaxaca gehörten rund drei Viertel der Landbevölkerung zu freien Dörfern, hingegen lebten in Jalisco etwa zwei Drittel als Peones auf Haciendas, in Guanajuato gar über 85 %.

Mit ihrer repressiven Gesellschaftspolitik unterdrückte die Regierung von Porfirio Díaz den Widerstand gegen die wirtschaftliche Modernisierung auf dem Campo und wurde so ihrem Leitspruch „Ordnung und Fortschritt" (orden y progreso) voll gerecht. Wenn es, wie im Falle der Yaquí- und Mayo-Indianer in Nordwestmexiko, notwendig erschien, ging man auch mit offener militärischer Gewalt gegen soziale Unruhen vor. Als 1910 das Díaz-Regime am Ende war, entluden sich die aufgestauten Spannungen in den Ereignissen der Mexikanischen Revolution.

Die reaktionäre Revolution

In Morelos erhoben sich die Bauern unter Führung von Emiliano Zapata in einer straff geführten Guerillabewegung, deren Rückgrat die „Pueblos Libres" bildeten. Im Plan von Ayala aus dem Jahre 1911 wurden die Forderungen formuliert, die sich auf den bekannten Leitsatz „Land und Freiheit" (Tierra y Libertad) verdichten lassen. Die aufständischen Bauern verlangten, daß das Land, welches die Haciendas an sich gerissen hatten, den Dorfgemeinschaften zurückgegeben wird. Die Agrarbewegung in Morelos hatte also keine revolutionäre Neugestaltung der Eigentumsverhältnisse im ländlichen Raum zum Ziel, sondern die tatsächliche und rechtliche Wiederherstellung der Bodenordnung, die in den Pueblos vor der liberalen Reform und dem Porfiriat bestanden hatte. Eine im eigentlichen Sinne also reaktionäre Zielsetzung und ein konkreter regionaler Bezug kennzeichnen

den Bauernaufstand von Morelos, der oft als „Revolution des Südens" apostrophiert wird und eine Facette in dem vielschichtigen Geschehen der Mexikanischen Revolution bildet. In den nahe an Morelos liegenden Gebieten der Bundesstaaten Guerrero, México, Tlaxcala, Puebla und Oaxaca wurde die bäuerliche Bevölkerung von der Agrarbewegung im Nachbarstaat teilweise zu eigenen Aktionen motiviert (Tobler 1992). Auch andere sozialradikale Bewegungen, wie die von Francisco Villa aus Chihuahua, hatten ebenfalls, wenn auch weniger klar gefaßte agrarreformerische Ziele und sympathisierten mit Zapata. Daß es in der Revolution keine eigentlich nationale Agrarbewegung gab, lag gewiß auch an den unterschiedlichen agrarsozialen Problemlagen in den verschiedenen Regionen, die oben bereits umrissen wurden.

Die Revolution als Programm

In einem Dekret des Präsidenten Carranza vom 6. Januar 1915 wurde nicht nur der Forderung nach Rückgabe des widerrechtlich enteigneten Gemeindelandes entsprochen, sondern darüber hinaus die Möglichkeit von zusätzlichen Ejido-Dotationen aus benachbartem Hacienda-Land eingeräumt. Mit dem Art. 27 der neuen mexikanischen Verfassung von 1917 wurde die Agrarreform zum nationalen Programm. Hinter diesem Schritt stand nicht so sehr der direkte Einfluß der Agrarrevolutionäre, die in der verfassunggebenden Versammlung von Querétaro nicht vertreten waren (Tobler 1992), als vielmehr das Bemühen maßgeblicher politischer Kreise, die Forderungen nach einer Agrarreform institutionell einzufangen. Die Bestimmungen über die Agrarreform waren daher weniger als „Revolutionsprogramm" für den ländlichen Raum gedacht, sondern als ein Instrumentarium zur sozialen Stabilisierung, deren Notwendigkeit die gewaltsamen Konflikte drastisch vermittelt hatten.

Nach Art. 27 der mexikanischen Verfassung steht das ursprüngliche Eigentum am gesamten Boden der mexikanischen Nation zu. Dies gibt dem Staat die Möglichkeit, die Eigentumsverhältnisse aktiv umzugestalten, wobei allerdings Enteignungen nur aus Gründen des Gemeinwohls und gegen Entschädigung erfolgen dürfen. Das Hauptziel der Agrarreform nach Art. 27 der Verfassung liegt in der „Auflösung der Latifundien und der Schaffung kleiner landwirtschaftlicher Einheiten" (Horn 1980, S. 495 u. 1992, S. 38). Über die Wege zur Umsetzung dieses Zieles enthielt die Verfassung keine Vorgaben. Eine denkbare Richtung weist das Dekret aus dem Jahre 1915, das später als verfassungsmäßiges Gesetz bestätigt worden ist. Dieses Agrarreformgesetz (Ley Federal de Reforma Agraria) sah bis 1992 die Möglichkeit der Restitution und Dotation von Ejido-Land vor.

Die Konflikte mit der Reform
Mit der gesetzlichen Verankerung der Agrarreform allein waren die Konflikte im ländlichen Raum noch nicht gelöst. Für den Großteil des Landes stand die Umsetzung noch aus.

Schon innerhalb der politischen Elite bestanden sehr konträre Auffassungen über die Umsetzung der Agrarreform. Zu den Unterschieden über die Zielsetzung in der Agrarpolitik – Landverteilung oder Steigerung der Agrarproduktion – kamen häufig auch persönliche Interessenlagen: Viele ehemalige Revolutionäre waren selbst zu Großgrundbesitzern geworden und wollten ihren erworbenen Wohlstand nicht verlieren. Einige Politiker gründeten ihren Einfluß auf gute Verbindungen zur kommerziellen Landwirtschaft, andere wiederum suchten ihre Machtbasis in einer starken Gefolgschaft auf dem Lande. Schließlich wurde die Agrarpolitik auch von einzelnen Staatsregierungen zur Abgrenzung vom Bund und umgekehrt von der Zentralregierung zur Durchsetzung nationaler gegenüber regionalen und lokalen Interessen eingesetzt.

Doch auch auf dem Campo gab es ganz unterschiedliche Positionen zur Agrarreform. Die Großgrundbesitzer setzten sich mit verschiedensten Mitteln gegen die Zerschlagung ihrer Güter zur Wehr. Wo politische Einflußnahme oder juristische Schritte keinen Erfolg versprachen, griffen Hacendados auch zu offener Repression gegen die Angehörigen von Dorfgemeinschaften, die Landzuteilungen verlangten. Nicht selten wurden zur Einschüchterung der Campesinos regelrechte Privatarmeen, die sogenannten „guardias blancas" aufgestellt, die es noch heute in entlegenen Regionen,

wie Chiapas, gibt. Umgekehrt fielen aber auch Gutsbesitzer oder ihre Verwalter immer wieder Gewaltverbrechen von Campesinos zum Opfer. Doch verlief die Front nicht nur zwischen Campesinos und Großgrundbesitzern. In einigen Regionen fehlte nicht nur der bäuerliche Druck zur Umsetzung der Agrarreform, sondern die auf den Haciendas ansässigen Peones verteidigten mitunter gemeinsam mit ihrem Patrón die Hacienda gegen eine Zerschlagung, teils aus patriarchalischer Loyalität, teils aus Sorge um ihre Arbeitsplätze (Tobler 1992).

Alte und neue Konflikte
Nachdem die Agrarreform meist nur selektiv umgesetzt worden ist, konnten bei allen Anstrengungen einzelner Präsidenten und in einzelnen Regionen die klassischen Konfliktlagen auf dem Campo nie völlig beseitigt werden. Trotz der massiven Abwanderung in die Ballungsräume steigt wegen des hohen natürlichen Bevölkerungswachstums der Druck auf agrarisch nutzbare Flächen. In einigen Regionen sind Konflikte zwischen Kleinbauern und der kommerziellen Land- und Viehwirtschaft an der Tagesordnung. Selbst offizielle Stellen leugnen diese Probleme nicht (Horn 1980). Die amtliche Statistik wies 1970 knapp 1,5 Mio. ha besetztes Land und über 20 000 private Landbesitzer mit dem Status „Besetzer" (ocupantes) aus. Die tatsächlichen und aktuellen Zahlen dürften deutlich höher liegen. In zunehmendem Maße werden marginale Bergländer und Waldregionen ackerbaulich genutzt. Allein im Lacandonen-Urwald in Chiapas ist die Bevölkerung von 5000 im Jahre 1960 auf 300 000 im Jahre 1990 gestiegen; gleichzeitig wurden 70 % der Waldfläche vernichtet (Kruip 1994). Schon dieses Beispiel verdeutlicht, daß die Landmisere immer mehr zu einer Umweltmisere wird.

Im Alltag der Campesinos kommen zu diesen elementaren Problemen häufig noch Konflikte um den Zugang zu den Vorzügen der staatlichen Agrarpolitik. Dies beginnt mit der Zuteilung des Bodens und setzt sich fort bei der Gestaltung der Produktions- und Absatzbedingungen. Bei der Gewährung von Krediten, der Lieferung von Dünge- und Pflanzenschutzmitteln, dem Abschluß von Ernteausfallversicherungen und der Gestaltung von Preisen gerieten die Campesinos vielfach in ähnliche Abhängigkeiten zu Agrarfunktionären wie ehedem zum Hacendado. Im Kampf gegen diese Mißstände im Zusammenhang mit korrupten, ungerechten und wenig effizienten lokalen Funktionären und Eliten sind seit den 1970er Jahren auch im ländlichen Raum soziale Basisbewegungen entstanden (Boris 1996). Ihr Engagement richtet sich auch gegen örtlichen Wahlbetrug, politische Repression und Menschenrechtsverletzungen. So zeichnet sich im ländlichen Raum eine deutliche Bruchlinie ab, die zwischen der offiziellen Bauernbewegung verläuft, die als Confederación Nacional Campesina (CNC) in das korporatistische Gefüge der PRI integriert ist, und den autonomen ländlichen Sozialbewegungen.

Vor einer neuen Revolution?

Die liberale Wende in der mexikanischen Wirtschaftspolitik und das offizielle Ende der Agrarreformen mit der Einstellung der Landverteilung im Jahr 1992 hat nicht nur bestehende Konfliktlagen verschärft, sondern neue Fronten entstehen lassen. Nun fürchten die Campesinos nicht nur, ihr Land zu verlieren, sondern im angestrebten freien Wettbewerb völlig vom Markt gedrängt zu werden. Die Kleinbauern mit geringer technischer Ausstattung, wenig Kapital und niedriger Produktivität sehen sich dem Wettbewerbsdruck aus den USA nicht gewachsen und befürchten eine Überschwemmung des mexikanischen Marktes mit billigem Getreide. Von Anfang an ist das NAFTA-Projekt daher seitens der Organisationen der Kleinbauern und Landarbeiter skeptisch beurteilt worden. Ungeachtet ihrer tatsächlichen Wirkung könnte die jüngste Änderung der Agrargesetze, die als positives Signal an die Adresse potentieller Investoren gedacht ist, auf die ländliche Bevölkerung in einigen Regionen Mexikos eine fatale psychologische Wirkung haben. Mit der Änderung des Art. 27 ist am 1. Mai 1992, exakt 75 Jahre nach Inkrafttreten der Verfassung von Querétaro, die Agrarreform offiziell für beendet erklärt worden. Mit der revolutionären Forderung nach einer Bodenreform hatten aber zum ersten Mal in der mexikanischen Geschichte die Anliegen der bisher ignorierten Landbevöl-

kerung Eingang in die offizielle Politik gefunden. Das Reformprogramm der Verfassung, die tatsächlichen Reformen und die immer wieder bemühte Revolutionsrhetorik hatten den Campesinos das Gefühl gegeben, daß sie zur Nation gehören, daß sie ernst genommen werden. Und schließlich entspricht das Recht auf Land „dem Empfinden vieler Mexikaner von sozialer Gerechtigkeit" (Braig 1996, S. 299) und dürfte in diesem Land eine ähnliche Bedeutung haben wie in der Bundesrepublik Deutschland das Sozialstaatsprinzip.

Die als Verrat (Favre 1993) empfundene Abkehr von den „revolutionären" Grundsätzen der Agrarreform und der Landverteilung wirft bei den betroffenen Campesinos die Frage nach ihrem künftigen Stellenwert für die Nation auf. Verstärkt werden diese Zweifel noch durch die neue Richtung in der Wirtschaftspolitik. Denn, wenn der Nation nur mehr nützt, was der Handelsbilanz nützt, was nützt dann noch der Campesino der Nation?

Daß eine solche Identitätskrise innerhalb des Staates leicht zu einer Legitimitätskrise des Staates gegenüber den Campesinos werden kann, zeigen die Unruhen in Chiapas, die auch die Züge eines Kampfes gegen das Vergessen-Werden tragen (Collier 1994; Kruip 1994). Nachdem sich die Guerilla des Ejército Zapatista de Liberación Nacional (EZLN) schon seit den 1980er Jahren im Untergrund betätigt hatte, setzte sie ganz bewußt am 1. Januar 1994, dem Tag des Inkrafttretens des NAFTA-Abkommens, ein spektakuläres Signal: Mit der Besetzung von Verwaltungsgebäuden in mehreren Municipios in Chiapas wurde der „schlechten Regierung" der Krieg erklärt, die in den Augen der EZLN mit ihrer Freihandelspolitik den Ausverkauf Mexikos betreibe. Die Forderungen der EZLN gehen weit über die Verbesserung der Lebensverhältnisse der Indios in Chiapas hinaus (Simmen 1994; Marcos 1996). Auch in anderen peripheren Agrarstaaten wie Guerrero oder Oaxaca kam es an einzelnen Orten zu gewaltsamen Ausschreitungen. Mexiko befindet sich derzeit in einem dramatischen Strukturwandel, der die ungelösten Probleme im ländlichen Raum wieder einmal in besonderer Schärfe aufbrechen läßt.

Die Agrarpolitik – Zwischen Agrarreform und Produktionssteigerung

Am Ende des 20. Jh.s, das überwiegend im Zeichen der Agrarreform steht, sieht sich die mexikanische Agrarpolitik massiven Herausforderungen gegenüber (KomMex 1994): Ein begrenztes Angebot ackerbaulich nutzbarer Flächen und eine rasant wachsende Bevölkerung erfordern gewaltige Anstrengungen zur Sicherung der Ernährung. Der Produktivitätsrückstand des primären gegenüber den anderen Wirtschaftssektoren erlaubt nur geringe Einkommen und trägt so maßgeblich zur extremen Armut im ländlichen Raum bei. Der soziale Frieden im ländlichen Raum scheint zunehmend gefährdet. Für die geringe Gesamtproduktivität wird neuerdings in erster Linie die starke Zersplitterung des Agrarlandes in kleine und kleinste Betriebseinheiten verantwortlich gemacht (Soto Mora u. a. 1992). Die aktuellen Probleme in der Landwirtschaft werden auch darauf zurückgeführt, daß die mexikanische Agrarpolitik in der Vergangenheit „verschiedene zuweilen widersprüchliche Ziele verfolgt" hat (KomMex 1994, S. 21).

Neue Politik und alte Probleme

Bei einer ersten Betrachtung zeichnen sich in den letzten 100 Jahren zwei große Einschnitte in der mexikanischen Agrarpolitik ab: Im Porfiriat (1876–1910) war die Landwirtschaft wichtiger Bestandteil der exportorientierten Entwicklungsstrategie. Ein liberales, individualistisches Eigentumskonzept erlaubte die Expansion der Hacienda zum landwirtschaftlichen Großbetrieb. Die Mexikanische Revolution brachte die Wende zu einem ökonomischen Nationalismus, und der Protektionismus hielt auch Einzug in die Agrarpolitik. Der Großgrundbesitz auf der Basis des individuellen Grundeigentums galt nun offiziell als Wurzel der Armut und der Marginalisierung großer Teile der Landbevölkerung. Mit der Agrarreform sollten daher der Großgrundbesitz zerschlagen und das Kleineigentum gefördert werden. Die neoliberalen Reformen, die seit der Schuldenkrise von 1982 in Angriff genommen worden sind und ihren vorläufigen Höhepunkt in der Änderung der Agrargesetze 1992 und dem Inkrafttreten des NAFTA-Abkommens 1994 gefunden

haben, setzen wiederum neue Schwerpunkte in der Landwirtschaftspolitik. Bis zum Jahr 2009 sollen auch im Agrarsektor alle Handelsschranken zwischen Mexiko, den USA und Kanada abgebaut sein. Die breite Streuung des Landbesitzes gilt nunmehr ebenso als Ursache der ländlichen Armut wie das kollektive Bodeneigentum, das private Investitionen erschwert und verhindert hat. Eine Liberalisierung des Agrarhandels und des Bodenrechts soll Wachstumsimpulse in den ländlichen Raum bringen und so dazu beitragen, dort die Armut abzubauen. Um die Härten der Strukturanpassung abzufedern, sind von der Regierung Sonderprogramme zur sozialen und ländlichen Entwicklung aufgelegt worden.

Widersprüche und Zielkonflikte

Von Anfang an standen in der Agrarpolitik des nachrevolutionären Mexiko die Ziele Sozialreform und Produktivitätssteigerung nebeneinander und gerieten nicht selten in Widerstreit (Tobler 1992). Daß die Agrarreform einem eigenen Ministerium, der Secretaría de la Reforma Agraria, zugewiesen war, unterstreicht zwar ihre besondere Stellung, gleichzeitig war sie damit aber aus der eigentlichen Agrarpolitik ausgegliedert, die von der Secretaría de Agricultura y Recursos Hidráulicos betrieben wird. Den Positionen der Agrarreformer (Agraristas) auf der einen Seite und den Wirtschaftspolitikern und Agrartechnokraten auf der anderen entsprechen damit auch unterschiedliche Ressorts. Ernsthafte Ansätze für eine Integration von Umverteilung und Produktivitätssteigerung sind nur selten unternommen worden. Den in dieser Richtung bedeutendsten Beitrag bildet der erstmals von Präsident Cárdenas (1934–1940) eingeführte Ejido Colectivo, der kollektives Eigentum und kollektive Bewirtschaftung verbindet, um dadurch produktive Wirtschaftseinheiten zu erhalten. Ein zweiter, ebenfalls auf Cárdenas zurückgehender Versuch, mit der Landverteilung auch die Produktionsbedingungen zu verbessern, stellt die 1935 eingerichtete „Banco Nacional de Crédito Ejidal" (BNCE) dar, welche die Aufgabe hatte, für die Ejidatarios Kredite bereitzustellen. Präsident Cárdenas' Bestreben um eine integrale Agrarreform (Reforma Agraria Integral) fand auch in einer Reihe weiterer Maßnahmen zur Steigerung der landwirtschaftlichen Produktivität und Verbesserung der Lebensbedingungen auf dem Campo seinen Niederschlag. Mit dem Bau von Straßen, der Schaffung einer Strom- und Wasserversorgung, Bewässerungsprojekten und der Errichtung von Getreidespeichern sollte die ländliche Infrastruktur verbessert werden (Sanderson 1986).

Einer neuerlichen Auflage der „Reforma Agraria Integral" unter Präsident Díaz Ordaz (1964–1970) war nicht zuletzt wegen eines einseitig technokratischen Ansatzes wenig Erfolg beschieden (Nohlen/Lauth 1992; Schneider 1979). In neueren Programmen zur integrierten ländlichen Entwicklung spielen Fragen der Umverteilung von Land zugunsten von Kleinbauern keine Rolle mehr. Daß die Integration verteilungspolitischer und wachstumspolitischer Ziele im Agrarbereich letztlich nicht gelungen ist, hat mehrere Gründe.

Die grundlegende Forderung des Art. 27 der mexikanischen Verfassung nach Zerschlagung des Großgrundbesitzes und Förderung des Kleineigentums und erst recht deren konkrete Umsetzung in Gestalt des Ejido entsprach spezifischen Problem- und Konfliktlagen in Zentralmexiko, die sich nicht uneingeschränkt auf das ganze Land übertragen lassen. Mit der Aufnahme in die Verfassung wurde ein regional entstandenes Reformkonzept mit ganz konkreten Bezügen zu den Verhältnissen im Raum Morelos plötzlich zum nationalen Programm für ein Land, in dem eine ausgeprägte regionale Vielfalt besteht.

Von ihrer Konzeption her ist die Vergabe von Ejidoland kaum mehr als ein Mittel zur Subsistenzsicherung. Schon in den Jahren 1914 und 1915 mußte die zapatistische Revolutionsregierung in Morelos erkennen, daß der Staat von der traditionellen Dorflandwirtschaft allein nicht leben konnte. Daher wurden nicht alle Zuckerhaciendas zerschlagen, sondern zum Teil als moderne, gemeinwirtschaftlich organisierte Betriebe weitergeführt (Tobler 1992).

Verstärkt wird die geringe Effizienz des klassischen Ejido noch durch einen weiteren Umstand: So tief bei der indianischen Bevölkerung der Gedanke des genossenschaftlichen Eigentums auch verwurzelt ist, so hartnäckig halten sich andererseits Vorbehalte gegen kollektive Bewirtschaftungsformen (Gormsen 1995). Das kollektive Eigentum schmälert die Kreditwürdigkeit des einzelnen Ejidatario, die individuelle Bearbeitung steht der Bildung großer, konkurrenzfähiger Betriebseinheiten im Wege.

Die ursprüngliche Motivation für die Aufnahme der Agrarreform in die Verfassung und damit ihre Erhebung zum nationalen Ziel entsprach der politischen Notwendigkeit, den ländlichen Raum zu befrieden. Und in der Tat ist es seit den großen Agrarreformen unter Präsident Cárdenas (1934–1940) der Zentralregierung gelungen, die politische Kontrolle des Zentrums über die ländlichen Regionen zu etablieren. Eine wichtige Rolle spielte dabei die offizielle Campesino-Organisation der Confederación Nacional Campesina (CNC), die in das korporatistische Gefüge der PRI integriert ist. Diese politische Integration und Mobilisierung der Campesinos verschaffte der mexikanischen Regierung eine bedeutende populistische Massenbasis und sicherte bis Ende der 1960er Jahre die politische Stabilität (Knight 1991). Die Zuständigkeit für die Landreform und Bodenfragen verschaffte dem Staat im ländlichen Raum eine wichtige Autoritätsfunktion als Schiedsrichter, wie sie schon die spanischen Vizekönige und Audiencias innehatten (Braig 1996).

Konflikte zwischen den Zielen „Agrarreform" und „Produktionssteigerung" sind stets im Sinne des Oberzieles der politischen Stabilisierung und Machtsicherung gelöst worden, wobei nach einem politischen Kosten-Nutzen-Kalkül diejenige Maßnahme den Vorrang erhält, die einer stabilen Entwicklung der gesamten mexikanischen Nation am zuträglichsten ist.

Die Landreform: Höhen und Tiefen

Trotz aller Vorbehalte und Einschränkungen weist die mexikanische Agrarreform nach 75 Jahren auf den ersten Blick eine eindrucksvolle Bilanz auf: Zwischen 1917 und 1992 sind über 100 Mio. ha Land und damit mehr als die Hälfte der gesamten

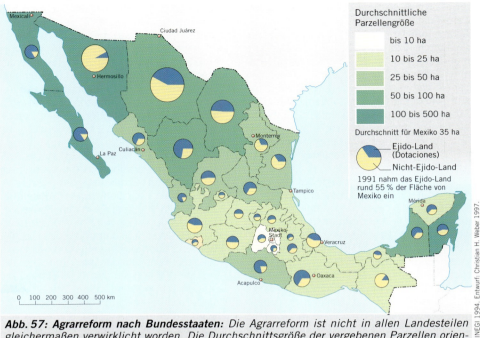

Abb. 57: Agrarreform nach Bundesstaaten: Die Agrarreform ist nicht in allen Landesteilen gleichermaßen verwirklicht worden. Die Durchschnittsgröße der vergebenen Parzellen orientiert sich an der Ertragsfähigkeit der jeweiligen Agrarregion.

Daten: INEGI 1994. Entwurf: Christian H. Weber 1997.

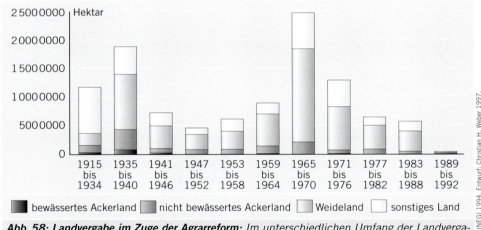

Abb. 58: Landvergabe im Zuge der Agrarreform: Im unterschiedlichen Umfang der Landvergabe spiegeln sich die agrar- und sozialpolitischen Akzente der jeweiligen Präsidenten.

Daten: INEGI 1994. Entwurf: Christian H. Weber 1997.

Staatsfläche Mexikos an über 3 Mio. begünstigte Ejidatarios vergeben worden. Die einzelnen Bundesstaaten unterscheiden sich hinsichtlich des Anteils umverteilten Landes ganz erheblich voneinander (Abb. 57). Perioden mit einem großen Verteilungsvolumen wechseln mit solchen, in denen nur wenige Dotationen erfolgt sind (Abb. 58).

Hinter der unterschiedlichen Intensität der Landverteilung in den Amtsperioden der einzelnen Präsidenten stehen die politischen Präferenzen des jeweiligen Staatsoberhauptes, die Möglichkeiten und volkswirtschaftlichen Kosten von Umverteilungen sowie die politische und soziale Notwendigkeit von Dotationen. Zwischen 1917 und 1934 sind nur in geringem Umfang Landverteilungen erfolgt. Insbesondere die aus Sonora stammende Elite, die zwischen 1920 und 1934 die nationale Politik gestaltete, fühlte sich dem Prinzip des Unternehmertums und Privateigentums verpflichtet. Die Notwendigkeit des Wiederaufbaus nach dem Bürgerkrieg und der Druck der USA ließen zudem nur wenig Spielraum für verteilungspolitische Maßnahmen. Als Mittel zur Befriedung wurden Land-Dotationen nur in den Gebieten gewährt, in denen es zu einer revolutionären Erhebung oder Mobilisierung der Landbevölkerung gekommen war. Dies war vor allem in Morelos und Teilen der angrenzenden Bundesstaaten der Fall, wo die bereits eigenmächtig erfolgten „Landreformen" meist bestätigt wurden.

Die Amtszeit des Präsidenten Lázaro Cárdenas (1934–1940) wird vielfach als die „nachgeholte Revolution" bezeichnet, weil in dieser Zeit fast doppelt soviel Land wie in den vorausgegangenen 17 Jahren verteilt worden ist. Cárdenas, der aus dem zentralmexikanischen Agrarstaat Michoacán stammte, kannte die Anliegen der Kleinbauern und war zudem offen für sozialistisches Gedankengut. Zu seinem engsten Umfeld gehörten zahlreiche prominente Agraristas. Aufgrund der angespannten weltpolitischen Lage war der Druck der USA gegenüber Mexiko auf Einhaltung des Privateigentums geringer als sonst. Durch den Verfall der Exportpreise für Agrarprodukte waren zudem die volkswirtschaftlichen Kosten einer Agrarreform gesunken (Knight 1991), und mit dem Ejido Colectivo wurden Produktivitätsverluste weitgehend vermieden. Hinzu kam großer politischer Bedarf für Reformen auf dem Campo, weil sich die Zentralregierung dauerhaft auch gegen lokale und regionale Interessen die Kontrolle über den ländlichen Raum sichern mußte. Überdies verlangten 1936 Streiks und gewaltsame Ausschreitungen von Landarbeitern in Bewässerungsgebieten Nordmexikos nach einer Lösung, so daß in der Laguna-Region bei Torreón im

Grenzgebiet der Bundesstaaten Coahuila und Durango, aber auch in Sinaloa, Südmichoacán sowie im Henequén-Anbaugebiet Yucatáns in großem Umfang Ejidos Colectivos errichtet wurden (Tobler 1992).

Nach der Ära Cárdenas sind zwischen 1940 und 1964 die Landverteilungen stark zurückgegangen. Seit der Präsidentschaft von Avila Camacho (1940–1946) wurde die Landwirtschaft von der Regierung ganz in den Dienst der Strategie der importsubstituierenden Industrialisierung gestellt (Krause 1996). Der Agrarsektor sollte nicht nur die Versorgung mit Grundnahrungsmitteln sicherstellen, sondern auch durch die Erzeugung von Exportprodukten für Devisen sorgen. Um dies zu erreichen, wurden diejenigen Betriebe gefördert, welche die höchste Ertragssteigerung erwarten ließen, und gezielt der Aufbau einer gewerblichen, marktorientierten Landwirtschaft forciert. Wachstumsförderung und Umverteilung wurden somit endgültig voneinander getrennt (Nohlen/Lauth 1992). Die Landverteilung wurde nunmehr überwiegend als ein Mittel zur Befriedung akuter Konflikte eingesetzt und diente als Ergänzung der populistischen Revolutionsrhetorik.

Seit Anfang der 1960er Jahre, beginnend unter Präsident López Mateos (1958–1964) bis in die Amtszeit von López Portillo (1976–1982), wurde versucht, die Landverteilung durch die Ausschöpfung aller Landreserven zum Abschluß zu bringen. Dabei wurde nicht mehr Großgrundbesitz an Kleinbauern verteilt, sondern landlosen Campesinos bisher weitgehend ungenutztes Land zugeteilt. So liegt der räumliche Schwerpunkt der Dotationen zwischen 1964 und 1970 in den Trockengebieten des Nordens, insbesondere der Halbinsel Niederkalifornien, und in den peripheren südlichen Bundesstaaten Oaxaca und Guerrero. Die umfangreichen Landverteilungen unter Präsident Díaz Ordaz (1964–1970) spiegeln aber auch die Bemühungen wider, den zunehmenden sozialen Spannungen und einer Legitimitätskrise des Staates, die nach dem Massaker von Tlatelolco eingetreten war, zu begegnen. Daß diese Landverteilung trotz ihrer herausragenden Quantität nicht an die inhaltliche Qualität der Maßnahmen unter Präsident Cárdenas (1934–1940) heranreicht, zeigt schon der

Bild 52: Maisspeicher (Oaxaca): *Das CONASUPO-Programm war seit den 1970er Jahren wesentlicher Bestandteil der mexikanischen Agrarpolitik. Grundnahrungsmittel wurden den Erzeugern zu garantierten Preisen abgenommen und zu subventionierten Preisen verkauft.*

geringe Anteil produktiven Ackerlandes an den Dotationen. In den 1970er Jahren lag der Schwerpunkt der Agrarsozialpolitik auf der staatlichen Subventionierung von Grundnahrungsmitteln, obwohl die Bauernorganisationen durchaus auch weiterhin stärker an Landtiteln interessiert waren. Diese Änderung war aufgrund der zunehmenden Verstädterung notwendig geworden. Solange ein Großteil der armen Bevölkerung auf dem Land gelebt hatte, waren Dotationen an landlose Campesinos zugleich ein Beitrag zur Ernährungssicherung gewesen und eine soziale Absicherung der Betroffenen auf Subsistenzniveau. In dem Maße, in dem die marginalisierte Bevölkerung in den Städten angewachsen war, konnte mit Landvergaben allein die Ernährung nicht mehr gesichert werden. In der Compañía Nacional de Subsistencias Populares (CONASUPO) erhielt die neue Subsistenzpolitik ihre greifbare Ausformung: Was für den Campesino die Landdotation ist, das stellt für die arme Bevölkerung in den Städten die Errichtung von Läden mit subventionierten Lebensmitteln im Rahmen des CONASUPO-Programms dar (Bild 52).

In der Amtszeit von Carlos Salinas (1988–1994) ist die Landreform schließlich offiziell für beendet erklärt worden.

Angesichts einer wachsenden Bevölkerung und nur begrenzt verfügbaren Landes sieht man in der Verteilung von Land keinen zukunftsweisenden Weg zur Lösung der agrarsozialen Probleme.

Selektive Reform

Die Agrarreform wurde nicht in allen Teilen Mexikos gleichermaßen umgesetzt. Häufig gibt es sogar auf engstem Raum große Unterschiede zwischen einzelnen Dörfern und Municipios, weil die „revolutionäre Forderung" nach der Zerschlagung des Großgrundbesitzes und der Übertragung von Land an Kleinbauern stets sehr flexibel gehandhabt worden ist. Nur dort, wo die beiden Gegenpole „Pueblo Libre" und Hacienda konfliktträchtig aufeinanderprallten, war zunächst die Rückverteilung von Hacienda-Land auf die Dörfer überhaupt notwendig. Wo in peripheren Räumen Landreformen nötig gewesen wären, scheiterte ihre Umsetzung vielfach an der Durchsetzungsschwäche der Zentralregierung in Gebieten, die weit von der Hauptstadt entfernt waren, wie das Beispiel von Chiapas zeigt, wo nie größere Umverteilungen erfolgt sind.

Wo im konkreten Einzelfall Maßnahmen der Landreform erfolgt sind, war man stets bemüht, die Verteilung des Bodens so vorzunehmen, daß die Produktivität möglichst wenig beeinträchtigt wurde. Während die ehemaligen Haciendas das produktivste Land in den Becken- und Tallagen behalten durften, wurden die Ejidos überwiegend mit marginalem Land im Hangbereich ausgestattet. Eine relativ konfliktfreie Variante der „Agrarreform" stellte schließlich die Vergabe bisher ungenutzten, meist marginalen Landes dar, so daß diese Landverteilung durch Kolonisation mit der Zeit immer mehr in Gebrauch kam.

Auch in der Gesamtbilanz der Agrarreform ist die selektive Umsetzung der Reform deutlich erkennbar (Abb. 59). Über 90 % der Flächen, die im Regenfeldbau bewirtschaftet werden, sind umverteiltes Land. Dagegen ist das Bewässerungsland nur zu einem Drittel von Umverteilungen betroffen. Obwohl in Mexiko zwischen 1946 und 1992 rund 4,3 Mio. ha Bewässerungsland überwiegend dank staatlicher Investitionen gewonnen wurden, sind im gleichen Zeitraum nur knapp 690 000 ha Bewässerungsland, das entspricht 16 % des neugewonnenen Landes, verteilt worden. Mit rund 54 % macht das Weideland den größten Anteil der Dotationsflächen aus, aber nur 4 % des gesamten Weidelandes sind umverteilt wor-

den. Denn die Weidegebiete Nordmexikos wurden insgesamt von der Agrarreform kaum betroffen (INEGI 1994).

Die hochproduktiven Ackerbauflächen blieben von der Umverteilung weitgehend verschont. Wo dennoch aus politischer und sozialer Notwendigkeit Latifundistas enteignet worden sind, wie zum Beispiel in der Laguna-Region bei Torreón oder im Sisal-Anbaugebiet auf der Halbinsel Yucatán, hat man stets darauf geachtet, daß trotz der Änderung der formalen Eigentumsverhältnisse die großen Produktionseinheiten erhalten blieben. Das Land wurde hier im Rahmen eines Ejido Colectivo auf eine Produktionsgenossenschaft übertragen. Auch als 1975 in Sonora anhaltende Landbesetzungen und Proteste die Regierung von Präsident Echeverría zum Handeln zwangen und man schließlich zur Enteignung schritt, wurde das hochproduktive Bewässerungsland nicht einzelnen Campesinos übertragen, sondern in einem „Ejido Colectivo" weiterbewirtschaftet (Soto Mora u. a. 1992). Nachdem also ein Großteil des bewässerten Ejido-Landes genossenschaftlich bewirtschaftet wird, ist die Ausstattung der individuellen Ejidos mit gutem Ackerland noch schlechter als dies aus der

Abb. 59: Verteilungseffekte der Agrarreform 1917–1992: In 75 Jahren Agrarreform wurde zwar viel Land, aber nur wenig ertragreiches Bewässerungsland verteilt. An der Einkommensverteilung hat sich deshalb kaum etwas geändert.

Bild 53: Ochsenpflug (Oaxaca): *Obwohl Mexiko als ein Musterland der „Grünen Revolution"
gilt, hat der ländliche Raum nicht gleichmäßig von der Mechanisierung profitiert. Teilweise
wird das fruchtbare Becken von Oaxaca immer noch mit dem Ochsenpflug bestellt.*

Bilanz der Agrarreform in Abb. 59 hervor-
geht. Die Masse der Ejidatarios verfügt nur
über kleine Parzellen geringer Bodengüte
bei schlechter Kapitalausstattung.

Danach überrascht das Gesamtergebnis
nach über 75 Jahren Agrarreform nicht
mehr: Statistisch gesehen ist zwar eine
gerechtere Landverteilung und eine Stärkung des bäuerlichen Kleinbesitzes erreicht worden. Auf die Einkommensverteilung hingegen hatte die Reform wegen der
nur geringen Produktivität der kleinen
Ejido-Parzellen keine Auswirkungen (Eckstein 1977). Das Konzept „Land für alle"
hat den Begünstigten kaum mehr als eine
Grundsicherung für ein Überleben auf Sub-
sistenzbasis gebracht, hat das Problem der
ländlichen Armut aber nicht gelöst. Angesichts des hohen Bevölkerungsdrucks gibt
es inzwischen schon längst nicht mehr
Land für alle. Die Zahl der landlosen Campesinos liegt heute zwischen 3 und 4 Mio.
und damit höher als gegen Ende des Porfiriats (1876–1910). Rechnet man die Familien hinzu, zählen heute zwischen 10
und 12 Mio. Menschen zur landlosen Agrarbevölkerung! Zu diesen mäßigen sozialpolitischen Erfolgen der Agrarreform kommt
eine vernichtende Bilanz bei der nationalen

Agrarproduktion, zu der die Masse der kleinen Ejidos kaum nennenswert beiträgt.

Grüne Revolution und Bewässerung
Bereits in den ersten Jahren nach der
Mexikanischen Revolution spielte neben
der Umsetzung der Agrarreform auch die
Steigerung der Agrarproduktion eine wich-
tige Rolle. Selbst als in der Amtszeit von
Lázaro Cárdenas (1934–1940) die Land-
verteilung einen bis dahin nicht gekannten
Höhepunkt erreichte, wurden Fragen der
Produktivität nicht völlig außer acht gelassen, wie schon die Einführung des „Ejido
colectivo" verdeutlicht. Seit den 1940er
Jahren verlagerte sich dann der Schwerpunkt der mexikanischen Agrarpolitik immer mehr auf die Produktionssteigerung.
Schon früh wurde das Land der sozialen
Agrarrevolution zum „Ausgangspunkt und
Modelland der „Grünen Revolution". Um die
ehrgeizigen Ziele einer „spektakulären Ertragssteigerung und der Entwicklung einer
kommerziellen Landwirtschaft" (Krause
1996, S. 103) zu erreichen, unternahm
man in Mexiko große Anstrengungen, die
Landwirtschaft zu mechanisieren, den Einsatz von Kunstdünger und Pflanzenschutzmitteln zu forcieren und das Saatgut zu

Bild 54: Bewässerungsflächen bei San Tiburcio (Zacatecas): *Die Bewässerungskulturen im trockenen Norden gehören zu den am intensivsten genutzten und produktivsten Agrarzonen.*

verbessern. Insbesondere in den 1940er und 1950er Jahren konnte Mexiko auf diesem Gebiet beträchtliche Fortschritte erzielen (Gormsen 1995). Die agrartechnologische Revolution ging jedoch an den peripheren Agrarräumen und Kleinbauern vorbei, so daß noch heute vielerorts der Boden im traditionellen, von den Spaniern eingeführten Pflugbau (Bild 53) oder mit dem Grabstock bestellt wird.

Den Schwerpunkt der Bemühungen des mexikanischen Staates zur Steigerung der Agrarproduktion bildet allerdings der Ausbau der Bewässerungslandwirtschaft. Den Anfang machte 1926 die Gründung der Nationalen Bewässerungskommission (Comisión Nacional de Irrigación) unter Präsident Plutarco Elías Calles. Seither hat sich die mexikanische Regierung unter erheblichem finanziellem Einsatz vor allem beim Bau großer Dämme und Bewässerungsanlagen engagiert und das mexikanische Staatsgebiet in Bewässerungsregionen, Bewässerungsdistrikte und Bewässerungseinheiten eingeteilt (Bild 54).

Die enge Verbindung zwischen Agrarpolitik und Bewässerung kommt bereits in der Ressortverteilung der mexikanischen Bundesregierung zum Ausdruck: Im Mini-

sterium für Landwirtschaft und Wasserressourcen (Sectretaría de Agricultura y Recursos Hidráulicos) sind beide Aufgabenbereiche auf Bundesebene organisatorisch verbunden. Obwohl auf dieses Ministerium in den 1980er Jahren gerade einmal 2 % – 2,5 % der jährlichen Gesamtausgaben der Bundesregierung entfielen, lag der Anteil dieses Ressorts an den Aufwendungen des Bundes für Bauvorhaben je nach Jahr zwischen 10 % und 25 % (INEGI 1992). Dies deutet schon auf die Funktion als „Wasserbauministerium" hin. Zwischen 1986 und 1990 flossen knapp 10 % der jährlichen Bauinvestitionen aller staatlichen Ebenen in Bewässerungsgroßprojekte, die „Obras de Gran Irrigación". Zwischen 1980 und 1990 hat der mexikanische Staat mehr als 4 Mrd. US-$ für den Bau von großen Bewässerungsanlagen ausgegeben (Tab. 34). Von diesen Mitteln für die Bewässerungsgroßprojekte sind 60 % nach Nordmexiko geflossen, 22 % nach Zentralmexiko und 18 % nach Südmexiko. Innerhalb Nordmexikos kamen vor allem die nördlichen Grenzstaaten und die nördliche Pazifikküste in den Genuß öffentlicher Investitionen. Mehr als in jedem anderen Bundesstaat wurde in Sinaloa für den Bau von Bewäs-

Investitionen in Millionen US-$	Bewässerungs-großprojekte			ländliche Entwicklung
	1980–91	1980–85	1986–91	1986–91*
Mexiko	**4 126**	**3 015**	**1 111**	**4 245**
Nordmexiko	2437	1855	583	1038
nördliche Grenzstaaten	1062	837	225	574
nordwestliche Grenzstaaten	487	333	154	357
nordöstliche Grenzstaaten	575	504	71	217
davon Tamaulipas	474	425	49	129
nördliche Pazifikküste	1018	799	219	258
davon Sinaloa	962	760	202	202
zentraler Norden	357	219	139	206
Zentralmexiko	949	608	340	1913
westliche Zentralregion	230	130	99	142
mittlere Zentralregion	452	315	137	245
Hauptstadtregion	267	163	104	1526
Randzone	119	72	47	123
Kernzone	148	91	57	1403
davon Distrito Federal				1106
Südmexiko	740	553	188	529
Golfküste	153	103	50	202
Karibikküste	20	3	18	79
südliche Pazifikküste	567	447	120	248
davon Oaxaca	69	31	38	93

*Die Werte für ganz Mexiko sind höher als die Summe aller Staaten, weil es Ausgaben gibt, die nicht nach Estados ausgewiesen sind.

Tab. 34: Staatliche Investitionen im ländlichen Raum

Daten: INEGI 1992a und INEGI 1992b.

serungsanlagen aufgewandt. Von 1980 bis 1991 sind fast 1 Mrd. US-$ in diesen pazifischen Küstenstaat geflossen, um einen noch höheren Anteil der Niederschläge der westlichen Sierra Madre für die Bewässerung nutzbar zu machen.

Betrachtet man die Entwicklung der Bewässerungsflächen über einen längeren Zeitraum, so werden die Anstrengungen der mexikanischen Regierungen auf diesem Gebiet noch deutlicher: Wurden 1950 in Mexiko noch weniger als 1 Mio. ha Agrarland bewässert, so waren es 1990 rund 5 Mio. ha, was einer Zunahme um rund 4 Mio. ha in 40 Jahren entspricht (Abb. 60). Dabei erfordern der Bau und Unterhalt der Bewässerungsanlagen für solch große Flächen einen erheblichen technischen und finanziellen Aufwand. Als in der Periode 1986–1991 infolge der Haushaltsprobleme die Ausgaben für den Bewässerungsbau im Vergleich zum Zeitraum von 1980–1985 auf ein Drittel zurückgegangen waren, konnte der Umfang der Bewässerungsflächen nur mit Mühe gehalten werden.

Mit öffentlichen Investitionen werden vorwiegend die hochproduktiven Agrarregionen gefördert und weniger der periphere ländliche Raum. Zählt man die Aufwendungen für ländliche Entwicklung und Bewässerungsgroßprojekte zusammen, so flossen zwischen 1986 und 1991 nach Nordmexiko rund 1,6 Mrd. US-$, nach Südmexiko nur rund 700 Mio. Der Bundesstaat Oaxaca mit einer rückständigen Landwirtschaft erhielt im gleichen Zeitraum 131 Mio. US-$ für den Ausbau des Agrarbereichs, Sinaloa mit seiner hochproduktiven Landwirtschaft dagegen 404 Mio. US-$. Die Prioritäten der Agrarpolitik auf nationaler Ebene liegen eindeutig auf der Förderung leistungsstarker Sektoren und Regionen.

Daten: INEGI 1994. Entwurf: Christian H. Weber 1997.

Abb. 60: Entwicklung der Anbaufläche seit 1945: *Die Ausweitung von Flächen der Bewässerungslandwirtschaft (agricultura de riego) ist eine zentrale Strategie der mexikanischen Agrarpolitik zur Erweiterung der Anbauflächen.*

Die Wende in der Agrarpolitik

Wie auch die anderen Wirtschaftsbereiche war die mexikanische Agrarpolitik bis zur Verschuldungskrise von 1982 durch einen ausgeprägten Staatsinterventionismus gekennzeichnet. Die Anstrengungen des mexikanischen Staates richteten sich dabei verstärkt darauf, die Fähigkeit zur Selbstversorgung und damit die nationale Unabhängigkeit sicherzustellen. Mit einer restriktiven Importpolitik wurden die mexikanischen Produzenten vor ausländischer Konkurrenz geschützt (Sanderson 1993). Seit den 1970er Jahren wurden mit kostspieligen Subventionen die Preise für Grundnahrungsmittel niedriggehalten und gleichzeitig die Erzeugerpreise gestützt, wobei diese Maßnahmen an denjenigen Campesinos vorbeigingen, die nicht oder nur in geringem Umfang für den Markt produzierten. Weite Landesteile, die von einer Subsistenzlandwirtschaft geprägt sind, lagen damit außerhalb der staatlichen Förderung. Einen besonders krassen Fall fehlgelenkter Subventionen bildete das 1980 aufgelegte staatliche Hilfsprogramm „Sistema Alimentario Mexicano" (SAM), das im wesentlichen aus Erdöleinnahmen finanziert und 1982 schließlich eingestellt wurde. Entgegen der ursprünglichen Intention einer Förderung des marktorientierten Regenfeldbaus profitierte von diesem Programm vor allem die Bewässerungslandwirtschaft, die ihre Produktion kurzfristig auf Grundnahrungsmittel umstellte.

Die finanziellen Einschränkungen des Staates nach der Schuldenkrise von 1982 wirkten sich auch auf die Agrarpolitik aus, weil für kostspielige Subventionen kein Geld mehr zur Verfügung stand. Aber auch die staatlichen Investitionen in die produktiven Sektoren der Landwirtschaft sind dramatisch zurückgegangen, wie die Entwicklung der Ausgaben für Bewässerungsgroßprojekte zeigt (Abb. 61). Was der Staat nicht mehr aufbringen kann, soll nun durch die Privatwirtschaft ermöglicht werden. Zur mengenmäßig ausreichenden Versorgung der mexikanischen Verbraucher mit billigen Grundnahrungsmitteln soll künftig in höherem Maße der freie Handel mit Agrarprodukten beitragen, der ab dem Jahre 2009 zwischen den NAFTA-Partnern Mexiko, USA und Kanada uneingeschränkt möglich sein wird. Diese Abkehr vom Ziel der Selbstversorgung bei allen Grundnahrungsmitteln läßt auch eine deutliche Akzentverschiebung von der Agrarpolitik zur Verbraucherpolitik erkennen, die mit dem Rückgang des relativen Anteils der Agrarbevölkerung einhergeht.

In der mexikanische Landwirtschaftspolitik genießt heute die Steigerung der Produktivität und Effizienz Vorrang vor allen anderen Zielen. Diese Effizienzrevolution soll durch eine Privatisierung der Landwirtschaft und verstärkte private Investitionen in den Agrarsektor erreicht werden. Nur wenn dies gelingt, hat nach Einschätzung der mexikanischen Regierung die Landwirtschaft eine Chance, im internationalen Wettbewerb zu bestehen. Alle agrarpolitischen Anstrengungen richten sich in Mexiko derzeit darauf, den primären Sektor „fit für die NAFTA" zu machen, deren Freihandelsprinzip nach einer Übergangsfrist von

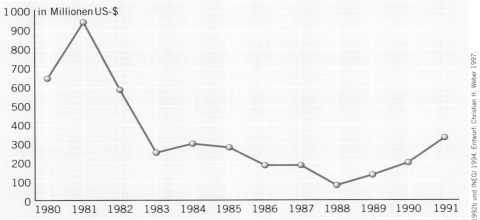

Abb. 61: Investitionen in der Bewässerungslandwirtschaft: *In den Ausbau der Bewässerungslandwirtschaft fließen erhebliche öffentliche Mittel. Die Schuldenkrise führte auch in diesem Bereich zu einem Rückgang der Investitionen.*

15 Jahren ab dem Jahre 2009 uneingeschränkt auch für Agrarprodukte gelten wird. Ein dramatischer Strukturwandel wird dabei nicht nur in Kauf genommen, sondern bewußt angestrebt (KomMex 1994).

Um den Zustrom von Kapital in die Land- und Viehwirtschaft zu fördern, wurden unter der Regierung Salinas (1988 – 1994) eine Reihe einschneidender Reformen eingeleitet. Weil für die bisher zu geringen Investitionen strukturelle Mängel und unsichere Eigentumsverhältnisse verantwortlich gemacht werden (KomMex 1994), setzt der Schwerpunkt der Reformen bei der Bodenordnung an, wobei es darum geht, das Eigentum von gesetzlichen Fesseln zu befreien. Dadurch sollen auch die Ejidos für die Marktwirtschaft geöffnet werden, wozu auch die Förderung von Flächenzusammenschlüssen gehört. Darüber hinaus sollen auch die Vermarktung verbessert und Hindernisse für private Handelsgesellschaften auf dem Land beseitigt werden. Die Privatisierung zahlreicher agrarpolitischer Einrichtungen, wie der auf dem Land agierenden Entwicklungsbank BANRURAL, staatlicher Ankaufgesellschaften für Agrarprodukte, wie IMNECAFE oder CONASUPO, und des Düngemittelherstellers FERTIMEX fügt sich nahtlos in die auch in anderen Bereichen übliche Politik des Verkaufs von Staatsbetrieben ein.

Nachdem das NAFTA-Abkommen keine Struktur-, Sozial- oder Regionalfonds vorsieht, ist es allein Sache des mexikanischen Staates, die sozialen und regionalen Verwerfungen abzufedern, die der wettbewerbsbedingte Strukturwandel für den Agrarsektor mit sich bringt.

Strukturpolitisch ausgerichtete Programme für den ländlichen Raum gibt es schon seit Anfang der 1980er Jahre. So wurde unter Präsident Miguel de la Madrid (1982 – 1988) ein Programm zur integrierten ländlichen Entwicklung eingerichtet, das Programa Nacional de Desarrollo Rural Integral (PRONADRI). Im Rahmen dieses Programms wurden unter anderem Projekte in Oaxaca durchgeführt, die das Ziel haben, diesen strukturschwachen Raum zu stärken, um regionale Disparitäten abzubauen. Hinzu kommen kleinere Programme, die eine Überlebenshilfe auf Subsistenzniveau gewähren sollten oder Hilfen für Aufforstungen gewährt haben. Alle diese Programme waren allerdings nur sehr dürftig ausgestattet.

Auch im Rahmen des von Carlos Salinas (1988 – 1994) initiierten nationalen Solidaritätsprogrammes PRONASOL waren Hilfen für den ländlichen Raum vorgesehen. Mit dem finanziell gut ausgestatteten Förderprogramm „Programa de Apoyos Directos para los Productores Rurales" (PRO-CAMPO) wird seit 1994 ein neuer Ansatz beschritten. PROCAMPO ersetzt die bisherige Preis- und Produktsubvention durch direkte Beihilfen (KomMex 1994), die an die Anbaufläche gekoppelt sind und somit prinzipiell auch diejenigen Bauern erreichen, die bisher nicht oder kaum für den Markt produziert haben (Lauth 1994). Dabei wird auch versucht, den kleinbäuerlichen Anbau in Richtung konkurrenzfähiger Produkte und „moderner" Verfahren zu lenken (Boris 1996). Die neue Richtung der Agrarpolitik wird auch durch eine neue Ressortbezeichnung unterstrichen: Innerhalb der mexikanischen Regierung obliegen die Fragen der Landwirtschaft nun einem „Ministerium für Ackerbau, Viehzucht und Ländliche Entwicklung" (Secretaría de Agricultura, Ganadería y Desarrollo Rural).

Der mexikanische Campo, mit einer Reihe historisch gewachsener Problem- und Konfliktlagen belastet, wird mit der neuen Agrarpolitik zum Schauplatz eines dramatischen Strukturwandels. Ob am Ende dieses Prozesses eine völlig neue Agrarstruktur stehen wird, ist fraglich. Bisher war es nämlich immer so, daß alte Inhalte in einem neuen Gewand überlebt haben, wodurch sich die strukturelle Heterogenität eher noch vergrößert als verringert hat. Politischen Lenkungsbemühungen war dabei stets nur ein begrenzter Erfolg beschieden.

LANDWIRTSCHAFT: AGRARLAND MEXIKO

Bild 55: Bodenerosion (Oaxaca): Wertvolle Anbauflächen gehen durch Bodenerosion verloren. Doch auch in anderer Hinsicht verliert die traditionelle Landwirtschaft zunehmend an Boden.

Überblick

- Obwohl der primäre Sektor nur mehr 6 % (1995) zur Wertschöpfung beiträgt, lebt in den 1990er Jahren noch mehr als ein Drittel der mexikanischen Bevölkerung unmittelbar von der Landwirtschaft. Rund die Hälfte der Landesfläche wird landwirtschaftlich genutzt.

- Innerhalb der mexikanischen Landwirtschaft besteht ein erhebliches Produktivitätsgefälle: Neben subsistenzorientierten Kleinbauern gibt es leistungsfähige Agrarbetriebe, die bei einzelnen Produkten auch international konkurrenzfähig sind.

- Noch wird die landwirtschaftliche Produktion vom Ackerbau dominiert, doch die Viehzucht dehnt sich immer mehr aus. Forstwirtschaft und Fischerei haben an der Wertschöpfung nur geringen Anteil.

- Die Verdrängung von Kleinbauern durch die kommerzielle Landwirtschaft und ein hoher natürlicher Bevölkerungszuwachs führen zu einem anhaltenden Siedlungsdruck auf bisher ungenutztes Land in Bergregionen und im tropischen Regenwald.

- Durch die Einbeziehung der mexikanischen Landwirtschaft in den Freihandel wird ein dramatischer Strukturwandel ausgelöst, der gravierende soziale und ökologische Folgen hat.

Die Landwirtschaft im Wandel

Mexiko – ein traditionelles Agrarland

Der Ackerbau war die entscheidende Voraussetzung für die Entstehung der Hochkulturen in Mesoamerika. Die Bestellung des Bodens bildete nicht nur die materielle und ökonomische Basis der indianischen Kulturvölker, sondern stand im Mittelpunkt ihres Kalenderkultes und den damit verbundenen Raum- und Zeitvorstellungen (Tichy 1974). Mit hochentwickelten Anbauverfahren erzielten die Ackerbauern, die die Masse der Bevölkerung in Mesoamerika stellten, beträchtliche Überschüsse, die in den urbanen Zentren verbraucht wurden.

Die ersten Spanier, die in der Hoffnung auf schnellen Reichtum nach Mexiko gekommen waren, hatten zunächst von Abgaben und Überschüssen der Indios gelebt. Doch bald bildete sich neben der tributpflichtigen indianischen Landwirtschaft ein von den Spaniern direkt beherrschter Agrarsektor heraus, der nicht nur zur Versorgung der weißen Bevölkerung beitrug, sondern auch Produkte für das Mutterland lieferte. Nach dem Silberbergbau war die Landwirtschaft die wichtigste Wertschöpfungsquelle in Neuspanien. Für den Großteil der Bevölkerung bildete sie die Lebensgrundlage, für die Kreolen die bedeutendste Quelle ihres Reichtums.

Auch nach Erlangung der Unabhängigkeit im Jahre 1821 blieb Mexiko ein Agrarland. Selbst die wirtschaftliche Modernisierung im Porfiriat (1876–1910) änderte daran nichts: Der Großteil der Wertschöpfung in dieser Periode entstammte dem Bergbau und der Landwirtschaft. Um 1900 setzten sich die mexikanischen Exporte zu rund zwei Dritteln aus Bergbauprodukten und zu annähernd einem Drittel aus landwirtschaftlichen Erzeugnissen zusammen. Zur Zeit der Mexikanischen Revolution lebten rund drei Viertel der Bevölkerung von der Landwirtschaft, so daß Agrarfragen eine entscheidende Größe für die politische Entwicklung darstellten. Dieser sozialen und politischen Bedeutung der Landwirtschaft trug die mexikanische Verfassung von 1917 Rechnung, deren „Agrarismo" einen Teil des politischen Selbstverständnisses des nachrevolutionären Mexiko ausmacht.

Die Gewichte verschieben sich

Seit den 1940er Jahren ist die Produktion von Lebensmitteln für die ständig anwachsende städtische Bevölkerung zur vorrangigen Aufgabe der mexikanischen Landwirtschaft geworden. Bis in die 1970er Jahre konnte der Agrarsektor die nationale Selbstversorgung sicherstellen und darüber hinaus einen Exportüberschuß einbringen. Obwohl erhebliche Anstrengungen zur Steigerung der Produktion unternommen wurden, muß Mexiko seit Ende der 1980er Jahre einen Teil der benötigten Grundnahrungsmittel importieren. Vor dem Hintergrund der in den letzten Jahren forcierten freihandelsorientierten Wirtschaftspolitik wird der Grundsatz der nationalen Selbstversorgung zunehmend in Frage gestellt.

Im Zuge des wirtschaftlichen Strukturwandels, der seit den 1950er Jahren durch eine gezielte Industrialisierungspolitik beschleunigt worden ist, hat sich auch in Mexiko das relative Gewicht des primären Sektors in der Volkswirtschaft deutlich verringert (Tab. 35). Während 1930 Landwirtschaft, Forstwirtschaft und Fischerei noch 20 % zur Bruttowertschöpfung beigetragen haben, ist ihr Anteil bis 1970 bereits auf 12 % gesunken und lag 1995 bei nur mehr 6 %.

Zwischen 1930 und dem Ölboom der 1970er Jahre stieg der Anteil landwirtschaftlicher Erzeugnisse an den mexikanischen Warenexporten von 30 % auf 75 % an. Danach hat sich die relative Bedeutung von Landwirtschafts- und Fischereiprodukten am Warenexport drastisch reduziert und bewegt sich seit den 1980er Jahren zwischen

| | Anteil des primären Sektors in % | | |
	Erwerbstätige	Wertschöpfung	Warenexport
1930	70	20,00	30
1940	65	19,00	35
1950	58	19,00	40
1960	54	15,60	65
1970	39	11,20	75
1980	26	8,25	8
1990	23	7,75	7
1995	23	7,50	7

Tab. 35: Wirtschaftliche Bedeutung des primären Sektors

Daten: INEGI 1994, Banco de México 1996.

7 % und 8 %. Der absolute Wert der Exporteinnahmen aus dem Verkauf von Agrarprodukten ist indes von 1,8 Mrd. US-$ im Jahr
1989 auf 4,0 Mrd. US-$ im Jahr 1995
erheblich angestiegen (Banco de México
1996). Nach der Industrie mit 66,6 Mrd.
US-$ (68 %), den Rohölverkäufen mit
8,4 Mrd. US-$ (8,6 %) und dem Tourismus
mit 4,7 Mrd. US-$ (4,8 %) bildete der
primäre Sektor im Jahr 1995 mit 4 Mrd.
US-$ (4,1 %) die viertwichtigste Devisen-
quelle Mexikos (Banco de México 1996).

Das vergessene Mexiko
Der primäre Sektor prägt Mexiko und das
Leben vieler seiner Bewohner weit mehr
als dies der Anteil an der Wertschöpfung
zunächst erwarten läßt. Die absolute Zahl
der Erwerbstätigen, die in der Landwirtschaft, Forstwirtschaft und Fischerei ihr
Auskommen finden, ist von rund 3,6 Mio.
im Jahr 1930 auf 5,3 Mio. im Jahre 1990
gestiegen und lag nach dem Mikrozensus
von 1995 (CONTEO 95) bei rund 7,8 Mio.
Selbst wenn gewisse Unschärfen im Bereich der mithelfenden Familienangehörigen und des Zu- und Nebenerwerbs unterstellt werden, leben noch heute sehr viele
Menschen von der Landwirtschaft. In den
ländlichen Siedlungen Mexikos kamen
1990 auf einen Erwerbstätigen 4 Einwohner. Daraus ergaben sich für 1995 rund 30
Mio. Menschen, d.h. jeder dritte Einwohner
Mexikos bestreitet seinen Lebensunterhalt
unmittelbar aus dem primären Sektor.

In einigen Regionen Mexikos lebt noch
heute der überwiegende Teil der Bevölkerung
von der Landwirtschaft. So sind etwa in den
südlichen Bundesstaaten Oaxaca und Chiapas zwei Drittel der Erwerbstätigen in der
Landwirtschaft beschäftigt. In einem Drittel
der rund 2400 mexikanischen Municipios
lag 1990 die Agrarquote bei 70 % und dar-

Anteil der Er-werbstätigen im primären Sektor	Anzahl der Orte 1990	Einwohner in den Orten
100 %	22 251	1 024 678
90 bis 100 %	15 017	4 126 208
80 bis 90 %	16 535	4 791 557
70 bis 80 %	9 909	3 812 880
60 bis 70 %	7 817	3 313 339
50 bis 60 %	6 070	3 124 314
40 bis 50 %	3 832	2 982 764
30 bis 40 %	3 407	3 318 707
20 bis 30 %	3 072	3 930 593
10 bis 20 %	2 336	6 276 687
5 bis 10 %	961	6 643 296
unter 5 %	2 286	37 537 484

Tab. 36: Die Bedeutung des primären Sektors für die örtliche Erwerbsstruktur 1990

Daten: INEGI 1992

über, in 60 % der Municipios arbeiten mehr
als die Hälfte der Menschen im primären
Sektor, bei gerade einmal 3,7 % der Municipios sind unter 2,5 % im primären Sektor
tätig. Noch eindrucksvoller zeigt die Zusammenstellung nach Orten, wie präsent die
Landwirtschaft im ganzen Land ist und wie
sehr sie noch heute die Kulturlandschaft
außerhalb der großen Ballungsräume prägt
(Tab. 36). In kleinen Siedlungen mit weniger
als 1000 Einwohnern ist die Landwirtschaft
meist die einzige Erwerbsmöglichkeit, selbst
in Orten mit 10 000 Einwohnern findet oft
nur die Hälfte der Erwerbsbevölkerung ein
Auskommen außerhalb des primären Sektors. Insbesondere für Menschen in peripheren Räumen ist die Landwirtschaft vielfach
die einzige Möglichkeit zum Einkommenser-
werb und zum Überleben. Ende des 20. Jh.s
lebt noch gut ein Drittel der Mexikanerinnen
und Mexikaner vom primären Sektor und ist
damit von den Entwicklungen und Maßnahmen in diesem Bereich unmittelbar betroffen.

Die Agrarproduktion – Defizite und Dualismus

Die Ernährungslücke
Obwohl Mexiko noch in weiten Teilen ein
Agrarland ist, müssen in beträchtlichem
Umfang Grundnahrungsmittel eingeführt
werden, weil der Verbrauch deutlich die
Produktion übersteigt (Tab. 37). Für eine
Politik, welche die nationale Selbstversor-

gung zum Ziel hat, stellt diese Versorgungslücke eine große Herausforderung dar,
der die mexikanischen Regierungen seit den
1970er Jahren beizukommen suchen.

Während seit den 1930er Jahren die
Bevölkerung immens gewachsen ist, läßt
sich die landwirtschaftliche Nutzfläche nur

Werte in Tonnen für die Periode 1990 – 1996	Nationaler Verbrauch	Nationale Erzeugung	Bilanz
Grundnahrungsmittel			
geschälter Reis	406 400	352 400	– 54 000
Bohnen	1 258 000	1 355 600	97 600
Mais	18 332 000	16 435 400	– 1 896 600
Weizen	4 613 600	3 869 180	– 744 420
Sesam	18 500	38 200	19 700
Saflor	83 200	121 750	38 550
Soja	2 399 200	584 200	– 1 815 000
Dauerkulturen			
Avocados	716 400	744 250	27 850
Zitronen	640 400	700 000	59 600
Äpfel	600 400	575 000	– 25 400
Orangen	2 640 400	2 467 000	– 173 400
Bananen	1 864 200	1 862 500	– 1 700
tierische Produkte			
Rinder	1 245 600	617 519	– 628 081
Schweine	861 200	431 279	– 429 921
Ziegen	44 400	13 783	– 30 618
Schafe	40	16 823	16 783
Geflügel	1 004 800	607 450	– 397 351
Eier	1 164 200	621 209	– 542 992

Tab. 37: Versorgungslage bei wichtigen Lebensmitteln

Daten: INEGI 1997a.

in sehr begrenztem Umfang ausweiten. Kamen 1950 in Mexiko auf 1 ha Ackerfläche noch 3,0 Einwohner, waren es 1990 schon 4,5. Zwar wurden im selben Zeitraum die Bewässerungsflächen so stark ausgeweitet, daß sich trotz der Bevölkerungsexplosion die Relation zwischen Einwohnern und Bewässerungsland von 31 (1950) auf 16 (1990) nahezu halbierte, doch diente 1950 1 ha nicht bewässertes Land lediglich 3,3 Personen als Nahrungsbasis, während es 1990 schon 6,2 waren (INEGI 1997).

Zumindest bei Teilen der Bevölkerung ist der Verbrauch von Lebensmitteln gestiegen. In der mexikanischen Mittel- und Oberschicht besteht eine vermehrte Nachfrage nach verarbeiteten und veredelten Lebensmitteln, zu deren Produktion eine größere Menge pflanzlicher Grundstoffe benötigt wird als für die einfache Küche der armen Landbevölkerung. Selbst beim traditionellen Grundnahrungsmittel Mais ist zwischen 1930 und 1990 der jährliche

Pro-Kopf-Verbrauch von rund 100 kg im Jahr auf über 220 kg angestiegen. In der Zunahme des Weizenverbrauchs von rund 25 kg pro Kopf im Jahr 1930 auf über 50 kg im Jahr 1990 spiegelt sich eine Änderung der Ernährungsgewohnheiten mit verstärkter Nachfrage nach Produkten aus Weizenmehl.

Vor dem Hintergrund der gewaltigen Nachfragesteigerung sind trotz der Versorgungslücken die Leistungen der mexikanischen Landwirtschaft beachtlich. Wie aus Tab. 38 und Abb. 62 ersichtlich ist, trifft die oft wiederholte Behauptung nicht zu, daß Mexikos Agrarproduktion stagniert. Sinnvolle Aussagen über die langfristige Entwicklung der landwirtschaftlichen Erzeugung sind ohnedies nur möglich, wenn man die durchschnittlichen Erntemengen mehrerer Jahre als Grundlage eines Vergleichs heranzieht, weil damit kurzfristige, witterungsbedingte Schwankungen ausgeblendet werden.

Beim Weizen stieg die Pro-Kopf-Produktion seit den 1930er Jahren bis Ende der

1960er Jahre an, erhöhte sich nach einer Stagnation in den 1970er und 1980er Jahren nochmals und ist erst in den 1990er Jahren abgesackt. Die pro Kopf erzeugte Menge der Grundnahrungsmittel Mais und Bohnen nahm bis Ende der 1960er Jahre zu, erlebte in den 1970er und 1980er Jahren einen Einbruch und konnte in den 1990er Jahren wieder gesteigert werden. Schon diese Entwicklung macht deutlich, daß für das aktuelle Versorgungsdefizit nicht allein die gestiegene Nachfrage infolge der rasanten Bevölkerungszunahme verantwortlich gemacht werden kann.

Die Produktions- und Investitionslücke

Ein besonderes Augenmerk verdient die Entwicklung der Agrarproduktion im Gesamtzusammenhang der mexikanischen Volkswirtschaft: Wie Abb. 63 zeigt, bleibt die Entwicklung der Wertschöpfung im primären Sektor weit hinter den anderen Sektoren zurück. Im Zuge dieses Trends hat sich in den 1970er Jahren das Produk-

Periode	Erntemenge in Kilogramm pro Einwohner		
	Weizen	Mais	Bohnen
1930–39	21,53	97,84	6,88
1940–49	18,55	100,97	7,57
1950–59	30,54	138,91	12,24
1960–69	43,96	186,62	19,29
1970–79	43,24	156,97	15,39
1980–89	54,37	163,54	13,25
1990–95	43,09	190,29	15,24

Daten: INEGI 1994 und INEGI 1997a

Tab. 38: Produktion wichtiger Grundnahrungsmittel

tivitätsgefälle in der mexikanischen Wirtschaft rasant vergrößert und seit den 1980er Jahren verfestigt. Seither ist die Arbeitsproduktivität in anderen Wirtschaftsbereichen rund dreimal höher als im primären Sektor. Dies äußert sich in einem entsprechenden Lohngefälle, das sich allerdings reduziert, wenn die Erwerbsperso-

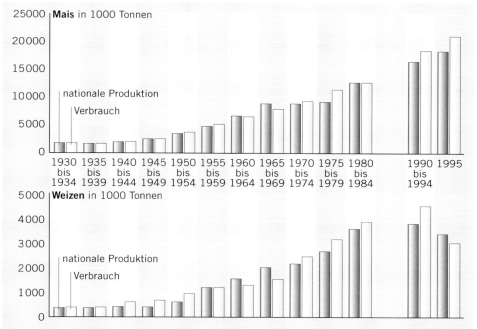

Daten: INEGI 1994, Banco de México 1996, INEGI 1997, Gormsen 1995. Entwurf: Christian H. Weber 1997.

Abb. 62: Versorgung mit Weizen und Mais (1930 – 1995): Trotz erheblicher Produktionssteigerungen besteht seit den 1970er Jahren in Mexiko eine Selbstversorgungslücke, die Getreideeinfuhren notwendig macht. Anmerkung: Für den Zeitraum 1985 – 1990 liegen keine Zahlen für die Produktion und den Verbrauch von Mais und Weizen vor.

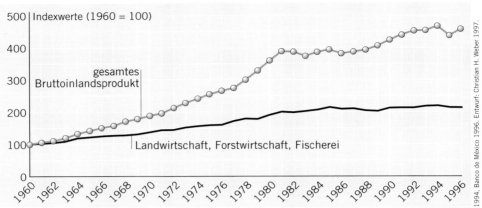

Abb. 63: Entwicklung der Wertschöpfung im primären Sektor (1960–1996): *Während seit 1960 im Durchschnitt aller Sektoren die Wertschöpfung um das Fünffache gestiegen ist, hat sie sich im gleichen Zeitraum im primären Sektor lediglich verdoppelt.*

nen, die der Subsistenzwirtschaft nachgehen und kein nennenswertes monetäres Einkommen erzielen, nicht berücksichtigt werden. Auch bei den Flächenerträgen liegt die mexikanische Landwirtschaft weit hinter der „modernen" Agrarproduktion in den USA oder Europa zurück, wo etwa bei Mais oder Weizen die erzeugte Menge pro ha dreimal höher ist.

Dieser Produktivitätsrückstand überrascht nicht, wenn berücksichtigt wird, daß in Mexiko seit den 1980er Jahren nur geringe Investitionen im primären Sektor getätigt

Jahr	Investitionen in Millionen US-$ zu Preisen von 1980		
	alle Sektoren	primärer Sektor Betrag	Anteil (%)
1980	52 897	348	0,66
1981	60 697	449	0,74
1982	45 963	419	0,91
1983	33 549	369	1,10
1984	35 596	449	1,26
1985	39 277	577	1,47
1986	31 641	501	1,58
1987	33 448	460	1,37
1988	37 369	687	1,84
1989	39 144	529	1,35
1990	43 349	537	1,24
1991	46 519	693	1,49

Tab. 39: Investitionen in den primären Sektor

Daten: INEGI 1994.

wurden. Während in der gesamten mexikanischen Volkswirtschaft Anfang der 1990er Jahre die Investitionsquote knapp unter 20% lag, bewegte sie sich in der Landwirtschaft zwischen 3 % und 4 % (INEGI 1994). Im primären Sektor lebte man in den letzten Jahren ganz offensichtlich von der Substanz, da die geringen Mittel nicht einmal ausreichen dürften, die notwendigen Ersatzinvestitionen zu tätigen. Mitte der 1980er Jahre äußerte sich dies auch in einem zeitweiligen Rückgang der bewässerten Fläche.

Aus Tab. 39 ist ersichtlich, daß jährlich kaum mehr als 500 Mio. US-$, somit nur ein verschwindender Anteil der Gesamtinvestitionen im primären Sektor getätigt wurden. Trotz eines Anstiegs der Agrarinvestitionen in den 1990er Jahren bleibt der primäre Sektor ein vernachlässigter Wirtschaftszweig: Einem Erwerbstätigenanteil von rund 25 % steht ein rund 15mal geringerer Investitionsanteil von unter 2 % gegenüber. Daß sich der Wertschöpfungsanteil des primären Sektors mit einem Wert von 6% (1995) um den Faktor 4 vom Erwerbstätigenanteil unterscheidet, ist unter diesen Bedingungen beachtlich und nur möglich, weil der Kapitalmangel durch einen verstärkten Einsatz der anderen Produktionsfaktoren kompensiert wird: Die Ausbeutung der im Überfluß vorhandenen menschlichen Arbeitskraft ist auch in Mexiko verbreitet, und nicht selten erfolgt auch ein Raubbau am Produktionsfaktor Boden.

Trotz der nationalen Bedeutung der Landwirtschaft fließt nur ein relativ geringer Teil der öffentlichen Investitionen in diese. Selbst wenn die Aufwendungen für strukturverbessernde Maßnahmen und Bewässerungsgroßprojekte hinzugerechnet werden, wurden von staatlicher Seite zwischen 1986 und 1991 jährlich nur zwischen 500 und 1000 Mio. US-$ investiert. Damit hat der mexikanische Staat die Hauptlast der Agrarinvestitionen getragen, die in den 1980er Jahren immerhin 15 % des öffentlichen Investitionsvolumens ausmachten (Sanderson 1986). Entsprechend drastisch wirkten sich daher die Sparmaßnahmen aus, zu denen die mexikanische Regierung nach der Schuldenkrise von 1982 durch internationale Auflagen gezwungen wurde. Insgesamt gesehen herrscht im primären Sektor ein ausgesprochener Mangel an privaten Investitionen aus dem In- und Ausland. Der großen Zahl der Kleinbauern fehlt es an Mitteln und den notwendigen Sicherheiten für den Ausbau und die Modernisierung der Produktion. Für kapitalkräftige Investoren verspricht ein Engagement in anderen Wirtschaftsbereichen, wie der Industrie oder dem Tourismus, vielfach höhere Renditen, und der Agrarsektor war bisher für Investoren mit zu großen Unwägbarkeiten behaftet. Vor diesem Hintergrund sind die Bemühungen der mexikanischen Regierung zu sehen, die seit den 1990er Jahren alles daransetzt, den Zustrom von Kapital in die Landwirtschaft zu stimulieren.

Subsistenz und Markt

Obwohl eine allgemeine Betrachtung die Grundprobleme zu umreißen vermag, zeichnet die pauschale Sicht nur ein recht unvollständiges Bild der mexikanischen Landwirtschaft, weil auch in diesem Wirtschaftsbereich eine ausgesprochene Heterogenität herrscht. Der Lohn- und Produktivitätsrückstand des primären Sektors innerhalb der mexikanischen Volkswirtschaft verringert sich deutlich, wenn man diejenigen Erwerbstätigen ausscheidet, die überwiegend der Subsistenzwirtschaft nachgehen und über kein nennenswertes monetäres Einkommen verfügen. Unter der Perspektive der Verwendung der Produkte läßt sich eine grundlegende Unterscheidung treffen:

eine Subsistenzlandwirtschaft (agricultura tradicional, campesina o subsistencia), die als Überlebensökonomie Aufgaben einer sozialen Grundsicherung wahrnimmt, und eine marktorientierte, kommerzielle Landwirtschaft (agricultura comercial), die für den nationalen und internationalen Markt produziert (Soto Mora u. a. 1991). Daß beide Bereiche nicht verbindungslos nebeneinanderstehen, sondern miteinander verflochten sind, ist bereits dargelegt worden.

Wirtschaftlich gesehen sind es im wesentlichen die folgenden Felder, in denen sich die „Agricultura Campesina" von der „Agricultura Comercial" unterscheidet:

1) Während die kommerzielle Landwirtschaft in kaufmännisch organisierten Betrieben unter Einsatz externer Arbeitskräfte und moderner Produktionsmittel Erträge erzielt, die internationalen Vergleichen standhalten, erwirtschaften die kleinbäuerlichen Familienbetriebe mit einer unzureichenden technischen Ausstattung kaum mehr als die Campesino-Familie zum Überleben benötigt.

2) Die Kleinbauern sind mit kleinen Parzellen vielfach minderwertiger Böden ausgestattet, die gewerbliche Landwirtschaft – im Falle einer flächenabhängigen Produktion – dagegen mit großen Flächen in ertragreichen Agrarzonen.

3) Die kommerzielle Landwirtschaft produziert, was sich auf dem nationalen und internationalen Markt gewinnbringend absetzen läßt, und verfügt dabei meist über eine eigene Vertriebsorganisation. Vielfach handelt es sich bei diesen Betrieben ohnehin um „Ableger" großer internationaler Lebensmittelkonzerne, etwa Del Monte, Campbell's und General Foods, die schwerpunktmäßig im Bajío tätig sind (Soto Mora u. a. 1991).

Aber auch mexikanische Agrarproduzenten verfügen über eine hochentwickelte vertikale Betriebsorganisation, die von der pflanzlichen oder tierischen Produktion über die Verarbeitung bis zum Vertrieb und Verkauf der fertigen Produkte reicht (Seele 1986).

Welche konkreten Produkte sich jeweils als besonders profitabel erweisen, hängt oftmals nicht nur von wirtschaftlichen, sondern auch von den politischen Rahmenbedingungen ab. In der Vergangenheit ist das Produktionsspektrum der kommerziellen Landwirtschaft auch durch staatliche Agrarsubventionen beeinflußt worden. Beispielsweise werden die Absatzchancen auf dem nordamerikanischen Markt im Zuge des schrittweisen Abbaus tarifärer und nicht-tarifärer Handelshemmnisse im Rahmen des NAFTA-Abkommens die Produktionspalette beeinflussen.

Bei den kleinbäuerlichen Betrieben stehen Produkte im Vordergrund, die der Selbstversorgung dienen, vor allem die Grundnahrungsmittel Mais und Bohnen. Darüber hinaus betätigen sich Kleinbauern auch im Anbau von „höherwertigen" Erzeugnissen, wie Kaffee. Schwierigkeiten des Marktzuganges, Risiken von Preisschwankungen und die Abhängigkeit von Vetriebsorganisationen oder Großkonzernen stehen größeren kommerziellen Erfolgen aber meist im Wege. Die traditionellen Bauernmärkte in Dörfern und Kleinstädten bieten den Campesino-Familien immerhin eine Möglichkeit zur direkten, lokalen Vermarktung ihrer Überschüsse.

Räumlich konzentriert sich die kommerzielle Landwirtschaft an Standorten mit günstigen Produktionsbedingungen und einem leichten Zugang zu den Absatzmärkten. Agrarkonzerne bevorzugen Regionen mit Bewässerungsmöglichkeiten, hochwertigem Ackerland, günstigen Transportbedingungen für Futtermittel und der Verfügbarkeit landwirtschaftlicher Arbeitskräfte. Ganz entscheidend wird das Verbreitungsmuster der „Agricultura Comercial" von den Erschließungsachsen und Bevölkerungsschwerpunkten geprägt. Räume, in denen heute noch eine Subsistenzlandwirtschaft vorherrscht, sind die schlecht erschlossenen Landesteile mit einem unzureichenden Zugang zum nationalen und internationalen Agrarmarkt. Auf die Ergänzungsfunktion der Subsistenzwirtschaft in Gebieten mit kommerzieller Landwirtschaft wurde bereits hingewiesen.

Das Ertragsgefälle

Vor diesem Hintergrund sind die großen Produktivitätsunterschiede innerhalb der mexikanischen Landwirtschaft verständlich: In den 1990er Jahren liegen in Mexiko die Flächenerträge von Mais und Weizen auf den Bewässerungsflächen rund zweimal höher als auf den Flächen des Regenfeldbaus und erreichen damit beim Weizen das Produktivitätsniveau der USA und Europas. Abb. 64 zeigt, welche Produktivitätsfortschritte seit Mitte der 1950er Jahre im kommerziellen Weizenanbau erzielt worden sind. Dieser erfolgt heute überwiegend auf Bewässerungsflächen. Vergleichsweise gering war dagegen der Ertragszuwachs bei der Erzeugung der Grundnahrungsmittel Mais und Bohnen, den Hauptanbauprodukten der traditionellen Landwirtschaft.

Während auf Bewässerungsland die Erntemenge um das Zweifache über dem Ertrag nicht bewässerter Flächen liegt, ist der Produktionswert pro Fläche fast dreimal höher (Abb. 65). In den fruchtbaren Bewässerungsgebieten werden nämlich bevorzugt Pflanzen angebaut werden, die eine hohe Rendite abwerfen.

Zwischen den 1950er Jahren und Mitte der 1970er Jahre verringerte sich das Produktivitätsgefälle zwischen bewässerten und nicht bewässerten Flächen, sich dann wieder zu vergrößern. Von den Ertragseinbrüchen im Gefolge der Schuldenkrise von 1982 war die gesamte Landwirtschaft betroffen, wobei bei den Bewässerungsflächen der Rückgang etwas stärker war. Seither vergrößert sich der Abstand zwischen dem Regenfeldbau und dem Bewässerungsfeldbau wieder, nachdem im Zuge des Freihandels vor allem auf die wettbewerbsfähigen Bereiche des Agrarsektors gesetzt wird. Lediglich in der Zeit des mexikanischen Wirtschaftswunders zwischen den 1950er und 1970er Jahren war es also gelungen, die Polarisierung innerhalb der Landwirtschaft geringfügig abzubauen. Derzeit nehmen dagegen die regionalen und sektoralen Disparitäten im Agrarbereich deutlich zu.

Diese Polarisierung ist das Ergebnis eines wettbewerbsbedingten Strukturwandels, bei dem sich die rentablen Bereiche der Landwirtschaft immer stärker herausschälen. Einen guten Hinweis auf die Rentabilität bestimmter Anbauprodukte liefern die durchschnittlichen Erlöse, die beim Anbau von Kulturpflanzen pro Flächeneinheit erzielt werden können (INEGI 1994). Hier bestehen ganz erhebliche Unterschiede, die sich auf das Nutzungsgefüge in der kommerziellen Landwirtschaft auswirken.

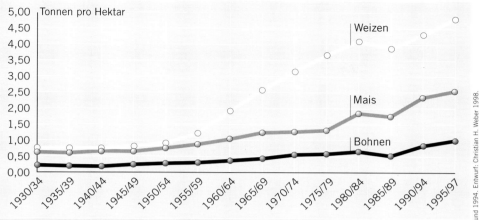

Abb. 64: Flächenerträge von Weizen, Mais und Bohnen (1930–1997): *Im Vergleich zu den traditionellen, indianischen Grundnahrungsmitteln Mais und Bohnen sind beim Weizen wesentlich höhere Ertragssteigerungen erzielt worden. Das ursprünglich spanische Getreide wird heute überwiegend auf bewässerten Flächen angebaut.*

Daten: INEGI 1997 und 1994. Entwurf: Christian H. Weber 1998.

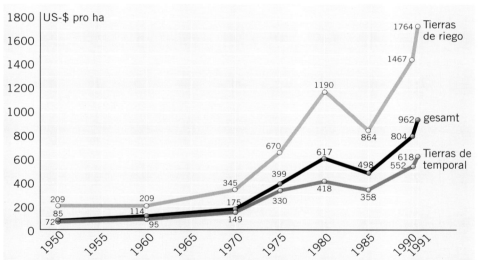

Abb. 65: Entwicklung der Flächenerträge (1950–1991): *Auf den Bewässerungsflächen (Tierras de riego) ist der Produktionswert deutlich stärker gestiegen als auf den Flächen des Regenfeldbaus (Tierras de temporal). Infolge der Schuldenkrise sanken die Investitionen und damit auch die Erträge der Bewässerungslandwirtschaft drastisch ab.*

Daten: INEGI 1994.

In den 1990er Jahren erweisen sich der Anbau von Gemüse und tropischen Früchten in Mexiko als besonders lukrativ.

An der Spitze dieser „cash-crops" stehen Tomaten, die zu einem erheblichen Teil in die USA exportiert werden. Der nordamerikanische Markt und die steigende Nachfrage in den Ballungsräumen Mexikos eröffnet den Garten- und Obstkulturen auch künftig gute Absatzchancen.

Erst an zweiter Stelle der Ertragsskala folgen die klassischen tropischen Produkte, wie Kaffee und Zuckerrohr. Ähnlich hohe Renditen verspricht in den 1990er

Jahren der Anbau von Kartoffeln und Reis, beides Nahrungsmittel einkommensstärkerer städtischer Schichten, sowie der Anbau von Alfalfa, einem wichtigen Futtermittel für die Milchbetriebe.

Eher mittelmäßige Erträge brachte in den 1990er Jahren der Anbau von Weizen, von Kokosnüssen zur Copra-Produktion, von Baumwolle sowie der Futterpflanzen Sorghum-Hirse und Soja. Am wenigsten lukrativ ist der Anbau der klassischen Grundnahrungsmittel Mais und Bohnen, aber auch der Anbau der Ölsaaten Saflor und Sesam sowie die Kultivierung der Sisalagave. Während die Grundnahrungsmittel noch nie sonderlich hohe Erlöse versprochen haben, brachte die Sisalagave (Henequen) bis in die ersten Jahrzehnte des 20. Jh.s

hohe Gewinne. Doch mit dem Vordringen der Kunstfasern erlebte der Sisalanbau einen Niedergang, vom dem vor allem das traditionelle Anbaugebiet auf der Halbinsel Yucatán hart getroffen wurde (Nickel 1992).

Das Beispiel des Sisalanbaus zeigt, wie sehr die Agrarstruktur von Entwicklungen auf dem Weltmarkt beeinflußt wird. Allerdings verhindert die große Diversität, welche die mexikanische Landwirtschaft auch hinsichtlich ihrer Erzeugnisse kennzeichnet, die einseitige Abhängigkeit von einem Produkt und seinen Vermarktungschancen. Vielfalt und Heterogenität waren zumindest bisher, trotz aller Widersprüche und Verwerfungen, auch ein Garant für die Stabilität des mexikanischen Agrarsystems.

Der primäre Sektor im Überblick

Die außerordentliche Vielfalt des primären Sektors in Mexiko erschwert eine systematische Darstellung. Zu einer überaus heterogenen Sozial- und Betriebsstruktur kommen verschiedenste Produktionsbereiche, die ihrerseits wiederum sehr vielschichtig sind. Um die Orientierung zu erleichtern, ist es daher sinnvoll, neben einer allgemeinen und einer regionalen Darstellung eine Übersicht über die vier klassischen Bereiche des primären Sektors zu geben. Gemessen an ihrem Beitrag zur Wertschöpfung des primären Sektors nehmen die Fischerei und die Forstwirtschaft in Mexiko nur eine untergeordnete Bedeutung ein (Tab. 40). Nach wie vor das größte Gewicht

hat der Ackerbau. Der Anteil der Viehzucht ist zeitweise deutlich gestiegen, hat sich dann aber wieder verringert. Dadurch, daß heute auf rund 15 % der Ackerbauflächen Futtermittel produziert werden, besteht allerdings eine gewisse Durchdringung des Ackerbaus durch die Viehwirtschaft. Die tatsächliche Bedeutung der Viehwirtschaft ist daher größer als dies der ausdrücklich ausgewiesene Anteil vermuten läßt.

Die Fischerei

Mit gut 11 500 km Meeresküsten, rund 8300 km am Pazifik und 3200 km am Atlantik, ist Mexiko ein Langküstenstaat. Die Ausdehnung der exklusiven Wirtschaftszone auf 200 Seemeilen bescherte Mexiko exklusive Nutzungsrechte für große Meeresflächen, unter die auch die Gewässer im Bereich der Halbinsel Niederkalifornien fallen, die zu den reichsten Fischgründen der Welt zählen. Dort vermischt sich der kalte Kalifornienstrom mit den warmen pazifischen Wassermassen, wodurch aufsteigende Wasserwirbel entstehen, die nährstoffreiches Tiefenwasser an die Oberfläche führen. Verstärkt wird dieser Effekt noch durch kalte Auftriebwässer, die durch küstenparallele bis ablandige Winde hervorgerufen werden. Der dadurch bedingte Nährstoffreichtum ist Grundlage einer reichen Phytoplanktonent-

Jahr	Wertschöpfung in %			
	Ackerbau	Viehzucht	Forstwirtschaft	Fischerei
1950	60,6	32,5	5,7	1,2
1960	61,7	33,2	3,7	1,4
1970	61,2	34,3	3,3	1,2
1975	58,5	36,7	3,5	1,3
1980	57,6	35,6	4,0	2,7
1985	59,7	31,9	4,9	3,4

Tab. 40: Verteilung der Wertschöpfung innerhalb des primären Sektors

Daten: INEGI 1994.

Durchschnitt der Jahre Für Periode 1992–94 keine Angaben	Menge in Tonnen insgesamt	direkten Verzehr	davon für Lebensmittel- verarbeitung	industrielle Verwertung
1980–82	1 200 000	695 000	475 000	30 000
1983–85	1 005 000	690 000	295 000	20 000
1986–88	1 230 000	805 000	390 000	35 000
1989–91	1 305 000	910 000	345 000	50 000
1995–96	1 065 000	720 000	305 000	40 000

Tab. 41: Verwendung der Fischereiprodukte

Daten: INEGI 1992a und INEGI 1997a.

wicklung, die wiederum die Basis einer mannigfaltigen Nahrungskette bildet.

Zu den ergiebigen Fanggründen in den Ozeanen kommen mehrere Binnengewässer, insbesondere die Seen im zentralen Hochland von Mexiko. Für die indianischen Völker war der Fischfang eine wichtige Quelle für eiweißhaltige Nahrung, nachdem es außer Wildbret kaum Fleischkost gab.

Daß das große Nahrungspotential der Meere bis heute nur unzureichend wirtschaftlich genutzt wird, zeigen die relativ geringen Anlandungsmengen der mexikanischen Fischerei. So sind seit Anfang der 1980er Jahre die Fangmengen nur geringfügig gesteigert worden und Mitte der 1990er Jahre sogar leicht gesunken (Tab. 41). Der Anteil der Fischerei am primären Sektor machte 1985 gerade einmal 3,5 % aus, und hinsichtlich der Produktionsmengen gehörte dieser Wirtschaftszweig bisher nicht zu den Wachstumsbranchen. Die mangelhafte Kapitalausstattung aufgrund fehlender Investitionen äußert sich nicht nur in einer unzureichenden Fangflotte und einem unterentwickelten Verarbeitungsbereich, was auch der geringe Anteil der weiterverarbeiteten Meeresprodukte zeigt. Obwohl im Fischereibereich ein großer Bedarf an privaten Investoren besteht, ist bisher nur ein zurückhaltendes privatwirtschaftliches Engagement zu beobachten, und der große Zustrom von Privatkapital läßt noch auf sich warten. Anfang der 1980er Jahre entfielen nur 45 % der Anlandungen auf private Fischereiunternehmen, während der Rest von öffentlichen und genossenschaftlichen Betrieben vorgenommen wurde. Zu Beginn der 1990er Jahre waren Privatbetriebe an knapp über 50 % der Anlandungen beteiligt (INEGI 1992).

1990 waren nach Angaben des Zensus in der Fischerei rund 230 000 Personen beschäftigt. Der Anteil der Fischerei an der Wertschöpfung des primären Sektors liegt mit rund 3 % in derselben Größenordnung wie der Arbeitskräfteanteil. Allerdings gibt es deutliche regionale Schwerpunkte, so daß in einzelnen Bundesstaaten und Gemeinden die Fischerei einen erheblichen, mitunter sogar den Großteil der Erwerbstätigen des primären Sektors stellt. Im Bundesstaat Baja California Sur sind beispielsweise über die Hälfte der Erwerbstätigen des primären Sektors im Fischfang tätig. Aber auch in den Küstenregionen der anderen Bundesstaaten am Pazifik und Atlantik bildet der Fischfang einen wichtigen Erwerbszweig für die dort lebende Bevölkerung. 1990 verteilten sich rund 56 % der Erwerbstätigen in der Fischerei auf die Staaten der Pazifikküste und rund 41 % auf die Staaten der Atlantikküste. Schwerpunkte an der Pazifikküste liegen auf der Halbinsel Niederkalifornien und in den Bundesstaaten Sonora, Sinaloa und Colima. Der bedeutendste Fischereihafen in dieser Region ist Mazatlán (Sinaloa), als weiterer wichtiger Stützpunkt für die moderne Seefischerei wird Manzanillo (Colima) als Standort der Thunfischflotte ausgebaut (Stat. Bundesamt 1995).

Mengenmäßig entfallen rund 70 % der nationalen Fischereiproduktion auf die Pazifikküste, wobei hier vor allem Thunfisch und Sardinen gefangen werden; daneben stammen aber auch 60 % der nationalen Garnelen-Produktion aus dieser Küstenregion. Die Fangmenge aus den Gewässern des Stillen Ozeans stagnierte zwischen 1980 und 1990 und hat Mitte der 1980er Jahre sogar einen Einbruch erlitten.

Durchschnitt der Jahre	abgefischte Menge in Tonnen	
	Süßwasser-fische*	Meeres-tiere**
1980 – 82	69 000	46 000
1983 – 85	85 000	48 000
1986 – 88	114 000	56 000
1989 – 91	123 000	58 000

* davon ca. 65 % Süßwasserbrassen
** davon ca. 80 % Austern

Tab. 42: Produktionsmenge in der Fischzucht

Daten: INEGI 1992a.

Durch-schnitt der Jahre	angelandete Menge in Tonnen		
	Pazifik	Atlantik	Binnen-gewässer
1980 – 82	935 000	250 000	15 000
1983 – 85	685 000	295 000	25 000
1986 – 88	900 000	290 000	40 000
1989 – 91	935 000	320 000	50 000

Tab. 43: Fischfang nach Räumen

Daten: INEGI 1992a.

Obwohl auf die Atlantikküste kaum mehr als ein Viertel der Produktionsmenge entfiel, wurden hier 1990 über ein Drittel der Erträge des Fischereisektors erwirtschaftet. Aus dem Atlantik werden nämlich überwiegend wertvolle Meerestiere gefangen und in Aquakulturen auch gezüchtet (Tab. 42). Rund 40 % der Garnelenproduktion stammt aus dem Atlantik, und in den flachen Lagunen werden über 93 % der mexikanischen Austern produziert. Bei der Fangmenge konnte die Atlantikküste zwischen 1980 und 1990 mit einer Steigerung um 30 % deutlich zulegen (Tab. 43).

Gegenüber der Meeresfischerei spielt der Fang von Süßwasserfischen in Mexiko nur eine untergeordnete Rolle. Der Anteil der Binnenfischerei an der Wertschöpfung und den Arbeitskräften in der Fischereiwirtschaft liegt nur bei rund 3 %. Dennoch sind die Fischfangmengen in einzelnen Bundesstaaten beträchtlich: 1991 wurden in den Gewässern in den Bundesstaaten México und Guanajuato über 10 000 Tonnen Fisch gefangen, mithin mehr als im Küstenstaat Quintana Roo, wo die Fischer aus der Karibik nur 9000 Tonnen anlandeten. In den Bundesstaaten Puebla, Hidalgo, Zacatecas, Durango und Coahuila lag die

Jahresfangmenge 1991 bei rund 5000 Tonnen Fisch. Zwischen 1980 und 1991 konnte die Produktion der Binnenfischerei um über 230 % erhöht werden. Hinzu kommt eine nicht unerhebliche Zuchtmenge bei Süßwasserfischen, die zwischen 1980 und 1990 um 78 % gesteigert wurde. Während bei den Süßwasserfischen dieser Trend anhält, ist bei Meerestieren die Produktion inzwischen rückläufig (Stat. Bundesamt 1995).

Der Großteil der Fischereiprodukte wird auf dem mexikanischen Binnenmarkt abgesetzt, rund 5 % der Fische und Meerestiere werden exportiert, 1993 waren dies rund 31 000 Tonnen. Wichtigstes Exportprodukt der mexikanischen Fischereiwirtschaft waren bisher Garnelen, die überwiegend in gefrorenem Zustand ins Ausland geliefert werden. Seit Anfang der 1970er Jahre werden Garnelen in größerem Umfang exportiert. In den 1980er Jahren waren sie neben Kaffee wertmäßig die wichtigste Exportartikel des primären Sektors. 1985 machten Garnelen 1,5 %, 1995 0,9 % der mexikanischen Warenexporte aus. 1993 hat Mexiko durch den Export von Fisch 238,6 Mio. US-$ (1992: 230,3) erzielt und im Gegenzug für den Import von Tintenfisch, Fischöl, Fischfett und Fischmehl 25,9 Mio. US-$ (1992: 23,6) ausgegeben. Insgesamt weist der Fischereisektor damit einen deutlich positiven Außenhandelssaldo auf. Die Fischerei zählt zu den Wirtschaftssektoren, in denen die mexikanische Regierung die Exporte steigern möchte. Deshalb bemüht sich die mexikanische Seite auch verstärkt um eine Zusammenarbeit mit ausländischen Unternehmen, um die Fangflotte und die Verarbeitungsanlagen zu modernisieren und auszubauen.

Die staatliche Förderung der Fischerei obliegt einem eigenen Ministerium (Secretaría de Pesca), dessen Investitionsvolumen sich allerdings im Vergleich zu anderen Ressorts sehr bescheiden ausnimmt: Im Zeitraum von 1986 – 1991 wurden von der Bundesregierung landesweit gerade einmal 69 Mio. US-$ in die Förderung der Fischerei investiert; dies sind nur 0,16 % aller in diesem Zeitraum getätigten öffentlichen Investitionen. Die gegenwärtigen Schwerpunkte der staatlichen Maßnahmen liegen vor allem in der Errichtung von

Fischzuchtanlagen und im Ausbau der Verkaufsinfrastruktur, was auch die Konzentration von Ausgaben des Fischereiministeriums in einigen Binnenstaaten erklärt.

Auch die Investitionen des Fischereiministeriums stehen ganz im Zeichen des Zentralismus: Mit 22 Mio. US-$ wurden rund 32 % der Mittel der Jahre 1986 – 1991 im Bundesdistrikt investiert, dem Kern der Haupstadtregion mit einer Ballung von Verbrauchern. Der Erfolg der Bemühungen um den Ausbau der Transport- und Vermarktungsinfrastruktur ist in Mexiko auch äußerlich sichtbar: Heute findet man auch im Landesinneren weitab von den Küsten in den größeren Städten ein reichhaltiges Angebot an frischen Seefischen und Meerestieren.

Betrachtet man die Zukunftsperspektiven, so verdienen zwei Tendenzen in der mexikanischen Fischereiwirtschaft besondere Beachtung: Mit einer Spezialisierung in der Produktion geht eine Expansion der Fischereiregionen einher, die nahe an den Ballungszentren und somit den Absatzmärkten liegen. Diese statistischen Befunde decken sich mit den Zielen der mexikanischen Fischereipolitik, die damit auch auf die Erfordernisse des Marktes reagiert: Zum einen soll die exportorientierte Fischerei, auch mit Hilfe ausländischen Kapitals, ausgebaut werden. Damit ist eine Spezialisierung auf bestimmte, marktgängige Meerestiere verbunden, was sich in einer beträchtlichen Steigerung der Anlandungsmengen von Thunfisch und Garnelen zwischen 1980 und 1995 äußert (INEGI 1992; INEGI 1997a). Dem Thunfischfang, der von 30 000 Tonnen Anfang der 1980er Jahre auf 150 000 Tonnen im Jahr 1996 gesteigert werden konnte, wird auch mit dem Ausbau von Manzanillo zum zentralen Standort der Thunfischflotte große Bedeutung beigemessen. Der räumliche Schwerpunkt der Exportfischerei liegt an der nordwestlichen Pazifikküste, die nicht nur über reiche Fischgründe verfügt, sondern die sich auch durch die Nähe zum Absatzmarkt USA auszeichnet.

Eine zweite Entwicklungschance liegt in der Versorgung der mexikanischen Ballungszentren mit Fischereiprodukten. Für die pazifische Fischerei bieten sich hier vor allem die expandierenden Städte an der

Nordwestgrenze an. Die größte Verbraucherzahl konzentriert sich jedoch nach wie vor in Zentralmexiko. Von diesem Nachfragepotential profitiert wegen der geringen Entfernung vor allem die Fischerei an der Golfküste, deren Fangmenge zwischen 1980 und 1990 um rund 30 % gesteigert wurde. Auch die Küstenregionen der Bundesstaaten Jalisco, Michoacán und Guerrero haben aus ihrer Nähe zu den Ballungszentren Zentralmexikos erheblichen Nutzen gezogen. Bereits zwischen 1980 und 1991 ist in diesen Staaten die Fangmenge um mehr als 175 % gestiegen. Die großen Ballungszentren sind aber auch die Absatzmärkte für die Binnenfischerei und die Zuchtbetriebe von Süßwasserfischen. Beide Bereiche sind zwischen 1980 und 1990 erheblich expandiert. Die bevorzugten Standorte der Fischproduktion in Binnengewässern liegen nahe an den Bevölkerungsschwerpunkten Zentral- und Nordostmexikos, in den Bundesstaaten México, Guanajuato, Puebla, Hidalgo, Zacatecas, Durango und Coahuila.

Der große Fischreichtum der mexikanischen Küstengewässer, der sich auf dem nationalen und internationalen Markt noch stärker als bisher in Wert setzen läßt, eröffnet der Fischereiwirtschaft hervorragende Zukunftsperspektiven. Große Chancen für die Exportfischerei ergeben sich durch den Freihandel im Rahmen der NAFTA, zu deren Realisierung es allerdings noch umfangreicher Investitionen bedarf. Auf dem Binnenmarkt wird mit der Zahl der kaufkräftigen Bevölkerung die Nachfrage nach hochwertigen Fischereiprodukten weiter steigen, zumal auch in den expandierenden Touristenzentren ein großer Bedarf an Fischen und Meerestieren erwartet werden kann.

Mit dem Ausbau des kommerziellen Fischereisektors ist auch ein Strukturwandel verbunden. Ob die traditionelle Küstenfischerei vom Aufbau großer Fischereibetriebe und der Vergrößerung der Fangflotte profitieren wird, ist nach den Erfahrungen anderer Länder eher fraglich. Noch besteht jedoch die Möglichkeit, die Fischerei nach dem Grundsatz der Nachhaltigkeit zu organisieren.

Auch in Mexiko sind die reichen Fanggründe in einigen Küstenregionen inzwischen durch eine zunehmende Meeresverschmutzung bedroht. In der Nähe von Industriestandorten und Anlagen der Ölförderung kommt es zu einer gravierenden Belastung und Verschmutzung der Meere. Besonders kritisch ist die Situation in der Küstenregion von Coatzacoalcos im südlichen Veracruz. Im pazifischen Küstenstaat Sinaloa führt die Intensivlandwirtschaft zum Eintrag von Düngemitteln und Pestiziden in die Küstengewässer, was zur Eutrophierung und toxischen Verschmutzung der Meere und zur Anreicherung von Giftstoffen in der Nahrungskette führt. Die Regelung von Nutzungskonflikten in den Meeres- und Küstenregionen gehört somit zu einer wichtigen Aufgabe der mexikanischen Umweltpolitik.

Die Forstwirtschaft

Wälder nehmen rund ein Fünftel der Staatsfläche Mexikos ein und weisen eine große biologische Vielfalt auf. Mehr als die Hälfte der Gesamtwaldfläche entfällt auf Nadel- und Laubwälder in den gemäßigten und kühlen Klimastufen, wo meist Nadelhölzer mit einem Anteil von zwei Dritteln den Baumbestand dominieren. Der Anteil der Waldfläche ist von 25,5 % im Jahr 1977 auf 20,8 % im Jahr 1992 zurückgegangen (Stat. Bundesamt 1995). Hieraus ist bereits ersichtlich, daß die Entwaldung in Mexiko ein gravierendes ökologisches Problem darstellt. Allein zwischen 1970 und 1990 hat Mexiko durch eine ungeregelte Waldnutzung und vor allem durch Kahlschläge für die Gewinnung landwirtschaftlicher Kulturflächen 11 Mio. ha Wald verloren (Sanderson 1993). Zwischen 1990 und 1995 sind weitere 2,5 Mio. ha tropische Wälder vernichtet worden, so daß Mexiko bei den Waldverlusten nach Brasilien, Indonesien und Zaire weltweit an vierter Stelle steht (SZ vom 10. 4. 1997). Vor allem die tropischen Regen- und Bergwälder werden durch die Anlage ausgedehnter Weideflächen und ein Vordringen des Brandrodungsfeldbaus bedroht und zerstört. Dem Raubbau an den Wäldern versucht der mexikanische Staat schon seit längerem mit verschärften Forstgesetzen, Wiederaufforstungsmaßnahmen und der Ausweisung von Schutzgebieten zu begegnen.

Die nutzbare Waldfläche setzt sich nach amtlichen Schätzungen wie folgt zusammen: zu 8 % aus Kokospalmen und Man-

grovenbeständen, zu 43 % aus tropischen und subtropischen Wäldern mit Edelhölzern, zu 19 % aus Laubwäldern der gemäßigten Höhenstufe, in der Eichen dominieren, und zu 30 % aus Nadelwäldern der kühlen Stufe, in der Kiefern vorherrschen.

Als gravierendes Hindernis für die Forstwirtschaft erweist sich die schlechte Erschließung vieler Waldgebiete in unzugänglichen Bergländern. Umgekehrt ist in den wenigen gut erschlossenen Bereichen der Nutzungsdruck besonders hoch, und eine unsachgemäße Holzentnahme hat hier bereits zu ökologischen Schäden geführt (Bild 56). Nur ein Drittel der knapp 23 000 m^3 Holz, die 1992 geschlagen wurden, dienten als Nutzholz, zwei Drittel wurden als Brennholz oder zur Herstellung von Holzkohle verwendet (Stat. Bundesamt 1995).

Mexiko sieht sich mit der großen Aufgabe konfrontiert, seine Forstwirtschaft so auszubauen und weiterzuentwickeln, daß die vielfältigen Ressourcen seiner Wälder in den unterschiedlichen Klimazonen und Höhenstufen ökonomisch sinnvoll und ökologisch nachhaltig genutzt werden. Dies wird noch erhebliche Anstrengungen erfordern. Dabei haben die Wälder mehr zu bieten als lediglich Nutz- und Brennholz. Schon seit langem werden in Mexiko neben Holz auch eine Reihe weiterer waldwirtschaftlicher Produkte gewonnen, darunter Fasern, Harze und andere Grundstoffe.

Bereits die Maya gewannen aus dem Harz des Zapota-Baumes eine klebrige Masse, die ihnen als Kaugummi diente und die sie „Chicle" nannten. Chicle dient noch heute als Grundsubstanz für die Kaugummiherstellung und wird nach wie vor aus den Zapota-Bäumen der Wälder von Campeche und Tabasco gewonnen.

Das Genpotential der artenreichen feuchttropischen Wälder, das den Indios seit alters her als natürliche Apotheke dient, gewinnt inzwischen auch für die moderne pharmazeutische Industrie an Bedeutung.

Die Viehzucht

Nach dem Ackerbau bildet die tierische Produktion in Mexiko den zweitwichtigsten Zweig innerhalb des primären Sektors. Das Spektrum der Produkte ist weit gefaßt und reicht von der Erzeugung von Rindfleisch,

Bild 56: Holz für die Papierfabrik in Tuxtepec (Oaxaca): *Die unkontrollierte Holzentnahme hat zu einer sich verstärkenden Degradierung insbesondere der Nadelwälder in den Sierren geführt.*

Schweinefleisch und Geflügel über die Produktion von Milch und Eiern bis zur Gewinnung von Honig (Tab. 44). Obwohl die Imkerei insgesamt nur einen sehr kleinen Anteil am primären Sektor hat, gehört Mexiko zu den führenden Honigproduzenten der Welt. Aus den Bienenstöcken Südmexikos werden vor allem Abnehmer in den USA und Deutschland beliefert.

Den größten Anteil an der mexikanischen Tierproduktion hat mit einem Wertschöpfungsanteil von rund 55 % die Rinderhaltung, wobei rund 25 % auf die Milchproduktion und knapp 30 % auf die Fleischerzeugung entfallen. Rund 18 % des Produktionswertes in der Viehwirtschaft entfallen auf die Schweinemast, 20 % auf die Geflügelzucht, etwa zur Hälfte Eier und zur Hälfte Geflügelmast, und nur rund 5 % auf die Haltung von Ziegen und Schafen (Soto Mora u. a. 1991). Rinder-, Schweine- und Geflügelhaltung, die Kernbereiche der gewerblichen Viehwirtschaft, sind es auch, die das Bild in den wichtigen Agrarzonen Mexikos mitbestimmen.

Die Viehzucht ist in Mexiko ein eigenständiger Wirtschaftszweig, sieht man von der ergänzenden Viehhaltung in kleinbäuerlichen Betrieben mit Schweinen und Geflügel sowie Zug- und Lasttieren einmal ab. Die Viehzucht ist vorwiegend in mittelständischen und großen Betrieben in hohem Maße gewerblich organisiert und bildet einen besonders dynamischen Zweig innerhalb des primären Sektors. Die Viehzüchter

verstehen sich mehr als Unternehmer denn als Bauern und konnten sich im nachrevolutionären Mexiko trotz Agrarreformen wirtschaftlich relativ unbehelligt entfalten. Lediglich die Bestandsobergrenzen für die flächengebundene Rinderhaltung erwiesen sich zeitweise als Problem.

Die Ausweitung der Viehzucht ist in Mexiko seitens des Staates stets unterstützt worden, und die mexikanische Regierung fördert bis heute die Expansion der Tierhaltung in den tropischen Landesteilen. Selbst in der Amtszeit von Präsident Lázaro Cárdenas (1934 – 1940), in der eine umfangreiche Kollektivierung von privatem Ackerland erfolgte, erfreuten sich die privaten Viehzüchter besonderer Gunst, und

	1996	1997
Lebendgewicht in Tonnen		
Rinder	639 822	595 216
Schweine	433 337	429 221
Schafe	14 187	13 378
Ziegen	16 999	16 647
Geflügel (Huhn, Truthahn)	602 836	612 063
Erzeugte Menge in Tonnen		
Eier	613 813	628 604
Honig	26 411	25 269
Milch in Tausend Litern		
von Kühen	3 602 332	3 505 999
von Ziegen	63 015	59 731

Daten: INEGI 1997a.

Tab. 44: Tierische Produktion in Mexiko

mit der Gründung der „Confederación Nacional Ganadera" im Jahre 1936 wurde ein schlagkräftiger Interessenverband ins Leben gerufen. Anders als die Bauernorganisation „Confederación Nacional Campesina" diente der Viehzüchterverband von Anfang an weniger der staatlichen Kontrolle als vielmehr der Artikulation der Positionen der Viehwirtschaft gegenüber der Politik (Soto Mora u. a. 1991).

Die Sonderstellung der Viehwirtschaft hat historische Gründe: Bis zum Eintreffen der Europäer gab es im Gebiet des heutigen Mexiko und den angrenzenden Staaten Mittelamerikas keine nennenswerte Viehzucht und damit auch keinen Nomadismus, wie wir ihn aus der Alten Welt kennen. Von den Indios wurden lediglich der haarlose Hund und der Truthahn als Haustiere gehalten. Erst die Spanier brachten Pferde, Rinder, Schafe, Schweine, Ziegen, Esel, Hunde, Katzen, Geflügel sowie andere Tiere und damit auch die Viehzucht in die Neue Welt, die nach spanischem Vorbild vom Ackerbau getrennt betrieben wurde. Neben Rindern und Schafen wurden vor allem Reit- und Lasttiere gezüchtet. Da sich die Tiere in ihrer neuen Umwelt schnell vermehrten und teilweise auswilderten, wie dies insbesondere bei den Pferden der Fall war, die sich über den gesamten Kontinent verbreiteten, sanken die Viehpreise so weit, daß die Zucht nur mehr in größeren Betrieben rentabel war. Über größere Entfernungen ließen sich ohnehin nur Häute und Fett vermarkten. Dennoch war die in großen Estancias betriebene Viehzucht während der gesamten Kolonialzeit ein recht einträgliches Geschäft. Um Konflikte zu vermeiden, versuchte die Kolonialverwaltung die Viehzucht in Bereiche abzudrängen, wo kein Ackerbau betrieben wurde. Insbesondere achtete man dabei auf eine Trennung von den indianischen Dörfern. Im zentralen Hochland wurden von Spaniern und Kreolen vor allem große Schafherden gehalten, die im Zuge der Transhumanz beispielsweise zwischen dem Chapala-See in Jalisco, dem Raum Michoacán und Querétaro umherzogen oder im Gebiet zwischen Veracruz und dem Becken von Mexiko grasten (Konetzke 1965).

Von den Maßnahmen der Vizekönige zur Förderung der Viehzucht, wozu auch die Einführung der Mesta, eines Zusammenschlusses der Estancieros, gehörte, blieben die Indios ausgeschlossen. Der besondere Status der Viehzüchter und die herausgehobene Stellung ihres Wirtschaftszweiges geht also bis in die Kolonialzeit zurück. Als besonders einträglich erwies sich die Viehzucht im Umfeld der Garnisonen und Bergbaustädte des Nordens, wo die Rinder-, Ziegen- und Schafherden einen großen Stellenwert für die Versorgung hatten. Die enge Verbindung von Bergbau und Viehwirtschaft ist ein typisches Merkmal der spanischen Kolonialgebiete.

Mit der Errichtung der Eisenbahnlinien im 19. Jh. verbesserten sich die Transport- und Absatzmöglichkeiten für tierische Produkte entscheidend. Als Abnehmer kamen nun die großen Städte in Zentralmexiko, aber auch die USA in Betracht. So erlebte die Viehzucht während des Porfiriats (1876 – 1910) in Nordmexiko einen regen Aufschwung, der zusätzlich durch die generelle Förderung der gewerblichen Landwirtschaft und des Großgrundbesitzes begünstigt wurde. Neben den großen Getreide- und Zuckerrohr-Haciendas bildeten die Viehzüchter eine weitere wichtige Säule der kommerziellen Landwirtschaft. Sie waren jedoch nicht in gleicher Weise Zielscheibe der Agrarreform, deren Forderungen aus den Konfliktlagen in den traditionellen Ackerbaugebieten entstanden waren.

Selbst während der Mexikanischen Revolution bildeten Viehverkäufe in die USA eine wichtige Einnahmequelle. Bis heute nimmt Vieh einen wichtigen Stellenwert bei den landwirtschaftlichen Exporten Mexikos ein, obwohl das Land auf der anderen Seite zur Deckung des nationalen Bedarfs tierische Produkte in erheblichem Umfang importieren muß.

Ende der 1990er Jahre zählt die Viehwirtschaft zu den Wirtschaftsbereichen mit einem relativ hohen Kapitaleinsatz. So sind zwischen 1950 und 1970 rund 40 % aller Investitionen des primären Sektors in die Viehzucht geflossen. Das Engagement ausländischer Unternehmen, vor allem bei der Schweinemast im Bajío von Guanajuato, ist hoch, und einzelne mexikanische Großproduzenten haben im Bereich der Geflügelzucht eine ausgesprochen marktbeherrschende Stellung. Die Viehwirtschaft profitiert in besonderer Weise von der Urbanisierung Mexikos, mit der eine steigende Nachfrage nach tierischen Produkten einhergeht. Zwischen 1961 und 1980 ist der jährliche Pro-Kopf-Verbrauch an Rindfleisch in Mexiko von 9,1 kg auf 14,6 kg gestiegen (Sanderson 1986). Selbst wenn der Wert für die USA in Höhe von 48,2 kg (1980) in Mexiko nie erreicht werden sollte, eröffnet die absolute Zunahme der Bevölkerungsschichten mit mittlerem und höherem Einkommen und „nordamerikanischen" Konsummustern den mexikanischen Fleischproduzenten gute Absatzperspektiven.

Die Geflügelmast erfolgt größtenteils in Betrieben der Massentierhaltung (Granjas). Diese bilden integrierte Unternehmenskomplexe, die alle Bereiche von der Futtermittelproduktion über den Transport bis zur Vermarktung umfassen. In einzelnen Bereichen, wie dem Anbau von Futtermitteln oder der Verwertung des Mists aus der Massentierhaltung, arbeiten die Granjas auch mit örtlichen Kleinbauern zusammen. Bei den Geflügel-Granjas handelt es sich um typische Agro-Unternehmen, deren Standorte sich an der Erreichbarkeit der Absatzmärkte orientieren. Schwerpunkte der Geflügelhaltung liegen in den Bundesstaaten Sonora im Einzugsbereich der großen Städte des Nordwestens, in Nuevo León zur Versorgung des Ballungsraumes Monterrey sowie in den Bundesstaaten Jalisco, Michoacán, México, Puebla und Veracruz, von wo aus sich die Metropolen Zentralmexikos leicht beliefern lassen. Ein gut untersuchtes regionales Beispiel für Produktionskomplexe marktbeherrschender mexikanischer Agro-Unternehmer ist die Großbestandshaltung im Tal von Tehuacán im südlichen Puebla (Seele 1986).

Auch bei der Schweinemast überwiegt die Massentierhaltung, die sich in den Bundesstaaten Guanajuato (Bajío-Region), in Jalisco und in Michoacán konzentriert. Die Lage zu den Zentren der Nachfrage in Zentralmexiko gilt als ein wichtiges Standortkriterium, hinzu kommt die günstige Möglichkeit zum Futtermittelanbau in der fruchtbaren Agrarregion des Bajío.

Während bei Milchkühen die Stallfütterung, vor allem mit Alfalfa, vorherrscht, werden die Rinder zur Fleischproduktion überwiegend im Freiland gehalten. Als Standorte der Rinderzucht haben die tropischen Tiefländer inzwischen den klassischen Standorten der extensiven Weidewirtschaft im Norden den Rang abgelaufen (Bild 57). In den Trocken- und Dornsteppen des nordmexikanischen Hochlandes ist

Bild 57: Trockensavanne mit Viehwirtschaft zwischen Córdoba und Veracruz: *In Veracruz werden inzwischen nicht mehr nur die reliefbedingten Trockengebiete viehwirtschaftlich genutzt. Auch tropische Wälder werden für die Anlage von Weideflächen gerodet.*

die Weidewirtschaft vielfach die einzige Möglichkeit einer landwirtschaftlichen Nutzung, die allerdings wegen der dürftigen Nahrungsbasis sehr große Flächen erfordert. Entsprechend dünn ist der Rinderbesatz, der oft bei unter fünf Rindern pro Quadratkilometer liegt (Abb. 66). Das üppi-

Im Großraum Mexiko-Stadt verzehrtes Rindfleisch stammt aus	beim Schlachtvieh (%)	beim Frischfleisch (%)
Südmexiko	71	82
Veracruz	48	10
Tabasco	–	60
Chiapas	14	12
Yucatán	4	–
Übriges Südmexiko	5	–
Zentralmexiko	22	13
Nordmexiko	7	5

Tab. 45: Rindfleischversorgung der Hauptstadtregion

Daten: Soto Mora u. a. 1992.

ge Pflanzenangebot in den tropischen Tiefländern erlaubt dagegen einen sehr hohen Flächenbesatz mit Tieren und erfordert damit auch einen geringeren Aufwand für die Beaufsichtigung der Herden. Die Ausweitung der Weideflächen um über 50 % zwischen 1950 und 1980 ist daher schwerpunktmäßig in den tropischen Bereichen Mexikos erfolgt. Bedeutende Schwerpunkte der Rindfleischproduktion liegen heute in Veracruz, Tabasco und Chiapas. Der größte Teil des in der Hauptstadtregion verzehrten Rindfleisches stammt aus Südmexiko (Tab. 45). Die nördliche Viehzuchtregion dient dagegen der Versorgung der dortigen Zentren und dem Export in die USA.

Der Ackerbau

In den natürlichen Gunsträumen Zentral- und Südmexikos sind die indianischen Völker schon früh zur Kultivierung von Pflanzen übergegangen. Schon aus der Zeit zwischen 6000 und 5000 v. Chr. finden sich im Tal von Tehuacán im südlichen Puebla Spuren eines Anbaus von Avocados, Kürbissen und Chili-Pfefferschoten. Als weite-

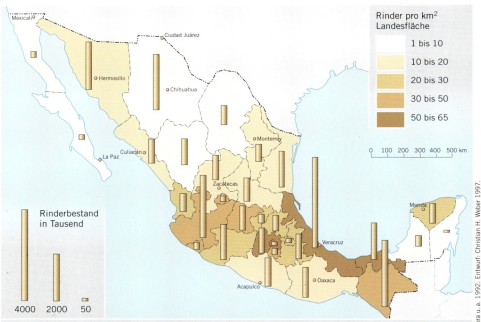

Abb. 66: Rinderbestand nach Bundesstaaten: *Neben den traditionellen Weidegebieten des Nordens, wo nur ein geringer Flächenbesatz möglich ist, haben sich die tropischen Tiefländer zu regelrechten „Fleischfabriken" Mexikos entwickelt.*

Daten: Soto Mora u. a. 1992. Entwurf: Christian H. Weber 1997.

re Kulturpflanzen traten bald Bohnen, Amaranth, Zapotes, Baumwolle und Mais hinzu, dessen Kolben bis 3500 v. Chr. deutlich größer gewesen sind. Bis zur Ankunft der Europäer zu Beginn des 16. Jh.s war Mais die wichtigste Kulturpflanze in der Neuen Welt, die vom St.-Lorenz-Strom in Kanada bis Zentralchile angebaut wurde, außerhalb Amerikas hingegen nicht anzutreffen war. Noch heute ist der Mais das bedeutendste Grundnahrungsmittel in Mexiko.

Die Spanier haben Nutzungsformen und Agrarprodukte eingeführt, die in Mesoamerika bisher unbekannt waren, und damit das Spektrum der Acker- und Gartenkulturen in Mexiko erweitert. Umgekehrt gelangten auch einige Kulturpflanzen aus der Neuen Welt nach Europa, etwa der Mais oder die Tomate. Neben dem traditionellen Anbau von Mais, Bohnen und Kürbissen gibt es in Mexiko bis heute typische indianische Kulturen, die sich in anderen Regionen kaum finden. Hierzu zählt die landwirtschaftliche Nutzung von Agaven, deren Milch seit indianischer Zeit zu „Pulque', einem alkoholischen Getränk, vergoren wird, aus dem sich der Tequila-Schnaps brennen läßt. Im 19. Jh. entwickelte sich der Anbau von Sisalagaven für die Produktion von Naturfasern zu einem lukrativen Wirtschaftszweig. In der Zeit des Porfiriats (1876–1910) sind auf der Halbinsel Yucatán Sisal-Plantagen entstanden, die sich formal im Besitz von Mexikanern befanden, doch mit Kapital aus den USA finanziert wurden. Diese Henequén-Plantagen haben in der Region um Mérida die Kulturlandschaft auf der Halbinsel Yucatán, aber auch das Leben der abhängigen Landarbeiter nachhaltig geprägt. Seine letzte Blüte erlebte der Sisalanbau im Zweiten Weltkrieg, heute ist die Kultur dagegen wirtschaftlich weitgehend bedeutungslos.

Kakao war für die indianischen Völker das Luxusgut schlechthin und so wertvoll, daß seine Bohnen als Zahlungsmittel verwendet wurden. Die Hochkulturen des Beckens von Mexiko versuchten daher, ihren Einfluß bis in die Kakao-Zone an der südlichen Pazifikküste auszudehnen. Noch heute wird in diesem Landstreifen, der von den mexikanischen Bundesstaaten Oaxaca und Chiapas bis weit nach Guatemala reicht, Kakao angebaut.

Der anfängliche Schwerpunkt der spanischen Landwirtschaft im eroberten Mexiko lag auf dem Anbau von Weizen, welcher der spanischen Stadtbevölkerung als Grundnahrungsmittel diente. Die Kerngebiete des kolonialzeitlichen Weizenanbaus lagen im Becken von Puebla-Tlaxcala, dem größten zusammenhängenden Weizenanbaugebiet, der Umgebung von Mexiko-Stadt, der Gegend um den Pátzcuaro-See, in der Region um Zamora und im Becken von Oaxaca (Gierloff-Emden 1970). Mit der Zunahme der städtischen Bevölkerung und einem Wandel in den Ernährungsgewohnheiten ist in jüngster Zeit die Nachfrage nach Weizen gestiegen. Weizen wird heute bevorzugt auf bewässerten Flächen angebaut.

Der Zuckerrohranbau wurde schon von Hernán Cortés in Neuspanien eingeführt. Die hohen Betriebskosten der Aufbereitung des Zuckerrohres erforderten auch große landwirtschaftliche Produktionseinheiten, die mit den Zuckerfabriken (Ingenios) verbunden waren. Von Anfang an erfolgte der Zuckerrohranbau in großen Gutswirtschaften, den Zucker-Haciendas, die eine Säule zur Ausbildung des Latifundienwesens bildeten.

Das größte zusammenhängende Anbaugebiet von Zuckerrohr liegt seit der Kolonialzeit im Becken von Morelos, zwischen Cuernavaca und Cuautla. Auch die weiteren bedeutenden Zuckeranbaugebiete werden schon seit der Kolonialzeit genutzt: ein kleineres Gebiet im Becken von Atlixco, im Estado Veracruz Gebiete um die Städte Jalapa, Córdoba, Veracruz und Tuxtla, verstreute Gebiete in Michoacán und Jalisco, in Chiapas um San Cristóbal. Weil aufgrund der höheren Transportkosten die Zuckerrohranbaugebiete in Neuspanien nicht mit denen der Westindischen Inseln konkurrieren konnten, war der mexikanische Zucker im wesentlichen für den lokalen Markt bestimmt und wird auch noch heute überwiegend auf dem Binnenmarkt abgesetzt.

Große wirtschaftliche Bedeutung hatte in der Kolonialzeit zeitweise die landwirtschaftliche Erzeugung verschiedener Farbstoffe, die vom europäischen Tuchgewerbe benötigt wurden. In der Küstenregion von Campeche gewann man Farbhölzer, insbesondere Indigo. Als besonders lukrativ erwies sich die Herstellung einer hochwertigen karminroten Farbe aus den Koschenille-Kulturen. Hierzu werden auf den Blättern eigens gepflanzter Kakteen in großer Menge Schildläuse gezüchtet, aus denen man dann den begehrten Farbstoff gewinnt. Zwar sind die Zeiten vorbei, in denen das Produkt der überwiegend in Tlaxcala verbreiteten Koschenille-Kulturen mit Gold aufgewogen wurde, doch ist der Farbstoff auch heute noch in der Kosmetikindustrie, beispielsweise zur Herstellung von Lippenstift, sehr gefragt.

Der Kaffeeanbau wurde erst im 19. Jh. von europäischen Einwanderern, vor allem aus Deutschland, in großem Umfang ausgebaut (Bild 58). Die Schwerpunkte des Kaffeeanbaus liegen in den Küstenabdachungen der Sierren von Chiapas, Veracruz und Oaxaca. Die Jahresernte betrug 1994 rund 250 000 Tonnen. Nach wie vor ist Kaffee das wichtigste landwirtschaftliche Exportprodukt, das 1994 Erlöse von rund 300 Mio. US-Dollar brachte. Allerdings leiden auch die mexikanischen Kaffeeproduzenten unter dem Preisverfall auf dem Weltmarkt. Der Großteil der Kaffeeproduktion stammt aus mittelständischen und größeren Betrieben. Denn obwohl rund 84 % der Kaffeepflanzer Kleinbauern sind, steuerten sie 1994 nur knapp 30 % zur Gesamternte bei (Stat. Bundesamt 1995).

In unserem Jahrhundert hat in Mexiko der Obst- und Gemüsebau zunehmend Bedeutung erlangt und bildet in den 1990er Jahren eine wichtige Säule der Agrarexporte. Im Zusammenhang mit dem Ausbau intensiver Mastbetriebe breitet sich seit den 1950er Jahren der Anbau von Futterpflanzen aus. Auch im Bereich der Grundnahrungsmittel erfährt das Produktionsspektrum mit dem Anbau von Reis und Kartoffeln in jüngerer Zeit eine Erweiterung.

Bereits dieser kurze historische Abriß zeigt die große Vielfalt der mexikanischen Agrarproduktion, die Grundnahrungsmittel, pflanzliche Grundstoffe, tropische Produkte sowie Obst und Gemüse umfaßt. Wie die Tab. 46 und 47 zeigen, haben sich die Gewichte zwischen den einzelnen Produkten durchaus verschoben. Hinter diesem Wandel stehen vor allem die Gewinn- und Absatzchancen, die von politischen, wirtschaftlichen, gesellschaftlichen und technologischen Veränderungen beeinflußt werden.

Der Flächen- und der Ertragsanteil der Grundnahrungsmittel sind in Mexiko seit den 1930er Jahren deutlich zurückgegangen, wenngleich bis Anfang der 1970er Jahre die Anbauflächen erheblich ausgeweitet worden sind. Innerhalb der Grundnahrungsmittel ist eine Ausweitung des Anbaus „moderner" Produkte, wie Weizen, Reis und Kartoffeln, erkennbar. Deutlich

Bedeutung verschiedener Produktgruppen (%)	1930	1950	1970	1990
Grundnahrungsmittel				
Flächenanteil	85	74	70	66
Wertschöpfungsanteil	52	36	49	33
Gemüse und Früchte				
Flächenanteil	1	3	3	4
Wertschöpfungsanteil	9	10	14	18
tropische Produkte				
Flächenanteil	4	6	7	10
Wertschöpfungsanteil	22	14	13	27
pflanzliche Grundstoffe				
Flächenanteil	10	17	20	20
Wertschöpfungsanteil	17	40	24	22

Tab. 46: Flächen und Wertschöpfung in der Pflanzenproduktion

Daten: INEGI 1994.

Erntefläche ausgewählter Agrarprodukte in Hektar	Durchschnitt der Jahre				
	1930–34	1950–54	1970–74	1985–89	1990–94
Grundnahrungsmittel	**4 386 235**	**6 410 881**	**10 041 447**	**9 873 740**	**9 882 606**
Mais (maíz)	3 172 821	4 620 112	7 349 419	6 756 800	7 180 400
Bohne (frijol)	666 367	997 969	1 764 076	1 731 400	1 635 400
Weizen (trigo)	500 786	666 558	720 324	1 152 400	902 600
Reis (arroz)	34 371	95 294	156 608	161 200	84 200
Kartoffel (papa)	11 890	30 948	51 020	71 940	80 006
Gemüse	**39 344**	**97 569**	**139 761**	**166 400**	**165 342**
Chili (chile)	19 500	38 000	74 000	98 000	89 000
Tomate (jitomate)	19 844	59 569	65 761	68 400	76 342
Früchte	**22 268**	**132 415**	**259 512**	**368 833**	**405 814**
Orange (naranja)	10 526	60 444	157 586	152 200	190 969
Erdnuß (cacahuete)	6 952	55 029	52 565	95 008	88 500
Avocado (aguacate)	3 298	8 038	26 930	65 000	80 000
Weintraube (uva)	1 492	8 904	22 431	56 625	46 345
tropische Produkte	**210 645**	**489 185**	**1 117 211**	**1 446 912**	**1 504 779**
Kaffee (café)	98 757	182 078	367 019	600 400	595 000
Zuckerrohr (caña de azúcar)	71 639	212 320	497 306	486 400	555 750
Kokos-Palme (cocotero)	12 700	32 995	127 915	145 000	145 000
Mango (mango)	3 704	8 751	25 263	97 400	111 185
Banane (plátano)	10 322	17 258	56 981	76 600	74 500
Tabak (tabaco)	13 523	35 783	42 727	41 112	23 344
pflanzliche Grundstoffe	**496 101**	**1 485 487**	**2 865 422**	**3 113 942**	**2 578 551**
Sorghum-Hirse (sorgo)			1 061 206	1 733 800	1 437 777
Soja (soya)			214 865	391 242	286 324
Gerste (cebada)	155 059	232 008	219 693	268 400	262 200
Baumwolle (algodón)	121 146	820 792	479 000	210 400	234 500
Saflor (cártamo)			205 761	212 800	122 750
Kichererbse (garbanzo)	93 025	115 212	226 966	115 500	110 200
Sesam (ajonjolí)	32 620	172 542	265 372	97 800	71 000
Sisal (henequén)	94 251	144 933	192 559	84 000	53 800

Tab. 47: Langfristige Entwicklung der Pflanzenproduktion

Daten: INEGI 1994.

erhöht hat sich die Anbaufläche für pflanzliche Rohstoffe, während ihr Wertanteil infolge eines Preisrückgangs nur geringfügig gestiegen ist. Den größten Anteil macht der Anbau von Sorghum-Hirse aus, die in Mexiko eine wichtige Futtergrundlage für die Massentierhaltung bildet. Rechnet man weitere Futterpflanzen, wie Soja und Alfalfa, hinzu, so werden rund 15 % der mexikanischen Ackerfläche für den Anbau von Futterpflanzen verwendet, bei den Bewässerungsflächen sind es sogar über 35 % (Soto Mora u. a. 1991). Nachdem die Er-

zeugung von Futterpflanzen lukrativer ist als der Anbau von Grundnahrungsmitteln, werden in Mexiko ertragreiche Agrarzonen nicht mehr zum Maisanbau verwendet, so daß eine nationale Versorgungslücke entsteht, die durch Maisimporte geschlossen werden muß. In dieser Entwicklung zeichnet sich eine Abkehr vom Grundsatz der nationalen Selbstversorgung ab, der mit einer zunehmenden Integration Mexikos in den internationalen Agrarmarkt einhergeht.

Die Kultivierung tropischer Produkte ist seit den 1930er Jahren stark expandiert und

Bild 58 und Bild 59: Kaffeepflanzung mit Schattenbäumen bei Córdoba (Veracruz) und Mango-Hain zwischen Jalapa und Veracruz: Der Anbau von Kaffee und von tropischen Früchten hat auch innerhalb des gemeinsamen Agrarmarktes der NAFTA Zukunft.

ihr Anteil an der Wertschöpfung beträchtlich. Neben den klassischen Produkten Zuckerrohr und Kaffee gewinnen Fruchtkulturen zunehmend an Bedeutung (Bild 59). Trotz des geringen Anteils von weniger als 5 % der Anbaufläche wurden 1990 mit der Erzeugung von Gemüse und Obst fast 20 % der Wertschöpfung erzielt. Die Gartenkulturen bilden derzeit den gewinnträchtigsten Wachstumssektor in der mexikanischen Landwirtschaft. Im lukrativen Anbau von Tomaten, Chili, Avocados und zahlreichen anderen Produkten sind vielfach internationale Konzerne tätig. Schon in den 1970er Jahren wurde das Schlagwort des „Erdbeer-Imperialismus" (imperialismo fresa) zu einem Synonym für die Durchdringung der mexikanischen Landwirtschaft durch ausländisches Kapital. Zunehmend entwickelt sich Mexiko zum Obst- und Gemüsegarten der NAFTA: Neben den Absatzchancen in den USA bietet auch die wachsende Nachfrage in den Ballungsräumen Mexikos dem Gar-

tenbau gute Expansionschancen. Der geringe Flächenanteil zeigt aber auch, daß man die Zukunftsperspektiven des mexikanischen Agrarsektors nicht allein auf diesen Bereich verengen sollte.

Der Agrarraum und seine Nutzung

Naturraum und Nutzungsmöglichkeiten

Die landwirtschaftliche Nutzfläche nimmt über die Hälfte Mexikos ein und erreicht damit eine Größe von fast 1 Million km², von denen ein Viertel ackerbaulich genutzt wird und drei Viertel der extensiven Weidewirtschaft dienen. Rund ein Fünftel der Staatsfläche Mexikos ist von Wäldern bedeckt (Abb. 67).

In weiten Teilen des Landes stellt das Wasserangebot den natürlichen Minimumfaktor für die landwirtschaftliche Nutzung dar. Große Bereiche des trockenen Nordens liegen jenseits der agronomischen Trockengrenze, so daß hier Ackerbau nur noch bei künstlicher Bewässerung möglich ist (Agricultura de riego). Für den Regenfeldbau (Agricultura temporal) sind nicht nur die Höhe der Niederschläge und die Dauer der Regenzeit, sondern auch die Variabilität der Niederschläge von Jahr zu Jahr von Bedeutung. Mit abnehmender Niederschlagshöhe steigt auch die Variabilität und Unsicherheit der Niederschläge. Das Ausbleiben des Regens führt zu häufig wiederkehrenden Dürren mit entsprechenden Ertragseinbußen in der Landwirtschaft (Abb. 68). Neben den hygrischen Bedingungen limitieren thermische Höhengrenzen den Anbau in den Hochländern und Sierren. Bereits in der Tierra fría führen häufige Nachtfröste zu einer Gefährdung der landwirtschaftlichen Kulturen (Abb. 69).

Insgesamt führt die Höhengliederung Mexikos zu einem vielfältigen Muster landwirtschaftlicher Nutzungsstockwerke. Dies ist besonders ausgeprägt an der Ostabdachung des zentralmexikanischen Hochlandes zur Golfküstenebene. Die Überlagerung thermischer und hygrischer Kriterien bringt ein äußerst differenziertes Landnutzungsmuster mit sich. Im Zusammenhang mit ausgeprägten Luv- und Leelagen der Gebirgsketten und Hochbecken führen hygri-

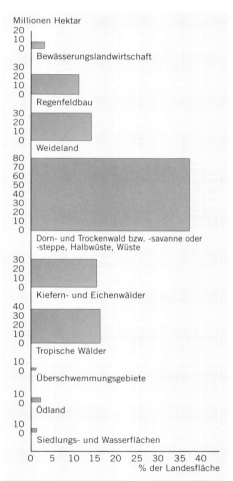

Quelle: Atlas Nacional de México 1990.

Abb. 67: Landnutzung in Mexiko 1987: *Zwischen 10% und 15% der mexikanischen Landesfläche werden ackerbaulich genutzt; rund ein Viertel der Ackerflächen wird bewässert. Der größte Anteil der landwirtschaftlichen Flächen dient der extensiven Viehhaltung, wobei Weideland und Dorn- und Sukkulentensavannen vielfach fließend ineinander übergehen.*

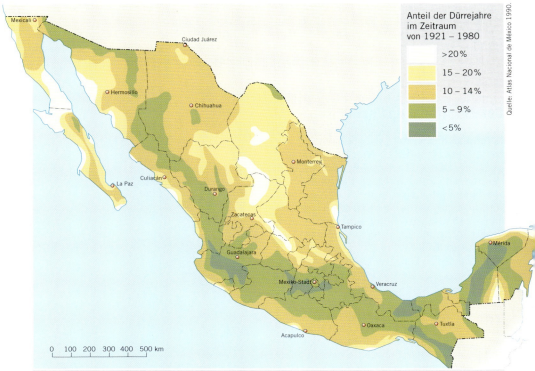

Quelle: Atlas Nacional de México 1990.

Anteil der Dürrejahre
im Zeitraum
von 1921 – 1980

>20%

15 – 20%

10 – 14%

5 – 9%

<5%

0 100 200 300 400 500 km

Abb. 68: Häufigkeit von Dürren: In einigen Regionen Mexikos weist die Höhe der sommerlichen Niederschläge in einzelnen Jahren deutliche Abweichungen nach unten auf. Diese Dürren in der Regenzeit bedeuten eine Unsicherheit für die Agrarproduktion.

sche und thermische Faktoren zu einem kleinräumigen Wechsel der natürlichen Standortbedingungen.

Neben den klimatischen Bedingungen bestimmt die orographische Gliederung in Küstenebenen, Gebirgsketten und Hochländer das agrarische Nutzungspotential. Die Steilheit des Reliefs setzt der landwirtschaftlichen Nutzung enge Grenzen (Bild 60). Die Reliefbedingungen in den Gebirgsregionen erschweren nicht nur die Erschließung und die Bewirtschaftung der landwirtschaftlichen Flächen, sondern fördern auch die Bodenerosion, so daß sich diese Gebiete nur für eine extensive Nutzung im Rahmen der Subsistenzlandwirtschaft eignen.

In den Trockengebieten, die rund ein Drittel des Landes einnehmen, stellt Wasser für die Landnutzung den ökologischen Minimumfaktor dar. Besteht aber die Möglichkeit zur künstlichen Bewässerung, so besitzen die randtropischen und subtropi-

schen Trockengebiete aufgrund langer Sonnenscheindauer, ganzjährigen Wärmeüberschusses und fehlender oder nur kurzer Frostperioden eine hohe potentielle Fruchtbarkeit. Bei ausreichenden Wasserressourcen werden in den Trockengebieten Mexikos im Bewässerungsfeldbau vielfach Erträge erzielt, die weit über denen in den semihumiden und humiden Landesteilen liegen (Abb. 70). Unter der Voraussetzung, daß die Böden der Trockengebiete (Aridisole) für eine künstliche Bewässerung geeignet sind, zeichnen sie sich durch eine relativ hohe Fruchtbarkeit aus. Die Trockengebiete zählen daher zu den wichtigsten landwirtschaftlichen Reserveräumen Mexikos, die bei ausreichender Bewässerung einen wesentlichen Beitrag zur Steigerung der Agrarproduktion leisten können.

In den immerfeuchten Tropen wird das agrare Nutzungspotential von bodenkundlichen (edaphischen) Restriktionen be-

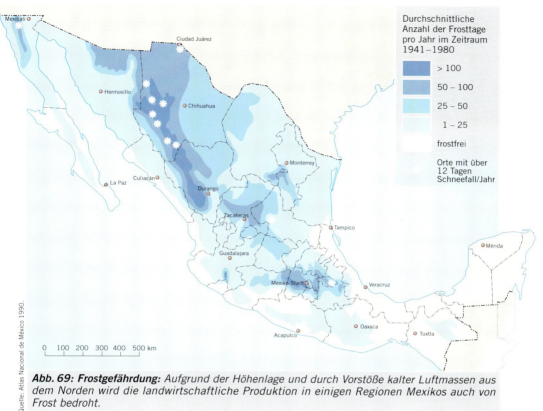

Quelle: Atlas Nacional de México 1990.

Abb. 69: Frostgefährdung: *Aufgrund der Höhenlage und durch Vorstöße kalter Luftmassen aus dem Norden wird die landwirtschaftliche Produktion in einigen Regionen Mexikos auch von Frost bedroht.*

Durchschnittliche Anzahl der Frosttage pro Jahr im Zeitraum 1941–1980

- > 100
- 50 – 100
- 25 – 50
- 1 – 25
- frostfrei

Orte mit über 12 Tagen Schneefall/Jahr

Bild 60: Agrarzonen der Talbecken und Sierren bei Tehuacán (Puebla): *Das Relief hat entscheidenden Einfluß auf die agrare Nutzbarkeit. Während in den Talbecken eine intensive ackerbauliche Nutzung möglich ist, erlauben die Steilhänge der Sierra de Oaxaca im Hintergrund nur einen extensiven Wanderhackbau.*

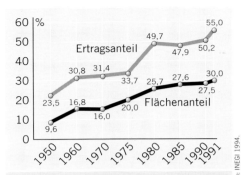

Abb. 70: Entwicklung der Bewässerungsland-wirtschaft

Daten: INEGI 1994.

stimmt. Dem Wassermangelgebiet des trockenen Nordens steht im feuchten Südosten Mexikos ein Wasserüberschußgebiet gegenüber. Weil im natürlichen Ökosystem des tropischen Regenwaldes der gesamte Nährstoffvorrat in der lebenden und abgestorbenen Biomasse gespeichert ist, führt die Rodung zu einem schnellen Verlust der Nährstoffvorräte; denn die feuchttropischen Böden verfügen lediglich über eine geringe Nährstoffspeicherfähigkeit. Nur eine landwirtschaftliche Nutzung, die an die ökologische Sensibilität des Regenwaldes angepaßt ist, kann sicherstellen, daß der kurzgeschlossene Nährstoffkreislauf nicht unterbrochen und die Bodenfruchtbarkeit langfristig erhalten wird. Die extensive Wald-Feld-Wechselwirtschaft trägt den Eigenschaften des sensiblen Ökosystems „Tropischer Regenwald" ebenso Rechnung wie moderne Agroforstkulturen.

Während in den Trockenzonen Wassermangel und in den immerfeuchten Regionen die Nährstoffauswaschung der landwirtschaftlichen Nutzung enge Grenzen setzt, erweisen sich die semihumiden Gebiete Zentralmexikos in klimatologischer, hydrologischer und edaphischer Hinsicht als die eigentlichen Gunsträume für den Ackerbau.

**Nutzungssysteme
zwischen Tradition und Moderne**

Mit den heterogenen Betriebs- und Besitzstrukturen in der mexikanischen Landwirtschaft gehen auch unterschiedliche Systeme der Landbearbeitung und Bodennutzung einher. Eine grundlegende Unterscheidung läßt sich zwischen den „traditionellen" indianischen Nutzungssystemen und den Anbaumethoden der „modernen" Landwirtschaft treffen.

Die Eroberung Mexikos durch die Spanier brachte auch im Bereich der Landwirtschaft revolutionäre Veränderungen (Tab. 48). Außerhalb des unmittelbaren Einflußgebietes der Spanier verfuhr die indianische Landbevölkerung nach ihren traditionellen Anbauverfahren. Die Übernahme neuer Getreidesorten lehnte sie ebenso ab wie den Einsatz des Pfluges. Durch die Eroberung sind die vorspanischen Produktionssysteme also nicht gänzlich beseitigt worden, so daß auch heute noch indianischer Anbaumethoden in marginalen Regionen weit verbreitet sind. Dieses Nebeneinander von Nutzungssystemen aus verschiedenen Epochen und Kulturen ist ein Grund für die heterogenen Strukturen in der Landwirtschaft.

Die geringen Flächenerträge, welche heute die meisten Indiobauern auf ihren marginalen Parzellen erzielen, stützen die These, daß mit der spanischen Eroberung eine Produktivitätssteigerung in der mexikanischen Landwirtschaft einsetzte. Die Einführung der Viehzucht erlaubte überhaupt erst eine flächenhafte landwirtschaftliche Nutzung der Trockengebiete des Nordens. Mit den Zugtieren führten die Spanier auch den Pflugbau ein und revolutionierten damit den Ackerbau. Nun war eine tiefgründige Bodenbearbeitung möglich, die allerdings auch negative Auswirkungen auf Bodenstruktur und Erosionsgefährung hatte.

Als weiterer Meilenstein des Fortschritts in der mexikanischen Landwirtschaft gilt das 19. Jh., als Großbetriebe mit der Mechanisierung und der Anlage großflächiger Monokulturen begannen. Der Mexikanischen Revolution folgt seit den 1940er Jahren die „Grüne Revolution". Mit dem Einsatz moderner Produktionsmittel, sprich Maschinen, Mineraldünger, Pflanzenschutzmittel und verbessertes Saatgut, wurden beachtliche Fortschritte bei den Flächenerträgen erzielt. Im Zeichen des Freihandels wird eine weitere Kapitalisierung und Technologisierung der mexikanischen Agrarproduktion angestrebt. Weiterhin orientiert sich auch in Mexiko das Entwicklungsmodell für die Landwirtschaft an Zielvorstellungen, die unter dem Blickwinkel einer nachhaltigen Landbewirtschaftung längst fragwürdig geworden sind.

Mit den Zweifeln an der „modernen" Landwirtschaft nach europäisch/US-amerikanischem Muster hat sich auch die Bewertung der indianischen Landwirtschaft geändert. Die kritischere Sicht des westlichen Entwicklungsmodells, ein besseres Verständnis der indigenen Kulturen Amerikas und neuere Erkenntnisse der Archäologie haben zumindest teilweise zu einer Revision der überkommenen Einschätzungen geführt. Die Leistungen der indianischen Landwirtschaft können nicht allein anhand der Flächenerträge gemessen werden, die heute die Indiobauern erzielen. Jenseits aller Kritik am Meßverfahren ist nämlich zu bedenken, daß nur die einfache Landbevölkerung die Eroberung überlebt hat, die eigentlichen Hochkulturen aber ausgelöscht wurden.

Die indianische Landwirtschaft zu verstehen, heißt, sich mit ihrer grundlegenden Andersartigkeit auseinanderzusetzen, die in einem vom westlichen Denken abweichenden Verhältnis zwischen Mensch und Natur wurzelt. Allgemeines Kennzeichen der agrarischen Nutzungs- und Produktionssysteme der indianischen Kulturen ist ihre Anpassung an die jeweiligen naturräumlichen Bedingungen, was sich in einer Vielfalt der Nutzung äußert. Während die „moderne Landwirtschaft" bestrebt ist, unter Einsatz technischer Mittel die natürlichen Bedingungen für eine standardisierte Produktion weitgehend zu vereinheitlichen, versuchten die indianischen Hochkulturen durch flexible und integrierte Strategien den Bodenbau den unterschiedlichen naturräumlichen Bedingungen anzupassen. Diese Anpassung der Lebensweise an den jeweiligen Naturraum begann schon mit dem kontinuierlicher Übergang zwischen den Kulturformen der Wildbeuter und Ackerbauern. Verstärkt wurde der Zwang zur Anpassung durch das Fehlen großer Nutztiere als alternative Nahrungsquelle.

	Indianische Landwirtschaft	Spanische Landwirtschaft
Technologie	Grabstock, Hacke, keine Zugtiere	Hakenpflug, Ochsen als Zugtiere
Tierproduktion	Truthahn, haarloser Hund; nur als Ergänzung zur pflanzlichen Nahrung	Rinder, Ziegen, Schafe und Schweine; teilweise als Haupterwerbszweig
Nutzung der Trockengebiete	Jagd, Sammeln von Früchten, fließender Übergang zum Ackerbau in Subsistenzwirtschaft	Extensive Weidewirtschaft, Zucht von Rindern, Schafen, Ziegen, Pferden und Maultieren
Pflanzenproduktion	Mais, Bohnen, Kürbis, Avocado, Tomate, Chili, Agave, Tabak, Kakao, Vanille, Ananas, Papaya, Gujava, Kautschuk, Chicle	Weizen, Gerste, Roggen, Reis, Zuckerrohr, Zitrusfrüchte, Bananen, Mangos, Kaffee
Boden	nicht-territoriales Herrschaftsverständnis, nur Nutzungsrecht, kein Eigentum, identitätsstiftende Klammer für die Gemeinschaft	territoriales Herrschaftsverständnis, Eigentum an Boden, veräußerlicher Produktionsfaktor, Wertanlage
Verwertung der Agrarproduktion	Vorrangig Subsistenzwirtschaft, Verzehr durch Tributempfänger, Opfer, rituelle Verausgabung	Marktorientiert, vorwiegend auf Bedürfnisse Spaniens ausgerichtet, Akkumulation von Reichtum

Tab. 48: Revolution der Nutzungssysteme durch die Spanier

Entwurf: Christian H. Weber 1997.

Mangels geeigneter Zugtiere blieb auch die Entwicklung des Pfluges aus. Das Universalwerkzeug für die Bodenbearbeitung im alten Amerika war der Grabstock, der teilweise durch Steinäxte ergänzt worden ist. Da tierische Exkremente als Dung nicht zur Verfügung standen und es noch keinen Kunstdünger gab, mußten andere Strategien zur Stabilisierung des Nährstoffhaushaltes im Boden entwickelt werden. Daß dies gelungen ist, zeigt die Geschichte Mesoamerikas: Ohne eine Intensivlandwirtschaft, die Überschüsse für die Versorgung der städtischen Zentren liefern konnte, hätten sich die indianischen Hochkulturen nicht herausbilden können. Notwendig war hierfür ein intensiver Dauerfeldbau ohne lange Brachzeiten, bei dem zur Erhaltung der Bodenfruchtbarkeit eine Neuzufuhr von Pflanzennährstoffen erfolgen mußte.

Durch ein ausgeklügeltes System der Fruchtfolge und des gemischten Anbaus mehrerer Pflanzen konnten die indianischen Ackerbauern den Nährstoffgehalt der Böden erhalten. Die verschiedenen Nutzpflanzen werden von den Indios nicht in Reihen, sondern in Büscheln aus verschiedenen Pflanzen angebaut. Typisch ist dabei ein Dreiklang aus Mais, Bohnen und Kürbis, teilweise werden aber bis zu zwölf verschiedene kultivierte Spezies pro ha angebaut. Dieser integrierte Anbau bietet mehrere Vorteile: Bodenbedeckende Pflanzen, wie der Kürbis, verhindern den Wuchs von Unkraut und bewahren den Boden vor Austrocknung. Die Knöllchenbakterien im Wurzelgeflecht bestimmter Hülsenfrüchtler produzieren mehr Stickstoff als z. B. die Bohnenpflanze selbst verbraucht und sorgen damit für eine Düngung der stickstoffzehrenden Maispflanzen. Schließlich wird durch ein Mix von Pflanzen das Risiko eines totalen Ernteausfalls durch ungünstige Witterung oder einen Schädlingsbefall verringert.

In den tropischen Bereichen Mesoamerikas wird von den Indianern seit langem eine regelrechte „Integration zwischen Gartenbau, Ackerbau, Anbau im Sekundärwald und Sammelwirtschaft im Urwald" betrieben (Boege 1993). Ein besonders produktives indianisches Anbausystem bilden die „Chinampas", die in Mesoamerika in verschiedenen Abwandlungen angewandt wur-

den. Dabei werden in flachen Binnenseen und versumpften Talauen schmale Hochbeete aufgeschüttet (Prem 1989). So wurden z. B. im See von Mexiko kleine rechteckige Flöße aus Flechtwerk mit Schilf, Zweigen und Schlamm aufgefüllt und durch eine Bepflanzung der Ränder mit Pappeln im Seeboden verankert. Eine ständige Nährstoff- und Wasserzufuhr erlaubt dauerhafte Pflanzenproduktion mit drei Ernten im Jahr, ohne die Felder zu wechseln. Die Chinampas gelten als „stabilstes und produktivstes Anbausystem der Welt" (Lindig/Münzel 1978). Aus dem Siedlungsgebiet der Maya im südlichen Quintana Roo und im nördlichen Belize sowie in Campeche ist ein weitreichendes System aus Kanälen und künstlich angelegten Feldern archäologisch belegt. Hier wurde der Schlamm aus den Kanälen zum Aufschütten der Hochbeete verwendet (Sabloff 1991). Weit verbreitet war das Chinampa-System an den Seen der Hochbecken von Zentralmexiko, wo diese intensiven Gartenkulturen eine ganz wesentliche Nahrungsgrundlage für die indianischen Hochkulturen bildeten. Heute sind nur mehr bescheidene Reste erhalten, wie die bekannten „Schwimmenden Gärten" von Xochimilco südlich von Mexiko-Stadt (Bild 61 u. Abb. 71).

Ursprünglich umfaßten die indianischen Landnutzungssysteme ein breites Spektrum angepaßter Verfahren: die Chinampas, einen integrierten Anbau, Mischkulturen und eine einfache Wald-Feld-Wechselwirtschaft, die noch heute weit verbreitet ist.

Während man in der Vergangenheit eine generelle Steigerung der Agrarproduktion durch die Innovationen aus Europa angenommen hat, wird in jüngster Zeit von einigen Wissenschaftlern eine gegenteilige Auffassung vertreten: Die Zerstörung der indianischen Produktionssysteme habe zu einem Ertragsrückgang und damit Versorgungsengpässen geführt, die mit zum Massensterben der indigenen Bevölkerung im 16. Jh. beigetragen haben (Katz 1993).

Im zentralen Hochland Mexikos haben die Spanier die meisten Chinampas und die artenreichen indianischen Gartenkulturen zerstört und die Indios zur Arbeit auf Anbauflächen herangezogen, die nach europäischem Vorbild angelegt waren. Durch die Zerstörung der alten Hochkulturen gingen

Bild 61: Chinampas in Xochimilco (Mexiko-Stadt): *In Seebecken und Flußebenen bildeten die Gartenkulturen der Chinampas den Kern der indianischen Intensivlandwirtschaft. Sie ermöglichen hohe Erträge und teilweise mehrere Ernten im Jahr.*

die am höchsten entwickelten indianischen Anbausysteme verloren, während sich in peripheren Räumen einfache indianische Kultivierungsformen erhalten haben.

Heute werden indianische Anbauformen neu bewertet und als eine originäre Lei-

stung der indigenen Völker der modernen Landwirtschaft der „Grünen Revolution" als Alternative gegenübergestellt. Vor allem von den Polikulturen erwartet man einen wesentlichen Beitrag zur Entwicklung einer am Grundsatz der Nachhaltigkeit orientier-

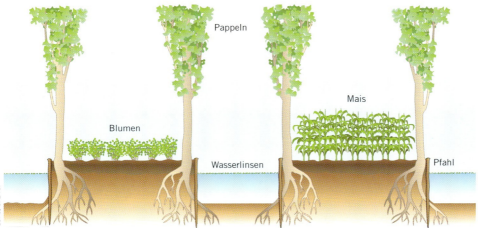

Pappeln

Mais

Blumen

Wasserlinsen

Pfahl

Nach: Lindig/Münzel 1978, S. 241.

Abb. 71: Querschnitt durch die Chinampas: *In den Uferbereichen der Seen in den Hochbecken Zentralmexikos errichteten die indianischen Kulturvölker Hochbeete, sogenannte Chinampas. Die ständige Zufuhr von Wasser und nährstoffreichem Schlamm erlaubt bis zu drei Ernten im Jahr.*

ten Agrarwirtschaft, weil diese „ökologische Anbaustrategie" gleichermaßen naturgemäß wie ertragreich ist. Vermeintlich neue Strategien des Öko-Farming können sich diese traditionellen Verfahren zunutze machen, die hinsichtlich der Flächenerträge einem Vergleich mit der modernen Intensivlandwirtschaft standhalten und bei der Energie- und Ökobilanz sogar deutlich besser dastehen (Boege 1993).

Allerdings sind diese angepaßten Anbauformen sehr arbeitsintensiv und eignen sich nicht für einen großflächigen industriellen Anbau unter Einsatz von Maschinen. Angesichts eines großen Angebots an Arbeitskräften im ländlichen Raum und des Kapitalmangels ist dies jedoch eher ein Vorteil als ein Nachteil. Ihre Anwendung setzt intakte bäuerliche Struktu-

ren voraus, in denen das komplexe Wissen weitergegeben und die Arbeitsabläufe organisiert werden. Das Hauptproblem liegt also darin, wie die traditionellen Anbauverfahren in eine moderne Gesellschaft und Marktwirtschaft integriert werden können.

Anbauzonen und Nutzungssysteme

Abb. 72 stellt zusammenfassend dar, welche landwirtschaftlichen Produkte an welchen Standorten auf welche Art und für welchen Verwendungszweck produziert werden. Die Gliederung der Nutzungssysteme erfolgt nach Kriterien der Produktwahl, der Produktionsintensität und des Marktbezuges. Da in der Karte lediglich die

marktrelevanten Anbaugebiete erfaßt werden, bleiben Gebiete ausgespart, in denen die Agrarproduktion überwiegend für die Selbstversorgung betrieben wird.

Wie archäologische Zeugnisse belegen, wurden schon in vorspanischer Zeit in einigen Bereichen, vor allem im Umfeld der Städte, die fruchtbaren vulkanischen Böden der Hochbecken bewässert, um die Erträge zu steigern. Auch die Spanier bewässerten einen Teil der Ackerbauflächen im zentralen Hochland und konnten so mehrere Ernten im Jahr erzielen. Seit 2000 Jahren wird von lokalen Ackerbaukulturen in den Tälern von Río Mayo, Río Yaquí und Río Fuerte in den Bundesstaaten Sinaloa und Sonora Bewässerungslandwirtschaft betrieben. Missionare des Jesuitenordens knüpften in Nordwestmexiko an diese Tradition an und schafften mit dem Ausbau von Bewässerungsanlagen die Voraussetzungen für eine dauerhafte Landwirtschaft und versuchten, auf diese Weise die Indios zur Seßhaftigkeit zu bewegen.

Inzwischen sind in diesem Gebiet die angestammten indianischen Ackerbauern der Mayo und Yaquí von Bewässerungsgroßprojekten und einer modernen Intensivlandwirtschaft verdrängt worden.

Mit der Kapitalisierung und Modernisierung der Landwirtschaft im Porfiriat wurde auch auf vielen Haciendas der Ausbau der Bewässerung vorangetrieben. Noch heute zeugen in Morelos auf dem Gelände zerstörter oder aufgelassener Haciendas Kanäle und Aquädukte vom Ausbau des bewässerten Zuckerrohranbaus.

Schon im ausgehenden 19. Jh. ist in der Laguna-Region im Grenzgebiet der Bundesstaaten Coahuila und Durango der bewässerte Anbau von Baumwolle forciert worden.

Seit den späten 1920er Jahren wird der Ausbau der Bewässerungslandwirtschaft von den mexikanischen Regierungen als das wichtigste Mittel zur Steigerung der Agrarproduktion vorangetrieben. Die Bemühungen gehen dabei in zwei Richtungen:

1) Die traditionellen Bewässerungsgebiete liegen überwiegend in semihumiden bis semiariden Gebieten; hier ermöglicht die Bewässerung eine ganzjährige Bewirtschaftung der Flächen mit mehreren Ernten im Jahr.

2) In den subariden bis ariden Gebieten jenseits der agronomischen Trockengrenze im Norden Mexikos wird erst durch den Bau von Bewässerungsanlagen ein intensiver Ackerbau ermöglicht.

Investitionen in Bewässerungsprojekte bilden die zentrale Strategie zur Erweiterung der landwirtschaftlichen Nutzfläche. Die Bewässerungszonen sind die Bereiche des

Kulturen/Nutzungssysteme	Haupt-Produkte	Markt-Orientierung	Produktivität und Entwicklungsstand*
Bewässerungs- und Gartenkulturen	Getreide: Weizen, Hirse, Reis Gemüse: Tomaten, Bohnen, Chili	Export Binnenmarkt	hoch
Spezialisierter Ackerbau (Monokulturen	Mais, Hirse, Bohnen	Binnenmarkt	mittel – hoch
Diversifizierter Ackerbau	Getreide: Mais, Hirse Gemüse: Bohnen, Chili, Kürbis, Salat, Blumenkohl Futteranbau: Alfalfa (Luzerne)	Binnenmarkt	mittel – hoch
Extensiver Ackerbau	Grundnahrungsmittel: Mais und Bohnen	Selbstversorgung und lokale Märkte	niedrig
Obstkulturen	*Zona semicalida u templada:* Zitrusfrüchte: Orangen, Limonen, Grapefruit, Mandarinen *Zona templada u semifría:* Aprikosen, Birnen, Avocados, Äpfel	Export Binnenmarkt	mittel – hoch
Tropische Kulturen	Papaya, Mango, Bananen, Kokosnuß, Ananas, Kakao, Kaffee, Tabak, Zuckerrohr	Export Binnenmarkt	mittel – hoch
Textilfaser	Sisalagave (Hennequén)	Binnenmarkt und Selbstversorgung	mittel – niedrig
Bewässerungsfeldbau			

Kein nennenswerter Ackerbau (Brandrodungsfeldbau), Forstwirtschaft in den Sierren, extensive Viehzucht in den Trockengebieten des Nordens, Ödland

* Kriterien: Mechanisierungsgrad, Düngemittel- und Pestizideinsatz, verbessertes Saatgut, Kapitaleinsatz

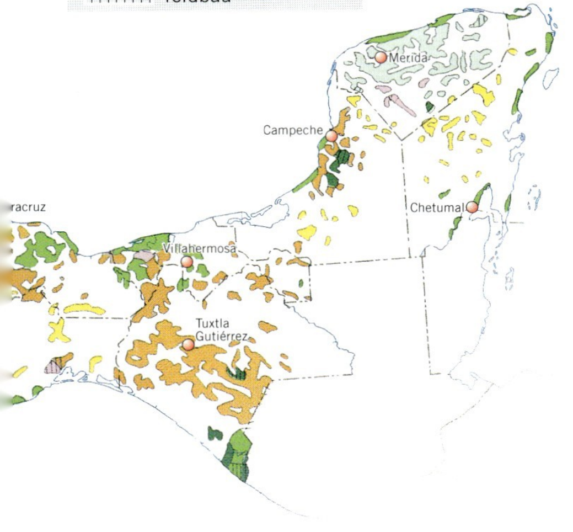

Quelle: Atlas Nacional de México 1990.

Abb. 72: Agrarzonen – Kulturen und Produkte: *Die Karte verdeutlicht das Anbauspektrum und die Produktionsintensität in den Agrarzonen Mexikos, die für den regionalen, nationalen oder internationalen Markt von Bedeutung sind.*

Bild 62 und Bild 63: Parzellen des Wanderhackbaus (Milpa-System) und Milpa-Feld im Bergland von Oaxaca: Das steile Relief im Bergland von Oaxaca läßt nur eine Subsistenzlandwirtschaft zu. Die durch Brandrodung angelegten Maisparzellen im Bergwald verlieren schnell ihre Fruchtbarkeit und zwingen zu einem Wanderhackbau.

intensivsten Ackerbaus in Mexiko. Hier werden vor allem Produkte angebaut, die sich für den Export eignen, aber kaum Grundnahrungsmittel wie Mais und Bohnen.

Die größten Bewässerungsanlagen befinden sich an der nördlichen Pazifikküste in den Bundesstaaten Sinaloa und Sonora. Hier werden die reichlichen Niederschläge der westlichen Sierra Madre in großen Stauanlagen gespeichert und an die Bewässerungsflächen in den trockenen Küstenebenen abgegeben. Stauseen am Río Bravo, die auch von den USA genutzt werden, liefern Wasser für die Bewässerung von Acker-

flächen im Grenzgebiet Nordostmexikos. Im nordmexikanischen Hochland basiert die Bewässerung auf der Wasserführung der großen endorheischen Flüsse, die auf der Ostabdachung der westlichen Sierra Madre entspringen. Von großer Bedeutung für die Bewässerungslandwirtschaft sind auch die Grundwasservorräte der großen Becken des Bolsón de Mapimí und des Bolsón von San Luis Potosí, die durch ober- und unterirdische Zuflüsse gespeist werden.

Auf den der westlichen Sierra Madre im Osten vorgelagerten Fußflächen (Pedimenten), die sanft abdachend als schiefe Ebene zu den Becken überleiten, fließt ein Grundwasserstrom. Dieser unterirdische Strom trägt einerseits zur Erneuerung der Grundwasserreserven in den Becken bei, kann aber auch unmittelbar im Bereich der Pedimente genutzt werden.

Noch heute wird in peripheren Regionen Mexikos, vorwiegend in den Bergländern und den tropischen Regen- und Feuchtwäldern, eine Wald-Feld-Wechselwirtschaft praktiziert. Diese Form extensiven Ackerbaus ist die einfachste Art einer natürlichen Nährstoffsicherung der Böden. In Mexiko ist für diese Technik die Bezeichnung „Milpa-" oder „Roza-System" (milpa = Maisfeld; roza = Rodung) üblich. In der ursprünglichen Ausprägung handelt es sich hier um eine Art der Landbewirtschaftung, bei der Bodenbau räumlich wie zeitlich in das Ökosystem Wald integriert wird. Bei der Brandrodung werden nützliche Baumarten stehengelassen. Die Asche des abgebrannten Waldes liefert die nötigen Mineralien für die angebauten Kulturpflanzen. Nach einer Anbauzeit von 3–5 Jahren müssen die Flächen 10 bis 20 Jahre brach-

liegen, so daß sich ein Sekundärwald entwickeln und der Nährstoffhaushalt regenerieren kann.

In der Kulturlandschaft dokumentiert sich dieses Anbausystem in einem Flickerlteppich unregelmäßig begrenzter Parzellen (Bilder 62 u. 63). Zur Bearbeitung des Bodens stehen weder Maschinen noch Zugtiere zur Verfügung. Unter intensivem Einsatz menschlicher Arbeitskraft wird der Boden mit dem Grabstock oder einer Hacke bearbeitet. Bei diesem extensiven Anbauverfahren werden nur geringe Erträge erzielt und somit ist kaum mehr als die Deckung des Eigenbedarfs (Subsistenzwirtschaft) möglich.

Die Wald-Feld-Wechselwirtschaft erfordert ausreichende Flächen, die brachliegen können. Wenn aufgrund starken Bevölkerungsdrucks die Ruhezeiten nicht mehr eingehalten werden können, kommt es zu Ertragsrückgängen und schließlich völliger Bodenunfruchtbarkeit. Solche ökologischen Schäden werden für den Zusammenbruch der klassischen Maya-Kultur mitverantwortlich gemacht und treten auch heute in ländlichen Regionen mit einem hohen Bevölkerungsdruck und Landknappheit auf.

Umbruch, Krisen und Konflikte

Mexikos Landwirtschaft befindet sich in einem dynamischen Wandel, der sich nicht immer ohne Konflikte und Probleme vollzieht. In bisher peripheren Regionen bedeutet die Erschließung und damit Integration in den Gesamtzusammenhang der mexikanischen Wirtschaft ein Aufbrechen lokaler oder regionaler Wirtschaftszusammenhänge und ein Eindringen der Marktwirtschaft in Bereiche der Subsistenzwirtschaft. Innerhalb des mexikanischen Agrarmarktes vollzieht sich im Zuge der Urbanisierung und einer „Nordamerikanisierung" der Konsummuster eine Verschiebung der Nachfrage von den klassischen Grundnahrungsmitteln hin zu Veredelungsprodukten, insbesondere aus der tierischen Produktion. Durch die wirtschaftliche Öffnung Mexikos werden auch die Produktionsstandorte der mexikanischen Landwirtschaft in den internationalen Wettbewerb einbezogen. Hinzu kommt ein anhaltender

demographischer Druck und für große Bevölkerungsschichten der Zwang, sich selbst zu versorgen, weil die institutionelle Grundsicherung nur unzureichend ausgebaut ist. Diese Umbrüche bleiben nicht ohne Konsequenzen auf die Produktions- und Landnutzungsstrukturen im ländlichen Raum.

Die Nutzungskonflikte

Ein Nutzungskonflikt entsteht durch die anhaltende Expansion der tierischen Produktion in Mexiko. Der Ausbau der Massentierhaltung führt dazu, daß Grundnahrungsmittel von den produktiven Anbauflächen zugunsten von Futtermitteln verdrängt werden. Zwischen 1950 und 1980 sind in Mexiko die Flächen für Viehzucht um rund 27 Mio. ha ausgedehnt worden (Soto Mora u. a. 1992). Im Zuge der Ausweitung der extensiven Weidewirtschaft in den feuchttropischen Regionen Südmexikos werden Waldflächen gerodet und damit gravierende ökologische Schäden angerichtet. Die Abholzungen sind ein massiver Eingriff in den kurzgeschlossenen Nährstoffkreislauf und führen wegen des geringen Speichervermögens der Böden rasch zur Auswaschung der Nährstoffe und somit zum Verlust der Bodenfruchtbarkeit. Zudem bewirkt die hohe Intensität der tropischen Niederschläge nach Zerstörung der schützenden Regenwälder eine verstärkte Abtragung der leicht erodierbaren tropischen Böden.

In einigen Regionen, insbesondere in Chiapas, werden durch die Anlage von Weideflächen Kleinbauern aus ihren angestammten Gebieten verdrängt. Die einflußreichen Viehzüchter schrecken dabei auch nicht vor der Anwendung von Gewalt zurück, was wiederum Gegengewalt provoziert. Vielfach bleibt den Campesinos keine andere Wahl, als in die sensiblen Grenzertragszonen der Bergländer und tropischen Wälder auszuweichen. In Verbindung mit dem anhaltenden natürlichen Bevölkerungsdruck führt dies dazu, daß der Ackerbau immer weiter in ökologisch hoch empfindliche Regionen vordringt. Von 1970 – 1990 hat Mexiko 11 Mio. ha Wald verloren (Sanderson 1993).

Am stärksten von der Bodenerosion betroffen sind die Bergregionen von Oaxaca (Bild 64) und Chiapas, die aufgrund der Steilheit des Reliefs, der leicht erodierbaren Böden und der Höhe und Intensität der Niederschläge besonders gefährdet sind. Zuwanderungsdruck, Übernutzung, Degradierung der Wälder und Zerstörung der Böden führen zu einem Zusammenbruch des Milpa-Systems. Die Zerstörung der Bodenfruchtbarkeit trägt mit zur Abwanderung der Bevölkerung in die Ballungsgebiete bei. Vor diesem Hintergrund wird beispielsweise im nördlichen Oaxaca seitens der öffentlichen Hand versucht, mit Maßnahmen der integrierten ländlichen Entwicklung die Lebens- und Erwerbsbedingungen zu verbessern. Neben dem Ausbau der Infrastruktur und der Schaffung von Arbeitsplätzen außerhalb der Landwirtschaft werden auch Maßnahmen zum Erhalt der natürlichen Produktionsgrundlagen ergriffen. So wird mit Hilfe von Wiederaufforstung und der Anlage von Terrassenkulturen versucht, Oberflächenabfluß und Bodenabtrag zu reduzieren und gleichzeitig das gespeicherte Wasser für eine Steigerung der Produktivität zu nutzen (Bild 65).

Der Strukturwandel im Zeichen der NAFTA

Die neue Agrarpolitik setzt auf Freihandel und eine Integration in den internationalen Markt. Dadurch werden die Agrarstandorte und Agrarproduzenten Mexikos mit internationalen Anbietern, insbesondere aus den USA, in Konkurrenz treten. Entscheidend für die Zukunft der einzelnen Anbauregionen und Produzenten wird der Erfolg sein, den die Produkte auf dem Markt erzielen. Im Vergleich zu den Mitbewerbern in der NAFTA besitzt der Agrarstandort Mexiko sowohl komparative Vorteile wie auch Nachteile. Trotz unterschiedlicher Akzente bei der Einschätzung der künftigen Entwicklung besteht doch in einem wesentlichen Punkt weitgehend Einigkeit (Sanderson 1993; Lauth 1994): Der traditionelle, kleinbäuerliche Agrarsektor wird zum Verlierer des Freihandels, die Exportlandwirtschaft und die marktfähigen mexikanischen Agrarproduzenten werden die Gewinner sein. Nachdem der Ertrag pro ha Mais in den USA durchschnittlich dreimal höher ist als in Mexiko, die Produktionskosten pro Tonne dagegen nur halb so hoch sind, scheint die Überschwemmung des mexikanischen Marktes mit billigem Mais unausweichlich zu sein. Bei Bohnen und weiteren Grundnahrungsmitteln sieht es nicht anders aus. Daß für sogenannte sensible Güter wie Mais und Bohnen die Handelsschranken erst in 10 Jahren, also im Jahr 2009 fallen werden, bedeutet eher eine Galgenfrist. Bereits jetzt entfaltet die Wettbewerbsdynamik einschneidende Auswirkungen auf die Agrarstrukturen Mexikos.

Der dramatische Strukturwandel in der Landwirtschaft wird in Mexiko Konsequenzen weit über den ländlichen Raum hinaus haben und auch den nördlichen Nachbarn USA nicht unberührt lassen. Eine einfache Rechnung mag dies verdeutlichen: Die 7,8 Mio. Erwerbstätigen des primären Sektors, die rund 25 % aller Erwerbstätigen ausmachen, tragen nur 6 % zur Wertschöpfung bei. Damit ist der Anteil der Erwerbstätigen des primären Sektors rund viermal höher als ihr Wertschöpfungsanteil. Mindestens drei Viertel der Erwerbstätigen des primären Sektors dürften demnach mit nur

Bild 64 und Bild 65: „Badlands" als Endzustand der Bodenerosion (Oaxaca) und Terrassen-kulturen der Region Mixteca (Oaxaca): Die Bodenerosion zerstört die Lebensgrundlage im ländlichen Raum und zwingt die Bevölkerung zur Abwanderung. Im Rahmen von Projekten der integrierten ländlichen Entwicklung werden in der Region Mixteca, Oaxaca, Terrassen-Kulturen als Wasserspeicher und Erosionsschutz angelegt.

geringer Produktivität arbeiten und für eine wettbewerbsorientierte, „moderne" Land-wirtschaft überflüssig sein. Würden diese fast 5,8 Mio. Erwerbstätigen aus der Agrar-produktion „freigesetzt", müßte – die Fami-lien mitgerechnet – für fast 24 Mio. Men-schen eine neue Einkommensgrundlage ge-schaffen werden.

Die Befürchtung, daß 12 bis 15 Mio. Kleinbauern zusätzlich in die mexikani-schen Großstädte und zum Teil auch in die USA drängen werden, hat also durchaus einen realen Hintergrund (Sanderson 1993). Eine verstärkte Landflucht ist vor allem in den Regionen zu erwarten, die heute schon Verflechtungen mit Großstädten aufweisen: Hier ist nämlich einerseits die Marktorientierung und damit der Wettbewerbsdruck auf die Kleinbauern besonders hoch, andererseits sind die Zuwanderungsräume relativ leicht erreichbar, und über bereits Abgewanderte bestehen Informationen und Kontakte.

Ob allerdings durch die verschlechterten Absatzbedingungen für kleinbäuerlich erzeugte Grundnahrungsmittel in nennenswertem Umfang marginales Land aus der Bewirtschaftung herausgenommen wird, ist fraglich. Denn für einen erheblichen Teil der marginalisierten Landbevölkerung bildet ein Beharren oder Ausweichen in die Selbstversorgung die einzige Überlebensstrategie. Bei einem anhaltenden Bevölkerungswachstum dürfte dies sogar zu einer weiteren Ausdehnung der Ackerflächen führen. Verstärkt wird der Druck auf marginales Land noch durch eine Verdrängung von Kleinbauern aus Regionen, die von der Exportlandwirtschaft in Beschlag genommen wird. Derartige Konflikte treten insbesondere in Südmexiko, etwa in Chiapas auf, wo vor allem die Weidewirtschaft ausgedehnt wird. Daher ist in Gebieten mit schlechten Verbindungen in größere Städte eher mit einem steigenden Druck auf die Bergländer und Waldregionen zu rechnen. Für die dortige Bevölkerung ist nicht nur der Zugang zu Arbeitsplätzen außerhalb der Landwirtschaft schwer, sondern hier würde auch die lange Tradition des Milpa-Systems aufgebrochen.

Es ist daher zu früh, für die heute schon von Bodenzerstörung bedrohten Bergländer und tropischen Wälder Entwarnung zu geben. Im übrigen kann durch eine Einstellung der agrarischen Nutzung die Erosionsgefahrsogar steigen, weil notwendige Pflege- und Konservierungsmaßnahmen unterbleiben.

Teile der kommerziellen Landwirtschaft Mexikos rechnen sich vom freien Zugang auf den nordamerikanischen Markt große Vorteile aus (Morici 1993). Es wird erwartet, daß sich innerhalb des NAFTA-Raumes die Produktion von Obst und Wintergemüse nach Süden verlagern wird (Sanderson 1993). Die Bewässerungsdistrikte des mexikanischen Nordens sind gegenüber Kalifornien, Texas und Florida nicht nur klimatisch begünstigt, sondern es gibt in

Mexiko auch im Überfluß billige Arbeitskräfte. Regionale Konkurrenten aus Lateinamerika fürchten schon eine Verdrängung vom US-amerikanischen Markt. Von der wirtschaftlichen Entwicklung infolge des Freihandels erwartet man auch eine Änderung der Konsumgewohnheiten in Mexiko und damit eine Belebung der Binnennachfrage nach Obst und Gemüse.

Die Expansion der Exportlandwirtschaft in den Bewässerungsgebieten wird nicht nur die Polarisierung im Agrarsektor verschärfen. Auch unter Umweltgesichtspunkten ist diese Entwicklung problematisch: Der Druck auf die knappe Ressource Wasser wird sich verstärken. In Mexiko können sich ähnliche Probleme und Konfliktlagen entwickeln, die heute schon aus dem Südwesten der USA bekannt sind. Da in Nordmexiko auch ein starkes Städtewachstum zu verzeichnen ist, wird sich die Rivalität zwischen städtischer Wasserversorgung und Bewässerungslandwirtschaft sicher weiter verschärfen. Bereits seit den 1940er Jahren gibt es in Nordmexiko Streit um die Nutzung der Grundwasservorkommen. Der Schutz der Vorkommen wurde bisher hintangestellt.

Der Wegfall von Handelshemmnissen durch das Nordamerikanische Freihandelsabkommen (NAFTA) darf nicht darüber hinwegtäuschen, daß in Mexiko und in den USA weiterhin eine massive indirekte Subventionierung der Landwirtschaft erfolgt. Durch die geringen Energiekosten werden der Maschineneinsatz und die Herstellung von Düngemittel verbilligt und damit die konventionelle Großlandwirtschaft begünstigt. Auch in den Bau der Bewässerungsanlagen fließen massiv staatliche Fördermittel. Ein Wegfall dieser Subventionierung von Energie und Wasser würde das Wettbewerbsgefüge einschneidend verändern. Eigentlich wäre eine solche Subventionskürzung auf beiden Seiten geboten, weil das NAFTA-Abkommen auch für den Agrarsektor das Prinzip der Nachhaltigkeit vorschreibt. Dies wirft eine interessante, wenn auch reichlich hypothetische Frage auf: Welche Auswirkung hätte eine konsequente Befolgung des Grundsatzes einer nachhaltigen Landwirtschaft auf die komparativen Standortvorteile einzelner Regionen innerhalb der NAFTA und damit auf die Entstehung landwirtschaftlicher Gunst- und Ungunsträume?

WIRTSCHAFT: VOM PROTEKTIONISMUS ZUR GLOBALISIERUNG

Bild 66: Industrieanlage bei Monterrey (Nuevo León): *Monterrey in Nordostmexiko hat eine lange Tradition als Industriestadt. Heute ist die Industrie das wichtigste Standbein der mexikanischen Exportwirtschaft*

Überblick

■ Mexiko gehört zu den wirtschaftlich bedeutendsten Ländern Lateinamerikas. Trotz einer rasant wachsenden Bevölkerung und struktureller Defizite ist es Mexiko gelungen, in einigen Bereichen seinen Entwicklungsrückstand aufzuholen.

■ Kapitalmangel, technologische Defizite und eine unzureichende wirtschaftliche Integration bilden die gravierendsten Entwicklungshemmnisse. Weil Mangel an festen Arbeitsplätzen herrscht, gehen Unterbeschäftigung und Arbeitslosigkeit fließend ineinander über.

■ Aufgrund seiner reichen und vielfältigen Bodenschätze gehört Mexiko zu den bedeutendsten Erdöl- und Bergbauländern der Welt. Auf der Basis der Bodenschätze und landwirtschaftlichen Grundstoffe konnte sich schon früh eine bedeutende Industrie entwickeln.

■ Nach Jahrzehnten einer binnenmarktorientierten Entwicklung hat sich Mexiko seit den 1980er Jahren für die Weltwirtschaft geöffnet und im Rahmen der NAFTA die Kooperation mit den USA vertieft. Die wirtschaftliche Neuorientierung bringt einen dramatischen Strukturwandel mit sich.

■ Die exportorientierten Bereiche der Industrie und der internationale Tourismus zählen zu den dynamischsten Sektoren der mexikanischen Volkswirtschaft.

Die ökonomische Herausforderung

Entwicklung unter erschwerten Bedingungen

Nach den massiven Konflikten in der ersten Hälfte des 19. Jh.s setzten sich im unabhängigen Mexiko diejenigen Kräfte durch, die das Land zu einer modernen Nation entwickeln wollten. Als Vorbilder dienten die fortschrittlichsten und erfolgreichsten Länder der Welt, darunter die USA sowie einige Staaten West- und Mitteleuropas. Trotz eines mehrfachen Wechsels der Entwicklungsstrategie hat sich an diesem grundlegenden Ziel nichts geändert. Die liberalen Reformen von Benito Juárez (1858–1872), der Ausbau der Infrastruktur und Wirtschaft unter Porfirio Díaz (1876–1910) und die Entwicklungspolitik im nachrevolutionären Mexiko haben einen gemeinsamen Nenner: Mexiko soll ein modernes Land werden. Präsident Carlos Salinas (1988–1994) hat dies in seinem zweiten Rechenschaftsbericht am 1.11.1990 nochmals unmißverständlich unterstrichen, als er erklärte: „Queremos que México sea parte del Primer Mundo y no del Tercero" (Salinas, zit. bei Mols 1993, S. 161).

Auch am Ende des 20. Jh.s ist Mexiko bei wichtigen Entwicklungsgrößen bislang nicht in die Weltspitze vorgestoßen. In den 1990er Jahren liegt das Pro-Kopf-Einkommen der führenden Wirtschaftsnationen USA, Japan und Deutschland noch immer fast zehnmal höher als in Mexiko. Auch bei anderen Indikatoren, wie der Infrastrukturausstattung oder der Versorgung der Haushalte mit dauerhaften Konsumgütern, besteht noch ein erheblicher Nachholbedarf. Auf der anderen Seite liegt Mexiko in wichtigen Bereichen deutlich vor vielen Ländern der Dritten Welt und im Spitzenfeld Lateinamerikas. So ist das Pro-Kopf-Einkommen Mexikos rd. dreimal höher als das seines südlichen Nachbarn Guatemala. Bei der Bildung, der Infrastruktur, der Versorgung und dem Industrialisierungsgrad schneidet Mexiko ebenfalls erheblich besser ab. Dennoch ist auch Ende der 1990er Jahre die Einordnung von Mexiko als Schwellenland angemessen. Mexiko ist zwar auf dem Weg in die Erste Welt ein gutes Stück vorangekommen, hat aber dieses selbstgesteckte Ziel noch nicht erreicht.

Dieser zunächst ernüchternde Befund erscheint in einem anderen Licht, wenn man sich die immensen Herausforderungen vergegenwärtigt, denen Mexiko gegenübersteht: Bei einer rasant wachsenden Bevölkerung ist ein erheblicher Entwicklungsrückstand aufzuholen. Seit den 1920er Jahren ist die Wirtschaftsleistung Mexikos um mehr als das Zwanzigfache erhöht worden (Abb. 73). Zwischen 1950 und 1980

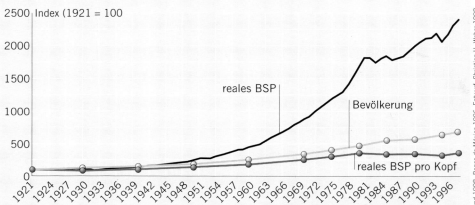

Abb. 73: Entwicklung von Wirtschaft und Bevölkerung seit 1921: *Die Wertschöpfung der mexikanischen Wirtschaft konnte in den letzten 50 Jahren beträchtlich gesteigert werden. Zeitweise war das Wirtschaftswachstum höher als die Bevölkerungszunahme, so daß das Pro-Kopf-Einkommen gehoben werden konnte.*

Daten: INEGI 1994 und 1998; Banco de México 1996. Entwurf: Christian H. Weber 1998.

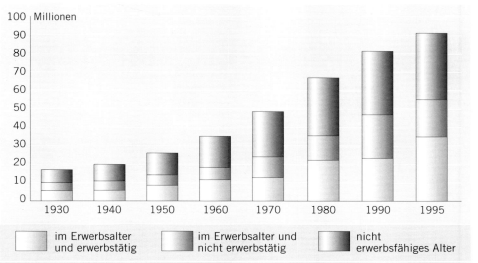

Daten: INEGI 1994 und 1997. Entwurf: Christian H. Weber 1998.

| | im Erwerbsalter und erwerbstätig | | im Erwerbsalter und nicht erwerbstätig | | nicht erwerbsfähiges Alter |

Abb. 74: Zunahme der Erwerbsbevölkerung seit 1930: *Der demographische Druck und die steigende Erwerbsbeteiligung führen zu einem hohen Druck auf den mexikanischen Arbeitsmarkt. Jährlich sind 1–2 Millionen zusätzliche Arbeitsplätze erforderlich.*

wurden bei der Wertschöpfung jährliche Zuwächse von 5 % bis 10 % erzielt. Diese Steigerung lag deutlich über dem Bevölkerungswachstum, so daß das Pro-Kopf-Einkommen spürbar gesteigert werden konnte. Nicht ohne Grund sprach man von einem mexikanischen Wirtschaftswunder, dem „milagro mexicano".

Das seit den 1980er Jahren von mehreren Einbrüchen erschütterte und deutlich abgeschwächte Wirtschaftswachstum konnte nicht mehr mit der Bevölkerungsentwicklung Schritt halten. Deshalb ist seither auch das Pro-Kopf-Einkommen merklich gesunken.

Alleine um das Versorgungs- und Einkommensniveau der wachsenden Bevölkerung zu halten, muß die mexikanische Wirtschaft ständig expandieren. Dabei geht es nicht nur um die Bereitstellung von Gütern, Dienstleistungen und Infrastruktur für eine Bevölkerung, die seit den 1980er Jahren um rd. 2 Mio. Menschen jährlich zunimmt. Inzwischen drängen Jahr für Jahr über 1 Mio. Jugendliche zusätzlich auf den Arbeitsmarkt (PND 1995). Im Zuge der gesellschaftlichen Modernisierung steigt zudem die Erwerbsbeteiligung der Frauen, wodurch die Nachfrage nach Arbeitsplätzen einen zusätzlichen Schub erhält.

Die Schaffung von bezahlter Arbeit für die rasant wachsende Erwerbsbevölkerung bleibt auch künftig für Mexiko eine der größten Herausforderungen. Allein zwischen 1990 und 1995 ist nach amtlichen Angaben die Zahl der Erwerbstätigen von 23,4 Mio. auf 34,7 Mio. angestiegen (INEGI 1992 u. 1997). Hinter dieser Zunahme um 11,3 Mio. Erwerbstätige in nur fünf Jahren verbirgt sich zwar auch ein statistischer Effekt, weil die Erfassung der Beschäftigten im informellen Sektor, insbesondere der mithelfenden Angehörigen, verbessert wurde. Dennoch unterstreichen die Zahlen das tatsächliche Anwachsen des Erwerbspersonenpotentials aufgrund der demographischen Entwicklung und der steigenden Erwerbsbeteiligung (Abb. 74).

Um angesichts des unvorstellbaren Drucks auf den Arbeitsmarkt Vollbeschäftigung zu gewährleisten, ist ein anhaltendes jährliches Wirtschaftswachstum von mindestens 5 % erforderlich (PND 1995–2000). Die demographische Situation und die notwendige Behebung von Entwicklungsrückständen zwingen Mexiko zu einer Entwicklungsstrategie, die konsequent auf Wirtschaftswachstum setzt. Bereits kurzfristige konjunkturelle Einbrüche führen deshalb zu schmerzlichen Rückschlägen für die nationale Entwicklung.

Erwerbsstruktur:
Feste Arbeitsplätze als Mangelware

Schon seit 1917 gewährt die mexikanische Verfassung ein Grundrecht auf Arbeit. Art. 123 mit seinen umfassenden Regelungen zum Schutze der Arbeitnehmer beginnt mit dem Satz: „Toda persona tiene derecho al trabajo digno y socialmente útil." Doch ist es bisher in Mexiko nur unzureichend gelungen, die Erwerbsbevölkerung in den Arbeitsmarkt zu integrieren. Weil Arbeitslosigkeit und Unterbeschäftigung fließend ineinander übergehen, beschreibt die offene Arbeitslosenquote die Erwerbssituation nicht hinlänglich. Selbst im Krisenjahr 1995 bewegte sich der Anteil der ausdrücklich Arbeitslosen nur zwischen 5 % und 10 % (Banco de México 1996). Erst Daten über die Einkommenssituation und den Status der Erwerbstätigen zeigen die begrenzten Möglichkeiten, mit fester Lohnarbeit den Lebensunterhalt zu bestreiten. Im Jahr 1995 bezogen 31 % der Erwerbstätigen ein Arbeitseinkommen, das unter dem Niveau des gesetzlichen Mindestlohnes lag, wobei 11,6 % über kein monetäres Einkommen verfügten (INEGI 1997). Dieser Befund wird auch durch den geringen Anteil der Löhne am Bruttosozialprodukt bestätigt. In Mexiko lag die Lohnquote Anfang der 1990er Jahre bei 27 % (Boris 1996, S. 139), während sie in der Bundesrepublik Deutschland rd. 68 % betrug (Bayerisches Statistisches Landesamt 1996).

Nur ein Teil der Erwerbstätigen in Mexiko ist fest angestellt und sozialversichert, so wie dies bislang bei der Mehrheit der Arbeitsverhältnisse in modernen Industriestaaten die Regel ist. Im Jahr 1995 befanden sich von den 34,7 Mio. Erwerbstätigen 18,1 Mio. als Angestellte oder Arbeiter (empleado u obrero) in einem festen Arbeitsverhältnis, wobei nur 11 Mio. sozialversichert waren (INEGI 1997, Banco de México 1996). Die fest angestellten Arbeitskräfte nehmen in der Fertigung und Verwaltung vor allem Tätigkeiten wahr, die eine höhere Qualifikation erfordern. Besonders hoch ist der Anteil der festen Beschäftigungsverhältnisse bei den Versorgungsunternehmen, in der Ölwirtschaft, der Industrie und dem Öffentlichen Sektor. Rd. 3 Mio. Erwerbstätige bestritten 1995 ihren Lebensunterhalt überwiegend als Tagelöhner (jornalero o peón). Diese Gelegenheitsarbeiter befinden sich als abhängige Arbeitskräfte eines oder wechselnder Arbeitgeber in einer völlig ungesicherten Position. Wegen des großen Arbeitskräfteangebots und der geringen Qualifikation sind die Einkommen meist sehr gering. Rd. zwei Drittel der Tagelöhner sind als landwirtschaftliche Arbeitskräfte tätig. Daneben liegt ihr Haupteinsatzbereich in der Bauwirtschaft. In den Städten kommen Hilfstätigkeiten im verarbeitenden Gewerbe, dem Transport und Dienstleistungsbereich hinzu.

Auf eigene Rechnung (trabajador por su cuenta) waren 1995 etwa 9,1 Mio. Personen tätig. Diese selbständige Erwerbstätigkeit ohne feste Bindung an einen Arbeitgeber und ohne soziale Absicherung erstreckt sich auf die verschiedensten Wirtschaftsbereiche. Rd. 43 % der Arbeiter auf eigene Rechnung finden in der Landwirtschaft ihr Auskommen, rd. 18 % als Handwerker und rd. 17 % als Händler. Die übrigen verteilen sich auf verschiedene Tätigkeiten im Dienstleistungsbereich. Die Masse der auf eigene Rechnung Tätigen erwirtschaftet gerade einmal so viel, wie zum Überleben notwendig ist. Wegen ihrer geringen Größe und schwachen wirtschaftlichen Stellung ist es mit der Selbständigkeit der Kleinstunternehmer oft nicht weit her. Trotz fehlender arbeitsrechtlicher Bindungen besteht vielfach eine enge Abhängigkeit zu größeren Betrieben, die als Lieferanten oder Abnehmer auftreten. Wegen der großen Zahl der Selbständigen sind insbesondere in den Städten die Marktgebiete umkämpft. Die prekäre Situation vieler Arbeiter auf eigene Rechnung ergibt sich weniger aus dem Status ihrer Tätigkeit an sich, sondern ist das Ergebnis der extremen sozialen Ungleichheit in Mexiko.

Für 1995 weist die Statistik rd. 1,1 Mio. Erwerbstätige als Arbeitgeber oder Unternehmer (patrón o empresario) aus, von denen die überwiegende Zahl Kleinstunternehmer sind. Dies wird bereits darin deutlich, daß nur knapp 25 % der Unternehmer ausschließlich als Führungskräfte (funcionario o directivo) tätig sind (INEGI 1992). Drei Viertel der Unternehmer arbeiten im eigenen Betrieb mit und beschäftigen nur wenige Arbeitnehmer. Im Bereich der Ein-

Bild 67: Mischgebiet in Vallejo (Mexiko-Stadt): *Kleine und mittlere Gewerbegebiete haben ihren Standort überwiegend in Mischgebieten. Nicht nur in weiten Teilen der mexikanischen Hauptstadt herrschen Gemengelagen mit niedrigen Bauhöhen vor.*

Mann-Betriebe besteht ein fließender Übergang zwischen den Kategorien „Unternehmer" und „Arbeiter auf eigene Rechnung". Zentralismus und extreme Ungleichheit prägen in Mexiko auch die Betriebsstruktur. Auf der einen Seite teilen sich wenige Großkonzerne die wirtschaftliche Macht, auf der anderen Seite gibt es eine große Zahl von Kleinstunternehmern, während der Mittelstand nur schwach ausgebildet ist. Dies findet auch im Siedlungsbild seinen Ausdruck: Neben Standorten von Großbetrieben und Gewerbeparks prägen ausgedehnte Mischgebiete mit zahlreichen Kleinbetrieben über weite Strecken das Bild vieler mexikanischer Großstädte (Bild 67).

Die Familien der Kleinstunternehmer und der Arbeiter auf eigene Rechnung bilden eine flexible Reserve von zusätzlichen Arbeitskräften, die zur Bewältigung von Arbeitsspitzen, einer kurzfristigen Ausweitung der Produktion oder zur Erzielung von zusätzlichem Einkommen in anderen Tätigkeitsfeldern eingesetzt werden können. Dieses große Arbeitskräftepotential wird mit rd. 3,2 Mio. offiziell ausgewiesenen

unentgeltlich mithelfenden Angehörigen (trabajador familiar sin pago) nur unzureichend erfaßt. Rd. drei Viertel der registrierten mithelfenden Angehörigen sind in der Landwirtschaft tätig, die übrigen verteilen sich auf das Handwerk und den Dienstleistungsbereich.

In der Arbeitswelt Mexikos sind Mehrfachbeschäftigung und ein fließender Übergang zwischen einzelnen Erwerbsformen an der Tagesordnung. Die unterschiedlichen Klassen des Berufsstatus bilden eher ein Kontinuum denn eine scharfe Zäsur (Abb. 75). Ermöglicht wird diese Flexibilität durch eine in Mexiko weit verbreitete Kultur der Selbsthilfe und Selbständigkeit sowie die solidarischen Netzwerke der Familien, die in Mexiko noch immer eine grundlegende ökonomische und soziale Einheit bilden. An Stelle eines institutionalisierten staatlichen Sozialsystems übernehmen in weiten Bereichen Austauschbeziehungen zwischen einzelnen Haushalts- und Familienmitgliedern eine wichtige Grundsicherungsfunktion. Trotz drastischer Einbrüche bei den Reallöhnen sind daher in den 1980er und 1990er Jahren die ver-

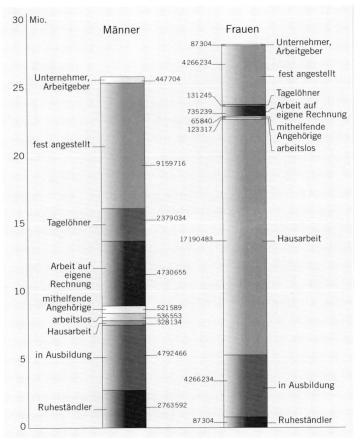

Abb. 75: Integration in den Erwerbsprozeß 1990: *In Mexiko ist die Bevölkerung nur unzureichend in den formalen Arbeitsmarkt integriert. Feste Arbeitsplätze sind Mangelware und es besteht ein fließender Übergang zwischen Unterbeschäftigung und Arbeitslosigkeit. Für den informellen Sektor steht neben den Erwerbstätigen auf eigene Rechnung in den Familien ein großes Arbeitskräftepotential zur Verfügung. Durch den „Puffer" der Familien werden auch die materiellen Folgen von Wirtschaftskrisen abgefedert. Dies führt allerdings auch häufig zu einer Überbeanspruchung der Arbeitskraft von Frauen und Kindern.*

Daten: INEGI 1992. Entwurf: Christian H. Weber 1998.

fügbaren Familieneinkommen kaum gesunken (Boris 1996).

Nur zu oft tragen die Familien in Mexiko die Hauptlast von Konjunktureinbrüchen und des Strukturwandels, so daß mitunter ihre Möglichkeiten zur Selbsthilfe weit überfordert werden. Gerade in unteren Sozialschichten zehrt dies oft an der materiellen und menschlichen Substanz: Im täglichen Kampf um das nackte Überleben werden Frauen und Kinder als billige Arbeitskräfte ausgebeutet. Weil die Heranwachsenden für den Lebensunterhalt der Familie mitarbeiten müssen, bleibt kaum Zeit für die schulische und berufliche Bildung. Im Sozialprogramm PRONASOL wird das solidarische Mexiko der Familien ausdrücklich als eine der tragenden Säulen der mexikanischen Gesellschaft anerkannt. Die verstärkte Förderung von Basisinitiativen

zur Stärkung der Selbsthilfe weist in den 1990er Jahren zumindest den Weg für eine Sozialpolitik, die sich an den Prinzipien der Subsidiarität und Solidarität orientiert.

Informeller Sektor und strukturelle Heterogenität

Die Erwerbstätigkeit außerhalb der für moderne Industriestaaten bislang typischen Arbeitgeber-Arbeitnehmer-Beziehung wird in den Sozialwissenschaften meist als informelle Beschäftigung bezeichnet (Boris 1996). Weil sich dieser Bereich mitunter geläufigen Kriterien entzieht, wird er nur unzureichend erfaßt. Insbesondere der Beitrag zur Wertschöpfung läßt sich schwer ermitteln. Dagegen liefern die neueren Zensusdaten mit den Kategorien der Erwerbstätigen auf eigene Rechnung und den mithelfenden Angehörigen einen relativ guten Anhaltspunkt. Danach umfaßte der informelle Sektor 1995 mit 12,3 Mio. rd. 35 % der Erwerbstätigen Mexikos.

Wie Abb. 76 zeigt, weist der Anteil der Erwerbstätigen im informellen Sektor ausgeprägte Unterschiede zwischen den einzelnen Bundesstaaten Mexikos auf. Besonders hoch ist der Anteil in Südmexiko, insbesondere an der südlichen Pazifikküste, auffallend niedrig in der Hauptstadt sowie in Nordost- und Nordwestmexiko. Weil gerade in den wirtschaftlich am weitesten entwickelten Bundesstaaten der Anteil informell Beschäftigter besonders gering ist, liegt es nahe, informelle Tätigkeiten als einen Indikator für Marginalität zu betrachten. Unterhalb der nationalen Ebene ist allerdings wegen der großen Vielfalt der Tätigkeiten auf eigene Rechnung eine differenzierte Betrachtung angezeigt. Der Anteil der Erwerbstätigen im informellen Sektor in den einzelnen Bundesstaaten spiegelt vor allem die unterschiedliche Verbreitung der Subsistenzlandwirte wider,

weil hier rd. 6,4 Mio. und damit gut die Hälfte aller informell Beschäftigten tätig sind. Aus dem Umstand, daß die informelle Beschäftigung in marginalen Räumen die überwiegende Erwerbsform bildet, kann man nicht pauschal auf die Marginalität aller informellen Tätigkeiten schließen.

Ebenso heterogen wie das Spektrum der Tätigkeiten sind auch die Einkommenschancen im informellen Sektor. Während im ländlichen Raum die Erwerbstätigkeit auf eigene Rechnung fast ausschließlich mit der Subsistenzlandwirtschaft gleichzusetzen ist, bietet sich in den Großstädten eine Vielzahl von Betätigungsfeldern (Tab. 54). Der überwiegende Teil der informell Beschäftigten sucht in den Städten sein Auskommen im Handel und in einfachen personenbezogenen Dienstleistungen. Hier sind die Zugangsvoraussetzungen hinsichtlich Qualifikation und Kapitalbedarf besonders niedrig, dafür aber auch die Verdienstaussichten als Straßenhändler, Schuhputzer, Autowäscher usw. entsprechend

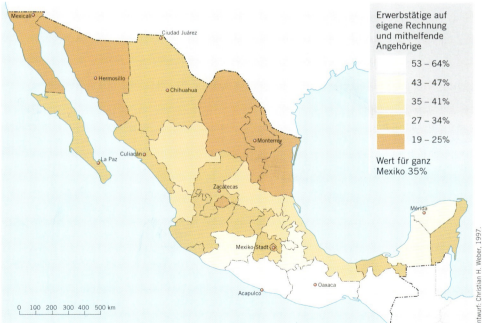

Abb. 76: Erwerbstätige im informellen Sektor 1995: *Ein Kennzeichen peripherer Räume ist der Mangel an festen Arbeitsplätzen. Viele Erwerbstätige sind hier auf eigene Rechnung oder als mithelfende Angehörige tätig und erzielen kein oder nur ein geringes monetäres Einkommen. Am häufigsten finden sich diese Erwerbsformen in der Subsistenzlandwirtschaft.*

Daten: INEGI 1997. Entwurf: Christian H. Weber, 1997.

	Erwerbstätige (%) 1990					
	Arbeiter oder Angestellter		Tagelöhner		Arbeit auf eigene Rechnung	
	Distrito Federal	ländliches Oaxaca	Distrito Federal	ländliches Oaxaca	Distrito Federal	ländliches Oaxaca
Land-, Forstwirtschaft, Fischerei	0	0	12	65	1	97
Energiewirtschaft und Wasserversorgung	1	0	1	0	0	0
Bergbau	0	0	0	0	0	0
Öl- und Gasförderung	1	0	0	0	0	0
Verarbeitendes Gewerbe	24	6	7	4	12	2
Baugewerbe	4	6	48	19	5	0
Handel	12	0	7	0	39	1
Gastgewerbe	4	0	1	4	5	0
Verkehr und Nachrichtenübermittlung	6	0	4	4	9	0
Finanzdienstleistungen	5	0	0	0	5	0
Technische und andere höhere Dienstleistungen	3	0	0	0	5	0
Öffentliche Verwaltung	9	11	5	0	0	0
Kommunale und soziale Dienstleistungen	15	77	1	0	4	0
Personenbezogene Dienstleistungen	12	0	12	4	18	0
Zuordnung unbestimmt	4	0	2	0	2	0

Tab. 49: Erwerbstätigkeit in Stadt und Land

Daten: INEGI 1992.

gering. Im handwerklichen Bereich, dem Transportgewerbe oder der Gastronomie gibt es mitunter recht lukrative Erwerbsmöglichkeiten. Als Automechaniker, Elektriker, Klempner, Schuster, Taxibetreiber, Besitzer eines Imbißstandes usw. läßt sich auch auf eigene Rechnung ein respektables Einkommen erzielen. Bei rd. 20 % der informell Beschäftigten liegen sowohl das Einkommen als auch die Qualifikation deutlich über dem Durchschnitt der Erwerbsbevölkerung Mexikos (Boris 1996).

In kleineren Landstädten spiegelt die Struktur des informellen Sektors einen typischen Dreiklang aus Handel, Handwerk und landwirtschaftlichen Tätigkeiten wider. Hier erfolgt ein erheblicher Teil der regulären Wirtschaftstätigkeit außerhalb der standardisierten Regelarbeitsverhältnisse mit einem Arbeitgeber und Arbeitnehmer im arbeitsrechtlichen Sinn. Auch dies unterstreicht, daß mit der Kategorie der informellen Beschäftigung ökonomische und soziale Marginalität nur unzureichend erfaßt werden kann.

In der Mischung unterschiedlicher Erwerbsformen zeigt sich die überaus komplexe Struktur der mexikanischen Wirtschaft: Traditionelle und moderne, formelle und informelle Sektoren sind auf vielfältige Weise miteinander verflochten. Das einfache Modell einer dualistischen Wirtschaft reicht zur Erklärung der ökonomischen Prozesse in Mexiko nicht aus, weil das Zusammenwirken der verschiedenen Segmente so nur unzureichend beschrieben wird. Das Konzept der „strukturellen Heterogenität" und das Modell einer „abhängigen Mehrsektorenwirtschaft" kommt der sozialen Wirklichkeit schon näher (Krause 1996).

Die enge Symbiose zwischen den unterschiedlichen Wirtschaftssegmenten deutet sich schon bei einem näheren Vergleich der Tätigkeitsfelder des formellen und des informellen Arbeitsmarktes in ausgewählten Städten an. Wie eine Auswertung von

Zensusdaten zeigt, folgt das Gewicht einzelner Wirtschaftsbereiche im informellen Sektor der Zusammensetzung des formellen Sektors (INEGI 1992): In Städten mit reger Bautätigkeit ist das Baugewerbe auch im informellen Sektor überproportional vertreten, an Industriestandorten gibt es besonders viele informell Beschäftigte im verarbeitenden Gewerbe, und in boomenden Tourismuszentren orientiert sich der informelle Arbeitsmarkt an der hohen Nachfrage im Gastronomiebereich. Daß der informelle Sektor mehr ist als eine Überlebensökonomie, wird auch durch die Kooperation von Großbetrieben mit Erwerbstätigen auf eigene Rechnung bestätigt. So ist beispielsweise bei der Herstellung von Textilien und Ledererzeugnissen die Zusammenarbeit mit Kleinstbetrieben weit verbreitet (Boris 1996).

Wirtschaftliche Integration als schwierige Aufgabe

Zu einem geringen Teil wächst die Zahl der informell Beschäftigten dadurch an, daß ältere Mitarbeiter von Großbetrieben in ein Arbeitsverhältnis auf eigene Rechnung wechseln. Der individuelle Wunsch des Arbeitnehmers auf Selbständigkeit kommt dabei vielfach dem Bestreben entgegen, durch die Auslagerung von Produktionsschritten Kosten zu senken. Häufiger als der Wechsel vom Arbeitnehmer zum Subunternehmer ist allerdings der erzwungene Schritt in die Selbständigkeit, wenn durch Rationalisierungsmaßnahmen Stellen eingespart werden. Die Verlierer des Strukturwandels sind vielfach darauf angewiesen, durch Arbeit auf eigene Rechnung den Lebensunterhalt zu bestreiten. Auch wer konjunkturbedingt entlassen wird, muß sich so lange im informellen Sektor durchschlagen, bis sich in wirtschaftlich besseren Zeiten wieder die Chance auf eine feste Anstellung ergibt. Mehr noch als die Zahl der registrierten Arbeitslosen steigt daher in Krisenjahren das Heer der informell Beschäftigten.

Das kontinuierliche Anwachsen des informellen Sektors ist zu einem erheblichen Teil das Ergebnis des Ungleichgewichts zwischen der demographischen und der ökonomischen Entwicklung. In Mexiko ist die Bevölkerung nämlich zeitweise deutlich schneller gewachsen als die Wirtschaft. Weil auch in den Großstädten die Industrialisierung mit der rasanten Zuwanderung nicht schritthalten kann, spitzt sich gerade auf den städtischen Arbeitsmärkten das Ungleichgewicht zwischen der Nachfrage und dem Angebot fester Arbeitsplätze dramatisch zu. Vor diesem Hintergrund erfährt dort der informelle Sektor eine rasante Expansion. Die städtische Schattenökonomie trägt in den verschiedensten Bereichen zur Beschäftigung und Wertschöpfung bei. Ohne den informellen Sektor wäre das Überleben in den Metropolen weithin nicht mehr möglich.

Das Zusammenwirken von offizieller Wirtschaft, informeller Ökonomie und staatlicher Maßnahmen ermöglicht es der mexikanischen Gesellschaft, auch schwere Krisen zu überstehen. Dies ist nur möglich, weil das komplexe Miteinander unterschiedlichster Sektoren eine lange Tradition hat. Soziale Ungleichheit, eine Gleichzeitigkeit des Ungleichzeitigen und die strukturelle Heterogenität in Wirtschaft und Gesellschaft weisen in Mexiko eine bemerkenswerte Persistenz auf. Offensichtlich tendiert Mexiko nicht zu einer strukturellen Homogenisierung, sondern zu einem Gleichgewichtszustand zwischen verschiedenen Sektoren. Obwohl Mexiko immer wieder starken Veränderungen von außen ausgesetzt ist, die in der Wirtschaft deutliche Spuren hinterlassen, kann sich bislang kein Einfluß, kein Prinzip und kein Sektor vollends durchsetzen. Jede fremde Überformung verstärkt durch die Implantation neuer Komponenten eher noch die Heterogenität.

Die grundlegenden Dimensionen der heterogenen mexikanischen Wirtschaft lassen sich am besten anhand folgender Leitfragen erfassen:

– Wofür wird produziert? Subsistenz oder Weltmarkt?
– Welche Regeln gelten? Formale Gesetze oder Regeln des informellen Sektors?
– In welchem Umfang engagiert sich der Staat? Staats- oder Privatwirtschaft?

Die Komplexität der mexikanischen Wirtschaft ergibt sich im wesentlichen aus der Überlagerung dieser drei Begriffspaare, die sich nicht in einem antagonistischen „Entweder-Oder" gegenüberstehen, sondern sich mit einem komplementären „Sowohl-Als auch" ergänzen.

Dieser zunächst verwirrende Sachverhalt läßt sich leichter verstehen, wenn man sich in die Perspektive eines einzelnen Wirtschaftssubjektes versetzt: So kann etwa ein Kleinbauer auf seiner Scholle Produkte für den Eigenbedarf anbauen, daneben als Tagelöhner für einen exportorientierten Agrarunternehmer arbeiten und schließlich noch als Gelegenheitsbauarbeiter bei einer Infrastrukturmaßnahme staatliches Einkommen beziehen. Aber auch im Bereich der Produktion können sich die verschiedenen Wirtschaftssegmente ergänzen. Die Verbindung zwischen den einzelnen Segmenten der heterogenen Wirtschaft ist allerdings informeller Art und meist auf den lokalen Bereich beschränkt, weil persönliche Verflechtungen eine große Rolle spielen.

Austausch und Ausgleich zwischen den unterschiedlichen Segmenten der mexikanischen Wirtschaft erfolgen nicht einfach über formell geregelte Marktbeziehungen, sondern im Rahmen einer weitgehend informellen Gesamtstruktur durch ein komplexes Zusammenwirken von Politik, Markt und Selbsthilfe. Für den außenstehenden Beobachter, der Mexiko ausschließlich mit den Kategorien eines abstrakten Wirtschaftsmodells erfassen will, bleibt vieles undurchschaubar. Manches, was nach den Kriterien der „reinen Lehre" als Mangel erscheint, erweist sich im Kontext der komplexen mexikanischen Gesamtstruktur sogar als stabilitätsförderndes Element. Deshalb dürfte es kaum gelingen, Mexiko unter Beseitigung aller informellen Elemente in einen völlig homogenen Markt zu verwandeln, der in jeder Hinsicht universell gültigen Ordnungsprinzipien folgt. Die gegenwärtigen Bemühungen, mit Blick auf den Weltmarkt die wirtschaftlichen Strukturen zu modernisieren, führen paradoxerweise dazu, daß das traditionelle Wirtschaftssegment weiter anwächst. Denn die Arbeitskräfte, die infolge der strukturellen Anpassung im formellen Sektor freigesetzt werden, suchen größtenteils auf dem informellen Arbeitsmarkt ihr Auskommen.

Dieses Dilemma wird sich in absehbarer Zeit nicht lösen lassen. Eine Homogenisierung der mexikanischen Wirtschaft um jeden Preis erscheint weder möglich noch

erstrebenswert. Schließlich verleiht gerade die Heterogenität der mexikanischen Wirtschaft Flexibilität und eine gewisse Robustheit in Krisenzeiten, was im internationalen Vergleich auch komparative Vorteile mit sich bringt. Vorrangiges Ziel der nächsten Jahrzehnte muß es daher sein, auch in der Wirtschaft die Einheit der Vielfalt zu fördern, damit die Heterogenität Mexikos nicht zu einer Desintegration des Landes führt, sondern Bestandteil eines Ordnungsmodells wird, das sich an den Grundsätzen des Pluralismus, des Föderalismus und der Subsidiarität orientiert. Das Gesellschaftsmodell, das der aktuellen Politik zugrunde liegt, trägt dem insoweit Rechnung, als die strukturelle Heterogenität der mexikanischen Wirtschaft und Gesellschaft ausdrücklich anerkannt wird. Gleichzeitig weiß man um die Notwendigkeit, die Integration von Wirtschaft und Gesellschaft weiter voranzutreiben, wenn Mexiko seine internationale Wettbewerbsfähigkeit ausbauen will.

Strukturelle Defizite als Entwicklungshemmnis

Im Zusammenwirken mit außenwirtschaftlichen Faktoren führen die strukturellen Mängel der mexikanischen Wirtschaft immer wieder zu ernsten Wirtschaftskrisen. Wenn sich die auslösenden Momente auch von Fall zu Fall unterscheiden, bildeten doch bis zur jüngsten Krise der Jahre 1994/95 dieselben grundlegenden Defizite die tiefere Ursache der schweren Konjunktureinbrüche. Ein grundlegendes Problem der mexikanischen Wirtschaft liegt in der hohen Außenabhängigkeit, die das Land für bedrohliche Entwicklungen in der Weltwirtschaft besonders anfällig macht.

Mexiko ist in hohem Maße vom internationalen Finanzmarkt abhängig. Besonders dramatisch zeigte sich dies, als der Abzug von Auslandskapital Ende 1994 eine schwere Finanzkrise auslöste, die sich über eine Währungskrise zur schwersten Wirtschaftskrise der letzten 60 Jahre entwickelte. Die Abhängigkeit von Exporterlösen hatte nach dem Verfall der Erdölpreise die Schuldenkrise von 1982 ausgelöst. Die hohen Ausgaben für Importe sind der Grund für das fast schon chronische Defizit in der mexikanischen Handelsbilanz.

Die technologische Abhängigkeit vom Ausland schwächt die internationale Wettbewerbsfähigkeit Mexikos. Verschärft wird die Außenabhängigkeit Mexikos noch durch die einseitige Fixierung auf einen übermächtigen Wirtschaftspartner. Die Strukturprobleme Mexikos werden einerseits durch die Außenabhängigkeit verstärkt, andererseits ist die Außenabhängigkeit aber auch eine Folge der strukturellen Defizite der mexikanischen Wirtschaft. Diese Wechselwirkung zwischen endogenen und exogenen Ursachen der Unterentwicklung stellt die konkrete Entwicklungspolitik vor schwierige Aufgaben.

Auf den ersten Blick bietet Mexiko günstige Voraussetzungen für eine erfolgreiche wirtschaftliche Entwicklung: Fast 100 Mio. Einwohner stellen ein beachtliches Binnenmarktpotential dar, und das flächenmäßig große Land verfügt über eine große Vielfalt reichlich vorhandener Rohstoffe. Daß der Reichtum an materiellen und immateriellen Ressourcen bisher nur unzureichend für eine nachhaltige wirtschaftliche Entwicklung genutzt werden konnte, deutet auf gravierende Organisations- und Allokationsmängel hin. Zu einem Teil sind hierfür erhebliche Integrations- und Verteilungsdefizite in der mexikanische Volkswirtschaft verantwortlich. Schon die Durchdringung und Erschließung des Raumes und die große Vielfalt des Landes machen die Integration zu einer Aufgabe, deren Bewältigung noch heute große Kräfte in Anspruch nimmt. Damit alle Potentiale marktmäßig erschlossen und der Austausch von Menschen, Gütern, Energie und Informationen weiter gefördert werden, sind noch umfangreiche Anstrengungen erforderlich. Noch verfügt Mexiko über keinen Binnenmarkt, der sich sektoral und regional umfassend ergänzt. Einzelne Wirtschaftssektoren und Wirtschaftsstandorte stehen vielfach unverknüpft nebeneinander und sind mitunter nach außen orientiert.

Wegen der ungleichen Einkommens- und Vermögensverteilung sowie der damit verbundenen geringen Massenkaufkraft ruht die Binnennachfrage auf einem relativ schmalen Fundament. Die mexikanische Konjunktur reagiert daher außerordentlich sensibel auf eine Verschlechterung der wirtschaftlichen Lage der Mittelschicht, welche die wichtigste Basis der Binnennachfrage bildet. Die Selbstversorgungs- und die Schattenwirtschaft verringern zusätzlich das Nachfragepotential für den regulären Markt.

Andererseits kann der mexikanische Binnenmarkt aber auch nur unzureichend bedient werden, weil das produzierende Gewerbe Defizite aufweist, die trotz einer beachtlichen Industrialisierung bisher nur zum Teil behoben werden konnten. In den Bereichen der Produktivität und Effizienz besteht noch ein erheblicher Nachholbedarf: Um die Qualifikation der Arbeitskräfte zu erhöhen, müssen über den Bildungssektor noch große Investitionen in das Humankapital erfolgen. Maßnahmen zur Steigerung der Effizienz der Verwaltung und der Bekämpfung der Korruption genießen hohe Priorität. Der Produktionsapparat muß effizienter organisiert und technologisch modernisiert werden.

Zur Deckung des immensen Investitionsbedarfs stehen in Mexiko keine ausreichenden Finanzmittel zur Verfügung. Die geringen Einkommen erlauben der großen Masse der Mexikaner kaum eine Vermögensbildung. Und selbst wenn nicht das gesamte Einkommen für den Lebensunterhalt benötigt würde, wäre es außerhalb der großen Städte schwer, die Ersparnisse dem Wirtschaftskreislauf zuzuführen. Das Finanzsystem weist noch immer so große Lücken auf, daß es in zahlreichen ländlichen Municipios überhaupt keine Bank gibt, die eine bescheidene Geldanlage ermöglicht. Die wenigen reichen Familien Mexikos haben bislang nur eine geringe Neigung gezeigt, ihr Vermögen in die heimische Wirtschaft zu investieren. Mittel, die nicht für prestigeträchtige Konsumausgaben und die Anschaffung von Immobilien verwendet worden sind, wurden vorzugsweise auf dem Kapitalmarkt angelegt und vielfach ins Ausland transferiert. Lange Zeit beschleunigte eine hohe Inflationsrate die Kapitalflucht.

Weil demzufolge das inländische Sparaufkommen für die erforderlichen Investitionen nicht ausreicht, muß die Lücke zwangsläufig mit Auslandskapital geschlossen werden. In Betracht kommen hierfür entweder eine Kreditaufnahme im Ausland oder das direkte Engagement ausländischer

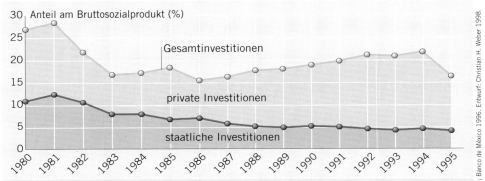

Abb. 77: Investitionsquote der mexikanischen Volkswirtschaft: *Wegen des geringen Sparaufkommens ist die Investitionsquote in Mexiko relativ niedrig und sackt in Krisenzeiten schnell ab. Der Staat hat sein Engagement deutlich reduziert und versucht indes Privatinvestitionen aus dem In- und Ausland zu stimulieren.*

Investoren in Mexiko. Bei Auslandsinvestitionen besteht prinzipiell die Gefahr, daß sie spekulativ erfolgen und mehr an der selektiven Nutzung einzelner Standortvorteile als an der Entwicklung der mexikanischen Binnenwirtschaft orientiert sind. Die Kreditaufnahme im Ausland erhöht die Abhängigkeit vom internationalen Kapitalmarkt. Weil die Auslandskredite lange Zeit nicht in effizienz- und produktionssteigernde Maßnahmen investiert wurden, stiegen die Zins- und Tilgungslasten so weit an, daß Mexiko 1982 den Gläubigern seine Zahlungsunfähigkeit erklären mußte. Die hohe Staatsverschuldung treibt ihrerseits wiederum die Inflation und das Zinsniveau in die Höhe.

Die Wirtschaftskrisen der 1980er Jahre und von 1994/95 waren stets auch mit dramatischen Einbrüchen der privaten und der staatlichen Investitionen verbunden (Abb. 77). Wegen der dünnen Decke des inländischen Sparaufkommens wirken sich bereits geringe Bewegungen auf dem Finanzmarkt verheerend aus. Daher genießt die Erhöhung des inländischen Sparaufkommens in Mexiko höchste Priorität (PND 1995 – 2000). Hierzu sollen der Ausbau des Finanzsystems, die Umstellung der Sozialversicherung auf das Kapitaldeckungsprinzip, eine gleichmäßigere Einkommensverteilung und stabile wirtschaftspolitische Rahmenbedingungen beitragen. Eine entschiedene Inflationsbekämpfung, eine strikte Ausgabendisziplin, Steuervergünstigungen und Rechtssicherheit sollen private Investitionen stimulieren. Dabei sind ergänzend zum inländischen Sparaufkommen auch weiterhin Finanzmittel aus dem Ausland notwendig und erwünscht, wenn sie nicht aus rein spekulativen Erwägungen erfolgen, sondern langfristig zur Entwicklung des Landes beitragen (PND 1995 – 2000).

Phasen der Wirtschaftsentwicklung

Das Erbe der Kolonialzeit
Mit der Eroberung wurde der bisher geschlossene Wirtschaftsraum Mesoamerika in das System des spanischen Weltreiches eingebunden. Die in der Kolonialzeit erfolgten Brüche und Überformungen prägen die Wirtschaftsstruktur Mexikos und ganz Lateinamerikas bis heute. Neuspanien und die anderen überseeischen Reichsteile bildeten mit dem spanischen Mutterland eine nach außen abgeschottete wirtschaftliche Einheit.

Der Handel innerhalb der Kolonien war ebenso verboten wie der Warenaustausch mit anderen Ländern. Alle Stränge des staatlich reglementierten Handels liefen in

Spanien zusammen. Dort durften nur in den zwei Hafenstädten Sevilla und Cádiz Schiffe aus der Neuen Welt anlaufen, während in Neuspanien der gesamte Warenverkehr mit dem Mutterland über den Hafen Veracruz abgewickelt wurde. Die Schiffe verkehrten einmal im Jahr als Geleitzug, der zwischen 40 bis 70 Galeonen umfaßte. Die Waren der Manila-Galeone, die einmal jährlich im Hafen von Acapulco landete, wurden über das zentrale Hochland zur Weiterverschiffung nach Veracruz transportiert. Wegen der einseitig auf Spanien fixierten Handelsverbindungen wuchsen die spanischen Besitzungen in der Neuen Welt nicht zu einem einheitlichen Wirtschaftsraum zusammen. So ist bis heute die wirtschaftliche Verflechtung der Länder Lateinamerikas nur schwach ausgeprägt, obwohl sie einen Kulturraum bilden. Auch innerhalb Neuspaniens und somit des heutigen Mexiko verhinderte die einseitige Konzentration aller Wirtschaftsbeziehungen auf Spanien die Entstehung eines breiten und integrierten Binnenmarktes.

Die Reichsteile in Übersee entwickelten sich rasch zur wichtigsten Finanzquelle des spanischen Staates. Die Krone bezog ihre Einnahmen aus den Erträgen des königlichen Grundbesitzes, Kronmonopolen und indirekten Steuern. In Neuspanien bildete der Silberbergbau noch vor der Landwirtschaft die wichtigste Einnahmequelle. Die reichhaltigen Ressourcen der Neuen Welt wurden nicht in den Aufbau einer leistungsfähigen Wirtschaft investiert, sondern nach Spanien ausgeführt, wo der neu gewonnene Reichtum für unproduktive Zwecke, insbesondere zur Finanzierung kostspieliger Kriege, verwendet wurde. Während das transferierte Edelmetall in der Alten Welt die Inflation anheizte und den Niedergang Spaniens beschleunigte, herrschte in der Neuen Welt chronischer Kapitalmangel. In Neuspanien bildete sich daher auch kein leistungsfähiges Bankensystem heraus. Bis heute zählen Kapitalknappheit und ein unterentwickeltes Finanzsystem zu den grundlegenden Schwächen Lateinamerikas.

Die Wirtschaftsstruktur in Neuspanien entsprach der einseitigen Arbeitsteilung zwischen dem spanischen Mutterland und den Vizekönigreichen. Dabei hatten die Reichsteile in Übersee dem Wohl des Mutterlandes zu dienen: Sie sollten Rohstoffe liefern und gleichzeitig Fertigprodukte aus Spanien beziehen. Höchste Priorität genoß der Ausbau des Bergbaus zur Gewinnung von Edelmetallen. Obwohl ihr Beitrag an der Wertschöpfung hinter dem Silberbergbau lag, bildete die Landwirtschaft die ökonomische Basis in Neuspanien. Hier war auch die größte Zahl der Erwerbspersonen tätig und der Agraranteil an den Ausfuhren nach Spanien war beträchtlich. Daneben gab es im Handel und im Transportgewerbe ein breites wirtschaftliches Betätigungsfeld.

Weil der Bezug von Fertigwaren gegenüber der Verarbeitung von Rohstoffen Vorrang hatte, konnte in Neuspanien nur in bescheidenem Umfang ein verarbeitendes Gewerbe entstehen. Von Bedeutung war die Textil- und Keramikherstellung, die im wesentlichen auf den lokalen und regionalen Bedarf ausgerichtet war. Wohl wirkten indianische Künstler am Bau von Kirchen, Klöstern und Palästen mit, doch aus der hochstehenden indianischen Handwerkstradition bildete sich in der Kolonialzeit kein entsprechender Wirtschaftszweig heraus. Erst nach der Mexikanischen Revolution (1910–1920) und im Zusammenhang mit der Förderung des Fremdenverkehrs erlebt das indianische Kunsthandwerk einen neuen Aufschwung. Der Ausbau des verarbeitenden Gewerbes zählt in Mexiko bis heute zu den vordringlichen Zielen der nationalen Entwicklung.

Das Wirtschaftsgeschehen im Kolonialreich war bis in Einzelheiten durch die spanischen Behörden und eine ausufernde Bürokratie reglementiert und vielfach mit hohen Abgaben belastet. Bis in die jüngste Vergangenheit setzte sich diese Tradition in einer regulierten Wirtschaft unter hoher Beteiligung des Staates fort. Die staatliche Überregulierung blockierte seit der Kolonialzeit weitgehend die Herausbildung einer eigenständigen und dynamischen Unternehmerschicht. Da sich in der reglementierten Kolonialwirtschaft in erster Linie der Grunderwerb zur Vermögensbildung anbot, wurden rentenkapitalistische Einstellungen und Verhaltensweisen gefördert. Erst allmählich entsteht, vor allem unter dem Einfluß aus den USA, in Mexiko eine neue

Unternehmerkultur. Eine zweite Reaktion auf die Einschränkung und Bevormundung der wirtschaftlichen Aktivitäten durch die Kolonialbehörden bildete das Ausweichen in eine Schattenökonomie: Schmuggel und ein informeller Sektor sind daher seit der Kolonialzeit eine weitere Seite der Wirtschaft in Lateinamerika.

**Schwieriger Start
der mexikanischen Volkswirtschaft**

Allein schon aufgrund der Weite des Raumes und der Widerstände des Reliefs konzentrierten sich die Aktivitäten der Kolonialwirtschaft inselartig auf relativ wenige Standorte. Der Aufbau eines integrierten Wirtschaftsraumes mit einer flächenmäßigen Erschließung und Durchdringung des mexikanischen Staatsgebietes zählt daher zu den großen Aufgaben seit der Unabhängigkeit. Wie weit Mexiko zunächst auch gesellschaftlich und politisch von einer Integration entfernt war, zeigten die bürgerkriegsartigen Auseinandersetzungen, die das Land bis weit in die Mitte des 19. Jh.s erschütterten. Verstärkt wurde das politische Chaos noch durch den Krieg mit den USA und das Eingreifen europäischer Mächte in die Innenpolitik.

Erst in der Ära von Benito Juárez (1858–1872) wurde ein solides Fundament für die weitere wirtschaftliche Entwicklung des Landes gelegt. Nach dem Sieg über Maximilian (1864–1867) war die nationale Souveränität endgültig hergestellt, und die liberale Gesetzgebung bot den institutionellen Rahmen für eine marktwirtschaftliche Entwicklung. Während die formalen Voraussetzungen gelegt waren, stellten die tatsächlichen Verhältnisse im Land eine große Herausforderung dar: Die Staatsfinanzen waren zerrüttet und die Infrastruktur selbst dort, wo sie nicht zerstört war, nur unzureichend ausgebaut. Mexiko war weder verkehrstechnisch noch wirtschaftlich oder sozial wirklich integriert. Die Wirtschaft war unterentwickelt und wies gravierende strukturelle Defizite auf. Auf der anderen Seite verfügte Mexiko über wertvolle Bodenschätze und beträchtliche Möglichkeiten zum Ausbau der Agrarproduktion.

Bis heute steht Mexiko vor der Aufgabe, die Wirtschaft so zu organisieren, daß der Ressourcenreichtum des Landes in den Dienst der nationalen Entwicklung gestellt werden kann. Um die Nutzung der reichhaltigen Ressourcen möglichst effizient zu gestalten, bedarf es vielfältiger Anstrengungen: Die horizontale und vertikale Integration der mexikanischen Volkswirtschaft sind weiter voranzutreiben, der Produktionsapparat zu vergrößern und seine Effizienz zu steigern. Um die immensen Investitionen zu finanzieren, reicht das inländische Sparaufkommen bisher nicht aus.

Vor dem Hintergrund dieser Herausforderungen stellen sich folgende Fragen: Woher können das Kapital, die Technologie und das Fachwissen kommen, die zum Aufbau einer leistungsfähigen und integrierten Volkswirtschaft erforderlich sind? Wie kann eine ausgeglichene Entwicklung erreicht werden, welche die wirtschaftliche, soziale und politische Integration des Landes dauerhaft fördert? Wie läßt sich ein stetiges hohes Wirtschaftswachstum aufrechterhalten, das angesichts der Bevölkerungsexplosion seit Mitte des 20. Jh.s unverzichtbar ist?

Im 20. Jh. erlebte die Wirtschaft ein ständiges Auf und Ab (Abb. 78). Auch zwischen den Einschnitten der großen Krisen nimmt das jährliche Wirtschaftswachstum einen recht unruhigen Verlauf. Die extremen Schwankungen verweisen nicht nur auf eine hohe Störungsanfälligkeit, sondern sprechen auch für eine bemerkenswerte Fähigkeit, konjunkturelle Tiefpunkte rasch zu überwinden. Wenn es Mexiko gelingt, die dynamische Unruhe seiner Wirtschaft in eine stetige Dynamik zu verwandeln, ist der dauerhafte ökonomische Aufstieg des Landes in die Erste Welt möglich. An diesem Ziel arbeiten die Regierungen Mexikos beharrlich, wenn auch mit unterschiedlichen Ansätzen.

So ist es in den letzten 100 Jahren mehrfach zu einem Wechsel der wirtschaftlichen Entwicklungsstrategie gekommen. Die Richtungsänderungen sind dabei weniger die Folge einer grundlegenden ideologischen Umorientierung, sondern meist das Ergebnis pragmatischer Erwägungen, die auf konkrete Erfahrungen mit bestimmten Ansätzen zurückgehen. Stets waren es Katastrophen und Krisen, welche die politisch Verantwortlichen zu einer Kurskorrek-

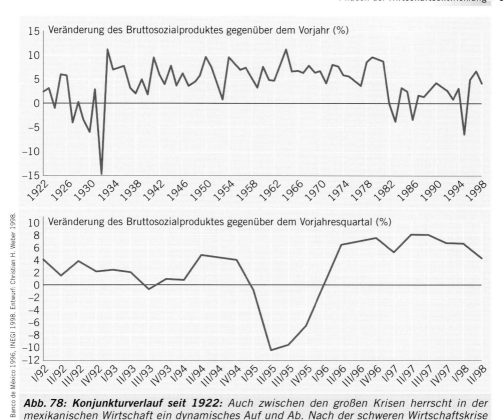

Daten: Banco de México 1996, INEGI 1998. Entwurf: Christian H. Weber 1998.

Abb. 78: Konjunkturverlauf seit 1922: *Auch zwischen den großen Krisen herrscht in der mexikanischen Wirtschaft ein dynamisches Auf und Ab. Nach der schweren Wirtschaftskrise des Jahres 1995 setzte dank der boomenden Exportwirtschaft eine rasche Erholung ein.*

tur veranlaßten, um das Gleichgewicht wiederherzustellen. Dies gilt sowohl für die Rolle des Staates im Wirtschaftsgeschehen als auch die Frage der Außenwirtschaftspolitik. An beiden Feldern läßt sich der Wandel der Entwicklungsstrategie festmachen.

Exportorientierte Entwicklungsstrategie (desarrollo hacia afuera)

Seit dem letzten Drittel des 19. Jh.s wurde in Mexiko wie im übrigen Lateinamerika eine Politik der nach außen orientierten Entwicklung praktiziert, die als „desarrollo hacia afuera" bezeichnet wird. Auf der Grundlage des Exports von Rohstoffen aus dem Bergbau und der Landwirtschaft verfolgte man eine verstärkte Einbeziehung Mexikos in den Weltmarkt. Ausländische Investoren sollten das Kapital, die Technologie und das Fachwissen bereitstellen, das zum Aufbau eines modernen Landes

erforderlich ist. Mit besonderem Nachdruck wurde diese Strategie während der Herrschaft von Porfirio Díaz (1876 – 1910) verfolgt. Gemäß seinem Wahlspruch „orden y progreso" (Ordnung und Fortschritt) sorgte er in Mexiko für Ruhe und Ordnung, damit sich die privaten Investoren ungestört betätigen konnten. Ansonsten hielt sich der mexikanische Staat aus der Wirtschaft heraus.

Ausländische Investoren, überwiegend aus den USA und Großbritannien, trieben den Ausbau der Infrastruktur voran. Das mexikanische Eisenbahnnetz wurde von 700 km Streckenlänge im Jahr 1876 auf fast 20 000 km im Jahre 1910 ausgebaut. Auf den ersten Blick stellte sich die wirtschaftliche Bilanz im Porfiriat höchst positiv dar: Die Wertschöpfung verzeichnete in einigen Wirtschaftsbereichen hohe Wachstumsraten. Dank der Rohstoffexporte war die Handelsbilanz positiv, und der Staatshaushalt wies Überschüsse auf. Bei näherem Hinsehen verlief die wirtschaftliche Entwicklung überaus ungleichgewichtig und trug zur weiteren regionalen, sektoralen und gesellschaftlichen Polarisierung bei. In ihrer liberalen wirtschaftspolitischen Grundhaltung vermochte die Regierung für keinen Ausgleich zu sorgen und reagierte auf steigende soziale Spannungen mit Repression.

Durch die Vorherrschaft ausländischer Investoren und deren Einfluß auf die Politik waren weite Teile der wirtschaftlichen und gesellschaftlichen Entwicklung der nationalen Steuerung und Kontrolle entzogen: Das Eisenbahnwesen, die im Aufbau begriffene Elektrizitätswirtschaft und die Ausbeutung der Bodenschätze wurden von ausländischen Gesellschaften kontrolliert. Die erhoffte wirtschaftliche Integration kam nur bedingt voran, weil die ausländischen Investitionen nur an wenigen Schwerpunkten erfolgten. Im Mittelpunkt des Interesses standen die Erschließung des Bergbaus und der exportorientierten Landwirtschaft. Selbst die verkehrsmäßige Erschließung diente überwiegend den Bedürfnissen des Exportsektors und war auf die Häfen an der Golfküste, die USA sowie die Zentren des Bergbaus und der Exportlandwirtschaft ausgerichtet. Die Industrialisierung kam nur schleppend voran, weil sich die Investitionen weniger am unterentwickelten Binnenmarkt, sondern an der Exportwirtschaft orientierten.

Die Erfahrungen der Mexikanischen Revolution (1910–1920), in der sich die angestauten Spannungen entladen hatten, leiteten ein Umdenken bezüglich der Entwicklungsstrategie ein. In der neuen Verfassung von 1917 kommt dies deutlich zum Ausdruck: Das liberale Staatsgrundgesetz von 1857 wurde ganz bewußt um Elemente ergänzt, die dem mexikanischen Staat die Möglichkeit geben, den wirtschaftlichen Entwicklungsprozeß zu steuern und die nationale Souveränität zu verteidigen. In den ersten Jahren des wirtschaftlichen Wiederaufbaus nach der Revolution wurde allerdings zunächst die exportorientierte Wirtschaftspolitik fortgesetzt. Auch wagte es die mexikanische Regierung nicht, die internationalen Konzerne anzutasten, in deren Hand nach wie vor

der Abbau wichtiger Bodenschätze lag. So förderten in den 1920er Jahren ausländische Gesellschaften in Mexiko jährlich zwischen 100 und 200 Mio. Barrel Erdöl.

Binnenmarktorientierte Entwicklungsstrategie (desarrollo hacia adentro)

Erst Anfang der 1930er Jahre erfolgte im Zuge der Weltwirtschaftskrise in Mexiko und ganz Lateinamerika der Übergang zu einer binnenmarktorientierten Entwicklungsstrategie (desarrollo hacia adentro). Mexiko hielt im Grundsatz an dieser Konzeption bis zur Schuldenkrise von 1982 fest. Im Mittelpunkt steht die Orientierung auf den Binnenmarkt. Eine weitgehende Substitution der Importe soll einen hohen Versorgungsgrad mit nationalen Produkten erreichen, die Beschäftigung und die Einkommen steigern und die Abhängigkeit vom Ausland reduzieren. Mit der Ausrichtung auf den internen Markt soll die Industrialisierung zu einem sich selbst tragenden Prozeß werden, der nicht mehr von den Schwankungen der Weltmarktpreise für Rohstoffe beeinflußt wird. Die wichtigsten Bestandteile dieser Entwicklungsstrategie sind eine protektionistische Außenwirtschaftspolitik sowie eine umfassende staatliche Wirtschaftsförderung.

Die binnenmarktorientierte Wirtschaftspolitik markierte in Mexiko und ganz Lateinamerika eine Ära des ökonomischen Nationalismus. Um die Souveränität auch auf wirtschaftlichem Gebiet zu gewährleisten, wurde eine weitgehende Abschottung vom Ausland verfolgt. Dies bedeutete nicht nur drastische Einschränkungen beim Außenhandel, sondern auch das Engagement ausländischer Investoren wurde einer strengen nationalen Kontrolle unterworfen. In strategischen Wirtschaftsbereichen wurden ausländische Kapitalbeteiligungen verboten, in anderen Feldern auf max. 49 % begrenzt. In der Ölwirtschaft und bei den Eisenbahnen setzte die mexikanische Regierung die Nationalisierung mit dem drastischen Mittel der Enteignung ausländischer Gesellschaften durch. Die restriktive Haltung gegenüber ausländischen Investoren und Exporten wurde zusehends aufgeweicht: Seit den 1960er Jahren bemühte sich die mexikanische Regierung verstärkt um den Zufluß von Auslandskapital in die Zweige der Industrie, die gehobene Konsumgüter für den Binnenmarkt produzieren. Große Bedeutung hatte dabei der Aufbau der Kfz-Industrie. Zu den ausländischen Automobilproduzenten, die sich damals in Mexiko angesiedelt haben, zählt auch der deutsche Volkswagenkonzern, der in Puebla ein Werk errichtet hat. Damit auch die heimische Industrie von der Kfz-Produktion profitiert, wurden die ausländischen Automobilhersteller verpflichtet, ein Teil der Komponenten aus Mexiko zu beziehen.

Mit der Förderung von Exporten in einzelnen Wirtschaftsbereichen wurde versucht, das wachsende Handelsbilanzdefizit auszugleichen. Zunächst wurde der Export einzelner Bergbau- und Agrarprodukte forciert. In den 1970er Jahren wurde Rohöl zum wichtigsten Exportartikel Mexikos. Die Bestrebungen um den Ausgleich der Handelsbilanz gaben in den 1960er Jahren auch einen entscheidenden Anstoß, in Nordmexiko die Errichtung von Lohnveredelungsbetrieben (Maquiladoras) zu fördern.

Zur Politik der Wirtschaftsförderung gehörte auch das wirtschaftliche Engagement des mexikanischen Staates, der dabei nicht in Konkurrenz zur Privatwirtschaft trat, sondern eine ergänzende Hilfestellung für die Industrialisierung leistete. Er sprang überall dort in die Bresche, wo die Privatwirtschaft in der verarbeitenden Industrie oder vor- oder nachgelagerten Bereichen wegen des hohen Kapitalbedarfs die nötigen Investitionen nicht aufbringen konnte. Das staatliche Engagement weitete sich zusehends aus und erstreckte sich schließlich nicht nur auf die Bereiche Infrastruktur, Energie und Rohstoffe. Auch die Herstellung von Düngemitteln, von Stahl und von Investitionsgütern wie Lastwagen und Eisenbahnwaggons usw. wurde übernommen. Galt es die Produktion wichtiger Güter zu sichern oder Arbeitsplätze zu erhalten, wurden bankrotte Privatunternehmen in staatlicher Regie weitergeführt. In den 1970er Jahren wurde die staatliche Wirtschaftstätigkeit zusehends konzeptionsloser und uferte schließlich aus. Als in der Schuldenkrise des Jahres 1982 die Banken verstaatlicht wurden, um die Kapitalflucht ins Ausland zu unterbinden, war der

Gipfel der Verstaatlichungswelle erreicht und zugleich ihr Wendepunkt markiert.

Auf den ersten Blick stellt sich die Bilanz der binnenmarktorientierten Entwicklung sehr positiv dar. Im Vergleich zu den 1980er und 1990er Jahren zeichnet sich diese Periode durch hohe Wachstumsraten bei relativer Preisstabilität aus. In dieser Zeit des mexikanischen Wirtschaftswunders ist die Wertschöpfung pro Kopf der Bevölkerung angestiegen und auch die Situation auf dem Arbeitsmarkt war vergleichsweise günstig. Mexiko ist der Aufbau einer diversifizierten Industrie gelungen und vor allem die Konsumgüterproduktion konnte deutlich gesteigert werden.

Auch in der Phase der binnenmarktorientierten Entwicklung konnten einige grundlegende Strukturmängel der mexikanischen Wirtschaft nicht beseitigt werden, und teilweise wurden durch die lange einseitige Fixierung auf den Binnenmarkt sogar neue Probleme geschaffen (Kürzinger 1992). Trotz der rasanten Industrialisierung wurde die vertikale und horizontale Integration der mexikanischen Volkswirtschaft kaum vertieft. Selbst zwischen verschiedenen Produktionsschienen und Betrieben in der Industrie sind nur unzureichende Verflechtungen entstanden. Dies lag nicht nur an Mängeln in der Infrastruktur, sondern am ausgesprochen sektoralen Ansatz der Entwicklungsplanung. Standorte wurden nicht im Rahmen eines integrierten Gesamtkonzeptes entwickelt, sondern überwiegend nach branchenspezifischen Anforderungen ausgewählt.

Dadurch daß der Staat entscheidenden Anteil am Industrialisierungsprozeß hatte, übertrug sich die zentralistische Struktur des politischen Systems auf wirtschaftliche Entscheidungen und verstärkte die in der Industrie ohnehin vorhandenen Konzentrations- und Agglomerationstendenzen. Die staatliche Industriepolitik begünstigte große Einheiten, während der Aufbau einer mittelständischen Wirtschaft vernachlässigt wurde. Die ökonomische Konzentration verfestigte die ungleiche Einkommens- und Vermögensverteilung. Mit der extremen räumlichen Ballung wirtschaftlicher Aktivitäten wurde regionalen Ungleichgewichten sowie ökologischen und sozialen Problemen Vorschub geleistet. Schließlich erwies sich der mit immer mehr Staatsbetrieben aufgeblähte öffentliche Sektor kaum mehr steuerbar und den politisch Verantwortlichen entglitt allmählich die Kontrolle über den Entwicklungsprozeß.

Fragen der wirtschaftlichen Effizienz spielten lange Zeit nur eine untergeordnete Rolle. Weil aufgrund der Bevölkerungsentwicklung die Nachfrage nach Arbeitsplätzen stieg und der soziale Frieden erhalten werden sollte, wurde für die Politik das Beschäftigungsziel gegenüber dem Produktivitätsziel immer wichtiger. Für die Privatwirtschaft bestand lange Zeit überhaupt keine Veranlassung, den Produktionsprozeß durch den Einsatz moderner Technologie und Verfahren effizienter zu gestalten, weil der Staat für geringe Lohnkosten sowie billige Energie, Rohstoffe und Vorprodukte sorgte. Dies führte zu einer falschen Ressourcenallokation, die durch die Ineffizienz und Korruption im Staatsapparat verstärkt wurde. Defizite im Bereich der Bildung und Berufsausbildung führten über Qualifikationsmängel bei den Arbeitskräften zu einer zusätzlichen Beeinträchtigung der Produktivität.

Weil durch die protektionistische Außenwirtschaftspolitik eine Überprüfung der Leistungsfähigkeit im Wettbewerb unterblieb, fehlte auch innerhalb der Unternehmerschaft der Anreiz für eine dynamische und innovative Haltung. Die notwendige Modernisierung der Industrie ist nicht erfolgt: Es wurde mit veralteter Technologie gearbeitet und Mexiko koppelte sich zum Teil von internationalen Entwicklungen ab. Durch den weltweiten Innovationsschub im Zuge des rasanten technologischen Fortschritts wurden die anfänglichen Erfolge der binnenmarktorientierten Entwicklung zusehends entwertet. Auf vielen Gebieten war die mexikanische Industrie nicht mehr konkurrenzfähig.

Die binnenmarktorientierte Entwicklung hat das Problem der Außenabhängigkeit nicht gelöst, sondern vom Bereich der direkten Einflußnahme auf die mittelbare Ebene der Auslandsverschuldung verlagert. Mit seiner komplementären Funktion hat der mexikanische Staat in der Wirtschaft zunehmend die Rolle übernommen, die im Porfiriat ausländische Investoren innehatten. Weil das inländische Sparaufkommen zur Bestreitung der Investitionen nicht reichte und die Zahlungsbilanz negativ war, mußte der Fiskus die fehlenden Mittel auf dem internationalen Kapitalmarkt beschaffen. Dies war so lange unbedenklich, wie die Kredite für Investitionen verwendet wurden, die eine Rendite erbrachten. Doch seit sich Anfang der 1970er Jahre die wirtschaftlichen Probleme häuften, wurde versucht, durch eine Expansion der Staatstätigkeit im investiven und konsumtiven Bereich der Krise beizukommen, ohne auf die Einnahmenseite zu achten. Auftrieb erhielt dies durch die Euphorie angesichts der reichlich fließenden Öleinnahmen. In Mexiko sah man durch die Petrodollars die Staatseinnahmen langfristig gesichert, und ausländische Banken gewährten vor diesem Hintergrund großzügig Kredite.

Unter den Präsidenten Luis Echeverría (1970–1976) und López Portillo (1976–1982) erhöhte sich das staatliche Engagement in der Wirtschaft zusehends. Anfang der 1980er Jahre hatten die Ausgaben des Öffentlichen Sektors einen Anteil von 40 % des Bruttosozialprodukts erreicht. Der Anteil des mexikanischen Staates an Investitionen war von 5 % bis 10 % in den 1960er Jahren auf 45 % Anfang der 1980er Jahre gestiegen. Demgegenüber lag der Anteil der staatlichen Betriebe am Produktionswert der Industrie bei kaum mehr als 10 %, während auf transnationale Konzerne 20 % und auf die privaten nationalen Konzerne 70 % entfielen (Lauth 1992). Der Großteil der staatlichen Wertschöpfung konzentrierte sich dabei auf relativ wenige Betriebe, insbesondere den nationalen Ölkonzern PEMEX. Dieser Vergleich macht schon deutlich, welche Lasten sich der mexikanische Staat mit einer großen Zahl völlig ineffizienter Betriebe aufgebürdet hat. Die Verschuldung der Staatsbetriebe wurde zu einer immer größeren Belastung für die öffentlichen Kassen. Kredite wurden immer mehr für verlorene Zuschüsse und konsumtive Zwecke eingesetzt. Das vielbeschworene mexikanische Wirtschaftswunder entwickelte sich zusehends zu einem kreditfinanzierten Wachstum auf Kosten der Zukunft.

Neuorientierung im Zeichen der Krise

In der Krise von 1982 haben sich die lange Zeit aufgestauten Strukturprobleme endgültig entladen. Als 1982 die Exporteinnahmen infolge des Verfalls der Rohölpreise sanken und sich das internationale Zinsniveau drastisch erhöhte, konnte Mexiko die Auslandskredite nicht mehr bedienen und mußte den Gläubigern seine Zahlungsunfähigkeit erklären. Diese waren unter der Bedingung zu einer Umschichtung der Schulden bereit, daß Mexiko ein striktes Stabilisierungsprogramm verfolgt, das zur Bestätigung dem IWF vorzulegen ist. Außerdem wurde eine grundlegende Neuordnung der mexikanischen Wirtschaft gefordert. Mexiko stimmte dem Umschuldungsabkommen zu, so daß das akute Problem der Zahlungsunfähigkeit bewältigt werden konnte. Letztlich bedeutete dies jedoch keine grundlegende Lösung der finanziellen Abhängigkeit vom Ausland, welche die mexikanische Wirtschaft auch weiterhin bedrohte.

Zunächst wurden von der mexikanischen Regierung unter Präsident Miguel de la Madrid (1982–1988) die geforderten kurzfristigen Stabilisierungsmaßnahmen ergriffen, um die akuten Probleme der Verschuldung, Kapitalflucht und Hyperinflation zu bewältigen. Um das außenwirtschaftliche Gleichgewicht wiederherzustellen, wurde der Peso abgewertet. Die Eindämmung der Inflation erforderte eine restriktive Kreditvergabe und eine Reduzierung der Staatsausgaben sowie eine zurückhaltende Lohn- und Preispolitik. Auf Betreiben der Regierung schlossen am 9.8.1982 Industrieverbände und Gewerkschaften einen Solidaritätspakt (Pacto de Solidaridad Nacional), in dem sich beide Seiten zu einer Mäßigung bei den Löhnen und Preisen verpflichteten. Die drastischen Einsparungen bei den Staatsausgaben führten auch zu Einschränkungen bei den öffentlichen Investitionen, wenngleich man sich bemühte, die Kürzungen in wichtigen Bereichen möglichst gering zu halten.

Um die tieferen Ursachen zu bekämpfen, waren allerdings eine grundlegende Änderung der Wirtschaftsstrategie und damit auch Strukturreformen unumgänglich. Mexiko ging nun endgültig zu einer Entwicklungskonzeption über, die auf die Integration in den Weltmarkt bei einer gleichzeitigen strukturellen Anpassung der nationalen Volkswirtschaften baut. Diese grundlegende wirtschaftspolitische Wende war nicht nur das Ergebnis der Auflagen des Umschuldungsabkommens, sondern auch innenpolitisch notwendig, um die Krise zu überwinden und das Land wieder handlungsfähig zu machen. Eindringlich unterstrichen wurde die Notwendigkeit grundlegender Reformen, als 1986 ein neuerlicher Einbruch der Ölpreise die Wirtschaft erschütterte. Mexiko mußte von zwei Prinzipien Abstand nehmen, die bisher die Wirtschaftspolitik bestimmt hatten: der Binnenmarktorientierung mit einer weitgehenden außenwirtschaftlichen Abschottung und dem umfangreichen staatlichen Engagement in der Wirtschaft.

Das neue Entwicklungsmodell für Mexiko geht von einer internationalen Arbeitsteilung und der Eingliederung Mexikos in den Weltmarkt aus. Die Politik der wirtschaftlichen Öffnung fand ihren sichtbaren Ausdruck im Beitritt Mexikos zum GATT-Abkommen im Jahr 1986. Mit der Öffnung gegenüber dem Ausland sollte durch Exporteinnahmen die Handelsbilanz ausgeglichen werden.

Ausländischen Investoren werden größere Freiheiten eingeräumt, damit Kapital und Technologie ins Land fließen. Ein besonderer Schwerpunkt liegt auf der engen Zusammenarbeit mit den nordamerikanischen Staaten im Rahmen der NAFTA, aber auch auf dem Ausbau der Beziehungen zu den Staaten Lateinamerikas. In der mexikanischen Wirtschaft soll die Rolle des Marktes erhöht und zugleich das direkte Engagement des Staates reduziert werden. Die Unternehmen müssen sich verstärkt dem internationalen Wettbewerb stellen.

Zur Politik der wirtschaftlichen Öffnung gehört auch eine prinzipielle Gleichbehandlung von Inländern und Ausländern bei den Investitionen. Damit ist eine deutliche Abkehr vom Prinzip der Nationalisierung der Wirtschaft erfolgt. War zuvor der ausländische Kapitalanteil gesetzlich auf 49% begrenzt, so sind seit 1989 Beteiligungen ausländischer Investoren bis zu 100% grundsätzlich zugelassen. Das 1993 verabschiedete Gesetz über ausländische Investitionen brachte Rechtssicherheit und weitere Erleichterungen für ausländische Investoren. Es enthält eine klare Regelung

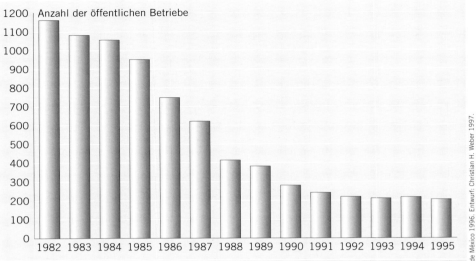

Abb. 79: Privatisierung staatlicher Betriebe: *Mit der Wirtschaftspolitik der strukturellen Anpassung seit Anfang der 1980er Jahre ist auch ein Rückzug des Staates aus der Wirtschaft verbunden, der sich heute nur mehr in wenigen strategischen Bereichen engagiert.*

Daten: Banco de México 1996. Entwurf: Christian H. Weber 1997.

der wenigen strategischen Wirtschaftsbereiche, die ausschließlich dem mexikanischen Staat vorbehalten sind. In einigen sensiblen Bereichen dürfen sich ausschließlich Mexikaner betätigen, in anderen ist eine mexikanische Mehrheitsbeteiligung von 51% vorgeschrieben.

In der Begrenzung des staatlichen Engagements auf wenige strategische Sektoren kommt bereits die weitere Komponente der neuen Wirtschaftspolitik zum Ausdruck: die deutliche Reduzierung des direkten staatlichen Engagements.

Während der Amtszeit von Präsident Miguel de la Madrid (1982–1988) erfolgte zunächst nur eine zögerliche Privatisierung von Staatsbetrieben. Ab 1985 zwang die schlechte Wirtschafts- und Finanzlage zu klaren Einschnitten, so daß eine Trennung von den defizitären öffentlichen Betrieben immer dringlicher wurde. Bereits 1988 war die Zahl der öffentlichen Betriebe auf 420 reduziert worden (Abb. 79). War die Privatisierung zunächst vor allem aus haushaltspolitischen Zwängen erfolgt, so entwickelte sie sich insbesondere in der Präsidentschaft von Carlos Salinas (1988–1994) zu einer gezielten wirtschaftspolitischen Strategie. Mit Ausnahme der strategischen Wirtschaftsbereiche wurde der Ver-

kauf zahlreicher öffentlicher Betriebe vorbereitet. Einige unverkäufliche Betriebe wurden gänzlich geschlossen, was den Verlust von 200 000 Arbeitsplätzen mit sich brachte. Bei den verbliebenen Staatsbetrieben bemühte man sich um eine Steigerung der Effizienz.

Die Privatisierung der Staatsunternehmen spiegelt einen Wandel in der Aufgabenteilung zwischen öffentlicher und privater Hand wider: Hatte früher der Staat all diejenigen Aufgaben übernommen, die von der Privatwirtschaft nicht erbracht wurden, so soll jetzt Privatkapital ersetzen, was der Staat nicht leisten kann. Auch nach den liberalen Reformen der 1980er und 1990er Jahre und der damit verbundenen Deregulierungspolitik bleibt in Mexiko die Entwicklung von Wirtschaft und Gesellschaft eine staatliche Aufgabe. Der von Präsident Miguel de la Madrid eingeleitete und von Carlos Salinas forcierte Rückzug des Staates aus der Wirtschaft markiert weniger einen Abschied vom traditionellen Staatsverständnis, sondern ist vielmehr Teil einer Umstrukturierung des staatlichen Instrumentariums zur Steuerung der wirtschaftlichen Entwicklung. In der Privatisierung staatlicher Betriebe drückt sich eine Haltung aus, wonach „nicht ein quantitativ großer, sondern ein starker Staat anzustreben sei, der seine Aufgabe effizient bewältigen könne" (Imbusch/Lauth 1992, S.175).

Die umfassenden Strukturreformen haben in der mexikanischen Wirtschaft zu dramatischen Umbrüchen geführt, von denen einzelne Gruppen und Regionen besonders hart betroffen werden. Zur sozialen Flankierung der Reformpolitik wurde daher in der Amtszeit von Präsident Carlos Salinas unter anderem das PRONASOL-Projekt entwickelt. Unter dieses Bündelungsprogramm fallen die verschiedensten Hilfsmaßnahmen wie Nahrungsmittelhilfe, medizinische Versorgung, Landwirtschaftskredite, Geschäftskredite, Zuschüsse für Arbeitsbeschaffungsmaßnahmen usw. Trotz der schwierigen wirtschaftlichen Situation ist Mexiko Anfang der 1990er Jahre eine bemerkenswerte wirtschaftliche Konsolidierung und Stabilisierung gelungen. Das Land wurde als Vorbild für eine erfolgreiche Politik der Strukturanpassung gelobt. Um so größer war die Betroffenheit, als Mexiko Ende 1994 in die schwerste Wirtschaftskrise seit den 1930er Jahren (Banco de México 1996) stürzte. Ausgelöst wurde die Krise durch den Abzug von Auslandskapital, nachdem die Akteure auf dem internationalen Kapitalmarkt die Risiken des Standortes Mexiko neu bewertet hatten. Der Kapitalabzug war deshalb so schwerwiegend, weil zwei Drittel der Auslandsinvestitionen in den mexikanischen Kapitalmarkt und nur ein Drittel in die Industrie geflossen waren.

Den Anstoß für die massive Kapitalflucht hatte die unsichere innenpolitische Lage im Jahr 1994 sowie die erwartete Abwertung des Peso gegeben. Um den Kurs seiner überbewerteten Währung zu stützen, hatte Mexiko einen Großteil seiner Devisenreserven aufgebraucht. Nach dem Abzug des Portfolio-Kapitals mußte am 21.12.1994 der Peso-Kurs freigegeben werden. Der einsetzende Währungsverfall veranlaßte zahlreiche Anleger zum Ausstieg aus dem Peso, was den Kurssturz und Kapitalmangel weiter verschärfte. Die mexikanische Regierung war schließlich nicht mehr in der Lage, ihre kurzfristigen in ausländischen Währungen zu zahlenden Schulden zu bedienen, weil die Reserven der Bank von Mexiko nicht mehr ausreichten. Als Antwort auf die Krise wurde ein internationales Hilfspaket im Umfang von fast 50 Mrd. US-$ zusammengestellt. Dieses größte Hilfsprogramm, das je einem einzelnen Land gewährt wurde, sollte die kurzfristigen Liquiditätsprobleme Mexikos beheben und damit verhindern, daß die Krise auf andere Märkte übergriff. Wieder einmal hatte sich die Abhängigkeit Mexikos von ausländischem Kapital als Schwachstelle erwiesen.

Infolge der Währungs- und Finanzkrise kam es zu einem Rückgang der wirtschaftlichen Aktivitäten: Die Investitionen und die Binnennachfrage erlitten einen empfindlichen Einbruch. Einzig von der Exportwirtschaft, stimuliert durch den niedrigen Pesokurs, ging ein kräftiger Nachfrageschub aus. Vor allem den exportorientierten Bereichen seiner Industrie hat Mexiko die relativ schnelle wirtschaftliche Erholung zu verdanken. Mit einer konsequenten Stabilitätspolitik konnte die Regierung das Vertrauen der wirtschaftlichen Akteure wiederherstellen und damit die Inflation dämpfen sowie die Investitionen stimulieren.

Wirtschaftsbereiche im Wandel

Außenwirtschaft: Speerspitze des Wandels

Auf dem Gebiet des Außenhandels sind Veränderungen in der mexikanischen Wirtschaft besonders deutlich erkennbar. Ein Vergleich im Kontext des Weltmarktes erlaubt eine Einordnung des Landes und damit eine gewisse Positionsbestimmung. In Mexiko nehmen die Außenwirtschaftsbeziehungen beim ökonomischen Wandel eine Vorreiterrolle ein. Die mexikanische Außenwirtschaftspolitik hat in den letzten 100 Jahren zweimal einen grundlegenden Wechsel erfahren: Auf die exportorientierte Phase des „desarrollo hacia afuera" folgte in den 1930er Jahren mit dem „desarrollo hacia adentro" eine Periode der Binnenmarktorientierung und des Protektionismus, die in den 1980er Jahren durch eine neuerliche

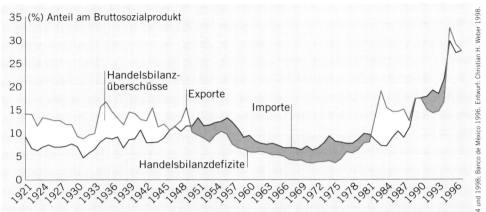

Abb. 80: Handelsbilanz seit 1921: *Seit der wirtschaftlichen Öffnung Mexikos in den 1980er Jahren hat sich die Bedeutung des Außenhandels erhöht. Während der binnenmarktorientierten Entwicklungsphase war die Handelsbilanz permanent negativ. Nach wie vor gestaltet sich der Ausgleich der Handelsbilanz schwierig, weil mit den Exporten auch die Importe ansteigen.*

Daten: INEGI 1994 und 1998; Banco de México 1996. Entwurf: Christian H. Weber 1998.

Öffnung für den Weltmarkt abgelöst wurde. Diese Richtungsänderungen sind nicht allein das Ergebnis einer politischen Umorientierung in Mexiko, sondern liegen auch im Trend der jeweiligen Entwicklung in der Weltwirtschaft und insbesondere in Lateinamerika.

In der Phase der Außenorientierung des „desarrollo hacia afuera" lag der Anteil der Exporte an der Wertschöpfung zwischen 1900 und 1910 bei rd. 10 % und erreichte nach der Unterbrechung durch die Mexikanische Revolution Anfang der 1920er Jahre mit 15 % ihren vorläufigen Höhepunkt. Zwischen 1900 und 1910 hatte sich das Volumen der Exporte von 76 Mio. auf 146 Mio. US-$ erhöht. Der Spitzenwert lag Anfang der 1930er Jahre bei einem Volumen von mehr als 300 Mio. US-$. Im Zuge der Weltwirtschaftskrise kam es zu einem rasanten Absturz der Exporte, die in den Jahren 1932 und 1933 mit einem Volumen von rd. 100 Mio. US-$ und einem Anteil von nur mehr 10 % des Bruttosozialprodukts ihren Tiefpunkt erreichten. Dieser Einbruch der Exportwirtschaft leitete auch in Mexiko den Übergang zur Politik der Importsubstitution ein, die mit einer protektionistischen Außenwirtschaftspolitik verbunden war. Die Ausfuhr von Gütern, die für die Entwicklung der Binnenwirtschaft erforderlich waren, wurde erschwert. Zur Erzielung von Deviseneinnahmen durften nur überschüssi-

ge Produkte, vor allem aus dem Agrar- und Bergbaubereich, exportiert werden.

Die Exporte verharrten bis in die 1940er Jahre auf einem niedrigen Niveau, erfuhren dann aber eine Steigerung, weil Mexiko ein wichtiger Lieferant für die Kriegswirtschaft der USA war. Seither vollzog sich ein kontinuierlicher, aber nur langsamer Anstieg, der unter der Entwicklung der Gesamtwirtschaft lag, so daß sich der Anteil der Exporte am Bruttosozialprodukt lange Zeit deutlich unter 10 % bewegte (Abb. 80). Der rasante Anstieg der Erdölexporte führte zwischen 1972 und 1982 zu einer Verzehnfachung des Exportvolumens, das 1982 bei über 22 Mrd. US-$ lag, aber weiterhin kaum mehr als 10 % des Bruttosozialprodukts betrug. Zunächst bescherte die zweite Ölkrise ab dem Jahr 1979 Mexiko einen immensen Anstieg seiner Exporteinnahmen, bis ein erster Rückgang der Erdölpreise 1982 zu einem Einnahmeeinbruch führte, der die Verschuldungskrise auslöste. Dennoch verharrten die Exporteinnahmen bis 1985 auf einem Niveau von jährlich fast 22 Mrd. US-$, ehe der neuerliche drastische Verfall der Weltmarktpreise für Rohöl zu einem Absturz auf 16 Mrd. US-$ im Jahr 1986 führte. Gleichzeitig besiegelte 1986 Mexiko ganz offiziell mit der Unterzeichnung des GATT (= General Agreement on Tariffs and Trade) seinen Kurswechsel in der Außenwirtschaftspolitik.

Exportstruktur im Wandel

Das Hauptziel der Liberalisierung des mexikanischen Außenhandels ist die Förderung der mexikanischen Exporte insbesondere bei Industriegütern. Inzwischen wurden auf diesem Gebiet deutliche Erfolge erzielt: Nach der Krise von 1986 setzte eine kontinuierliche Erholung des Exports ein. Zwischen 1990 und 1997 hat sich das Exportvolumen rund vervierfacht und liegt inzwischen bei über 100 Mrd. US-$. Mit einem Anteil von rd. 30 % am Bruttosozialprodukt war der Exportsektor im Krisenjahr 1995 der entscheidende Rettungsanker der mexikanischen Wirtschaft. Mit einem Anteil von 29 % im Jahr 1996 und von 27,5 % im Jahr 1997 hat die Exportwirtschaft heute einen deutlich höheren Anteil an der Wertschöpfung als in der Ära des „desarrollo hacia afuera" zu Beginn des Jahrhunderts, als Spitzenwerte von bestenfalls 15 % erreicht wurden (Abb. 80).

Mit der Integration Mexikos in den internationalen Markt ist nicht nur das Exportvolumen deutlich angestiegen, sondern es kam zu einer beachtlichen Diversifizierung der Exporte. Bis zu Beginn der 1970er Jahre bestanden die Ausfuhren überwiegend aus Bergbauprodukten sowie Erzeugnissen der Landwirtschaft, Forstwirtschaft und Fischerei, während der Anteil der Industriegüter bei nicht einmal 5 % lag. Nach dem Ölboom der 1970er Jahre wurde das Erdöl zum wichtigsten Exportartikel Mexikos, auf den zeitweise 90 % der Exporterlöse entfielen. Der gezielte Strukturwandel der mexikanischen Wirtschaft seit der Verschuldungskrise zeigt sich im Exportsektor besonders deutlich (Tab. 50). Mit der Reduzierung des Erdöls an den Gesamtexporten wurde auch der Einfluß der Preisschwankungen für Rohöl auf die mexikanische Volkswirtschaft deutlich verringert. Seit den 1990er Jahren entfällt der größte Teil der mexikanischen Exporteinnahmen auf Industriegüter: 1990 lag ihr Anteil bei 69 %, 1997 bereits bei 86 %.

Die Entwicklung des mexikanischen Außenhandels folgt dem weltweiten Trend der Regionalisierung und der Konzentration auf Industriegüter. Daher hat vor allem der Handel mit den unmittelbaren Nachbarländern zugenommen. In ganz Lateinamerika lassen sich deutliche Regionalisierungstendenzen beobachten, wobei der Anteil der Exporte in diese Region von 14,3 % im Jahre 1992 auf 22 % im Jahr 1995 angestiegen ist. Wesentlich dynamischer ist die Entwicklung des intraregionalen Handels zwischen Mexiko, den USA und Kanada verlaufen. Der 1994 erfolgte Zusammenschluß der drei Partner im nordamerikanischen Freihandelsabkommen NAFTA liegt ganz auf der Linie der Regionalisierung der Wirtschaftsbeziehungen.

Im Falle Mexikos äußert sich dies in einer zunehmenden Konzentration des Außenhandels auf die USA. Während Anfang der 1980er Jahre rd. 60 % der mexikanischen

Anteil (%) am Wert der Warenexporte* Warengruppe	1985	1995
Agrarprodukte	**6,3**	**7,1**
Frischgemüse	0,8	1,9
Frischobst	0,4	1,2
Obst- und Gemüsekonserven	0,4	0,5
Kaffee	2,3	1,5
Vieh	0,9	1,1
gefrorene Garnelen	1,5	0,9
Rohstoffe	**70**	**18,9**
mineralische Rohstoffe	2,4	1,4
Rohkupfer	0,0	0,8
Rohöl	61,4	15,3
Ölnebenprodukte	6,2	1,4
Industrie-Produkte	**15,4**	**57,1**
chemische Erzeugnisse	3,1	7,5
petrochemische Erzeugn.	0,5	0,7
Eisen und Stahl	1,1	5,7
Glas und Glaserzeugnisse	0,7	1,0
Holzerzeugnisse	0,3	0,6
Textilien u. Ledererzeugn.	0,9	4,3
Fahrzeuge u. Fahrzeugteile	7,3	26,8
Maschinenteile	0,3	1,8
elektrotechn. Erzeugnisse	0,8	5,8
fototechn. Erzeugnisse	0,1	0,7
Computer	0,3	2,2
Sonstige Erzeugnisse	**8,3**	**16,9**

* ohne Lohnveredelungsindustrie (Maquiladoras)

Daten: Banco de México 1996.

Tab. 50: Exportstruktur im Wandel

Exporte in die USA gingen, waren es 1995 bereits 85 % (Stat. Bundesamt 1995). Der Anteil der Importe Mexikos aus den USA ist von 65 % Anfang der 1980er Jahre auf 75 % im Jahr 1995 angestiegen.

Die Intensivierung der außenwirtschaftlichen Verflechtungen zwischen Mexiko und den USA geht zu einem erheblichen Teil auf die Zunahme des intraindustriellen Handels zurück. Der Warenaustausch zwischen Produktionsstätten diesseits und jenseits der Grenze, die zum selben Industriekonzern gehören, nimmt immer größere Ausmaße an. Am offensichtlichsten ist dies bei der sogenannten Lohnveredelungsindustrie (Maquiladora). Hier werden Vorprodukte oder Bauteile zur Endmontage aus den USA nach Mexiko „exportiert" und die fertigen Produkte dann wieder „reimportiert". Obwohl diese Montagewirtschaft weiterhin überdurchschnittliche Zuwachsraten aufweist, ist der relative Anteil der Maquiladora-Wirtschaft an den Industrieexporten Mexikos deutlich zurückgegangen: Während 1985 noch knapp zwei Drittel der Industrieexporte aus der Lohnveredelungsindustrie kamen, lag der Anteil der Montageindustrie 1995 nur mehr bei einem Drittel. Doch auch außerhalb des Maquiladora-Bereichs besteht heute eine enge Arbeitsteilung zwischen Fertigungsstandorten in den USA und Mexiko, wobei vor allem die geringen Lohnkosten im südlichsten NAFTA-Land eine Rolle spielen. In der Zunahme der Handelsbeziehungen zwischen Mexiko und den USA spiegelt sich daher auch zu einem erheblichen Teil die Neuorganisation der Arbeitsteilung innerhalb großer Industriekonzerne wider.

Handelsbilanz: Defizite bleiben

Trotz der beträchtlichen Ausweitung der Exporte bleiben Defizite in der Handelsbilanz bis heute ein schwerwiegendes Problem für die mexikanische Volkswirtschaft. Nachdem in der Ära der außenorientierten Entwicklung und in den ersten Jahren der binnenmarktorientierten Entwicklung die mexikanische Handelsbilanz deutliche Überschüsse aufgewiesen hatte, verzeichnete sie nach dem Abflauen der kriegsbedingten Sonderkonjunktur 1946 und 1947 erstmals ein Defizit (Abb. 80). Von 1950 bis Anfang der 1980er Jahre war die Handels-

bilanz permanent negativ, wobei die Defizite immer dramatischere Ausmaße annahmen. Paradoxerweise konnte gerade die Politik der Importsubstitution das Handelsbilanzdefizit nicht beseitigen. Obwohl die Struktur der Einfuhren verändert werden konnte, war es auf Dauer nicht möglich, die Einfuhren zu senken. Denn obwohl der Selbstversorgungsgrad bei Konsumgütern deutlich erhöht werden konnte, mußte nach wie vor ein erheblicher Teil des Bedarfs an Vorprodukten und Investitionsgütern im Ausland gedeckt werden. Da wegen der Fixierung auf den Binnenmarkt der Export bewußt vernachlässigt und teilweise erschwert wurde, konnten die Aufwendungen kaum durch Exporteinnahmen ausgeglichen werden. Mangels eines nennenswerten Industrieexportes reichte die Ausfuhr von Agrarprodukten und mineralischen Rohstoffen nicht aus, um die Handelsbilanz auszugleichen. Vor diesem Hintergrund kam von der Bank von Mexiko 1966 die Initiative zum Ausbau des Tourismus, um über Leistungsbilanzüberschüsse wenigstens die Zahlungsbilanz auszugleichen.

Nach der Schuldenkrise von 1982 ermöglichten eine konsequente Sparpolitik, der damit verbundene Rückgang der Importe sowie hohe Erlöse aus Erdölexporten für kurze Zeit eine positive Handelsbilanz. Doch schon bald wurde trotz einer immensen Steigerung der Exporte in den 1990er Jahren die Handelsbilanz wieder negativ. Zusammen mit anderen außenwirtschaftlichen Faktoren führte das Handelsbilanzdefizit 1994 zu einer der schwersten Wirtschaftskrisen in der Geschichte Mexikos. Daß im Krisenjahr 1995 die Handelsbilanz einen deutlichen Überschuß aufwies, lag am drastischen Einbruch der Importe aufgrund der rückläufigen Nachfrage und Investitionstätigkeit in Mexiko. Während 1996 die Handelsbilanz noch Überschüsse aufwies, zeichnete sich 1997 bereits wieder ein leichtes Defizit ab.

Trotz immenser Ausweitungen der Exporte ist es Mexiko bisher nicht gelungen, auf Dauer Überschüsse in der Handelsbilanz zu erzielen, weil in gleichem Umfang auch die Importe angestiegen sind. Dafür gibt es im wesentlichen zwei Ursachen: Aufgrund von Defiziten in der eigenen Industrie muß Mexiko nach wie vor in erheblichem Umfang Investitionsgüter (1997: 13,8 %) und Vorprodukte (1997: 77,7 %) importieren. Steigerungen der Konsumgüterproduktion, ob nun für den Export oder den Binnenmarkt, führen damit zwangsläufig auch zu einem Anstieg der Importe. Doch auch vom weiteren Ausbau der Industrie im Bereich der Investitionsgüter und Vorprodukte ist keine zu große Senkung der Importe zu erwarten. Denn mit dem weiteren Fortschreiten der internationalen Arbeitsteilung wird der intraindustrielle Handel, insbesondere zwischen Mexiko und den USA, weiter zunehmen.

Diese Tendenz wird auch deutlich, wenn man die Zusammensetzung des Außenhandels näher betrachtet: Im Jahr 1997 machten Vorprodukte 77,7 % der Importe und 51,5 % der Exporte Mexikos aus. Konsumgüter hatten am Export einen Anteil von 29,8 %, Investitionsgüter von 24,1 % (INEGI 1998). Vor dem Hintergrund dieser Austauschbeziehungen führt ein Anstieg der Exporte fast zwangsläufig zu einer Zunahme bei den Importen. Überschüsse in der Handelsbilanz lassen sich daher nur erzielen, wenn die Weiterverarbeitung der importierten Produkte in Mexiko mit einer deutlichen Wertsteigerung verbunden ist.

Derzeit erfolgt die Auslagerung von Produktionsschritten nach Mexiko allerdings hauptsächlich, um die geringen Lohnkosten auszunutzen. Da es sich vielfach nur um einfache Arbeitsschritte handelt und in Mexiko hergestellte Vorprodukte nur selten zum Einsatz kommen, ist der Wertschöpfungsanteil, den die mexikanische Volkswirtschaft an der Weiterverarbeitung hat, relativ gering. Die kleine Spanne zwischen den Ausgaben für importierte Vorprodukte und den Einnahmen für exportierte Fertigwaren oder Zwischenprodukte kann leicht durch Kursschwankungen aufgezehrt werden.

Ohne grundlegende Verbesserungen der Wirtschaftsstruktur lassen sich die außenwirtschaftlichen Probleme Mexikos nicht lösen. Über eine Erhöhung der Qualifikation der Arbeitskräfte und eine Verbesserung der Produktionstechnologie muß der Wertschöpfungsanteil der Wirtschaft im Rahmen der internationalen Arbeitsteilung deutlich erhöht werden. Eine Ergänzung des Produktionspotentials und eine bessere Integration der Industrie können dazu beitragen, die Fertigungstiefe zu erhöhen. In diesem Zusammenhang sind auch Investitionen ausländischer Firmen von Bedeutung, die den NAFTA-Partner Mexiko als Sprungbrett in den US-Markt nutzen wollen. Denn nur Produkte, deren Komponenten zu einem Großteil im NAFTA-Gebiet gefertigt sind, fallen unter die Freihandelsregelung.

Erwerbs- und Produktionsstruktur im Wandel

In den letzten 100 Jahren hat sich, wie bereits die Verteilung der Erwerbstätigen zeigt, das relative Gewicht der Wirtschaftssektoren deutlich verschoben (Abb. 81). Bis zur Krise in den 1980er Jahren ist die relative Bedeutung des primären Sektors kontinuierlich zurückgegangen. Seither verharrt der Anteil der Erwerbstätigen in den Bereichen Landwirtschaft, Forstwirtschaft und Fischerei auf einem Wert von rd. 25 %. Die absolute Zahl der Erwerbstätigen im primären Sektor ist bei einer langfristigen Betrachtung dagegen nahezu konstant geblieben. Einem zeitweisen Rückgang zwischen 1960 und 1970 folgte ein Anstieg in den 1990er Jahren. Dies deutet auf eine Auffangfunktion des Agrarsektors in Zeiten wirtschaftlicher Krisen und Umbrüche hin.

Bis in die 1980er Jahre ist die Zahl der Erwerbstätigen im produzierenden Gewerbe beträchtlich angestiegen, seither nur mehr unterproportional gewachsen. Das produzierende Gewerbe ist nur sehr begrenzt in der Lage, zusätzliche Arbeitskräfte aufzunehmen. Die wichtigsten Tätigkeitsfelder des sekundären Sektors liegen in der Bauwirtschaft und im verarbeitenden Gewerbe, während die Bereiche Energiewirtschaft, Bergbau und Ölförderung für den Arbeitsmarkt nur eine marginale Bedeutung haben. Die Bauwirtschaft und das verarbeitende Gewerbe haben unter den Konjunktureinbrüchen besonders stark gelitten, so daß in diesen Bereichen nur ein verhaltener Beschäftigungseffekt zu erwarten war. Mit einem Anteil von 55 % der Erwerbstätigen bildet die Industrie den Kern des verarbeitenden Gewerbes. Die Zahl der Erwerbstätigen in der Industrie ist seit den 1980er Jahren kaum mehr gestiegen. Zwar sind durch die Ansiedlung ausländischer Montagebetriebe in Nordmexiko zwischen 1980 und 1990 340 000 neue Industrie-

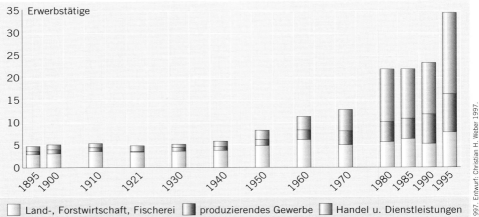

Land-, Forstwirtschaft, Fischerei ▮ produzierendes Gewerbe ▮ Handel u. Dienstleistungen

Abb. 81: Erwerbstätige nach Wirtschaftssektoren seit 1895: Der Schwerpunkt der Erwerbstätigkeit hat sich insbesondere von der Landwirtschaft in den Dienstleistungsbereich verlagert. Die zusätzlichen Arbeitsplätze im produzierenden Gewerbe reichen für die große Zahl der Arbeitsuchenden nicht aus. In den Städten bestreiten deshalb viele Menschen als Händler und mit einfachen Dienstleistungen ihren Lebensunterhalt, auf dem Land mit der Subsistenzlandwirtschaft.

Daten: INEGI 1994 und 1997. Entwurf: Christian H. Weber 1997.

arbeitsplätze entstanden (Boris 1996), doch gleichzeitig verloren durch den Strukturwandel in anderen Bereichen der Industrie etwa genauso viele Arbeitnehmer ihre Beschäftigung. In der gegenwärtigen Phase von Rationalisierungen und Umstrukturierungen ist daher kaum mit einer Expansion des Arbeitsplatzangebots der Industrie zu rechnen. Das Handwerk, auf das sich etwa 45 % der Beschäftigten des verarbeitenden Gewerbes verteilen, besteht größtenteils aus Kleinstgewerbe. Nur wenige Betriebe bieten hier feste Arbeitsplätze an. In Mexiko fehlt bislang ein breiter gewerblicher Mittelstand, von dem eine nachhaltige Beschäftigungswirkung ausgehen könnte.

Für Arbeitskräfte, die ihr Auskommen nicht in der Landwirtschaft bestreiten können oder wollen, bleibt vielfach nur mehr eine Tätigkeit im Bereich Handel und Dienstleistungen. Die außerordentliche Expansion des tertiären Sektors deutet daher weniger auf einen Wandel zu einer modernen Dienstleistungsgesellschaft hin, sondern vielmehr auf die Expansion einer Überlebensökonomie in den Bereichen Handel und einfache Dienstleistungen. Dies wird deutlich, wenn man die Zusammensetzung des tertiären Sektors nach Wirtschaftsbereichen aufgliedert (Tab. 51). In den Städten haben informelle Tätigkeiten im Han-

dels- oder Dienstleistungsbereich die Rolle übernommen, welche die Subsistenzlandwirtschaft im ländlichen Raum einnimmt.

Wie bereits anhand der Erwerbsstruktur deutlich wurde, kann die wirtschaftliche Modernisierung mit der Bevölkerungsentwicklung nicht schritthalten und verläuft überdies höchst ungleichmäßig. Aufgrund erschwerter Ausgangsbedingungen sind die Voraussetzungen für einen Strukturwandel in Mexiko ungleich schwerer als in den modernen Industriestaaten, und die Erfolge werden vielfach von der demographisch erzwungenen Expansion der Wirtschaft aufgezehrt. Qualitative Veränderungen in der mexikanischen Wirtschaft werden durch die quantitative Entwicklung verdeckt. Anhand der prozentualen Anteile einzelner Aktivitäten an der Gesamtwirtschaft Mexikos läßt sich der Strukturwandel, der in Teilbereichen ganz beachtlich ist, somit nur unzureichend erfassen.

Betrachtet man die Veränderung der Wertschöpfungsanteile der einzelnen Wirtschaftsabteilungen seit 1960, so läßt sich kaum ein Strukturwandel erkennen (Tab. 52). Deutlich zeichnet sich lediglich der Bedeutungsverlust der Landwirtschaft ab. Als dynamische Bereiche, die so stark überdurchschnittlich gewachsen sind, daß sich ihr Anteil erhöht hat, erweisen sich

	absolut	%
Erwerbstätige insgesamt	**23 403 413**	**100,0**
Primärer Sektor	5 300 114	22,6
Sekundärer Sektor	6 503 224	27,8
Energiewirtschaft und Wasserversorgung	154 469	0,7
Bergbau	99 233	0,4
Öl und Erdgas	161 282	0,7
verarbeitendes Gewerbe	4 493 279	19,2
Baugewerbe	1 594 961	6,8
Tertiärer Sektor	11 600 075	49,6
Handel	3 108 128	13,3
Gastgewerbe	766 972	3,3
Verkehr und Nachrichtenübermittlung	1 045 392	4,5
Finanzdienstleistungen (Banken, Versicherungen, Immobilien)	360 417	1,5
technische und andere höhere Dienstleistungen	431 515	1,9
personenbezogene Dienstleistungen	2 137 836	9,1
öffentliche Verwaltung	928 358	4,0
kommunale u. soziale Dienstleistungen	2 017 585	8,6
sonstige Dienstleistungen	803 872	3,4

Daten: INEGI 1992.

Tab. 51: Erwerbstätigkeit nach Wirtschaftsbereichen 1990

bei globaler Betrachtung lediglich diejenigen Wirtschaftsbereiche, die mit der Erschließung und wirtschaftlichen Integration des Landes aufs engste verbunden sind: Die Energiewirtschaft und Wasserversorgung weisen schon allein aufgrund des großen Nachholbedarfs überdurchschnittliche Zuwächse auf. Das Transportwesen und die Nachrichtenübermittlung profitieren vom weiteren Ausbau der Infrastruktur sowie der Zunahme der Austauschbeziehungen mit den voranschreitenden regionalen und internationalen Verflechtungen Mexikos. Auch bei einer Betrachtung der für jeweils fünf Jahre ermittelten durchschnittlichen jährlichen Wachstumsraten der Wertschöpfung zeichnen sich die Bereiche Energie und Wasser sowie Verkehr und Nachrichten als die hervorstechendsten Wachstumsbranchen ab (Abb. 82). Wesentlich unstetiger ist die Entwicklung im verarbeitenden Gewerbe verlaufen, wo zeitweise auch hohe Zuwächse erzielt worden sind. Wenn in den 1990er Jahren für das verarbeitende Gewerbe die Wachstumsrate relativ gering ausgefallen ist, so hängt dies auch mit dem Strukturwandel innerhalb der Industrie zusammen. Während einzelne Branchen überdurchschnittlich gewachsen sind, stagnierte in anderen die Wertschöpfung oder ging sogar zurück.

In den Wachstumsraten spiegelt sich nicht nur die langfristige Entwicklung der Wertschöpfung wider, sondern es kommen darin auch kurzfristige Veränderungen zum Ausdruck, die das Ergebnis konjktureller Einflüsse sind. Diese Konjunkturschwankungen sind in den Wirtschaftsbereichen

Wirtschaftsabteilung (Anteil in %)	1960	1970	1980	1990	1995
Land-, Forstwirtschaft, Fischerei	15,5	11,0	8,0	7,5	7,5
Energiewirtschaft und Wasserversorgung	0,5	0,5	1,0	1,5	1,5
Bergbau	3,5	2,5	3,0	3,5	3,5
Verarbeitendes Gewerbe	20,5	23,0	22,0	22,5	22,5
Baugewerbe	5,0	6,0	6,5	5,0	4,5
Handel und Gastgewerbe	4	0	1	4	5
Verkehr und Nachrichtenübermittlung	5,0	5,0	6,5	6,5	7,5
Finanzdienstleistungen (Banken, Versicherungen, Immobilien)	11,0	10,0	8,5	10,5	12,0
sonstige Dienstleistungen	16,5	18,0	17,0	17,5	18,0

Daten: INEGI 1994, Banco die México 1996.

Tab. 52: Wertschöpfung verschiedener Wirtschaftsbereiche

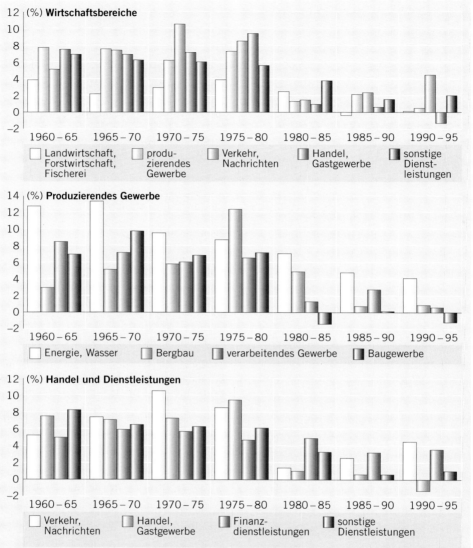

Abb. 82: Durchschnittliches jährliches Wirtschaftswachstum: *Hinter der allgemeinen Entwicklung der Wertschöpfung, die seit den 1980er Jahren eine deutliche Dämpfung erfahren hat, verbergen sich große sektorale Unterschiede. Hierfür sind strukturelle Gründe sowie eine unterschiedliche Konjunkturanfälligkeit einzelner Wirtschaftsbereiche verantwortlich.*

Daten: INEGI 1994; Banco de México 1996. Entwurf: Christian H. Weber 1998.

unterschiedlich ausgeprägt. Zeitweilige Rückschläge bei der Wertschöpfung gab es im verarbeitenden Gewerbe, dem Baugewerbe sowie dem Handel und der Gastronomie. Einzelhandel und Gastronomie reagieren sensibel auf Schwankungen der Nachfrage, das Baugewerbe auf Rückgänge bei den In-

vestitionen, das verarbeitende Gewerbe leidet unter Einbußen bei den Investitionen und bei der Nachfrage. Wirtschaftskrisen wirken sich somit sektoral unterschiedlich aus. Durch die räumliche Verteilung der sensiblen Sektoren kommt es auch zu regionalen Unterschieden der Krisenbetroffenheit.

Bergbau und Energiewirtschaft

Bergbau: Grundlage der historischen Raumentwicklung

Aufgrund seiner geologischen Entwicklung und Strukturen verfügt Mexiko über einen großen Reichtum an Bodenschätzen. Mit Lagerstätten unterschiedlichster Rohstoffe zählt das Land zu den bedeutendsten Bergbauländern der Welt. Das Spektrum der Abbauprodukte umfaßt ca. 45 Metallerze und Mineralien. Vielfach sind die Lagerstätten unterschiedlicher Metalle wie Silber, Blei, Zink und Kupfer aneinander gebunden. Bei der Aufbereitung der Erze fallen weitere Metalle wie Arsen, Cadmium, Molybdän, Quecksilber, Selen, Wismut und Wolfram an. Gehäuft treten die abbauwürdigen Bodenschätze im nördlichen Hochland und in der westlichen Sierra auf. Die reichen Schwefelvorkommen im Isthmus von Tehuantepec werden hauptsächlich in der Region von Minatitlán und Coatzacoalcos ausgebeutet. Salz wurde zunächst den Ablagerungen einiger abflußloser Binnenseen entnommen. Heute wird der größte Teil des Salzes durch Verdunstung von Meerwasser aus Salinen (vor allem an der Küste der Halbinsel Niederkalifornien) gewonnen.

Mexiko kann auf eine lange Bergbautradition zurückblicken: In indianischer Zeit bildete das vulkanische Glas Obsidian den wichtigsten Rohstoff. Die Metropole Teotihuacán verdankte ihre Bedeutung vor allem der Verarbeitung dieses Materials, das in der Nähe abgebaut wurde. Die Gewinnung und Verarbeitung von Metall spielte bei den indianischen Hochkulturen dagegen nur eine untergeordnete Rolle. Nach der Eroberung durch die Spanier wurde der Edelmetallbergbau forciert. Die Suche nach Gold und Silber war individuelle Triebfeder für viele Eroberer und stand auch im Vordergrund der wirtschaftlichen Erschließung durch die spanische Krone. In den 300 Jahren Kolonialherrschaft wurden im Vizekönigreich Neuspanien insgesamt 1,1 Mio. t Silber und 3700 t Gold abgebaut (INEGI 1994). Erst mit der im Porfiriat forcierten Industrialisierung wurde das Spektrum der Abbauprodukte auf andere Metallerze und Mineralien ausgeweitet.

Die Steinkohlevorkommen in Nordostmexiko sowie das Eisenerz vom Cerro del Mercado bei Durango und aus Lagerstätten in Colima und Michoacán bildeten die Grundlage für den Aufbau der Eisen- und Stahlindustrie. Inzwischen reicht der aus mexikanischer Kohle erzeugte Koks als Reduktionsmittel nicht mehr aus, so daß bei der Verhüttung vielfach Gas oder Öl zum Einsatz kommen. Auch der heimische Erzabbau kann den steigenden Rohstoffbedarf der Stahlindustrie nicht mehr vollständig decken. Im Zuge der Liberalisierung des Handels wird sich die Bedeutung heimischer Erze voraussichtlich weiter verringern (Buchhofer 1992).

Im Bergbau sieht die Regierung ein bedeutendes Potential zur Schaffung von Arbeitsplätzen, zur Versorgung der inländischen Wirtschaft mit Rohstoffen und zur Erzielung von Exporteinnahmen (PND 1995–2000). Durch eine effizientere Ausbeute der bekannten Vorkommen, die Förderung kleinerer und mittlerer Bergbaubetriebe sowie die Erkundung und Erschließung neuer Lagerstätten soll die Produktion gesteigert werden. Um die Wertschöpfung zu erhöhen, sollen nur besonders wertvolle Rohstoffe unmittelbar exportiert werden, während bei den übrigen Bergbauprodukten eine Weiterverarbeitung in Mexiko angestrebt wird (PND 1988–1994). Hierzu ist es erforderlich, die Aufbereitungs- und Verarbeitungsanlagen auszubauen und zu modernisieren. Verbesserte gesetzliche Rahmenbedingungen geben Investoren die nötige Sicherheit, damit das erforderliche Privatkapital in den Bergbausektor fließt. Ein besonderes Augenmerk genießt die Förderung kleiner und mittlerer Unternehmen (PND 1995–2000). Schon bislang waren internationale Unternehmen, vor allem aus den USA, im mexikanischen Bergbau tätig. Weil Mexiko auch künftig auf fremdes Kapital und Know-how nicht völlig verzichten kann, wurden die Investitionsbeschränkungen für ausländische Firmen gelockert. Die Anstrengungen zur Förderung des Bergbaus zeigen Wirkung: Nach einem zeitweiligen Rückgang der Zuwachsraten und damit auch des Anteils an der Wertschöpfung hat sich seit den 1980er Jahren das wirtschaftliche Gewicht des Bergbaus wieder erhöht.

	Fördermengen in Tonnen im Durchschnitt der Jahre			Weltproduktion Anteil 1990	
	1900–1905	1950–1955	1988–1992	(%)	Rang
Wismut	–	340	805	28,6	1.
Silber	1920	1 455	2 315	16,2	1.
Antimon	2525	5 220	2 105	3,8	3.
Flußspat	–	–	475 000	12,4	3.
Arsen	–	5 810	4 960	8,6	4.
Cadmium	–	760	1 420	6,4	4.
Graphit	–	–	40 000	4,0	4.
Baryt	–	–	280 000	5,0	5.
Blei	263 090	229 550	168 070	5,4	6.
Zink	900	216 250	297 530	4,4	6.
Molybdän	–	25	3 340	1,8	6.
Schwefel	–	–	1 680 000	3,5	7.
Kupfer	38 110	60 495	270 640	3,3	8.
Salz	–	–	7 305 000	3,8	9.
Eisen	–	–	6 000 000		
Gips	–	–	5 150 000		
Kohle	675 880	1 218 650	4 440 390		
Naturphosphat	–		525 000		
Mangan	4	49 390	109 650		
Zinn	80	415	200		
Wolfram	–	250	185		
Gold	32,3	12,3	9,2		
Quecksilber	165	325	–		

Tab. 53: Fördermengen ausgewählter Bergbauprodukte

Daten: Statistisches Bundesamt 1995; INEGI 1994; Ortega-Gutiérrez u. a., 1992

Lange Zeit zählten Bergbauprodukte neben Agrarerzeugnissen zu den wichtigsten Ausfuhrgütern Mexikos. Noch heute nimmt das Land bei der Förderung vieler Rohstoffe eine Spitzenposition ein (Tab. 53). So ist Mexiko mit einer Ausbeute von rd. 2300 t pro Jahr der größte Silberproduzent der Welt und hat darüber hinaus beim Abbau von Wismut, Antimon, Flußspat, Graphit, Arsen und Cadmium eine führende Stellung. Auch Kupfer, Zink, Schwefel und Salz werden in größeren Mengen exportiert. Im Jahr 1997 erzielte Mexiko mit dem Verkauf von Bergbauprodukten Exporteinnahmen von knapp 500 Mio. US-$. Wegen des rasanten Anstiegs der Warenausfuhren in anderen Bereichen lag der Anteil des Bergbaus am Exportvolumen allerdings 1997 nur mehr bei knapp 0,5 %.

Die Beschäftigungs- und Einkommenseffekte, die bislang vom Bergbau ausgehen, sind relativ gering. 1990 arbeiteten in diesem Wirtschaftszweig 170 000 Menschen und damit 0,5 % der Erwerbstätigen (Stat. Bundesamt 1995). Mit 75 % ist die Quote der fest angestellten Arbeitskräfte relativ hoch. Daneben dienen Tagelöhner als flexible Arbeitskraftresereve (INEGI 1992). Obwohl der Anteil des Bergbaus an der Wertschöpfung mit 3,5 % im Jahr 1995 (Banco de México 1996) deutlich über dem Anteil der Erwerbstätigen lag, bewegen sich die Einkommen nur knapp über dem Durchschnitt aller Wirtschaftsbereiche. Die Wertschöpfung aus der Gewinnung von Rohstoffen wird nur zu einem geringen Teil an die Beschäftigten weitergegeben, die überwiegend einfache und körperlich schwere Arbeiten verrichten.

Bei der historischen Raumprägung hatte der Bergbau eine herausragende Bedeutung: Vom Silberbergbau ging der entscheidende Anstoß zur Besiedlung und Erschließung des mexikanischen Nordens aus. Die Errichtung von Minen erwies sich als Triebfeder für die Gründung von Städten und die Anlage von Verkehrswegen. Der spätere Eisenbahnbau erfolgte in erheblichem Umfang nach dem Grundsatz der rohstofforientierten Erschließung. Viele der im Porfiriat errichteten Schienenstränge dienten hauptsächlich dem Abtransport von Bergbauprodukten (Burkard 1988). An einigen Bergwerksstandorten kam es zu einer beachtlichen gewerblichen Entwicklung, die durch die verkehrsgünstige Lage noch unterstützt wurde. Am Anfang bedeutender Städte Nordmexikos wie San Luis Potosí, Durango oder Chihuahua stand der Silberbergbau. Relikte alter Minenanlagen und das Ensemble historischer Bergbaustädte, darunter Zacatecas, Guanajuato oder Taxco, sind heute Touristenattraktionen.

In Nordostmexiko bildeten die Steinkohlevorkommen im Gebiet von Sabinas (Coahuila) zusammen mit Erzlagerstätten die Voraussetzung für die Entstehung der Hütten- und Stahlindustrie von Monterrey und Monclova. Damit wurde gegen Ende des 19. Jh.s die industrielle Grundlage der Metropolitanregion von Monterrey gelegt, die heute nach Mexiko-Stadt und Guadalajara den drittgrößten Ballungsraum des Landes bildet. In der Nähe der bedeutenden Erzlagerstätten von Peña Colorado im Estado de Colima und Las Truchas im Bundesstaat Michoacán wurde Anfang der 1970er Jahre an der Mündung des Río Balsas in den Pazifik der Stahlkomplex Lázaro Cárdenas errichtet. Über den unmittelbaren Bereich dieses industriellen Entwicklungspols hinaus ist es allerdings zu keinen positiven regionalwirtschaftlichen Effekten gekommen.

Noch geringer sind die wirtschaftlichen Impulse in den meisten kleineren Bergbaustandorten. Dies liegt zum einen an den geringen Verflechtungseffekten, weil sich außer Anlagen zur Förderung und Aufbereitung an den Minenstandorten kaum weitere nachgelagerte und sonstige Betriebe ansiedeln. Zum anderen ist die Konjunktur vieler Bergbausiedlungen zeitlich begrenzt und flaut schnell wieder ab, nachdem die Lagerstätten ausgebeutet sind. Zurück bleibt dann oft eine Landschaft, die vom Tagebau und von Abraumhalden verunstal-

tet ist. Eine weitere negative Auswirkung des Bergbaus sind die Emissionen von Verhüttungsanlagen, die in austauscharmen Tallagen zu einer starken Luftverschmutzung führen (Buchhofer 1992).

Erdöl: Chance für das moderne Mexiko?

Mit einer jährlichen Fördermenge von rd. 1 Mrd. Barrel Rohöl steuert Mexiko etwa 5 % zur Weltproduktion bei. Damit steht das Förderland an der Spitze der Staaten Lateinamerikas und weltweit auf dem 5. Rang. Die Gewinnung von Erdgas erreichte in den 1990er Jahren mit einer Menge von jährlich über 25 Mrd. m^3 ein auch im internationalen Vergleich beachtliches Ausmaß. Die Kohlenwasserstoffreserven Mexikos zählen zu den größten der Welt, wobei die Angaben über ihren Umfang stark divergieren. Von mexikanischer Seite wurden die explorierten Vorkommen für 1993 mit insgesamt 64,5 Mrd. Barrel beziffert, wobei 79 % auf Erdöl und 21 % auf Erdgas entfielen (Stat. Bundesamt 1995). Der Weltkongreß der ölproduzierenden Staaten schätzte 1991 die Ölvorräte um ein Drittel höher als die offiziellen mexikanischen Quellen, amerikanische Experten sprechen von Erdölvorräten in Höhe von 180 Mrd. Barrel (Buchhofer 1992). In der Tat spricht vieles dafür, daß sich mit einer forcierten Exploration die verfügbaren Reserven an Öl und Gas noch beträchtlich steigern lassen. Selbst wenn man nur die relativ bescheidenen offiziellen Zahlen zugrunde legt, reichen bei einer gleichbleibenden Fördermenge die Erdölvorräte Mexikos bis in die Mitte des nächsten Jahrhunderts.

Die meisten Lagerstätten von Erdöl und Erdgas sind aneinander gebunden und erstrecken sich entlang der Golfküste und dem vorgelagerten Schelf von der Mündung des Río Bravo bis zum Ansatz der Halbinsel Yucatán (Abb. 83). Der Abbauschwerpunkt hat sich von den älteren Öl- und Gasfeldern in Nuevo León, Tamaulipas und dem nördlichen Veracruz in die südlichen Fördergebiete verlagert. Heute konzentriert sich die Förderung von Öl und Gas zu über 90 % auf den Bundesstaat Tabasco und das südliche Veracruz (INEGI 1992). Während über drei Viertel des Gases auf dem Festland gewonnen werden, stammen

Erdöl und Erdgas

- Erdölfeld
- Erdgasfeld
- Erdölleitung
- Erdgasleitung
- Produktenleitung
- Erdölraffinerie
- Erdölhafen

Ciudad Juárez
Chihuahua
Nueva Rosita
Ciudad Camargo
Nuevo Laredo
Jiménez
Monclova
Reynosa
Torreón
Matamoros
Monterrey
Cadereyta
San Fernando
Culiacán
Lerma
Soto la Marina
Ciudad Victoria
Zacatecas
Madero
San Luis Potosi
Tampico
Ebano-Panuco
Naranjos
Tuxpán
San Blas
Golden Lane (Faja de Oro)
Guadalajara
Poza Rica
Salamanca
Tula
Veracruz
Mexiko-Stadt
Ciudad del Carmen
Manzanillo
Orizaba
Coatzacoalcos
José Colomo
Minatitlán
Bermúdez
Acapulco
Salina Cruz

Maloob
Bakab
Luch
Akal
Takin

0   100   200   300 km

Mexicali
Hermosillo
Chihuahua
Monterrey
Culiacán
Zacatecas
Mérida
Guadalajara
Mexiko-Stadt
Oaxaca

0 100 200 300 400 500 km

prospektierte Gebiete (ohne Schelf) mit Erd-öl- und Erdgasfelder

erdölhöffige Gebiete

Abb. 83: Erdölförderung und Erdölverarbeitung: *Die Öl- und Gasvorkommen erstrecken sich entlang der Golfküste und dem vorgelagerten Schelf. Ein ausgedehntes Pipelinenetz versorgt die Raffinerien, Industriestandorte und alle großen Städte.*

Daten: Statistisches Bundesamt 1995. PEMEX

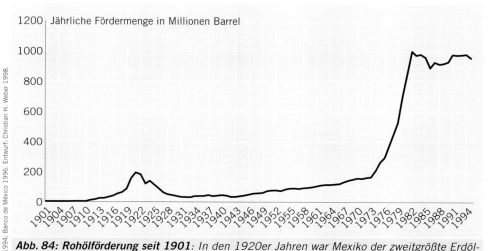

Abb. 84: Rohölförderung seit 1901: *In den 1920er Jahren war Mexiko der zweitgrößte Erdöl-produzent der Welt. Der Rückzug ausländischer Ölgesellschaften und die Weltwirtschaftskrise führten zu einem Einbruch der Produktion.Seit der Entdeckung großer Ölvorkommen in der Bucht von Campeche zählt Mexiko zu den fünf größten Förderländern der Erde.*

inzwischen zwei Drittel des mexikanischen Erdöls aus dem Offshore-Bereich in der Bucht von Campeche, einer der größten Lagerstätten der Welt (Buchhofer 1992).

Bereits in der zweiten Hälfte des 19. Jh.s wurde aus einigen leicht erschließbaren Feldern in Tamaulipas und Tabasco Erdöl gefördert. Einen spürbaren Aufschwung erfuhr die Ölwirtschaft, als zu Beginn des 20. Jh.s die Regierung von Porfirio Díaz großzügige Förderkonzessionen an ausländische Firmen vergab. Überwiegend aus den USA und Großbritannien stammende Kapitalgesellschaften hatten auf dem Öl-sektor rasch eine Art kolonialer Enklaven-wirtschaft etabliert. Sie besorgten die Exploration und Ausbeutung der Lagerstätten sowie die Aufbereitung und den Export des Erdöls. Obwohl die neue Verfassung von 1917 in Art. 27 die Bodenschätze zu Eigentum der mexikanischen Nation erklärt hatte, konnten die ausländischen Ölkonzerne ihre privilegierte Position zunächst weitgehend behaupten. Zu wichtig waren die Ölexporte für die wirtschaftliche Konsolidierung nach der Revolution, zu groß der Druck aus den USA, die auch im Ausland das Eigentum ihrer Bürger beschützten. Die ausländischen Investoren steigerten die Ölförderung zu Beginn der 1920er Jahre auf eine jährliche Menge von fast 200 Mio. Barrel,

so daß Mexiko zum zweitgrößten Erdölproduzenten der Welt wurde.

Doch Steuern und Konzessionsabgaben schmälerten den Gewinn, und das Recht des Staates, die Eigentumsverhältnisse neu zu regeln, schwebte als Damoklesschwert über den Aktivitäten der Ölmultis in Mexiko. Daher verlagerten die ausländischen Gesellschaften ihren Investitionsschwerpunkt allmählich in andere Länder, darunter Venezuela (Gormsen 1995). Dies führte zusammen mit der Weltwirtschaftskrise zu einem drastischen Rückgang der Ölförderung in Mexiko (Abb. 84), was wiederum neben weltpolitischen Veränderungen das Eingreifen des mexikanischen Staates in die Ölwirtschaft erleichtern sollte. Bereits 1936 war es zu Arbeitskämpfen gekommen, denen gerichtliche Auseinandersetzungen und staatliche Untersuchungen folgten. Nachdem die ausländischen Ölkonzerne mexikanisches Recht offen mißachtet hatten, ordnete Präsident Lázaro Cárdenas am 18. März 1938 ihre Enteignung an (Tobler 1992). Damit machte der Staat von seiner Position als Obereigentümer der Bodenschätze Gebrauch und stellte die Erdölwirtschaft direkt in den Dienst der nationalen Entwicklung. Die alleinige Zuständigkeit für die Exploration und Förderung, Primärverarbeitung, Verteilung sowie den Export

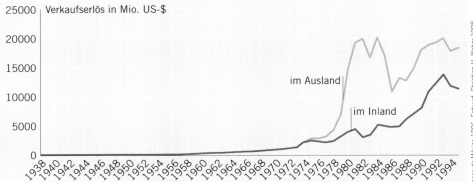

Abb. 85: Einnahmen der PEMEX aus Erdölverkäufen: *Seit 1938 besitzt der Staatskonzern PEMEX das Monopol für die Förderung, die Verarbeitung und den Verkauf von Erdöl. Die Höhe der Exporterlöse wird stark von den Schwankungen des Weltmarktpreises für Rohöl beeinflußt.*

von Erdöl und Erdgas wurde dem 1938 eigens hierfür gegründeten Staatsunternehmen Petróleos Mexicanos (PEMEX) übertragen. Später kam noch die sekundäre Petrochemie als weiteres staatliches Betätigungsfeld hinzu. Die Nationalisierung der Erdölgesellschaften gilt als eine entschlossene Umsetzung nationaler Interessen und revolutionärer Forderungen gegen die Macht des ausländischen Kapitals. In der Bevölkerung stieß der mutige Schritt von Präsident Cárdenas auf breite Zustimmung und trug entscheidend zur Stärkung des nationalen Selbstbewußtseins bei. Noch heute wird der 18. März in Mexiko als ein nationaler Festtag begangen.

Die Gründung der PEMEX markierte den Anfang der engen und facettenreichen Verbindung zwischen der Ölwirtschaft und dem mexikanischen Staat. Auf nationaler Ebene ist ein enges Beziehungsgeflecht zwischen dem Regierungsapparat, der Partei der Institutionellen Revolution (PRI), dem PEMEX-Management und der Gewerkschaft der Erdölarbeiter entstanden. Die staatliche Erdölgesellschaft PEMEX hat sich zusehends zu einem wirtschaftlichen und politischen Machtfaktor entwickelt, obwohl die Ölwirtschaft nur einen relativ kleinen Bereich der mexikanischen Volkswirtschaft repräsentiert. Selbst zu den besten Zeiten lag der Anteil der Erdölindustrie an der Wertschöpfung nie über 15 %

und bewegte sich in den 1990er Jahren zwischen 5 % und 8 % (INEGI 1994; Banco de México 1996). 1990 waren im Erdölsektor rd. 160 000 Menschen und damit 0,7 % der Erwerbstätigen beschäftigt (INEGI 1992). Mit Löhnen, die weit über dem Durchschnitt der anderen Wirtschaftsbereiche liegen, zählen die Ölarbeiter zu den privilegiertesten Teilen der mexikanischen Arbeiterschaft. Im Ölbereich besteht eine ganz ausgeprägte sektorale und regionale Machtkonzentration. Am engsten ist die Symbiose aus PEMEX, Gewerkschaften und Politik in den Fördergebieten, wobei im Bundesstaat Tabasco die Macht des Ölkomplexes allgegenwärtig ist (Jacobsen 1986).

Nach der Nationalisierung im Jahr 1938 stagnierte zunächst die Produktion, weil nach der Enteignung der Auslandsgesellschaften Lücken bei den Finanzen und der Technologie entstanden waren. Lange Zeit reichte das in Mexiko geförderte Öl für die Versorgung des Binnenmarktes nicht aus. Erst Anfang der 1970er Jahre war Mexiko zum Selbstversorger geworden. Nach der Entdeckung neuer Lagerstätten in der Bucht von Campeche, vor allem im Offshore-Bereich, konnte Mexiko Mitte der 1970er Jahre seine Produktion schlagartig steigern und wurde zu einem bedeutenden Rohölexporteur. Die zweite drastische Verteuerung der Rohölpreise im Jahr 1979 bescherte Mexiko Exporteinnahmen in Milliardenhöhe

(Abb. 85). Seither hat das Erdöl unter allen Bodenschätzen Mexikos als zeitweise wichtigste Devisenquelle die größte wirtschaftliche Bedeutung. Ein erster Rückgang der Ölpreise im Jahr 1982 löste die Verschuldungskrise aus. Noch dramatischer sackten die Weltmarktpreise und damit die Erlöse aus den Ölverkäufen 1986 ab.

Auch an der Ölwirtschaft gingen diese Krisen nicht spurlos vorbei, weil sich der drastische Kapitalmangel auf die Investitionen des PEMEX-Konzernes auswirkte. Hatten die Investitionen auf dem Höhepunkt des Ölbooms noch Werte von über 5 Mrd. US-$ pro Jahr erreicht, sackten sie in der zweiten Hälfte der 1980er Jahre auf teilweise unter 1 Mrd. US-$ ab (INEGI 1992b; Buchhofer 1992). Dadurch wurden nicht nur Explorationen und Erweiterungsinvestitionen vernachlässigt, sondern auch notwendige Ersatzinvestitionen sind unterblieben, so daß die Förder- und Produktionsanlagen zusehends veralteten. Der Anstieg der Öleinnahmen Anfang der 1990er Jahre erlaubte eine Erhöhung der Investitionen auf jährlich 2–3 Mrd. US-$ (Buchhofer 1992; Banco de México 1996). Doch weiterhin erweisen sich die hohen Auslandsschulden der PEMEX als eine drückende Last. Zu den finanziellen Schwierigkeiten kommen die Effizienzprobleme des schwer kontrollierbaren Staatskonzerns PEMEX.

Obwohl das Staatsmonopol im Ölsektor im Widerspruch zum neuen wirtschaftspolitischen Kurs der Privatisierung, Wettbewerbsförderung und außenwirtschaftlichen Öffnung steht, wurde die Position der PEMEX bisher kaum angetastet. Die Reformen beschränken sich auf eine organisatorische Umstrukturierung des PEMEX-Konzerns und behutsame Privatisierungen in der Peripherie des staatlichen Öl- und Energiegiganten. Inzwischen werden Betriebe in der sekundären Petrochemie privatisiert. Der Bereich Transport, Lagerung und Verteilung von Erdgas wurde für private Investoren geöffnet. In einigen Städten laufen Versuche zum Aufbau privater Gasversorgungsnetze (Banco de México 1996). Darüber hinaus werden von der PEMEX bei der Erkundung und Erschließung von Lagerstätten Aufträge an private Spezialfirmen vergeben, und auch Auslandsbeteiligungen bis zu 49 % sind hier möglich. Aber nach

wie vor bleiben die Bereiche Öl und übrige Kohlenwasserstoffe sowie die petrochemischen Grundstoffe als strategische Sektoren dem mexikanischen Staat vorbehalten (Art. 28 Mex. Verf.). Neben dem revolutionären Mythos und den Machtinteressen des nationalen Ölkomplexes sprechen derzeit immer noch nüchterne finanzpolitische Fakten gegen einen überstürzten Rückzug des Staates aus der Ölwirtschaft: Rd. ein Drittel der gesamten öffentlichen Einnahmen in Mexiko stammen aus dem Erdölsektor. Der Anteil der PEMEX-Beiträge am Haushalt der Bundesregierung betrug in den 1990er Jahren durchschnittlich 20 % und erreichte im Krisenjahr 1995 sogar eine Höhe von 25 % (Banco de México 1996).

Die Erlangung der staatlichen Kontrolle über den Öl- und Energiesektor stärkte nicht nur das nationale Selbstbewußtsein, sondern hat auch einen wichtigen Beitrag zur wirtschaftlichen Entwicklung Mexikos geleistet. Erdöl und Erdgas bilden die Grundlage für den Aufbau einer bedeutenden petrochemischen Industrie. Für 85 % der petrochemischen Produktion dient dabei Gas als Ausgangsstoff (Stat. Bundesamt 1995). Die Öl- und Gasfelder sind über ein ausgedehntes Pipelinenetz mit den Standorten der Aufbereitung und Weiterverarbeitung verbunden (Abb. 78, S. 324). An die Raffinerien schließen sich Betriebe der sogenannten primären Petrochemie an. Diese liefern die Grundstoffe für die sekundäre Petrochemie, wo petrochemische Endprodukte wie Kunststoffe, Dünger, Farben usw. hergestellt werden. Von der Petrochemie gehen darüber hinaus Impulse zum Aufbau anderer Zweige der chemischen Industrie aus.

Bei der Herstellung petrochemischer Grundstoffe kann Mexiko den Rohstoffbedarf der sekundären Petrochemie derzeit zu 75 % decken (Stat. Bundesamt 1995). Dem weiteren Ausbau der Ölverarbeitung und der Petrochemie wird große Bedeutung beigemessen. Die intensiven Bemühungen auf diesem Gebiet haben allerdings durch die Wirtschaftskrise der 1980er Jahre einen empfindlichen Rückschlag erlitten. Dies ging so weit, daß der Erdölproduzent Mexiko zeitweise nicht nur petrochemische Grundstoffe, sondern sogar Benzin importieren mußte. Inzwischen wird der Ausbau der Verarbeitungs- und Produktionskapazitäten bei Raffinerien und petrochemischen Anlagen wieder forciert. Im Bereich der sekundären Petrochemie sind dabei Privatinvestitionen aus dem In- und Ausland ausdrücklich erwünscht. Mit der Erweiterung der Verarbeitungskapazität für Gas und Öl soll die wachsende Binnennachfrage nach petrochemischen Produkten gedeckt werden. Darüber hinaus wird durch eine verstärkte Verarbeitung der Rohstoffe die inländische Wertschöpfungsspanne deutlich erhöht.

Erdgas ist in Mexiko nicht nur ein bedeutender Grundstoff für die petrochemische Industrie, sondern auch ein wichtiger Energieträger. Ein rd. 13 000 km langes Pipelinenetz versorgt alle wichtigen Industriestandorte und Großstädte mit Erdgas (Stat. Bundesamt 1995). Wo es keine Leitungen gibt, wird das Gas mit Tankwagen oder in Flaschen an die Endverbraucher geliefert. Erdgas ist mittlerweile der wichtigste Brennstoff in den Privathaushalten. Im Jahr 1995 verfügten 81,3 % der rd. 19,4 Mio. Wohnungen des Landes über einen Gasherd als Kochstelle (INEGI 1997).

Von der Erdölwirtschaft gehen in einigen Landesteilen ganz erhebliche regionalwirtschaftliche Effekte aus. Da es eine enge technische Verknüpfung zwischen der Gas- und Ölaufbereitung, der Erzeugung von Grundstoffen und der sekundären Petrochemie gibt, wird entlang dieser Produktionslinie die Entstehung petrochemischer Standortkomplexe begünstigt. Den Ausgangspunkt hierfür bilden meist Raffinerien. Die Raffineriekapazität verteilt sich zu einem Viertel auf Nordostmexiko, einem Viertel auf Zentralmexiko und zur Hälfte auf Südmexiko (INEGI 1992a). Die wichtigsten Standorte in Nordostmexiko sind Cadereyta in Nuevo León und Ciudad Madero/Tampico im Bundesstaat Tamaulipas (Abb. 78, S. 324). In Zentralmexiko befinden sich bedeutende petrochemische Komplexe in Salamanca im Bundesstaat Guanajuato und in Tula im Bundesstaat Hidalgo. Der Schwerpunkt der petrochemischen Industrie liegt in Südmexiko und konzentriert sich dort auf den Isthmus von Tehuantepec. Die größten Standorte liegen in Coatzacoalcos und Minatitlán im südli-

chen Veracruz. An der Pazifikküste hat sich Salina Cruz im Bundesstaat Oaxaca zu einem wichtigen Raffineriestandort entwickelt. Vom Ölhafen Salina Cruz aus versorgen Tankschiffe die großen Städte an der mexikanischen Westküste mit Erdölprodukten. Weitere Verarbeitungsanlagen für Öl und Gas wurden in den Bundesstaaten Tabasco und Chiapas errichtet.

Im südlichen Veracruz und in Tabasco hat der Ausbau der Ölwirtschaft stellenweise zu einer erheblichen Industrie- und Bevölkerungskonzentration geführt. Zwischen 1950 und 1995 ist die Einwohnerzahl im Municipio Minatitlán von 44 000 auf 203 000 angestiegen, im Municipio Coatzacoalcos von 30 000 auf 260 000. Im Ölstaat Tabasco ist zwischen 1970 und 1995 das Municipio Central mit der Hauptstadt Villahermosa von 165 000 auf 465 000 Einwohner angewachsen. Selbst im kleinen an der Pazifikküste von Oaxaca gelegenen Ölstandort Salina Cruz erhöhte sich die Einwohnerzahl von 48 000 im Jahr 1980 auf 76 000 im Jahr 1995 (INEGI 1997). Der dynamische Zuwachs von Wirtschaft und Bevölkerung hat die großen Ölzentren inzwischen in ökologische Krisengebiete verwandelt. Der Kahlschlag tropischer Wälder, ein unkontrolliertes Wachstum der Städte und steigende Emissionen bedrohen zunehmend Mensch und Natur. Die Flüsse und Küstengewässer im Bereich von Coatzacoalcos weisen extrem hohe Schadstoffkonzentrationen auf.

Energie: Motor der Erschließung

Seit Jahrzehnten weisen die Energiewirtschaft und Wasserversorgung von allen Wirtschaftsbereichen die höchsten Zuwachsraten auf. Die Wertschöpfung der Versorgungsunternehmen ist zwischen 1960 und 1995 um das 18fache gestiegen, während sich die der Gesamtwirtschaft lediglich um den Faktor 4,5 erhöht hat. Selbst in den Krisenjahren 1982, 1986 und 1995 verzeichnete die Branche weitere Zuwächse. Verantwortlich für diese dynamische Entwicklung ist in erster Linie der rasant wachsende Bedarf an Wasser und Energie. So hat sich der Stromverbrauch zwischen 1960 und 1990 verzehnfacht, zwischen 1990 und 1994 um 20 % erhöht (INEGI 1994). Auch in den kommenden Jahren rechnet man in Mexiko mit einem jährlichen Anstieg des Elektrizitätsbedarfs um 4,9 % (Stat. Bundesamt 1995).

Die Energiewirtschaft sieht sich der Herausforderung gegenüber, Erschließungsrückstände bei steigendem Strombedarf einer rasch wachsenden Bevölkerung aufzuholen. Die Zahl der Wohnungen ohne Elektrizität konnte von 3,4 Mio. im Jahr 1970 auf 1,3 Mio. (1995) gesenkt werden, obwohl sich im selben Zeitraum die Gesamtzahl der Wohnungen von 8,3 Mio. auf 19,4 Mio. erhöht hat. Damit wurde in 25 Jahren unter schwierigen Bedingungen der Elektrifizierungsgrad von 59 % auf 93 % gesteigert (INEGI 1997). Die zusätzlich angeschlossenen Haushalte gilt es nun mit Strom zu versorgen. Daher haben in den letzten Jahren die Privathaushalte noch in stärkerem Maße zur Vergrößerung des Energiebedarfs beigetragen als die Großbetriebe. Ein zusätzlicher Nachfrageschub geht vom Anstieg des Energieverbrauch pro Kopf aus, der bislang in Mexiko nur ein Fünftel des Wertes der USA beträgt.

Obwohl die Energiewirtschaft an der Wertschöpfung lediglich zu 1,5 % Anteil hat, ist dieser Wirtschaftszweig für die Entwicklung des Landes von grundlegender Bedeutung. 1990 waren im Energie- und Wasserbereich rd. 150 000 Menschen beschäftigt und damit rd. 0,7 % der Erwerbstätigen. Es werden weit überdurchschnittliche Löhne gezahlt und rd. 95 % der Erwerbstätigen sind fest angestellt. Seit Ende der 1960er Jahre liegt die öffentliche Stromversorgung zu 100 % in der Hand der Comisión Federal de Electricidad (C.F.E.), die als Staatskonzern diesen strategischen Sektor kontrolliert. Die Energiewirtschaft bildet schon über Jahre hinweg den Investitionsschwerpunkt des mexikanischen Staates, so daß seit 1960 die Kraftwerkskapazitäten verzehnfacht werden konnten. Selbst in den finanziell schwierigen Jahren zwischen 1986 und 1990 wurden für den Energiebereich über 15 Mrd. US-$ ausgegeben (INEGI 1992b). Für den Bau weiterer Kraftwerke wird bis zum Jahr 2010 ein Finanzbedarf von 8 Mrd. US-$ veranschlagt (Stat. Bundesamt 1995). Zusätzlich sind erhebliche Mittel notwendig, um den Wirkungsgrad und die Umweltverträglichkeit bestehender Anlagen zu verbessern. Der hohe Investitionsbedarf soll künftig verstärkt durch das Engagement der Privatwirtschaft gedeckt werden. Es sind bereits mehrere Projekte angelaufen, bei denen private Investoren den Bau und Betrieb von Kraftwerken übernehmen (Banco de México 1996).

Derzeit werden rd. 83 % der elektrischen Energie in Wärmekraftwerken erzeugt, die überwiegend mit Öl befeuert werden. In Nordostmexiko kommt auch die dort verfügbare Steinkohle als Brennstoff zum Einsatz. Erdwärme wird im Bundesstaat Baja California del Norte unweit von Mexicali in einem großen geothermischen Kraftwerk zur Stromerzeugung verwendet. Rd. 3,5 % steuert das Atomkraftwerk in der Laguna Verde im Bundesstaat Veracruz zur Stromproduktion bei. Künftig soll der Einsatz von Erdgas und Kohle bei der Elektrizitätsgewinnung forciert und der Anteil des Atomstroms auf 8 % erhöht werden. Zwischen 1975 und 1992 wurde in Mexiko ein zusätzliches Stromerzeugungspotential von 17 500 Megawatt installiert, wovon 78 % auf die Wärmekraftwerke entfallen. Nur 17 % der Elektrizität stammen aus Wasserkraftwerken, obwohl sie an der installierten Kraftwerkskapazität einen Anteil von 28 % haben (Stat. Bundesamt 1995). Die starke jahreszeitliche Schwankung der Wasserführung gestattet nämlich keine gleichmäßige Auslastung der vollen Kraftwerkskapazität. Vom gesamten Wasserkraftpotential Mexikos wird derzeit knapp ein Fünftel genutzt.

Zu 75 % stammt der in Wasserkraftwerken erzeugte Strom aus dem niederschlagsreichen Südmexiko. Die Großkraftwerke entlang des Río Grijalva in Chiapas stellen über 50 % der hydroelektrischen und 15 % der gesamten Kraftwerkskapazität Mexikos. Damit ist der südliche Bundesstaat der größte Energielieferant des Landes (Abb. 86). Weitere bedeutende Wasserkraftwerke liegen am Río Balsas im Bundesstaat Guerrero. Zentralmexiko steuert 18 % zur Wasserkraftkapazität bei. Vor allem in den Bundesstaaten Puebla, México und Michoacán finden sich eine Reihe kleinerer Wasserkraftwerke. Gerade einmal 7 % des hydroelektrischen Potentials sind in Nordmexiko installiert. Die Stauanlagen in der westlichen Sierra dienen hauptsächlich der Bewässerung, so daß die entspre-

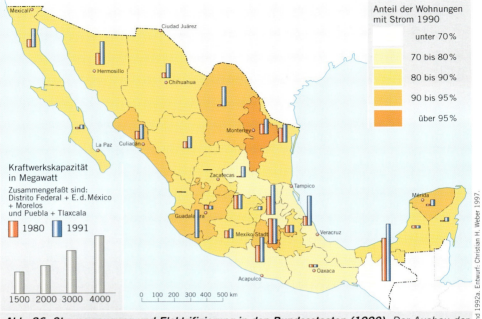

Abb. 86: Stromerzeugung und Elektrifizierung in den Bundesstaaten (1990): *Der Ausbau der Stromversorgung bildet einen Schwerpunkt der öffentlichen Investitionen. Die Elektrifizierung erfolgt entlang von Achsen und beginnt zunächst bei den größeren Orten. Die Nutzung der Wasserkraft konzentriert sich auf den Bundesstaat Chiapas, dessen Großkraftwerke wesentlichen Anteil an der Versorgung der Hauptstadtregion haben.*

chenden Bundesstaaten nur 5 % zur Wasserkraftnutzung beitragen. Die Nutzung des Río Bravo und anderer Flüsse in Nordostmexiko schlägt mit 2 % zu Buche. Die installierte Leistung der Wärmekraftwerke verteilt sich zu 50 % auf Nordmexiko, zu 40 % auf Zentralmexiko und zu 10 % auf Südmexiko. Ausschlaggebend für die Kraftwerksstandorte ist die Nähe zu den Ballungsräumen und die leichte Versorgung mit Brennstoffen. Die großen Wärmekraftwerke liegen daher in der Nähe von Raffinerien, an Pipelines, nahe bei Kohlelagerstätten oder im Küstenbereich, wo Brennstoffe mit dem Schiff angeliefert werden können.

Auch in Mexiko wird Strom überwiegend zentral in großen Kraftwerkseinheiten erzeugt und von dort über Leitungen zu den Endverbrauchern transportiert. Dies verleiht der Elektrifizierung einen linearen Charakter, der sich auch in der räumlichen Verteilung der erschlossenen Municipios niederschlägt. Die Elektrifizierung wird auf Bundesebene geplant und umgesetzt. Aus

diesem Verständnis heraus werden die Stromerzeugungspotentiale der Regionen in den Dienst der nationalen Entwicklung gestellt. Vor allem die großen Wasserkraftwerke in peripheren Landesteilen dienen der Versorgung der Ballungszentren. Der Großraum Mexiko-Stadt beispielsweise bezieht einen Großteil der benötigten elektrischen Energie aus Chiapas. Mit der Energiewirtschaft verbindet sich damit das Problem der Fernfunktionalität und Fremdbestimmung von Standorten. Der große Einfluß der nationalen Energiewirtschaft in der Region ist ein Aspekt der Konflikte in Chiapas (Collier 1994). Während durch die Anlage großer Stauanlagen vielfach wertvolles Ackerland und der angestammte Lebensraum der örtlichen Bevölkerung vernichtet werden, halten sich die positiven Auswirkungen in der Standortregion meist in Grenzen. Die größten Beschäftigungseffekte gehen vom Bau der Anlagen aus. Für den Betrieb der Kraftwerke werden Fachleute benötigt, die aus den großen Zentren kommen. Deshalb ist in den Municipios mit Großkraftwerken der Anteil von Zuwanderern aus dem Distrito Federal besonders hoch (INEGI 1992). Selbst bei der Elektrifizierung halten sich die regionalen Sickereffekte der Großkraftwerke in Grenzen. Zwar wurde in Chiapas der Anteil der mit Strom versorgten Wohnungen von 30 % im Jahr 1970 auf 75 % im Jahr 1995 gesteigert, dennoch bleibt der südliche Bundesstaat bei der Elektrifizierung das Schlußlicht (INEGI 1997).

Die Elektrifizierung stand bislang ganz im Dienst der auf die Zentren ausgerichteten nationalen Entwicklungsstrategie. Vorrang beim Anschluß an die öffentliche Stromversorgung haben zunächst die größeren Orte. Dieses Erschließungsprinzip wird deutlich, wenn man den Zusammenhang zwischen der Siedlungsstruktur und dem Anteil der elektrifizierten Wohnungen in den einzelnen Bundesstaaten untersucht. Die Elektrifizierung orientiert sich an der Bevölkerungsdichte und Bevölkerungskonzentration, so daß die Verteilung der Municipios mit einem hohen Elektrifizierungs-grad ein punkt-axiales Muster aufweist. Diese Form der Stromversorgungspolitk hat zur Folge, daß die Bewohner in kleineren Orten und peripheren Lagen lange auf die Elektrifizierung warten müssen. Eine Erschließungspolitik, die auf nationaler Ebene betrieben wird und nur über begrenzte Mittel verfügt, kann kaum anders verfahren. Der Ausbau der Kapazitäten zur Deckung des Strombedarfs in den Zentren hat Vorrang. Ändern ließe sich dies nur über eine dezentrale Stromversorgung, die örtliche Potentiale wie Solarenergie oder Wasserkraft in Kleinanlagen nutzt. Derzeit weist die Elektrifizierungsstrategie allerdings ausgesprochen zentralistische Züge auf, und das reichlich vorhandene Erdöl und Erdgas sind auch energiepolitisch übermächtig. Dabei wäre die dezentrale Erzeugung von Solarstrom im sonnenreichen Mexiko eine wirksame Möglichkeit zur Elektrifizierung von Gebieten mit einer dispersen Siedlungsstruktur, während zur Versorgung der Ballungsräume und der industriellen Zentren auch weiterhin Großkraftwerke notwendig sein werden.

Industrie – Schlüssel zur Modernisierung

Mexiko: Ein Industrieland

Mexiko zählt zu den industriell fortschrittlichsten Ländern Lateinamerikas. Seit den 1960er Jahren hat sich die Wertschöpfung der mexikanischen Industrie mehr als verfünffacht. Mit ihren hohen Wachstumsraten bildete die Industrie eine entscheidende Voraussetzung und den Schrittmacher für das sogenannte mexikanische Wirtschaftswunder. Die Einbrüche des verarbeitenden Gewerbes waren in den 1980er Jahren eine Ursache für das mäßige Wirtschaftswachstum. Inzwischen besteht der überwiegende Teil der mexikanischen Exporte aus Industrieprodukten, und die exportorientierte Industrie war es auch, von der die Dynamik zur Überwindung der großen Wirtschaftskrise des Jahres 1995 ausging. Für die mexikanische Regierung liegt im Aufbau einer wettbewerbsfähigen Industrie der Schlüssel zur Modernisierung des Landes. Die Förderung der industriellen Entwicklung genießt daher einen hohen Stellenwert.

Die gegenwärtige Struktur des verarbeitenden Gewerbes ist das Ergebnis eines langen und vielschichtigen Industrialisierungsprozesses, dessen Anfänge weit zurückreichen: Seit der Unabhängigkeit wird in Mexiko das verarbeitende Gewerbe ausgebaut, damit aus den reichlich vorhandenen Rohstoffen Fertigprodukte für den Binnenmarkt und Export hergestellt werden können. Bereits in der ersten Hälfte des 19. Jh.s entstand in Mexiko eine bedeutende Textilindustrie. Eine besondere Häufung wies dieser Wirtschaftszweig im Bundesstaat Puebla auf, daneben lagen bedeutende Produktionsstätten in der Hauptstadt sowie in den Bundesstaaten México, Jalisco, Michoacán und Veracruz.

Die großen landwirtschaftlichen Betriebe verfügten vielfach über Anlagen zur Aufbereitung ihrer Produkte. So bildeten die Zuckerrohrhaciendas zusammen mit den Zuckermühlen (Ingenios) eine wirtschaftliche Einheit. Gegen Ende des 19. Jh.s entwickelte sich aus der Verarbeitung landwirtschaftlicher Erzeugnisse allmählich eine bedeutende Nahrungs- und Genußmittelindustrie, zu der Brauereien ebenso zählen wie Zuckerfabriken oder die Herstellung von Tabakwaren. Auch die Verarbeitung von Produkten aus der Land- und Forstwirtschaft zu technischen Rohstoffen bildet in einigen Regionen einen bedeutenden Wirtschaftszweig: In waldreichen Gebieten entstand eine Holz- und Papierindustrie. Auf der Halbinsel Yucatán wurden in enger Kooperation mit amerikanischen Konzernen die Fasern der Sisalagave weiterverarbeitet. In den tropischen Tiefländern entstanden Betriebe zur Herstellung von Naturkautschuk.

Aus der Aufbereitung von Metallerzen entstand gegen Ende des 19. Jh.s im Raum Monterrey eine bedeutende Hütten- und Stahlindustrie. Später trieb der mexikanische Staat u. a. mit der Errichtung des Stahlwerks in Lázaro Cárdenas an der Pazifikküste von Michoacán den Ausbau der eisenschaffenden Industrie voran. Von staatlicher Seite wurde in den 1940er Jahren auch der Aufbau einer landesweiten Zementindustrie forciert, die diesen wichtigen Grundstoff für den Ausbau der Infrastruktur liefern sollte. Schließlich wurde auf der Grundlage des in Mexiko geförderten Erdöls und Erdgases eine chemische Industrie aufgebaut.

Die Bemühungen um den Ausbau der Gebrauchsgüterindustrie haben zu einer gespaltenen Entwicklung geführt. Weil die Wirtschaft vor allem bei höherwertigen Produkten den inländischen Bedarf nicht decken konnte, wurden ausländische Konzerne in die Produktion miteinbezogen. So bilden US-amerikanische, europäische und japanische Konzerne den Kern der mexikanischen Automobilindustrie. Auch in anderen Bereichen, wie bei elektrischen und elektronischen Haushaltsgeräten oder Computern, ist das Engagement ausländischer Firmen sehr hoch. Einige der Betriebe wurden dabei von der mexikanischen Regierung allein mit dem Ziel angesiedelt, Waren für den Export zu produzieren. Auch die Betriebsgründungen, die im Zuge der wirtschaftlichen Öffnung Mexikos erfolgt sind, dienen überwiegend der Herstellung technisch ausgereifter Produkte, vor allem im Konsumgüterbereich. Nur sehr schwach ausgebildet ist dagegen die Investitionsgüterindustrie. Insbesondere komplizierte Maschinen und Fertigungsanlagen müssen aus dem Ausland bezogen werden. Diese technologischen Lücken werden durch Defizite in den Bereichen Forschung und Technologie vergrößert. Wo in mexikanischen Betrieben moderne Spitzentechnologie zum Einsatz kommt, stammt diese meist aus dem Ausland.

Stärken und Schwächen der mexikanischen Industrie

Mit der Zeit ist in Mexiko aufgrund staatlicher Aktivitäten und durch das Engagement privater Investoren aus dem In- und Ausland ein überaus heterogenes und nur unzureichend integriertes verarbeitendes Gewerbe entstanden. In den Zeiten der binnenmarktorientierten Entwicklungsstrategie mit ihren hohen Wachstumsraten wurden die Unterschiede zwischen den verschiedenen Industriezweigen und -betrieben zu einem erheblichen Teil verdeckt. Seit der Krise der 1980er Jahre zeigen indes die einzelnen Industriezweige eine unterschiedliche Entwicklung (Abb. 87). Noch deutlicher tritt die Heterogenität zutage, seit die Industrie nach dem Beitritt Mexikos zum GATT dem internationalen Wettbewerb ausgesetzt ist. Immer stärker schälen sich die komparativen Vorteile und Nachteile der einzelnen Industriebereiche heraus. Auf dem Binnenmarkt werden jetzt verstärkt Konsumgüter aus dem Ausland angeboten, und die mexikanische Wirtschaft muß sich zudem auf den Exportmärkten behaupten. Derzeit befindet sich die Industrie in einem dramatischen Strukturwandel, der zusammen mit konjunkturellen Effekten die Entwicklung der Wertschöpfung beeinflußt.

Der Anteil der Grundstoffindustrie an der industriellen Wertschöpfung ist von 30 % im Jahr 1960 auf 40 % im Jahr 1995 gestiegen. Zurückzuführen ist dies vor allem auf den außerordentlichen Zuwachs im Bereich der chemischen Industrie, auf die 18 % des Produktionswertes der Industrie entfallen. Dieser Wirtschaftszweig, in dem sich auch ausländische Konzerne engagieren, profitiert vor allem von der Verfügbarkeit der Rohstoffe Erdgas und Erd-

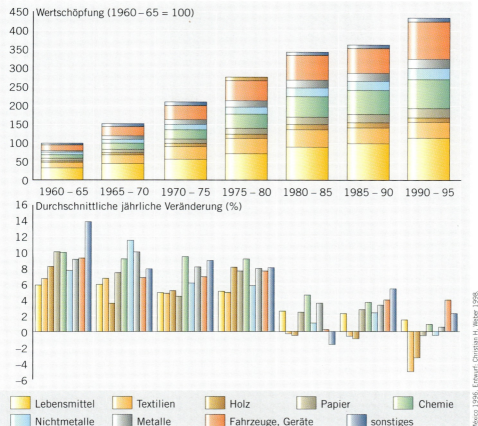

Lebensmittel Textilien Holz Papier Chemie
Nichtmetalle Metalle Fahrzeuge, Geräte sonstiges

Abb. 87: Wertschöpfung in der Industrie: *Die Schwerpunkte der mexikanischen Industrie lie-*
gen heute bei der Herstellung von Nahrungsmitteln und chemischen Grundstoffen sowie der
standardisierten Fabrikation langlebiger Gebrauchsgüter, von Kraftfahrzeugen über Elektro-
geräte bis hin zu Computern. Seit der Wirtschaftskrise und der wirtschaftlichen Öffnung in
den 1980er Jahren hat sich der Strukturwandel verstärkt: Die Gewinner und Verlierer deuten
sich in den Wachstumsraten der verschiedenen Branchen an.

Daten: INEGI 1994; Banco de México 1996. Entwurf: Christian H. Weber 1998.

öl sowie der gut ausgebauten petrochemischen Industrie. Positiv stellt sich die Entwicklung in der Metallerzeugung dar, obwohl es in dieser Branche infolge von Privatisierungen derzeit zu einer grundlegenden Umstrukturierung kommt. Unter den
nichtmetallischen Grundstoffen ragt vor
allem die Zementproduktion heraus. Mexiko befindet sich bei der Herstellung dieses
Standardgutes nicht nur mengenmäßig an
der Weltspitze, sondern ist auch konkurrenzfähig. Die Produktion folgt zu einem
erheblichen Teil der Baukonjunktur, die
wiederum von der Entwicklung der privaten
und öffentlichen Investitionen abhängt.
Weniger positiv ist die Lage in den Bereichen Holz und Papier, wo der absolute
Standortvorteil Mexikos weniger ausgeprägt
und der technologische Ausrüstungsstand
vergleichsweise gering ist.

Mit einem Anteil von 25 % an der industriellen Wertschöpfung bildet die Herstellung von Nahrungs- und Genußmitteln
1995 den zweitgrößten Industriebereich,
obwohl ihre relative Bedeutung gegenüber
1960 gesunken ist. Auch weiterhin könnte
dieser vielschichtige Wirtschaftszweig von
der wachsenden Binnennachfrage profitie-

ren. Der internationale Wettbewerbsdruck steigt allerdings zusehends, zumal ausländische Anbieter den mexikanischen Firmen technologisch teilweise überlegen sind. Vom Engagement internationaler Lebensmittelkonzerne können aber auch Modernisierungseffekte ausgehen, die der Lebensmittelbranche neue Impulse verleihen. Neben der langen Erfahrung in der Herstellung von Nahrungs- und Genußmitteln kommt Mexiko im internationalen Wettbewerb auch seine Vielfalt an heimischen Agrarprodukten zugute.

Die stärksten Einbrüche verzeichnete die Textilbranche, deren Anteil an der industriellen Wertschöpfung von 16 % im Jahr 1960 auf 10 % im Jahr 1995 gesunken ist. Mexikos ältester Industriezweig ist technologisch der internationalen Konkurrenz kaum gewachsen. Schon in den 1970er Jahren hatte die Textilkrise zur Schließung vieler Traditionsbetriebe und einem Konzentrationsprozeß in der Branche geführt. Gänzlich zutage trat die Misere dann in den 1980er Jahren. Verschärft wird die Situation durch das Absinken der Binnennachfrage infolge von Konjunktureinbrüchen. Langfristig könnte durch die Verlagerung von Fertigungsbetrieben der US-amerikanischen Bekleidungsindustrie nach Mexiko wieder eine gegenläufige Entwicklung ausgelöst werden. Ein erster Anfang ist mit der Ansiedlung von Fertigungsstätten im Grenzgebiet und auf der Halbinsel Yucatán schon getan. Darüber hinaus verfügt Mexiko aber auch über eigene Potentiale. So hat die Lederverarbeitung und Schuhherstellung eine lange Tradition. Und auch im Einsatz von Naturfasern und natürlicher Farbstoffe im Textilbereich kann man einen reichen Erfahrungsschatz vorweisen. Um diese Vorteile gezielt zu nutzen, muß ein mittelständisches Bekleidungsgewerbe aufgebaut werden.

Die Geräteherstellung, von Automobilen über Haushaltsgeräte bis hin zu Standardcomputern, umfaßt inzwischen 22 % der industriellen Wertschöpfung und ist der Bereich mit den höchsten Zuwächsen. Bei der Herstellung ausgereifter standardisierter Gebrauchsgüter kommen Mexiko hauptsächlich die niedrigen Lohnkosten als Standortvorteil zugute. Ausländische Konzerne, vor allem aus den USA, nutzen da-

her Mexiko als Fertigungsstandort. Hinter den hohen Zuwachsraten steht daher zu einem erheblichen Teil der Anstieg dieser ausgelagerten Produktion für das Ausland. In einigen Bereichen hat Mexiko inzwischen eine führende Position erlangt. Die Automobilbranche erwies sich als wichtiger Schrittmacher der Industrialisierung. Autohersteller aus den USA, Japan und Europa haben in Mexiko ihre Werke errichtet. Die so entstandene Automobilindustrie versorgt nicht nur den Binnenmarkt, sondern beliefert auch das Ausland, vor allem die USA. Von 1980 bis 1992 konnte die Automobilproduktion von 600 000 auf 1,2 Mio. gesteigert werden, bis zum Jahr 2000 sollen der jährliche Ausstoß auf 2 Mio. Fahrzeuge gesteigert und in die Automobilindustrie 2 – 3 Mrd. US-$ investiert werden (KomMex 1994). Eine ähnliche Entwicklung zeichnet sich bei der Herstellung von elektronischen Haushaltsgeräten und von Computern ab.

Industrie und Regionalentwicklung

In Abb. 88 sind deutliche regionale Unterschiede des Anteils der Erwerbstätigen im sekundären Sektor zu erkennen. Das ausgesprochene Nord-Süd-Gefälle spiegelt die steigende Bedeutung der Verflechtungen mit den USA für die Industrialisierung wider. Neue Montage- und Fertigungsbetriebe amerikanischer Konzerne entstehen dabei nicht mehr nur unmittelbar an der Grenze. Exportorientierte Betriebe aus den USA nehmen inzwischen einen breiten Streifen in Nordmexiko ein. Im südmexikanischen Bundesstaat Yucatán, der mit dem Flugzeug schnell von Florida aus erreichbar ist, lassen heute amerikanische Bekleidungshersteller einen Teil ihrer Kollektion produzieren. In der Verteilung der absoluten Zahl der Erwerbstätigen des produzierenden Gewerbes deutet sich die ausgesprochene räumliche Konzentration der Industrie auf einige wenige Zentren an. Mit rd. 2,3 Mio. Erwerbstätigen bildet der Kern der Hauptstadtregion mit dem Distrito Federal (Bild 68) sowie den Bundesstaaten México und Morelos nach wie vor den Schwerpunkt des produzierenden Gewerbes. Auch die industriellen Schwerpunkte von Guadalajara, Monterrey und Puebla zeichnen sich bereits in den hohen Beschäftigtenzahlen der Bundesstaaten Jalisco, Nuevo León und Puebla ab.

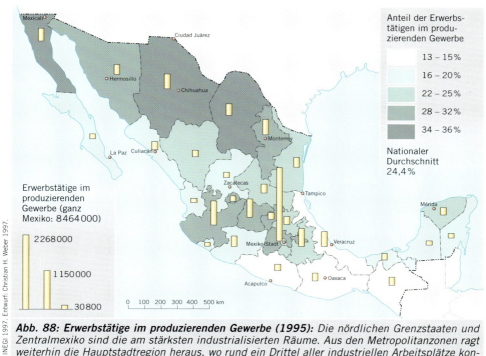

Abb. 88: Erwerbstätige im produzierenden Gewerbe (1995): Die nördlichen Grenzstaaten und Zentralmexiko sind die am stärksten industrialisierten Räume. Aus den Metropolitanzonen ragt weiterhin die Hauptstadtregion heraus, wo rund ein Drittel aller industriellen Arbeitsplätze konzentriert ist.

Bild 68: Industriegebiet Ecatepec (Mexiko-Stadt): Nach wie vor konzentriert sich der Großteil der Betriebe und Arbeitsplätze in der Industrie auf die Hauptstadtregion. Der Nordosten von Mexiko-Stadt, hier Ecatepec, ist ein bevorzugter Industriestandort.

Neben der Marktnähe und Fühlungsvorteilen an den wirtschaftlichen und politischen Brennpunkten verstärkte lange Zeit auch die ausgesprochen zentralistische Planung die räumliche Konzentration der Industrie. Die großen Städte des Landes sind auch deshalb bevorzugte Standorte für Gewerbebetriebe, weil hier die Infrastrukturausstattung am besten ist. Zwischen einigen Großstädten wurden darüber hinaus entlang der Hauptverkehrsachsen regelrechte Infrastrukturbänder geschaffen, die neben Schienen- und Straßentrassen auch Strom- und Materialleitungen sowie Kommunikationsstränge umfassen. Dies hat in einigen Landesteilen zur Entstehung von Industriekorridoren geführt. Solche Korridore erstrecken sich heute z. B. von Mexiko-Stadt nach Toluca, Querétaro, Pachuca und Puebla. Schon relativ früh hat sich im Bajío ein Industriekorridor herausgebildet, der von Querétaro über Celaya, Salamanca, Irapuato, Silao bis nach León reicht (Paulukat 1971). Entlang dieser einzelnen Korridore bildet sich mittlerweile immer deutlicher eine Hauptachse der Industrialisierung heraus, die von Puebla über Mexiko-Stadt bis nach Guadalajara reicht.

Seit Mitte der 1950er Jahre bemüht man sich in Mexiko um eine räumliche Dekonzentration des verarbeitenden Gewerbes. Damals konzentrierten sich 40 % der industriellen Wertschöpfung in Mexiko-Stadt. Aus Gründen einer ausgewogenen Regionalentwicklung schien es daher unumgänglich, das produzierende Gewerbe stärker über das Land zu verteilen. Als Mittel zur industriellen Standortplanung führte der mexikanische Staat das Instrument der industriellen Entlastungszentren ein. Diese werden als „parques industriales" oder „ciudades industriales" bezeichnet. Unter erheblichem Einsatz öffentlicher Mittel wurden große Industriegebiete erschlossen. Neben der gesamten Verkehrs-, Kommunikations- und Versorgungsinfrastruktur wurden teilweise sogar ganze Städte für die Belegschaft auf dem Reißbrett entworfen und gebaut. Ein frühes Beispiel für eine solche neu gebaute „ciudad industrial" ist Ciudad Sahagún, die 80 km nordöstlich von Mexiko-Stadt als industrielles Entlastungszentrum errichtet wurde. Insgesamt wurden rd. 20 „ciudades

industriales" und noch weit mehr „parques industriales" angelegt (Gormsen 1995). Während sich einige dieser neuen Industriestandorte sehr positiv entwickelt haben, sind andere fehlgeschlagen. Besonders gute Perspektiven haben Industrieparks in verkehrsgünstiger Lage, die in einer bedeutenden Stadt und zugleich weit genug von der Metropole Mexiko-Stadt entfernt liegen.

Das Problem der übermäßigen räumlichen Konzentration der Industrie ist auch in den 1990er Jahren nicht völlig gelöst worden. Damit die drei großen Ballungszentren Mexiko-Stadt, Guadalajara und Monterrey nicht noch stärker wachsen, dürfen sich dort ausländische Betriebe nicht mehr niederlassen, während ihnen ansonsten alle Standorte im Land offenstehen. Im nationalen Maßstab läßt sich trotz der großen Bedeutung von Mexiko-Stadt inzwischen eine gewisse Entzerrung der Industriestandorte erkennen. Im regionalen Maßstab indes haben sich in der Ölregion Südmexikos und insbesondere an der Grenze zu den USA neue industrielle Ballungsräume herausgebildet. Besonders deutlich wird dies in der Verteilung der sogenannten Maquiladora-Industrie. Einzelne Grenzorte haben sich als Schwerpunkte dieses Wirtschaftszweiges zu regelrechten Industriezentren entwickelt. Annähernd ein Drittel der über 500 000 Maquiladora-Beschäftigten sind in Ciudad Juárez (Chihuahua) tätig, rd. 15 % in Tijuana (Baja California), knapp 10 % in Matamoros und Reynosa (Tamaulipas), je 5 % in Mexicali (Baja California), Nogales (Sonora) und Nuevo Laredo (Tamaulipas). Die Konzentration der Industrie auf große Zentren beschränkt sich nicht mehr nur auf Mexiko-Stadt, sondern ist inzwischen in vielen Landesteilen anzutreffen. Damit verfügt Mexiko über einige industrielle Entwicklungspole, von denen teilweise auch schon bedeutende Entwicklungsachsen ausgehen.

Die Industrieansiedlung ist für den mexikanischen Staat ein wichtiges Mittel der Regionalentwicklung. Zentrale Instrumente der Standortentwicklung sind dabei die Industrieparks. Neben der Infrastruktur halten die Betreiber insbesondere für ansiedlungswillige ausländische Betriebe ein breites Spektrum von Serviceleistungen bereit. So werden auch Hilfestellungen in verwaltungstechnischen und rechtlichen Fragen sowie bei der Rekrutierung mexikanischer Arbeitskräfte angeboten (CAMEXA 1990). Trotz der vergleichsweise geringen Löhne bedeutet die Beschäftigung in einem Industriebetrieb zunächst einmal die Integration in ein festes und meist auch sozialversichertes Arbeitsverhältnis. Wegen der positiven Erwerbs- und Einkommenssituation werden die industriellen Zentren des Landes dabei zu begehrten Zielen der Binnenmigration. Durch die extreme Zuwanderung kommt es dann in den boomenden Industriezentren vielfach zu Infrastruktur- und Arbeitsmarktproblemen, die den zunächst positiven Effekt für die Regionalentwicklung dann wieder relativieren. Der rasante Strukturwandel, in dem sich die Wirtschaft derzeit befindet, hat in einigen traditionellen Industriezweigen zu drastischen Einbrüchen geführt. In einigen Städten läßt sich ein ausgesprochener Deindustrialisierungsprozeß mit allen damit verbundenen wirtschaftlichen und sozialen Folgen beobachten. Die überaus heterogene Struktur der mexikanischen Industrie bringt es mit sich, daß die regionalwirtschaftlichen Effekte des verarbeitenden Gewerbes äußerst vielschichtig sind: Nicht jeder Industriestandort ist ein dynamischer Entwicklungspol.

Tourismus – Chance für die Entwicklung

Fremdenverkehr als Wirtschaftsfaktor

Der Fremdenverkehr zählt zu den besonders dynamischen Sektoren der mexikanischen Volkswirtschaft. Das Gastronomie- und Freizeitgewerbe profitiert von der steigenden nationalen und internationalen Nachfrage nach touristischen Angeboten. Die Wachstumsbranche Tourismus reagiert, positiv wie negativ, besonders sensibel auf Konjunkturschwankungen. Die Schuldenkrise und der dramatische Kursverfall des Peso bescherten Mexiko einen schlagartigen Anstieg der Auslandsgäste von 3,77 Mio. im Jahr 1982 auf 4,75 Mio. im Jahr 1983. Als infolge des dramatischen Einbruchs der mexikanischen Konjunktur zu Beginn des Jahres 1995 die Binnennachfrage erheblich zurückging, sackte auch die Wertschöpfung im Gastronomiebereich gegenüber dem Vorjahr um mehr als 10 % ab (Banco de México 1996).

Seit den 1960er Jahren wird der internationale Tourismus vom mexikanischen Staat als eine für die Zahlungsbilanz des Landes wichtige Einnahmequelle ausgebaut. Mit den Olympischen Spielen von 1968 und der Fußballweltmeisterschaft von 1970 erhielt der Zustrom von Touristen einen deutlichen Aufschwung und bis zum Ölboom war der Fremdenverkehrssektor mit jährlichen Einnahmen zwischen 300 und 500 Mio. US-$ die wichtigste Devisenquelle. Im Jahr 1995 nahmen die Einnahmen aus dem internationalen Tourismus (4,7 Mrd. US-$) nach dem Export von Industrieprodukten (66,6 Mrd. US-$) und dem Verkauf von Rohöl (8,4 Mrd. US-$) noch vor dem Export von Agrarprodukten (4,0 Mrd. US-$) den dritten Platz ein. Der außenwirtschaftlichen Bedeutung des Fremdenverkehrs für die Zahlungsbilanz mißt die Regierung bei der Tourismuspolitik besondere Bedeutung bei.

Nach Zensusangaben waren 1990 im Hotel- und Gaststättengewerbe 766 000 Menschen beschäftigt (INEGI 1992), an anderer Stelle wird eine Zahl von 572 000 Erwerbstätigen in der Tourismuswirtschaft und von 1 428 000 in nachgeordneten Wirtschaftsbereichen genannt (KomMex 1994). Dieser Multiplikatoreffekt bestätigt sich bei einer Untersuchung in ausgewählten Fremdenverkehrsorten: Auf einen Erwerbstätigen kommen bis zu drei zusätzliche Erwerbstätige in anderen Wirtschaftsbereichen, überwiegend im Dienstleistungssektor. Daneben kommt es insbesondere in Touristenzentren, die noch im Ausbau begriffen sind, zu bedeutenden Beschäftigungseffekten in der Bauwirtschaft. Die hohe Multiplikatorwirkung des Fremdenverkehrs wird dadurch begünstigt, daß die mexikanische Wirtschaft aufgrund ihrer Kapazität und Vielfalt die ergänzenden Leistungen, von der Bauwirtschaft über das verarbeitende Gewerbe bis hin zur Landwirtschaft, selbst erbringen kann. Je nach Quelle verdankten zu Beginn der 1990er Jahre zwischen 2 und

	Erwerbstätige im Tourismus am Wohnort 1990			Einkommen über Mindest-lohn (%)	Wohnbevölkerung		
	absolut	Gast-gewerbe (%)	mit fester Anstellung (%)		1980	1990	1995
Baja Cal. del Sur	102 763	7	63	81	215 139	317 764	375 450
Los Cabos	15 384	22	62	83		43 920	71 031
Sinaloa	660 905	4	49	81	1 849 879	2 204 054	2 424 745
Mazatlán	103 168	11	68	87	249 998	314 345	357 619
Jalisco	1 553 202	4	63	76	4 371 998	5 302 689	5 990 054
Puerto Vallarta	39 008	27	71	86	57 028	111 457	149 876
Colima	133 474	6	60	81	346 293	428 510	487 324
Manzanillo	29 074	14	66	87	73 290	92 863	108 584
Guerrero	611 755	7	40	47	2 109 513	2 620 637	2 915 497
Acapulco	181 989	15	66	68	409 335	593 212	687 292
Zihuatanejo	20 120	25	60	75	25 751	63 366	87 161
Oaxaca	754 305	2	28	22	2 369 076	3 019 560	3 224 270
Puerto Escondido	5 597	12	42	55	14 000	20 733	27 111
Huatulco	5 555	16	56	56	7 526	16 849	30 979
Quintana Roo	163 190	14	60	70	225 985	493 277	703 442
Cancún	67 104	25	75	90	37 190	176 765	311 696
Isla Cozumel	16 614	21	71	79	23 270	44 903	77 132

Tab. 54: Erwerbssituation und Bevölkerungsentwicklung ausgewählter Tourismuszentren

Daten: INEGI 1992 u. 1997; Statistisches Bundesamt 1995; Gormsen 1995.

3 Mio. Menschen und damit etwa 10 % der Erwerbstätigen ihr Einkommen unmittelbar oder mittelbar dem Fremdenverkehr. In einzelnen Regionen und Orten des Landes stellt der Tourismus den wichtigsten Erwerbszweig dar.

Zwar liegen wegen des hohen Anteils einfacher Tätigkeiten die Löhne im Gastronomiegewerbe kaum über dem Durchschnitt aller Sektoren. Doch im Vergleich zu anderen Wirtschaftsbereichen ist der Anteil der Erwerbstätigen in festen Arbeitsverhältnissen und einem Einkommen über dem Mindestlohnniveau relativ hoch (Tab. 54). Da es in expandierenden Tourismuszentren wie Cancún mitunter zu Engpässen bei den Arbeitskräften kommt (Spehs 1990), liegt dort das Lohnniveau in fast allen Wirtschaftsbereichen deutlich über dem nationalen Durchschnitt (INEGI 1992). Die guten Verdienstmöglichkeiten führen zu einer gleichmäßigeren Einkommensverteilung. Der umfangreiche Dienstleistungsbereich in den Fremdenverkehrsorten ist auch durch eine sehr hohe Frauenerwerbsquote gekennzeichnet.

Ein vielfältiges Angebot

Die Symbiose aus einer großartigen Natur- und Kulturlandschaft bietet in Mexiko ein so reichhaltiges und abwechslungsreiches Angebot für den Fremdenverkehr wie in kaum einem anderen Land. Hier findet sich die gesamte Vielfalt tropischer Naturräume, von Regenwäldern im Süden bis zu den Wüsten und Halbwüsten im Norden, von Palmenstränden an Pazifik und Atlantik bis zu den Gletschern der Vulkankegel. Neben malerischen Felsbuchten und Stränden an den Küsten bietet auch die Vulkanlandschaft Zentralmexikos mit ihren zahlreichen Seen einen besonderen Reiz.

Die Zeugnisse der indianischen Hochkulturen zählen zu den bedeutendsten archäologischen Monumenten der Welt. So finden sich die Ruinen von Teotihuacán und vom Monte Albán, die Maya-Städte Palenque, Chichén Itzá und Uxmal sowie die präkolumbianische Stadt El Tajín in der UNESCO-Liste des Weltkulturerbes. Bis heute ist nur ein Bruchteil der rd. 11 000 bekannten altindianischen Zentren Mexikos

Bild 69: Hotel „El Presidente" in einem ehemaligen Kloster (Oaxaca): Neben Traumstränden und archäologischen Stätten bildet der Reiz der Kolonialarchitektur eine wichtige Touristenattraktion.

ausgegraben und für Besucher erschlossen. Die archäologischen Zonen sind wichtige Ziele des Besichtigungstourismus. Im Jahr 1980 registrierte man an den erschlossenen Ausgrabungsstätten 3 628 455 Besucher, 1990 waren es bereits 5 258 603 (INEGI 1992a).

Eine weitere Attraktion bietet das reiche architektonische Erbe aus der Kolonialzeit. Mehrere Stadtensembles in Mexiko zählen dabei zum Weltkulturerbe: das historische Zentrum von Mexiko-Stadt, das historische Zentrum von Puebla, die Altstadt von Oaxaca, das historische Zentrum und die Bergwerksanlagen von Guanajuato, die Altstadt von Morelia sowie die Altstadt von Zacatecas. Daneben wurden von der UNESCO auch die Klöster an den Hängen des Popocatépetl sowie das Denkmalensemble von Querétaro zum Weltkulturerbe erklärt. Besonders die verwinkelten Straßen der unregelmäßig angelegten Bergbaustädte haben einen hohen touristischen Reiz. Bereits Anfang der 1930er Jahre wurde daher in Taxco von der mexikanischen Re-

gierung mit einem systematischen Denkmalschutz und einer Sanierung begonnen. Heute wird auf diese Weise ganz gezielt das touristische Potential vieler Kolonialstädte gepflegt oder wiederbelebt (Bild 69).

Neben Pyramiden, Städten, Klöstern und Haciendas bilden auch das Kunsthandwerk sowie die Volkskunst und Folklore wichtige Anziehungspunkte für Reisende. Insbesondere die zahlreichen Fiestas sind wichtiger Bestandteil für einen lebendigen Kulturtourismus.

Eine wachsende Nachfrage

Die zahlreichen und vielfältigen touristischen Angebote Mexikos stoßen auf eine große und stetig wachsende Nachfrage. Im Jahr 1990 zählte man in den Unterkünften insgesamt 43 Mio. Gäste, wobei die Mexikaner mit 36,6 Mio. einen Anteil von 85 % aller Touristen ausmachten (Gormsen 1995; Stat. Bundesamt 1995). Danach waren 1990 rd. 45 % der mexikanischen Bevölkerung zahlende Gäste in einem Übernachtungsbetrieb. Das große Volumen des Binnentourismus der reisefreudigen Mexikaner vergrößert sich noch, wenn man zu den Übernachtungsgästen die zahlreichen Tagesausflügler hinzurechnet.

Hinter dem immensen Binnentourismus steht insbesondere das gestiegene Erholungsbedürfnis der Bevölkerung in den großen Städten. Mit der wirtschaftlichen und gesellschaftlichen Modernisierung Mexikos wird zum Teil auch das Freizeitverhalten aus der „Ersten Welt" übernommen. Trotz der verbreiteten Armut steigt auch die Zahl derer an, die über das nötige Einkommen für ausgiebige Freizeitaktivitäten verfügen. Zudem weist das touristische Angebot ein großes Preisspektrum auf: Neben Luxushotels gibt es auch einfache Unterkünfte, neben vornehmen Restaurants auch den Imbißstand am Straßenrand. Dies ermöglicht auch den unteren Einkommensgruppen zumindest kleinere Ausflüge, etwa zum Picknick im Park von Chapultepec, zu einer Bootsfahrt in Xochimilco oder zu einer der archäologischen Stätten im Umkreis von Mexiko-Stadt. Der mexikanische Binnentourismus ist nicht nur das Ergebnis des sozialen Wandels, sondern hat häufig auch historische Wurzeln in den zahlreichen Volkswallfahrten. So besuchen jedes Jahr am 12. Dezember Hunderttausende von Menschen aus dem ganzen Land die Wallfahrtskirche von Nuestra Señora de Guadalupe im Norden von Mexiko-Stadt. Aufgrund der demographischen, wirtschaftlichen und sozialen Entwicklung wird in den nächsten Jahrzehnten die Binnennachfrage nach touristischen Angeboten noch erheblich steigen.

Mit über 6,5 Mio. Auslandsgästen (1992) zählt Mexiko weltweit zu den bedeutendsten Zielen des internationalen Tourismus. Das mexikanische Fremdenverkehrsgewerbe sieht sich einer stark angewachsenen Auslandsnachfrage gegenüber: 1960 lag die Zahl der Auslandsgäste bei 760 000, stieg bis 1970 auf 2 250 000 an, lag 1983 bereits bei 4 750 000 und hat 1992 einen Wert von 6 640 000 erreicht. Vor allem in den USA befindet sich in unmittelbarer Nähe ein riesiger Markt für das vielfältige touristische Angebot Mexikos. Entsprechend hoch ist mit rd. 84 % der Anteil der US-Amerikaner unter den ausländischen Gästen. Von den übrigen Auslandstouristen kamen Anfang der 1990er Jahre rd. 6 % aus lateinamerikanischen Ländern, rd. 5 % aus Europa, rd. 4 % aus Kanada und knapp 1 % aus den übrigen Regionen der Welt. Vor dem Hintergrund dieser einseitigen Abhängigkeit vom Reisemarkt in den USA sind die Bemühungen Mexikos um eine Diversifizierung der Herkunftsländer seiner Auslandsgäste nur zu verständlich. So ist es erklärtes Ziel Mexikos, den Tourismus mit Europa zu fördern. Es werden große Anstrengungen unternommen, „um das Tourismusprodukt Mexiko für den anspruchsvollsten ... europäischen Touristen attraktiver zu gestalten" (KomMex 1994, S. 92). So werden seit geraumer Zeit in Europa und insbesondere auch in Deutschland intensiv Werbung für das Reiseland Mexiko betrieben und die Beziehungen zu führenden Reiseveranstaltern ausgebaut.

Bei den Auslandsgästen handelt es sich zu einem großen Teil um Badetouristen, die ihren Aufenthalt häufig mit einem kulturellen Programm abrunden: Insbesondere Rundfahrten zu Ruinenstätten erfreuen sich dabei großer Beliebtheit. Aber auch Zentren des Kunsthandwerks und der traditionellen Kultur sowie Fiestas werden gerne aufgesucht. Touristen aus den USA schätzen zudem besonders das mediterrane Flair der alten Kolonialstädte.

Nur in wenigen Fremdenverkehrsgebieten, insbesondere an der Karibikküste mit den Badeorten Cancún und Cozumel, sind die Auslandsgäste gegenüber den Mexikanern in der Überzahl. Auch beim Besichtigungstourismus weisen nur wenige Ziele, darunter die Maya-Ruinen auf der Halbinsel Yucatán, die archäologischen Zonen in Oaxaca sowie die Städte San Cristóbal (Chiapas) und Taxco (Guerrero), einen deutlich überdurchschnittlichen Anteil von Auslandsgästen auf. Ansonsten sind in den Ausflugsorten und auch in bekannten Seebädern wie Mazatlán, Puerto Vallarta, Manzanillo, Ixtapa-Zihuatanejo, Acapulco, Puerto Escondido oder Huatulco weit mehr als die Hälfte der Gäste Inländer (Gormsen 1995).

Tourismusarten und Tourismuszentren
Neben dem nationalen und internationalen Erholungs- und Kulturtourismus haben auch Geschäftsreisen und Besuche von

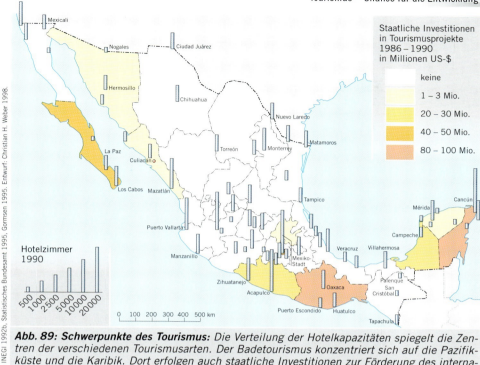

Abb. 89: Schwerpunkte des Tourismus: *Die Verteilung der Hotelkapazitäten spiegelt die Zentren der verschiedenen Tourismusarten. Der Badetourismus konzentriert sich auf die Pazifikküste und die Karibik. Dort erfolgen auch staatliche Investitionen zur Förderung des internationalen Tourismus.*

Verwandten und Freunden eine wichtige Bedeutung für die Nachfrage im Gastronomiebereich. Dies gilt vor allem in den Metropolen des Landes und in besonderer Weise für die Grenzstädte. In diesem Zusammenhang stellen die Mexikaner, die in den USA leben und ihre Heimat besuchen, ein wichtiges Potential dar. Vor allem entlang der Grenze zu den USA konzentrieren sich daher viele Betriebe des Hotel- und Gaststättengewerbes. Mit der zunehmenden wirtschaftlichen Kooperation zwischen Mexiko und den USA im Rahmen der NAFTA dürfte der Geschäfts- und Besuchstourismus noch einen weiteren Aufschwung erleben.

Hinter den in Abb. 89 erkennbaren räumlichen Schwerpunkten des Übernachtungsgewerbes stehen somit die verschiedenen Formen des Fremdenverkehrs: Badetourismus, Erholungsreisen, Besichtigungstourismus, Geschäftsreisen und insbesondere im Grenzbereich auch Besuchsfahrten. Die Zentren des Hotel- und Gaststättengewerbes verdanken ihre Entstehung meist der räumlichen Orientierung der touristischen Nachfrage im Zuge von Marktprozessen. Neben der räumlichen Konzentration bestimmter Reiseziele spielt dabei aber auch die Infrastruktur, vor allem die Verkehrserschließung, eine wichtige Rolle. Daneben wurden einige Zentren des Badetourismus wie Los Cabos (Baja California del Sur), Ixtapa-Zihuatanejo (Guerrero), Huatulco (Oaxaca) und vor allem Cancún (Quintana Roo) staatlich geplant und errichtet.

In den Metropolen Mexiko-Stadt, Guadalajara und Puebla hat neben den Geschäftsreisen auch der Besichtigungstourismus eine herausragende Bedeutung. Dies gilt in besonderer Weise für die mexikanische Hauptstadt, die das nationale Zentrum des Besichtigungstourismus bildet. Zwar enthält die amtliche Statistik nur Angaben über die Besucher von Museen und archäologischen Zonen, doch schon diese Zahlen sprechen für sich: Auf die archäologischen Stätten im Großraum Mexiko-Stadt, von Teotihuacán über Tula bis Xochicalco, entfielen 1990 rd. 2,5 Mio. Besucher und damit 47 % des nationalen Gesamtaufkommens. Noch deutlicher wird der kulturelle Zentralismus bei den Museumsbesuchern: Im Jahr 1990 besuchten 11,9 Mio. Menschen und damit 71 % des mexikanischen Gesamtaufkommens von 16,7 Mio. die Museen im Distrito Federal (INEGI 1992a). Hierin spiegelt sich auch die Konzentration herausragender Museen in der mexikanischen Hauptstadt wider: unter anderem das Anthropologische Nationalmuseum und das Historische Nationalmuseum im Schloß Chapultepec. Es verwundert daher nicht, wenn bei der Hotelkapazität Mexiko-Stadt neben den Badeorten Cancún und Acapulco das größte Touristenzentrum des Landes bildet.

Seit den 1980er Jahren werden in Mexiko erhebliche Anstrengungen zur Förderung des Besichtigungstourismus in anderen Landesteilen unternommen. Obwohl zwischen 1980 und 1990 der hohe Anteil der Hauptstadt am Besuchstourismus nicht gesunken ist, konnte in einigen Bundesstaaten eine spürbare Steigerung bei den Museumsbesuchern erzielt werden. Mit dem Ausbau der archäologischen Regionalmuseen in Jalapa (Veracruz), Villahermosa (Tabasco) und Tuxtla Gutiérrez (Chiapas) wurden überaus attraktive Einrichtungen geschaffen, die in diesen drei Bundesstaaten die Zahl der Museumsbesucher von rd. 250 000 im Jahr 1980 auf über 1 500 000 im Jahr 1990 anwachsen ließen. Auch im Norden des Landes wurden mit dem Neuoder Ausbau von Museen neue Attraktionen für den Besichtigungstourismus geschaffen: In Baja California ist laut INEGI (1992a) zwischen 1980 und 1990 die Zahl der Museumsbesucher auf 316 704 angestiegen. In Zacatecas bilden heute neben der sanierten Altstadt und einer historischen Minenanlage mehrere Museen eine Touristenattraktion, darunter eine Kunstsammlung mit Werken internationaler Künstler aus verschiedenen Epochen. Zwischen 1980 und 1990 wurde so eine Steigerung der jährlichen Museumsbesucher von knapp 36 745 auf 258 191 erreicht. Auch in den Hauptstädten anderer Bundesstaaten, darunter San Luis Potosí, Aguascalientes und Guanajuato, runden heute ansprechende Regionalsammlungen das Angebot für den Besichtigungstouristen ab.

Die archäologischen Stätten auf der Halbinsel Yucatán profitieren mit 1,5 Mio. Besuchern im Jahr 1990 und damit 28 % des nationalen Gesamtaufkommens erheblich von den Touristenzentren an der Karibikküste. Weitere Schwerpunkte bilden die archäologischen Zonen in Oaxaca mit 500 000 Besuchern (1990) und in Chiapas mit 250 000. In Oaxaca kommt zu den archäologischen Zeugnissen der Zapoteken und Mixteken noch das koloniale Ensemble in der Hauptstadt, dem früheren Antequera, hinzu.

Weitere Tourismusschwerpunkte im Landesinneren sind die Naherholungszentren, die eine Häufung im Süden und Westen von Mexiko-Stadt aufweisen. Die Nähe zum Ballungsraum verbindet sich hier mit einem besonderen Reiz der Natur- und Kulturlandschaft. Besonders attraktive Ziele finden sich zwischen Mexiko-Stadt und Guadalajara. In diesem Bereich liegen in reizvoller Vulkanlandschaft besonders viele Seen, darunter der Lago de Cuítzeo, der Lago de Pátzcuaro und der Lago de Chapala. Malerische Städte wie Pátzcuaro oder Morelia und archäologische Zonen wie Tzintzuntzán ergänzen das touristische Angebot in dieser Region.

Die traditionellen Zentren des mexikanischen Badetourismus liegen überwiegend am Stillen Ozean. Im Vergleich zum feuchtheißen Klima der Golfküste bringen an der Pazifikküste erfrischende Seewinde auch im Sommer wohltuende Abkühlung. Anders als die Schwemmlandküste am Golf von Mexiko zeichnet sich die Pazifikküste als Steilküste durch pittoreske Felsbuchten aus. Die wenigen Seebäder am Golf wie Tecolutla im nördlichen Veracruz oder Mocambo nahe der Hafenstadt Veracruz haben daher keine besondere Bedeutung erlangt.

Allerdings erstrecken sich auch an der Pazifikküste die Badeorte nicht entlang eines durchgehenden Streifens von Sonora bis Chiapas. Vielmehr sind nur diejenigen Abschnitte der Pazifikküste zur Anlage von Touristenzentren prädestiniert, wo die malerische Kulisse der Gebirgsketten unmittelbar an die Küste heranreicht und Buchten den Seebädern und Yachthäfen einen Schutz vor der starken Brandung des Pazifischen Ozeans bieten. Wichtige Schwerpunkte des Badetourismus an der Pazifikküste bilden die Hafenstadt Mazatlán, das malerische Puerto Vallarta an der Bahía de Banderas, Manzanillo an der Küste von Colima, das neue Touristenzentrum Iztapa-Zihuatanejo, das bekannte Seebad Acapulco und an der Küste von Oaxaca der „verborgene Hafen" Puerto Escondido sowie Huatulco, das zu einem Standort des Luxustourismus ausgebaut wird. Die Badeorte von Puerto Vallarta bis Acapulco profitieren in besonderer Weise von ihrer Nähe zu den Bevölkerungsschwerpunkten in Zentralmexiko mit den Metropolen Mexiko-Stadt und Guadalajara. Ein wichtiges Entwicklungspotential der Badeorte an der Küste von Oaxaca liegt neben ihrer landschaftlichen Schönheit in der geringen Entfernung zu wichtigen Ausflugszielen wie der Altstadt von Oaxaca sowie den archäologischen Zonen am Monte Albán oder in Mitla.

Cancún, Cozumel und weitere Badeorte in Quintana Roo profitieren vom kristallklaren Wasser der Karibik und der faszinierenden Unterwasserwelt, die hervorragende Möglichkeiten für Schnorcheln, Tauchen und Schwimmen bieten. Zudem liegen in der Nähe der Seebäder bedeutende Stätten der Maya-Kultur. Nachdem die Halbinsel Yucatán mit dem Flugzeug schnell aus den USA zu erreichen ist, konnte sich Cancún in kürzester Zeit zu einem wichtigen Touristenzentrum und einem Schwerpunkt des internationalen Tourismus entwickeln.

Auf der Halbinsel Niederkalifornien ist die Entwicklung des Fremdenverkehrs verhaltener verlaufen als dies die staatliche Tourismusplanung erhofft hatte (Spehs 1990). Obwohl Baja California unmittelbar an die USA grenzt, liegen die Tourismuszentren an der Südspitze der Halbinsel relativ weit vom Markt im nördlichen Nachbarland entfernt. Auch mexikanische Binnentouristen müssen vielfach weite Strecken zurücklegen. Zudem fehlt es weitgehend an attraktiven Zielen für einen ergänzenden Kulturtourismus. Eine wichtige Grundlage des Fremdenverkehrs in Baja California ist die Sportfischerei. Eine weitere Attraktion stellt das Schutzgebiet für Wale in der Bucht von Vizcaíno dar. Langfristig könnten die Fremdenverkehrsorte auf der Halbinsel Niederkalifornien von der dynamischen wirtschaftlichen und demographischen Entwicklung in Nordwestmexiko pro-

fitieren, mit der auch der Binnentourismus weiter ansteigt.

Tourismusförderung und Tourismuspolitik

Die ersten Fremdenverkehrsorte waren in Mexiko zunächst mehr oder weniger spontan überwiegend dort entstanden, wo sich die heimische Nachfrage ihren Weg bahnte. Ein touristisches Angebot der Natur- und Kulturlandschaft war dabei ebenso wichtig wie die Erreichbarkeit von den Bevölkerungsschwerpunkten aus. Mit dem Ausbau des Badezentrums Acapulco unter Präsident Miguel Alemán (1946–1952) hat sich zum ersten Mal der mexikanische Staat aktiv in die Entwicklung des Fremdenverkehrs eingeschaltet. 1966 kamen drei Manager der Bank von Mexiko auf die Idee, mit einem gezielten Ausbau des internationalen Tourismus die Devisenbilanz Mexikos zu verbessern. Ernesto Fernández Hurtado, Rodrigo Gómez und Antonio Ortiz Mena machten sich an den Küsten Mexikos auf die Suche nach geeigneten Standorten für die Errichtung neuer Zentren des internationalen Badetourismus. Im Auge hatten sie dabei Strände in peripheren Landesteilen, wo das touristische Potential bisher nicht erschlossen war.

Zur Durchführung und Finanzierung der Projekte wurde 1969 der Fondo de Promoción de Infraestructura Turística (INFRATUR) ins Leben gerufen, der 1974 in den Fondo Nacional de Fomento al Turismo (FONATUR) umgewandelt wurde und seither dem Tourismusministerium untersteht. In der Hand von FONATUR liegt die integrierte Planung und Koordination der einzelnen Tourismusprojekte. Neben der Errichtung der erforderlichen Infrastruktur für die Touristen und die Wohnbevölkerung sollen von staatlichen Gesellschaften errichtete Hotels eine Initialzündung für spätere Privatinvestoren bewirken (Spehs 1990). Neben der Projektkoordination und -entwicklung besorgt FONATUR auch die Vermarktung der Tourismusprojekte.

Im Mittelpunkt der Tourismuspolitik in den 1990er Jahren stehen eine weitere Ausweitung der Werbeaktivitäten, eine Qualitätsverbesserung, der Ausbau der Verkehrsinfrastruktur sowie insbesondere die Steigerung nationaler und internationaler Privatinvestitionen in Tourismusprojekte

(KomMex 1994). Um die Attraktivität Mexikos für ausländische Investoren zu steigern, wurden unter anderem ausländische Beteiligungen mit bis zu 100 % bei freiem Gewinnrücktransfer ermöglicht. Nach dem NAFTA-Vertrag werden ausländische und inländische Dienstleister gleichgestellt und die Leistung von Tourismusdiensten ist nicht an eine Niederlassungspflicht im Inland geknüpft.

Mit privaten Investitionen aus dem In- und Ausland soll das erforderliche Kapital zum Ausbau neuer Tourismuszentren aufgebracht werden. Der Staat wird sich künftig darauf beschränken, den Rahmen vorzugeben und die Standorte der Projekte festzulegen. FONATUR zieht sich damit zunehmend aus der direkten Durchführung von Projekten zugunsten privater Träger zurück. Ein wichtiges Instrument beim Aufbau der Tourismuszentren bildet seit Anfang der 1990er Jahre das sogenannte Megaproyecto-System (KomMex 1994). Dabei erledigt eine Projektentwicklungsgesellschaft unter Beteiligung privater Investoren den Aufbau des künftigen Fremdenverkehrsortes: Angelegt werden Flächen für Infrastruktureinrichtungen, die Wohngebiete der Beschäftigten sowie die künftigen Hotels, Appartements und Freizeitzentren. Die Erlöse aus dem Weiterverkauf der erschlossenen Grundstücke fließen den Investoren des Projektentwicklers zu.

Für die Zeit von 1991 – 2000 sind 8 Mrd. US-$ Privatinvestitionen angestrebt (Stat. Bundesamt 1995). Das ehrgeizige Wachstumsziel der Regierung für das Jahr 1994 mit 10 Mio. Auslandsgästen und Einnahmen von 6 Mrd. US-$ wurde bei einem tatsächlichen Wert von 4,9 Mrd. US-$ nicht erreicht (Banco de México 1996; Stat. Bundesamt 1995). Dennoch ist der Fremdenverkehr ein dynamischer Wirtschaftszweig, der auch in den nächsten Jahren mit Hilfe privater Investitionen weiter vorangetrieben werden soll.

Tourismus und Regionalentwicklung

In Mexiko besteht eine enge Verbindung zwischen der Förderung des Fremdenverkehrs und der Regionalentwicklung. Die Projekte von FONATUR werden ganz gezielt in peripheren Landesteilen, wie zum Beispiel Huatulco in Oaxaca, errichtet und sollen dabei die Funktion von Entwicklungspolen übernehmen (Spehs 1990). Neben den positiven Beschäftigungs- und Einkommenseffekten leistet der Ausbau von Touristenzentren in peripheren Räumen einen wesentlichen Beitrag zum Aufbau einer Grundinfrastruktur, die dann auch zur weiteren Entwicklung anderer Wirtschaftsbereiche genutzt werden kann.

Insbesondere in Regionen, die außer der Landwirtschaft keine alternativen Erwerbsmöglichkeiten bieten, führt der Ausbau der Fremdenverkehrswirtschaft zu nachweisbaren positiven Beschäftigungs- und Einkommenseffekten. Wie die Zahlen aus den wichtigsten Tourismuszentren Mexikos zeigen, entfällt auf ein Hotelzimmer mindestens ein Erwerbstätiger im Gastronomiegewerbe. Rechnet man hierzu noch die Beschäftigten in den nachgeordneten Bereichen, so kommen auf ein Zimmer ca. vier Arbeitsplätze. In einem Tourismuszentrum wie Cancún mit fast 20 000 Zimmern kommt man so auf einem Bedarf von rd. 80 000 Arbeitskräften, der aus dem näheren Umland nicht mehr gedeckt werden kann.

Die Wirtschaft in einem boomenden Badeort wie Cancún ist daher auf Arbeitskräfte aus anderen Regionen angewiesen. So reichte das Erwerbspersonenpotential im Bundesstaat Quintana Roo, wo 1970 gerade einmal 88 000 Menschen lebten, bei weitem nicht aus, um die immense Nachfrage in Cancún zu decken. Angesichts von Erwerbs- und Einkommensbedingungen, die deutlich über dem nationalen Durchschnitt liegen, strömen Migranten aus zunehmend weiter entfernt liegenden Bundesstaaten auf den Arbeitsmarkt des Megabadeortes an der Karibik. Nach dem Zensus von 1990 kam über die Hälfte der Zuwanderer aus dem benachbarten Bundesstaat Yucatán, rd. ein Viertel aus den südmexikanischen Bundesstaaten Campeche, Tabasco, Chiapas, Oaxaca und Veracruz. Aus der mexikanischen Hauptstadt sind über 15 000 Personen nach Cancún gezogen, um sich am Aufbau des Zentrums zu beteiligen oder um als Unternehmer die hervorragenden Chancen des Standortes zu nutzen. Cancún bildet inzwischen einen außerordentlich dynamischen Wachstumspol, dessen Einzugsbereich weite Teile Südmexikos erfaßt und bis nach Zentralmexiko reicht.

Der Zustrom von Arbeitskräften führt in den großen und gut ausgelasteten Seebädern Mexikos zu einem rasanten Bevölkerungswachstum, wobei auf eine Arbeitskraft zwei nicht erwerbstätige Personen kommen. Dieser für Mexiko geringe Wert hängt mit der hohen Frauenerwerbsquote und der zunächst geringen Kinderzahl der jungen Zuwanderer zusammen. Daher ist zu erwarten, daß die mit einer Verzögerung einsetzende natürliche Bevölkerungsentwicklung zu einem weiteren Wachstumsschub der Siedlungen führt. Die immense Zuwanderung bildet das Kernproblem bei der Errichtung von großen Tourismuszentren an bisher unerschlossenen Küstenabschnitten. Die Entwurzelung der Migranten führt mitunter zu einem Identitätsverlust und einer sozialen Desintegration. Dennoch werden von einem Großteil der Zugewanderten die Lebens- und Erwerbsbedingungen positiv beurteilt (Spehs 1990). Wesentlich gravierender sind die ökologischen Folgen, welche die übermäßige Konzentration ökonomischer Aktivitäten und von Bevölkerung mit sich bringt.

Schon relativ früh hatten sich in Acapulco die negativen Folgen des Wachstums gezeigt. Aus dem kleinen Pazifikhafen, der im Jahre 1930 gerade einmal 7000 Einwohner zählte, hatte sich bis 1950 ein beschaulicher Badeort mit 29 000 Einwohnern entwickelt. Bis 1970 explodierte die Bevölkerung auf 179 000 und lag 1995 bei 680 000 Einwohnern. Dieser rasante Bevölkerungsanstieg hat zu einer Ausdehnung der Siedlungsfläche in labile Hangbereiche geführt, die insbesondere bei den Starkniederschlägen tropischer Wirbelstürme extrem gefährdet sind. Im Herbst 1997 hat sich dies auf drastische Weise in Überschwemmungen, Hangrutschungen und Murenabgängen gezeigt, wobei zahlreiche Todesopfer zu beklagen waren. Mangelhafte oder fehlende Versorgungs- und Entsorgungsinfrastrukturen haben zu unerträglichen hygienischen Bedingungen und zu einer Verschmutzung der Badegewässer Acapulcos geführt. Der internationale Tourismus hat sich inzwischen anderen unbelasteten Traumstränden zugewandt.

Angesichts der negativen Erfahrungen in Acapulco wurden für den Aufbau der neuen Zentren durch die staatliche Tourismusbehörde FONATUR einheitliche Planungsgrundsätze entwickelt, die solche Fehlentwicklungen künftig verhindern sollen: Die Hotelzone und die Wohngebiete für die dort arbeitende Bevölkerung werden räumlich strikt voneinander getrennt. Mit der Errichtung der Hotelzone wird auch die gesamte Infrastruktur geschaffen: ein Flughafen, das Straßen-, Strom- und Wassernetz, Kanalisation mit einer Kläranlage, Geschäfte, soziale Infrastruktur und Sportanlagen, darunter ein Golfplatz. Großer Wert wird auch darauf gelegt, daß das Wohngebiet für die Bevölkerung als eine Stadt mit allen notwendigen Funktionen und Einrichtungen geplant und gebaut wird. Die Planung und Aufsicht über die Umsetzung liegt vor Ort bei einer Außenstelle von FONATUR unter Beteiligung der ortsansässigen Bevölkerung.

Auch bei der Planung und dem Ausbau von Cancún wurde nach diesen Grundsätzen verfahren. Die überaus dynamische Entwicklung dieses Zentrums an der Karibikküste hat allerdings die Steuerungsmöglichkeiten deutlich überfordert. Wo 1970 gerade einmal 400 Menschen lebten, drängen sich 1995 über 300 000 Einwohner, 1997 war bereits von 350 000 die Rede (SZ vom 25.2.1997) Hinzu kommen bis zu 2 Mio. Touristen, die jedes Jahr in den knapp 20 000 Hotelzimmern ihren Urlaub verbringen (Bild 70). Angesichts dieser Bevölkerungsexplosion hat die Siedlungsfläche das ursprünglich für 50 000 Einwohner geplante Gebiet der Stadt Cancún längst gesprengt. Es sind ausgedehnte Marginalsiedlungen entstanden mit erheblichen Infrastrukturdefiziten, vor allem im Bereich der Kanalisation. Nach Zensusangaben waren 1990 gerade einmal 23 % aller Wohnungen an die zentrale Kanalisation angeschlossen (INEGI 1992).

Das Wachstum von Cancún droht inzwischen die Schallmauer einer verträglichen Größe zu durchbrechen, und das touristische Megazentrum an der Karibik könnte nach einem rasanten Aufstieg langfristig seine Attraktivität für den internationalen Tourismus verlieren. Das Gebot einer nachhaltigen Entwicklung erfordert auch im Tourismussektor eine stärkere Dezentralisierung der Aktivitäten. Mit der Entwicklung neuer Tourismuszentren an der Pazi-

Bild 70: Tourismuszentrum Cancún (Quintana Roo): Cancún wurde Anfang der 1970er Jahre als Zentrum für den gehobenen internationalen Tourismus geplant und systematisch ausgebaut. In 25 Jahren stieg die Einwohnerzahl von 400 auf über 300 000. Über 18 km erstrecken sich Hotels mit insgesamt 20 000 Zimmern.

fikküste von Oaxaca und Guerrero werden in Mexiko zumindest erste Schritte einer Dekonzentration unternommen. Die Größe eines Badeortes und sein Wachstum sind auf lange Sicht kein tauglicher Maßstab für seinen Erfolg, wenn die rasante Entwicklung mit der natürlichen Umwelt eine der wichtigsten Grundlagen des Fremdenverkehrs zerstört. Die nachhaltige Nutzung des touristischen Potentials zählt daher zu einer der großen Aufgaben beim weiteren Ausbau des Fremdenverkehrs in Mexiko.

RAUMENTWICKLUNG:
ZWISCHEN AUSGLEICH UND POLARISIERUNG

Bild 71: Autopista von Taxco nach Acapulco: Der Bau von Verkehrswegen ist in Mexiko von zentraler Bedeutung für die Raumentwicklung. Während zwischen den wichtigen Zentren inzwischen gut ausgebaute Verbindungen bestehen, sind weite Landesteile mit kleineren Orten noch unzureichend erschlossen.

Überblick

■ Vom Ziel gleicher Lebensbedingungen in allen Landesteilen ist Mexiko noch weit entfernt. Die Grenze zwischen Erster und Dritter Welt verläuft mitten durch das Land und die mexikanische Gesellschaft.

■ Die großräumigen Disparitäten werden maßgeblich von der Entfernung zu den USA und der Ressourcenkonzentration in der Hauptstadtregion bestimmt.

■ Wichtigstes Instrument zum Disparitätenabbau ist die weitere Erschließung des Landes. Obwohl Mexiko über eine relativ gut ausgebaute Infrastruktur verfügt, ist eine flächendeckende Ausstattung aller Landesteile noch nicht erreicht.

■ Der politische Zentralismus begünstigt eine Konzentration der Infrastruktureinrichtungen und Arbeitsplätze auf wenige große Standorte. Das extreme Stadt-Land-Gefälle konnte daher bislang nicht abgebaut werden.

■ Im Rahmen einer integrierten Entwicklungsplanung wird in Mexiko inzwischen eine Dezentralisierung verfolgt. Einzelne Entwicklungspole in peripheren Regionen wie Cancún an der Karibikküste haben eine beachtliche Dynamik entwickelt.

■ Die angestrebte Diversifizierung der außenwirtschaftlichen Beziehungen beinhaltet die Chance zum Abbau der großräumigen Disparitäten.

■ In der Vielfalt seiner Ressourcen und Regionen liegt eine große Entwicklungschance für Mexiko.

Raumstrukturen im Zeichen des Ungleichgewichts

Um den Rückstand gegenüber der Ersten Welt aufzuholen und die Bedürfnisse der rasch wachsenden Bevölkerung zu befriedigen, sind in Mexiko hohe Wachstumsraten erforderlich. Diese Zielsetzung drückt sich in Art. 25, Abs. 1 der mexikanischen Verfassung aus, der die Verbesserung der Lebensbedingungen jedes einzelnen und aller sozialen Gruppen durch die Förderung des Wirtschaftswachstums, die Schaffung von Vollbeschäftigung sowie eine gerechtere Einkommens- und Vermögensverteilung vorsieht.

Mexiko ist von diesem Ziel noch weit entfernt. Zwar konnte zwischen 1970 und 1995 trotz der rasch wachsenden Bevölkerung beispielsweise die Zahl der an die öffentliche Infrastruktur angeschlossenen Wohnungen deutlich erhöht werden (Tab. 55), doch sind die Erwerbs- und Einkommensverhältnisse insgesamt sehr uneinheitlich und vom Niveau der Ersten Welt noch deutlich entfernt. Rund ein Drittel der erwerbstätigen Mexikaner verdient weniger als das durch gesetzliche Mindestlöhne vor-

gegebene Existenzminimum. Dieser Mindestlohn betrug im Jahr 1990 im Durchschnitt des Landes 7 DM pro Tag. Unter Zugrundelegung der Verteilung nach Mindestlohnklassen ergab sich ein Durchschnittslohn von 17 DM pro Tag und Erwerbstätigen (INEGI 1992; Stat. Bundesamt 1995).

Insgesamt zeigt sich bei vielen Entwicklungsindikatoren ein deutliches Nord-Süd-Gefälle. So fallen die Durchschnittslöhne vom Norden über das Zentrum zum Süden hin ab und die Verteilung der Einkommen wird zunehmend ungleicher. Auch die Erwerbschancen nehmen von Norden nach Süden ab. Sie sind am größten in den Städten und entlang von Verkehrsachsen. In den ärmeren Landesteilen wie Oaxaca zeigt sich dabei eine deutlichere Stufung als in reicheren Bundesstaaten wie Nuevo León. Folge dieser Disparitäten sind großräumige Migrationsbewegungen von weniger in weiter entwickelte Regionen.

Auch hinsichtlich der Erschließung und der Alphabetisierung zeichnen sich deutliche Entwicklungsunterschiede zwischen

Wohnbevölkerung	ohne Strom		ohne Wasser		ohne Kanal	
	1990	1995	1990	1995	1990	1995
Mexiko	10 448 481	6 455 447	16 734 373	13 897 136	29 517 784	24 889 253
Nordmexiko	2 428 142	1 596 239	3 276 948	2 602 657	7 707 773	6 573 692
nördl. Grenzstaaten	1 252 310	815 474	1 551 769	1 242 626	4 124 129	3 489 261
nordwestl. Grenzstaat.	687 367	463 668	783 020	656 629	2 032 329	1 714 682
nordöstl. Grenzstaat.	564 943	351 806	768 749	585 997	2 091 800	1 774 579
nördl. Pazifikküste	265 392	162 329	548 244	404 441	1 281 271	1 006 309
zentraler Norden	910 440	618 436	1 176 935	955 590	2 302 373	2 078 122
Zentralmexiko	3 422 543	1 685 597	5 952 419	4 428 539	11 530 530	9 046 864
westl. Zentralregion	471 898	237 701	773 176	548 371	1 138 385	691 614
mittlere Zentralregion	1 113 614	579 194	1 542 456	1 132 729	3 474 393	2 865 668
Hauptstadtregion	1 837 031	868 702	3 636 787	2 747 439	6 917 752	5 489 582
Randzone	1 100 183	580 858	1 806 650	1 448 000	3 510 147	3 132 690
Kernzone	736 848	287 844	1 830 137	1 299 439	3 407 605	2 356 892
davon Distrito Federal	61 840	6 964	270 143	183 559	487 440	175 843
Südmexiko	4 597 796	3 173 611	7 505 006	6 865 940	10 279 481	9 268 697
Golfküste	1 989 760	1 390 197	3 363 472	3 277 848	3 809 804	3 228 444
Karibikküste	198 361	134 621	444 619	298 194	951 622	959 160
südliche Pazifikküste	2 409 675	1 648 793	3 696 915	3 289 898	5 518 055	5 081 093

Tab. 55: Erschließungsdefizite

Daten: INEGI 1992, INEGI 1997.

Entwicklungsstand*
des Bundesstaates
1995

gering

durchschnittlich

hoch

* Erschließung,
Alphabetisierung,
Erwerbstätige in
fester Anstellung

Daten: INEGI 1997. Entwurf: Christian H. Weber, 1998.

Abb. 90: Entwicklungsstand der Bundesstaaten 1995: *Während sich entlang der Nordgrenze, in Zentralmexiko und auf der Halbinsel Yucatán besonders dynamische Räume herausgebildet haben und weiter ausbreiten, sind weite Teile Südmexikos deutlich hinter den übrigen Regionen zurückgeblieben.*

den Großräumen des Landes ab. Bei einer Bündelung der Variablen „Angebot fester Arbeitsplätze, Erschließung der Wohnungen, Alphabetisierung" erweisen sich die südliche Pazifikküste mit den Staaten Guerrero, Oaxaca und Chiapas, aber auch weite Teile des Golfküstenstaates Veracruz als deutlich weniger entwickelt (Abb. 90). In den nördlichen Grenzstaaten sowie in der Hauptstadtregion ist das Entwicklungsziel dagegen am weitesten verwirklicht. Auch zeichnet sich ein allmähliches Ausgreifen der Hauptstadtregion auf ganz Zentralmexiko mit einem besonderen Akzent in Richtung Nordwesten ab. Die dynamische Entwicklung des südmexikanischen Bundesstaates Quintana Roo ist vor allem auf das boomende Tourismuszentrum Cancún zurückzuführen.

Sowohl bei der Erwerbssituation als auch bei der Alphabetisierung haben sich die Unterschiede zwischen den mexikanischen Bundesstaaten seit 1980 vergrößert, und auch bei der Erschließung konnten die großräumigen Unterschiede noch nicht

vollständig abgebaut werden. Nachdem die Unterschiede beim Pro-Kopf-Einkommen sich von 1970 bis 1980 zwischen den Regionen und zwischen den Bundesstaaten verringert hatten, sind sie seither wieder deutlich angestiegen (Abb. 91). Mit der Wirtschaftskrise sind die Chancen zu einem Ausgleich zwischen den Großräumen Mexikos weiter gesunken. Die Vergrößerung der Disparitäten zwischen den Bundesstaaten zeigt sich auch bei der Erwerbsquote.

Nordmexiko entwickelt sich immer mehr zu einer Wachstumsregion, die allmählich sogar Zentralmexiko überflügelt. Die Spitzenwerte der nördlichen Grenzstaaten zeigen, daß der entscheidende Impuls hierfür offensichtlich von der engen wirtschaftlichen Kooperation mit den USA ausgeht. In Zentralmexiko nähert sich das Wachstum des Westens immer mehr dem der Hauptstadtregion. Auch die Einkommenssituation in den dazwischenliegenden Bundesstaaten wird sich auf Dauer angleichen, denn hier verläuft eine der Hauptentwicklungsachsen des Landes. Südmexiko ist

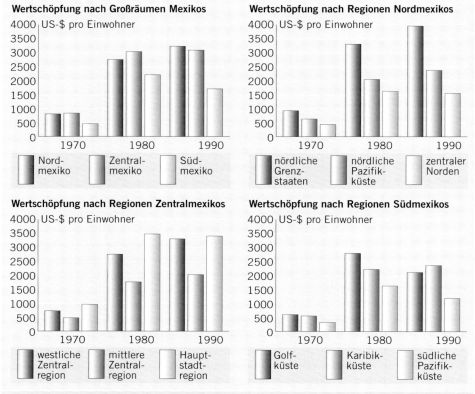

Abb. 91: Entwicklung der Wertschöpfung pro Kopf: *Seit 1980 sind die benachteiligten Regionen Südmexikos noch weiter zurückgefallen. Die nördlichen Grenzstaaten haben inzwischen die Hauptstadtregion überrundet.*

Daten: INEGI 1985, 1992 u. 1992a. Entwurf: Christian H. Weber 1997.

gegenwärtig der Verlierer im Entwicklungsprozeß. Allerdings bestehen deutliche Unterschiede zwischen der gering entwickelten südlichen Pazifikküste und den übrigen Regionen. Die Golfküste profitiert von der Ölwirtschaft, deren Konjunktur allerdings stark von Schwankungen des Weltmarktpreises für Rohöl beeinflußt wird. Als ein besonders dynamischer Entwicklungsmotor erweist sich indes die Fremdenverkehrswirtschaft an der Karibikküste. Die Ausbreitungseffekte des Tourismus, aber auch die Ansiedlung von Textilbetrieben aus den USA, bringen inzwischen wirtschaftliche Impulse für die gesamte Halbinsel Yucatán.

Auch bei der Alphabetisierung sind trotz beachtlicher nationaler Entwicklungsfortschritte die regionalen Disparitäten größer geworden. Obwohl die Analphabetenrate landesweit zwischen 1930 und 1995 von 67 % auf 11 % gesenkt werden konnte, hat sich der Abstand zwischen den Bundesstaaten im gleichen Zeitraum erhöht (INEGI 1994 u. 1997). So lag der Variationskoeffizient für die Werte aus allen 32 Bundesstaaten im Jahr 1930 bei 28 %, im Jahr 1995 bereits bei 57 %. Im Verlauf des ungleichmäßigen Alphabetisierungsprozesses haben sich die Staaten der südlichen Pazifikküste deutlich als Peripherie herausgeschält. Die absolute Zahl der Analphabeten ist seit 1930 nur in Südmexiko leicht angestiegen, während sie in Zentralmexiko und in Nordmexiko geringfügig zurückgegangen ist.

Der Abbau der großräumigen Disparitäten gestaltet sich in Mexiko deshalb so schwer, weil unter den Zwängen einer nachholenden Entwicklung nur bei einer hohen wirtschaftlichen Wachstumsrate Spielräume für eine aktive Förderung benachteiligter Räume bestehen. Folglich haben sich die großräumigen Disparitäten seit den wirtschaftlichen Einbrüchen der 1980er Jahre erhöht. Die knappen Mittel werden nach dem Grundsatz „Wachstum vor Ausgleich! – Ausgleich durch Wachstum!" zur Förderung des nationalen Wachstumsziels eingesetzt. Die wirtschaftlichen Investitionen des mexikanischen Staates erfolgen hauptsächlich dort, wo sich Potentiale in Wert setzen lassen, wobei der Zwang zur Haushaltskonsolidierung und unzureichende Privatinvestitionen den mexikanischen Staat hierzu zwingen. Allerdings bemüht sich die Regierung darum, Investitionen in strukturschwache Räume zu lenken, wenn dort Entwicklungsmöglichkeiten, etwa im Fremdenverkehr, bestehen.

Im ländlichen Raum wird darüber hinaus mit strukturverbessernden Maßnahmen und direkten Beihilfen für die Erzeuger ein aktiver Disparitätenausgleich betrieben. Zusätzliche ausländische Investitionen sollen insbesondere in Regionen gelenkt werden, die bisher vernachlässigt wurden. Weil das verfügbare Kapital nicht ausreicht, um in allen Landesteilen gleichermaßen die Produktivität zu steigern, erweisen sich die räumlichen Disparitäten in Mexiko jedoch als besonders beständig. Die Größe des mexikanischen Staatsgebiets und die Raumwiderstände tragen ihr übriges hierzu bei, und es wird selbst im Falle einer besseren finanziellen Ausstattung noch einige Zeit dauern, bis alle Landesteile einen vollständig integrierten Wirtschaftsraum bilden.

Solange die Angleichung der Lebensverhältnisse in den verschiedenen Landesteilen nur unzureichend verwirklicht ist, bleibt die Wanderung aus peripheren ländlichen Regionen in die Ballungszentren ein ernsthaftes Problem. Die Disparitäten innerhalb des Landes verstärken dabei die räumlichen und sozialen Disparitäten in den Städten, weil auch hier nur begrenzt Arbeitsplätze und Infrastruktur für die Zuwanderer zur Verfügung stehen. Der Migrationsdruck zwingt so zu ständig neuen Investitionen in den Ballungsräumen, um dort den Standard wenigstens annähernd zu halten. Diese Mittel stehen dadurch aber für Maßnahmen in peripheren Räumen nicht mehr zur Verfügung und erhöhen dort wiederum den Abwanderungsdruck. So kommt es zu einer Polarisierung, deren Ende noch nicht absehbar ist.

Disparitäten und Wirtschaftsstandorte

Feste Arbeitsplätze und sicheres Einkommen sind in Mexiko in hohem Maß an bestimmte Wirtschafts- und Tätigkeitsbereiche gekoppelt (Abb. 92). In der Landwirtschaft ist der Anteil der Erwerbstätigen ohne oder mit nur geringem Einkommen am höchsten. Da im Gegensatz dazu in den exportorientierten Sektoren der gewerblichen Landwirtschaft hohe Löhne gezahlt werden, kann der Anteil der im Agrarsektor Beschäftigten dennoch nicht pauschal als Armutsindikator betrachtet werden. Die mexikanische Landwirtschaft ist durch eine ausgeprägte dualistische Struktur gekennzeichnet. Die Disparitäten bei den Einkommens- und Erwerbsverhältnissen werden in starkem Maße von den Standorten der dynamischen und hochproduktiven Wirtschaftssektoren bestimmt, deren räumliche Verteilung das Ergebnis von Entscheidungen der Investoren aus dem In- und Ausland ist.

Das Verteilungsmuster der wichtigen Wirtschaftsstandorte Mexikos ist das Ergebnis der Ressourcenausstattung, der durch staatliche Vorgaben gesteuerten Erschließung, der Infrastruktur sowie der Lage zu den Absatzmärkten. Während das staatliche Engagement insbesondere in der Zeit der binnenmarktorientierten Entwicklungsstrategie eine entscheidende Rolle spielte, kommt heute trotz der staatlichen Gesamtverantwortung für die nationale Entwicklung dem freien Wettbewerb eine größere Bedeutung zu.

Einige Wirtschaftsstandorte basieren in erster Linie auf der Nutzung natürlicher Potentiale. Am unmittelbarsten vermarktet wird die Natur in den Touristenzentren an der Pazifik- und Atlantikküste. Badeorte

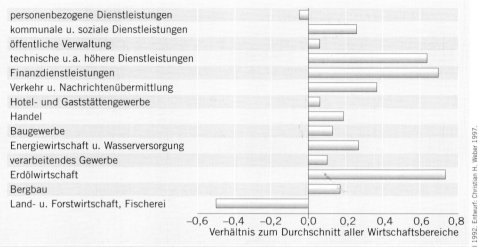

personenbezogene Dienstleistungen
kommunale u. soziale Dienstleistungen
öffentliche Verwaltung
technische u. a. höhere Dienstleistungen
Finanzdienstleistungen
Verkehr u. Nachrichtenübermittlung
Hotel- und Gaststättengewerbe
Handel
Baugewerbe
Energiewirtschaft u. Wasserversorgung
verarbeitendes Gewerbe
Erdölwirtschaft
Bergbau
Land- u. Forstwirtschaft, Fischerei

−0,6   −0,4   −0,2   0,0   0,2   0,4   0,6   0,8
Verhältnis zum Durchschnitt aller Wirtschaftsbereiche

Quellen: INEGI 1992. Entwurf: Christian H. Weber 1997.

Abb. 92: Einkommensunterschiede zwischen Wirtschaftsbereichen 1990: *Aufgrund ausgeprägter sektoraler Einkommensunterschiede hat die räumliche Verteilung einzelner Wirtschaftsbereiche großen Einfluß auf die regionalen Einkommensdisparitäten.*

wie Cancún (Quintana Roo), Zihuatanejo (Guerrero) oder Huatulco (Oaxaca) wurden vom mexikanischen Staat ganz gezielt an Stränden in peripheren Landesteilen errichtet. Weiteres touristisches Potential bilden archäologische Stätten und historische Stadtensembles im Landesinneren.

Einige der großen Zentren der Ölwirtschaft verdanken ihre Entwicklung der Nähe zu den Öl- und Gaslagerstätten an der Golfküste. Ausgangspunkte für eine bedeutende wirtschaftliche Entwicklung waren auch einzelne Bergbaustandorte wie die Kohlevorkommen bei Monclova in Nordostmexiko oder die Erzlagerstätten an der Pazifikküste. Der Wasserreichtum und das Gefälle einiger Flüsse bieten vor allem in Südmexiko günstige Voraussetzungen für die Stromerzeugung. Am Unterlauf des Río Balsas an der Grenze der Bundesstaaten Guerrero und Michoacán befindet sich der Kraftwerkskomplex von Infiernillo. Noch bedeutender sind die großen Stauseen und Kraftwerke, die sich in Chiapas entlang des Río Grijalva erstrecken.

Häufig läßt der überaus vielfältige Naturraum eine Erschließung und weitergehende Nutzung nicht zu, so daß große Teile Mexikos nicht oder nur dünn besiedelt sind. Klima, Bodenbeschaffenheit und Relief entscheiden insbesondere bei den landwirtschaftlichen Nutzungsmöglichkeiten über Gunst- und Ungunsträume. In den Höhenlagen der Gebirge setzt der Wärmemangel der landwirtschaftlichen Nutzung eine Grenze. Bedeutender für das Verteilungsmuster der Landwirtschaft ist die agronomische Trockengrenze, wobei sich die Trockengebiete als agrarische Gunsträume erweisen, wenn beispielsweise in den Sierren Oberflächenwasser oder unter den Gebirgsfußebenen (Pedimenten) Grundwasser für eine Bewässerung zur Verfügung stehen. So zählen die Bewässerungsgebiete an der nördlichen Pazifikküste und in anderen Regionen Nordmexikos heute zu bevorzugten Standorten der Intensivlandwirtschaft.

Entscheidend ist auch die Bodenfruchtbarkeit, die vom Nährstoffspeichervermögen und vom Wasserhaushalt abhängt. Gunsträume sind alle Bereiche mit jungvulkanischen Lockermaterialien, weil diese reich an Nährstoffen, leicht verwitterbar und gut zu bearbeiten sind. Allerdings sind die fruchtbaren Vulkanhänge in hohem Maße erosionsgefährdet. Daneben bieten auch die jungen tropischen Schwemmlandböden mit einer reichen Nährstoffnachführung durch die Hochlandflüsse günstige Voraussetzungen für die Landwirtschaft. Die Steilheit des Reliefs fördert die Bodenerosion und erschwert in vielen Regionen die Bearbeitung. Nur in den großen Becken und Hochebenen, Tallagen und Küstenebenen kann mechanisierter und intensiver Ackerbau betrieben werden.

Ein wichtiger Standortfaktor für die gewerbliche Landwirtschaft ist die Erreichbarkeit von Absatzmärkten. Von küstennahen Produktionsgebieten läßt sich der Exportmarkt leicht bedienen, und die Anlehnung an größere Städte und Verkehrsachsen erleichtert den Zugang zum Binnenmarkt. Vielfach geht der Ausbau der Intensivlandwirtschaft daher mit der Erschließung entlang von Straßen einher, wo in Trockengebieten die parallel verlaufenden Stromleitungen auch den Betrieb von Bewässerungspumpen gestatten.

Marktzugang und Erschließung

Erst die verkehrsmäßige Integration schafft in den peripheren Landesteilen die Voraussetzungen für den Übergang zu einer marktorientierten Agrarproduktion. Noch immer gibt es abgelegene Räume, in denen selbst regionale Märkte nur schwer erreichbar sind. Überdies gibt es in diesen Gebieten mangels außerlandwirtschaftlicher Einkünfte

nur eine geringe Nachfrage nach Agrarprodukten. Daher herrscht hier eine auf Eigenversorgung orientierte Landwirtschaft vor. Der Anteil der Subsistenzlandwirte wird dadurch zu einem aussagekräftigen Indikator für die Integration eines Teilraumes in die mexikanische Volkswirtschaft. Besonders weit verbreitet ist die Subsistenzlandwirtschaft in Südmexiko und hier insbesondere in den Staaten der südlichen Pazifikküste.

Für die wirtschaftliche Integration des ländlichen Raumes ist der Straßenbau von großer Bedeutung. Bereits die Anlage einfacher Fahrwege bedeutet hier einen großen Fortschritt (Bild 72). Mit der Integration in den Markt geht zwangsläufig ein verstärkter Strukturwandel einher. Vielfach kommt es zu einer starken Abwanderung, weil die Landwirtschaft auf marginalen Böden und mit einer mangelnden technologischen Ausstattung auf Dauer nicht konkurrenzfähig ist und alternative Arbeitsmöglichkeiten fehlen.

Das Angebot an nicht-landwirtschaftlichen Arbeitsplätzen außerhalb großer Orte ist in Mexiko nach wie vor außerordentlich knapp. Die wenigen Alternativen beschrän-

Bild 72: Unbefestigte Piste bei Magdalena Jaltepec (Oaxaca): *In den peripheren Regionen fehlt eine ausreichende Erschließung, weil die knappen Mittel für Infrastrukturmaßnahmen vorwiegend für Entwicklungszentren und -achsen verwendet werden.*

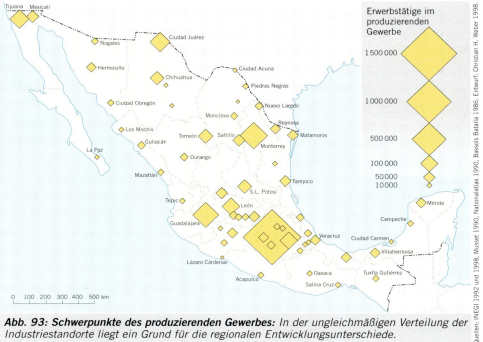

Quellen: INEGI 1992 und 1998, Musset 1990, Nationalatlas 1990, Bassols Batalla 1986. Entwurf: Christian H. Weber 1998.

Abb. 93: Schwerpunkte des produzierenden Gewerbes: *In der ungleichmäßigen Verteilung der Industriestandorte liegt ein Grund für die regionalen Entwicklungsunterschiede.*

ken sich vielfach auf den Bausektor und einfache Dienstleistungen. Sofern es in abgelegenen Orten überhaupt feste Arbeitsplätze gibt, sind dies in der Regel staatliche Stellen, vorzugsweise im Schulbereich (INEGI 1992). Die Arbeitsplätze im verarbeitenden Gewerbe und im Dienstleistungssektor ballen sich dagegen in den wenigen städtischen Zentren. Hier konzentrierten sich die Produktionsstätten aufgrund der guten Infrastruktur und der Nähe zu den inländischen Verbrauchern, solange die Industrialisierung auf den Binnenmarkt ausgerichtet war. Die Schwerpunkte der Industrie liegen daher auch heute noch in den Metropolitanzonen von Mexiko-Stadt, Guadalajara und Monterrey.

Als in diesen Großstädten die anfänglichen Agglomerationsvorteile sich zusehends in Nachteile verwandelten, bemühte man sich verstärkt um eine Dekonzentration. Allerdings führten die Entlastungsstandorte in den Randlagen der Metropolen zu keiner echten Dezentralisierung, sondern bewirkten eher eine flächenmäßige Ausdehnung der Stadtregionen. Dies ist an der Verteilung der Standorte des produzieren-

den Gewerbes im Großraum von Mexiko-Stadt, im Umgriff von Guadalajara sowie im Raum Monterrey-Saltillo erkennbar. Gleichzeitig entwickeln sich die Hauptachsen zwischen einzelnen Großstädten in Zentral- und Nordmexiko zu regelrechten Industriekorridoren, etwa im Bajío, wo sich die Standorte Querétaro, Celaya, Salamanca, Irapuato, Silao und León aneinanderreihen (Abb. 93). Staatlich angelegte Industrieparks entlang solcher Achsen erleben vielfach einen raschen Aufschwung. In peripheren Landesteilen dagegen bleiben die Wirkungen von „parques industriales" oftmals hinter den Erwartungen der Planer zurück, so daß die Ansiedlungen von Produktionsbetrieben hier meist nur einen inselartigen Charakter haben. Allerdings sind in der Landenge von Tehuantepec zwischen dem Großraum Coatzacoalcos – Minatitlán an der Atlantikküste und dem Hafen von Salina Cruz am Pazifik Ansätze eines Entwicklungskorridors erkennbar.

Salina Cruz ist nur ein Beispiel für das Konzept der Industriehäfen, mit denen Entwicklungsimpulse in Küstenregionen gesetzt werden sollen. Ein weiteres bekanntes Beispiel ist der Industrie- und Hafenkomplex von Lázaro Cárdenas an der Mündung des Río Balsas in den Pazifik. Zu einem erfolgreichen Industriehafen hat sich Altamira entwickelt, das an der Atlantikküste nur wenige Kilometer nördlich von Tampico liegt. So hat beispielsweise die BASF ihr Werk von Mexiko-Stadt an diesen Standort verlagert (Gormsen 1995), von dem aus sich die Ostküste der USA und Europa gut per Schiff erreichen lassen. Mit der Außenöffnung der mexikanischen Wirtschaft steigt nicht nur die Bedeutung küstennaher Industriestandorte, sondern auch an der Grenze zu den USA sind große Industriestädte, darunter Tijuana und Ciudad Juárez, entstanden.

Auch die Arbeitsplätze von Handel und Dienstleistungen konzentrieren sich in hohem Maße auf einzelne Großstädte, weil hier die Nachfrage nach Gütern und Dienstleistungen am größten ist. In den Hauptstädten sind nicht nur viele Menschen in der öffentlichen Verwaltung beschäftigt, sondern wegen der Fühlungsvorteile zu den politischen Entscheidungsträgern liegen dort auch die bevorzugten Standorte für die Zentralen der Betriebe, das Finanzgewerbe und die höheren Dienstleistungen. Mit der zunehmenden wirtschaftlichen Integration und angesichts der außenwirtschaftlichen Öffnung gewinnen Verkehrsknoten, Häfen und Grenzstädte als Standorte des Handels und Transportgewerbes zunehmend an Bedeutung.

Infrastruktur und Verkehr

Damit Mexiko seine außenwirtschaftlichen Vorteile nutzen kann, ist neben der Modernisierung und Integration der mexikanischen Wirtschaft vor allem ein weiterer Ausbau der Infrastruktur erforderlich. Ohne ein leistungsfähiges Verkehrsnetz sowie eine moderne Kommunikations- und Versorgungsinfrastruktur lassen sich weder die Exportmärkte bedienen noch ausländische Investoren gewinnen. Daher ist der weitere Ausbau der Infrastruktur ein zentrales Anliegen des mexikanischen Staates. In diesem Bereich werden weiterhin erhebliche Mittel eingesetzt, und Mexiko kann inzwischen beachtliche Erfolge aufweisen. Die Kommunikationsnetze wurden so weit ausgebaut und modernisiert, daß heute jede bedeutende mexikanische Stadt an die weltweiten Datennetze angeschlossen ist. Nicht nur das Nationale Statistikinstitut INEGI, sondern auch zahlreiche Behörden, Hochschulen und Betriebe lassen sich heute bequem über das Internet erreichen.

Im Ausbau des Verkehrssektors sieht die mexikanische Regierung eine unverzichtbare und entscheidende Voraussetzung für die Modernisierung und wirtschaftliche Entwicklung. Dies gilt sowohl für den Ausbau der Verkehrswege als auch die Transportdienstleistungen. Im Zuge der NAFTA müssen sich nämlich die mexikanischen Transportunternehmer der Konkurrenz aus den USA und Kanada stellen. Bis zum Jahr 2004 werden innerhalb der nordamerikanischen Freihandelszone für die Erbringung von Transportdienstleistungen auf der Straße alle Wettbewerbsbeschränkungen fallen. Die Hauptlast des Verkehrsaufkommens trägt in Mexiko heute das Straßennetz. Rund 80 % des Güterverkehrs und 95 % des Personenverkehrs werden über die Straße abgewickelt (Stat. Bundesamt 1995). Im Personenfernverkehr spielt neben der Pkw-Nutzung das gut ausgebaute Busnetz eine wichtige Rolle. Mit Busbahnhöfen in jeder größeren Stadt, einem umfassenden Liniennetz und einem Angebot rund um die Uhr haben Reisebusse im Personenverkehr weitgehend die Rolle der Eisenbahn übernommen (Bild 73).

Mit 321 586 km Streckenlänge (1997) verfügt Mexiko über ein sehr ausgedehntes Straßennetz (Abb. 94). Nur rund ein Drittel der Straßen ist befestigt, während es sich bei den übrigen Straßen um Pisten handelt, die in der Regenzeit vielfach nicht passierbar sind. Allein zwischen 1990 und 1997 wurden in Mexiko rund 80 000 km neuer Straßen angelegt, wobei überwiegend unbefestigte Pisten im ländlichen Raum gebaut wurden (INEGI 1998). Die vorhandenen Fernstraßen bilden heute die Hauptentwicklungsachsen des Landes.

Bild 73: Zentraler Busbahnhof in Monterrey (Nuevo León): *Im landesweiten Personenverkehr spielen die Busverbindungen eine wichtige Rolle. Jede größere Stadt verfügt über mindestens einen großen Busbahnhof.*

Beim Fernstraßenbau liegt der Schwerpunkt auf der Beseitigung von Engpässen und der Erhöhung der Verkehrssicherheit. Denn nicht nur in den Ballungsräumen, sondern auch zwischen den einzelnen Zentren des Landes hat der Kraftfahrzeugverkehr dramatisch zugenommen. Zwischen 1970 und 1992 hat sich der Pkw-Bestand von 1,2 Mio. auf 7,5 Mio. Fahrzeuge erhöht, und die Fahrzeugdichte lag 1992 bei 84 Pkw pro 1 000 Einwohner. Der Lkw-Bestand ist von 525 000 (1970) auf 3,5 Mio. (1992) angestiegen, die Zahl der Busse nahm im selben Zeitraum von 33 200 auf 106 200 zu (Stat. Bundesamt 1995). Dabei ist die Motorisierung der wachsenden Bevölkerung bei weitem noch nicht abgeschlossen.

Wenn man zusätzlich berücksichtigt, daß sich Mexiko zu einem wichtigen Durchgangsraum entwickeln kann, wird deutlich, welche Herausforderungen es in Zukunft zu bewältigen gilt. Schon heute verläuft quer durch Mexiko die kontinentale Verkehrsachse der Carretera Panamericana von der Nordgrenze bis zur Südgrenze in Chia-

pas. Einen Schwerpunkt der großräumigen Verkehrsplanung Mexikos bildet der Ausbau einer durchgängigen leistungsfähigen Straße an der Pazifikküste. Hohe Priorität genießt darüber hinaus die Erweiterung des Straßennetzes in den nördlichen Grenzgebieten. Für den Bau von Straßen und Autobahnen werden in den nächsten Jahren mindestens 15 Mrd. US-$ benötigt. Da der mexikanische Staat diese Mittel schwerlich alleine aufbringen kann, werden am Straßenbau verstärkt private Investoren beteiligt.

Auch im mexikanischen Eisenbahnwesen sind umfangreiche Privatisierungen erfolgt, um zusätzliches Kapital für eine Modernisierung und Leistungssteigerung aufzubringen. Bis zu einer Höhe von 49 % sind ausländische Kapitalbeteiligungen im Eisenbahnwesen möglich. Die nationale Eisenbahngesellschaft wurde 1995 in vier regionale Gesellschaften für Nordwestmexiko, Nordostmexiko, Zentralmexiko und Südostmexiko aufgeteilt. Darüber hinaus gibt es für einzelne Linien Privatgesellschaften, so für die Strecke, die von Chihuahua durch die Barranca del Cobre zum Pazifik führt. Obwohl die Straße der Schiene auch in Mexiko längst den Rang abgelaufen hat, ist die Eisenbahn in absoluten Zahlen betrachtet nach wie vor ein wichtiges Verkehrsmittel. Schienenstränge mit einer Länge von 26 623 km sind nicht nur bedeutende historische, sondern auch wichtige aktuelle Verkehrs- und Erschließungslinien. 1993 wurden von den mexikanischen Eisenbahnen rund 11 Mio. Fahrgäste und 51 Mio. t Fracht befördert (Stat. Bundesamt 1995). Insbesondere für den Transport von Rohstoffen und industriellen Massengütern haben Schienenwege noch immer eine große Bedeutung, zumal es im Landesinneren keine schiffbaren Flüsse gibt. Deshalb wird auf wichtigen Achsen auch an einer Modernisierung und Erweiterung des Gleiskörpers gearbeitet. Für Industrietransporte wichtige Eisenbahnlinien verlaufen unter anderem von Mexiko-Stadt nach Veracruz, Tampico, San Luis Potosí und Lázaro Cárdenas. Am Isthmus von Tehuantepec soll ein leistungsfähiger Schienentransportweg zwischen Atlantik und Pazifik entstehen.

Eine bessere Verknüpfung zwischen dem Bahn- und Schiffsverkehr soll auch die Bedeutung der mexikanischen Häfen als wichtige Schnittpunkte des Außenhandels stärken. Der Langküstenstaat Mexiko verfügt derzeit über 74 Seehäfen, von denen 22 dem internationalen Schiffsverkehr offenstehen. Die wichtigsten Atlantikhäfen sind Altamira-Tampico, Tuxpan, Veracruz, Coatzacoalcos und Progreso, während am Pazifik Ensenada, Guyamas, Mazatlán, Manzanillo, Lázaro Cárdenas, Acapulco und Salina Cruz bedeutende Anlaufpunkte des Schiffsverkehrs bilden (KomMex 1994; Stat. Bundesamt 1995). Um das bedeutende Entwicklungspotential der Häfen zu stärken, wird von der mexikanischen Regierung die Privatisierung der Häfen forciert. Einige Hafenanlagen wurden bereits an private Betreiber aus dem In- und Ausland vergeben. Dadurch werden professionelles Management und der Ausbau der Häfen zu Zentren des Warenumschlages und zu industriellen Entwicklungspolen erwartet.

Von der Privatisierung verspricht man sich auch einen wesentlichen Beitrag zur

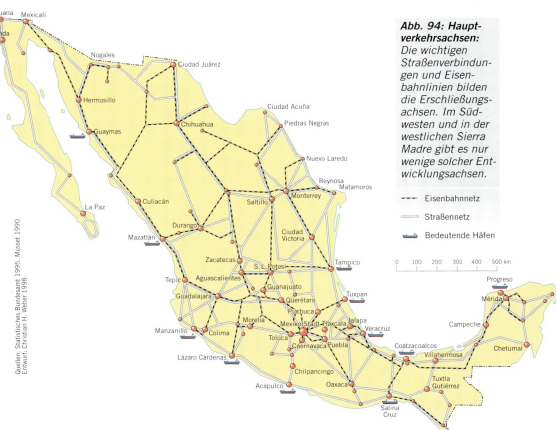

Abb. 94: Hauptverkehrsachsen: *Die wichtigen Straßenverbindungen und Eisenbahnlinien bilden die Erschließungsachsen. Im Südwesten und in der westlichen Sierra Madre gibt es nur wenige solcher Entwicklungsachsen.*

-·-·- Eisenbahnnetz

═══ Straßennetz

⚓ Bedeutende Häfen

0 100 200 300 400 500 km

Quellen: Statistisches Bundesamt 1995, Musset 1990.
Entwurf: Christian H. Weber 1998.

Modernisierung und Kapazitätserweiterung der mexikanischen Flughäfen. Mit rund 1700 Landepisten (Banco de México 1996) verfügt Mexiko über das dichteste Netz an Flugplätzen in ganz Lateinamerika. Flugzeuge bilden vielfach die einzige Möglichkeit, um entlegene Landesteile zu erreichen, und erlauben zudem eine schnelle Überwindung der großen Distanzen innerhalb Mexikos. Von den zahlreichen Landeplätzen gelten 83 als Flughäfen, wobei 29 für den nationalen und 54 für den internationalen Flugverkehr ausgewiesen sind (INEGI 1998). Bei den großen Verkehrsflughäfen ist vielfach eine Erweiterung der Startbahnen und Abfertigungsgebäude dringend notwendig. Vorrang beim Ausbau genießen die Flughäfen in Mexiko-Stadt, Tijuana, Acapulco, Cozumel, León, Guadalajara, Monterrey und Puerto Escondido.

Trotz des ausgedehnten Verkehrsnetzes sind noch längst nicht alle Landesteile hinreichend an die Transport-, Kommunikations- und Versorgungsinfrastruktur angeschlossen. Vor allem die Siedlungsgröße und die Lage zu einer Verkehrsachse beeinflussen die Erschließungsunterschiede. Die Disparitäten zwischen den Municipios variieren dabei von Bundesstaat zu Bundesstaat. In den peripheren Staaten Südmexikos sind die Disparitäten zwischen den Municipios größer als in den bereits flächig erschlossenen Estados Zentralmexikos. Das Ziel einer flächendeckenden Erschließung aller Siedlungen ist in Mexiko noch nicht erreicht, weil sich bislang die Erschließungsmaßnahmen vorrangig auf die größeren Orte konzentrieren. Dort lassen sich die technische und soziale Infrastruktur bündeln und gleichzeitig eine große Zahl von Menschen versorgen, während in kleinen und verstreut liegenden Siedlungen bei hohem Aufwand nur wenige Einwohner profitieren würden.

Integrierte Planung – Zentralismus und Dekonzentration

Durch die politischen Strukturen wird die räumliche Schwerpunktbildung noch verstärkt. Über den größten Teil der öffentlichen Investitionen wird in Mexiko auf Bundesebene und mit Blick auf das gesamte Staatsgebiet entschieden. Dies begünstigt eine hierarchische Entwicklung des Landes von den Zentren zu den Rändern. Da großräumige Lagebeurteilungen zu einer großräumigen Unterscheidung von Gunst- und Ungunsträumen führen, werden nationale Entscheidungskriterien und Konzepte der Vielfalt der Teilräume nicht gerecht und lassen Diversitäten zu Disparitäten werden. Eine Erschließungspolitik, die auf unterer Ebene erfolgt, könnte dagegen den regionalen Besonderheiten eher Rechnung tragen und eine bessere Streuung der Entwicklungspole ermöglichen.

Der entscheidende Anstoß für eine Dezentralisierung ging in Mexiko von der dramatischen Entwicklung in den großen Ballungsräumen aus, wobei sich schon in den 1960er Jahren vor allem in Mexiko-Stadt die Probleme zusehends verdichteten. Der Bevölkerungszuwachs und die Flächenausdehnung der Hauptstadt hatten solche Ausmaße

angenommen, daß ein immer größerer Aufwand erforderlich wurde, um mit überproportional hohen Investitionen die Infrastruktur der rasch wachsenden Nachfrage anzupassen. Weil dadurch die Probleme in den Abwanderungsgebieten noch weiter anstiegen, schien eine räumliche Dekonzentration schon aus Kosten-Nutzen-Erwägungen dringend geboten.

Zunächst sollte die Anlage neuer Industriezentren Mexiko-Stadt entlasten. Dieser Ansatz entsprach noch ganz der ausgesprochen sektoralen Planung, die bis Ende der 1960er Jahre in Mexiko betrieben wurde. Obwohl es seit der Amtszeit von Präsident Lázaro Cárdenas (1934–1940) Investitions- und Entwicklungspläne gibt, wurden erst seit den 1970er Jahren die Voraussetzungen für eine integrierte Entwicklungsplanung geschaffen (Hugo 1982; Harff 1988). Seit 1982 wird für die sechsjährige Amtszeit (sexenio) eines Präsidenten jeweils ein nationaler Entwicklungsplan aufgestellt. Den Anfang machte Präsident Miguel de la Madrid (1982–1988) mit dem Plan Nacional de Desarrollo (PND) 1983–1988, dem seither zwei weitere Pläne gefolgt sind. In der Amtszeit von Miguel de la Madrid wurde auch damit begonnen, dem Zusammenhang zwischen politischer Dezentralisierung und räumlicher Dekonzentration stärker Rechnung zu tragen. Die Entwicklungsplanung sieht sich damit der Herausforderung gegenüber, auf nationaler Ebene die sektoralen Fachplanungen zu integrieren, eine Abstimmung zwischen den Planungen des Bundes, der Estados und der Municipios zu gewährleisten und gleichzeitig die unteren Planungsebenen zu stärken. Ein mehrstufiges Planungssystem soll helfen, diese schwierige Aufgabe institutionell zu bewältigen.

Die Gesamtverantwortung für die nationale Entwicklung liegt nach Art. 25 der Verfassung beim mexikanischen Staat. Der Plan Nacional de Desarrollo (PND) legt die grundlegenden Ziele und Strategien fest und enthält die Leitlinien der nationalen Entwicklung, die in den sektoralen und regionalen Plänen konkretisiert werden. Allerdings sind die Bundesstaaten und Municipios nicht bloße Vollzugsorgane der nationalen Planung. Nach dem mexikanischen Verfassungsrecht besitzen die Estados eine eigene Staatsqualität und haben daher auch das souveräne Recht, für ihr Territorium einen Plan Estatal de Desarrollo zu verabschieden. Die Bundesstaaten und der mexikanische Zentralstaat haben wiederum die gesetzlich verankerte Planungshoheit der Municipios zu respektieren, die für ihr gesamtes Territorium (desarrollo municipal) oder für einzelne Städte (desarrallo urbano) eigene Entwicklungspläne aufstellen können.

Zur Abstimmung der Planung benachbarter Bundesstaaten untereinander sowie zwischen den Estados und der nationalen Ebene ist das mexikanische Staatsgebiet in fünf Planungsregionen eingeteilt:

- die nordwestliche Pazifikregion (Baja California del Sur, Baja California del Norte, Sonora, Sinaloa, Nayarit),
- die südliche Pazifikregion (Colima, Guerrero, Oaxaca, Chiapas),
- die Nordregion (Chihuahua, Durango, Coahuila, Zacatecas, Nuevo León, Tamaulipas, San Luis Potosí),
- die Zentralregion (Jalisco, Aguascalientes, Guanajuato, Michoacán, Querétaro, Hidalgo, México, Morelos, Distrito Federal, Tlaxcala, Puebla) und
- die Golfregion (Veracruz, Tabasco, Campeche, Yucatán, Quintana Roo).

Für diese Regionen werden regionale Programme aufgestellt, und als Koordinationsinstrument besteht ein gemeinsames Entwicklungsabkommen (Convenio Único de Desarrollo). Die Planungsregionen der mexikanischen Landesplanung decken sich nur zum Teil mit der Regionalisierung in dieser Länderkunde, bei der größerer Wert auf einen engen räumlichen Zusammenhang sowie die Differenzierung nach Wirtschaftsstruktur und Entwicklungsstand gelegt wird. Auch innerhalb der Bundesstaaten wird eine gegenseitige Abstimmung zwischen den Plänen der einzelnen Municipios und des jeweiligen Estado angestrebt. Hierzu werden unter anderem mehrere Municipios zu sogenannten Mikroregionen (microregiones) zusammengefaßt. Für den Bundesstaat Oaxaca mit seinen 570 Municipios (INEGI 1997) bestehen innerhalb der Microregiones sogenannte Distritos als weitere Koordinationsebene. Am dreigliedrigen Verwaltungsaufbau (Bund, Estados, Municipios) ändert diese planerische Einteilung nichts.

Wichtiger als der institutionelle Rahmen der Planung ist die Verfügungsgewalt über die finanziellen Mittel. Hier besteht weiterhin ein starkes Gefälle vom Zentralstaat über die Estados zu den Municipios. Daher kommt der Bundesregierung immer noch größte Bedeutung für die Integration des Landes und den Abbau regionaler Disparitäten zu. Gerade die jüngeren Förderprogramme wie PRONASOL oder PROCAMPO werden von der mexikanischen Regierung gezielt zur Stärkung der untersten Ebene, darunter Municipios und Basisbewegungen, eingesetzt. Ganz in der Tradition einer Entwicklung und Modernisierung „von oben" sorgt ein starker Zentralstaat für den Ausgleich zwischen den Regionen und Sektoren sowie für eine räumliche Dekonzentration.

Die nationale Entwicklungsplanung sieht eine Entlastung der großen städtischen Ballungszentren und eine Stärkung der Mittelstädte als Entwicklungspole vor. Ziel ist der Aufbau eines nationalen Städtesystems mit mehreren Hierarchiestufen (PND

1989 – 1994 u. PND 1995 – 2000). Um die Wachstumsimpulse breiter zu streuen, soll die Zahl der Entwicklungspole erhöht und das Netz der Entwicklungskorridore engmaschiger werden. Gerade dies setzt eine bessere finanzielle Ausstattung der unteren Ebenen voraus, während der drastische Kapitalmangel eher zu einer stärkeren Mittelkonzentration zwingt. Der mexikanische Staat versucht dieses Dilemma zu lösen, indem er verstärkt Aktivitäten privater Investoren in neue Entwicklungszentren lenkt. Dagegen dürfen in den Ballungsräumen von Mexiko-Stadt, Guadalajara und Monterrey keine weiteren Auslandsinvestitionen erfolgen. In den letzten Jahren hat die Wachstumsdynamik der großen Metropolitanzonen im Vergleich zu anderen Großstädten tatsächlich nachgelassen. Insbesondere von der außenwirtschaftlichen Entwicklung geht inzwischen eine großräumige Entflechtung aus.

Außenverflechtungen und Raumentwicklung

Entwicklung nach außen: Einst und heute

Die großräumigen Disparitäten in Mexiko werden zunehmend durch die außenwirtschaftliche Ausrichtung des Landes geprägt. Denn bei einer Wirtschaftsstrategie, die auf die Integration in den Weltmarkt setzt, werden vor allem die Räume begünstigt, in denen sich die exportorientierte Industrie und der Warenaustausch konzentrieren. Diesbezüglich unterscheidet sich die Entwicklung der letzten Jahrzehnte von dem stark an Bevölkerungsschwerpunkten orientierten Investitionsverhalten in der Zeit der Binnenmarktorientierung. Diesem Grundsatz folgten auch die ausländischen Unternehmen, die sich seit den 1960er Jahren an der Produktion gehobener Konsumgüter für den mexikanischen Binnenmarkt beteiligten. Die Standorte der ersten ausländischen Automobilwerke liegen beispielsweise in einem 100-km-Radius um Mexiko-Stadt.

Natürlich spielt auch weiterhin der wachsende Binnenmarkt für den Absatz der in Mexiko produzierten Güter eine wichtige Rolle. Im Zeichen der zunehmenden internationalen Arbeitsteilung gewinnen allerdings die Standorte an Bedeutung, die eine optimale Vernetzung zwischen dem Inland und dem Ausland gestatten. Mit dem Ausbau des Transportsystems wird die Bedeutung reiner Distanz- und Lagemomente zwar relativiert, angesichts der Flächenausdehnung und reliefbedingten Raumwiderstände aber nicht völlig belanglos werden. Wenn derzeit der Wohlstand mit zunehmender Entfernung zur US-amerikanischen Grenze abnimmt, ist dies angesichts der vertieften wirtschaftlichen Kooperation zwischen Mexiko und den USA nicht weiter verwunderlich. Begünstigt sind auch Gebiete, die auf dem Luftweg leicht erreichbar sind.

Deutlich erkennbar ist dies an der Halbinsel Yucatán, die von der Golfküste der USA aus schnell angeflogen werden kann. Nicht nur das Touristenzentrum Cancún profitiert von dieser Nähe zum nördlichen Nachbarn. Inzwischen haben auch amerikanische Textilunternehmen auf der Halbinsel Produktionsstätten errichtet und knüpfen so gewissermaßen an die Tradition des Sisalanbaus an. Die Konjunktur und der Bedeutungsverlust dieser Faserpflanze waren maßgeblich für den wirtschaftlichen Aufschwung und späteren Verfall der Region um Mérida verantwortlich. Und auch bei der Sisalproduktion und -verarbeitung waren es um die Jahrhundertwende vorwiegend Kapitalgesellschaften aus den USA, die diesen Wirtschaftszweig kontrollierten. Als wichtigste Verbindung in die USA diente damals der nach dem Produkt benannte Hafen Sisal nordwestlich von Mérida.

Abgesehen von der Phase der binnenmarktorientierten Entwicklung haben historische Vorläufer der Außenorientierung die Erschließung Mexikos außerordentlich lange und nachdrücklich geprägt. Während der gesamten Kolonialzeit war die Wirtschaft Mexikos auf Spanien ausgerichtet. Der Hafen von Veracruz war dabei das Tor zur Alten Welt. Darüber hinaus war Neuspanien ein Transitland, über das der Handel zwischen den Philippinen und Spanien abgewickelt wurde. Die Manila-Galeonen landeten im Pazifikhafen von Acapulco, und ihre Waren wurden über Mexiko-Stadt und

Puebla zur Weiterverschiffung in den Atlantikhafen Veracruz transportiert. Die wirtschaftliche Außenorientierung im Porfiriat (1876–1910) prägte die Erschließung, wobei der massive Ausbau des Eisenbahnnetzes die Raumentwicklung entscheidend beeinflußt hat.

Aus der Lage Mexikos zu den seinerzeit wichtigsten Handelspartnern USA und Europa ergab sich die Hauptrichtung für die nationale Erschließung. Seit ein ausgedehntes Eisenbahnnetz die Hauptstadt mit den USA und den Häfen an der Atlantikküste verbindet, liegen die Staaten der südlichen Pazifikküste im Schatten der großräumigen Entwicklung (Tobler 1992). Die Marginalisierung dieser Region läßt sich gut am Beispiel der Stadt Oaxaca nachvollziehen. In der Kolonialzeit zählte das damalige Antequera mit rund 20 000 Einwohnern zu den bedeutenden Städten Neuspaniens (INEGI 1994). Heute ist die Hauptstadt des Bundesstaates Oaxaca mit ihren 240 000 Einwohnern (INEGI 1997) im Vergleich zu den anderen Großstädten Mexikos innerhalb der Städtehierarchie nur mehr ein bescheidenes Provinzzentrum.

Disparitätenausgleich durch Öffnung: Chancen des Freihandels

Inzwischen haben die nördlichen Grenzstaaten die Hauptstadtregion bei der Wertschöpfung pro Kopf überholt. Hinter der Dynamik Nordmexikos steht vor allem die Exportwirtschaft. In diesem Zusammenhang spielen ausländische Firmen eine wichtige Rolle, die ihre Fertigung vor allem wegen der geringen Lohnkosten nach Mexiko verlagert haben. Die Anfänge dieser Entwicklung gehen bis in die 1960er Jahre zurück. Seinerzeit begann der mexikanische Staat, für ausländische Industriebetriebe Exportproduktionszonen einzurichten, in denen von mexikanischen Arbeitskräften Waren ausschließlich für den Export hergestellt werden. Die eingeführten Vorprodukte und Investitionsgüter sind noch heute ebenso von Zöllen befreit wie die Ausfuhr der Fertigprodukte. Dagegen war es ursprünglich nicht gestattet, die Erzeugnisse auf dem mexikanischen Binnenmarkt abzusetzen.

Die Exportproduktionszonen stellen damit den typischen Fall einer verlängerten Werkbank in einem Drittweltland dar. Besser bekannt sind die Betriebe unter der Bezeichnung Maquiladora- oder Lohnveredelungsindustrie. Von der Errichtung der Exportproduktionszonen erhoffte sich Mexiko einen Ausgleich der Zahlungsbilanz, Impulse für die Industrialisierung und einen Anstieg der Auslandsinvestitionen.

Den unmittelbaren Anstoß zur Einrichtung von Exportproduktionszonen gab 1964 die Aufkündigung des programa bracero durch die USA. Damit sahen sich die nördlichen Grenzstaaten Mexikos vor der Herausforderung, für die aus den USA zurückkehrenden Gastarbeiter Arbeitsplätze zu schaffen. Gemeinsam mit den USA wurde ein „border industrialisation program" aufgestellt, das sich auf einen 20 km breiten Streifen beiderseits der Grenze erstreckte (Popp 1993). Zwillingsstädte wie Tijuana-San Diego, Ciudad Juárez-El Paso, Nuevo Laredo-Laredo oder Matamoros-Brownsville boten sich für das Konzept der sogenannten „twin plants" geradezu an. Bei diesen „twin plants" ist ein Industriebetrieb auf zwei Standorte diesseits und jenseits der Grenze verteilt: In den USA befindet sich der Sitz des Top-Managements, des Vertriebs, der Logistik und der kapitalintensiven Produktionsschritte, während in Mexiko die lohnintensive Fertigung erfolgt (CAMEXA 1990). Diesem Grundmuster folgt die industrielle Arbeitsteilung zwischen Mexiko und den USA vielfach auch dann, wenn sich die ausgelagerten Produktionsstätten nicht in unmittelbarer Grenznähe befinden.

Die Exportproduktionszonen (Maquiladoras) richteten sich nicht nur an Firmen aus den USA, sondern stehen ausdrücklich allen ausländischen Investoren offen. Wegen der geringen Entfernung sind es allerdings überwiegend Betriebe aus den USA, die ihre Produktion in das südliche Nachbarland verlagern. Darüber hinaus nutzen aber auch Unternehmen aus Japan und Europa die Maquiladoras als Sprungbrett auf den amerikanischen Markt.

Diese Rolle Mexikos als Produktionsplattform für ausländische Firmen wurde bereits in der Phase der binnenmarktorientierten Entwicklung vom mexikanischen Staat gefördert. Im Maquiladora-Dekret vom 22.12.1989 wurden die Rechte der ausländischen Montagebetriebe nochmals zusammenfassend geregelt. Die Zahl der in den Maquiladoras Beschäftigten stieg von 15 000 im Jahr 1970 über 120 000 (1980) und 460 000 (1990) auf 580 000 im Jahr 1994 (INEGI 1988; Stat. Bundesamt 1995). Die 2065 Maquiladora-Betriebe erzielten 1993 eine Wertschöpfung von 5,5 Mrd. US-$ und machten ein Drittel der Industrieexporte Mexikos aus. Die dynamische Entwicklung der Maquiladora-Industrie wies den Weg für die weitere Entwicklung: Aufgrund der günstigen Lage, insbesondere zu den USA sowie reichlich vorhandener Arbeitskräfte und natürlicher Ressourcen sieht man in Mexiko die Chance, das Land im Rahmen der internationalen Arbeitsteilung zu einem bedeutenden Produktionsstandort zu entwickeln.

Mit dieser Perspektive ist Mexiko 1986 dem Freihandelsabkommen GATT beigetreten und hat sich mit Nachdruck um die Aufnahme in die Nordamerikanische Freihandelszone (NAFTA) bemüht, die schließlich 1994 erfolgt ist. Aus mexikanischer Sicht wird die NAFTA vor allem als eine Maßnahme betrachtet, die den Wirtschaftsstandort Mexiko für ausländische Investoren attraktiv macht, weil die in Mexiko produzierten Waren freien Zugang auf den US-amerikanischen Markt haben. Ganz Mexiko ist damit zu einer Exportproduktionszone geworden, in der die bisherigen Maquiladoras aufgehen. Es ist eine Konsequenz aus dem NAFTA-Vertrag, daß künftig die in den Maquiladoras gefertigten Waren auch auf dem mexikanischen Binnenmarkt abgesetzt werden dürfen. Mit Beginn des Jahres 2001 wird überdies für Betriebe aus Staaten außerhalb des NAFTA-Raumes (Kanada, USA, Mexiko) das Privileg entfallen, Investitionsgüter und Vorprodukte, die ausschließlich für die Erzeugung von Exportwaren hergestellt werden, zollfrei nach Mexiko einzuführen. Dafür bietet der Standort Mexiko aber den Vorteil, daß die in Mexiko hergestellten Waren frei im ganzen NAFTA-Gebiet verkauft werden können.

Zusehends entwickelt sich ganz Nordmexiko zu einem Wachstumsraum, von dem Impulse weit ins Landesinnere ausgehen. Die nördlichen Grenzstaaten bilden damit einen dynamischen Gegenpol zur Hauptstadtregion, auf die sich in der binnenmarktorientierten Phase die wirtschaftliche

Entwicklung konzentrierte. Nachdem Mexiko eine Diversifizierung seiner Außenbeziehungen verfolgt, um die einseitige Abhängigkeit von den USA zu verringern, könnten sich zusätzlich zur Nordgrenze weitere dynamische Kontakt- und Austauschzonen entwickeln. Schon heute profitiert der Nordwesten Mexikos nicht nur von der Nähe zu den USA, sondern auch von den Wirtschaftsbeziehungen mit Japan. Diese pazifisch-asiatische Orientierung der Wirtschaft setzt sich im Landesinneren in der Entwicklungsachse fort, die von Mexiko-Stadt über Guadalajara nach Nordwesten verläuft. Eine Intensivierung der Beziehungen mit Europa bringt zusätzliche Impulse für Standorte am Atlantik. Neben dem traditionellen Europa-Hafen Veracruz gewinnt der Standort Tampico-Altamira wegen seiner Nähe zu den USA an Bedeutung.

Wenn es gelänge, den Austausch mit den Nachbarstaaten Mittelamerikas zu intensivieren, würde dies auch einen Wachstumsimpuls für Südmexiko, insbesondere für den Grenzstaat Chiapas, bedeuten. Diese Perspektive wäre allerdings erst dann realistisch, wenn sich die wirtschaftliche Lage in Guatemala und den anderen zentralamerikanischen Ländern deutlich bessert, was infolge der verheerenden Folgen des Hurrikans Mitch im Herbst 1998 erheblich in Zweifel zu ziehen ist. Bislang war es zudem eher so, daß vom mexikanischen Tourismuszentrum Cancún bescheidene Impulse für Guatemala ausgingen. Denn für die dortigen Gäste werden regelmäßig organisierte Ausflüge nach Guatemala zu bedeutenden Mayastätten wie Tikal angeboten, die von Cancún aus mit dem Flugzeug erreichbar sind.

Mittelfristig kommen vermutlich nur die Nordgrenze, die nördliche Pazifikküste und die Atlantikküste als dynamische Austauschzonen in Betracht. Der Entwicklungsrückstand der Bundesstaaten der südlichen Pazifikküste wird dagegen angesichts des wirtschaftlichen Gefälles zwischen Nordamerika und Mittelamerika nicht so leicht zu überwinden sein.

Die langfristigen Entwicklungschancen Mexikos liegen nicht nur in den vielfältigen Möglichkeiten eines ressourcenreichen Produktionsstandortes in einer globalen Mittellage. Wenn Mexiko seine traditionelle

Rolle als Durchgangsland festigt, bieten sich auch für das Transportwesen und den Fernhandel hervorragende Wachstumsperspektiven. Von der Rolle Mexikos als Teil der Landbrücke zwischen Nordamerika und Südamerika könnten vor allem die bisher benachteiligten Räume in Südmexiko profitieren. Zur Zeit der indianischen Hochkulturen verdankte das Zentrum am Monte Albán in Oaxaca seine Bedeutung der Mittellage zwischen den Hochkulturen im zentralen Hochland und im Mayagebiet. Der Kulturraum der Maya bildete eine Klammer zwischen der Halbinsel Yucatán, Chiapas und den angrenzenden Staaten Mittelamerikas.

Auch die Brückenfunktion zwischen Pazifik und Atlantik prädestiniert Mexiko als bedeutenden Transitraum. Mit dem geplanten Bau einer leistungsfähigen Eisenbahnlinie zwischen dem Pazifikhafen Salina Cruz und dem Atlantikhafen Coatzacoalcos könnte die Verbindung zwischen Pazifik und Atlantik gegenüber der Route über den Panamakanal beträchtlich verkürzt werden. Der Warentransport von der Westküste zur Ostküste würde die Tradition des kolonialzeitlichen Philippinenhandels wiederaufnehmen, dessen Route etwas weiter im Norden zwischen Acapulco und Veracruz verlief. Für den Güteraustausch zwischen der Ostküste und der Westküste der USA ist der kurze Weg über das mexikanische Festland besonders interessant. Bereits jetzt zeichnet sich die Landenge von Tehuantepec als eine wichtige Wachstumszone in Südmexiko ab.

Wenn die außenwirtschaftliche Integration nicht nur auf eine einseitige Orientierung auf die USA hinausläuft, sondern Mexiko seine Verknüpfungen nach allen Richtungen intensiviert, ergeben sich hieraus realistische Chancen für einen umfassenden Abbau der Disparitäten. Dann könnten die dynamischen Kontaktzonen an den Rändern entlang der wichtigen Durchgangsachsen mit der Hauptstadtregion zu einem integrierten Wirtschaftsraum zusammenwachsen.

Außenöffnung und Strukturwandel: Neue Polarisierung

Die mit dem Maquiladora-Programm begonnene und durch die NAFTA vertiefte Kooperation mit den USA hat zwar zu einer hohen wirtschaftlichen Dynamik an der Nordgrenze geführt, doch ist dadurch in Mexiko auch eine ausgesprochene wirtschaftliche Polarisierung entstanden, weil das Wachstum größtenteils von ausländischen Exportbetrieben getragen wird, während die Verflechtungseffekte zwischen der Maquiladora-Industrie und den mexikanischen Betrieben überaus gering sind. Die Masse der Vorprodukte wird eingeführt und nur ein Bruchteil von mexikanischen Firmen gekauft. Die Exportproduktionszonen haben auch nicht zum Technologieaustausch geführt, von dem man sich eine Modernisierung der mexikanischen Industrie erhofft hatte. Mit der Lohnveredelungsindustrie ist zudem ein völlig neuer Arbeitsmarkt entstanden, der durch eine hohe Fluktuation gekennzeichnet ist und zu einer starken Migration in die nördliche Grenzregion geführt hat (Popp 1993). Ihren großen Bedarf an Arbeitskräften für einfache Tätigkeiten decken die Maquiladoras überwiegend mit Frauen. Dadurch wurden Personen in den Erwerbsprozeß integriert, die bisher nicht erwerbstätig waren.

Seit der wirtschaftlichen Öffnung muß sich Mexiko in voller Härte dem internationalen Wettbewerb stellen. Besonders gravierende Auswirkungen zeichnen sich in der Industrie und in der Landwirtschaft ab. Agrarräume, die konkurrenzfähig für den Export produzieren, verzeichnen einen Aufschwung. Dies gilt insbesondere für die Bewässerungslandwirtschaft in Nordwestmexiko. Neben den ausländischen Betrieben in den Exportproduktionszonen profitieren auch die mexikanischen Firmen vom Freihandel, die mit modernen Verfahren und günstigen Preisen den internationalen und nationalen Markt bedienen können. Zahlreiche Betriebe, etwa im Textilbereich, mußten schließen, weil ihre Produkte weder preislich noch qualitativ mit ausländischen Anbietern konkurrieren konnten. In anderen Bereichen, wie der Stahlindustrie oder der Petrochemie, sind Umstrukturierungen und Entlassungen notwendig, um die internationale Wettbewerbsfähigkeit zu erlangen. An den unterschiedlichen Arbeitslosenquoten in den Großstädten zeigt sich, welche Räume in den 1990er Jahren vom Strukturwandel besonders hart betroffen sind (Abb. 95).

Weil die Chancen eines Standortes entscheidend davon abhängen, wie sich seine

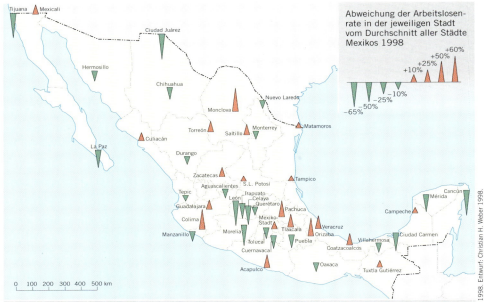

Quellen: INEGI 1998. Entwurf: Christian H. Weber 1998.

Abb. 95: Arbeitslosigkeit in ausgewählten Großstädten 1998: Im Zuge der wirtschaftlichen Öffnung vollzieht sich in Mexiko ein rasanter Strukturwandel. In einigen Städten führt dieser Anpassungsprozeß vor allem in der Industrie zu drastischen Arbeitsplatzverlusten.

Wirtschaftsbetriebe, seine Potentiale und seine Lage im internationalen Wettbewerb bewähren, hat die außenwirtschaftliche Öffnung bei den Erwerbsbedingungen zu einer deutlichen Polarisierung zwischen einzelnen Standorten geführt. Nicht allein die großräumige Lage entscheidet dabei über Gewinner und Verlierer, denn Städte mit veralteten und ineffizienten Produktionsbetrieben sind in allen Landesteilen zu finden. Der gegenwärtige Strukturwandel führt daher in Mexiko zu weiteren regionalen Disparitäten: Weil sich der Industriesektor in einem dramatischen Umbruch befindet, ist er gegenwärtig nur begrenzt in der Lage, neue Arbeitskräfte aufzunehmen. Bei vollständiger Freigabe des Wettbewerbs auf dem Agrarmarkt ist indes eine drastische Zunahme der Landflucht zu befürchten. Daher genießen augenblicklich Maßnahmen zur Stärkung des ländlichen Raums und der traditionellen Landwirtschaft hohe Priorität.

Obwohl seit der wirtschaftlichen Öffnung die Raumentwicklung weitaus stärker durch außenwirtschaftliche Prozesse bestimmt wird, bleibt es die alleinige Aufgabe der mexikanischen Politik, den Verwerfungen zu begegnen, die durch die Integration in der Markt ausgelöst werden. Das NAFTA-Abkommen sieht nämlich keine Sozial-, Struktur- und Regionalfonds oder ähnliche Ausgleichsmechanismen vor (Lauth 1994). Als klassisches Freihandelsabkommen baut die NAFTA allein auf das Wirken der Marktkräfte, die langfristig zu einem Disparitätenabbau zwischen Mexiko und den USA beitragen sollen. Allerdings wurden die liberalen Grundsätze nur unzureichend verwirklicht: Der NAFTA-Vertrag sieht zwar den freien Austausch von Gütern, Dienstleistungen und Kapital vor, die Freizügigkeit der Arbeitskräfte hingegen ist ausdrücklich ausgeschlossen. Dennoch dürften auch die USA ein elementares Interesse daran haben, daß der augenblickliche Strukturwandel in Mexiko keine zu großen Verwerfungen verursacht. Das Engagement der amerikanischen Regierung für das finanzielle Hilfspaket im Jahr 1995 hat gezeigt, wie sehr sich der nördliche Nachbar bemüht, eine Destabilisierung Mexikos und eine dadurch zu befürchtende Massenmigration zu verhindern.

Auf der Suche nach der Mexicanidad:
Mit Octavio Paz durch
das Labyrinth der Einsamkeit

Die mexikanische Fiesta:
Ein Feuerwerk des Lebens
und der Leidenschaft

Der Tod und das Leben in Mexiko:
Allerheiligen und Allerseelen
als Fiesta für die Toten

Selbstbehauptung und
kulturelles Selbstbewußtsein:
Im Schatten der USA

Auf der Suche nach der Mexicanidad: Mit Octavio Paz durch das Labyrinth der Einsamkeit

Seit der Revolution haben in Mexiko zahlreiche Künstler und Intellektuelle versucht, das Wesen der Mexicanidad zu ergründen und verständlich zu machen. Der Philosoph und langjährige Erziehungsminister José Vasconcelos (1882–1959) trat mit besonderem Nachdruck dafür ein, die nationale Identität seines Landes aus dem unverwechselbaren kulturellen und historischen Erbe des mestizischen Mexiko abzuleiten. In diesem Zusammenhang förderte Vasconcelos als Minister die mexikanische Wandmalerei, den berühmten Muralismo. Monumentale Gemälde an den Wänden öffentlicher Gebäude sollten einen Beitrag zur nationalen Selbstfindung leisten, indem sie den schmerzhaften und blutigen Werdegang Mexikos von den Azteken bis zur Revolution nachzeichnen. Neben den „drei Großen" des mexikanischen Muralismo, José Clemente Orozco (1883–1949), Diego Riviera (1886–1957) und David Alfaro Siqueiros (1896–1974) hat außerhalb Mexikos vor allem Rufino Tamayo (1899–1991) Berühmtheit erlangt. Tamayo arbeitete überwiegend im Ausland und war anders als die „klassischen" Muralisten stärker der abstrakten Malerei verbunden". International anerkannte Größen der mexikanischen Gegenwartsliteratur wie Octavio Paz (1914–1998), Juan Rulfo (1918–1986) und Carlos Fuentes (geb. 1928) verstehen es in ihren Werken, mit einer gleichsam ethnopsychologischen Analyse hinter die Masken der Mexikaner zu schauen und zu ihrem Wesen vorzudringen.

Octavio Paz beleuchtet und durchleuchtet Mexiko kritisch von außen und innen und ermöglicht so interessante Einblicke in die Mexicanidad. Der Intellektuelle ent-

Bild 74: Octavio Paz (1914–1998): Der bekannte mexikanische Schriftsteller erhielt 1990 den Nobelpreis für Literatur. Sein „Labyrinth der Einsamkeit" ist ein unverzichtbares Werk zum Verständnis Mexikos.

stammte einer liberal und sozial eingestellten Familie. Sein Vater war Anwalt und Anhänger des Bauernführers Emiliano Zapata, sein Großvater, der General Ireneo Paz, ein Führer des mexikanischen Liberalismus. Nach seinem Jura- und Literaturstudium gründete er 1934 in Yucatán eine Schule für Landarbeiterkinder. Im Spanischen Bürgerkrieg kämpfte er mit den Republikanern gegen Franco. Nach dem Hitler-Stalin-Pakt wandte sich Octavio Paz vom Kommunismus ab, dessen humanitäre Ziele ihn anfänglich begeistert hatten. Bereits als 17-Jähriger veröffentlichte er erste Gedichte und gründete eine literarische Zeitschrift. Octavio Paz war Essayist, Lyriker und Theoretiker, aber stets auch Politiker und Diplomat. Er gehörte den Botschaften Mexikos in Frankreich und Japan an und war von 1962 bis 1968 Botschafter in Indien. Nachdem am 2. Oktober 1968 die mexikanische Regierung in Tlatelolco Hunderte von demonstrierenden Studenten niederschießen ließ, sah Paz seinen Glauben zerstört, daß freies Denken und politisches Arbeiten sich vertragen, und trat von seinem Amt als Botschafter zurück. Nach einem dreijährigen Aufenthalt in den USA kehrte Octavio Paz 1971 nach Mexiko zurück. Seither widmete er sich seiner literarischen Arbeit und seiner Tätigkeit als Herausgeber der Zeitschrift „Vuelta". Im Jahr 1981 wurde der Schriftsteller mit dem Premio Cervantes ausgezeichnet, 1984 mit dem Friedenspreis des Deutschen Buchhandels, und er erhielt 1990 den Nobelpreis für Literatur. Octavio Paz starb am 19. April 1998 in Mexiko-Stadt (Deutsch-Mexikanische Gesellschaft 1998). Das 1950 erstmals erschienene und mehrmals überarbeitete Essay „Das Labyrinth der Einsamkeit" ist ein unverzichtbares Werk zum Verständnis Mexikos.

Die Suche nach dem mexikanischen Wesen, nach der „Mexicanidad", zieht sich gewissermaßen als Faden der Ariadne durch das „Labyrinth der Einsamkeit". So ist für Octavio Paz (1969, S. 29) „die Geschichte des Mexikaners ... die eines Menschen, der nach seiner Herkunft, seinem Ursprung sucht". Der Mexikaner „will oder wagt nicht, er selbst zu sein" (Paz 1969, S. 77). Die Ursachen für dieses Trauma sieht der Dichter vor allem in der Geschichte seines Landes. Er spricht von Gespenstern, die „Reste einer vergangenen Wirklichkeit [sind], deren Ursprünge auf Conquista, Kolonialzeit, Independencia und auf die Kriege gegen Yankees und Franzosen zurückgehen" (Paz 1969, S. 77). Mit seiner Ansicht, daß die konfliktreiche Geschichte bis heute nachwirkt und viele Narben hinterlassen hat, ist Octavio Paz nicht allein. Neben vielen anderen betont auch Carlos Fuentes (1995, S. 5): „Mexiko zeigt überall Wunden. Einige sind uralt und anscheinend vernarbt. Andere schließen sich noch immer nicht, obwohl sie sich vor langer Zeit geöffnet haben. Die neuesten vereinen sich mit den ältesten. Am schmerzhaftesten sind jene, die unter der Haut des Landes pulsieren, kurz vor dem Aufbrechen stehen und ihr Blut bald mit dem der übrigen vermischen werden; Mexiko ist eine einzige weite Wunde, eine mit Maschinengewehrgarben tätowierte Mauer, ein mit Messerschnitten zerfetzter Nopalkaktus, ein Altar aus goldenen Tränen." Mexiko ist ein Land, das innerhalb von vierhundert Jahren von drei großen Erschütterungen erfaßt wurde: „Dem Niedergang der indianischen Welt durch die Eroberung, dem Zerfall der neuspanischen Gesellschaft durch die Unabhängigkeitskämpfe und der mexikanischen Revolution" (Bremer 1992, S. 701).

Immer wieder, so hebt Octavio Paz (1969, S. 40) hervor, sei Mexiko in Formen gepreßt worden, die seinem Wesen nicht entsprechen: „In wenigen Jahren haben wir alle geschichtlichen Formen durchlaufen, die Europa je geschaffen hat" (Paz 1969, S. 188). Mexiko ist wie andere Länder Lateinamerikas ein regelrechtes Labor für die unterschiedlichsten Entwicklungsmodelle. Diese „Formen, die wir weder geschaffen noch erfahren haben, sind einfach Masken" (Paz 1969, S. 42). Die Mexikaner begnügen sich nicht damit, diese Masken zu tragen und eine aufgezwungene Rolle zu spielen, sondern zeigen darüber hinaus einen Hang zum Verhehlen: „Wer verhehlt, spielt nicht vor, sondern will sich unsichtbar machen, will unerkannt bleiben – doch ohne sein Wesen aufzugeben! Der Mexikaner verhehlt im Übermaß seine Leidenschaften – und sich selbst! Aus Furcht vor dem Blick der Fremden zieht er sich zusammen, duckt sich, wird Schatten, Gespenst, Echo. ... Vielleicht ist dieses Verhehlen eine Erbschaft der Kolonialzeit. Indios und Mestizen konnten ... nur leise singen, denn 'zwischen den Zähnen gemurmelt, hört man die Stimme der Rebellion nicht'" (Paz 1969, S. 49).

> Suche nach den Wurzeln

> Masken

Verschlossenheit

Das Verhehlen und das Tragen von Masken läßt die Mexikaner zu verschlossenen und reservierten Wesen werden. „Ob alt oder jung, Kreole, Mestize, General, Arbeiter oder Akademiker: der Mexikaner scheint mir ein Wesen zu sein, das sich verschließt und verwahrt: Maske seine Miene, Maske sein Lächeln. In seiner herben Einsamkeit gereicht ihm – ruppig und höflich zugleich – alles zur Abwehr: Schweigen und Reden, Höflichkeit und Verachtung, Ironie und Resignation. Eifersüchtig über sein eigenes Inneres wie über das Fremde wachend, wagt er keinen Blick auf den Nachbarn. Ein Blick schon kann den Zorn dieser elektrisch geladenen Seelen entladen. Wie ein Geprellter geht er durchs Leben. Alles kann ihn verletzen: Worte, ausgesprochene wie verheimlichte. Seine Sprache ist voller Andeutungen, Bilder, Anspielungen, Auslassungspunkte. In seinem Schweigen verbergen sich Verheimlichungen, Nuancen, düstere Wolken, plötzliche Regenbogen, unverständliche Drohungen. Selbst im Disput zieht er den verschleiernden Ausdruck der offenen Beleidigung vor. 'Dem, der recht versteht, reichen auch wenige Worte.' Kurz, zwischen sich und der Welt errichtet er eine Mauer aus Gleichmut und Zurückhaltung, die trotz ihrer Unsichtbarkeit unübersteigbar ist" (Paz 1969, S. 37).

Förmlichkeit

Die für den Mexikaner so charakteristische „Vorherrschaft der Verschlossenheit über die Offenheit zeigt sich nicht nur als Unerschütterlichkeit und Mißtrauen, Ironie und Argwohn, sondern auch als Neigung zur 'Form'. Sie birgt und verbirgt unsere Innerlichkeit, verhindert Exzesse, zügelt unsere Ausbrüche, trennt, isoliert, bewahrt sie. Ein doppelter Einfluß – der spanische und der indianische – verbindet sich in unserer Vorliebe für Zeremoniell, Förmlichkeit, Ordnung. Ganz im Gegensatz zu dem, was eine oberflächliche Interpretation unserer Geschichte vermuten läßt, strebt der Mexikaner nach der Schaffung einer geordneten Welt, die auf klaren Grundsätzen beruht. ... Der Mexikaner des Alltags ist ein Mensch, der sich um 'Form' bemüht und deshalb leicht zum Formalisten wird" (Paz 1969, S. 39).

Leben als Kampf

In der Verschlossenheit, die er noch treffender als „Hermetismus" bezeichnet, sieht Octavio Paz einen Ausweg für den Argwohn und das Mißtrauen der Mexikaner. Dieser Hermetismus zeige, wie die Mexikaner ihre Umwelt instinktiv als gefährlich ansehen. „Eine harte, feindliche Umwelt, Drohungen, die verborgen und unfaßbar in der Luft liegen", hätten die Mexikaner dazu gezwungen, sich nach außen abzuschließen. „Auf Sympathie und Sanftmut reagieren wir mit Zurückhaltung, solange wir nicht wissen, ob die fremden Gefühle echt oder falsch sind" (Paz 1969, S. 38). Die Distanz zwischen Mensch und Mensch, die gegenseitige Achtung und Sicherheit schaffe, zeige aber auch, so Octavio Paz weiter, wie sehr der Mexikaner das Leben als Kampf begreife (Paz 1969, S. 38). Diese kämpferische Auffassung des gesellschaftlichen Lebens spalte fatalerweise die mexikanische Gesellschaft in Starke und Schwache (Paz 1969, S. 82).

Macho

Als Inbegriff der Stärke gilt dabei der Macho, der zunächst einmal „ein hermetisches, verschlossenes Wesen ist, das sich selbst wie alles ihm Anvertraute zu bewahren weiß. Seine Männlichkeit wird an der Unverwundbarkeit durch feindliche Waffen und am Grad der Beeinflussung durch die Außenwelt gemessen" (Paz 1969, S. 39). Denn „das Ideal der Mannhaftigkeit besteht [in

Mexiko] darin, nie zu 'kneifen'. Denn wer sich öffnet, ist ein Feigling. Für uns bedeutet 'sich öffnen' – im Gegensatz zu anderen Völkern – Schwäche oder Verrat. Ein Mexikaner darf sich fügen, nachgeben, ja sich erniedrigen, aber nie 'kneifen', das heißt, erlauben, daß die Außenwelt in ihn eindringt. Wer 'kneift', genießt kein Vertrauen" (Paz 1969, S. 37). Nach außen hin tritt der Macho dadurch in Erscheinung, daß er sich die Welt öffnet, indem er sie aufreißt. Damit wird der spanische Eroberer Hernán Cortés, der gewaltsam in die Welt der Indios eingedrungen ist, zum Archetyp des Macho. In der Beziehung des Conquistador zur Indianerin Malinche, seiner Beraterin und Geliebten, erhält dieser Vorgang eine unmittelbare zwischenmenschliche Dimension, die auch das traditionelle Verhältnis zwischen den Geschlechtern prägt. Nach Meinung von Octavio Paz „beruht das Charakteristische des Mexikaners ... auf der gewaltsamen, sarkastischen Demütigung der Mutter und der nicht weniger gewaltsamen Selbstbehauptung des Vaters" (Paz 1969, S. 83 f.).

Der Macho ist die personifizierte Macht. Dieses eine Wort „faßt die Aggressivität, Unerschütterlichkeit, Unverwundbarkeit, den verbissenen Gebrauch der Gewalt und andere Eigenschaften des Macho zusammen. Macht ... bedeutet die Kraft, die an keine Idee der Ordnung gebunden ist, die Willkür, der zügel- und richtungslose Wille" (Paz 1969, S. 85). Die wesentliche Eigenschaft des Macho ist die Violencia, die Gewalt, die in Mexiko immer wieder, im alltäglichen Leben wie in der Geschichte des Landes, hervorbricht. Die Vorstellung vom gewalttätigen Mexikaner bedarf allerdings in einem ganz wesentlichen Punkt einer Relativierung. Zu Recht weist Octavio Paz auf den gravierenden Unterschied zwischen dem spontanen Ausbruch von Gewalt hin, wie er für Mexiko charakteristisch ist, und ihrem systematisch organisierten und ideologisch motivierten Einsatz: „Der Mangel einer Ideologie hat uns davor bewahrt, zu jener hinterhältigen Menschenjagd uns hinreißen zu lassen, zu der anderswo die Ausübung der 'politischen Tugend' geführt hat. Freilich haben auch wir Gewalttätigkeit des Volkes, maßlose Unterdrückung, Launen, Willkür, Brutalität, die 'harte Hand' mancher Generäle und 'makabre Launen' kennengelernt; doch selbst im schlimmsten Moment blieb alles menschlich, das heißt: der Leidenschaft, den Umständen, dem Zufall und der Phantasie überlassen. Nichts war vom kalten Geist des Systems und dessen syllogistischer Polizeimoral weiter entfernt" (Paz 1969, S. 184). Bei allen Gewaltausbrüchen in den sozialen Beziehungen war und ist Mexiko weder ein Land des inquisitorischen Eifers noch der Konzentrationslager.

In der zerstörerischen Kraft des Macho, der die bestehende Ordnung erschüttert, tritt die andere Seite des verschlossenen Mexikaners hervor. Neben Masken und Formen ist „in gewissem Sinne ... die Geschichte Mexikos – wie die jedes einzelnen Mexikaners – ein Kampf gegen Formen und Formalitäten, in die man unser Wesen zu pressen trachtete" (Paz 1969, S. 42). Diese beiden Extreme, Verschlossenheit und Ausbrüche der Leidenschaft, machen den Mexikaner zu einem rätselhaften, geheimnisvollen und widersprüchlichen Wesen: „Die Befremdung, die unser Hermetismus hervorruft, hat die Legende vom Mexikaner als einem unergründlichen Wesen geschaffen. Unser Argwohn provoziert den

Violencia

Geheimnisvolles Wesen

Fremden. Wie unsere Höflichkeit anzieht, so kühlt unsere Reserviertheit ab. Die unberechenbare Heftigkeit, die unser Herz zerreißt, der krampfhaft feierliche Glanz unserer Fiestas bringen schließlich jeden Ausländer in Verwirrung. ... Unsere Antworten wie unser Schweigen sind nicht vorauszusehen und kommen unerwartet. Verrat und Treue, Verbrechen und Liebe lauern in der Tiefe unseres Blickes" (Paz 1969, S. 70). „Wir sind nicht offen, aber unsere Aufrichtigkeit kann so extrem sein, daß sie einen Europäer in Schrecken versetzt. Die explosive, dramatische und selbstmörderische Art, wie wir uns entblößen und hingeben, macht deutlich, daß uns etwas hemmt und zu ersticken droht. ... Und da wir es nicht wagen – oder nicht die Möglichkeit haben –, unserem eigenen Wesen uns entgegenzustellen, nehmen wir Zuflucht zur Fiesta, die uns in das Nichts schleudert" (Paz 1969, S. 59).

Die mexikanische Fiesta: Ein Feuerwerk des Lebens und der Leidenschaft

Als Ausdruck einer lebendigen Volkskultur sind die zahlreichen farbenfrohen Feste ein Inbegriff Mexikos. Doch sind die Fiestas, folkloristischer Höhepunkt einer jeden Mexikoreise, weit mehr als ein Rummel zur Volksbelustigung. Die Fiesta ist ein wesentlicher Bestandteil des Lebens in Mexiko. Die Art, wie die Mexikaner feiern, erlaubt tiefe Einblicke in ihr Wesen. Folgen wir dem Mexikaner Octavio Paz in seinem „Labyrinth der Einsamkeit" ein Stück auf der Reise durch die Fiesta zur mexikanischen Seele:

Fiestas ohne Ende

Der Schriftsteller bestätigt uns, daß es in Mexiko keinen Tag ohne eine Fiesta gibt: „Unser Kalender ist mit Fiestas geradezu gespickt. An bestimmten Tagen wird – zu Ehren der Jungfrau von Guadalupe oder des Generals Zaragoza – überall im Lande, in den entlegensten Dörfern wie in den großen Städten, gebetet, gejubelt, gegessen, getrunken – und gemordet. Alljährlich am 15. September feiert man um elf Uhr abends auf allen Plätzen die Fiesta del Grito (Jahrestag der Unabhängigkeit), bei der eine aufgebrachte Menge buchstäblich eine Stunde lang johlt – um für den Rest des Jahres besser schweigen zu können. Während der Tage um den 12. Dezember (Fest der Erscheinung der Jungfrau von Guadalupe, Anm.) hält die Zeit einen Augenblick lang still und bietet uns – anstatt zu einem unerreichbaren, verlogenen Morgen anzutreiben – eine runde, vollkommene Gegenwart aus Tanz, Rummel, Schlemmerei und Kommunion mit dem uralten, geheimnisvollen Mexiko" (Paz 1969, S. 53). ... „Doch die Fiestas, die Kirche und Staat im ganzen Land anbieten, reichen nicht aus. Denn das Leben einer jeden Stadt, ja eines jeden Dorfes wird von einem Heiligen beherrscht, den man in regelmäßigen Abständen fromm verehrt. ... diese unzähligen Feste verschlingen unglaublich viel Zeit und Geld" (Paz 1969, S. 54).

Rituelle Feste

Und Octavio Paz nennt uns auch einen Grund für den schier endlosen Reigen der Fiestas: „Der ‘einsame' Mexikaner liebt die Fiestas und alle öffentlichen Veranstaltungen. Alles ist ein Grund, sich zu treffen; jeder Vorwand berechtigt, den Lauf der Zeit zu unterbrechen, um feierlich und zeremoniell Männer und Ereignisse zu feiern. Wir sind ein ritenbesessenes Volk. Und diese Neigung wird durch unsere immer geschärfte, wache Phantasie und Sensibilität begünstigt. Die fast überall entwürdigte Kunst des Feierns

hält sich bei uns noch unversehrt. An wenigen Orten der Welt kann man ein Schauspiel erleben, das dem einer großen religiösen Fiesta in Mexiko gleichkommt. Mit ihren heftigen, spröden, reinen Farben, Tänzen, Zeremonien, Feuerwerken, ungewöhnlichen Trachten und unerschöpflichen Kaskaden von Überraschungen, mit ihren Früchten, Süßigkeiten und allerlei Gegenständen, die man an solchen Tagen auf Plätzen und Märkten verkauft" (Paz 1969, S. 53).

Bild 75: Baile de la Betaza, Sierra Juárez: Die zahlreichen farbenfrohen Feste sind Ausdruck einer lebendigen Volkskultur und ein wesentlicher Bestandteil des Lebens in Mexiko.

Doch steht hinter dem grandiosen Spektakel mehr als nur Vergnügungssucht. Denn „der Mexikaner will mehr als Amüsement. Er will sich selbst übertreffen, die Mauer seiner Einsamkeit übersteigen, die das ganze Jahr über ihn umschließt. Alle sind in dieser Nacht von der Violencia und dem Wahnsinn gepackt. Die Seelen knallen wie Farben, Stimmen, Gefühle. Vergißt der Mexikaner sich selbst? Zeigt er sein wahres Gesicht? Wer soll das wissen? Wichtig allein ist, aus sich herauszugehen, sich eine Bahn zu brechen, sich an Lärm, Farben, Leuchten zu berauschen. Mexiko feiert! Die Fiesta, von Blitzen des Wahnsinns durchzuckt, ist die glänzende Kehrseite unseres Schweigens, unserer Apathie, Zurückhaltung, Schroffheit" (Paz 1969, S. 55).

Mehr als Amüsement

Und schließlich spricht Octavio Paz auch von einer befreienden, geradezu transzendierenden Wirkung der Fiesta, die alle Grenzen sprengt: „Die Fiesta ist nicht nur Ausschweifung, rituelle Verschwendung von Gütern, die man mühsam während des Jahres angesammelt hat. Sie ist ebenso Revolte, plötzliches Eintauchen ins Formlose, in das Leben selbst. Die Fiesta befreit die Gesellschaft von den Normen, die sie sich auferlegt hat. Man spottet über Götter, Grundsätze, Gesetze. ... Die Fiesta ist ein kosmischer Vorgang, eine Erfahrung der Unordnung, die Vereinigung gegensätzlicher Elemente und Prinzipien, die eine Wiedergeburt des Lebens zur Folge hat. ... Sie ist eine wahrhafte Neu-Erschaffung –

Fiesta als Befreiung

im Gegensatz zu den modernen Festen, die keinerlei Ritus oder Zeremonie kennen und durch die Vereinzelung ihrer Teilnehmer so steril sind, wie die Welt, die sie erfunden hat" (Paz 1969, S. 57f.).

Revolution als Fiesta

Doch die Fiesta sprengt nicht nur Grenzen und Mauern, sondern stellt damit auch Verbindungen her: „In der Fiesta kommuniziert die Gesellschaft mit sich selbst. ... Zur Fiesta gehören alle, und alle gehen in ihrem Wirbel auf. ... die Fiesta bedeutet vor allem Teilhabe. In der Fiesta öffnet sich der Mexikaner der Welt ... Für uns bedeutet die Fiesta Explosion, Ausbruch. Tod und Leben, Jubel und Jammer, Gesang und Geheul vermischen sich in unseren Fiestas. ... Denn es gibt nichts Ausgelasseneres als eine mexikanische Fiesta – aber auch nichts Traurigeres. Die Nacht der Fiesta ist zugleich eine Nacht der Trauer. Während wir im Alltagsleben uns vor uns selbst verstecken, lassen wir im Wirbel der Fiesta gänzlich die Zügel schießen" (Paz 1969, S. 58f.). Die Fiesta wird so zu einem umfassenden Prinzip, das nicht nur das Leben der Mexikaner nachhaltig prägt, sondern auch in der mexikanischen Geschichte aufscheint: „So ist die mexikanische Revolution zugleich eine Fiesta: nach Martín Luis Guzmán ein Fest der Kugeln! Wie die Fiesta ist auch die Revolution Übermaß und Verschwendung, Schritt ins Extreme, Ausbruch der Freude und der Verlassenheit, Schrei der Verwaisung, des Jubels, des Selbstmordes, der Lebensbejahung: alles in einem" (Paz 1969, S.147).

Der Tod und das Leben in Mexiko: Allerheiligen und Allerseelen als Fiesta für die Toten

Der Allerheiligentag, der „Día de Todos los Santos", und der Allerseelentag, der „Día de los Muertos", nehmen unter den zahlreichen Festtagen, die über das Jahr in Mexiko gefeiert werden, eine herausragende Stellung ein. In keinem anderen katholischen Land der Alten und der Neuen Welt hat der Totenkult eine solch lebendige Ausprägung erfahren wie im Fest der Toten, das in Mexiko am 1. und 2. November begangen wird. Das Totenfest nimmt „im Leben der Mexikaner etwa den Platz ein, der bei uns Weihnachten hat. ... Wie sich in Deutschland Weihnachten ankündigt mit Tannenbäumen und Weihnachtsmännern auf Straßen und Plätzen, so bevölkern ab Mitte Oktober in Mexiko von Tag zu Tag zahlreicher Skelette und Totenköpfe Märkte, Geschäfte, private Häuser und öffentliche Gebäude. In Mexiko-Stadt werden Schaufensterpuppen, die die neueste Mode tragen, durch Skelette ersetzt. Es ist die hohe Zeit der Bäcker und Konditoren, die das runde, süße, mit Totensymbolen verzierte Totenbrot backen und Totenschädel aus buntem Zuckerguß fabrizieren. ... Künstler, Kunsthandwerker und Spielzeughersteller übertreffen sich in der Produktion von meist bunt bemalten Totenartikeln: ... Da finden sich Gerippe in jeder Gestalt und Funktion: der düstere, makabre Tote neben einer barocken, bunten Figur, als Miniatur oder überlebensgroß, als Einzelgegenstand oder in Gruppe, theatralisch und szenisch angeordnet. ... Das Spektrum dieser Einzelfiguren oder Kompositionen reicht von der naiven Darstellung bis zu Satire und Karikatur" (Garscha 1993, S. 18).

Umgang mit dem Tod

Was Ausländer an den Bräuchen des Totenfestes vielleicht befremden mag, ist für Octavio Paz ein unverwechselbarer Ausdruck der Einstellung der Mexikaner gegenüber Leben und Tod: Denn

„die Betrachtung des Schrecklichen, das Vertrautsein und das Gefallen am Umgang mit ihm bilden paradoxerweise einen der bemerkenswertesten Züge des mexikanischen Charakters. Die blutbefleckten Christusfiguren in den Dorfkirchen, der makabre Humor mancher Zeitungstitel, die Totenwache – auch die Sitte, am 2. November Brötchen und Süßigkeiten zu essen, die Knochen und Totenschädel darstellen – sind Verhaltensweisen, die von Indios und Spaniern herrühren und mit unserem Wesen untrennbar verbunden sind. Unser Totenkult ist ein Lebenskult, wie die lebenshungrige Liebe Sehnsucht nach dem Tod ist" (Paz 1969, S. 32).
„ ... Für den Pariser, New Yorker oder Londoner ist der Tod ein Wort, das man vermeidet, weil es die Lippen verbrennt. Der Mexikaner dagegen sucht, streichelt, foppt, feiert ihn, schläft mit ihm; er ist sein Lieblingsspielzeug und seine treueste Geliebte. Vielleicht quält ihn ebenso die Angst vor ihm wie die anderen, aber er versteckt sich nicht vor ihm, noch verheimlicht er ihn, sondern sieht ihm mit Geduld, Verachtung oder Ironie frei ins Gesicht. ... Die Geringschätzung des Todes nährt der Mexikaner aus seiner Geringschätzung des Lebens. ... Unsere Lieder, Sprichwörter und Fiestas bezeugen unmißverständlich, wie wenig der Tod uns zu schrecken vermag, denn das Leben hat uns gegen Schrecken gefeit. ... Der mexikanische Tod ist der Spiegel des mexikanischen Lebens" (Paz 1969, S. 63) .
So wird in Mexiko der Tod in das Leben und seine Fiestas hineingenommen, und die Totentage werden zu einem ausgelassenen Fest der Gemeinschaft der Lebenden mit den Toten. „An den Totentagen trifft sich die gesamte Familie: Nicht nur die Lebenden reisen von nah und fern an, auch die Toten kommen an diesen Tagen zu Besuch; und es gilt, keine Mühen und Kosten zu scheuen, um sie mit gebührender Aufmerksamkeit zu empfangen und zu

Bild 76: Totentag in Michoacán: *In der Nacht des Allerseelentages versammelt sich das ganze Dorf auf dem Friedhof, um sich von den Toten zu verabschieden, bis sie im nächsten Jahr wieder zu Besuch kommen.*

Ofrenda

verwöhnen" (Garscha 1993, S. 18). ... „Der Besuch der Toten in den Häusern der Lebenden ist mit einer ganzen Reihe von Riten und Vorkehrungen verbunden. ... Zunächst muß die Familie dafür sorgen, daß der oder die Toten den Weg nach Hause finden. Deshalb streut man ihnen die gelben Totenblumen, Tagetes oder Cempasúchil, die Straße entlang bis zum Eingang des Hauses und hängt dort auch eine Laterne auf. ... Der wichtigste Teil der Vorbereitung ist der Aufbau der ‘Ofrenda’. Das Wort bedeutet ‘Gabe’, ‘Geschenk’, ‘Opfer’, ist eine Mischung aus Gabentisch und Altar. Meist wird die Ofrenda vor dem Hausaltar errichtet. Sie enthält immer Wasser, Blumen, Kerzen aus Bienenwachs und Copal-Weihrauch, wodurch die vier Elemente Wasser, Erde, Feuer und Luft symbolisiert werden. Dazu kommen reichlich Speisen: buntes Totenbrot, Geflügel in Mole, der typischen mexikanischen Sauce, Schokolade und Chili, gefüllte Maisblätter, die Tamales, Obst, Nüsse, Rosinen, die Zigaretten nicht zu vergessen. Damit sich der Tote, wie früher gewohnt, zu Tisch setzen kann und auch Platz ist für Gäste, die er vielleicht mitbringt, befindet sich auf der ‘Ofrenda’ neues Besteck und Geschirr. Alles wird kunstvoll angeordnet um ein Bild, eine Fotografie oder gar den aus Kleidern nachgebildeten Leichnam mit einem Totenschädel aus Zuckerguß unter dem Hut" (Garscha 1993, S. 21).

Die Toten auf Besuch

„Ihr Urlaub unter den Lebenden soll für die Toten ein frohes Fest sein. Daher befindet sich die ‘Ofrenda’ mitten im Wohnzimmer, mitten im Leben. Und die Lebenden geben ihrer Freude über den Besuch ungehemmten Ausdruck. Es wird gefeiert, was das Zeug hält, mit Besuchen hin und her, opulenten Essen, reichlich Bier, Tequila und Brandy, Musik und Tanz, Umzügen, Verkleidungen, Maskeraden. Zu Mitternacht schlägt die Stunde des Abschieds. Die Toten müssen zurück ins Jenseits. Die Lebenden gehen auf den Friedhof zu den Gräbern, jede Familie zu dem ihren. ... In der Nacht ist das ganze Dorf auf dem Friedhof, jetzt ein Meer brennender Kerzen; überall drängen sich Menschen, nehmen Abschied von den Toten bis zum nächsten Jahr, wenn diese wiederkommen werden, um sie zu besuchen" (Garscha 1993, S. 22). Das mexikanische Totenfest ist Ausdruck einer Familiensolidarität, die den begrenzten zeitlichen Rahmen des irdischen Lebens sprengt. Wie eng die Verbindung der Lebenden zu ihren Toten ist, wurde in einem Interview deutlich, das ein deutsches Fernsehteam mit Opfern der Überschwemmungskatastrophe führte, die im Herbst 1997 die Elendsquartiere an den Hängen von Acapulco verwüstet hat. Die Überlebenden, die durch Murenabgänge alles verloren hatten, empfanden es als das größte Unglück, daß die Schlammlawinen ihre toten Angehörigen mitgerissen hatten. Die Ärmsten der Armen beklagten nicht an erster Stelle die unzureichende Versorgung mit Hilfsgütern, sondern die mangelnde Unterstützung bei der Suche nach ihren Toten. Denn wie sollten sie die Verbindung zu ihnen herstellen, wenn sie nicht wissen, wo sie zu finden sind.

Christliche Wurzeln

Das Totenfest bildet den jährlichen Höhepunkt des mexikanischen Totenkultes, der christliche und indianische Wurzeln hat. Es ist lebendiger Ausdruck des Synkretismus, der Vermischung religiöser Vorstellungen „zweier vom Tode erfüllter und geprägter Kulturen" (Garscha 1993, S. 30), der spanischen und der aztekischen, die in der Conquista aufeinanderprallten. Wenn Octavio Paz (1969, S. 59) davon spricht, daß „der Tod ein Spiegel ist, der das eitle Gebärdenspiel des Lebens zurückwirft", klingt darin schon das „Memento mori!" der christlich-katholischen Tradition an. Als sich Cortés anschickte, Mexiko zu erobern, war der Totentanz, „La danse macabre", „das verbreitetste Genre des spätmittelalterlichen Theaters" (Garscha 1993, S. 29), der Totenschädel und der Sensenmann waren allgegenwärtig und erinnerten an die Vergänglichkeit des irdischen Lebens. Auch „für die Christen ist der Tod nur Durchgang, Sprung zwischen zwei Leben: vom zeitlichen zum überzeitlichen" (Paz 1969, S. 62).

„Für die alten Mexikaner war der ... Tod ein verlängertes Leben und umgekehrt. Somit war er nicht das eigentliche Ende des Lebens, sondern nur eine Phase im unendlichen Kreislauf. Leben, Tod, Wiederauferstehung waren Stadien eines kosmischen Vorgangs, der sich unaufhörlich wiederholte. Das Leben hatte keine wichtigere Aufgabe, als in den Tod, seinen Gegensatz und seine Ergänzung einzumünden. Der Tod seinerseits war kein Ende an sich: Der Mensch nährte mit ihm das unstillbar gefräßige Leben" (Paz 1969, S. 60). „Für die alten Azteken bestand die wesentliche Aufgabe darin, die Fortdauer der Schöpfung zu sichern. ... Die Welt und nicht das Individuum lebte vom Blut der Menschenopfer" (Paz 1969, S. 61 f.). Aus den Mythen der indianischen Hochkulturen geht hervor, „daß wir nicht vom Leben, sondern vom Tod herkommen. Der eigentliche Ursprung des Lebens ist das Totengebein und nicht die Gebärmutter" (Paz 1969, S. 67): Denn „Quetzalcóatl begab sich in die Totenwelt Mictlan und trotzte dem Totengott Miclantecuhtli die Gebeine eines Mannes und einer Frau aus untergegangenen Zeitaltern ab, gewann die Maiskörner aus früheren Zeiten zurück und erweckte so die Gebeine dieses Menschenpaares zu neuem Leben im jetzigen Zeitalter" (Garscha 1993, S. 24).

Indianische
Wurzeln

An der Grenze zwischen Mexiko und den USA, dem sogenannten „Tortilla-Vorhang", treffen die Kulturen Lateinamerikas und Angloamerikas aufeinander. Mit der Vertiefung der Wirtschaftsbeziehungen hat auch der kulturelle Austausch zwischen dem angelsächsischen Norden und dem hispanischen Süden eine Intensivierung erfahren. Über verschiedene Kanäle halten auch Elemente des American Way of Life und der nordamerikanischen Kultur Einzug in Mexiko. Der nordamerikanische Film ist allgegenwärtig. Nicht nur im Fernsehen und im Kino, sondern auch bei den Videovorführungen in den mexikanischen Überlandbussen wird man mit Streifen aus Hollywood berieselt. Daß manche dieser Filme heute von den US-Produzenten ganz oder teilweise in Mexiko aufgenommen werden, wie zahlreiche Western in einer Filmstadt bei Durango oder jüngst der Streifen „Titanic" in der Nähe von Tijuana, ändert an ihrer nordamerikanischen Machart nichts, sondern unterstreicht eher noch die kulturelle Fremdbestimmung. Nordamerikanische Comics und Unterhaltungsliteratur haben in Mexiko eine deutlich höhere Auflage als die bekanntesten Werke der bedeutendsten mexikanischen Schriftsteller (Straube 1992). Ein Schulaufenthalt oder ein Studium in den Vereinigten Staaten ist nicht nur ein Sta-

Selbstbehauptung und kulturelles Selbstbewußtsein: Im Schatten der USA

Bild 77: Am „Tortilla-Vorhang" zwischen Tijuana und San Diego: *Die Grenze zwischen Mexiko und den USA ist in vielfacher Hinsicht durchlässiger als es die von den Vereinigten Staaten errichteten Sperren zunächst vermuten lassen.*

tussymbol, sondern vielfach Voraussetzung für eine Karriere in Wirtschaft und Politik. Vor diesem Hintergrund sieht eine Reihe von Beobachtern in den USA Mexiko bereits auf dem Weg nach Nordamerika, zumal durch das Nordamerikanische Freihandelsabkommen (NAFTA) die wirtschaftlichen Bande zwischen beiden Ländern gefestigt wurden (Huntington 1997).

Hispanisierung der USA

Bei einer wirtschaftlichen und außenpolitischen Betrachtung mag angesichts der erdrückenden Übermacht der USA eine Nordamerikanisierung Mexikos durchaus naheliegend erscheinen. Doch auf kulturellem Gebiet besteht trotz der starken Einflüsse aus den USA in Mexiko wie in ganz Lateinamerika ein ausgeprägtes Selbstbewußtsein. Die globalisierte Welt befindet sich in einem Aufbruch in alle Richtungen. Daher vollzieht sich nicht nur eine Nordamerikanisierung Mexikos, sondern im Gegenzug durch die Migration auch eine unaufhaltsame Hispanisierung der USA. Bis zur Mitte des 21. Jahrhunderts wird fast die Hälfte der Bevölkerung der Vereinigten Staaten Spanisch als Muttersprache haben. Und die spanische Sprache war seit jeher eine wichtige Klammer der lateinamerikanischen Kultur.

Enchilada und Hamburger

Wie es der Schriftsteller Carlos Fuentes (1992, S. 352) formuliert, haben die Mexikaner das Gefühl, „daß ihre eigene Kultur stark genug ist, daß die Enchilada im Endeffekt neben dem Hamburger bestehen kann". Die lateinamerikanisch-mexikanische Kultur kann im Dialog mit Angloamerika einiges beisteuern, was den USA fehlt oder abhanden gekommen ist. Die „Mexikanität [mit ihrer] Vorliebe für Schmuck, Sorglosigkeit, Nachlässigkeit, Prachtliebe, Leidenschaft ..." trägt zur Bereicherung der nüchternen Welt „Nordamerikas (bei), die aus Präzision und Effizienz gemacht ist" (Paz 1969, S. 23). Die tief religiöse Weltsicht der Mexikaner, ein Erbe der Indios und des Katholizismus, stellt einen Gegenpol zum Machbarkeitswahn der Nordamerikaner dar. In den Augen der Mexikaner hat die Welt ein Eigenleben und es ist nicht alles machbar: „Für die Nordamerikaner scheint die Welt etwas zu sein, das man vervollkommnen, für uns aber ist sie etwas, das man erlösen kann. ... Wir aber glauben immer noch ..., daß Sünde und Tod den letzten Grund der menschlichen Natur ausmachen. ... Wir Mexikaner glauben immer noch an die Kommunion und die Fiesta. Für uns gibt es kein Heil ohne Berührung" (Paz 1969, S. 32f.).

Seine Sinnlichkeit und Weltsicht eröffnet dem Mexikaner einen anderen Zugang zur Wirklichkeit, wie Octavio Paz (1969, S. 31) ausführt: „... ein Mensch kann nicht länger naiv bleiben, wenn er das Leben wirklich realistisch betrachtet. ... die Nordamerikaner wollen weniger die Wirklichkeit kennenlernen als sie sich zunutze machen ... In gewissen Augenblicken, im Angesicht des Todes zum Beispiel, ignorieren sie nicht nur die Realität, sondern vermeiden sogar jeden Gedanken an sie. ... Der amerikanische Realismus ist von besonderer Art, und seine Naivität schließt Verstellung und Heuchelei nicht aus; eine Heuchelei aber, die ein Charakterfehler und eine Denkart zugleich ist, da sie alle Aspekte der Wirklichkeit verneint, die unangenehm, irrational und widerwärtig sind." Denn „das nordamerikanische Denken will nur die positive Seite der Wirklichkeit sehen. Von Kindheit an unterwirft es Männer wie Frauen einem unerbittlichen Anpassungsprozeß" (Paz 1969, S. 33).

Mexikanische Weltsicht

Carlos Fuentes (1992, S. 352 f.) nennt weitere wichtige Beiträge, die Lateinamerika im Dialog zwischen den Kulturen beisteuern kann: „Fürsorge und der Respekt gegenüber Älteren, etwas, das Respeto genannt wird – Respekt vor Erfahrung und Kontinuität, weniger Sucht nach raschem Wandel und Neuerung. ... Und dann gibt es natürlich die Familie – die Verpflichtung, dafür zu kämpfen, daß die Familie zusammenhält, wobei sich Armut nicht immer vermeiden läßt, wohl aber die einsame Armut." Aufgrund seiner langen Erfahrung mit der Begegnung und Mischung von Rassen und Kulturen ist Mexiko bestens auf den Umgang mit dem Anderen vorbereitet. Mexiko versteht sich als eine plurale Gesellschaft, offen für den „Dialog zwischen verschiedenen kulturellen Strömungen und für die Auseinandersetzung mit unterschiedlichen ideologischen und politischen Tendenzen" (Bremer 1992, S. 705). „Angesichts der Herausforderung, Tradition und Moderne miteinander zu versöhnen, setzen die Mexikaner auf die Kraft ihrer Kultur und den ungebrochenen Willen zu überdauern" (Bremer 1992, S. 708).

Kulturelle Offenheit

Literaturverzeichnis

Adler-Hellman, J. 1988: Mexico in Crisis. New York.

Albrecht, V. 1996: Multiculturalism and Pluralism in the United States. Perspectives from the Mexican American Experiences. In: Innsbrucker Geographische Studien B. 26: Human Geography in North America, S. 41–63.

Alejandre, J. A. u. S. D. Morris 1993: The Electoral Recovery of the PRI in Guadalajara, Mexico, 1988–1992. In: Bulletin of Latin American Research, 12/1, S. 91–102.

Arreola, D. D. u. J. R. Curtis 1993: The Mexican Border Cities. Arizona.

Atlas Nacional de México 1990. Hg.: Universidad Nacional Autónoma de México (UNAM), Instituto de Geografía. México, D.F.

Atlas Porrúa de la República Mexicana 1993. Hg.: Editorial Porrúa S. A., México, D.F.

Bahlsen, G. 1961: Mexiko. Aufruhr und Beharrung. Stuttgart.

Bähr, J. u. G. Mertins 1995: Die lateinamerikanische Groß-Stadt. Verstädterungsprozesse und Stadtstrukturen. Darmstadt.

Banco de México 1996: The Mexican Economy 1996. México, D.F.

Bassols Batalla, A. 1980: Geografía económica de México. México, D.F.

Bastian, J.-P. 1996: Violencia, etnicidad y religión entre los mayas del estado de Chiapas en México. In: Mexican Studies/Estudios Mexicanos 12 (2), S. 301–314.

Baumgartner, H. 1987: Staat, Bürokratie und blockierte Entwicklung. Die Planung in Mexiko. Frankfurt/M.

Bayerisches Landesamt für Statistik und Datenverarbeitung 1996: Statistisches Jahrbuch für Bayern 1996. München.

Beck, B. u. M. Braig 1994: Mexiko im Schatten (s)einer Revolution. In: Lateinamerika. Analysen und Berichte 18, S. 248–260.

Beck, B. 1986: Mais und Zucker. Zur Geschichte eines mexikanischen Konflikts. Berlin.

Beck, B. 1992: Mexiko: Die Stadt. In: Briesemeister D. u. K. Zimmermann (Hg.): Mexiko heute: Politik, Wirtschaft, Kultur. Frankfurt/M., S. 397–417.

Biarnes, A. 1990: La gestion du differentiel agro-ecologique dans la Sierra Madre orientale, Mexique. In: Cahiers des sciences humaine Vol. 26 (3) Paris, S. 293–311.

Biermann, K. 1993: Mexiko. München.

Boege, E. 1993: Natur, Produktion und Kultur: Ein Beitrag zur Diskussion über alternative Produktion der indianischen Gruppen. In: Zeitschrift für Lateinamerika 44/45, S. 73–89.

Borchard, R. 1992: Gemeinsamer Wirtschaftsraum Nordamerika? Das US-amerikanisch-kanadische Freihandelsabkommen und das Ziel einer nordamerikanischen Freihandelszone Kanada – USA – Mexiko. Augsburg (= Institut für Kanada-Studien, Analysen und Berichte 8).

Boris, D. 1996: Mexiko im Umbruch. Darmstadt.

Borsdorf, A. 1986: Konzepte und Probleme der Stadt- und Regionalplanung in Lateinamerika. In: Kohut, K. (Hg.) 1986: Die Metropolen in Lateinamerika – Hoffnung und Bedrohung für den Menschen. Regensburg, S. 55–70 (= Eichstätter Beiträge 18).

Börsenverein des Deutschen Buchhandels 1992: Books on Mexico. Schwerpunktthema „Mexiko" anläßlich der 44. Frankfurter Buchmesse 1992. Frankfurt/M.

Brachet-Márquez, V. 1992: Explaining Sociopolitical Change in Latin America: The Case of Mexico. In: Latin American Research Review 3/27, S. 91–123.

Braig, M. 1996: Populistische Politik im Wandel: Auf der Suche nach neuen Legitimationsstrategien in Mexiko. In: Müller, H.-P. (Hg.): Weltsystem und kulturelles Erbe. Berlin, S. 287–318.

Brand, D. 1994: Die nordamerikanische Freihandelszone und ihre Auswirkungen auf Lateinamerika. In: Nord-Süd aktuell VIII/3, S. 138–149.

Bremer, J. J. 1992: Zur kulturellen Identität Mexikos. In: Briesemeister, D. u. K. Zimmermann (Hg.) 1992: Mexiko heute: Politik, Wirtschaft, Kultur. Frankfurt/M., S. 699–708.

Brenner, L. 1996: Eigenständige Regionalentwicklung durch Kulturtourismus (= Trierer Materialien zur Fremdenverkehrsgeographie Heft 37).

Briesemeister, D. u. K. Zimmermann (Hg.) 1992: Mexiko heute: Politik, Wirtschaft, Kultur. Frankfurt/M. (= Bibliotheca Ibero-Americana 43).

Buchhofer, E. 1982: Stadtplanung am Rande der Agglomeration von Mexiko-Stadt; der Fall Nezahualcóyotl. In: Geographische Zeitschrift 70, S. 159–178.

Buchhofer, E. 1984: Minatitlán (Mexiko); zur Sozialtopographie einer company town in der Dritten Welt. In: Geographische Zeitschrift 72, S. 159–178.

Buchhofer, E. 1986: Das neue Küstenstahlwerk

von Lázaro Cárdenas (Mexiko): Eine Standort-entscheidung im Schnittpunkt politischer und ökonomischer Interessen. In: Marburger Geographische Schriften 100, S. 203–218.

Buchhofer, E. 1986a: Resultate öffentlicher Bodenpolitik und Wohnungsbauförderung in jungen mexikanischen Industriestädten am Pazifik. In: Die Erde 117, S. 237–255.

Buchhofer, E. 1992: Bergbau und Erdölwirtschaft in Mexiko. In: Briesemeister, D. u. K. Zimmermann (Hg.): Mexiko heute. Politik, Wirtschaft, Kultur. Frankfurt/ M., S. 127–148.

Buchhofer, E. u. A. G. Aguilar 1991: Stadtexpansion in der Schuldenkrise. Der Fall Mexiko-Stadt. In: Geographische Zeitschrift 79, S. 27–43.

Buisson, I. u. M. Mols (Hg.) 1983: Entwicklungsstrategien in Lateinamerika in Vergangenheit und Gegenwart. Paderborn.

Bundesgesetzblatt 1998, Teil II. Fundstellennachweis B. Völkerrechtliche Vereinbarungen. Hg.: Bundesministerium der Justiz. Bonn.

Bundesstelle für Außenhandelsinformation: Halbjahresberichte zur Wirtschaftslage Mexikos. Köln.

Burkard, H. 1988: Nordostmexiko. München.

Burkard, H. 1992: Auswanderung und Situation an der Nordgrenze. In: Briesemeister, D. u. K. Zimmermann (Hg.): Mexiko heute. Politik, Wirtschaft, Kultur. Frankfurt/M., S. 375–396.

Calderwood, M., G. Breña u. Fuentes, C. 1992: Mexiko, Ein Portrait in Luftbildern. Berlin.

CAMEXA (= Deutsch-Mexikanische Industrie- und Handelskammer) 1990: Die Mexikanische Lohnveredelungsindustrie. México, D.F. (= Unternehmerhandbuch Mexiko Heft 2).

Cárdenas, C. 1990: Misunderstanding Mexico. In: Foreign Policy 78, S. 113–129.

Carias, R. 1993: Die Entstehung der Criollo-Sprache unter dem Einfluß des Hacienda-Systems. In: Ammon, G. u. T. Eberhard (Hg.): Kultur, Identität, Kommunikation. München, S. 379–388.

Carpizo, J. 1987: Das mexikanische Präsidialsystem. München.

Chant, S. 1994: Women, Work and Household Survival Strategies in Mexico, 1982–1992: Past Trends, Current Tendencies, and Future Research. In: Bulletin of Latin American Research, Vol. 13, No. 2, S. 203–233.

Collier, G. A. 1994: The Rebellion in Chiapas and the Legacy of Energy Development. In: Mexican Studies/Estudios Mexicanos 10 (2), S. 371–381.

Czerny, M. 1994: Zum Wandel des mexikanischen Städtesystems unter dem Einfluß der jüngsten industriellen Standort- und Strukturveränderungen. In: Mainzer Geographische Studien 40, S. 547–555.

Dale, B. u. J. Sartore 1996: Tex-Mex-Border. In: National Geographic, February 1996, S. 44–69.

Davies, N. 1976: Bevor Kolumbus kam. Düsseldorf.

Davis, C. L. u. Coleman, K. M. 1994: Neoliberal Economic Policies and the Potential for Electoral Change in Mexico. In: Mexican Studies/ Estudios Mexicanos 10 (2), S. 341–367.

Departamento del Distrito Federal u. El Colegio de México 1987: Atlas de la Ciudad de México. México, D.F.

Deutsch-Mexikanische Gesellschaft e.V.: Rundbrief, Ausgabe Juni 1998. Bonn.

Dierke–Weltatlas 1992. Hg.: Westermann Schulbuchverlag Braunschweig.

Drekonja-Kornat, G. 1994: Warum NAFTA einer außenpolitischen Logik entspricht. In: Zeitschrift für Lateinamerika 46/47, S. 39–47.

Duncan, R. H. 1996: Political Legitimation and Maximilian's Second Empire in Mexico, 1864–1867. In: Mexican Studies/Estudios Mexicanos 12 (1), S. 27–66.

Ebenroth, C. u. H. Jäger 1990: Die Entwicklung Mexikos im Zeichen der Brady-Initiative. In: Außenwirtschaft 45 (2), S. 237–265.

Eckstein, S. 1977: The Poverty of Revolution. The State and the Urban Poor in Mexico. New Jersey.

Ehrke, M. 1989: Mexiko: Die Wahlen vom 6. Juli 1988 – ein Ende der Einparteienherrschaft. In: Aus Politik und Zeitgeschichte, B4/89. Bonn, S. 51–62.

Einsele, M., E. Gormsen, E. Ribbeck u. R. Klein-Lüpke (Hg.) 1994: Schnellwachsende Mittelstädte. Stuttgart (Städtebauliches Institut der Universität).

El Colegio de México 1988: Estudios Demográficos y Urbanos. Vol. 3, num. 3.

Enzensberger, H. M. 1966 (Hg.): Las Casas' Bericht von der Verwüstung der Westindischen Länder. Frankfurt/M.

Eßer, K. 1989: Lateinamerikas wirtschaftliche und politische Transition. In: Zeitschrift für Lateinamerika 37, S. 7–23.

Ewald, U. 1994: Mexiko, das Land, seine Geschichte und Kultur. Stuttgart.

Favre, H. 1993: Contra-Revolución en México. In: Cuadernos Americanos 3/39. Universidad Nacional Autónoma de México, S. 101–113.

Fiederlein. S. L. 1996: The 1994 Elections in Mexico: The Case of Chiapas. In: Mexican Studies/Estudios Mexicanos 12 (1), S. 107–130.

Fuentes, C. 1992: Der vergrabene Spiegel. Die Geschichte der Hispanischen Welt. Hamburg.

Fuentes, C. 1995. In: Cartier-Bresson, H. 1995: Mexikanisches Tagebuch 1934–1964. München, S. 5–11.

Gabbert, W. 1993: Vom „Wohlfahrtsstaat" à la Mexicana zum Sozialen Liberalismus. In: Lateinamerika. Analysen und Berichte 17, S. 61–75.

Gabriel, L. 1993: Die Wurzeln des Sturms. Indianische Bewegungen und Volksbewegungen im nationalstaatlichen Gefüge Lateinamerikas. In: Zeitschrift für Lateinamerika, 44/45, S. 81–85.

Gaeb, G. M. 1976: Untersuchungen zum Stadtklima von Puebla (Mexiko). Dissertation. Bonn.

García Cook, A. 1986: El control de la erosión en Tlaxcala: un problema secular. In: Erdkunde 40 (4), S. 251–262.

García Zambrano, A. J. 1992: El poblamiento de México en la época del contacto, 1520–1540. In: Mesoamérica 24, S. 239–296.

Garscha, K. 1993: Das Leben, nur eine kurze Reise. Der mexikanische Totenkult. In: Iberoamericana 17. Jg. Nr. 2 (50), S. 16–37.

Gerdes, C. 1987: Mexikanisches Banditentum (1821–76) als sozialgeschichtliches Phänomen. Saarbrücken.

Gerstenhauer, A. 1961: Zentralmichoacán. Ein Beitrag zur Landeskunde Mittelmexikos. Frankfurt/M. (= Frankfurter Geographische Hefte 37).

Gerstenhauer, A. 1966: Beiträge zur Geomorphologie des mittleren und nördlichen Chiapas (Mexico) unter besonderer Berücksichtigung des Karstformenschatzes. Frankfurt/M. (= Frankfurter Geographische Hefte 41).

Gierloff-Emden, H.-G. 1964: Die Halbinsel Baja California. Hamburg (= Mitteilungen der Geographischen Gesellschaft in Hamburg Band 55).

Gierloff-Emden, H.-G. 1970: Mexiko. Eine Landeskunde. Berlin.

Gilbert, A. 1990: Latin America. New York.

Göll, E. 1994: NAFTA als neues Instrument regionaler Wirtschaftskooperation. In: Europa-Archiv, Folge 2, S. 43–52.

Gormsen, E. 1990: Strukturwandel und Erneuerung lateinamerikanischer Kolonialstädte. In: Borst, O. (Hg.) 1990: Stadterneuerung und Denkmalpflege in Lateinamerika (= Die alte Stadt, Heft 4).

Gormsen, E. 1992: Mexiko, das bedeutendste Touristenziel der Tropen. In: Briesemeister, D. u. K. Zimmermann (Hg.): Mexiko heute. Politik, Wirtschaft, Kultur. Frankfurt/M., S. 221–250.

Gormsen, E. 1994: Die Stadt México. In: Megastädte in der Dritten Welt. Mainz (Universität, Interdisziplinärer Arbeitskreis Dritte Welt, Veröffentlichungen 8), S. 73–116.

Gormsen, E. 1995: Mexiko. Land der Gegensätze und Hoffnungen. Gotha.

Gormsen, J. 1985: Das Kunsthandwerk in Mexiko als regionaler Entwicklungsfaktor unter dem Einfluß des Tourismus. Saarbrücken.

Grayson, G. W. 1984: The United States and Mexico. Patterns of Influence. New York.

Grimal, P. (Hg.) 1977: Mythen der Völker, Band 3. Frankfurt/M.

Grindle, M. S. 1985: Rhetoric, reality, and self-sufficiency: recent initiatives in mexican rural development. In: The Journal of Developing Areas 19/2, S. 171–184.

Gründer, H. 1992: Welteroberung und Christentum. Gütersloh.

Gutiérrez, J. L. 1988: Y después del Pacto, ¿qué? México, D.F.

Hagen, H. B. 1933: Mexiko. In: Klute, F. (Hg.) 1933: Handbuch der Geographischen Wissenschaft. Band Nord- und Mittelamerika. Potsdam, S. 390–442.

Harff, P. 1988: Mexiko. Wirtschaftsstruktur und Entwicklungspolitik. Bremen.

Hausberger, B. 1990: Mission und Bergbau im kolonialen Sonora. In: Zeitschrift für Lateinamerika 38/39, S. 37–51.

Haynes, K. 1991: Dependency, Postimperialism, and the Mexican Revolution: An Historiographic Review. In: Mexican Studies/Estudios Mexicanos 7/2, S. 225–251.

Heine, K. 1983: Bodenabtrag in Mexiko: Messungen – Extrapolationen – geomorphologisch-sedimentologische Befunde. In: Geographische Zeitschrift 71, S. 28–40.

Heine, K. 1985: Neue absolute Daten zur holozänen Gletscher-, Vegetations- und Klimageschichte mexikanischer Vulkane. In: Regensburger Geographische Schriften 19/20, S. 79–92.

Heineberg, H., J. Camberos Garibi u. C. Schäfers 1993: Verstädterung in Mexiko. Das Beispiel des Bundesstaates Jalisco und des Metropolitangebietes Guadalajara. In: Die Erde 120, S. 99–119.

Helbig, K. 1961: Die Landschaft Soconusco im Staate Chiapas, Süd-Mexiko, und ihre Kaffee-Zone. Bremen (= Deutsche Geographische Blätter 49).

Helbig, K. 1961a: Das Stromgebiet des oberen Río Grijalva. Eine Landschaftsstudie aus Chiapas, Süd-Mexiko. Hamburg (= Mitteilungen der Geographischen Gesellschaft in Hamburg 54).

Helbig, K. 1962: Chiapas, Mexikos südlichster Staat. Ein Querschnitt vom südmexikanischen Hochland zum Pazifik. Gotha (= Petermanns Geographische Mitteilungen 2).

Hernández Chávez, A. 1994: Mexican Presidentialism: A Historical and Institutional Overview. In: Mexican Studies/Estudios Mexicanos 10 (1), S. 217–225.

Horn, H.-R. 1980: Grundzüge des mexikanischen Verfassungsrechts. In: Jahrbuch des Öffentlichen Rechts 29, S. 480–530.

Horn, H.-R. 1992: 75 Jahre Mexikanische Bundesverfassung. In: Briesemeister, D. u. K. Zimmermann (Hg.): Mexiko heute. Politik, Wirtschaft, Kultur. Frankfurt/M., S. 35–50.

Hugo, K. 1982: Regionalentwicklung und Raumordnungspolitik in Mexiko. In: Raumforschung und Raumordnung 40, S. 146–160.

Humboldt, A. v. 1991: Studienausgabe. Band IV. Mexico-Werk. Politische Ideen zu Mexico. Mexicanische Landeskunde. Herausgegeben und kommentiert von H. Beck. Darmstadt.

Huntington, S. P. 1997: Kampf der Kulturen. München.

Ibero-Amerika-Verein in Hamburg: Wirtschaftliche Mitteilungen. Erscheinen monatlich.

Imbusch, P. u. H.-J. Lauth 1992: Staatswirtschaft und Privatisierung. In: Briesemeister, D. u. K. Zimmermann (Hg.): Mexiko heute. Politik, Wirtschaft, Kultur. Frankfurt/M., S. 167–184.

Institut für Iberoamerika-Kunde, Hamburg (Hg.): Lateinamerika. Analysen, Daten, Dokumentation. Erscheinen dreimal im Jahr, zusätzlich Beihefte in unregelmäßiger Folge.

Instituto Nacional de Estadística, Geografía e Informática (INEGI): Catálogo de Productos INEGI. Erscheint jährlich. Aguascalientes.

Instituto Nacional de Estadística, Geografía e Informática (INEGI): Síntesis Geográfica. Verschiedene Ausgaben über einzelne Bundesstaaten. Aguascalientes.

Instituto Nacional de Estadística, Geografía e Informática (INEGI): Topographische und thematische Karten im Maßstab 1 : 50 000, 1 : 250 000, 1 : 500 000, 1 : 1 000 000. Verschiedene Ausgaben. Aguascalientes.

Instituto Nacional de Estadística, Geografía e Informática (INEGI) 1985: Estructura Económica del Estado de Oaxaca. Sistema de Cuentas Nacionales de México. México, D.F.

Instituto Nacional de Estadística, Geografía e Informática (INEGI) 1988: Estadística de la Industria Maquiladora de Exportación 1975–1986. Aguascalientes.

Instituto Nacional de Estadística, Geografía e Informática (INEGI) 1988a: Atlas Nacional del Medio Físico. Aguascalientes.

Instituto Nacional de Estadística, Geografía e Informática (INEGI) 1992: CODICE 90. Resultados Definitivos. XI Censo General de población y vivienda 1990 (CD-ROM). Aguascalientes.

Instituto Nacional de Estadística, Geografía e Informática (INEGI) 1992a: Anuario Estadístico de los Estados Unidos Mexicanos 1992. Aguascalientes.

Instituto Nacional de Estadística, Geografía e Informática (INEGI) 1992b: El Ingreso y Gasto Público en México. Aguascalientes.

Instituto Nacional de Estadística, Geografía e Informática (INEGI) 1992c: Estados Unidos Mexicanos. Perfil Sociodemográfico. XI Censo General de Población y Vivienda, 1990. Aguascalientes.

Instituto Nacional de Estadística, Geografía e Informática (INEGI) 1992d: Perfiles Sociocemográficos. XI Censo General de Población y Vivienda, 1990. Ausgaben sämtlicher Bundesstaaten. Aguascalientes.

Instituto Nacional de Estadística, Geografía e Informática (INEGI) 1992e: CENSO INDUSTRIAL. Resultados Definitivos. Resumen General. Censos Económicos 1989. Aguascalientes.

Instituto Nacional de Estadística, Geografía e Informática (INEGI) 1992f: CENSO AGROPECUARIO 1991. Estados Unidos Mexicanos. Resultados Preliminares. Aguascalientes.

Instituto Nacional de Estadística, Geografía e Informática (INEGI) 1992g: La Revolución Mexicana. Atlas Histórico. Aguascalientes.

Instituto Nacional de Estadística, Geografía e Informática (INEGI) 1992h: La Independencia de México. Atlas Histórico. Aguascalientes.

Instituto Nacional de Estadística, Geografía e Informática (INEGI) 1994: Estadísticas Históricas de México (CD-ROM). Aguascalientes.

Instituto Nacional de Estadística, Geografía e Informática (INEGI) 1997: CONTEO 95. Estados Unidos Mexicanos, Conteo de población y vivienda, resultados definitivos (CD-ROM). Aguascalientes.

Instituto Nacional de Estadística, Geografía e Informática (INEGI) 1997a: Internet-Seiten: http://www.inegi.gob.mx

Instituto Nacional de Estadística, Geografía e Informática (INEGI) 1998: Internet-Seiten: http://www.inegi.gob.mx

Jacobsen, M. 1986: Ein mexikanischer Erdölstaat: Tabasco. Saarbrücken (= Spektrum 11).

Jáuregui, E. 1973: Untersuchungen zum Stadtklima in Mexiko-Stadt. Bonn.

Jáuregui, E. 1983: Die Gefährdung der Nordwestküste Mexikos durch die tropischen Zyklonen des Nordostpazifiks. In: Colloquium Geographicum 16, S. 123–135.

Jáuregui, E. 1995: Rainfall fluctuations and tropical storm activity in Mexiko. In: Erdkunde 49, S. 39–48.

Jones, G. A. u. Varley, A. 1994: The Contest for the City Center: Street Traders versus Buildings. In: Bulletin of Latin American Research 13/1, S. 27–44.

Kaller, M. 1994: Bauern zwischen Produktion und Subsistenz. Hintergründe zur Rebellion in Chiapas aus historischer Sicht. In: Zeitschrift für Lateinamerika 46/47, S. 27–33.

Katz, F. 1993: Zum Werdegang der Nachkommen von Azteken, Inka und Maya seit der spanischen Eroberung. In: Zeitschrift für Lateinamerika 44/45, S. 91–101.

Klaus, D. 1975: Niederschlagsgenese und Niederschlagsverteilung im Hochbecken von Puebla-Tlaxcala. Ein Beitrag zur Klimatologie einer randtropischen Gebirgsregion. Bonn (= Bonner Geographische Abhandlungen 53).

Klaus, D., W. Lauer u. E. Jáuregui 1988: Schadstoffbelastung und Stadtklima in Mexiko-Stadt. Stuttgart.

Klein-Lüpke, R. 1994: Das mexikanische Städtesystem: Staatliche Planung vs. Eigendynamik. In: Mainzer Geographische Studien 40, S. 521–530.

Klesner, J. L. 1993: Modernization, Economic Crisis and Electoral Alignment in Mexico. In: Mexican Studies/Estudios Mexicanos 9(2), S. 187–225.

Klesner, J. L. 1995: The 1994 Mexican Elections: Manifestation of a divided Society? In: Mexican Studies/Estudios Mexicanos 11(1), S. 137–149.

Klink, H.-J. 1973: Die natürliche Vegetation und ihre räumliche Ordnung im Puebla-Tlaxcala-Gebiet (Mexiko). In: Erdkunde 27, S. 213–225.

Klink, H.-J. 1981: Das Tehuacántal – ein Trockengebiet im südlichen Mexiko – eine physisch-geographische Studie unter besonderer Berücksichtigung der Vegetation. Aachen (= Aachener Geographische Arbeiten H. 14), S. 193–241.

Klink, H.-J., W. Lauer u. H. Ern 1973: Erläuterungen zur Vegetationskarte 1:200000 des Puebla-Tlaxcala-Gebietes. In: Erdkunde 27, S. 225–229.

Klink, H.-J. u. W. Lauer 1978: Die räumliche Anordnung der Vegetation im östlichen Hochland von Zentralmexiko. Darmstadt (= Pflanzengeographie. Wege der Forsch. CXXX), S. 472–506.

Knapp, R. 1965: Die Vegetation von Nord- und Mittelamerika und den Hawaii-Inseln. Stuttgart.

Knight, A. 1991: Land and Society in Revolutionary Mexico: The Destruction of the Great Haciendas. In: Mexican Studies/Estudios Mexikanos 7(1), S. 73–104.

KomMex (= Kommission Mexiko–Deutschland 2000) 1994: Deutschland und Mexiko – Perspektiven für das Jahr 2000. Hamburg.

Konetzke, R. 1965: Süd- und Mittelamerika I. Die Indianerkulturen Altamerikas und die spanisch-portugiesische Kolonialherrschaft. Frankfurt/M. (= Fischer Weltgeschichte 22).

Kramer, M. u. D. Lehman 1985: Life on the Line: the U.S.-Mexican Border. In: National Geographic, June 1985, S. 721–749.

Kras, E. S. 1989: Management in Two Cultures. Bridging the gap between U.S. and Mexican managers. Yarmouth, Maine.

Krause, M. 1996: Mexiko. Heterogenität und Bevölkerungsentwicklung. Frankfurt/M.

Kruip, G. 1992: Religion, Kirche und Staat. In:

Briesemeister, D. u. K. Zimmermann (Hg.) 1992: Mexiko heute: Politik, Wirtschaft, Kultur. Frankfurt/M., S. 311–332.

Kruip, G. 1994: Vor einer zweiten Revolution. In: Herder Korrespondenz (HK) 48/3, S. 147–152.

Kürzinger, E. 1992: Industrialisierung in Mexiko. In: Briesemeister, D. u. K. Zimmermann (Hg.) 1992: Mexiko heute: Politik, Wirtschaft, Kultur. Frankfurt/M., S. 149–166.

Lauer, W. 1973: Zusammenhänge zwischen Klima und Vegetation am Ostabfall der mexikanischen Meseta. In: Erdkunde 27, S. 192–213.

Lauer, W. 1978: Ökologische Klimatypen am Ostabfall der mexikanischen Meseta. Erläuterungen zu einer Klimakarte 1:500000. In: Erkunde 32, S. 101–110.

Lauer, W. 1981: Klimawandel und Menschheitsgeschichte auf dem mexikanischen Hochland. Wiesbaden (= Akademie d. Wissenschaften u. d. Literatur zu Mainz, Math.-Nat. Klasse 2).

Lauer, W. 1986: Der Naturraum. In: Prem, H. J. u. U. Dyckerhoff (Hg.): Das alte Mexiko. München, S. 13–28.

Lauer, W. u. P. Frankenberg 1978: Untersuchungen zur Ökoklimatologie des östlichen Mexiko. Erläuterungen zu einer Klimakarte 1:500000. Bonn (= Colloquium Geographicum 13).

Lauer, W. u. D. Klaus 1983: Humanökologische Aspekte der vorspanischen Besiedlungsgeschichte, Bevölkerungsentwicklung und Gesellschaftsstruktur im Mexikanischen Hochland. In: Jahrbuch Geschichte Lateinamerikas 20, S. 85–120.

Lauth, H.-J. 1994: NAFTA und Mexiko. Ein Integrationsschritt und seine Folgen In: Zeitschrift für Lateinamerika 46/47, S. 7–19.

Lauth, H.-J. 1994a: Das Nordamerikanische Freihandelsabkommen NAFTA: Ausdruck einer neuen Phase der Zusammenarbeit zwischen Nord und Süd. Bestandsaufnahme, Auswirkungen, Perspektiven. In: Institut für Iberoamerika-Kunde, Hamburg (Hg.): Lateinamerika. Analysen, Daten, Dokumentation. Beiheft 14, S. 3–27.

Lauth, H.-J. u. H. R. Horn (Hg.) 1995: Mexiko im Wandel. Frankfurt/M.

Lhoëst, B. F. 1994: The Legal and Administrative Context of Environmental Policy in Mexico City. In: Law and Politics in Africa, Asia and Latin America (VRÜ), 27(2), S. 171–190.

Lindau, J. D. 1992: Schisms in the Mexican Political Elite and the Technocrat/Politician Typology. In: Mexican Studies/Estudios Mexicanos 8(2), S. 217–235.

Lindig, W. u. M. Münzel 1978: Die Indianer. München.

Lomnitz, L. 1992: Die unsichtbare Stadt: Familiäre Infrastruktur und soziale Netzwerke im urbanen Mexiko. In: Briesemeister, D. u. K. Zimmermann (Hg.) 1992: Mexiko heute: Politik, Wirtschaft, Kultur. Frankfurt/M., S. 419 – 435.

Maihold, G. 1986: Identitätssuche in Lateinamerika: Das indigenistische Denken in Mexiko. Saarbrücken.

Marcos, Subcomandante Insurgente 1996: Botschaften aus dem Lakandonischen Urwald. Hamburg.

Martin, C. J. 1996: Economic Strategies and Moral Principles in the Survival of Poor Households in Mexico. An Urban and Rural Comparison. In: Bulletin of Latin American Research 15 (2), S. 193 – 210.

Martínez del Campo, M. 1985: Industrialización en México. Hacia un análisis crítico. México.

Masferrer Kan, E. 1992: Die Indianer in Mexiko. In: Briesemeister, D. u. K. Zimmermann (Hg.) 1992: Mexiko heute: Politik, Wirtschaft, Kultur. Frankfurt/M., S. 291 – 310.

MEMORANDUM: The Reform of Article 27 and Urbanisation of the Ejido in Mexico. In: Bulletin of Latin American Research, 13 (3), S. 327 – 335.

Mex. Verf. (= Mexikanische Verfassung): Hg.: Instituto de Investigaciones Jurídicas de la UNAM 1998: Constitución Política de los Estados Unidos Mexicanos (= Internetseite: http://info 1.juridicas.unam.mx/legfed/250/).

México: Información Económica y Social. Revista Internacional del INEGI. Erscheint vierteljährlich.

Miller Bailey, H. u. A. P. Nasatir 1969: Lateinamerika. Von iberischen Kolonialreichen zu autonomen Republiken. München.

Mizrahi, Y. 1994: Rebels Without a Cause? The Politics of Entrepreneurs in Chihuahua. In: Journal of Latin American Studies 26, S. 137 – 158.

Mols, M. 1981: Mexiko im 20. Jahrhundert. Paderborn (= Internationale Gegenwart 4).

Mols, M. 1987: Mexiko im 20. Jahrhundert. Politisches System, Regierungsprozeß und Partizipation. Zürich.

Mols, M. 1987a: Begriff und Wirklichkeit des Staates in Lateinamerika. In: Akademie für Politische Bildung (Hg.): Zum Staatsverständnis der Gegenwart. München, S. 185 – 220.

Mols, M. 1993: Mexikos veränderte Außenpolitik: Element der Systemöffnung. In: Sevilla, R. u. A. Azuela 1993: Mexiko – die institutionalisierte Revolution. Unkel, S. 145 – 164.

Morán-Zenteno, D. 1985: Geología de la República Mexicana. Mexico, D.F. (INEGI).

Morici, P. 1993: Grasping the Benefits of NAFTA. In: Current History, Vol. 92, No. 571, S. 49 – 54.

Morris A. u. S. Lowder 1992: Decentralisation in Latin America. New York.

Mosiño Aleman, P. A. u. E. García 1974: The Climate of Mexico. In: World Survey of Climatology, Bd. 11. Amsterdam, S. 345 – 404.

Mühlenpfordt, E. 1884: Versuch einer getreuen Schilderung der Republik Méjico. Hannover.

Münchener Rück 1983: Vulkanausbruch – Ursachen und Risiken. München.

Münchener Rück 1986: Erdbeben Mexiko '85. München.

Münchener Rück 1990: Sturm – Neue Schadendimensionen einer Naturgefahr. München.

Musset, A. 1990: Le Mexique. Paris.

Needler, M. 1991: Metaphors, Models and Myths in the Interpretation of Mexican Politics. In: Mexican Studies/Estudios Mexicanos 7 (2), S. 347 – 357.

Needler, M. 1994: The Consent of the Governed? Coercion, Co-optation, and Compromise in Mexican Politics. In: Mexican Studies/Estudios Mexicanos 10 (2), S. 383 – 390.

Nickel, H. J. 1978: Soziale Morphologie der mexikanischen Hacienda. Wiesbaden (= Das Mexiko-Projekt der Deutschen Forschungsgemeinschaft Bd. 14).

Nickel, H. J. 1991: Schuldknechtschaft in mexikanischen Haciendas: Interpretationen, Quellen und Befunde zur Peonaje. Stuttgart (= Beiträge zur Wirtschafts– und Sozialgeschichte 43).

Nohlen, D. u. H.-J. Lauth 1992: Mexiko. In: Nohlen, D. u. F. Nuscheler: Handbuch der Dritter Welt 3: Karibik und Mittelamerika. Bonn, S. 169 – 202.

Nuhn, H. 1994: Maquiladoras in Mexiko – Erfahrungen mit Lohnveredelungsindustrien 1965 – 1990. In: Mainzer Geographische Studien 40, S. 557 – 572.

Ohngemach, D. u. H. Straka 1983: Beiträge zur Vegetations- und Klimageschichte im Gebiet von Puebla-Tlaxcala. Pollenanalysen im Mexiko-Projekt. Wiesbaden (= Das Mexiko-Projekt der Deutschen Forschungsgemeinschaft Bd. 18).

Ortega, S. u. P. Trigueros 1993: La migración interna e internacional en México: una perspectiva histórica. In: García Zarza, E. 1993: Las Migraciones en Iberoamérica. Salamanca, S. 87 – 120.

Ortega-Gutiérrez, F. u. a. 1992: Carta Geológica de la República Mexicana. 1 : 2 000 000, mit Erläuterungen (Texto explicativo). México, D.F. (UNAM).

Pacheco-Méndez, G. 1991: Los sectores del PRI en las elecciones de 1988. In: Mexican Studies/Estudios Mexicanos 7/2, S. 253 – 282.

Pansters, W. 1990: Politics and Power in Puebla. The Political History of a Mexican State, 1937–1987 (= Latin America Studies 57).

Paulukat, I. 1971: Tendenzen in der Entwicklung der Territorialstruktur der Industrie Mexikos. In: Petermanns Geographische Mitteilungen 1971 (2), S. 90–97.

Paz, O. 1969: Das Labyrinth der Einsamkeit. Olten.

PEMEX: Petróleos Mexicanos: Anuarios Estadísticos.

Pfeifer, G. 1939: Sinaloa und Sonora. Beiträge zur Landeskunde und Kulturgeographie des nordwestlichen Mexico. In: Mitteilungen d. Geographischen Gesellschaft Hamburg 46, S. 289–458.

Ploetz 1984: Große Illustrierte Weltgeschichte. Band 6. Freiburg.

PND (= Plan Nacional de Desarrollo) 1989–1994. Hg.: Estados Unidos Mexicanos, Poder Ejecutivo Federal 1989. México, D.F.

PND (= Plan Nacional de Desarrollo) 1995–2000. Hg.: Estados Unidos Mexicanos, Poder Ejecutivo Federal 1995. México, D.F.

Pohle, F. 1992: Deutschsprachiges Exil in Mexiko. In: Briesemeister, D. u. K. Zimmermann (Hg.) 1992: Mexiko heute: Politik, Wirtschaft, Kultur. Frankfurt/M., S. 781–790.

Popp, K. 1985: Privatwirtschaftliche Baulanderschließungen (fraccionamentos) im Zuge der Stadterweiterung mexikanischer Städte, aufgezeigt am Beispiel der Stadt Puebla/Pue. In: Erdkunde 39, S. 144–152.

Popp, K. 1993: Exportproduktionszonen als Entwicklungsinstrument für Schwellenländer. Darstellung am Beispiel der mexikanischen Lohnveredelungsindustrien (maquiladoras). In: Erdkundeunterricht 5/1993, S. 179–185.

Portig, W. H. 1976: The Climate of Central America. In: World Survey of Climatology, Bd. 11. Amsterdam, S. 405–478.

Prem, H. J. 1989: Geschichte Altamerikas. München.

Prem, H. J. 1996: Die Azteken. Geschichte – Kultur – Religion. München.

Prem, H. J. u. U. Dyckerhoff 1986 (Hg.): Das alte Mexiko. Geschichte und Kultur der Völker Mesoamerikas. München.

Prescott, W. 1984: Die Eroberung Mexikos. München.

Prien, H. J. 1994: Protestantische Kirchen und Bewegungen im gesellschaftlichen Umbruch Lateinamerikas. In: Iberoamerikanisches Archiv, 20.1/2. Berlin, S. 153–176.

Quadri, G. 1993: La contaminación atmosférica en la Ciudad de México. México.

Rall, D. u. M. Rall 1992: Deutschland und Mexiko. In: Briesemeister, D. u. K. Zimmermann (Hg.) 1992: Mexiko heute: Politik, Wirtschaft, Kultur. Frankfurt/M., S. 755–780.

Ratzel, F. 1878: Aus Mexico. Reiseskizzen aus den Jahren 1874 und 1875. Breslau.

Riese, B. 1995: Die Maya. München.

Riding, A. 1986: 18 mal Mexiko. München.

Richter, M. 1986: Natürliche Grundlagen und agrarökologische Probleme im Soconusco und im Motozintla-Tal, Südmexiko. Stuttgart (= Erdwissenschaftliche Forschung, Bd. 20).

Richter, M. 1992: Landwirtschaftliche Schäden in verschiedenen Höhenstufen der Sierra Madre de Chiapas/Südmexiko. In: Petermanns Geographische Mitteilungen 136 (5+6), S. 295–308.

Rodríguez, V. E. 1993: The Politics of Decentralisation in Mexico: from Municipio Libre to Solidaridad. In: Bulletin of Latin American Research, Vol. 12, No. 2, S. 133–145.

Rodríguez, V. E. u. P. M. Ward 1994: Disentangling the PRI from the Government in Mexico. In: Mexican Studies/Estudios Mexicanos 10 (1), S. 163–183.

Rohr, E. 1991: Die Zerstörung kultureller Symbolgefüge. München.

Rulfo, J. 1998: Pedro Páramo. Madrid.

Sabloff, J. A. 1991: Die Maya. Archäologie einer Hochkultur. Heidelberg.

Sánchez de Carmona, L. 1986: Stadtentwicklung in Mexiko-City. Ökologische Probleme und ihre sozialen Auswirkungen. Tendenzen, Perspektiven und Anregungen. In: Eichstätter Beiträge 18, S. 371–394.

Sánchez Molina, A. 1990: Síntesis geográfica de México. México.

Sander, H.-J. 1983: Mexiko-Stadt. Köln.

Sander, H.-J. 1990: Umweltprobleme im Hochtal von Mexiko. In: Geographische Rundschau 42, S. 328–333.

Sanderson, S. E. 1986: The transformation of the Mexican agriculture: International structure and the politics of rural change. Princeton, New Jersey.

Sanderson, S. E. 1993: Mexico's Environmental Future. In: Current History, Vol. 92, No. 571, S. 73–77.

Sandner, G. 1992: Die Territorialgrenze als Trennlinie und Zusammenfassung in Anglo- und Lateinamerika. In: Reinhard, W. u. Waldmann, P. (Hg.): Nord und Süd in Amerika. Freiburg, S. 78–95.

Sapper, K. 1928: Mexiko. Land, Volk und Wirtschaft. Wien.

Schmidt, H. C. 1992: Towards the Innerspace of Mexican Historiology: Liberalism and the History of Ideas. In: Mexican Studies/Estudios Mexicanos 8 (1), S. 117–138.

Schmieder, O. 1962: Die neue Welt. Heidelberg u. München.

Schneider, H. 1979: Die Landwirtschaft in Valsequillo. München (= Lateinamerika-Studien Band 5).

Schulz, D. E. 1996: Through a Glass Darkly: On the Challenges and Enigmas of Mexico's Future.

In: Mexican Studies/Estudios Mexicanos 12 (1), S. 131–156.

Secretaría de Programación y Presupuesto (SPP) 1986: Antología de la Planeación en México (1917–1985). 17 Bände. México, D.F.

Seele, E. 1986: Strukturwandlungen in der Agrarwirtschaft im Tal von Tehuacán/Pue. Mexiko. In: Erkunde 40, S. 283–293.

Seele, E. (Hg.) 1988: Puebla-Tlaxcala / México. Bibliografía / Bibliographie: El Proyecto México de la Fundación Alemana para la Investigación Científica. Vechta (= Vechtaer Arbeiten zur Geographie und Regionalwissenschaft 7).

Siembeda, W. J. 1996: Looking for a Place to Live: Transforming the Urban Ejido. In: Bulletin of Latin American Research 15 (3), S. 371–385.

Simmen, A. (Hg.) 1994: Mexico. Aufstand in Chiapas. Berlin.

Smith, P. H. 1984: Mexico. Neighbour in Transition. Ephrata, Pa.

Soto Mora, C., L. Fuentes Aguilar u. A. Coll-Hurtado 1991: Geografía Agraria de México. México, D.F.

Spehs, P. 1990: Neue staatlich geplante Badeorte in Mexiko. In: Geographische Rundschau 42/1, S. 34–41.

Statistisches Bundesamt 1995: Länderbericht Mexiko 1995. Wiesbaden.

Staub, W. 1923: Beiträge zur Landeskunde des nordöstlichen Mexiko. In: Zeitschrift der Gesellschaft für Erdkunde Berlin 7, S. 187–212.

Steger, H.-A. 1973: Die Bedeutung des Römischen Rechts für die lateinamerikanische Universität im 19. und 20. Jahrhundert. In: Steger, H.-A. 1989: Weltzivilisation & Regionalkultur. München, S. 493–512.

Steger, H.-A. 1983: Geistesgeschichtliche Hintergründe des politischen Systems in Mexiko. In: Steger, H.-A. 1989: Weltzivilisation & Regionalkultur. München, S. 343–356.

Steger, H.-A. 1983a: Indianische Raum- und Zeitvorstellungen. In: Steger, H.-A. 1989: Weltzivilisation & Regionalkultur. München, S. 279–299.

Steger, H.-A. 1984/88: Grundfragen der Konquista: Trinität und Herrschafts-Zweifel. In: Steger, H.-A. 1989: Weltzivilisation & Regionalkultur. München, S. 155–180.

Straube, G. 1992: Ich besitze zwei Federn. Mexikos Beitrag zur Weltliteratur. In: Aehnelt, R. (Hg.) 1992: Mexiko. Ein Reisebuch. Hamburg, S. 26–33.

Süddeutsche Zeitung (SZ) vom 25. Februar 1997.

Süddeutsche Zeitung (SZ) vom 10. April 1997.

Süddeutsche Zeitung (SZ) vom 19.–20. April 1997.

Süddeutsche Zeitung (SZ) vom 9. Juli 1997.

Tamayo, J. L. 1962: Geografía general de México (4 Bände und 1 Atlas). México.

Tamayo, J. L. 1985: Geografía moderna de México. México.

Tannenbaum, F. 1967: Mexiko, Gesicht eines Landes. Stuttgart.

Termer, F. 1954: Die Halbinsel Yucatán. Gotha (= Petermanns Geographische Mitteilungen 253).

Thiemer-Sachse, U. 1992: Archäologie und Denkmalpflege. In: Briesemeister D. u. K. Zimmermann (Hg.) 1992: Mexiko heute. Politik – Wirtschaft – Kultur. Frankfurt/M., S. 685–698.

Tichy, F. 1974: Deutung von Orts- und Flurnetzen im Hochland von Mexiko als kulturreligiöse Reliktform altindianischer Besiedlung. In: Erdkunde 28, S. 194–207.

Tichy, F. 1991: Die geordnete Welt indianischer Völker. Ein Beispiel von Raumordnung und Zeitordnung im vorkolumbischen Mexiko. Stuttgart (= Das Mexiko-Projekt der DFG 21).

Tobler, H. W. 1992: Die Mexikanische Revolution. Frankfurt/M.

Tobler, H. W. 1992a: Mexiko auf dem Weg ins 20. Jahrhundert. Die Revolution und die Folgen. In: Briesemeister D. u. K. Zimmermann (Hg.) 1992: Mexiko heute. Politik – Wirtschaft – Kultur. Frankfurt/M., S. 11–31.

Trautmann, W. 1983: Der kolonialzeitliche Wandel der Kulturlandschaft in Tlaxcala. Ein Beitrag zur historischen Landeskunde Mexikos unter besonderer Berücksichtigung wirtschafts- und sozialgeographischer Aspekte. Essen (= Essener Geographische Arbeiten, Bd. 5).

Troll 1955: Forschungen in Zentralmexiko 1954. Die Stellung des Landes im dreidimensionalen Landschaftsaufbau der Erde. In: Deutscher Geographentag Hamburg 1955. Tagungsberichte und wissenschaftliche Abhandlungen. Wiesbaden, S. 191–213.

Tyrakowski, K. 1986: Zur Entwicklung des einheimischen Fremdenverkehrs in Mexiko, dargestellt am Beispiel des Staates Tlaxcala. In: Erdkunde 40, S. 293–305.

Tyrakowski, K. 1989: Autochtone regelmäßige Netze vorspanischer Siedlungen im mexikanischen Hochland. In: Geographische Zeitschrift 77, S. 107–123.

Tyrakowski, K. 1991: Zur ökologischen Situation der Stadt Mexiko. In: Geoökodynamik 12 (1/2), S. 139–160.

Tyrakowski, K. 1994: Wallfahrer in Mexiko. Eine Form traditionellen Fremdenverkehrs zwischen „kultischer Ökonomie" und Tourismus. In: Erdkunde 48, S. 60–74.

UNESCO heute (UH). 44. Jahrgang, Ausgabe I–II, Frühjahr/Sommer 1997.

Universidad Nacional Autónoma de México (UNAM) 1984: El Desarrollo Urbano en México. Problemas y Perspectivas. México, D.F.

Universidad Nacional Autónoma de México (UNAM), Instituto de Geografía 1990: Atlas Nacional de México. México, D.F.

Vorlaufer, K. 1996: Mexiko: Regionale Disparitäten, Staat und Tourismus. In: Zeitschrift für Wirtschaftsgeographie Heft 4, S. 193–223.

Waibel, L. 1927: Die nordwestlichen Küstenstaaten Mexikos. In: Geographische Zeitschrift 33, S. 561–576.

Waibel, L. 1929: Die wirtschaftsgeographische Gliederung Mexikos. In: Geographische Zeitschrift 1935, S. 416–439.

Waibel, L. 1933: Die Sierre Madre de Chiapas. Hamburg (= Mitteilungen der Geographischen Gesellschaft in Hamburg 43).

Ward, P. M. 1990: Mexico City. The production and reproduction of an urban environment. London.

WBGU (= Wissenschaftlicher Beirat der Bundesregierung Globale Umweltveränderungen) 1997: Welt im Wandel. Wege zu einem nachhaltigen Umgang mit Süßwasser. Berlin.

Weischet, W. 1996: Regionale Klimatologie Teil 1. Die Neue Welt. Amerika, Neuseeland, Australien. Stuttgart.

Wells, A. 1991: Oaxtepec Revisited: The Politics of Mexican Historiography, 1968–1988. In: Mexican Studies/Estudios Mexicanos 7 (2), S. 331–345.

Wenzens, G. 1974: Morphologische Entwicklung ausgewählter Regionen Nordmexikos unter besonderer Berücksichtigung des Kalkkrusten-, Pediment- u. Poljeproblems. Düsseldorf (= Düsseldorfer Geographische Schriften 2).

Werner, G. 1988: Die Böden des Staates Tlaxcala im zentralen Hochland von Mexiko. Untersuchungen über ihre Entstehung, Verbreitung, Erosion und Nutzung unter dem Einfluß 3000-jährigen Ackerbaus. Stuttgart (= Das Mexiko-Projekt der Deutschen Forschungsgemeinschaft Bd. 20).

Werz, N. 1992: Aspectos del Pensamiento Político y Cultural en Latinoamerica. In: Ibero-Amerikanisches Archiv 18/3–4, S. 429–441.

West, R. C. u. J. P. Augelli 1966: Middle America. Englewood Cliffs N.J.

Westphalen, J. 1991: Gegenwartsprobleme Lateinamerikas aus historischer Sicht. In: Zeitschrift für Lateinamerika 40/41, S. 69–83.

Wilhelmy, H. 1979: Karstformenwandel und Landschaftsgenese der Halbinsel Yucatán. In: Innsbrucker Geogr. Studien 5, S. 131–149.

Wilhelmy, H. 1981: Welt und Umwelt der Maya. München.

Wilhelmy, H. u. A. Borsdorf 1984: Die Städte Südamerikas. In: Tietze, W. (Hg.): Urbanisierung der Erde. Berlin.

Zimmermann, K. 1993: Zur Sprache der afrohispanischen Bevölkerung im Mexiko der Kolonialzeit. In: Iberoamericana 17/2/50, S. 89–111.

Abkürzungsverzeichnis

APEC	Asia-Pacific Economic Cooperation
BNCE	Banco Nacional de Crédito Ejidal
BSP	Bruttosozialprodukt
C.F.E.	Comisión Federal de Electricidad
CNC	Confederación Nacional Campesina
COMECON	Council for Mutual Economic Assistance
CONASUPO	Compañía Nacional de Subsistencias Populares
CTM	Confederación de Trabajadores de México
DFG	Deutsche Forschungsgemeinschaft
EZLN	Ejército Zapatista de Liberación Nacional
FDN	Frente Democrático Nacional
FONATUR	Fondo Nacional de Fomento al Turismo
GATT	General Agreement on Tariffs and Trade
INAH	Instituto Nacional de Antropología e Historia
INEGI	Instituto Nacional de Estadística, Geografía e Informática
INFRATUR	Fondo de Promoción de Infrastructura Turística
INI	Instituto Nacional Indigenista
ITCZ	Innertropische Konvergenzzone
IWF	Internationaler Währungsfond
KOMEX	Kommission Mexiko-Deutschland 2000
NAFTA	Nordamerikanisches Freihandelsabkommen
OECD	Organisation for Economic Cooperation and Development
OPEC	Organisation of the Petroleum Exporting Countries
PAN	Partido Acción Nacional
PEMEX	Petróleos Mexicanos
PND	Plan Nacional de Desarrollo
PNR	Partido Nacional Revolucionario
PRD	Partido de la Revolución Democrática
PRI	Partido Revolucionario Institucional
PRM	Partido de la Revolución Mexicana
PROCAMPO	Programa de Apoyos Directos para los Productores Rurales
PRONADRI	Programa Nacional de Desarrollo Integral
PRONASOL	Programa Nacional de Solidaridad
SAM	Sistema Alimentario Mexicano
UNAM	Universidad Autónoma de México
UNCTAD	United Nations Conference on Trade and Development
UNESCO	United Nations Educational, Scientific and Cultural Organisation
UNO	United Nations Organisation

Sachregister (Sachbegriffe und Personen)

Ortsregister